AF720789

Jörg Rippel

FPGAs

Einstieg, Schaltungen, Projekte

Rheinwerk
Computing

Liebe Leserin, lieber Leser,

haben Sie sich schon einmal gefragt, wie Text auf einem Display angezeigt wird? Was »unter der Haube« passiert, wenn Sie das Äquivalent zu einem `print("Hello World!")` auf einem FPGA ausführen, damit die richtigen Pixel am richtigen Ort leuchten? Wenn Sie also neugierig sind, wie (beispielsweise) eine Textengine funktioniert und welche Denkweisen wichtig für hardwarenahe Programmierung sind, haben Sie das richtige Buch gefunden.

Dass man nicht unbedingt ein Studium der Elektrotechnik braucht, um mit modernen FPGAs zu arbeiten, demonstriert Ihnen Jörg Rippel. Es geht mit der Einrichtung der Toolchain aus freier und quelloffener Software los. Auf dieser Basis lernen Sie die Grundlagen von Verilog kennen und setzen erste Projekte in der Welt der programmierbaren Logikbausteine um. Außerdem hat er ein Startpaket aus Datenblättern, Installationsskripten und Beispielprojekten für Sie vorbereitet.

Damit Sie direkt loslegen können, gibt es noch eine weitere Hilfestellung: Ein Crashkurs im Einsatz von ChatGPT & Co. macht Sie fit im Umgang mit künstlicher Intelligenz. Das Pair Programming mit den KI-Helfern nimmt Ihnen viel Arbeit ab und sorgt dafür, dass der Einstieg ohne Frust gelingt.

Abschließend noch ein Wort in eigener Sache: Dieses Werk wurde mit großer Sorgfalt geschrieben, geprüft und produziert. Sollte dennoch einmal etwas nicht wie erwartet funktionieren, freue ich mich, wenn Sie sich mit mir in Verbindung setzen. Ihre Kritik und konstruktiven Anregungen sind jederzeit willkommen.

Ihr Christoph Meister
Lektorat Rheinwerk Computing

christoph.meister@rheinwerk-verlag.de
www.rheinwerk-verlag.de
Rheinwerk Verlag · Rheinwerkallee 4 · 53227 Bonn

Auf einen Blick

Wir hoffen, dass Sie Freude an diesem Buch haben und sich Ihre Erwartungen erfüllen. Ihre Anregungen und Kommentare sind uns jederzeit willkommen. Bitte bewerten Sie doch das Buch auf unserer Website unter **www.rheinwerk-verlag.de/feedback**.

An diesem Buch haben viele mitgewirkt, insbesondere:

Lektorat Christoph Meister
Korrektorat Friederike Daenecke, Zülpich
Fachgutachten Dr. Claus Kühnel
Herstellung Stefanie Häb
Typografie und Layout Vera Brauner, Maxi Beithe
Einbandgestaltung Mai Loan Nguyen Duy
Satz III-Satz, Kiel, gesetzt aus der The Antiqua (9,25/13,25 pt) in FrameMaker
Druck mediaprint solutions, Paderborn

PEFC
PEFC/04-31-0810

Dieses Buch wurde mit mineralölfreien Farben auf chlorfrei gebleichtem und PEFC®-zertifiziertem Offsetpapier (90 g/m²) gedruckt.

Hergestellt in Deutschland.

Das vorliegende Werk ist in all seinen Teilen urheberrechtlich geschützt. Alle Rechte vorbehalten, insbesondere das Recht der Übersetzung, des Vortrags, der Reproduktion, der Vervielfältigung auf fotomechanischen oder anderen Wegen und der Speicherung in elektronischen Medien.

Ungeachtet der Sorgfalt, die auf die Erstellung von Text, Abbildungen und Programmen verwendet wurde, können weder Verlag noch Autor*innen, Herausgeber*innen oder Übersetzer*innen für mögliche Fehler und deren Folgen eine juristische Verantwortung oder irgendeine Haftung übernehmen.

Die in diesem Werk wiedergegebenen Gebrauchsnamen, Handelsnamen, Warenbezeichnungen usw. können auch ohne besondere Kennzeichnung Marken sein und als solche den gesetzlichen Bestimmungen unterliegen.

Die automatisierte Analyse des Werkes, um daraus Informationen insbesondere über Muster, Trends und Korrelationen gemäß § 44b UrhG (»Text und Data Mining«) zu gewinnen, ist untersagt.

Bibliografische Information der Deutschen Nationalbibliothek:
Die Deutsche Nationalbibliothek verzeichnet diese Publikation in der Deutschen Nationalbibliografie; detaillierte bibliografische Daten sind im Internet über *http://dnb.dnb.de* abrufbar.

ISBN 978-3-367-10148-1

1. Auflage 2024
© Rheinwerk Verlag, Bonn 2024

Informationen zu unserem Verlag und Kontaktmöglichkeiten finden Sie auf unserer Verlagswebsite **www.rheinwerk-verlag.de**. Dort können Sie sich auch umfassend über unser aktuelles Programm informieren und unsere Bücher und E-Books bestellen.

Inhalt

Materialien zum Buch

Stückliste und Teile

Für die Beispielprojekte in diesem Buch ist etwas Hardware notwendig. Erhältlich sind diese Komponenten bei den üblichen Online-Händlern. Sie sollten diese Teile bestellen, um die Anleitungen zum Bau der FPGA-Designs begleiten zu können. Einiges davon haben Sie wahrscheinlich schon in der Schublade und können es nutzen, anderes werden Sie bestellen müssen. Für genauere Informationen zu dem jeweiligen Teil können Sie in die angegebenen Kapitel und Abschnitte schauen, um genauere Spezifikationen zu erhalten oder um einfach eine Abbildung von ihm zu sehen.

Sie brauchen:

- einen neueren Raspberry Pi (In Abschnitt 5.1.1 bespreche ich die möglichen Modell-Varianten.)
- ein bis zwei SPI-OLED-Displays mit SSD1306-Controller und einer Größe von 0,96 Zoll. »SPI« und »SSD1306« sind hier die wichtigen Angaben (siehe ab Abschnitt 10.7).
- DuPont-Stecker/Buchsen-Käbelchen und ein Breadboard
- ein USB-Kabel mit UART-zu-TTL-Wandler (siehe Abschnitt 9.5)
- Pfostenleisten zum Einlöten in das IceZero-Board, damit die daran anzuschließenden Module mit den DuPont-Käbelchen angeschlossen werden können. Leider werden diese zum IceZero-Board nicht mitgeliefert.
- einen SG90-Servo; den haben Sie wahrscheinlich schon in der Schublade (siehe Abschnitt 10.12).
- ein paar Level-Shifter, um eine 3,3-V- mit einer 5-V-Logik verbinden zu können. Achten Sie darauf, dass diese »bidirektional« und schnell sind.
- einen ADS1115-Analog-Digital-Wandler mit I²C-Schnittstelle
- eine Reihe von Neopixel- bzw. WS2812B-RGB-LEDs. Es kann ein Streifen mit LEDs sein oder eine Matrix (siehe Abschnitt 9.4).

Materialien zum Download

Das Material zu den Experimenten und Projekten in diesem Buch können Sie als ZIP-Dateien aus dem Archiv Materialien-zum-Buch.zip herunterladen. Jede Quellcodedatei, jedes Makefile und eine Readme-Datei sind darin enthalten. Sie müssen also nichts abtippen und können auf diese Weise schneller loslegen.

Die Archiv-Datei finden Sie unter *https://www.rheinwerk-verlag.de/5890* oder auch unter *https://www.rippel.info* auf der Infoseite zum Buch.

Wenn Sie das Archiv entpacken, werden Sie eine Verzeichnisstruktur erhalten, die wie nachfolgend aufgebaut ist. Dies ist eine einfache, übersichtliche Organisation der Projekte aus diesem Buch. Die Dateien wurden in Unterverzeichnisse aufgeteilt, sodass Sie zum jeweiligen FPGA-Board alles gebündelt finden.

```
pi@pi5:~/fpga/src $ tree -d
└── fpga
    ├── doc
    │   ├── datasheets
    │   ├── icezero
    │   └── tangnano9k
    ├── git
    │   └── TangNano-9K-example
    └── src
    │   ├── icezero
    │   ├── counter
    │   ├── prng
    │   ├── spi-oled-image
    │   │   └── image
    │   ├── spi-oled-text
    │   │   └── fonts
    │   ├── toggle
    │   ├── uart
    │   ├── uart-tx
    │   └── ws2812b
    └── tangnano9k
        ├── prng
        ├── spi-lcd
        ├── spi-oled-image
        │   └── image
        ├── spi-oled-text
        │   └── fonts
        ├── uart
        └── uart_lcd
```

Kapitel 1
Los geht's: FPGAs für Maker und Kreative

Field Programmable Gate Arrays (FPGAs) sind spezielle integrierte Schaltungen, die sich durch den Benutzer programmieren lassen. Schauen wir uns zunächst die Tools und Konzepte zu diesen Bausteinen an und welche Rolle Open-Source-Software dabei spielt.

In der dynamischen Welt der Elektronik stellen FPGAs eine Technologie dar, die es Enthusiasten ermöglicht, die Schranken konventioneller Mikrocontroller-Systeme zu überwinden. Sie werden feststellen, dass Sie mit FPGAs viel machen können, was beispielsweise ein Arduino oder gar ein Mini-Computer wie der Raspberry Pi nicht kann. Mit diesem Buch möchte ich Ihnen einen umfassenden Einstieg in diese Welt bieten. Es geht nicht nur um das theoretische Wissen, sondern auch um praktische Fähigkeiten, die Sie direkt in Ihre Projekte integrieren können.

1.1 Über dieses Buch: Was Sie lernen werden und was Sie schon können sollten

Als Maker erreichen Sie irgendwann einen Punkt, an dem herkömmliche Mikrocontroller oder Mikroprozessoren für manche Anforderungen nicht mehr genügen. Oder vielleicht wollen Sie einfach mal etwas Neues ausprobieren. Der Arduino und der Raspberry Pi sind zwar weit verbreitet und werden durch eine Vielzahl von Soft- und Hardware-Beispielen gut unterstützt. Auch ein ESP32 oder ein Raspberry Pi Pico bieten jeweils spezielle Features, mit denen sich bestimmte Problemstellungen gut lösen lassen. Doch manchmal werden Sie sich mehr wünschen: mehr Flexibilität, höhere und echte Parallelverarbeitungsleistung, anspruchsvolle visuelle Effekte, schnelle Signalverarbeitung oder Kryptografie – und das alles flexibel und schnell anpassbar.

Wenn Sie aus diesen Gründen dieses Buch zur Hand genommen haben, sind Sie bereit, die Welt der *Field Programmable Gate Arrays* – oder kurz einfach FPGAs – zu entdecken. Hier lernen Sie die Grundlagen und Anwendungsmöglichkeiten dieser programmierbaren Komponenten kennen.

1.1.1 Für wen ist dieses Buch geeignet?

Sie sollten ein fortgeschrittener Maker bzw. Elektronik-Bastler sein und die eine oder andere Skriptsprache beherrschen, am besten Python, denn Python wird auch im Buch verwendet. Sie sollten mit Linux umgehen können, am besten auf einem Raspberry Pi. Auf der Linux-Konsole brauchen Sie kein Experte zu sein; wenn Sie sich grundsätzlich auf der Kommandozeile zurechtfinden, reicht das aus.

Ihr Wissen im Bereich der Elektronik sollte all das abdecken, was man als Bastler so macht: Mit Mikrocontrollern sollten Sie mal »was gemacht« haben: Vielleicht haben Sie auch schon das eine oder andere Breakout Board verwendet, das Sie via SPI oder I^2C an Ihren Arduino oder Raspberry Pi angeschlossen haben. Sie sollten grundsätzlich wissen, wie die Kommunikation zwischen Teilnehmern auf einem seriellen Bus funktioniert, d. h., Sie sollten so ungefähr wissen, was eine Adresse oder eine Chip-Select-Leitung im Zusammenhang mit einem seriellen Bus ist.

Wenn Sie nun feststellen, dass Sie vom größten Teil des eben Gesagten keine Ahnung haben, dann könnte es sein, dass dieses Buch an einigen Stellen zu fortgeschritten für Sie ist.

1.1.2 Was dieses Buch nicht ist

In diesem Buch finden Sie keine endlosen Grundlagen zu boolescher Algebra und Logikgattern. Sie werden auch nicht erst theoretisch den Inhalt der vielen Hundert Seiten des Verilog-Standards lesen und dabei Datentypen, Operatoren, Kontrollstrukturen und Systemfunktionen erlernen müssen. Dies alles behandele ich in diesem Buch nur so weit, wie es unbedingt nötig ist. Ich wollte kein klassisches Fachbuch schreiben, das Ihnen bei einer Semester-Abschlussarbeit der E-Technik oder bei der Vorbereitung auf ein Vorstellungsgespräch als Entwickler von Embedded Systems hilft. Sein Inhalt ist für die Werkstatt und das Mindset eines Makers und Elektronik-Bastlers gedacht.

1.1.3 Was ist der Inhalt dieses Buches?

Im ersten Teil des Buches erfahren Sie die Antwort auf die Frage: »Was ist ein FPGA und was kann er?« Wir besprechen die beiden FPGA-Boards, die in diesem Buch verwendet werden und woher Sie diese beziehen können. Danach stelle ich die Bestandteile der in diesem Buch genutzten Open-Source-Toolchain vor. Auch die beste Vorgehensweise beim Einrichten einer Entwicklungsumgebung, das Backup Ihrer Projektdateien und die verwendeten Tools zur Versionskontrolle und des Build-Prozesses sind Themen in Teil I.

Im zweiten Teil des Buches besprechen wir die Möglichkeiten von FPGAs und realisieren praktische Beispielprojekte. Dafür nutzen wir ausschließlich die Open-Source-Toolchain und zwei FPGA-Boards, den *Tang Nano 9K* und den *IceZero*. Sie werden dafür Ihre eigene FPGA-Entwicklungsumgebung inklusive aller dazugehörigen Tools und Skripte einrichten. Somit besitzen Sie eine vollständige Unabhängigkeit bei Ihrer Entwicklungsarbeit. Das bedeutet, wir werden keine kommerzielle Software und keine IDE/Entwicklungsumgebung eines Herstellers nutzen. Es wird somit keine Lizenz nötig sein – an keiner Stelle entsteht so eine Abhängigkeit, und es fallen auch keine weiteren Kosten an!

Bleiben Sie neugierig

Übrigens: Diese Toolchain und die genutzten FPGAs sind nur ein Beispiel. Sie können auch andere FPGAs nutzen, indem Sie die Toolchain anpassen. Der Verilog-Code ist so generisch wie möglich gehalten, damit er auf einer Vielzahl von FPGAs läuft. Der Aufwand für eine Anpassung ist somit gering.

Nur: Sie müssen dann eben die Toolchain ändern und auch die Beispiele in diesem Buch an Ihren FPGA anpassen. Trauen Sie sich das zu? In Abschnitt 2.5 gehe ich näher darauf ein.

In diesem Buch finden Sie eine Vielzahl von Beispielprojekten, die viele der grundlegenden Technologien abdecken, die in der Praxis häufig benötigt werden. Dazu gehören Displays, Taktgeber, Taster, Sensoren, LEDs und verschiedene serielle Protokolle. Diese grundlegenden Elemente bilden oft das Fundament, auf dem komplexere und interessantere Anwendungen aufbauen können. So können Sie mit diesen Beispielprojekten ein solides Verständnis für die Grundlagen entwickeln, den Inhalt aber später auch bei Ihren eigenen Ideen weiterverwenden. Dadurch erhalten Sie einen praxisnahen Einblick in die reale Arbeit mit diesen Bausteinen.

1.1.4 Das Lernkonzept dieses Buches

Das Konzept, wie in diesem Buch Wissen vermittelt wird, unterscheidet sich vom theoretischen Lehransatz an Hochschulen:

- **Learning by doing!** – Sie programmieren einen FPGA mit der von Ihnen selbst eingerichteten Entwicklungsumgebung. Wir steigen schnell und direkt in die Programmierung von FPGAs ein. Wenn der FPGA dann läuft, schauen wir uns den Quellcode an. Das ist ideal für alle, die direkt loslegen möchten.

- **Wir nutzen die KI!** – In diesem Buch werde ich Ihnen nicht alle Fragen beantworten und nicht jedes Detail erklären. Ich zeige Ihnen, wie Sie Ihren FPGA einsetzen können und wie Sie Designs umgesetzt bekommen. Die Grundlagenprojekte und die kniffligeren weiterführenden Projekte werden Ihnen zeigen, wie Sie Displays einrichten, Schnittstellenprotokolle implementieren, Block-SRAM verwenden, Zufallszahlen erzeugen, Neopixel-LEDs zum Leuchten bringen und noch viel mehr.

  Aber ich werde an mancher Stelle auch etwas sagen wie: *»Wenn Sie mehr darüber wissen wollen, wie ein Schieberegister als Verzögerungsleitung dienen kann, dann fragen Sie die Chat-KI nach …«*

  In der heutigen Zeit können wir modernere Methoden nutzen, um uns schnell und effektiv das Wissen anzueignen, das wir brauchen, um eine Aufgabe zu bewältigen. Der alte Hochschulprofessor, der uns erst jahrelang Herleitungen an die Tafel malt, ist Vergangenheit. Die Fachbücher der 1990er-Jahre sind Vergangenheit. In diesem Buch nutzen wir die Chat-KI ausgiebig, damit Sie so schnell und einfach wie möglich alles zu FPGAs lernen, was nötig ist. Damit Sie hinterher fit in dem Thema sind.

Sind Sie so weit einverstanden? Ist das ein Ansatz, mit dem Sie leben können? Dann lassen Sie uns gemeinsam in die faszinierende Welt der FPGAs eintauchen und entdecken, wie sie Ihre kreativen und technischen Fähigkeiten erweitern können.

I – Los geht's mit Ihrem Traumprojekt

In diesem Buch werden Ihnen öfter Kästen wie dieser begegnen, in denen es um Ihr FPGA-Traumprojekt geht. In solchen Kästen werde ich mit Ihnen in kleinen Schritten – abgestimmt mit dem Inhalt des Buches – Ihr erstes FPGA-Design aufbauen, das Sie dann nach diesem Buch starten können. Wir bilden so Schritt für Schritt die Basis für Ihren ersten selbstständigen Einstieg in der FPGA-Hardware-Entwicklung.

Alles, was Sie dafür brauchen, sind ein paar Blatt Papier und ein Stift. Notieren Sie einfach Ihre liebste Idee bzw. liebsten Ideen. Im Verlauf dieses Buches werden wir an ihnen weiterarbeiten, und zum Schluss helfe ich Ihnen, dieses Projekt realisiert zu bekommen. Wichtig ist, dass Sie diese Notizen tatsächlich irgendwo niederschreiben, denn wir werden diese Sätze, Wörter und Skizzen wirklich verwenden.

1.2 Ihr Weg durch dieses Buch

Der Autor jedes Buches, jeder Anleitung und jedes Tutorials muss einiges Grundwissen bei seinen Leserinnen und Lesern voraussetzen. Das ist bei diesem Einstieg in die Arbeit mit FPGAs nicht anders. Im ersten Teil des Buches finden Sie daher einen Überblick über einige Themen, die ich für das Verständnis des Themas und für eine gute Entwicklungsarbeit für wichtig halte. Wenn Sie noch nie mit digitaler Elektronik gearbeitet haben und noch nicht programmiert haben, sollten Sie diese Grundlagen nicht überspringen.

- Für den Einstieg schauen wir uns in Kapitel 1 des Buches an, was unter einem FPGA zu verstehen ist und was in solch einem Bauteil steckt. Sie erfahren, wo ein FPGA eingesetzt werden kann und wofür er sich gut eignet.
- In Kapitel 2 nähern wir uns dem FPGA mehr im Detail und besprechen die beiden FPGA-Modelle, die wir in diesem Buch verwenden: den IceZero mit dem *iCE40HX*-FPGA von Lattice und den Tang Nano 9K mit *GW1NR-9C*-FPGA von Gowin.
- In Kapitel 3 geht es um die Bedeutung der Toolchain. Sie erfahren, wie Sie eine Open-Source-Toolchain nutzen können, um unabhängig von der Herstellersoftware zu sein und auf diese Weise auch mehr Freiheit beim Hardware-Design zu erlangen. Wir besprechen auch, wie Sie die beiden FPGAs an das Entwicklungssystem anschließen.
- In Kapitel 4 besprechen wir die Möglichkeiten einer generativen KI zur unterstützenden Programmierung. Dort gehe ich auf die praktikabelsten Möglichkeiten der Nutzung einer KI zum Programmieren und Erlernen von Verilog ein.
- In Kapitel 5 geht es um das Entwicklungssystem auf einem Raspberry Pi. Wir besprechen die Einrichtung des Kleinrechners für das Entwickeln von FPGA-Designs, die Versionsverwaltung und den Einsatz von Makefiles.
- In Kapitel 6 richten wir die Toolchain mit dafür entwickelten Installationsskripten auf dem Raspberry Pi ein, und zwar für beide FPGAs. Wir prüfen das Setup jeweils mit einem kleinen Testprogramm. Außerdem besprechen wir die möglichen Editoren und deren hilfreiche Plug-ins zum Schreiben von Verilog-Quellcode.
- In Kapitel 7 widmen wir uns den grundsätzlichen Bestandteilen der Sprache *Verilog*. Sie erfahren, wie hilfreich die automatische Codegenerierung aus einer anderen Programmiersprache heraus ist.
- In Kapitel 8 geht es um den Ablauf eines FPGA-Designs: Wie sind die Entwicklungsschritte, was ist eine Projektplanung, wann erfolgt eine Simulation und was ist eine Testbench?
- In Kapitel 9 steigen wir in die Praxis ein und führen Grundlagenprojekte mit dem IceZero-Board durch. Dabei nutzen wir den iCE40HX für Aufgaben wie Taktgenerierung, das Blinkenlassen von LEDs, und wir implementieren auch schon eine UART-Schnittstelle zur seriellen Kommunikation.

- In Kapitel 10 führen wir komplexere Projekte mit dem Tang Nano 9K durch. Vieles dreht sich dabei um Displays und die Darstellung von Bildern und die Anzeige eines Bargraphen darauf. Aber wir werden auch eine Text-Engine implementieren, um dynamisch Text darstellen zu können. Das Display wird dann in anderen Projekten weiterverwendet, beispielsweise zur Darstellung von Messwerten eines Analog-Digital-Wandlers.
- In Kapitel 11 folgen praktische Tipps zu Spezialthemen beim FPGA-Design, damit Ihnen die Arbeit einfacher von der Hand geht und Probleme vermieden werden, bevor sie auftreten.
- In Kapitel 12 geht es um die Community. Open-Source lebt durch den Austausch der teilnehmenden Menschen. Wir besprechen, wie Sie Teil dieser Gemeinschaft werden und wo Sie Ihre eigenen FPGA-Designs vorstellen können.
- In Kapitel 13 besprechen wir, wie Sie nach diesem Buch Ihr erstes eigenes FPGA-Design beginnen können.

Das heißt aber nicht, dass Sie alle Kapitel linear lesen müssen! Die allermeisten Themen können »nach Bedarf« gelesen werden. Und wenn Sie die Theorie und die Grundlagen schon kennen, dann können Sie auch direkt mit Kapitel 7 oder sogar Kapitel 10 loslegen.

1.3 Was sind FPGAs?

Als Maker werden Sie bereits Erfahrungen mit Arduino und Raspberry Pi gesammelt haben und sind mit Mikrocontrollern und anderen kleinen vielseitigen Computern vertraut. Möglicherweise ist es für Sie nun interessant, eine weitere faszinierende Komponente der Elektronik kennenzulernen: den FPGA oder – mit vollem Namen – den *Field Programmable Gate Array*.

Dieser Name ist sehr sprechend: Es handelt sich um eine Aneinanderreihung von Logik-Gates, die »im Feld« (also bei Ihnen als Endkunden) programmiert werden können (siehe Abbildung 1.1).

Dieses Bauteil ist eine Art Chamäleon in der Welt der Elektronik: Es passt sich Ihren Bedürfnissen an, statt Sie auf vorgegebene Funktionen zu beschränken.

Um eine Vorstellung von der Funktionsweise eines FPGAs zu bekommen, können Sie diesen mit einem Orchester vergleichen. In einem Orchester wirken verschiedene Instrumente zusammen, um ein harmonisches Klangbild zu erzeugen. Jedes Instrument, ähnlich einem Logikblock im Inneren eines FPGAs, spielt eine spezifische Rolle. Zusammen bilden sie eine komplexe und leistungsfähige Symphonie. Genau wie ein Orchester für jede Symphonie spezifisch zusammengestellt wird, können Sie das Innere eines FPGAs spezifisch verschalten. In den FPGAs können Sie die »Instrumente« – d. h. die Logikblöcke – so konfigurieren, dass sie genau die Funktionen ausführen, die Sie für Ihr Projekt benötigen. Ein FPGA wird so für seine spezielle Aufgabe konfiguriert.

Abbildung 1.1 Welche Eigenschaften machen einen FPGA aus?

FPGAs finden heute in vielen Bereichen Anwendung, sie sind aber besonders dort wichtig, wo maßgeschneiderte Lösungen gefragt sind. Im kreativen und künstlerischen Bereich werden sie beispielsweise für anspruchsvolle Lichtsteuerungen, für die Audioverarbeitung oder sogar in der digitalen Kunst eingesetzt, um einzigartige visuelle Effekte zu erzeugen. Sie sind die Spezialisten im Hintergrund, die komplexe, individuelle Anforderungen umsetzen können, wo anderer Hardware die Puste ausgeht.

Ein FPGA besteht aus einer Vielzahl von sogenannten Logikblöcken, die Sie so programmieren können, dass sie bestimmte Aufgaben erledigen. Diese Logikblöcke ähneln den Bausteinen eines modularen Baukastensystems. Sie können sie in nahezu unendlichen Kombinationen zusammenfügen, um Ihre gewünschte Schaltung zu bauen. Im Vergleich zu einem Mikrocontroller, der eine feste, vorgefertigte Schaltungslogik in sich trägt, die mittels Software im Rahmen der gegebenen

Möglichkeiten genutzt werden kann, bietet der FPGA viel weiter reichende Möglichkeiten, wie Sie Ihre eigene, individuelle Schaltungslogik gestalten können.

Ein weiterer Unterschied zu Mikrocontrollern ist die interne Arbeitsweise. Während ein Mikrocontroller Aufgaben nacheinander abarbeitet (sequenziell), können in einem FPGA mehrere Prozesse gleichzeitig ablaufen (parallel).

Eine passende Analogie hierfür wäre die Rolle eines Dirigenten, der ein Orchester leitet: In einem Orchester spielen verschiedene Instrumentengruppen gleichzeitig, um eine harmonische Symphonie zu erzeugen. Jedes Instrument trägt gleichzeitig, aber mit unterschiedlichen Rollen zum Gesamtklang bei. Bei einem Mikrocontroller spielen die Musiker in einem Orchester immer hintereinander. Nur wenn ein Mikrocontroller oder Mikroprozessor mehrere Kerne hat, dann können auch mal ein paar Musiker parallel spielen, im Großen und Ganzen werden die einzelnen Parts aber nacheinander vorgetragen.

Dies ist bei einem FPGA anders. Sein interner Aufbau ermöglicht es, verschiedene Funktionen parallel auszuführen, wodurch komplexe Aufgaben effizienter und synchronisiert abgewickelt werden können. Ein FPGA kann Ihnen daher das gewisse Etwas geben, bei dem die Summe mehr ist als ihre Einzelteile – wie bei einem Orchester.

Es war einmal ...

Die erste FPGA wurde von der Firma Xilinx hergestellt. Der XC2064 kam 1984 auf den Markt und verfügte über 64 konfigurierbare Logikblöcke.

Zwei Jahre später kam der XC2018 auf den Markt, ein verbessertes Modell mit 100 konfigurierbaren Logikblöcken. Die XC2000-Serie stellte die ersten kommerziell erfolgreichen FPGAs dar und legte den Grundstein für die heutige, milliardenschwere FPGA-Industrie.

Abbildung 1.2 XC2018 – der zweite FPGA von Xilinx
(Bild von Wikimedia: File:Xilinx XC2018 LCA.jpg - Wikimedia Commons)

Wegen Ihrer einzigartigen Flexibilität und Leistungsfähigkeit sind FPGAs eine ideale Wahl für kreative Projekte. Ihre hohe Anpassungsfähigkeit ermöglicht es, spezifische Hardware-Funktionen für jedes Projekt zu designen, beispielsweise für maßgeschneiderte Audioverarbeitungseinheiten in digitalen Musikinstrumenten oder Synthesizern.

Dank ihrer Fähigkeit zur parallelen Verarbeitung eignen sich FPGAs hervorragend für Echtzeitanwendungen wie simultane Signalbearbeitungen und Datenverarbeitung mit geringer Latenz. Ihre hohen Verarbeitungsgeschwindigkeiten machen sie zudem ideal für anspruchsvolle Aufgaben, wie sie bei der komplexen Bildverarbeitung anfallen – beispielsweise bei der Highspeed- oder Zeitlupenfotografie oder bei der Objekterkennung.

Zudem sind FPGAs perfekt für das Prototyping und Experimentieren geeignet, weil sie schnelles Testen verschiedener Hardware-Konfigurationen ohne neuen Hardware-Aufbau ermöglichen – beispielsweise in der Robotik.

Darüber hinaus bieten sie sich für interaktive Kunstinstallationen an, da sie auf Sensordaten schnell reagieren können – beispielsweise bei dynamischen Lichtinstallationen, die auf Bewegungen und Geräusche der Betrachter ansprechen.

Diese Vielseitigkeit macht FPGAs zu leistungsstarken Werkzeugen für innovative und kreative Projekte.

Eine Herausforderung bei der Verwendung von FPGAs ist jedoch, dass sie eine andere Art der Programmierung erfordern. Statt der bei Mikrocontrollern eingesetzten Programmiersprachen wie C/C++ oder Python nutzt man bei FPGAs Beschreibungssprachen wie *VHDL* oder *Verilog*.

Um die Metapher des Orchesters wieder aufzugreifen: Die Beschreibungssprache ist der Dirigent des Orchesters. Mit solch einer Sprache definieren Sie, wie die Schaltungen im Inneren des FPGAs aufgebaut sein sollen. Diese Art der Programmierung ist anfangs gewöhnungsbedürftig. Aber keine Sorge, mit etwas Übung werden Sie schnell den Dreh raushaben. Die Beispielprojekte in diesem Buch werden Sie nach und nach in die Lage versetzen, FPGAs nach Ihren Vorstellungen zu nutzen.

1.4 Sprachen, Tools und Konzepte

Für alle Soft- und Hardware-Projekte gilt, dass man sich über die verwendeten Sprachen, Tools und Methodiken Gedanken machen muss. So auch hier: Was brauchen wir, damit die Arbeit Spaß macht und erfolgreich ist?

1.4.1 Sprache: Warum Verilog?

In diesem Buch verwenden wir die Sprache *Verilog* für die Arbeit mit FPGAs. Diese Wahl habe ich aufgrund verschiedener Überlegungen getroffen, die die globale Verbreitung und die praktischen Vorteile dieser Sprache berücksichtigen.

Verilog ist eine der weltweit am häufigsten genutzten Sprachen zur Beschreibung von Hardware. Im Gegensatz zu VHDL, das vor allem in Europa sowie im akademischen Umfeld verbreitet ist, hat sich Verilog international sowie insbesondere in der Industrie als Standard etabliert. Das mag zunächst so klingen, als sei VHDL eigentlich der Favorit, aber ein genauerer Blick führt zu einem anderen Urteil.

Denn die Zukunft eines FPGA-Hardware-Designers liegt heutzutage in Shanghai, und die geforderten Qualifikationen und Schlüsselkompetenzen für diesen Job weisen eindeutig darauf hin, dass Verilog bevorzugt wird. Die globale Verwendung von Verilog ermöglicht den Zugang zu einer breiten Palette von Ressourcen, Beispielen und Communitys, was besonders für angehende FPGA-Hardware-Designer von Vorteil ist.

Der entscheidende Vorteil der Sprache Verilog ist die Kompatibilität mit Open-Source-Toolchains, die die Entwicklung mit FPGAs einfacher, flexibler und für alle zugänglicher machen. Die Verwendung von Open-Source-Toolchains fördert auch den kollaborativen und innovativen Ansatz, der insbesondere im Maker-Bereich geschätzt wird.

Verilog ähnelt syntaktisch C, was das Erlernen und Anwenden erleichtert, wenn Sie bereits Vorkenntnisse in dieser oder einer ähnlichen Programmiersprache haben. So bietet diese Sprache eine effiziente und intuitive Möglichkeit, komplexe Hardware-Strukturen zu beschreiben, was besonders für Maker und Elektronik-Bastler von Vorteil ist.

1.4.2 Tools: Open-Source

Die Nutzung von Open-Source-Tools bietet eine Alternative zu den proprietären Systemen der Hersteller, die oft wie eine *Black-Box* funktionieren. Offene Tools ermöglichen es Ihnen, jeden Schritt im Prozess der FPGA-Programmierung transparent nachzuvollziehen. Dies fördert das Verständnis sowie die Anwendung des Wissens und bietet einen einfacheren Zugang zum Thema. Im Gegensatz dazu sind kommerzielle FPGA-Entwicklungsumgebungen oft kostspielig, erfordern zeitlich begrenzte Lizenzen und werden nicht immer uneingeschränkt von den Herstellern bereitgestellt. Mit dem Einsatz von Open-Source-Toolchains sind Sie davon unabhängig und können ohne Einschränkungen die zugrunde liegenden Prinzipien der FPGA-Programmierung erlernen.

1.4.3 Konzepte: Praktische Beispielprojekte und Learning by Doing

In diesem Buch finden Sie kreative und praktische Beispielprojekte, die Ihnen einen einfachen, spielerischen Zugang zum Thema verschaffen. Ich verzichte weitestgehend auf die physikalische und technische Theorie hinter den FPGAs, da ich davon ausgehe, dass Sie entweder bereits über dieses Wissen verfügen oder bewusst darauf verzichten möchten, wenn Sie ein Buch wie dieses in der Hand halten.

Die Art und Weise, wie FPGAs programmiert werden, unterscheidet sich von den gewohnten Konzepten der Mikrocontroller-Boards. In diesem Buch lernen Sie das für die FPGA-Entwicklung erforderliche Denken, um Alternativen zu Standard-Mikrocontroller-Lösungen entwickeln zu können. Anhand von Beispielprojekten im zweiten Teil des Buches lernen Sie, wie ein FPGA-Design von der ersten Idee bis zum fertigen Projekt verwirklicht wird.

Das Buch bietet also einen praxisorientierten Ansatz und richtet sich mit den Beispielprojekten an Einsteiger in die Welt der FPGAs. Anstatt sich auf technische Komplexität zu konzentrieren, werden grundlegende Prinzipien und Techniken gezeigt. Mein Ziel ist es, Ihnen das Wissen und die Fähigkeiten zu vermitteln, die für einen schnellen und zielgerichteten Einstieg in die Entwicklung mit FPGAs erforderlich sind. Auch möchte ich Sie ermutigen, die vielfältigen Möglichkeiten dieser Technologie in Ihren eigenen Projekten zu erkunden und zu nutzen. Die Brücke zwischen Theorie und Praxis wird hier geschaffen, damit Sie einen Weg finden, um in dieser spannenden Technologie sicher und selbstbewusst Fuß zu fassen.

Wie ich bereits erwähnt habe, ist dieses Buch ein erster Schritt auf einer langen Reise. Entdecken Sie, wie FPGAs Ihnen neue Möglichkeiten eröffnen können und wie Sie diese in Ihren Projekten einsetzen können. Was danach kommt, liegt ganz bei Ihnen.

TEIL I

Einstieg in die FPGA-Programmierung

Kapitel 2
FPGAs verstehen

Die Geschichte der FPGAs begann vor einigen Jahrzehnten und hat seitdem eine beeindruckende Entwicklung durchlaufen. Heute sind sie integraler Bestandteil zahlreicher technischer Anwendungen, die unseren Alltag prägen.
In diesem Kapitel betrachten wir, welche FPGAs besonders interessant für Maker sind und wie die Auswahl auf die beiden Modelle fiel, die in diesem Buch verwendet werden.

FPGAs sind kompliziert, das werden Sie sicher schon bemerkt haben. Sie sind aber auch sehr leistungsfähig. In der Physik spielen sie beispielsweise eine Schlüsselrolle, die weit über das hinausgeht, was wir uns auf den ersten Blick vorstellen können, denn sie haben auch einen entscheidenden Beitrag zu einem der größten wissenschaftlichen Durchbrüche der letzten Zeit geleistet: der Entdeckung des Higgs-Bosons.

Am CERN, in der Nähe von Genf, dem Europäischen Kernforschungszentrum, steht der *Large Hadron Collider* (LHC), der größte und leistungsfähigste Teilchenbeschleuniger der Welt. Hier werden FPGAs eingesetzt, um die riesigen Datenmengen zu bewältigen, die bei den hochenergetischen Kollisionen von Teilchen entstehen. Die Aufgabe der FPGAs ist es, in Echtzeit zu filtern und zu entscheiden, welche der entstehenden Daten wertvoll genug sind, um weiter analysiert zu werden – eine Herausforderung, die ohne die Flexibilität und Schnelligkeit der FPGAs kaum zu meistern wäre.

Das Besondere an FPGAs in diesem Kontext ist ihre Fähigkeit, schnell umprogrammiert werden zu können, um die Daten für die sich verändernden Fragestellungen effizient herausfiltern zu können. Diese Eigenschaft ist von unschätzbarem Wert für die Wissenschaftler am LHC, da sie es ermöglicht, die Detektoren präzise zu kalibrieren und die riesigen Datenströme in Echtzeit zu filtern. Nur so konnte das Higgs-Boson, ein Teilchen, das für das Verständnis des Standardmodells der Teilchenphysik entscheidend ist, im Jahr 2012 schließlich identifiziert werden.

Dieses Anwendungsbeispiel verdeutlicht nicht nur die Leistungsfähigkeit und Vielseitigkeit von FPGAs, sondern vermittelt auch eine tiefere Einsicht: FPGAs sind mehr als nur Bauteile; sie sind Werkzeuge, die uns sogar helfen können, die Geheimnisse des Universums zu entschlüsseln. Sie ermöglichen es uns, an der Grenze des bekannten Wissens zu arbeiten, und tragen dazu bei, Antworten auf einige der grundlegendsten Fragen der Wissenschaft zu finden.

Und genau diese FPGAs können auch Sie in Ihrer heimischen Werkstatt nutzen! Es gibt keine Grenzen für Ihre Kreativität und Ihren Einfallsreichtum, was den Einsatz von FPGAs betrifft. Probieren Sie aus, was immer Ihnen einfällt, der FPGA wird Ihnen dabei zur Seite stehen.

II – Die Qual der Wahl

Was ist Ihr Traum, wozu möchten Sie einen FPGA einsetzen? Die Motivation dazu, dieses Buch zu lesen, muss ja von irgendwo herrühren. Haben Sie schon eine konkrete Idee? Nehmen Sie einen Stift und einen Zettel und erstellen Sie eine Liste mit den Projekten, die Sie mit einem FPGA bauen möchten. Es können auch kleine Skizzen sein.

Ist es eine Lichtskulptur? Ein Roboter? Ein Musikinstrument, so etwas wie ein Synthesizer? Ein autonom fahrendes Vehikel? Etwas mit Sensoren zur Erfassung der Umwelt? Etwas für Ihre Hausautomation? Vielleicht ein Smart Mirror? Oder etwas Komplizierteres, vielleicht ein Protokoll- oder Schnittstellenwandler?

2.1 Grundlagen und Überblick: Die FPGA-Technologie verstehen

2.1.1 Was ist ein FPGA genau?

Ein FPGA ist ein besonderer Typ von integrierten Schaltkreisen, der sich durch seine Programmierbarkeit nach der Herstellung auszeichnet. Im Auslieferungszustand ist solch ein FPGA-Chip unkonfiguriert und ohne Funktion. Er ist sozusagen »leer« – im Gegensatz zu herkömmlichen Mikroprozessoren, deren Funktionen und Strukturen während des Herstellungsprozesses festgelegt werden.

Ein FPGA bietet Ihnen als Maker die Möglichkeit, die festgelegte Welt der Mikrocontroller zu verlassen und die grenzenlose Welt der individuellen Schaltungslogik zu betreten. FPGAs eröffnen Ihnen somit die Möglichkeit, die Funktionen elektronischer Geräte und Systeme genau nach Ihren Vorstellungen zu gestalten.

FPGAs verfügen nämlich über die Flexibilität, dass Sie ihre Konfiguration erst später festlegen und auch danach immer wieder ändern können, um sie an die unterschiedlichsten Aufgaben anzupassen. Diese Eigenschaft ermöglicht es, sie für eine Vielzahl von Anwendungen zu nutzen.

Die Kernkomponenten eines FPGAs sind *programmierbare Logikblöcke (PLBs)*, die über ein Netzwerk (*Matrix*) von konfigurierbaren Verbindungen miteinander verknüpft werden können und so ihre flexiblen Eigenschaften erhalten.

Mit dieser Matrix werden auch die anderen Bestandteile eines FPGAs in die Konfiguration eingebunden: die Ein- und Ausgänge werden zugeordnet, ein Speicher kann genutzt werden – alles wird je nach Bedarf für die gedachte Aufgabe hinzugenommen oder weggelassen. So wird der FPGA für den Einsatzzweck angepasst, den er zu verrichten hat.

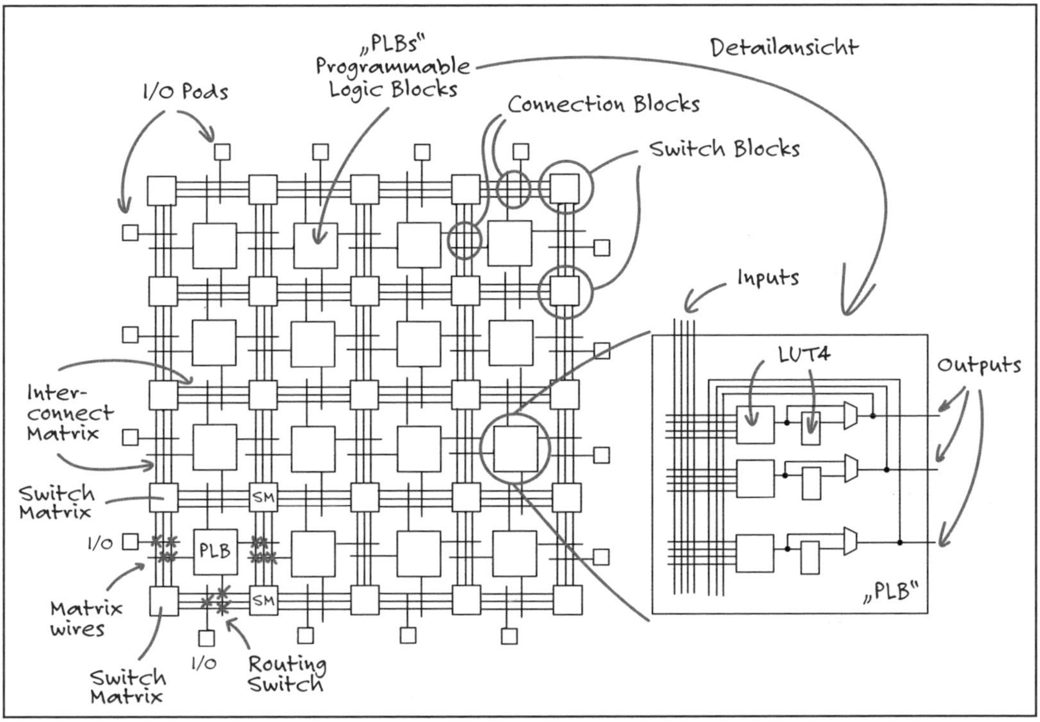

Abbildung 2.1 Prinzipzeichnung vom Innenleben eines FPGAs

Ihre Fähigkeit, komplexe, maßgeschneiderte Aufgaben effizient zu bewältigen, macht die FPGAs auch zu einem wertvollen Werkzeug für Projekte in der eigenen Werkstatt. Sie sind leistungsfähig genug, um beispielsweise LED-Installationen mit präzisen Lichtmustern zu steuern oder komplexe Bild- oder Audioverarbeitung in Echtzeit durchzuführen – darin sind FPGAs einem herkömmlichen Mikrocontroller haushoch überlegen. Bei solch einer spezialisierten, maßgeschneiderten und echten parallelen Verarbeitung kann ein System mit einem FPGA auch energieeffizienter sein als ein System mit einem Mikrocontroller.

FPGA vs. Mikrocontroller

Im Gegensatz zu Mikrocontrollern, wie beispielsweise den *ATmega328P* eines Arduino UNO R3, die eine feste Architektur und einen vorgegebenen Befehlssatz haben, bieten FPGAs eine größere Flexibilität in der Hardware-Implementierung. FPGAs können für eine breite Palette von Anwendungen konfiguriert werden, während Mikrocontroller auf bestimmte Aufgaben spezialisiert sind. FPGAs sind in der Regel leistungsfähiger und können die parallele Verarbeitung ermöglichen, während Mikrocontroller auf die serielle Ausführung ausgelegt sind, da sie meist auch nur über einen Rechenkern verfügen.

FPGAs vs. Mikroprozessoren

Mikroprozessoren, wie der *Arm Cortex-A76* eines Raspberry Pi 5, sind für die Ausführung von Software-Anweisungen optimiert und haben eine feste Architektur. FPGAs hingegen sind Hardware-beschreibende Logikbausteine, die für die Implementierung von Hardware-Funktionen und Schaltungen konzipiert sind. Mikroprozessoren sind in der Regel für allgemeine Zwecke ausgelegt und haben heutzutage mehrere Prozessorkerne, die eine gewisse Anzahl von parallelen Prozessen ermöglichen. Das macht die Mikroprozessoren schon sehr leistungsfähig für die parallele Verarbeitung von Prozessen. Damit reichen diese aber trotzdem noch lange nicht an die FPGAs mit ihren Möglichkeiten der Parallelverarbeitung und Echtzeitfähigkeit heran. FPGAs können auch gezielt für spezifische Anwendungen konfiguriert werden, was zusätzlich noch zu einer höheren Leistung und Effizienz gegenüber den für allgemeinere Aufgaben konzipierten Mikroprozessoren führt.

FPGA vs. ASICs

Ähnlich wie FPGAs sind ASICs (*Application Specific Integrated Circuits*) für spezifische Anwendungen konzipiert. Ein Beispiel ist die *AMD Custom RDNA 2*-GPU in einer Playstation 5, die die Grafikverarbeitungseinheit und andere Funktionen zusammenfasst. Der Hauptunterschied besteht darin, dass ASICs während der Herstellung festgelegt werden, während FPGAs erst nach der Herstellung programmiert werden.

ASICs bieten in der Regel eine höhere Leistung und Effizienz als FPGAs für eine bestimmte Aufgabe, sind aber weniger flexibel als FPGAs, da ASICs nicht neu konfiguriert werden können.

2.1.2 Das Grundkonzept eines FPGAs

Das technische Grundkonzept eines FPGAs beruht auf seiner modularen Struktur, die aus einer Vielzahl von wiederverwendbaren und konfigurierbaren Bausteinen besteht, die mithilfe der Matrix verschaltet werden.

Diese Bausteine, die oft als *Logikblöcke* (PLBs oder CLBs) bezeichnet werden, können programmiert werden, um eine breite Palette von logischen Funktionen auszuführen.

Die Stärke eines FPGAs liegt in seiner Fähigkeit, spezifische Hardware-Strukturen zu emulieren, was es ermöglicht, fast jede digitale Schaltung nachzubilden. Aufgrund dieser Flexibilität können FPGAs für eine Vielzahl von Anwendungen maßgeschneidert werden: von einfachen Steuerungsaufgaben bis hin zu komplexen Datenverarbeitungsanwendungen.

Die Logikblöcke sind dabei aber sehr kleine Einheiten. Um aus diesen den Verbund zu bilden, der für die Abarbeitung von komplexen Aufgaben nötig ist, benötigt man große Mengen dieser Logikblöcke in einem Chip. Solche »großen« FPGAs werden aber immer teurer, je mehr PLBs im Chip enthalten sind. Deshalb werden in FPGAs oft auch weitere Bausteine integriert, die zwar nicht frei programmierbar, aber frei verschaltbar sind.

Sind CLBs das gleiche wie PLBs?

CLBs (*Configurable Logic Blocks*) bestehen typischerweise aus Lookup-Tables (LUTs), Flip-Flops und Multiplexern (MUX). **PLBs** (*Programmable Logic Blocks*) sind wiederum eine spezifische Implementierung von Logikblöcken in einigen FPGA-Architekturen.

PLBs bieten ähnliche Funktionen wie CLBs, jedoch weichen sie in ihrer Struktur und ihren Konfigurationsmöglichkeiten leicht von CLBs ab. Sie können als eine Unterkategorie oder Variante von CLBs angesehen werden, je nach FPGA-Architektur und Hersteller.

Beide erfüllen jedoch die grundlegende Aufgabe, die programmierbare Logik im FPGA bereitzustellen und anzupassen. Aus diesem Grund nutze ich in diesem Buch im Allgemeinen den Begriff *PLB*, weil dieser auch besser zu den beiden FPGAs passt, die wir verwenden.

So gibt es FPGAs, die einen kleinen Prozessorkern enthalten, wie Sie ihn beispielsweise aus einem Raspberry Pi kennen. Diese Prozessorkerne können dann mithilfe der Matrix mit dem Rest des Designs verschaltet werden. Auf diese Weise können in einem Design große Mengen an PLBs eingespart und für andere Aufgaben verwendet werden.

Verschalten oder verknüpfen?

Eigentlich gibt es einen Unterschied zwischen der Verschaltung und der Verknüpfung, obwohl beide Begriffe in der Praxis oft ohne Unterschied verwendet werden. Aber um genau zu sein:

- **Verschalten**: Dieser Begriff wird oft verwendet, um die physische Verbindung oder das Routing zwischen verschiedenen Logikblöcken oder Ressourcen innerhalb des FPGAs zu beschreiben. Er impliziert die Schaffung von Pfaden für Signale oder Daten innerhalb des FPGA-Chips.
- **Verknüpfen**: Dieser Ausdruck bezieht sich eher auf die logische Beziehung oder die funktionale Verbindung zwischen den Logikblöcken. Es geht hier um die Art und Weise, wie die Blöcke konfiguriert oder programmiert werden, um bestimmte logische Funktionen oder Operationen auszuführen.

2.1.3 Geschichte und Entwicklung von FPGAs

Die Geschichte der FPGAs beginnt in den frühen 1980er-Jahren, als die Elektronikindustrie flexiblere und schneller anpassbare Schaltkreise benötigte. Damals waren CPLDs (*Complex Programmable Logic Devices*) für kleinere Designs weit verbreitet, doch FPGAs sollten mehr Flexibilität und Kapazität für komplexere Anwendungen bieten. CPLDs werden auch heute noch verwendet, sie sind in der Regel schneller als FPGAs und haben deshalb immer noch ihren Einsatzbereich und Zweck.

Die ersten FPGAs waren noch relativ beschränkt, entwickelten sich aber dank Fortschritten in der Halbleitertechnik rasch weiter. Bald verdrängten sie in vielen Bereichen CPLDs und kundenspezifische ASICs durch ihre programmierbaren, parallelen Verarbeitungsfähigkeiten.

Einen ersten Durchbruch im Massenmarkt schafften FPGAs 1988 in der Grafikkarte *NuVista* (von der Firma Truevision), die in PCs zur Hardware-Grafikbeschleunigung diente. 1992 folgte mit der *8514/Ultra* eine weitere FPGA-basierte Grafikkarte. 1994 brachte Truevision den FPGA-Video-Codec *Targa 2000* für die Video-Bearbeitung auf den Markt.

In den 1990er-Jahren ermöglichten FPGAs in Videokameras und frühen Digitalkameras erstmals Hardware-beschleunigte Video- und Bildverarbeitung für Konsumenten. Funktionen wie digitale Bildstabilisierung, eine Optimierung der Auflösung und Codec-Beschleunigung wurden durch FPGAs umsetzbar.

In den 2000ern avancierten FPGAs zum Schlüsselbaustein in Digitalkameras für Bildverarbeitung und Bildsensorauswertung. Dies ermöglichte fortschrittliche Funktionen wie intelligente Automatikfunktionen, Gesichtserkennung, HDR-Aufnahmen und Rauschunterdrückung.

Auch in Heimkino-Systemen, Set-Top-Boxen und Spielekonsolen übernahmen FPGAs die Videodekodierung, die 3D-Grafikbeschleunigung und das Bild-Upscaling. Die zunehmende Leistungsfähigkeit der FPGAs brachte höhere Auflösungen und realistischere Grafikqualität.

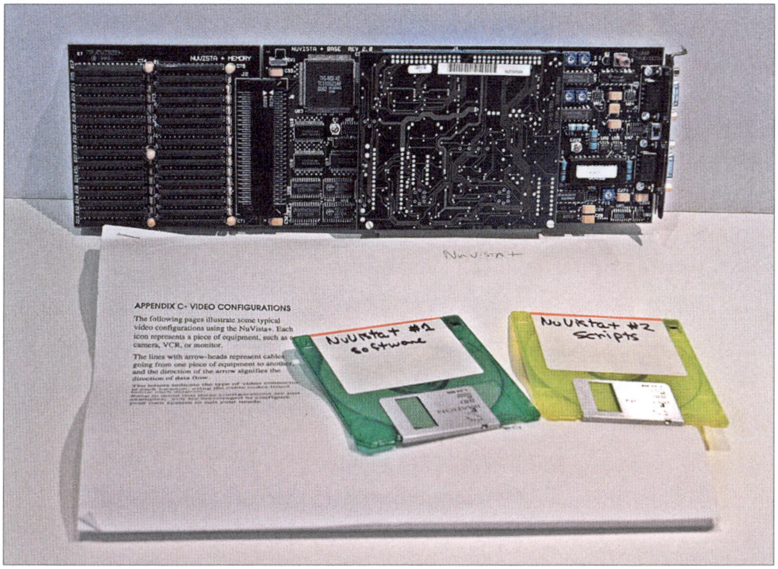

Abbildung 2.2 Die NuVista Grafikkarte mit gut sichtbaren FPGA auf der Platine (oben Mitte) (Quelle: https://wiki.preterhuman.net/images/9/9b/NuVista1.jpg)

Im Mobilfunk-Sektor revolutionierten FPGAs die Signalverarbeitung in Smartphones und Tablets. Von der Kamera-Bildverarbeitung über Multimedia-Codecs bis zu Hardware-basierten Sicherheitsfunktionen: FPGAs sorgten für neue Möglichkeiten.

Durch ihre Parallelverarbeitung und Rekonfigurierbarkeit werden FPGAs auch künftig neue Möglichkeiten in Konsumprodukten eröffnen – von Automobilelektronik über Netzwerkgeräte bis zu neuen Anwendungen im Internet der Dinge. Da immer komplexere digitale Systeme unterstützt werden müssen, ist eine kontinuierliche Weiterentwicklung von FPGAs nötig. Dadurch wird auch das Innenleben der FPGAs immer komplexer.

Was sind ASICs und CPLDs im Vergleich zu FPGAs?

In diesem Buch begegnen Ihnen oft die Begriffe ASICs und CPLDs parallel zu den FPGAs, um die es hier eigentlich geht. Diese drei Technologien haben einiges gemeinsam, aber auch einiges, was sie unterscheidet:

- ASICs (*Application Specific Integrated Circuits*)

  ASICs sind maßgeschneiderte Schaltkreise, die für eine sehr spezifische Anwendung entwickelt werden. Sie bieten eine hohe Leistung und Energieeffizienz, sind aber teuer in der Entwicklung und Herstellung. ASICs werden oft in der Massenproduktion von Produkten wie Smartphones oder medizinischen Geräten verwendet.

- CPLDs (*Complex Programmable Logic Devices*)

  CPLDs sind programmierbare Logikbausteine, die für kleinere, weniger komplexe Aufgaben geeignet sind. Sie bieten eine feste Anzahl an Logikressourcen und sind schneller zu programmieren als FPGAs. CPLDs eignen sich für Anwendungen, bei denen eine begrenzte Anzahl von Logikgattern ausreichend ist, z. B. in Steuerungs- und Überwachungssystemen oder auch nur in Tastaturen, in denen viele Tasten viele unterschiedliche Dinge tun.

FPGAs hingegen sind vielseitiger und haben mehr internen Platz für Logik als CPLDs. Sie können vom Anwender programmiert werden und eignen sich für komplexe Aufgaben. FPGAs sind besonders nützlich im Prototyping, da sie schnell an veränderte Anforderungen angepasst werden können.

FPGAs spielen insbesondere bei der Entwicklung von ASICs eine wichtige Rolle. Da ASICs teuer in der Entwicklung und Herstellung sind, werden FPGAs oft verwendet, um das Design vor der Produktion zu testen und zu optimieren. FPGAs können ja schnell verändert werden, um verschiedene Design-Iterationen zu testen, was Zeit und Kosten spart. Sobald das Design fertiggestellt ist, kann es für die Herstellung eines ASICs verwendet werden. Diese Methode ermöglicht eine effiziente Entwicklung und Minimierung von Risiken bei der ASIC-Produktion.

Heute sind FPGAs unverzichtbar geworden und Bestandteil vieler elektronischer Systeme – ohne dass dies außerhalb der Industrie groß bekannt ist.

2.1.4 Vorteile und Grenzen von FPGAs

FPGAs bieten eine Reihe signifikanter Vorteile für die Fertigung und Entwicklung elektronischer Geräte. Ihre Anpassungsfähigkeit und Modifizierbarkeit machen sie zur idealen Lösung für viele technische Herausforderungen, nicht nur im Consumer-Bereich, sondern auch in der Industrie. In Industrieanlagen und der Fertigungsautomatisierung kommt die Flexibilität von FPGAs auch zum Tragen. So lassen sich Steuerungen und Sicherheitsüberwachungen durch eine Neuprogrammierung der FPGAs effizient an veränderte Prozessabläufe und Maschinenkomponenten anpassen, ohne dass kostenintensive Hardware-Umrüstungen notwendig werden.

Auch in unseren Kommunikationssystemen haben FPGAs ihren festen Platz. Die Fähigkeit zur schnellen Optimierung macht FPGAs beispielsweise für den 5G-Mobilfunk unverzichtbar. Hier können Basisstationen durch Rekonfiguration der

FPGA-Logik flexibel an neue 5G-Standards angepasst werden, ohne dass die Hardware ausgetauscht werden muss.

Im Bereich der *Embedded Systems* ermöglichen die programmierbaren Hardware-Beschleuniger der FPGAs bislang technisch schwierige Anwendungen, z. B. Echtzeit-Bilderkennung in autonomen Fahrzeugen durch KI-Algorithmen oder die Auswertung und Zuordnung von Gesichtern und Mimik (siehe Abbildung 2.3).

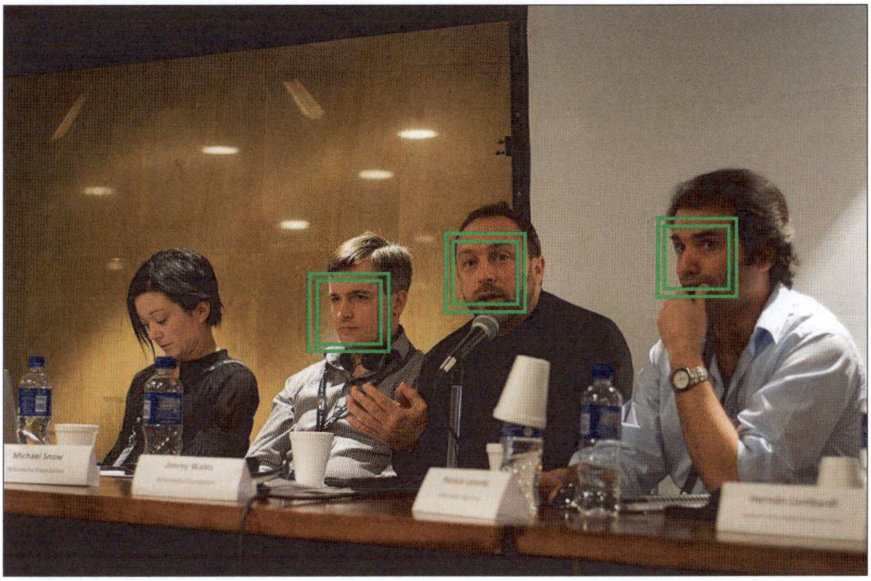

Abbildung 2.3 Echtzeit-Gesichtserkennung mithilfe von FPGAs (Bild von Wikimedia: File:Face detection.jpg - Wikimedia Commons)

Diese Beispiele untermauern die Bedeutung der Anpassungsfähigkeit als einen der größten Vorteile von FPGAs für Ingenieure und die Entwicklung. FPGAs tragen entscheidend dazu bei, innovative und leistungsfähige Systeme zu realisieren.

Allerdings haben FPGAs auch gewisse Nachteile: beispielsweise höhere Kosten, einen höheren Lernaufwand und eine nicht immer optimale Energieeffizienz im Vergleich zu Standardprozessoren. Ihre Flexibilität macht sie für viele moderne Technologien unverzichtbar, allerdings können ihre begrenzten Logikressourcen die Entwicklung auch an Grenzen stoßen lassen. (Begrenzt wird ihre Kapazität durch die Anzahl der verfügbaren Logikgatter.) Auch in sicherheitskritischen Bereichen können FPGA-Designs durch den dort nötigen Zertifizierungsaufwand der Systeme zu kostspielig werden.

Trotz dieser Einschränkungen sind FPGAs aufgrund ihrer Flexibilität nach wie vor die bevorzugte Wahl für viele Aufgaben.

Details, Details, Details ...

Der nächste Teil dieses Kapitels bietet Ihnen einen detaillierten Blick auf Aufbau und Funktionsweise der einzelnen Bestandteile eines FPGAs.

Haben Sie sich bei der Benutzung eines Arduino oder Raspberry Pi auch erst einmal im Detail den inneren Aufbau eines Atmel-Chips oder ARM-Prozessors angeschaut, bevor Sie mit einem der beiden Boards Ihre ersten Projekte ausprobiert haben?

Wenn Sie zu den Menschen gehören, die den FPGA einfach benutzen wollen – genauso wie Sie einen Arduino einfach benutzt haben –, dann können Sie den Rest dieser Grundlagenabschnitte nun einfach überspringen und in Abschnitt 2.2 weiterlesen.

2.1.5 Wo werden FPGAs verwendet?

FPGAs sind wahre Alleskönner in der Elektronik. Sie werden in einer Vielzahl von Bereichen eingesetzt – von der Unterhaltungselektronik über medizinische Geräte bis hin zu wissenschaftlichen Anwendungen. Ein Beispiel für ihre Vielseitigkeit ist der Einsatz in der Luft- und Raumfahrt: FPGAs steuern nicht nur die komplexen Kommunikationssysteme von Satelliten, sondern helfen auch dabei, Radarsignale zu analysieren und Navigationsinstrumente zu betreiben. Diese Chips ermöglichen es Raumfahrzeugen, ihre Solarpanels in Echtzeit zu justieren und dadurch sicher im Orbit zu bleiben.

Die folgenden Abschnitte und Tabelle 2.1 listen die vielfältigen Einsatzbereiche und Anwendungen von FPGAs im Detail auf:

Einsatzbereich	Anwendung
Kommunikation und Netzwerke	▸ *Drahtlos:* Basisstationen für Mobilfunk und WiMax ▸ *Kabelgebunden:* Geräte für schnelle Internetverbindungen (Switches, Router) ▸ *Telekommunikation:* Geräte für Telefongespräche und Datenübertragung
Medizinische Technik	▸ *Bildgebung:* Geräte für medizinische Bildaufnahmen (MRT, Ultraschall)

Tabelle 2.1 Die Bereiche, in denen FPGAs verwendet werden

Einsatzbereich	Anwendung
Automobilindustrie	▶ *Navigation und Unterhaltung:* GPS-Systeme und Multimedia im Auto ▶ *Fahrerassistenz:* Systeme für Parkhilfe, Gefahrenerkennung, adaptive Geschwindigkeitsregelung
Wissenschaft und Forschung	▶ *Datenanalyse:* komplexe Berechnungen und Analyse von Forschungsdaten
Luft- und Raumfahrt, Verteidigung	▶ *Überwachung und Kommunikation:* Verarbeitung und Analyse von Radarsignalen für Überwachungs- und Navigationszwecke ▶ *Satellitenkommunikation:* Signalverarbeitung in Satelliten, um komplexe Kommunikationsaufgaben zu erfüllen und Datenübertragungen über große Entfernungen zu ermöglichen ▶ *Raumfahrttaugliche Anwendungen:* Navigationsinstrumente in Raumfahrzeugen ▶ Sensorverarbeitung für Erdbeobachtung und wissenschaftliche Experimente ▶ Automatisierte Kontrolle von Systemen wie Solarpanels und Antrieben in Raumfahrzeugen
Verbraucherelektronik	▶ *Unterhaltungsgeräte:* Fernseher, Set-Top-Boxen, hochwertige Kameras
Bild- und Videoverarbeitung	▶ *Überwachung und Medien:* Systeme für Videoüberwachung und Medienbearbeitung
Technische Entwicklung und Prototyping	▶ *ASIC-Prototyping:* Plattformen zur Emulation und Entwicklung spezieller Schaltkreise
Eingebettete Systeme und Messgeräte	▶ *Eingebettete Lösungen:* integrierte Systeme für spezifische Anwendungen ▶ *Messgeräte:* Geräte wie Oszilloskope und Logikanalysatoren
Datensicherheit	▶ *Verschlüsselung:* Schutz von Daten durch Verschlüsselungsalgorithmen
Benutzerdefinierte Lösungen	▶ *Spezialisierte Hardware:* maßgeschneiderte Lösungen für spezifische Anforderungen

Tabelle 2.1 Die Bereiche, in denen FPGAs verwendet werden (Forts.)

III – Werden Sie kreativ

Welchen Namen könnte Ihr Traumprojekt bekommen? Was macht es besonders? Gibt es ein Wortspiel, das Interesse an ihm wecken kann? Später möchten Sie ja vielleicht andere Maker zum Mitmachen animieren – ein guter Name hilft da sehr!

Schreiben Sie ein paar Sätze auf, was Ihr Traumprojekt besser können soll als Ihre vorherigen Projekte. Sind Sie schon einmal bei einem Versuch zu Ihrem Traumprojekt gescheitert? Was waren die Gründe? War es noch in der Denkphase oder schon in der Realisierungsphase? Also, was soll Ihr neues Projekt besser können?

Soll es tragbar sein? Mit einer Batterie 10 Stunden lang laufen können? Wenn es eine Lichtinstallation ist, soll sie bei Nacht auch von der ISS aus zu sehen sein?

Was ist Ihr Traum? Was soll Ihr Projekt für großartige Eigenschaften haben, die Sie und andere zum Staunen bringen können? Seien Sie nicht nur ernst und rational bei der Konzeption Ihres Traumprojekts. Haben Sie Spaß dabei, schreiben Sie auch verrückte Ideen dazu auf.

2.1.6 Die Grundkomponenten aller FPGAs

Folgende Bauteile sind in allen FPGAs vorhanden, spezifischere Bestandteile beschreibe ich in Abschnitt 2.1.7.

Lookup Tables (LUTs)

Fast jeder FPGA enthält *LUTs*. Die *Lookup Tables* sind die grundlegenden Bausteine für die digitale Logik in einem FPGA. Sie werden verwendet, um logische Funktionen wie AND, OR, XOR usw. zu realisieren.

Eine Lookup Table ist im Wesentlichen eine kleine, vorprogrammierbare Speichertabelle, die für jede mögliche binäre Eingabekombination einen bestimmten binären Ausgabewert speichert. Liegt eine Kombination an den Eingängen an, die einem gespeicherten Ausgabewert entspricht, dann wird das dazugehörige gespeicherte Ergebnis ausgegeben. Abbildung 2.4 zeigt die Funktionsweise einer LUT mit vier Eingängen.

Sind FPGAs ohne Lookup-Tables möglich?

Traditionell nutzen FPGAs LUTs für die Implementierung von Logikfunktionen, um beliebige boolesche Funktionen zu realisieren. Es gibt aber auch FPGAs, die auf eine sogenannte *Antifuse*- oder *Gate-Array*-basierte Technologie aufbauen. Diese Arten von FPGAs verwenden eine andere Methode zur Implementierung der Logik, indem sie Verbindungen durchbrennen (*Antifuse*), was eine permanente, unveränderliche Verschaltung schafft, oder indem sie vordefinierte Transistoren verbinden (*Gate-Array*). Diese FPGA-Arten sind nicht so flexibel wie LUT-basierte FPGAs, was die Programmierbarkeit und Anpassungsfähigkeit betrifft, können aber in bestimmten Anwendungen, bei denen Zuverlässigkeit und Sicherheit im Vordergrund stehen, geeigneter sein.

Truth Table

Inputs				Outputs
A	B	C	D	Y
0	0	0	0	0
0	0	0	1	0
0	0	1	0	0
0	0	1	1	1
0	1	0	0	0
0	1	0	1	1
0	1	1	0	1
0	1	1	1	0
1	0	0	0	0
1	0	0	1	1
1	0	1	0	1
1	0	1	1	0
1	1	0	0	1
1	1	0	1	0
1	1	1	0	0
1	1	1	1	0

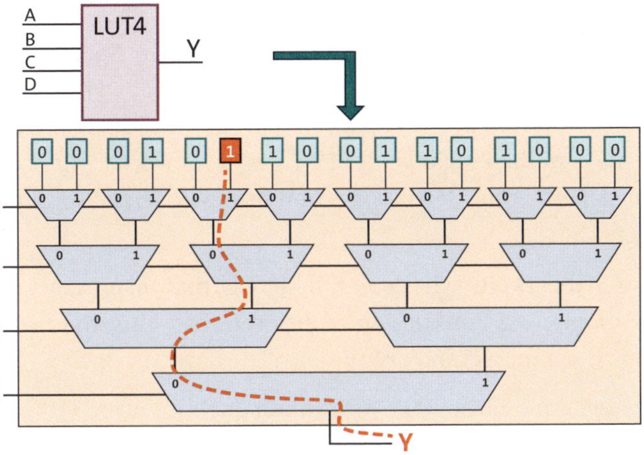

Abbildung 2.4 Funktionsweise einer LUT mit vier Eingängen

Typischerweise haben LUTs eine feste Anzahl von Eingängen, mit denen sie binäre Werte (0 oder 1) entgegennehmen können. Die Anzahl der Eingänge definiert, wie viele verschiedene Eingabekombinationen möglich sind. Beispielsweise hat eine LUT mit 3 Eingängen 8 (2^3) mögliche Eingabekombinationen, und eine LUT mit 2 Eingängen hat 4 (2^2) Eingabekombinationen.

Für jede Eingabekombination gibt es eine Speicherzelle in der LUT, die den entsprechenden Ausgabewert speichert. Der Inhalt dieser Zellen wird während der Konfiguration des FPGAs festgelegt.

Eingang A	Eingang B	Ausgang (A XOR B)
0	0	0
0	1	1
1	0	1
1	1	0

Tabelle 2.2 Ein Beispiel mit einer LUT mit 2 Eingängen als XOR-Gatter

Im Beispiel in Tabelle 2.2 hat die LUT 2 Eingänge (A und B) und 4 mögliche Eingabekombinationen (00, 01, 10, 11). Für jede dieser Kombinationen speichert die LUT den entsprechenden Ausgabewert als XOR-Funktion:

- Wenn beide Eingänge 0 sind, ist der Ausgang 0.
- Wenn Eingang A 0 und Eingang B 1 ist, ist der Ausgang 1.
- Wenn Eingang A 1 und Eingang B 0 ist, ist der Ausgang 1.
- Wenn beide Eingänge 1 sind, ist der Ausgang 0.

Jede Zeile der Wahrheitstabelle entspricht einer Speicherzelle in der LUT. Diese Zellen werden während der Programmierung des FPGAs mit den entsprechenden Ausgabewerten der XOR-Funktion programmiert. Wenn der FPGA läuft und binäre Signale an die Eingänge der LUT gesendet werden, liest diese den dazugehörigen Ausgabewert aus der entsprechenden Speicherzelle aus und gibt ihn als Ausgangssignal aus.

Durch dieses einfache, aber effektive Funktionsprinzip können LUTs eine Vielzahl von logischen Funktionen realisieren, von einfachen AND- oder OR-Gattern bis hin zu komplexeren Funktionen.

In vielen modernen FPGAs können auch mehrere LUTs miteinander kombiniert werden, um noch komplexere Funktionen oder größere Lookup-Tabellen zu ermöglichen. Einige FPGAs bieten auch die Möglichkeit, nur die Ausgänge mehrerer LUTs zu kombinieren, um vielseitigere logische Operationen zu ermöglichen. Aber das nur als Info, so weit gehen wir in diesem Buch nicht.

Programmierbare Logikblöcke (PLBs)

Diese Blöcke enthalten die LUTs und sind die fundamentalen Bausteine für die Implementierung von benutzerdefinierter Logik. Sie ermöglichen es, komplexe digitale Schaltungen zu realisieren. Dafür beinhalten sie neben den LUTs noch Flip-Flops, Multiplexer und möglicherweise auch noch fest definierte Logik-Gatter wie `UND`, `ODER` bzw. `NICHT`. Des Weiteren sind eine Steuerungslogik für das Timing und Koordinieren all dieser Bausteine erforderlich sowie eine *Routing-Matrix*, die dies alles nach Wunsch verschalten kann.

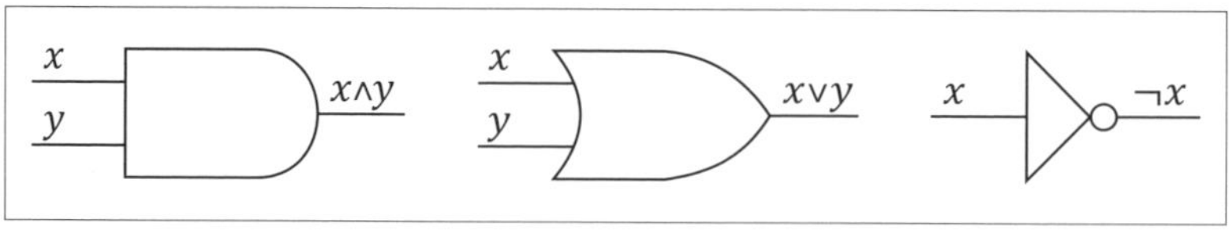

Abbildung 2.5 Und, Oder, Nicht – wer kennt das nicht?

Hört sich kompliziert an? Das ist es auch. Aber hier ist es erst einmal nur notwendig, dass Sie die Begriffe einmal gehört haben; mit diesem Level der Programmierung von FPGAs werden wir uns in diesem Buch nicht auseinandersetzen.

I/O-Blöcke (Input/Output)

I/O-Blöcke ermöglichen die Kommunikation des FPGAs mit der Außenwelt. Sie sind ein wichtiger Bestandteil von FPGAs, denn sie ermöglichen überhaupt erst die Interaktion des FPGAs mit seiner Umgebung. Diese Blöcke sind dafür zuständig, Signale zu senden (*Output*) und zu empfangen (*Input*), wobei jeder I/O-Block in sich konfigurierbar ist. Das bedeutet, dass Sie spezifische Einstellungen vornehmen können, um die Art und Weise anzupassen, wie diese Blöcke Signale verarbeiten. Zu diesen Einstellungen gehören beispielsweise die Anpassung der Signalstärke, der verwendete Logik-Level, die Takt-Geschwindigkeit und der Betriebsmodus (digital oder analog).

I/O-Blöcke können mit einer Vielzahl von elektronischen Standards und Schnittstellen arbeiten. Sie können für SPI (*Serial Peripheral Interface*), I^2C (*Inter-Integrated Circuit*), UART (*Universal Asynchronous Receiver/Transmitter*) und viele andere gängige Kommunikationsprotokolle konfiguriert werden.

Zusätzlich unterstützen sie oft auch fortgeschrittene Funktionen wie Schmitt-Trigger-Eingänge für verbesserte Rauschimmunität und programmierbare Pull-up/Pull-down-Widerstände zur Signalintegritätsoptimierung. Diese Funktionen sind besonders in Umgebungen wichtig, in denen eine stabile und zuverlässige Kommunikation entscheidend ist.

Programmierbare Routing-Matrix

Die programmierbare Routing-Matrix ist ein zentrales Element in einem FPGA und bildet das Herzstück seiner Flexibilität und Anpassungsfähigkeit. Diese Matrix ist eine komplexe Netzwerkstruktur, die die Verbindungen zwischen den verschiedenen programmierbaren Logikblöcken (PLBs) herstellen kann. Das Diagramm in Abbildung 2.6 vermittelt einen ersten Eindruck.

Im Detail besteht die Routing-Matrix aus einer Vielzahl von programmierbaren Schaltern und Verbindungsleitungen, die es ermöglichen, fast jeden Ausgang eines PLBs mit fast jedem Eingang eines anderen PLBs zu verbinden. Diese Schalter und Leitungen werden durch die Programmierung des FPGAs aktiviert oder deaktiviert. Dadurch wird eine nahezu unbegrenzte Anzahl von Verbindungsmöglichkeiten geschaffen.

Eine der wichtigsten Eigenschaften der Matrix ist ihre hohe Dichte und Effizienz. Trotz des komplexen Netzwerks an Verbindungen ist sie so gestaltet, dass sie eine schnelle Signalübertragung mit minimaler Verzögerung ermöglicht. Dies ist wichtig für Anwendungen, die eine hohe Leistung und schnelle Datenverarbeitung erfordern.

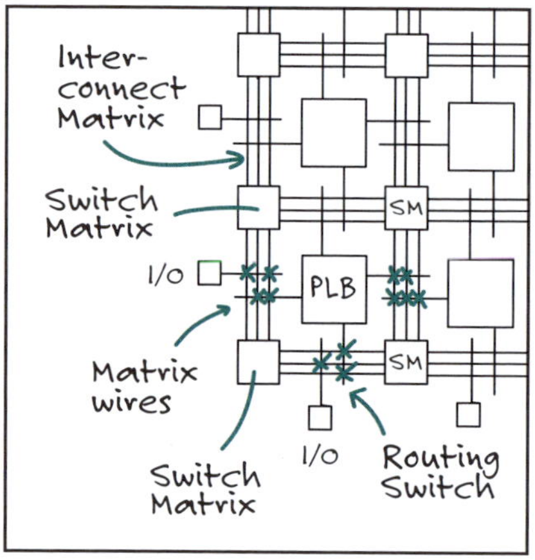

Abbildung 2.6 In der Matrix eines FPGAs sind Verknüpfungen frei definierbar.

Damit dies auch bei einer hohen Auslastung eines FPGAs funktioniert – denn in einem FPGA ist alles auf engstem Raum nebeneinander gepackt –, beinhaltet die Routing-Matrix auch Technologien *wie Clock-Management* und *Signalintegritätsoptimierung*, was auch eine programmierbare *Taktverteilung* und *Taktunterdrückung* beinhaltet. Beides ist für die Entwicklung von Hochgeschwindigkeitsanwendungen und für die Minimierung von *Störungen und Rauschen* notwendig.

Kurz gesagt: Vieles von dem, was moderne FPGAs können, können sie nur, weil die Routing-Matrix einige Tricks im Ärmel hat, um alles auch im Verbund noch funktionieren zu lassen.

Konfigurationsspeicher

Der Konfigurationsspeicher ist das Gedächtnis des FPGAs. Er enthält die spezifischen Konfigurationsdaten, die die Funktionalität des gesamten Bausteins bestimmen. In diesem Speicher liegen also die detaillierten Informationen darüber, wie die LUTs und die Routing-Matrix innerhalb des FPGAs verschaltet werden.

Der Konfigurationsspeicher hält dazu den sogenannten *Bitstream* vor – eine Folge von Daten, die die spezifische Logik und Verbindungskonfiguration des FPGAs definieren. Der Bitstream ist eine lange Reihe von Nullen und Einsen und hat ein spezifisches Format, das sich von FPGA zu FPGA unterscheidet. Beim Einschalten des FPGAs wird dieser Bitstream aus dem Konfigurationsspeicher gelesen und in die verschiedenen Komponenten des Chips geladen. Dieser Vorgang, der oft als *Konfigurierung* bezeichnet wird, aktiviert die Funktionalität des FPGAs, indem er die LUTs und *Routing-Wege* gemäß dem Design einstellt.

Der Konfigurationsspeicher ist in der Regel *nichtflüchtig*, was bedeutet, dass die Daten auch dann erhalten bleiben, wenn das Gerät ausgeschaltet wird. Es gibt aber bei einigen FPGAs auch die Möglichkeit, den Bitstream in ein SRAM zu schreiben, beispielsweise beim *Tang Nano 9K*. Dies ist ein flüchtiger Speicher, dessen Inhalt bei einem Verlust der Stromversorgung verloren geht. Dies kann beim Prototyping ein Vorteil sein, wenn man den FPGA aus jedem beliebigen Zustand wieder in eine Grundkonfiguration zurückversetzen können möchte, indem man einfach die Stromversorgung unterbricht.

Die Verwendung des nichtflüchtigen *Flash*-Speichers ist wiederum wichtig, wenn man sicherstellen möchte, dass der FPGA sofort und nach jedem Einschalten betriebsbereit ist. Der Konfigurationsspeicher macht den FPGA somit anpassungsfähig, ohne die physische Hardware ändern zu müssen, und ermöglicht auch schnelle Design-Iterationen.

Sicherheitsüberlegungen zum Konfigurationsspeicher

Manche FPGAs haben nur einen internen SRAM-Speicher. Wenn solch ein FPGA in einem Gerät bei jedem Einschalten mit einer *persistenten Konfiguration* initialisiert werden soll, so wird diese aus einem externen Flash-Speicher eingelesen. Die Speicherung eines Bitstreams in einen externen Speicherchip kann allerdings ein potenzielles Sicherheitsproblem darstellen.

Hacker können versuchen, die Übertragung des Bitstreams beim Einschalten des Systems mitzulesen oder sogar den einzulesenden Bitstream zu ersetzen. Um solch einer Kompromittierung des Systems entgegenzuwirken, verfügen manche FPGAs über Sicherheitssysteme, die dafür sorgen, dass nur autorisierter Konfigurationscode geladen und ausgeführt wird – ein Vorgang, der als *Secure Boot* bekannt ist.

Darüber hinaus sind Gegenmaßnahmen integriert, die physische Angriffe durch *Manipulationsschutz* (*Anti-Tampering*) und *Datenlöschung* (*Zeroization*) verhindern. Bei FPGAs mit integriertem Flash-Speicher kann der Inhalt besser geschützt werden. Sollten Sie einmal in die Situation kommen, die Konfiguration des FPGAs, den Bitstream, schützen zu müssen, denken Sie daran, dass ein externer Konfigurationsspeicher – in der Regel – weniger Schutz bietet.

Frequenzmanagement und Clock-Manager

Die PLLs (*Phase-Locked Loops*, dt. *Phasenregelschleifen*) in FPGAs werden verwendet, um die Frequenz der Taktsignale zu steuern und anzupassen. Das ist das sogenannte *Frequenzmanagement*. PLLs ermöglichen es, die Taktfrequenz für verschiedene Teile des FPGAs zu variieren, was für die Synchronisation und das Timing in digitalen Schaltungen wichtig ist. Auch zur Signalstabilisierung tragen diese PLLs bei, indem sie Schwankungen und *Jitter* (zeitliche Abweichungen im Signal) minimieren. Dies ist für die Signalintegrität in komplexen digitalen Systemen wichtig. Außerdem ermöglichen sie es auch, mit mehreren Taktquellen zu arbeiten und flexibel zwischen diesen wechseln zu können, was für manche Konfigurationen erforderlich sein kann.

Clock Manager in FPGAs sind für die Verteilung des Taktsignals innerhalb des Chips verantwortlich. Sie gewährleisten, dass alle Komponenten des FPGAs synchron arbeiten. Dies beinhaltet auch eine mögliche Anpassung der Taktfrequenz und die Wahl der optimalen Taktquelle. Clock Manager können auch *elektromagnetische Interferenzen* reduzieren, die durch Taktleitungen verursacht werden können.

Taktquellen

Die Taktquellen eines FPGAs können sowohl intern als auch extern sein. So verfügen einige FPGAs über eingebaute Oszillatoren, die als interne Taktquelle dienen können. Diese bieten nicht immer die gleiche Präzision wie externe Oszillatoren, sind aber in bestimmten Anwendungen nützlich. Häufiger werden externe Oszillatoren verwendet, die ein genaueres Taktsignal erzeugen. Diese Oszillatoren sind physisch außerhalb des FPGAs auf der Platine platziert und mit dem FPGA über dedizierte Takteingangspins verbunden. PLLs innerhalb des FPGAs können auch als Taktquellen dienen, indem sie ein externes Taktsignal nehmen und es modifizieren (zum Beispiel durch Frequenzvervielfachung oder -teilung), um unterschiedliche Taktraten für verschiedene Teile des FPGAs zu erzeugen.

> **IV – Safety first**
>
> Wie sieht es mit der Sicherheit Ihres Projekts aus? Gibt es Aspekte, die Sie besonders schützen müssen, sei es vor physischen Schäden oder unbefugtem Zugriff? Notieren Sie Ihre Gedanken zur Sicherheit Ihres Projekts.

2.1.7 Spezifische Komponenten unterschiedlicher FPGAs

Die im vorherigen Abschnitt aufgeführten Punkte sind Dinge, die in jedem FPGA vorhanden sind. Die folgenden Hardware-Bestandteile und Eigenschaften unterscheiden sich von Modell zu Modell und auch von Hersteller zu Hersteller.

DSP-Blöcke (Digital Signal Processing)

Einige FPGAs enthalten spezielle *DSP-Blöcke* für die Verarbeitung von digitalen Signalen, die für Anwendungen in der Signalverarbeitung und Telekommunikation optimiert sind.

Speicherblöcke

Viele FPGAs verfügen über integrierte Speicherblöcke wie SRAM, die für die Zwischenspeicherung von Daten genutzt werden können. Dieser SRAM-Speicher ist schnell, da er keinen Refresh-Zyklus wie DRAM benötigt. Meist ist dieser Speicher nur wenige Kilobyte groß und wird für die Datenzwischenspeicherung, als Konfigurationsspeicher, für die Verwendung mit FIFO- oder LIFO-Datenstrukturen, für Shift-Speicher oder bei der Signalverarbeitung und Pufferung von Datenströmen verwendet. Allerdings ist dieser SRAM-Speicher flüchtig und nur für die temporäre Verwendung zur Laufzeit geeignet. Sobald der FPGA von der Stromversorgung getrennt wird, geht der Inhalt verloren.

Externer Speicher

Für die Speicherung von Daten wird bei FPGAs oft auf externen Speicher wie Flash-Speicher oder EEPROM zurückgegriffen. Diese Speicherarten ermöglichen es, Daten dauerhaft zu sichern. Dabei geht es nicht nur um den Konfigurationsspeicher für den FPGA-Bitstream, sondern auch um Daten, die während des Betriebs des FPGAs erzeugt oder benötigt werden. Ein anschauliches Beispiel hierfür sind Rainbow-Tables, die in der IT-Sicherheit und bei kryptografischen Verfahren eine wichtige Rolle spielen.

Rainbow-Tables

Die Verwendung von *Rainbow-Tables* ist eine effiziente Methode, um das Knacken von Passwörtern zu beschleunigen. Sie schafft einen Ausgleich zwischen dem benötigten Speicherplatz und der Rechenzeit. Der Kniff besteht darin, die Zuordnung von Hash-Werten zu den ursprünglichen Passwörtern schnell wiederherzustellen, ohne den Hash-Algorithmus für jede denkbare Passwortkombination neu berechnen zu müssen.

Der Zugriff auf Daten aus einem solchen Speicher ist oft schneller als die ständige Neuberechnung von Hash-Werten, vor allem dann, wenn diese Berechnungen komplex und zeitintensiv sind. FPGAs können in diesem Zusammenhang speziell angepasste Algorithmen nutzen, um die Suche und den Abgleich in Rainbow-Tables effizient zu beschleunigen. Dank ihrer Fähigkeit, parallele Verarbeitungsprozesse zu optimieren, sind FPGAs in der Lage, eine Vielzahl von Hash-Abgleichen simultan durchzuführen, indem sie auf vorgefertigte Tabellen zurückgreifen. Allerdings benötigen Sie für solche Rainbow-Tables meist viel Speicherplatz, was die Anbindung von Flash-Speicher mit viel Kapazität oder sogar eine SD-Karte notwendig macht.

Diese Kombination aus externem Speicher und der parallelen Verarbeitungskapazität der FPGAs ist ein praktisches Beispiel, wie FPGAs sich als leistungsfähiges Werkzeug in der *Kryptoanalyse* und bei *Sicherheitstests* nutzen lassen. Die geschickte

Kombination von Hardware und Strategie macht einen FPGA zum richtigen Werkzeug für manche Aufgaben. Ihre speziellen Eigenschaften lassen die FPGAs dabei wie eine maßgeschneiderte *Hardware-Beschleunigung* arbeiten. So können sie bei spezialisierten Aufgaben generische (Mikro-)Prozessoren ohne große Mühe übertreffen.

Es gibt auch noch andere spannende Daten, die in einem externen Speicher abgelegt werden können, beispielsweise *Kalibrierungswerte*, lange Reihen von geospatialen Datensätzen oder einfach die Steuersequenz für Ihre RGB-LEDs.

Hochgeschwindigkeits-Transceiver

Einige fortschrittliche FPGAs bieten integrierte *Transceiver* für die Hochgeschwindigkeitsübertragung von Daten. Sie sorgen für die schnelle Datenübertragung zwischen dem FPGA und anderen Geräten oder Systemen und unterstützen oft verschiedene Übertragungs- und Kommunikationsstandards. Diese Transceiver sind besonders in Anwendungen wichtig, die hohe Datenraten erfordern, wie in der Telekommunikation, bei Hochgeschwindigkeitsnetzwerken oder in der digitalen Signalverarbeitung. Darin enthalten sein kann schon eine *Signalwandlung* (Kupfer auf Glasfaser) oder auch Funktionen, um die *Signalintegrität* zu verbessern (*Clock Data Recovery*). Wenn Sie einen FPGA mit solch einer Schnittstelle benötigen, dann studieren Sie das Datenblatt, um frühzeitig zu prüfen, ob der Transceiver auch das leistet, was Sie von ihm erwarten.

Wo werden solche FPGAs verwendet? Beim Hochfrequenz-Trading, in Netzwerkgeräten wie Switches oder Firewalls, in Teilchenbeschleunigern und für andere Dinge, bei denen riesigen Mengen an Daten bewegt werden müssen – kurz gesagt bei Dingen, die entweder viel Geld kosten oder viel Geld machen.

Hardcore-Prozessorkerne

Einige FPGAs integrieren Prozessorkerne, die für spezifische Aufgaben bereitgestellt werden können. Solche Hardcore-Prozessorkerne sind fest im FPGA integrierte Mikroprozessoren, die im Gegensatz zur restlichen programmierbaren Logik des FPGAs nicht veränderbar sind (deshalb der Begriff *Hardcore*). Sie dienen als Verarbeitungseinheiten für spezifische Aufgaben und erlauben eine effiziente Ausführung von Software. Solche Prozessoren, oft ARM-basiert, werden in *System-on-Chip*-(SoC-)FPGAs integriert und bieten die Möglichkeiten eines Mikrocontrollers innerhalb des FPGAs. Der *Tang Nano 4K* ist beispielsweise solch ein FPGA. Dieser FPGA ist ideal für Anwendungen, die eine Kombination aus spezialisierter Hardware-Logik und traditioneller Software-Verarbeitung erfordern, wie in *Embedded Systems*, bei der Signalverarbeitung oder in IoT-Geräten. Diese Integration ermöglicht eine hohe Leistungsfähigkeit und Flexibilität in komplexen Systemdesigns, weil zwei Welten im FPGA miteinander verbunden werden können.

Würden Sie einen Mikroprozessor im FPGA selbst designen, wäre dies ein sogenannter *Softcore*-Prozessor. Für einen einfachen 8-Bit- oder 16-Bit-Softcore-Mikrocontroller benötigen Sie rund 1000 bis 5000 LUTs, und für komplexere 32-Bit-Prozessoren können gut und gerne 5000 bis 20.000 LUTs benötigt werden. Da kann es einfacher und günstiger sein, einen FPGA mit integriertem Prozessorkern auszuwählen, denn je mehr LUTs ein FPGA hat, desto teurer wird er.

Analoge Schnittstellen

Einige FPGAs bieten analoge Schnittstellen, was ihre Anwendung in gemischten Signalumgebungen erweitert. Sie ermöglichen die Interaktion mit analoger Elektronik, was für Anwendungen wie Sensorik, Signalverarbeitung und Regelungstechnik wichtig ist.

Diese Schnittstellen bestehen typischerweise aus *Analog-Digital-Wandlern* (ADCs) und *Digital-Analog-Wandlern* (DACs), um analoge Signale in digitale Daten umzuwandeln und umgekehrt. Obwohl FPGAs hauptsächlich digitale Bausteine sind, erlauben integrierte oder externe analoge Schnittstellen die direkte Verarbeitung von realen, analogen Signalen. Achten Sie aber auf die Kompatibilität der verwendeten Spannungspegel. Je nach FPGA-Technologie beträgt diese meistens 3,3 V, 2,5 V oder 1,8 V. Ein von außen angelegtes analoges Signal muss daran angepasst werden.

Digitale Schnittstellen

Zu den digitalen Schnittstellen, die FPGAs bereitstellen können, gehören beispielsweise SPI (*Serial Peripheral Interface*) und UART (*Universal Asynchronous Receiver/Transmitter*) für die serielle Kommunikation. Manche FPGAs haben auch DVI-(*Digital Visual Interface*-) oder HDMI-(*High-Definition Multimedia Interface*-)Schnittstellen implementiert, um eine Verwendung mit Audio- und Videosignalen zu vereinfachen.

Durch die unterschiedlichen Einsatzgebiete, für die ein FPGA vom Hersteller vorgesehen ist, und die damit verbundenen Leistungsanforderungen unterscheiden sich FPGAs in ihren Features, wie DSP-Blöcken, integriertem Speicher, Hochgeschwindigkeitsschnittstellen und eingebauten Prozessorkernen. Je nach vorgesehener Aufgabe ist also eine genaue Auswahl des geeigneten FPGA-Modells nötig.

2.1.8 Verarbeitungsgeschwindigkeit und Echtzeitfähigkeit

Schon mehrfach habe ich sie erwähnt: Die *Echtzeitfähigkeit* bezeichnet die Fähigkeit eines Systems, auf Eingaben innerhalb eines festgelegten, garantierten Zeitrahmens zu reagieren, was in vielen technischen Anwendungen – von der Industrieautomatisierung bis hin zur Telekommunikation – unabdingbar ist. Diese prompte Reaktionszeit gewährleistet, dass das System präzise und zuverlässig unter zeitkritischen Bedingungen operieren kann.

FPGAs zeichnen sich besonders durch ihre Fähigkeit zur parallelen Verarbeitung aus, wodurch sie mehrere Operationen gleichzeitig durchführen können. Diese Hardware-basierte Parallelität ermöglicht es, extrem schnelle Verarbeitungsgeschwindigkeiten zu erreichen und komplexe Berechnungen in Echtzeit durchzuführen – ohne die Verzögerungen, die mit sequenzieller Datenverarbeitung oft verbunden sind. Daher sind FPGAs ideal für Anwendungen geeignet, bei denen es auf jede Millisekunde ankommt, beispielsweise in der Signalverarbeitung oder bei der Datenflusssteuerung in kritischen Systemen.

Im Vergleich dazu sind RTOS (*Real-Time Operating Systems*) darauf ausgelegt, Aufgaben präzise zu planen und zu verwalten, um sicherzustellen, dass sie innerhalb eines genau definierten Zeitfensters bearbeitet werden. Durch die Unterstützung von Multithreading ermöglichen RTOS zwar eine Form der parallelen Aufgabenbearbeitung, diese erfolgt jedoch auf Software-Ebene und hängt somit davon ab, wie leistungsfähig die zugrunde liegenden Hardware-Prozessoren bei der Parallelisierung sind.

Ein RTOS ist somit besonders geeignet für Szenarien, in denen die zeitgerechte Ausführung von Aufgaben in einer vorhersehbaren Reihenfolge entscheidend ist, und bietet eine Lösung für Anwendungen, die eine zuverlässige, zeitkritische Verarbeitung erfordern.

Beide Technologien – FPGA und RTOS – haben somit ihre spezifischen Stärken und Einsatzgebiete, die sie für unterschiedliche Aspekte der Echtzeitdatenverarbeitung prädestinieren. In Situationen allerdings, in denen die Geschwindigkeit der Aufgabenverarbeitung und die Fähigkeit zur simultanen Bearbeitung zahlreicher Prozesse kritisch ist, stoßen RTOS-Systeme an ihre Grenzen, weil sie von der sequenziellen Verarbeitungskapazität der zugrunde liegenden CPU und von Software-Scheduling-Strategien abhängig sind.

FPGAs hingegen können in diesen Bereichen noch »locker weitermachen«, wenn RTOS-Systemen die Puste ausgeht, da ihre Hardware direkt für parallele Verarbeitung ausgelegt und somit nicht von den gleichen Beschränkungen betroffen ist.

2.1.9 Der Vergleich im Überblick

Tabelle 2.3 bietet einen Vergleich der Hauptmerkmale und Unterschiede zwischen FPGAs, ASICs, Mikroprozessoren und Mikrocontrollern. Diese vier Arten von integrierten Schaltkreisen haben unterschiedliche Merkmale und Einsatzzwecke, und die Tabelle hilft Ihnen dabei, die jeweiligen Vor- und Nachteile in Bezug auf Flexibilität, Leistung, Energieeffizienz, Entwicklungsaufwand, Programmierbarkeit und andere wichtige Aspekte einzuordnen.

Merkmal	FPGA	ASIC	Mikroprozessor	Mikrocontroller
Flexibilität	Sehr hoch, nach Herstellung programmierbar	Sehr gering, während Herstellung festgelegt	Gering, feste Architektur	Gering, feste Architektur
Parallelität	Hoch, echte Parallelverarbeitung möglich	Hoch, echte Parallelverarbeitung möglich	Begrenzt, pseudoparallele Ausführung	Begrenzt, pseudoparallele Ausführung
Leistung	Sehr hoch für spezielle Anwendungen	Sehr hoch für spezielle Anwendungen	Hoch für allgemeine Anwendungen	Begrenzt für eingebettete Systeme
Energieeffizienz	Hoch bei richtiger Implementierung	Sehr hoch	Moderat	Hoch für eingebettete Systeme
Zeitaufwand für Neuentwicklung	Moderat	Sehr hoch	Gering	Gering
Entwicklungskosten	Moderat	Sehr hoch	Gering	Gering
Stückkosten (hohe Volumen)	Hoch	Sehr gering	Gering	Gering
Wiederprogrammierbarkeit	Ja	Nein	Begrenzt durch Firmware-Updates	Begrenzt durch Firmware-Updates
Typische Anwendungen	Digitale Signalverarbeitung, Bildverarbeitung, Kryptografie	Hochvolumen-Konsumgüter, Mobiltelefone	Allgemeine Computersysteme	Eingebettete Systeme, IoT-Geräte

Tabelle 2.3 Merkmale der möglichen Hardware-Varianten – die Qual der Wahl

Merkmal	FPGA	ASIC	Mikroprozessor	Mikrocontroller
Programmier-sprache	Hardware-Beschreibungssprachen (HDL) wie VHDL, Verilog	–	C, C++, Assembler	C, Assembler
Computation	Benutzer-konfigurierbare Logik, DSP, Datenpfade	Fixed Arithmetic Engine	Von-Neumann-Architektur, Befehlssätze	Von-Neumann-Architektur, Befehlssätze
I/O	Konfigurierbare I/O-Ports	Feste I/O-Port-Zuordnungen	Feste I/O-Port-Zuordnungen	Feste I/O-Port-Zuordnungen
Programmability	Konfiguration bestimmter Modi und Betriebsparameter	–	Programm-ausführung	Programm-ausführung
Programmier-barkeit	Schwierig (HDL)	–	Einfach (Hoch-sprachen, Assembler)	Einfach (Hoch-sprachen, Assembler)
Wartung/ Upgrades	Einfach (Neu-konfiguration)	Sehr schwierig (Neuentwicklung)	Moderat (Software-Updates)	Moderat (Firmware-Updates)

Tabelle 2.3 Merkmale der möglichen Hardware-Varianten – die Qual der Wahl (Forts.)

Zusätzliche wichtige Merkmale:

- **Zeitbezogener Determinismus:** FPGAs und ASICs bieten ein deterministisches Zeitverhalten, Mikroprozessoren und Mikrocontroller sind in der Regel nicht deterministisch.
- **Sicherheit und Zertifizierung:** FPGAs und ASICs werden oft in sicherheitskritischen Systemen eingesetzt und erfordern eine entsprechende Zertifizierung. Mikroprozessoren und Mikrocontroller sind da meist weniger restriktiv.
- **Fertigungszeit:** Die Herstellung von ASICs erfordert eine sehr lange Vorlaufzeit, FPGAs sind deutlich schneller entwickelt und verfügbar. Die Produktion von marktbekannten Mikroprozessoren und Mikrocontrollern hat in der Regel kurze Vorlaufzeiten.
- **Lebenszyklus:** FPGAs und Mikrocontroller haben in der Regel einen längeren Produktlebenszyklus als ASICs und Mikroprozessoren.

2.1.10 Die vielfältige Namensgebung in FPGA-Designs

Alle FPGAs teilen sich die grundlegende Architektur ihres Aufbaus und sind sich ähnlich. Aber bei jedem Hersteller unterscheiden sich die technischen Merkmale dieser Bausteine, und einige Bausteine werden auch anders genannt. Das ist oft sehr verwirrend, denn die Hersteller nutzen eigene Bezeichnungen für die Bestandteile ihrer Chips. Das ist teilweise auf unterschiedliche Architekturen und Designs zurückzuführen, aber manchmal auch einfach nur eine Marketingentscheidung.

In diesem Buch verwende ich die Bezeichnungen der von uns genutzten FPGAs. Aber unweigerlich werden Sie irgendwann einmal auf Bezeichnungen treffen, die Ihnen unbekannt sind, weil Sie keine Hardware oder Software anderer Hersteller verwendet haben und Ihnen diese Begriffe deshalb nicht vertraut sind. Wie schon gesagt, lassen Sie sich nicht verwirren, vieles ist nur Marketing. Hier sind einige Beispiele:

- **Xilinx**
  - **Slice:** Ein *Slice* ist eine Grundeinheit in Xilinx-FPGAs, die Logikelemente (wie Lookup Tables und Flip-Flops) enthält.
  - **CLB** (*Configurable Logic Block*): Ein CLB ist eine größere Einheit, die mehrere Slices enthält. CLBs sind die primären logischen Bausteine in Xilinx-FPGAs.
- **Altera/Intel**
  - **Logic Element (LE):** Ein LE ist die Grundbaueinheit in Altera/Intel-FPGAs, vergleichbar mit einem Slice bei Xilinx. LEs enthalten Komponenten wie Lookup Tables und Register.
  - **Logic Array Block (LAB):** Ein LAB ist eine Sammlung von LEs. LABs sind die Hauptbausteine in der Architektur von Altera/Intel-FPGAs.
- **Lattice Semiconductor**
  - **Function Block:** Die Firma Lattice verwendet den Begriff *Function Block*, um eine Gruppe von Logikressourcen in ihren FPGAs zu beschreiben. Diese können ähnliche Komponenten wie Slices oder LEs enthalten.
- **Microsemi (ehemals Actel)**
  - **Logic Module (LM):** In einigen Microsemi-FPGA-Designs wird *Logic Modules* als Bezeichnung für die grundlegenden Logikbausteine verwendet.

All diese unterschiedlichen Bezeichnungen reflektieren die Vielfalt der FPGA-Technologie und zeigen, wie verschiedene Hersteller ihre Produkte differenzieren. Obwohl die Grundprinzipien ähnlich sind, kann es in der spezifischen Implementierung und Organisation dieser Blöcke deutliche Unterschiede geben.

Diese Unterschiede im Innenleben eines FPGAs sind meist nur aus der Dokumentation des Herstellers zu erfahren, denn die Details, wie genau die Logikblöcke beim Platzieren und Routen (*Place-and-route*) mit der Matrix verschaltet werden, wird durch die Software des Herstellers geregelt. Das heißt, wie das Design eines FPGAs durch eine Hardware-Beschreibung in Verilog dann zu der internen Verschaltung und Organisation im FPGA führt, ist zum großen Teil eine Blackbox für den Anwender und ein Geheimnis der Hersteller.

Es gibt allerdings Wege, um hinter diesen Schleier zu blicken, zum Beispiel durch *Fuzzing*, das ich im zweiten Teil des Buches in Abschnitt 6.2 behandele. Diese Methode ist jedoch nicht der übliche, alltägliche Ansatz – aber als Maker werden Sie sicherlich Spaß daran haben.

2.1.11 FPGA vs. Mikrocontroller: Stärken und Schwächen

Bitte beachten Sie, dass es schwierig ist, zu »Stärken und Schwächen« allgemeingültige Aussagen zu treffen: Für Maker und Hobby-Elektroniker, die oft mit begrenzten Ressourcen und unterschiedlichem Erfahrungsgrad arbeiten, können die empfundenen Stärken und Schwächen von FPGAs und Mikrocontrollern anders aussehen.

FPGAs für Maker und Hobby-Elektroniker

Wenn Sie in die Hardware-Entwicklung eintauchen möchten, sind FPGAs ideal, um wertvolle Erfahrungen zu sammeln und ein tiefgreifendes Verständnis für die Funktionsweise von digitalen Schaltkreisen zu entwickeln. Da heutzutage Digitalschaltungen nicht mehr wie in den 1980er-Jahren entwickelt werden, muss man sich heute spezialisierten Chips zuwenden – in vielen Fällen den FPGAs.

FPGAs bieten noch weitere Vorteile: Platzersparnis, geringere Fertigungskosten bei einem hohen Volumen und ein weit geringerer Strombedarf im Vergleich zu den früher auf einer Platine benötigten Mengen an Logik-ICs.

Allerdings gehen diese Vorteile auch mit Problemen einher, die man vorher nicht hatte: Eine der größten Hürden beim Einstieg in die Arbeit mit FPGAs ist ihre Komplexität. Zu Beginn kann die damit verbundene steile Lernkurve abschreckend wirken. Darüber hinaus sind die Kosten für FPGAs in der Regel höher als die für herkömmliche Mikrocontroller, die für viele Einsatzzwecke auch gut geeignet sind und mit den kleineren FPGAs konkurrieren. Dies alles sind Faktoren, die viele Maker dann doch wieder zu einem Mikrocontroller greifen lassen.

Abbildung 2.7 Logik-Gatter-ICs auf einer alten Platine. Sie sehen hier die ersten Entwicklungen einer kleinen Garagenfirma aus Palo Alto, Kalifornien.

Mikrocontroller für Maker und Hobby-Elektroniker

Im Vergleich zu FPGAs sind Mikrocontroller für die Tätigkeit eines Makers und Hobby-Elektronikers wesentlich besser zugänglich: Zu den meisten verfügbaren Mikrocontrollern existiert eine umfangreiche Community-Unterstützung, um Lernenden und Entwicklern dabei zu helfen, Lösungen für ihre Projekte zu finden. Umfangreiche Dokumentationen machen es einfach, sein Wissen weiterzuentwickeln.

Dies macht Mikrocontroller meist zu einer bevorzugten Wahl für alle, die gerade erst beginnen, sich mit der Programmierung und dem Umgang mit Hardware auseinanderzusetzen. Ihr zumeist günstiger Preis und ihre breite Verfügbarkeit machen sie zu einer bevorzugten Wahl für Hobbyprojekte und Experimente, bei denen das Budget eine wichtige Rolle spielt.

Allerdings besitzen Mikrocontroller ihre eigenen Einschränkungen: Ihre festgelegten Funktionen können in Projekten, die spezielle Hardware-Konfigurationen erfordern, limitierend wirken, beispielsweise wenn man zwei I^2C-Schnittstellen benötigt, aber nur eine vom Mikrocontroller bereitgestellt bekommt und für ein Bit-Bang nicht mehr genug Platz im Speicher bleibt.

Zudem kann Mikrocontrollern bei parallelen oder rechenintensiven Aufgaben die Puste ausgehen. Bei vielen Projekten, beispielsweise bei Lichtskulpturen mit vielen Hundert LEDs, stößt man schnell an die Grenzen der Leistungsfähigkeit eines Mikrocontrollers. Wer hat nicht schon den Sprung vom Arduino UNO zum MEGA gemacht, weil nicht mehr genug »Bums unter der Haube« war?

Das ist nämlich oft der nächste Schritt: den Mikrocontroller mit der nächsthöheren Leistung zu verwenden, in der Hoffnung, das Problem mit ihm bewältigt zu bekommen. Funktioniert dies aber nicht, wandert das Projekt meist in die Schublade. Dabei wäre ein Umstieg auf die FPGA-Technologie meist eine Möglichkeit, das Problem doch noch in den Griff zu bekommen.

Zusammenfassend lässt sich aber sagen: Sobald Sie genötigt sind, die Hardware upzugraden, sind jegliche Kostenvorteile gegenüber einem FPGA meist dahin. Spätestens wenn es mit einem Mikrocontroller im zweiten Anlauf nicht funktioniert, ist der Zeitpunkt gekommen, an dem Sie über einen FPGA nachdenken sollten.

Wenn Sie zwischen Mikrocontrollern und FPGAs wählen – insbesondere bei einem Redesign von Mikrocontroller auf FPGA –, ist es entscheidend, die spezifischen Anforderungen des Projekts ganz genau zu berücksichtigen und eher konservativ und pragmatisch zu schätzen, was funktionieren könnte ... oder eher nicht. Mikrocontroller bieten sich für Projekte an, die von einfach bis mittelschwer reichen, und sie sind nun einmal besonders anfängerfreundlich. Im Gegensatz dazu eignen sich FPGAs für mittlere bis anspruchsvollere Anwendungen, die nach maßgeschneiderter Hardware verlangen und eine hohe Leistungsfähigkeit benötigen.

Wann immer Sie bei Ihren Überlegungen zu einem Projekt an einen Punkt kommen, an dem Sie sich fragen, ob der Mikrocontroller dies noch schafft, sollten Sie überprüfen, ob Sie hier gegebenenfalls einen Knackpunkt entdeckt haben, der sich im späteren Verlauf des Projekts als echtes Problem herausstellen könnte. Denn oft sind später auch Aktualisierungen oder Funktionserweiterungen von Projekten nötig, die der verbaute Mikrocontroller dann möglicherweise nicht mehr bewältigt. Sie sollten bei Ihren Designs somit immer ausreichend Luft nach oben lassen, um in keine Sackgasse zu geraten.

Aber wie soll man so etwas vorhersehen? Hier können Sie auf die Hilfe einer Chat-KI vertrauen: Fragen Sie die KI Ihres Vertrauens mal, wie sie das schon angesprochene Problem mit den LEDs einschätzt:

> **Frage:** Kann ich mit einem Arduino Nano eine RGB-LED-Kette mit 500 LEDs und dem WS2812-Protokoll flüssig ansteuern? Oder sollte ich einen FPGA wie den iCE40HX dafür nehmen?
>
> **ChatGPT:** Die Ansteuerung einer RGB-LED-Kette mit 500 LEDs, basierend auf dem WS2812-Protokoll, stellt sowohl in Bezug auf die Programmierbarkeit als auch auf die Leistungsfähigkeit hohe Anforderungen. Der Arduino Nano, mit seinem ATmega328-Mikrocontroller, ist für diese Aufgabe jedoch hinsichtlich Speicher und Prozessorleistung deutlich begrenzt.

Ansteuerung mit Arduino Nano:

Der Arduino Nano kann technisch eine Kette von 500 WS2812-LEDs ansteuern, aber es gibt mehrere Faktoren zu berücksichtigen:

- **Speicher**: Jede WS2812-LED benötigt 3 Bytes an Speicher für die Farbwerte (Rot, Grün, Blau). Für 500 LEDs bedeutet dies 1500 Bytes nur für die Farbdaten. Der Arduino Nano hat 2 KB SRAM, wovon ein Teil bereits für den Programmcode und andere Aufgaben reserviert ist. Obwohl es knapp wird, ist die Ansteuerung möglich, solange die Farbdaten der einzige große Speicherverbraucher sind.
- **Timing**: Das WS2812-Protokoll erfordert ein präzises Timing für die Signalübertragung. Der Arduino Nano kann das Timing für die Ansteuerung über Software realisieren, allerdings kann die Flüssigkeit der Ansteuerung bei langen LED-Ketten leiden, insbesondere wenn komplexe Animationen oder schnelle Aktualisierungen gewünscht sind.

Ansteuerung mit einem FPGA wie dem iCE40HX:

Ein FPGA, wie der iCE40HX, bietet deutliche Vorteile in Bezug auf Flexibilität und Leistung für diese Aufgabe:

- **Flexibilität**: FPGAs können für spezifische Aufgaben wie das präzise Timing, das das WS2812-Protokoll erfordert, programmiert werden. Sie können Hardware-Beschleunigung für die Signalverarbeitung nutzen, was eine flüssigere Ansteuerung der LEDs ermöglicht.
- **Leistung**: FPGAs können mehrere LED-Updates parallel verarbeiten, was für eine Kette von 500 LEDs vorteilhaft und entscheidend sein kann, um eine flüssige Animation zu gewährleisten. Die Geschwindigkeit und Effizienz von FPGAs in solchen Anwendungen sind deutlich höher als bei Mikrocontrollern.

Wenn Ihr Hauptziel die Einfachheit der Programmierung und die schnelle Umsetzung eines Projekts mit nur grundlegenden Anforderungen ist, könnte der Arduino Nano ausreichen. Für komplexere Animationen und die flüssige Ansteuerung einer so großen Anzahl von LEDs ist er jedoch schlecht geeignet und ein FPGA eine bessere Wahl.

Diese Antwort schätzt die Frage sehr gut ein und liefert ein Urteil, dem ich mich nur anschließen kann. Es ist sehr beeindruckend zu sehen, wie viel Arbeit KI-Helfer bereits in der Planungs- und Designphase leisten können und wie ordentlich die Ergebnisse sind.

Testen wir unseren neuen Assistenten doch gleich noch mal!

Wenn Sie eine Idee zu einem neuen Projekt haben und sich unsicher sind, wie groß der Aufwand im Vergleich zwischen zwei Möglichkeiten ist, können Sie auch dazu eine Chat-KI nach einer Einschätzung fragen:

Frage: Wie schätzt du den zeitlichen Entwicklungsaufwand ein, wenn ich die 500 LEDs mit einem Arduino Nano vs. einem iCE40HX ansteuere. Es soll eine komplexe Laufschriftanimation mit Farbwechseln sein.

ChatGPT: Wenn sich der Entwickler sowohl mit der Arduino- als auch mit der FPGA-Entwicklungsumgebung gut auskennt, kann eine grobe Schätzung auf der Grundlage der Eigenschaften beider Plattformen und der Natur des Projekts – in diesem Fall eine komplexe Laufschriftanimation mit Farbwechseln für eine 500-LED-Kette – abgegeben werden:

Arduino-Entwicklung

Mit dem Arduino Nano ist die Entwicklung einfacher und direkter dank der Verfügbarkeit hochwertiger Bibliotheken und einer umfangreichen Community-Unterstützung. Für eine komplexe Animation kann der Entwicklungsprozess jedoch durch die Leistungsgrenzen des Mikrocontrollers, insbesondere in Bezug auf Speicher und Rechenkapazität, verlangsamt werden. Optimierungen und das Managen der Ressourcen können zusätzliche Zeit in Anspruch nehmen.

FPGA-Entwicklung

Mit einem FPGA wie dem iCE40HX kann der Entwickler die Hardware exakt an die Bedürfnisse der Anwendung anpassen. Die Fähigkeit, Operationen parallel auszuführen, ermöglicht es, die LED-Updates effizient zu handhaben, was bei einer großen Anzahl von LEDs entscheidend ist. Die Entwicklung könnte zunächst aufgrund der Notwendigkeit, die Hardware-Beschreibung genau zu spezifizieren, länger dauern, aber die Leistungsfähigkeit und Flexibilität eines FPGA könnte die Gesamtentwicklungszeit für komplexe Projekte reduzieren, insbesondere wenn Leistungsoptimierungen berücksichtigt werden.

Geschätzter Zeitunterschied

Es ist eine Herausforderung, eine präzise Zeitersparnis zu beziffern, ohne die spezifischen Details der Animation zu kennen. Jedoch könnte die Entwicklung mit einem FPGA in Bezug auf die Implementierung komplexer Parallelverarbeitung und Optimierung der Leistungsfähigkeit effizienter sein.

Es wäre nicht ungewöhnlich, dass die FPGA-basierte Entwicklung in bestimmten Fällen bis zu doppelt so schnell abgeschlossen werden könnte, insbesondere wenn die Zeit für die Optimierung der Leistung und die Anpassung an die Ressourcenbeschränkungen des Arduino berücksichtigt wird. Diese Schätzung hängt jedoch stark von der Komplexität der gewünschten Animation und der Effizienz des Entwicklungsprozesses ab. FPGAs bieten im Allgemeinen eine bessere Skalierbarkeit und könnten bei der Implementierung von Funktionen, die eine hohe Parallelverarbeitung erfordern, deutliche Zeitvorteile bieten.

Mit einer Chat-KI können Sie Ihre Projekt-Idee vor dem Start der Entwicklung einmal durchdiskutieren, um ein paar Eckpunkte abzuklopfen, denn sie kann Ihnen helfen, Ihr Bauchgefühl zu entwickeln. Mit der Zeit hilft Ihnen die KI dann immer besser, je detaillierter Sie die technischen Merkmale eines Projekts zur Sprache bringen können, die möglicherweise ein Problem darstellen könnten. Diese Hürden im Entwicklungsprozess im Vorfeld eingrenzen zu können und sie dann nach Abschluss Ihres Projekts in ein Verhältnis zu den anfänglichen Annahmen setzen zu können, wird Ihren Blick für Probleme in der Zukunft schärfen.

V – Fangen Sie klein an

Welches Traumprojekt ist Ihre Nummer 1? Welches möchten Sie zuerst umsetzen? Nehmen Sie kein Projekt, das überwältigend und ohne Ende knifflig ist. Es sollte also kein neuer Netzwerk-Switch für das Highspeed-Trading werden und auch nicht die komplette Emulation eines ENIAC-Großrechners aus den 1940er-Jahren. Die Enigma aus demselben Zeitraum wäre eher ein Maker-Projekt mit einem realistischen Umfang an dafür nötiger Zeit und Arbeit. Die Enigma bietet eine machbare und interessante Herausforderung, die sowohl historische Bedeutung als auch technische Tiefe hat. Nehmen Sie sich einen Moment Zeit, um über dieses Projekt nachzudenken. Stellen Sie sich vor, wie Sie die Tastatur, die Lampenanzeige, die rotierenden Walzen und das Steckbrett in Ihrem FPGA-Design nachbilden könnten.

Auch wenn Ihnen die Enigma nicht interessant erscheint, so ist diese Art und Weise, über Ihr Traumprojekt nachzudenken (die Lampen, die Walzen ...) der richtige Weg, um vor Ihrem inneren Auge die Knackpunkte zu visualisieren, die zur Umsetzung nötig wären.

Welche Ihrer Ideen von der Liste Ihrer Traumprojekt erscheint Ihnen genau richtig, sodass Sie sich vorstellen können, der FPGA ist die passende Lösung? Notieren Sie ein paar Stichworte zu den Knackpunkten, die Ihnen dazu einfallen und die Sie unbedingt adressieren möchten.

2.2 Die FPGAs, die in diesem Buch verwendet werden

Widmen wir uns nun dem grundlegenden Aufbau und den technischen Merkmalen der FPGAs, die in diesem Buch verwendet werden. Im Mittelpunkt stehen dabei diese zwei FPGA-Modelle: der *iCE40HX* auf dem *IceZero*-Board und der *GW1NR-9C* auf dem *Tang Nano 9K*-Board. Diese beiden FPGA-Modelle habe ich aus der Vielzahl der angebotenen FPGAs ausgewählt, da sie über charakteristische Eigenschaften und Strukturen verfügen, die repräsentativ für die grundlegenden Konzepte und Funktionsweisen von FPGAs sind.

Ich werde bei der Verwendung dieser FPGAs in unseren Beispielprojekten die Gemeinsamkeiten und Unterschiede dieser FPGAs beleuchten. Der Fokus liegt darauf, ein grundlegendes Verständnis für die komplexe Struktur im Inneren von FPGAs zu schaffen. Denn obwohl der Lattice iCE40HX und der Gowin GW1NR-9C gute Beispiele sind, um die grundlegenden Konzepte und Strukturen von FPGAs zu demonstrieren, bieten sie nur einen Ausschnitt der gesamten Bandbreite und Komplexität, die in fortgeschritteneren FPGA-Modellen zu finden ist. Das macht aber nichts: Trotz ihrer relativen Einfachheit teilen sie viele der grundlegenden Architekturmerkmale und Funktionen.

Diese beiden Modelle bieten also einen guten Einstiegspunkt, bilden jedoch nicht das volle Spektrum der technischen Möglichkeiten ab, die in noch größeren, leistungsfähigeren, aber wiederum noch komplexeren FPGAs vorhanden sind. Einen kurzen Blick werden wir darauf werfen, wenn ich in Abschnitt 12.2 den MEGA65 vorstelle.

Wir gehen einen Schritt nach dem anderen: Wenn Sie sich mit dem Aufbau und den Eigenschaften des iCE40HX und des GW1NR-9C im Rahmen dieses Buches vertraut gemacht haben, besitzen Sie ein solides Grundlagenwissen zu FPGAs. Sie verstehen danach die grundlegenden Prinzipien, die in vielen anderen FPGA-Modellen stecken, und Sie finden sich damit dann auch mit den technischen Spezifikationen und Möglichkeiten anderer, komplexerer FPGA-Modelle zurecht.

2.2.1 Der iCE40HX-FPGA von Lattice Semiconductor im Detail

Zusätzlich zu den Grundlagen werden wir in diesem Buch anhand von Praxisbeispielen das notwendige Wissen über die Toolchain durchgehen. Dadurch erlangen Sie nicht nur ein Verständnis der spezifischen Eigenschaften der beiden FPGA-Modelle, sondern lernen auch die Programmierumgebung und die dazugehörigen Werkzeuge kennen, die für die Entwicklungsarbeit erforderlich sind. Ein fundiertes Verständnis dieser zum FPGA gehörenden Software-Tools ist entscheidend, um die volle Leistungsfähigkeit dieser Bausteine auszuschöpfen und um komplexe Logikschaltungen effizient zu implementieren.

Der iCE40HX-FPGA von *Lattice Semiconductor* weist eine Reihe von Merkmalen auf, die ihn für eine Vielzahl von Anwendungen attraktiv machen. Er wird von Lattice auf verschiedenen Breakout Boards angeboten und es gibt eine ganze Reihe von Development Boards mit ihm, beispielsweise das Olimex-FPGA-Development-Board, das Sie in Abbildung 2.8 sehen. (Sie erhalten es unter *https://www.olimex.com/Products/FPGA/iCE40/iCE40HX8K-EVB/open-source-hardware*.) Allein schon wegen dieser Flexibilität ist der iCE40HX bei Makern sehr beliebt.

Abbildung 2.8 Das iCE40HX8K-EVB

Die Gehäusebauform des iCE40HX-FPGA (siehe Abbildung 2.9) macht ihn für die vielen Open-Hardware-Development-Boards interessant, denn er entspricht der TQFP-144-Gehäusebauform und ist notfalls per Hand verlötbar. Sein Stückpreis von unter 10 € macht ihn für viele Projekte erschwinglich.

Abbildung 2.9 Der iCE40HX-FPGA in TQFP-144-Bauform

Die technischen Daten des iCE40HX

Doch was sind die Eigenschaften, die den iCE40HX so interessant machen? Gehen wir die technischen Daten einmal durch:

- **Flexible Logikarchitektur**

  Der iCE40HX verfügt über Lookup Tables (LUTs), die in verschiedenen Modellen zwischen 1280 und 7680 LUTs variieren. Die Verfügbarkeit in verschiedenen Größen ermöglicht es, eine breite Palette von logischen Funktionen und Anwendungen zu realisieren, je nachdem, wie viel Platz im FPGA benötigt wird.

- **Ultraniedriger Energieverbrauch**

  Mit einem Standby-Stromverbrauch von wenigen µA und einem aktiven Stromverbrauch unter 100 mA ist der iCE40HX besonders energieeffizient, was ihn ideal für batteriebetriebene und immer aktive Anwendungen macht.

- **Hohe Funktionsdichte in kleinem Formfaktor**

  Der iCE40HX zeichnet sich durch seine Kompaktheit aus und bietet viel Funktionalität für einen FPGA mit einer Kantenlänge von etwa 2,2 cm.

- **Erweiterte Speicheroptionen**
  Mit bis zu 128 kbit Speicher (EBR, *Embedded Block RAM*) unterstützt der iCE40HX eine Vielzahl von Möglichkeiten, beispielsweise die Pufferung von Sensordaten als *Datenpuffer* für Kommunikationsprotokolle, als Zustandsspeicher für Zustandsmaschinen und als Konfigurationsspeicher für andere Chips oder Systeme.

Die PLB-Detailansicht sehen Sie in Abbildung 2.10, die I/O-Bank wird durch Abbildung 2.11 im Detail dargestellt.

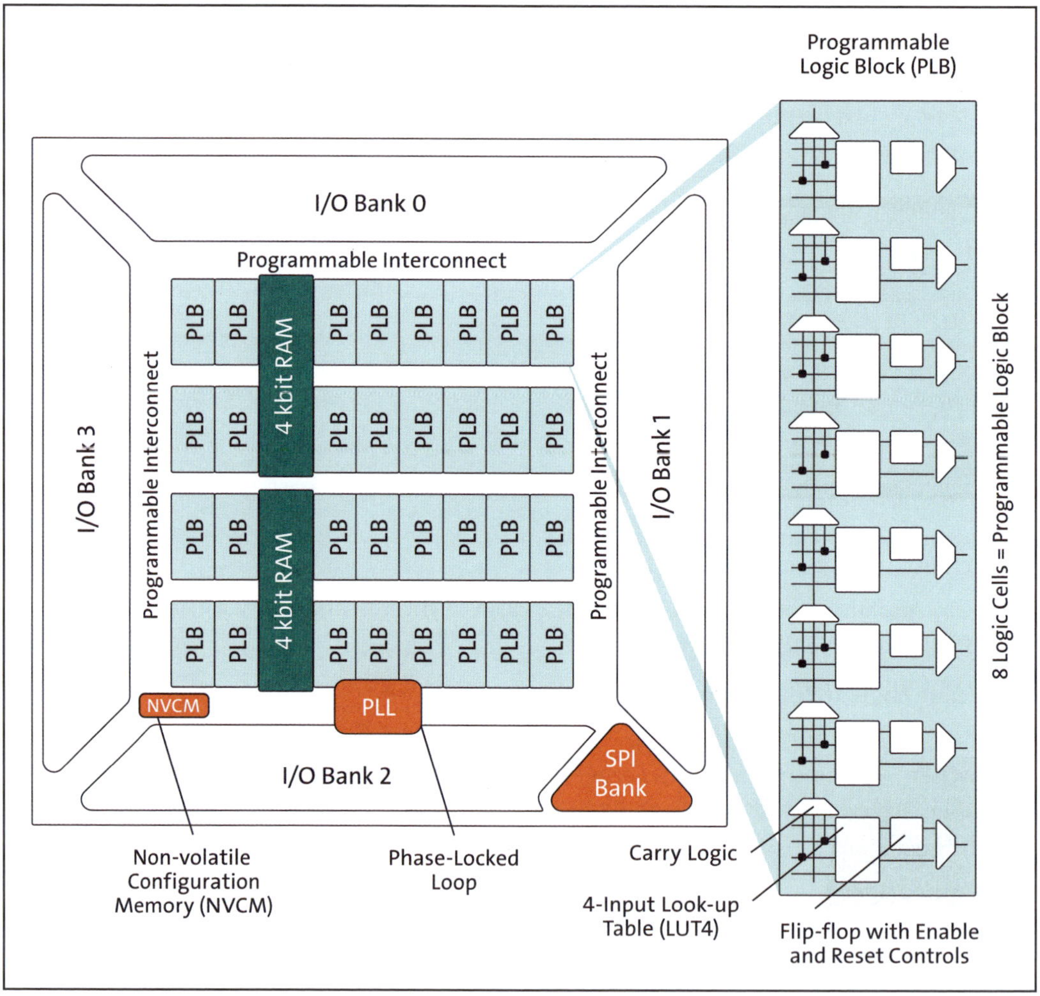

Abbildung 2.10 PLB-Detailansicht des iCE40HX

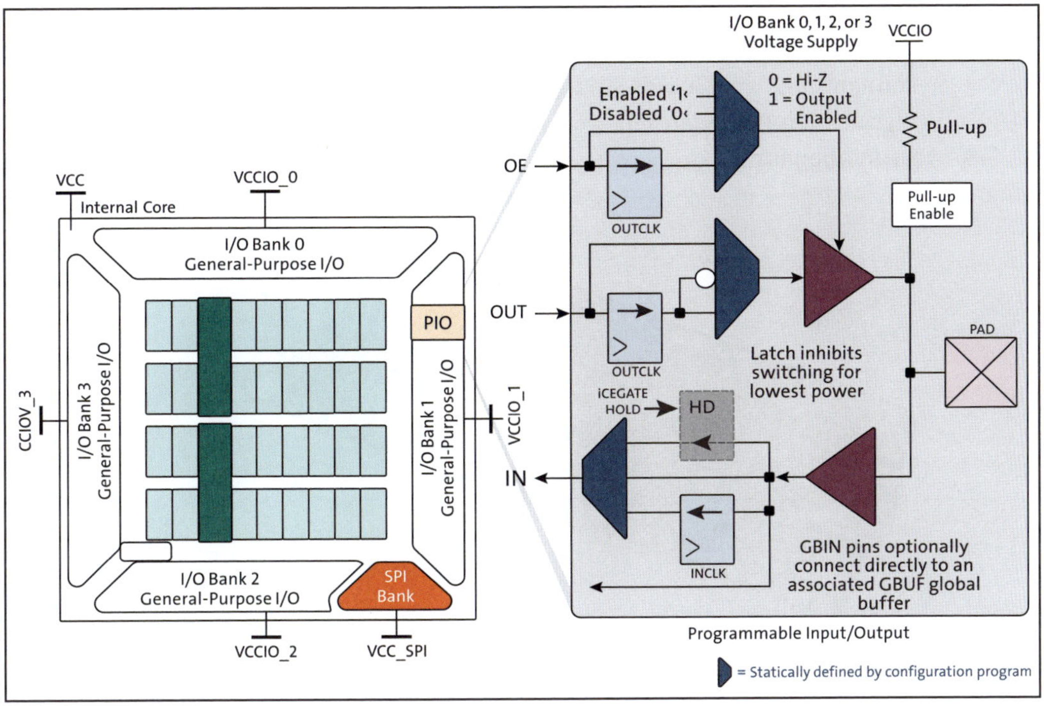

Abbildung 2.11 I/O-Bank-Detailansicht des iCE40HX

2.2.2 Der GW1NR-9C-FPGA von Gowin Semiconductor im Detail

Der Gowin GW1NR-9C-FPGA-Chip (siehe Abbildung 2.12) ist bereits für einen Stückpreis von unter 30 € erhältlich und bietet eine kosteneffiziente Lösung, wenn Sie eine leistungsfähige, jedoch budgetfreundliche FPGA-Option suchen. Ähnlich preisgünstig sind die fertigen FPGA-Boards von Sipeed, die kaum mehr kosten als der FPGA-Chip allein.

Abbildung 2.12 Der Gowin GW1NR-9C

Die Gowin-FPGAs sind nur in einer Gehäusebauform verfügbar, die nur im *Reflow*-Verfahren verlötet werden kann. Das bedeutet, die Bestückung von selbst entwickelten Platinen mit Gowin-FPGAs ist in einer Maker-Werkstatt nur mit deutlich mehr Aufwand möglich. Die Tang-Boards von Sipeed sind allerdings ideal für Maker, da sie neben dem FPGA bereits weitere wichtige Komponenten integrieren und mit der *GPIO*-Pinleiste einfach auf eine eigene Träger-Platine gesteckt werden können. Die Tang-Boards sind auch reichlich ausgestattet, wodurch sie für eine Vielzahl von Projekten sehr gut geeignet sind. Das Produktbild des Boards sehen Sie in Abbildung 2.13.

Abbildung 2.13 Die Entwicklungsplatine Tang Nano 9K von Sipeed

Zu den auf dem *Tang Nano 9K*-Board integrierten Schnittstellen gehören ein HDMI-Anschluss für die Videoausgabe, ein Flash-Speicher für die Datenspeicherung, ein SPI-LCD-Anschluss zur Anzeigesteuerung und eine USB-Schnittstelle mit serieller Verbindung für einfache Programmier- und Kommunikationsaufgaben. Zusätzlich ist eine im USB-Anschluss integrierte Programmierschnittstelle (JTAG) vorhanden, die die Programmierung des FPGAs sehr vereinfacht.

Sipeed und Gowin

Der *Sipeed Tang Nano 9K* ist ein Entwicklungsboard aus der Tang-Serie von Sipeed, einem Unternehmen, das sich auf Embedded-Systeme und FPGA-Entwicklungsboards spezialisiert hat. Dieses Board verwendet den FPGA-Chip von *Gowin Semiconductor*, einem chinesischen Chip-Hersteller, der für seine kostengünstigen und energieeffizienten Lösungen bekannt ist. In diesem Buch werde ich abhängig vom Kontext entweder auf Gowin oder Sipeed Bezug nehmen. Dabei bezieht sich der Kontext dann bei »Gowin« auf den FPGA-Chip selbst und bei »Sipeed« auf das Entwicklungsboard, das diesen Chip trägt.

Die technischen Daten des FPGA-Chips GW1NR-9C

Der Gowin-*GW1NR-9C*-FPGA-Chip bietet eine große Anzahl an logischen Bausteinen: 8640 LUTs (Lookup Tables) und 6480 Flip-Flops.

Abbildung 2.14 Der Gowin-GW1NR-LV9-FPGA-Chip in QN88P-Gehäusebauform

Mit einem FPGA dieser Größe ist es möglich, komplexe digitale Schaltungen zu entwerfen. Die LUTs dienen als universelle Logikblöcke, die programmierbar sind, um jede Funktion von bis zu vier Eingängen zu realisieren. Die Flip-Flops hingegen bieten die Möglichkeit, Zustände zu speichern, was eine Voraussetzung für sequenzielle Logikschaltungen ist. Der GW1NR-9C-Chip hat somit eine Größe, die die Implementierung von digitalen Designs ermöglicht, die von einfachen Logikgattern bis hin zu komplexen Zustandsmaschinen reichen.

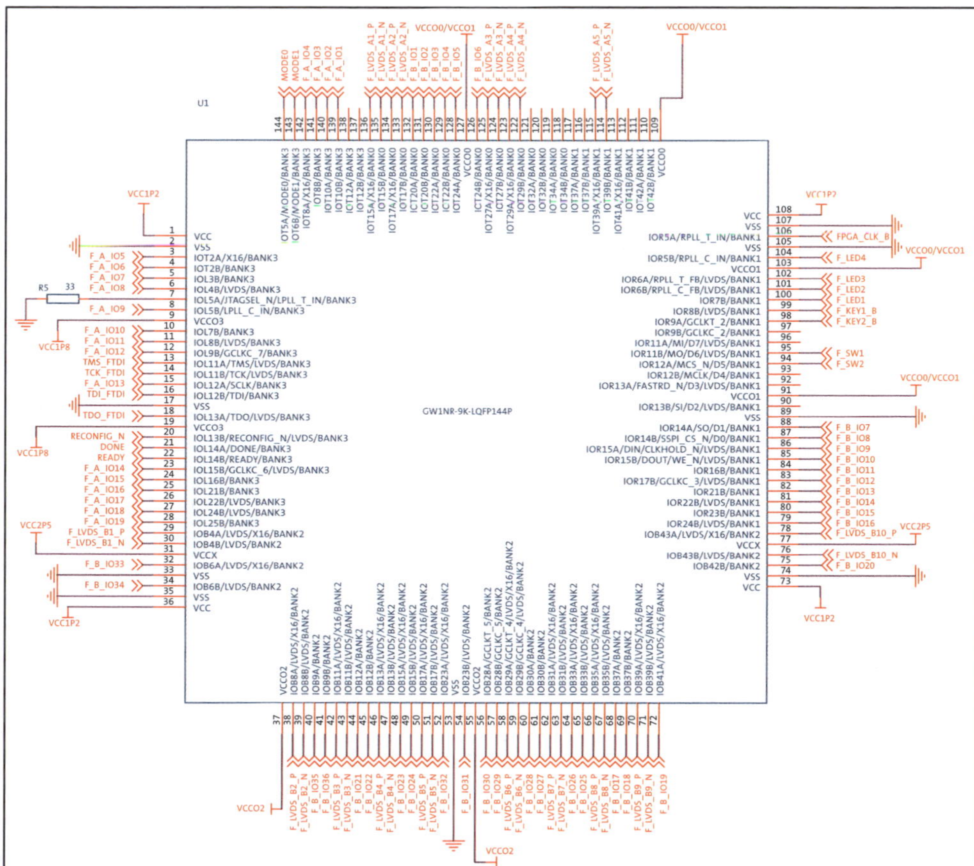

Abbildung 2.15 Pinout des GW1NR-9C-FPGAs von Gowin

Der GW1NR-9C zeichnet sich durch diese Merkmale aus:

- **Anschlussmöglichkeiten**

  Der Tang Nano 9K ist üppig ausgestattet: Ein HDMI-Anschluss ermöglicht die Ausgabe von High-Definition-Video, was das FPGA-Board ideal für Videobearbeitungsprojekte oder die Entwicklung von Multimedia-Anwendungen macht. Der RGB- und der SPI-Bildschirmanschluss sind einfach verwendbare Anschlüsse für Displays, sodass Entwickler verschiedene Arten von Bildschirmen für ihre Projekte nutzen können. Diese Flexibilität bei den Anzeigeoptionen macht den Tang Nano 9K besonders nützlich für Projekte mit Benutzeroberflächen oder interaktiven Anwendungen.

- **Speicher und LEDs**

  Mit 32 Mbit SPI-Flash verfügt der Tang Nano 9K über einen eingebauten Speicher, der für Code oder Daten verwendet werden kann. Dieser Speicher ist besonders wichtig für Anwendungen, die eine nichtflüchtige Datenspeicherung erfordern, wie beispielsweise beim Booten von Systemen oder bei der Speicherung von Konfigurationsdaten.

  Die sechs auf dem Board integrierten LEDs dienen als einfache, aber brauchbare Indikatoren für den Status oder das Ergebnis von Operationen, was bei der Fehlersuche und dem Testen von Designs hilfreich sein kann.

- **Einsatzgebiete**

  Dank seiner Ausstattung und Flexibilität ist der Tang Nano 9K für eine breite Palette von Anwendungen geeignet: Diese reichen von der Verifizierung von Verilog-HDL-Code, was ein wichtiger Schritt in der Entwicklung digitaler Schaltungen ist, über die Emulation eines *PicoRV32*-RISC-V-Softcores, der es Entwicklern ermöglicht, Software in einer simulierten RISC-V-Umgebung zu testen, bis hin zu diversen Designaufgaben.

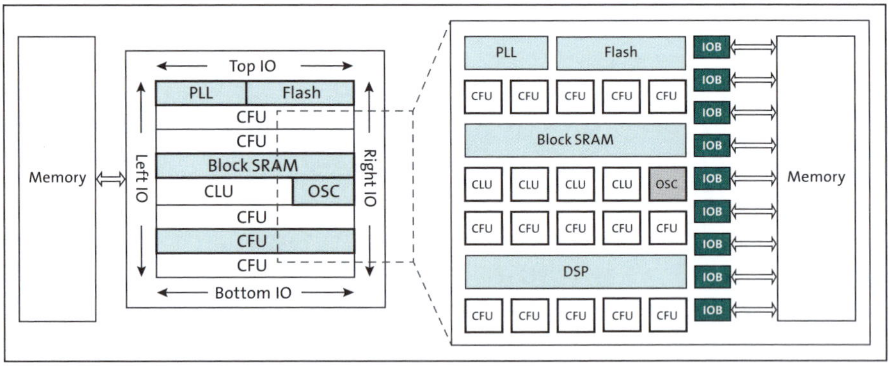

Abbildung 2.16 Die Architektur des Gowin-GW1NR-9C aus dem Datenblatt

Die Möglichkeit, komplexe digitale Designs zu realisieren und gleichzeitig eine breite Palette an Anschlüssen und Speicheroptionen zu bieten, macht den Tang Nano 9K ziemlich einzigartig in diesem Segment und Preisbereich.

Was ist Verifizierung?

Die *Verifizierung* von HDL-Code ist ein zentraler Schritt in der Entwicklung digitaler Schaltungen, wobei HDLs wie Verilog oder VHDL die Funktionsweise digitaler Komponenten beschreiben. Diese Beschreibungen ermöglichen Simulationen, den Entwurf und die Verifizierung der Hardware, ohne sich auf physische Implementierungen zu fixieren. Der Verifizierungsprozess stellt sicher, dass die Schaltung wie gewünscht funktioniert, bevor sie realisiert wird. Drei Hauptmethoden der Verifizierung sind:

- **Simulation**: Der HDL-Code wird getestet, um das korrekte Verhalten der Schaltung unter verschiedenen Bedingungen zu überprüfen, wobei Testbenches zum Einsatz kommen.
- **Formale Verifizierung**: Mathematische Methoden beweisen, dass die Schaltung unter allen Bedingungen funktioniert. Das hilft, Designfehler zu identifizieren, die in Simulationen nicht offensichtlich sind.
- **Statische Timing-Analyse**: Hierbei wird überprüft, ob die Schaltung die Timing-Spezifikationen erfüllt, um Performance-Anforderungen zu garantieren.

Die Verifizierung ist zeit- und ressourcenintensiv, aber wichtig, um Fehler vor der Produktion zu erkennen. Fehler in dieser Phase zu korrigieren, ist kosteneffizienter als Korrekturen an der physischen Hardware. Der Prozess baut Vertrauen in die Funktionsfähigkeit und Zuverlässigkeit des Designs auf.

Beim Tang Nano 9K bedeutet Verifizierung, den HDL-Code in einer realen Hardware-Umgebung zu testen. Der FPGA-Chip ermöglicht das direkte Ausführen des Codes, was eine Überprüfung unter realen Bedingungen erlaubt.

2.2.3 Überblick über die Möglichkeiten und Einsatzbereiche der beiden FPGAs

Wie vergleicht man die beiden FPGAs am besten? Eine reine Gegenüberstellung von technischen Daten liefert nicht das ganze Bild der Leistungsfähigkeit eines FPGAs. Vieles hängt auch von der Entwicklungsumgebung ab.

Der *Lattice iCE40HX* besticht durch seine niedrige Leistungsaufnahme und kompakte Größe, was ihn ideal für tragbare und batteriebetriebene Geräte macht. Er eignet sich perfekt für energieeffiziente Designs und IoT-Anwendungen. Die iCE40HX-Familie von Lattice ist bekannt für ihre Einfachheit und gute Dokumentation – bestens geeignet für Einsteigerprojekte und kleinere Anwendungen.

Der *Tang Nano 9K* zielt auf anspruchsvollere Anwendungen ab und bietet entsprechend mehr Ressourcen und Performance als der iCE40HX. Er verfügt über eine höhere Anzahl an Logic Units und Flip-Flops, was ihn für komplexere Projekte wie die Emulation von Softcores und aufwendigere digitale Designs prädestiniert. Seine vielfältigen Anschlussmöglichkeiten inklusive HDMI machen ihn zur ersten Wahl für Multimedia- und Display-Anwendungen. Zusätzlich besitzt er DSP-Blöcke für effiziente Signalverarbeitung und mathematische Operationen.

Kurz gesagt: Der iCE40HX punktet bei Energieeffizienz und Kompaktheit, während der Tang Nano 9K durch mehr Leistung und seine Schnittstellenvielfalt überzeugt. Wie viel schneller der Tang Nano 9K im Vergleich zum iCE40HX letztendlich ist, hängt stark von der jeweiligen Anwendung und Implementierung ab. Generell lässt sich aber sagen, dass er dank der DSP-Blöcke bei rechenintensiven Aufgaben einen deutlichen Leistungsvorteil bietet gegenüber Implementierungen in reiner Logik. In solchen Anwendungsfällen kann der Tang Nano 9K signifikant effizienter arbeiten.

Ich habe mich in diesem Buch für den Tang Nano 9K entschieden – hauptsächlich aufgrund seiner Leistungsfähigkeit, der reichhaltigen Schnittstellen und weil Gowin eine komplett kostenlose Entwicklungsumgebung bis zur *Tang Nano 20K*-Variante lizenzfrei für Windows und Linux anbietet.

Meine Empfehlung lautet daher: Erwerben Sie am besten beide FPGAs. So erweitern Sie von Beginn an Ihr Lernspektrum und erleichtern sich später den Umstieg auf einen anderen, größeren FPGA – ob im Hobbybereich oder beruflich. Ein frühzeitig aufgebautes, breites Verständnis für FPGAs zahlt sich langfristig aus.

VI – Welcher FPGA ist der richtige?

Welcher der beiden FPGAs in diesem Buch erscheint Ihnen als besser geeignet für Ihr Traumprojekt? Hat einer der beiden Eigenschaften, die Ihnen wichtig sind? Oder ist es etwas Grundsätzliches, wie beispielsweise ein niedriger Stromverbrauch oder die Möglichkeit, den FPGA auf einen Raspberry Pi stecken zu können? Schreiben Sie ein paar Gedanken dazu auf Ihren Traumprojekt-Notizzettel.

2.3 Was ist der richtige FPGA für Ihr Projekt?

In diesem Buch verwenden wir ausschließlich zwei der kostengünstigsten FPGAs. Es ist für den Anfang unnötig, eines der teuren und viel zu komplexen FPGA-Schulungs-Boards zu kaufen, wie sie an Hochschulen und Universitäten gefordert werden.

Wir gehen in diesem Buch einen direkteren und einfacheren Weg, und wenn Sie die Grundlagen einmal verstanden haben und die ersten Projekte mit Ihrem FPGA realisiert sind, wissen Sie schon wie der Hase läuft und welcher FPGA bei Ihrem zukünftigen Projekt möglicherweise besser geeignet oder sogar notwendig ist. Ihre Investition in die beide FPGAs, die hier im Buch verwendet werden, ist dann aber nicht verloren. Beide eignen sich noch viel länger für den einen oder anderen Einsatzzweck und ihr günstiger Preis reißt kein Loch in die Haushaltskasse.

Trotzdem, und weil es für Sie zu einem späteren Zeitpunkt einmal interessant werden könnte, werfen wir nun einen Blick darauf, welche Punkte generell bei der Auswahl eines FPGAs für eine Maker-Werkstatt mit begrenztem Budget und einem Fokus auf kreative Projekte beachtet werden sollten:

Kosten

Die Kosten für einen FPGA liegen immer höher als für einem Mikrocontroller. Das ist einfach der Stückzahl, der Verbreitung und der Komplexität dieser Bausteine geschuldet. Wenn Sie also für ein Projekt einen FPGA benötigen, suchen Sie nach einem kostengünstigen Modell, das die Aufgabe bewältigen kann, für die Sie es vorsehen. Kriterien wie die Anzahl der benötigten I/O-Anschlüsse, aber auch integrierte Komponenten wie eine DSP oder ein AD/DA-Wandler können eine nötige Anforderung des spezifischen Projekts mit dem FPGA sein. Aber auch spezielle Schnittstellen sind gegebenenfalls nett zu haben, beispielsweise SPI oder I^2C.

Hardware-Schnittstellen

Überlegen Sie, welche Arten von Schnittstellen und Ein-/Ausgängen für Ihre Projekte erforderlich sind, z. B. HDMI für Videoinstallationen oder GPIOs für LED-Ansteuerungen. Möglicherweise soll auch schon eine SPI-Schnittstelle integriert sein, um die Kommunikation zwischen den Komponenten Ihres Projekts einfacher zu ermöglichen.

Abbildung 2.17 RGB- und SPI-Displayanschluss des Tang Nano 9K

Abbildung 2.18 HDMI-Anschluss des Tang Nano 9K

I/O-Anforderungen

Bei der Auswahl eines FPGAs oder FPGA-Entwicklungsboards sollten Sie die Anzahl und Art der benötigten Ein- und Ausgänge sorgfältig planen. Wie viele GPIO-Pins benötigen Sie? Welche Eigenschaften müssen diese Pins aufweisen?

GPIO-Pins sind flexible Ein- und Ausgänge, die Sie für Ihre Schaltungen und Peripheriegeräte verwenden möchten. Für welche Signalarten und Logikpegel möchten Sie diese Pins konfigurieren? Werden 3,3-V- oder 5-V-Logikpegel benötigt? Benötigen die Pins konfigurierbare Pull-up-Widerstände?

Berücksichtigen Sie auch, ob bestimmte Pins spezielle Funktionen wie SPI-, I^2C-, UART- oder PWM-Ausgänge unterstützen müssen. Viele FPGAs erlauben die Zuweisung dieser Funktionen zu beliebigen GPIO-Pins, andere haben dafür fest verdrahtete Pins.

Verfügbarkeit

Wählen Sie einen FPGA, der leicht für Privatpersonen zu beschaffen ist, der bei den gängigen Online-Elektronikhändlern erhältlich ist und keinen Restriktionen unterliegt. Da einige FPGAs in militärischen oder verteidigungsrelevanten Anwendungen eingesetzt werden können, könnte das Objekt Ihrer Begierde möglicherweise von solchen Auflagen betroffen sein. Für Sie als Maker und Hobbyist kann dies nicht nur beim Kauf, sondern auch bei der späteren Verwendung und Nutzung ein Problem sein, insbesondere wenn Sie Ihr Projekt später in ein anderes Land verkaufen oder exportieren möchten. Zum Teil ist dies dann nicht möglich oder es muss genehmigt werden. Achten Sie also vor dem Kauf des FPGAs darauf, ob Ihr Projekt von ITAR-Richtlinien betroffen sein könnte. (Mehr zu ITAR lesen Sie im Infokasten in Abschnitt 2.4.)

Benutzerfreundlichkeit

Bevorzugen Sie FPGAs mit einer guten Dokumentation und einer aktiven Community, da dies den Einstieg erleichtert. Der schönste FPGA taugt nichts, wenn er schlecht dokumentiert ist und der Hersteller mit einer rigorosen Lizenzpolitik die Nutzung fast unmöglich macht.

Komplexität des Projekts

Schätzen Sie, wie komplex die Logikschaltungen sind, die Sie implementieren möchten. Mehr Komplexität erfordert in der Regel mehr Logikblöcke und Speicher. Wenn Sie Ihren Verilog-Code synthetisieren, bekommen Sie eine Statistik-Ausgabe, wie viele Logikblöcke, Flip-Flops, Speicherressourcen und I/O-Pins benötigt werden. Mit diesen Zahlen können Sie einen passenden FPGA auswählen.

Allerdings gibt es hier eine Einschränkung: Die Synthese ist Hardware-spezifisch, das bedeutet, der synthetisierte Code hat je nach Ziel-FPGA eine andere Ressourcenbelegung. Hier ist der Open-Source-Ansatz unserer Toolchain von großem Vorteil: Sie bietet die Möglichkeit, für eine breite Auswahl an FPGAs verschiedener Hersteller zu synthetisieren. Die proprietäre Software eines Herstellers hingegen erlaubt nur die Synthese für den/die eigenen FPGA(s).

Ein guter Weg, um den ungefähren FPGA-Bedarf vorab zu schätzen, ist die Simulation Ihres Verilog-Designs. Viele Tools wie das kostenlose *GTKWave* können Ihre Simulation mit einer Post-Synthese-Simulation vergleichen. So erhalten Sie einen groben Überblick über die benötigten Ressourcen ohne den vollständigen Synthese-Durchlauf. Bei komplexeren Designs empfiehlt es sich dennoch, für mehrere potenzielle Ziel-FPGAs die Synthese durchzuführen. Die detaillierten Berichte geben Ihnen dann die genauen Anforderungen an Logik, Speicher, DSPs und mehr an die Hand.

Denken Sie auch daran, dass bei FPGAs mit Platz für zukünftige Erweiterungen geplant werden sollte. Nicht jeder verfügbare Block kann 1:1 genutzt werden. Die Hersteller empfehlen in der Regel, nur 60 bis 80 % der Ressourcen zu belegen, um Platz für Routingsignale und Timing-Optimierungen zu lassen.

Wenn Sie bei einem Design aber noch ganz am Anfang stehen, noch die eine oder andere Idee jonglieren und sich absolut unsicher sind, dann können Sie auch eine der gängigen Chat-KIs fragen, beispielsweise so:

> **Sie:**
>
> Ich möchte einen Softcore-RiscV [oder einen MOS 6510, oder Zilog Z80] Prozessor auf einem Tang Nano 9K laufen lassen. Reicht der Platz dafür aus?

> **ChatGPT:**
>
> Dieser FPGA verfügt über 8.448 Logikeinheiten (LUTs). Für einen einfachen RISC-V-Core könnten diese Ressourcen ausreichend sein, insbesondere wenn es sich um eine grundlegende, nicht zu komplexe Implementierung handelt. Allerdings könnten Sie bei komplexeren Cores oder wenn zusätzliche Funktionen wie Floating-Point-Einheiten oder fortgeschrittene Peripheriegeräte benötigt werden, an die Grenzen des Tang Nano 9K stoßen. Für komplexere Implementierungen könnte es jedoch erforderlich sein, auf einen FPGA mit mehr Ressourcen zurückzugreifen. Es wäre ratsam, die Spezifikationen der spezifischen RISC-V-Implementierung, die Sie verwenden möchten, zu überprüfen und sie mit den Ressourcen des Tang Nano 9K abzugleichen.

Entwicklungsumgebung und Software

Achten Sie darauf, dass die Entwicklungssoftware mit Ihrem Betriebssystem kompatibel und aktuell ist. Manche FPGAs erfordern spezifische oder kostenpflichtige Software-Tools. Auch wenn wir uns hier im Buch auf eine Open-Source-Toolchain stützen, kann der Einsatz der Hersteller-Software manchmal notwendig sein. Ob zur Fehlersuche oder bei der Nutzung von IP-Cores des Herstellers, die für den FPGA optimiert sind – unter Umständen kann es bei spezifischen Problemen notwendig sein, die Herstellersoftware zu verwenden, um ein Problem gelöst zu bekommen. Wenn dann die Entwicklungsumgebung des FPGA-Herstellers lizenzfrei verfügbar ist, ist dies schon ein großer Pluspunkt.

Leistungsfähigkeit

Bestimmen Sie, wie viel Rechenleistung und Speicher für Ihre Projekte benötigt werden, um sicherzustellen, dass der FPGA Ihren Anforderungen entspricht. Wie schon beim Punkt *Komplexität* angesprochen, ist die Anzahl der programmierbaren Logikblöcke zwar wichtig, aber nicht der alleinige Faktor, der zu beachten ist. Falls beispielsweise ein Softcore-Prozessor im FPGA nicht schnell genug ist, kann ein FPGA mit einem Hardcore-Prozessorkern interessant werden. Dieser reduziert dann auch wiederum die Anzahl der benötigten PLBs. Oder Sie gehen den Weg, ein FPGA-Development-Board mit einer parallel vorhandenen Hardcore-CPU zu verwenden. Es gibt viele Möglichkeiten.

Verarbeitungsgeschwindigkeit und Latenz

Überlegen Sie, wie schnell der FPGA Daten verarbeiten muss. Für Echtzeitanwendungen oder eine schnelle Signalverarbeitung benötigen Sie einen leistungsfähigeren FPGA. Es gibt die Möglichkeit, einen externen *AD/DA-Wandler* via SPI oder I²C anzuschließen. In manche speziellen FPGA-Modelle ist möglicherweise auch ein solcher Wandler integriert, aber das ist dann wieder eine Kostenfrage. Interessant können auch *DSP-Blöcke* sein, mit denen Sie die anspruchsvolleren Algorithmen direkt implementieren können. Neben der Verarbeitungsgeschwindigkeit ist auch die Latenz, also die Zeitverzögerung bei der Datenverarbeitung, ein wichtiger Punkt. Für manche *Echtzeitanwendungen* kann eine niedrige *Latenz* entscheidender sein als die reine Verarbeitungsgeschwindigkeit.

Speicherbedarf

Schätzen Sie den Speicherbedarf für Ihre Anwendung. Einige Projekte benötigen mehr integrierten Speicher für die Datenverarbeitung und Zwischenspeicherung, was manchmal den Rahmen dessen sprengen kann, was an Speicher im FPGA verfügbar ist (oder durch LUTs gemacht werden kann). Das ist aber sehr projektspezifisch und grundsätzlich so zu handhaben, wie in anderen Bereichen des Lebens: je mehr, desto besser.

Wie Sie sehen, gibt es einige Punkte, die Sie bei der Wahl eines FPGAs für ein neues Projekt beachten sollten. Die Wahl des passenden FPGAs hängt sehr von der spezifischen Anwendung und den individuellen Anforderungen Ihres Projekts ab. Es empfiehlt sich, die Optionen zu vergleichen und diejenige zu wählen, die das beste Gleichgewicht zwischen Kosten, Leistungsfähigkeit und Benutzerfreundlichkeit bietet. Dies ist aber gerade am Anfang nicht einfach.

VII – Schnittstellen definieren

Sie haben nun etwas über einige recht spezifische Eigenschaften der FPGAs erfahren und auch die generelle Vorgehensweise bei der Auswahl eines FPGAs kennengelernt. Sind einige von diesen Eigenschaften für Ihr Traumprojekt wichtig? Ist Ihnen bei der Vorgehensweise zur Auswahl von FPGAs etwas für Ihr Traumprojekt eingefallen?

Auch wenn Sie sich noch nicht sicher sind, schreiben Sie auf, was als möglicherweise wichtig zu berücksichtigen wäre: Welche I/O-Eigenschaften werden Sie möglicherweise benötigen und wie viele davon? Was möchten Sie anschließen? Soll ein serieller Bus verwendet werden, wie I^2C oder SPI? Soll ein Display verwendet werden? Welche Schnittstelle hat es? Wird Ihr Traumprojekt ein Tandem aus Mikrocontroller und FPGA verwenden, und, wenn ja, wie sollen die beiden miteinander kommunizieren? Und über was sollen sie reden? Das »Wie« und »Was« wird Ihre Schnittstellendefinition. Schreiben Sie ein paar Wörter dazu auf.

2.4 Andere FPGAs und Regulatorien

In der Elektronik gibt es eine Vielzahl an faszinierenden Boards und ICs, die die Kreativität von Makern beflügeln. Insbesondere für Elektronik-Bastler, die sich von Grund auf mit dem Design und der Entwicklung von eigenen Projekten beschäftigen, sind FPGA-Boards eine faszinierende Komponente. Diese Bausteine bieten durch ihre Programmierbarkeit eine große Flexibilität und eröffnen zahlreiche Möglichkeiten, eigene Ideen umzusetzen. Während in diesem Buch der Fokus auf dem IceZero- und dem Tang-Nano-Board liegt, gibt es aber auch weitere interessante Optionen, die geschätzt werden und eine breite Unterstützung genießen. Die Welt der FPGAs ist groß und vielfältig. Jedes Board und jeder FPGA-Typ bringt seine eigenen Vorteile und Besonderheiten mit sich, abhängig von den Anforderungen und Zielen des Projekts.

Diese technologische Vielfalt sorgt allerdings auch für Probleme, besonders wenn es um den Zugang zu solch fortschrittlicher Technologie geht. In diesem Zusammenhang spielen regulatorische Bestimmungen eine nicht zu unterschätzende Rolle. Ein Beispiel hierfür ist das Regelwerk ITAR (*International Traffic in Arms Regulations*), das in bestimmten Fällen den Erwerb einer privaten Lizenz für den Einsatz von FPGAs beeinflussen kann. Wollen Sie kommerzielle FPGA-Software nutzen, kann Ihnen ITAR als unüberwindbare Hürde im Weg stehen, wenn Sie versuchen, eine private Lizenz für den FPGA und dessen Entwicklungssoftware für die eigene Maker-Werkstatt zu bekommen. Machen Sie sich daher frühzeitig mit den rechtlichen Rahmenbedingungen vertraut, die den Zugang und den Einsatz solcher Technologien regulieren.

Was ist ITAR?

ITAR (*International Traffic in Arms Regulations*) ist ein US-amerikanisches Regelwerk, das den Export und Import von Verteidigungsgütern und -diensten regelt. Für Käufer von Elektronik-Hardware und -Software ist ITAR relevant, da es Exportbeschränkungen beinhaltet, die den Zugang zu bestimmten Technologien für Personen außerhalb der USA erschweren. Käufer müssen sich der Vorschriften bewusst sein und sicherstellen, dass die Technologien nicht für unerlaubte Zwecke verwendet oder an unbefugte Personen weitergegeben werden.

Unternehmen und Privatpersonen sind unterschiedlich von ITAR betroffen. Unternehmen, die mit ITAR-kontrollierten Produkten handeln, müssen umfangreiche Compliance-Maßnahmen durchführen, z. B. detaillierte Dokumentationen, Lizenzierungsverfahren und interne Schulungen. Privatpersonen, die solche Produkte erwerben möchten, sind ebenfalls betroffen, jedoch in geringerem Umfang. Sie müssen sicherstellen, dass sie die Güter nicht für unzulässige Zwecke verwenden oder an unbefugte Dritte weitergeben.

Beim Kauf elektronischer Komponenten weist der Händler auf mögliche ITAR-Einschränkungen hin und stellt die notwendigen Formulare zum Ausfüllen bereit. Es ist wichtig, sich über die geltenden Bestimmungen zu informieren, um rechtliche Konsequenzen zu vermeiden.

2.5 Open-Hardware- und EDU-Boards

Für Leserinnen und Leser, die das IceZero-Board und den Tang Nano 9K verwenden, stelle ich in diesem Buch sicher, dass die Boards, die darauf verwendeten FPGAs und die Toolchains nahtlos zusammenarbeiten. Durch die sorgfältige Auswahl und Anpassung aller Komponenten habe ich eine abgestimmte Entwicklungsumgebung geschaffen, in der Sie mit den für dieses Buch ausgewählten FPGA-Boards unmittelbar loslegen können. Was aber ist, wenn Sie schon einen FPGA auf einem Board besitzen und überlegen, dieses zusammen mit diesem Buch zu verwenden? In diesem Abschnitt geht es nun darum, was Sie machen können, wenn Sie einen anderen FPGA bzw. ein anderes FPGA-Board einsetzen möchten.

Wenn Sie nicht vorhaben, ein anderes FPGA-Board zu verwenden als die hier im Buch vorgestellten, dann überspringen Sie diesen Abschnitt einfach.

Sollten Sie ein anderes FPGA-Board mit den Beispielprojekten hier im Buch einsetzen wollen, werden Sie die Open-Source-Toolchain wahrscheinlich anpassen müssen, falls die Open-Source-Toolchain in diesem Buch nicht explizit die Unterstützung Ihrer Hardware und Ihres FPGA-Boards auflistet.

Welche Boards und FPGAs von *openFPGALoader* unterstützt werden, können Sie mit den Parametern `--list-boards` und `--list-fpga` ausgeben lassen. Die gekürzte Liste der von openFPGALoader unterstützten FPGAs sieht so aus:

```
pi@pi5:~ $ openFPGALoader --list-fpga
IDCode      manufacturer  family     model
0x0000081b  Gowin         GW2A       GW2A(R)-18(C)
0x0001081b  Gowin         GW5AST     GW5AST-138
0x0001181b  Gowin         GW5AT      GW5AT-138
0x0001281b  Gowin         GW5A       GW5A-25
0x0100381b  Gowin         GW1N       GW1N-4
0x0100481b  Gowin         GW1N       GW1N(R)-9C
0x0100581b  Gowin         GW1N       GW1NR-9
0x0100681b  Gowin         GW1NZ      GW1NZ-1
0x0100981b  Gowin         GW1NSR     GW1NSR-4C
0x0120681b  Gowin         GW1N       GW1N-2
0x012b0043  lattice       MachXO2    LCMXO2-256ZE
0x012b1043  lattice       MachXO2    LCMXO2-640ZE
0x012b2043  lattice       MachXO2    LCMXO2-1200ZE
0x012b3043  lattice       MachXO2    LCMXO2-2000ZE
0x012b4043  lattice       MachXO2    LCMXO2-4000ZE
0x012b5043  lattice       MachXO2    LCMXO2-7000ZE
0x012b8043  lattice       MachXO2    LCMXO2-256HC
```

```
0x012b9043  lattice     MachXO2          LCMXO2-640HC
0x012ba043  lattice     MachXO2          LCMXO2-1200HC
0x012bb043  lattice     MachXO2          LCMXO2-2000HC
0x012bc043  lattice     MachXO2          LCMXO2-4000HC
0x012bd043  lattice     MachXO2          LCMXO2-7000HC
0x012e3043  lattice     MachXO3D         LCMXO3D-9400HC
0x01414093  xilinx      spartan3         xc3s200
0x01c22093  xilinx      spartan3e        xc3s500e
0x02b010dd  altera      cyclone V        5CGX*3
0x02b020dd  altera      cyclone V        5CGT*5/5CGX*5
0x02b030dd  altera      cyclone V        5CGT*7/5CGX*7
0x02b040dd  altera      cyclone V        5CGT*9/5CGX*9
0x02b050dd  altera      cyclone V        5CE*A4
0x02b120dd  altera      cyclone V        5CGX*4
0x02b130dd  altera      cyclone V        5CE*A7
0x02b140dd  altera      cyclone V        5CE*A9
0x02b150dd  altera      cyclone V        5CE*A2
0x02b220dd  altera      cyclone V        5CE*A5
0x02d010dd  altera      cyclone V Soc    5CSE*A4/5CSX*4
0x02d020dd  altera      cyclone V Soc    5CSE*A6/5CSX*6
0x02d110dd  altera      cyclone V Soc    5CSE*A2/5CSX*2
0x02d120dd  altera      cyclone V Soc    5CSE*A5/5CST*5/5CSX*5
0x0300181b  Gowin       GW1NS            GW1NS-2C
0x037c2093  xilinx      artix a7 25t     xc7a25
0x037c4093  xilinx      spartan7         xc7s25
0x04001093  xilinx      spartan6         xc6slx9
0x04002093  xilinx      spartan6         xc6slx16
0x04004093  xilinx      spartan6         xc6slx25
0x04008093  xilinx      spartan6         xc6slx45
0x04011093  xilinx      spartan6         xc6slx100
0x0900281b  Gowin       GW1N             GW1N-1
0x11c1a093  xilinx      spartan3e        xc3s250e
0x41111043  lattice     ECP5             LFE5U-25
0x41112043  lattice     ECP5             LFE5U-45
0x41113043  lattice     ECP5             LFE5U-85
0x412b2043  lattice     MachXO3L         LCMXO3L-1300E
0x412b3043  lattice     MachXO3L         LCMXO3L-2100E
0x412b4043  lattice     MachXO3L         LCMXO3L-4300E
0x412b5043  lattice     MachXO3L         LCMXO3L-6900E
0x412b6043  lattice     MachXO3L         LCMXO3L-9400E
0x412bb043  lattice     MachXO3L         LCMXO3L-2100C
0x412bc043  lattice     MachXO3L         LCMXO3L-4300C
```

```
0x412bd043   lattice    MachXO3L     LCMXO3L-6900C
0x412be043   lattice    MachXO3L     LCMXO3L-9400C
0x4403d093   xilinx     spartan6     xc6slx150T
0x612b2043   lattice    MachXO3LF    LCMXO3LF-1300E
0x612b3043   lattice    MachXO3LF    LCMXO3LF-2100E
0x612b4043   lattice    MachXO3LF    LCMXO3LF-4300E
0x612b5043   lattice    MachXO3LF    LCMXO3LF-6900E
0x612b6043   lattice    MachXO3LF    LCMXO3LF-9400E
0x612bb043   lattice    MachXO3LF    LCMXO3LF-2100C
0x612bc043   lattice    MachXO3LF    LCMXO3LF-4300C
0x612bd043   lattice    MachXO3LF    LCMXO3LF-6900C
0x612be043   lattice    MachXO3LF    LCMXO3LF-9400C
0x81111043   lattice    ECP5         LFE5UM5G-25
0x81112043   lattice    ECP5         LFE5UM5G-45
0x81113043   lattice    ECP5         LFE5UM5G-85
0xc12b2043   lattice    MachXO3L     LCMXO3L-640E
0xc12b3043   lattice    MachXO3L     LCMXO3L-1300E
0xc12b4043   lattice    MachXO3L     LCMXO3L-2100E
0xc12bb043   lattice    MachXO3L     LCMXO3L-1300C
0xc12bc043   lattice    MachXO3L     LCMXO3L-2100C
0xc12bd043   lattice    MachXO3L     LCMXO3L-4300C
0xe12b2043   lattice    MachXO3LF    LCMXO3LF-640E
0xe12b3043   lattice    MachXO3LF    LCMXO3LF-1300E
0xe12b4043   lattice    MachXO3LF    LCMXO3LF-2100E
0xe12bb043   lattice    MachXO3LF    LCMXO3LF-1300C
0xe12bc043   lattice    MachXO3LF    LCMXO3LF-2100C
0xe12bd043   lattice    MachXO3LF    LCMXO3LF-4300C
```

Falls Ihr FPGA in dieser Liste enthalten ist, dann haben Sie gute Chancen, ihn mit der Open-Source-Toolchain nutzen zu können. Aber wie gesagt: Der Schwerpunkt dieses Buches liegt auf dem IceZero-Board und dem Tang Nano 9K, alle Beispiele in diesem Buch sind bis ins kleinste Detail auf diese beiden FPGA-Boards abgestimmt und getestet. Diese Entscheidung ermöglichte es mir, Ihnen den Einstieg und die Arbeit mit diesen Boards so einfach und effizient wie möglich zu machen.

Eine andere FPGA-Hardware verwendet andere interne Pins, einen anderen Takt, andere GPIO-Pins und ist möglicherweise nicht mit allen Software-Teilen der Toolchain kompatibel. Bei der Synthese, beim Place-and-route und beim Übertragen des Bitstreams auf den FPGA wird es dann unweigerlich zu Problemen kommen. Der folgende Abschnitt ist somit ein Ausgangspunkt für diejenigen, die bereit sind, die zusätzlichen Herausforderungen anzunehmen, die mit der Integration anderer FPGA-Boards in eine Open-Source-Toolchain verbunden sind.

Wie kann man eine Toolchain mit einem neuen FPGA und FPGA-Board kompatibel bekommen? Am besten ist es, erst einmal zu schauen, ob irgendeine andere Open-Source-Toolchain schon kompatibel damit ist. Schauen Sie im Internet nach anderen bekannten Dachprojekten: Möglicherweise lassen sich diese verwenden.

2.5.1 F4PGA

Eine der bekanntesten Toolchains ist *F4PGA*. Sie bietet eine vollständig offene Umgebung für die Entwicklung von FPGAs verschiedener Hersteller. Aktuell unterstützt F4PGA die *Xilinx 7-Series*, *Lattice iCE40HX*, *Lattice ECP5*-FPGAs und *QuickLogic EOS S3*. Sie wird stetig erweitert, um einen umfassenden *End-to-End-FPGA-Synthesefluss* bereitzustellen.

F4PGA dient als *Dachprojekt* für mehrere zusammenarbeitende Projekte, die auf unterschiedliche FPGAs ausgerichtet sind, wie zum Beispiel *Project X-Ray* für die Xilinx 7-Series, *Project IceStorm* für Lattice iCE40HX und *Project Trellis* für Lattice ECP5-FPGAs. Diese Projekte tragen zur Dokumentation und zum Verständnis der internen Arbeitsweise der jeweiligen FPGAs bei und bilden die Grundlage für die Backend-Tools wie *nextpnr* und Frontend-Tools wie *Yosys*.

Das Projekt ist somit eine Sammlung verschiedener Open-Source-Tools, die zusammen eine vollständige Toolchain für die Entwicklung von FPGAs verschiedener Hersteller bilden. Es zielt darauf ab, den FPGA-Entwicklungsprozess mit einem Satz modularer, austauschbarer Open-Source-Tools zu optimieren und zu automatisieren. Die Toolchain beinhaltet dabei alle Software-Tools für die verschiedenen Schritte in einem FPGA-Designprozess, einschließlich Synthese, Platzierung, Verdrahtung und Bitstream-Erzeugung. Das Projekt stellt eine breitere Palette von Funktionen zur Verfügung und konzentriert sich auf die Integration verschiedener Tools und Erweiterungen, die über die grundlegenden Funktionen hinausgehen.

2.5.2 IceStorm

Wenn Sie nicht so viele Fliegen wie möglich mit einer Klappe erledigen möchten, dann ist das Projekt *IceStorm* für Sie richtig. Unsere beiden FPGAs werden unterstützt, sodass Sie mit kleinen Schritten beginnen können. Der FPGA-Designprozess wird so viel einfacher. Das Besondere an IceStorm ist also, dass es sich auf die Grundlagen konzentriert: auf die Dokumentation des Bitstream-Formats, also des Formats, in dem die Konfigurationsdaten für die FPGAs gespeichert sind, sowie auf die Bereitstellung einfacher Software-Tools für die Analyse und Erstellung dieser Bitstream-Dateien.

Während F4FPGA durch seine Vielseitigkeit und den Reichtum an »Bells and Whistles« besticht, liegt die Stärke von IceStorm in seiner Einfachheit und Zugänglichkeit. IceStorm ist ideal für Einsteigerinnen und Einsteiger sowie für all jene, die einen unkomplizierten Zugang zur FPGA-Entwicklung suchen. Die Dokumentation und die Software sind darauf ausgelegt, leicht verständlich zu sein, sodass Sie schnell mit der Entwicklung beginnen können.

Die vollständige Dokumentation des Bitstream-Formats sowie die Offenheit und Transparenz des Projekts fördern ein tiefes Verständnis der Funktionsweise von FPGAs. Durch die Fokussierung auf das Wesentliche und die Konzentration auf die grundlegenden Software-Tools bietet IceStorm eine schlanke und effiziente Umgebung für die Entwicklung Ihrer Projekte. Dies erleichtert Ihnen nicht nur den Einstieg, sondern ermöglicht auch eine schnelle Entwicklung und Iteration.

Beide Projekte, *IceStorm* und *F4FPGA*, haben ihre Berechtigung, abhängig von den Bedürfnissen und der Erfahrung der Nutzer. Während F4FPGA mit seinen umfangreichen Funktionen und Erweiterungen für komplexere Projekte erfahrenerer Entwickler geeignet ist, bietet IceStorm einen hervorragenden Einstiegspunkt für diejenigen, die neu im Thema sind und sich erst einmal mit der FPGA-Technologie vertraut machen möchten, ohne von einer Überfülle an Optionen überwältigt zu werden.

Letztendlich ermöglichen beide Toolchains die Entwicklung von FPGA-basierten Projekten unter Verwendung von Open-Source-Software und bieten die Unabhängigkeit von proprietärer Hersteller-Software. Und da beide Toolchains die gleiche Idee haben, können Sie später einmal auch einfach den Sprung von IceStorm zu F4PGA machen: ein paar zusätzlich installierte Pakete aus dem Repository Ihrer Linux-Installation, und Sie sind bereit.

Die Toolchain im praktischen Einsatz

In diesem Buch stelle ich eine breite Palette von Open-Source-Toolchains – einschließlich IceStorm und weiterer *Dachprojekte* – vor, die eine funktionierende Basis für die Entwicklung mit FPGAs verschiedener Hersteller bieten. Diese Projekte, von F4FPGA bis IceStorm, bilden umfassende Paketzusammenstellungen für die FPGA-Entwicklung, die auf Offenheit, Flexibilität und Zugänglichkeit setzt.

Die IceStorm-Toolchain war mein Ausgangspunkt für die Toolchains, die wir im praktischen Teil dieses Buches installieren werden. Ich habe jedoch Anpassungen an der IceStorm-Toolchain vorgenommen, um sie nicht nur für die Arbeit mit den Lattice-FPGAs nutzbar, sondern auch, um sie für den Gowin Tang Nano (und andere FPGAs) einsetzbar zu machen. Dazu habe ich gezielt modernere Tools integriert, zum Beispiel ein neues Place-and-route-Tool, und ich habe spezifische Komponenten ergänzt, wie einen Fuzzer, um eine maßgeschneiderte Entwicklungsumgebung für den Tang Nano 9K zu schaffen.

Diese Anpassungen erweitern die ursprüngliche IceStorm-Toolchain und berücksichtigen die fortschreitende Entwicklung sowie die Anforderungen durch neuere FPGAs. Deshalb entspricht die in diesem Buch verwendete Toolchain nicht mehr exakt der ursprünglichen IceStorm-Toolchain.

Es ist wichtig zu verstehen, dass die hier beschriebenen Toolchains und ihre Komponenten einer ständigen Evolution unterliegen. Die in diesem Buch vorgestellte Konfiguration spiegelt eine Momentaufnahme des aktuellen Entwicklungsstands wider, der sich aufgrund von neuen Erkenntnissen, Verbesserungen in der Tool-Entwicklung und Feedback aus der Community weiterentwickeln wird.

Ich habe mich bewusst gegen einen (neuen) Namen für die Toolchains in diesem Buch entschieden, um die Bedeutung jeder einzelnen Komponente hervorzuheben und zu verdeutlichen, dass eine erfolgreiche FPGA-Entwicklung ein tiefes Verständnis der verwendeten Tools erfordert. Anstatt sich hinter einem Namen zu verbergen, der wie eine Blackbox wirken könnte, lege ich Wert darauf, die Funktionsweise und den Beitrag jedes Tools zur gesamten Toolchain transparent zu machen. Dies fördert nicht nur das Verständnis für die zugrunde liegenden Prozesse, sondern ermöglicht es Ihnen auch, flexibel auf Änderungen zu reagieren und die Toolchain individuell an Ihre eigenen Bedürfnisse anzupassen.

Durch diesen Ansatz sind Sie unabhängig von den festen Softwarezusammenstellungen und erwerben das Know-how, um eigene Wege in der FPGA-Entwicklung zu erkunden – unterstützt durch eine fundierte Basis aus Open-Source-Software und Tools, deren Funktion und Zusammenspiel Sie genau verstehen.

Wenn Sie eine Toolchain daraufhin bewerten wollen, ob diese für Ihren eigenen Einsatzzweck geeignet ist, gibt es ein paar wichtige Punkte, auf die Sie achten sollten. Diese Punkte sehen wir uns im Folgenden an.

2.5.3 Board- vs. Chip-Unterstützung

Für Maker und Elektronik-Hobbyisten, die sich an FPGAs wagen, ist es wichtig, den Unterschied zwischen der Unterstützung eines FPGA-Chips durch eine Toolchain und der Unterstützung des kompletten FPGA-Boards zu kennen. Diese Unterscheidung ist deshalb so bedeutsam, weil nicht jede Toolchain automatisch das gesamte Spektrum von Hardware-Komponenten auf einem FPGA-Board abdeckt, was zu Problemen führen kann. Um sicherzustellen, dass Ihre ausgewählte Toolchain sowohl mit dem von Ihnen gewählten FPGA-Chip als auch mit dem gesamten Board kompatibel ist, ist eine sorgfältige Überprüfung der technischen Dokumentation der Toolchain sehr wichtig. Dabei müssen Sie zwei wesentliche Szenarien berücksichtigen:

- **Chip-Unterstützung durch die Toolchain**

  Hierbei liegt der Fokus auf der Fähigkeit der Toolchain, die einzigartigen Eigenschaften und Anforderungen des FPGA-Chips zu handhaben. Dazu zählen Aspekte wie Logiksynthese, Konfiguration von Speicherblöcken, I/O-Funktionen und die Erzeugung eines passenden Bitstreams für den Chip. Diese Form der Unterstützung konzentriert sich primär auf die Synthese des Designs, das auf dem Chip implementiert werden soll.

- **Board-Unterstützung durch die Toolchain**

  In diesem Fall erweitert sich der Umfang der Toolchain um die Berücksichtigung der spezifischen Board-Hardware. Dies umfasst vordefinierte Pin-Belegungen, besondere Schnittstellen und integrierte Peripheriegeräte, wie beispielsweise zusätzlichen Speicher. Eine Unterstützung des FPGA-Boards vereinfacht die Einrichtung und Nutzung erheblich, da viele der benötigten Konfigurationen und Einstellungen bereits in die Templates der Toolchain integriert sind. Dies erleichtert nicht nur die Programmierung, sondern gewährleistet auch, dass beispielsweise die Übertragung des Bitstreams auf das FPGA-Board reibungslos funktioniert.

2.5.4 Stolperfallen bei der Board-Auswahl

Eine Toolchain, die einen FPGA-Chip unterstützt, garantiert demzufolge nicht automatisch eine reibungslose Unterstützung jedes FPGA-Boards, das diesen Chip verwendet. Sie müssen darauf achten, dass das spezifische Board von der Toolchain unterstützt wird. Insbesondere muss – um konkret zu werden – die Programmierung des FPGA-Chips auf diesem Board durch den *openFPGALoader* unterstützt werden.

Vieles davon lässt sich manuell konfigurieren, indem man in der Toolchain an den richtigen Stellen die passenden Konfigurationsdateien erstellt. Dies ist allerdings eine Sache, die man erst angehen sollte, wenn man etwas Erfahrung gesammelt hat. Wenn Sie mit der FPGA-Entwicklung gerade erst anfangen, ist es also wichtig, dass Sie bei der Auswahl von Hardware und Software sowohl die Chip- als auch die Board-Kompatibilität mit der gewählten Toolchain überprüfen.

All diese Stolperfallen habe ich Ihnen bei den Beispielprojekten, die wir hier durcharbeiten werden, schon abgenommen: Alles ist aufeinander abgestimmt, wenn Sie ein IceZero- oder Tang Nano 9K-Board verwenden.

2.5.5 Ein nicht direkt unterstütztes Board in der Toolchain einrichten

Doch wie können Sie konkret vorgehen, wenn Sie ein FPGA-Board haben, das nicht direkt unterstützt wird, Sie es aber mit einer Open-Source-Toolchain einsetzen möchten?

Die grundsätzlichen Schritte sehen so aus:

1. **Wird der FPGA unterstützt?**

   Stellen Sie zunächst sicher, dass der auf Ihrem Board verwendete FPGA-Typ von der Toolchain unterstützt wird. Das heißt, prüfen Sie, ob Sie überhaupt dafür eine Synthese und ein Place-and-route durchführen können. *nextpnr*, das Place-and-route-Tool, das in vielen Open-Source-Toolchains genutzt wird, konzentriert sich beispielsweise hauptsächlich auf Lattice-iCE40HX-FPGAs und ein paar andere Chips. Die Entwicklung schreitet bei Toolchains aber immer fort. Überprüfen Sie also auf der Website, ob ein neuer FPGA hinzugekommen ist oder ob ein Update der jeweiligen Software-Komponente in der Toolchain notwendig sein kann, um einen neuen FPGA zu unterstützen.

2. **Dokumentation und Schemata des Boards**

   Sie benötigen die genaue Pin-Belegung und das Layout Ihres FPGA-Boards, um dieses mit einer Toolchain kompatibel zu machen. Diese Informationen finden Sie am besten in der technischen Dokumentation Ihres FPGA-Boards und im Schaltplan des PCB-Layouts. Sie benötigen Details zu den I/O Pins, den LEDs, den Taktgebern (Clocks), dem verwendeten externen Speicher (Typ und Anbindung) und zu den verwendeten Schnittstellen (USB, RGB, SPI).

3. **Die Constraint-Datei erstellen**

   Für die Toolchain müssen Sie dann eine zum Board passende Pin-Constraint-Datei (*.pcf*) erstellen oder eine schon vorhandene, möglichst ähnliche Datei kopieren und anpassen. In dieser Datei definieren Sie, welche physischen Pins des FPGAs mit welchen Funktionen Ihrer Schaltung verbunden sind. Sie legen hier zum Beispiel fest, welcher Pin mit welcher LED verbunden ist, welche Pins I/O-Funktionen haben usw. Listing 2.1 zeigt ein Beispiel:

   ```
   set_io <pin_name> <FPGA_pin>
   set_io led1 P1
   set_io button1 P2
   ```

   Listing 2.1 Formatbeispiel einer PCF-Datei

<pin_name> ist der Name des Pins in Ihrer Verilog- oder VHDL-Datei, der entsprechende physische Pin des FPGA ist <FPGA_pin>.

Auch wenn die Constraints-Datei für ein bestimmtes Projekt nur die Zuordnungen enthalten muss, die für das Projekt gebraucht werden, ist es eine gute Idee, sich eine komplette Constraints-Datei als Vorlage zu erstellen. So müssen Sie nicht bei jedem neuen Projekt umständlich zusammensuchen, was benutzt werden könnte, sondern können die Zeilen kopieren, die Sie aktuell brauchen.

2.5.6 Den openFPGALoader für das Programmieren verwenden

Der *openFPGALoader* ist ein Tool zum Programmieren von FPGAs und wird von fast allen Toolchains verwendet – auch in manchen kommerziellen. Überprüfen Sie, ob openFPGALoader Ihr spezifisches Board direkt unterstützt, indem Sie die Liste der unterstützten Boards mit dem Parameter `--list-boards` ausgeben lassen.

Hier sehen Sie eine gekürzte Liste der Ausgabe:

```
pi@pi5:~ $ openFPGALoader --list-boards
board name              cable_name
arty                    digilent
arty_a7_100t            digilent
arty_a7_35t             digilent
arty_s7_25              digilent
arty_s7_50              digilent
arty_z7_10              digilent
arty_z7_20              digilent
basys3                  digilent
cyc1000                 ft2232
de0                     usb-blaster
de0nano                 usb-blaster
de0nanoSoc              usb-blasterII
de10lite                usb-blaster
de10nano                usb-blasterII
de1Soc                  usb-blasterII
genesys2                digilent_b
ice40_generic           ft2232
icebreaker-bitsy        dfu
licheeTang              anlogicCable
machXO2EVN              ft2232
machXO3EVN              ft2232
machXO3SK               ft2232
minispartan6            ft2232
nexys_a7_100            digilent
nexys_a7_50             digilent
olimex_gatemateevb      dirtyJtag
```

```
papilio_one          papilio
pipistrello          ft2232
pynq_z1              ft2232
pynq_z2              ft2232
redpitaya14
tangmega138k         ft2232
tangnano             ch552_jtag
tangnano1k           ft2232
tangnano20k          ft2232
tangnano4k           ft2232
tangnano9k           ft2232
tangprimer20k        ft2232
tangprimer25k        ft2232
```

Dieser Befehl zeigt alle FPGA-Boards an, die aktuell vom openFPGALoader unterstützt werden, zusammen mit den notwendigen Informationen, die Sie benötigen, um Ihr FPGA-Board korrekt auszuwählen und zu programmieren. Wenn Ihr Board nicht aufgeführt ist, können Sie dennoch versuchen, es zu verwenden, indem Sie die generische Konfiguration für den entsprechenden FPGA-Typ ausprobieren. Mithilfe einer Suchmaschine oder auf der Homepage des FPGA-Boards findet man oft die nötigen Informationen, um den openFPGALoader mit dem vor einem liegenden Board kompatibel zu machen.

Das war der grobe Überblick, wie Sie ein nicht direkt unterstütztes FPGA-Board mit einer Open-Source-Toolchain kompatibel machen können. Aber wie immer steckt auch hier der Teufel im Detail. Für den FPGA-Einstieg ist das nichts, aber später einmal kann Ihnen dieser Abschnitt möglicherweise hilfreich sein, wenn Sie in der Thematik schon etwas Fuß gefasst haben.

Kapitel 3
Offener Quellcode, offene Hardware

Mit der Open-Source-Toolchain für das IceZero- und Tang Nano 9K-Board haben wir eine freie Entwicklungsumgebung ohne Lizenzkosten oder geplante Obsoleszenz.
In diesem Kapitel gehen wir auf die Unterschiede der beiden FPGA-Boards ein und besprechen, welche Vor- und Nachteile sie haben.

3

Die Open-Source-Toolchain-Projekte für die FPGA-Entwicklung durchleben gerade eine aufregende Phase des Wachstums: Diese Toolchains, die ursprünglich hinter den proprietären Lösungen der FPGA-Hersteller deutlich zurückstanden, haben so viele Fortschritte gemacht, dass sie mittlerweile eine ernst zu nehmende Alternative darstellen.

3.1 Kein Ablaufdatum und zeitlos gültig: Open-Source-Software und -Hardware

Open-Source-Toolchains für die FPGA-Entwicklung sind relativ jung, ihre Anfänge reichen noch nicht weit zurück. Mit Initiativen wie dem *IceStorm*-Projekt, das 2016 startete, begann aber eine signifikante Entwicklung in diesem Bereich. Das IceStorm-Projekt markierte einen Wendepunkt, indem es einen kompletten Entwicklungslauf für einen FPGA durch Open-Source-Software möglich machte. Seitdem hat sich viel weiterentwickelt: Weitere FPGAs sind zum Projekt hinzugekommen, mehr Boards werden unterstützt, und auch manche Hersteller haben Informationen zur ihren FPGAs bereitgestellt, damit diese von einer Open-Source-Toolchain genutzt werden können. So finden manche Hersteller für die kleineren FPGAs ihres Portfolios im Maker-Bereich noch einen Markt.

Die Qualität der Open-Source-Toolchains liegt oft noch nicht ganz auf dem Niveau der kommerziellen Entwicklungssoftware der FPGA-Hersteller, aber diese Lücke schließt sich rasch. Im Maker-Bereich, in dem die Design-Anforderungen oft weniger komplex sind, stellen sie eine Alternative dar, denn für Maker und Elektronik-

Hobbyisten bieten sie bereits jetzt einen Funktionsumfang, der mehr als ausreichend ist. Diese Entwicklungsdynamik wird in den kommenden Jahren noch große Fortschritte machen und die Open-Source-Toolchains werden stetig reifer und leistungsfähiger werden.

Aber auch in Teilen der Industrie gibt es einen Trend hin zu Open-Source-Toolchains, der Parallelen zu früheren Entwicklungen in der Software-Entwicklung aufweist – mit dem GCC gibt es ja auch einen quelloffenen Compiler, der klein anfing und heute Standards setzt. Open-Source-Toolchains wie F4PGA oder IceStorm ermöglichen es uns heute, mit einer einzigen Toolchain die FPGAs verschiedener Hersteller zu bedienen.

Chips Alliance

Auch im akademischen Bereich wächst die Unterstützung für solche Open-Source-Toolchains. Ein Beispiel für Innovationsförderung im Bereich der Halbleitertechnik war die Gründung der *F4PGA*-Arbeitsgruppe durch die *Chips Alliance*. Diese Organisation widmet sich der Entwicklung von Open-Source-Hardware, mit einem besonderen Fokus auf Chips und Halbleiter. Ihr Ziel ist es, den Bereich der programmierbaren FPGA-Logikbausteine um frei zugängliche Software-Tools, geistiges Eigentum (IP) und Forschung zu bereichern. Zu den Mitgliedern dieser Initiative gehören FPGA-Hersteller wie Xilinx/AMD, industrielle FPGA-Nutzer und -Beiträger wie Google und Antmicro sowie mehrere Universitäten.

Was bedeutet hier IP?

IP steht hier für *Intellectual Property*, also *geistiges Eigentum*. Im Bereich der FPGA-Entwicklung und Open-Source-Toolchains bezieht sich der Begriff oft auf Design-Elemente oder Bausteine, wie spezifische Schaltungen oder Funktionen, die als geistiges Eigentum betrachtet werden können.

Derartige Initiativen zielen darauf ab, die Einstiegshürden für die FPGA-Entwicklung zu senken, indem sie herstellerunabhängige und einheitliche Entwicklungsumgebungen schaffen. Dies ermöglicht einen offenen Zugang zu FPGA-Tools und -Ressourcen, unabhängig vom Hersteller der Hardware.

Für erfahrene Maker und Elektronik-Hobbyisten, die sich in das FPGA-Thema einarbeiten möchten, bieten diese Open-Source-Toolchains nun eine hervorragende Möglichkeit, um unabhängig von proprietärer Herstellersoftware und deren Lizenzbeschränkungen zu arbeiten. Diese Toolchains eröffnen den Weg für kreative Projekte und Experimente mit FPGAs, indem sie den Zugang zu dieser fortschrittlichen Technologie erleichtern und eine Gemeinschaft fördern, die auf Offenheit und Zusammenarbeit basiert. Im Gegensatz zu proprietärer Software, die oft an Lizenzbedingungen gebunden ist und nach Ablaufdatum unbrauchbar werden kann, bleibt Open-Source-Software dauerhaft lauffähig und ausführbar. Sie ist nicht von der geplanten Obsoleszenz betroffen, die Hersteller manchmal verwenden, um Nutzer zu zwingen, neue Versionen oder Produkte zu kaufen. Stattdessen kann Open-Source-Software kontinuierlich weiterentwickelt und verbessert werden, unabhängig von kommerziellen Interessen. Dies bedeutet, dass einmal geschaffene Werkzeuge und Programme zeitlos gültig bleiben und ihre Nützlichkeit nicht durch äußere Beschränkungen verloren geht. So können Nutzer langfristig auf ihre Projekte zugreifen und diese weiterentwickeln, ohne sich Sorgen über ablaufende Lizenzen oder inkompatible Updates machen zu müssen.

3.2 Die Open-Source-Toolchain und die Freiheit der Entwicklung

Indem sie eine flexible Alternative zu proprietären Entwicklungstools darstellen, ermöglichen Open-Source-Toolchains es uns Entwicklern, mit einer breiten Palette von FPGAs zu arbeiten, ohne dass wir uns aufwendig in die jeweilige proprietäre und herstellerspezifische Software einarbeiten müssen. Dieser Ansatz fördert die Anpassbarkeit und Flexibilität der Entwicklung, indem er die Tools entsprechend den Bedürfnissen der Nutzer modifizierbar macht.

So, wie der GCC die Weiterentwicklung von Linux vorantrieb, indem er das Betriebssystem für viele Entwickler zugänglich machte, so ermöglichen offene FPGA-Toolchains eine gemeinschaftliche Hardware-Entwicklung, an der sehr viele mitwirken können. Die enge Verbindung zwischen GNU-Compiler und Linux erwies sich als äußerst fruchtbar für Open-Source-Software. Ähnlich könnten offene FPGA-Tools die kollaborative Entwicklung anwendungsspezifischer digitaler Schaltkreise revolutionieren und eine Vielzahl von Innovationen beim Hardware-Design ermöglichen.

Die Transparenz von Open-Source-Toolchains bietet tiefe Einblicke in die Funktionsweise und ermöglicht einen fundierten Lernprozess. Wenn etwas vollkommen transparent ist, lässt es sich auch gut verstehen.

Die Open-Source-Bewegung im FPGA-Bereich spiegelt einen übergreifenden Trend wider, der sich bereits in diversen anderen Technologiebereichen abgezeichnet hat: Die Gemeinschaft und die Zusammenarbeit rücken in den Mittelpunkt. Derartige Initiativen zielen darauf ab, die Einstiegshürden für die FPGA-Entwicklung zu senken, indem sie herstellerunabhängige und einheitliche Entwicklungsumgebungen schaffen. Solch eine Zusammenarbeit fördert den freien Austausch von Wissen, Code und Ideen, was die Weiterentwicklung und Verbreitung von FPGA-Technologien vorantreiben kann. Dies alles trägt dazu bei, das Feld der FPGA-Entwicklung zu demokratisieren und für ein breiteres Publikum zugänglich zu machen.

Letztendlich ermöglicht dies alles einen offenen Zugang zu FPGA-Tools und deren Ressourcen, unabhängig vom Hersteller der Hardware. Obwohl es in der FPGA-Welt nach wie vor weit verbreitet ist, eigene Entwicklungen lieber geheim zu halten und jeder oft sein eigenes Süppchen kocht, ist diese überholte Mentalität hinderlich für den Fortschritt: Eine neue Zeit des freien Austauschs von Quellcode und Ressourcen, ähnlich der Open-Source-Bewegung in der Software-Entwicklung, ist auch für FPGAs zwingend notwendig, um Innovationen und Weiterentwicklungen zu fördern.

Durch Open-Source werden Projekte nachhaltiger und unabhängiger von Geschäftsstrategien kommerzieller Anbieter. Software-Tools und Ressourcen bleiben langfristig nutzbar, ohne Lizenz- oder Aktivierungsanforderungen. Dies sichert auch die Langlebigkeit Ihrer FPGA-Projekte.

3.3 Das IceZero-Board für den Raspberry Pi

Vor einigen Jahren entwickelten die *Black Mesa Labs* das *IceZero*-FPGA-Board. Seine Vorgänger waren das *IcoBoard*, das *BlackIce* und der *IceHat*. Das IceZero-Board sollte die besten Eigenschaften der Vorgänger vereinen.

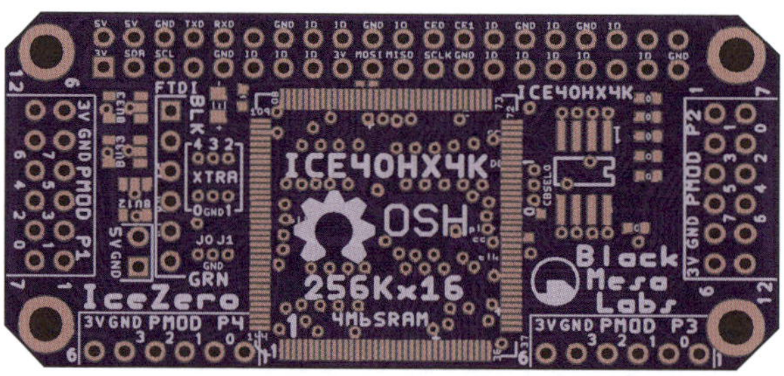

Abbildung 3.1 Das IceZero-Board von »Black Mesa Labs« – Ansicht der Oberseite

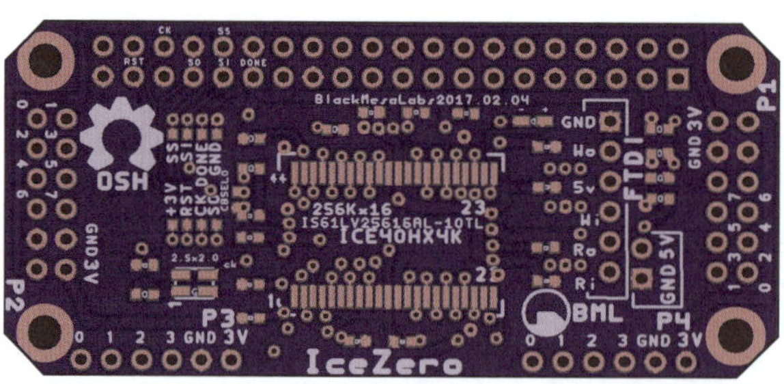

Abbildung 3.2 IceZero – Ansicht der Unterseite

Das IceZero-Board zeichnet sich durch ein vollständig offenes Hardware- und Software-Design aus und ist mit einem Lattice-iE40HX4K-FPGA bestückt, der die IceStorm-Toolchain unterstützt.

Außerdem bietet es:

- Schnittstellen zum Raspberry Pi über einen 2 × 20 GPIO-Header für Strom- und Busverbindungen
- die Möglichkeit, das PROM direkt vom Raspberry Pi aus zu programmieren; es ist kein JTAG-Programmiergerät erforderlich.
- externen SRAM, der Softcore-CPU-Designs unterstützt, indem er eine Codeausführung ermöglicht
- ein extra großes SPI-PROM, das Softcore-CPU-Designs unterstützt, indem es die Codespeicherung ermöglicht
- mehrere Pmod-Erweiterungsheader im Industriestandard
- eine 32-MHz-SPI-Verbindung zwischen der Raspberry-Pi-CPU und dem FPGA
- 2-lagiges PCB-Design
- frei verfügbare Gerber-Dateien zur Platinenherstellung
- eine FTDI-Schnittstelle mit einem 1 × 6 USB-Seriell-Pinheader zur Nutzung mit einem PC anstelle eines Raspberry Pi (oder als Debug-Trace-Port für die Softcore-CPU)
- die Verbindung mit einem Raspberry-Pi-UART, um so mehrere externe serielle Verbindungen multiplexen zu können

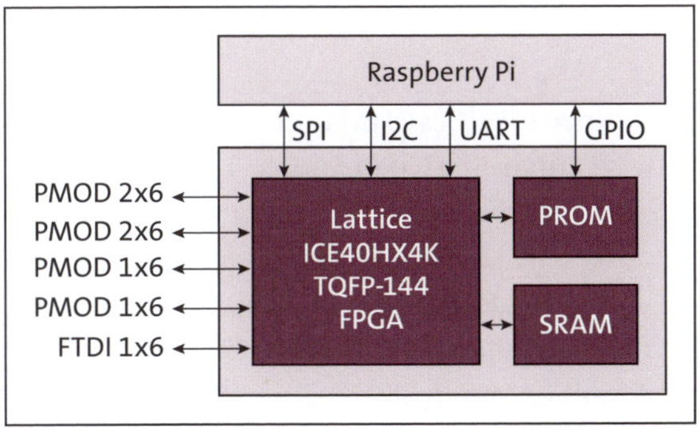

Abbildung 3.3 Blockschaltbild des IceZero-Boards von Black Mesa Labs

Das Board war ein Erfolg! Und da es ein Open-Hardware-Projekt war, wurde es weiterentwickelt und verbessert. Auch heute noch kann man sich mit den bereitgestellten Gerber-Dateien des Platinen-Layouts seine eigene Platine fertigen lassen und sie selbst bestücken.

Es geht aber auch einfacher: Die Firma *Trenz Electronic* (*http://www.trenz-electronic.de*) bietet eine Weiterentwicklung des Boards an (siehe Abbildung 3.4), auf das ich auch für die Projekte dieses Buch zurückgreife. Wenn Sie auf der genannten Homepage den Suchbegriff »IceZero« eingeben, werden Sie direkt zur Produktseite geleitet.

Abbildung 3.4 Das IceZero-Board von »Trenz Electronic« – Fertig bestückt, aber ohne Pin-Header auf den Pmod-Schnittstellen

Das IceZero-Board von Trenz Electronic wurde an verschiedenen Stellen verbessert und stellt eine State-of-the-Art-Variante des ursprünglichen *Black Mesa Labs*-Designs dar. Unter anderem wurden alle Pmod-Schnittstellen nun im 2×6-Format auf der Platine untergebracht.

Es basiert auf einem FPGA vom Typ *Lattice iCE* (iCE40HX) und hat eine kompakte Größe von 30,5 × 65 mm. Das Board wird durch eine Open-Source-Toolchain unterstützt, die einen kompletten FPGA-Design-Flow auf einem Raspberry Pi ermöglicht – ebenfalls vollständig Open-Source. Die schnelle FPGA-Konfiguration durch den Raspberry Pi und die Kompatibilität als Raspberry-Pi-HAT machen das Board besonders flexibel einsetzbar. Die Größe ist kompatibel mit dem Raspberry Pi Zero und Pi Zero W, und es verfügt über 4 Mbit externen SRAM. Zudem sind drei User-LEDs, ein SPI-Flash für die FPGA-Selbstkonfiguration, eine 100-MHz-User-Clock und vier Pmod-Steckverbinder vorhanden.

Die Trenz-Produktseite bietet auch verschiedene Dateien zum Download an, die wichtigsten davon finden Sie auch in den Materialien zum Buch. Aber die Datei *iceZero-pinout-v5.1.pdf* können Sie sich zur Vorbereitung der kommenden Projekte in diesem Buch schon mal ausdrucken, weil Sie die Pin-Zuordnungen mehrfach brauchen werden.

Um die Beispielprojekte in diesem Buch praktisch umzusetzen, empfehle ich Ihnen, das IceZero-FPGA-Board von Trenz Electronic zu bestellen. Dieses Board ist eines der beiden FPGA-Boards, die wir hier im Buch verwenden, und es ist eine hervorragende Plattform für Anfänger und erfahrene Entwickler gleichermaßen.

Den Rest des IceZero-Boards besprechen wir in Kapitel 9 bei den Grundlagenprojekten mit dem IceZero-Board.

3.4 Der Tang Nano 9K

Das zweite FPGA-Board, das wir hier im Buch verwenden, ist der Tang Nano 9K von Sipeed, den Sie in Abbildung 3.5 sehen. Der darauf verbaute FPGA ist ein Gowin GW1NR-9C, der etwa doppelt so viel Kapazität hat wie der iCE40HX auf dem IceZero-Board.

Abbildung 3.5 Tang Nano 9K mit aufgesetztem SPI-Display

Erhältlich ist der Tang Nano 9K auf allen gängigen europäischen wie auch chinesischen Online-Plattformen. Beim Bestellen müssen Sie darauf achten, die richtige Variante zu kaufen. In der günstigsten Ausführung gibt es ihn ohne weiteres Zubehör, dann sind nur zwei Stiftleisten für die GPIO-Anschlüsse und ein USB-Kabel im Lieferumfang enthalten.

Aber es gibt noch andere Varianten:

- mit einen SPI-LCD mit 240 × 135 Pixel für den OnBoard-SPI-Anschluss
- mit einem RGB-Display in 5" oder 7" Größe für den OnBoard-Display-Anschluss

Für die Beispiele in diesem Buch ist grundsätzlich die Variante ohne weiteres Zubehör ausreichend, allerdings gibt es ein Beispielprojekt, in dem wir das OnBoard-SPI-Display nutzen. Dieses Beispiel gegebenenfalls zu überspringen ist aber kein Problem, weil es noch andere Beispielprojekte mit einem externen OLED-Display gibt.

Die Variante mit einem RGB-Display kann für Sie interessant sein, wenn Sie vorhaben, später einmal ein eigenes Projekt mit einem größeren Display zu erstellen. Die Ansteuerung eines RGB-Displays ist verhältnismäßig einfach und sehr direkt, was diese Methode zu einer bevorzugten Wahl für Spiele-Emulatoren und dergleichen macht. Falls Sie so etwas im Hinterkopf haben, sollten Sie die Variante mit RGB-Display bestellen, weil es die passenden Displays anscheinend nicht einzeln zu kaufen gibt. Vielleicht ändert sich das noch, aber zu dem Zeitpunkt, als ich das Buch geschrieben habe, war das nicht möglich.

Ich empfehle Ihnen, den Tang Nano 9K für die Umsetzung der fortgeschritteneren Beispielprojekte in diesem Buch zu bestellen. Dieses FPGA-Board ist auch eine ausgezeichnete Plattform für spätere, komplexere Projekte. Der Tang Nano 9K zeichnet sich durch seinen leistungsfähigen FPGA aus. Die große Auswahl an Schnittstellen, insbesondere die HDMI-Schnittstelle, ermöglicht die Entwicklung von FPGA-Anwendungen, die eine Anzeige auf großen Displays benötigen. Dieser FPGA ist auch eine gute Wahl für das, was einmal nach diesem Buch kommen wird, wenn Sie sich entscheiden, mit der FPGA-Programmierung weiterzumachen.

Andere Varianten mit anderen Pin-Belegungen

Ein wichtiger Hinweis noch: Es gibt noch andere Varianten des Tang Nano: den 1K, den 4K und den 20K. Diese Varianten unterscheiden sich in der Ausstattung und der Belegung der GPIO-Pins.

Die Beispielprojekte in diesem Buch sind explizit für den 9K gemacht. Wenn Sie diese mit einer anderen Tang-Nano-Variante nutzen möchten, sind Anpassungen an den Projektdateien nötig. Das ist nicht unmöglich, bedeutet aber etwas Aufwand und ist ohne Erfahrung kaum machbar. Wenn Sie das Buch durchgearbeitet haben, werden Sie solche Anpassungen ohne Probleme vornehmen können, aber am Anfang möchte ich Sie bitten, bei der 9K-Variante des Tang Nano zu bleiben.

3.5 Die Vor- und Nachteile der Anschlüsse beider FPGA-Boards

Die beiden besprochenen FPGA-Boards, der IceZero und der Tang Nano 9K, unterscheiden sich (abgesehen von dem auf ihnen verwendeten FPGA) auch noch in einer anderen wichtigen Sache: Der eine setzt auf die GPIO-Schnittstelle eines Raspberry Pi auf, der andere wird via USB angeschlossen.

Warum also diese unterschiedlichen Anschlussarten? Frei nach Nietzsche gilt hier: *»Aus diesem Wahnsinn wächst ein Sinn.«* Das ist also kein Zufall, sondern vielmehr eine bewusste Entscheidung, die darauf abzielt, Ihnen eine wichtige Erkenntnis beizubringen: Durch den Einsatz des IceZero auf der GPIO-Schnittstelle eines

Raspberry Pi lernen Sie, wie man Hardware-Interaktionen direkt über die GPIO-Pins steuert und wie Sie den Raspberry Pi und das IceZero-Board im Verbund laufen lassen können. Das Experiment in Abschnitt 9.6 wird Ihnen dafür ein direktes Beispiel für eine GPIO-Steuerung liefern. Dies fördert das Verständnis für direkte Hardware-Manipulationen und für die Nutzung einer Control- und Data-Plane in Ihren Designs. Es ist eine hervorragende Methode, um tiefer in ein Embedded-System-Design einzusteigen und die direkte Kommunikation zwischen FPGA und Mikrocontroller zu meistern.

Auf der anderen Seite bietet der USB-Anschluss des Tang Nano 9K eine andere Perspektive. Diese Verbindungsmethode zeigt, wie man FPGA-Boards in einer Umgebung nutzt, die stärker PC-basiert ist und die Anschlusspins des FPGA-Boards für direkt daran angeschlossene Peripherie verwendet. Sie werden auch mit Aspekten wie der seriellen Kommunikation über USB und der Nutzung von Software-Tools darüber vertraut gemacht, die für die Programmierung des FPGAs über diese Schnittstelle notwendig sind.

Beide Methoden sind also nicht nur technische Notwendigkeiten, sondern auch Lehrmittel, die Ihnen helfen, die Vielfalt der FPGA-Board-Varianten und deren Integration in unterschiedliche Systeme zu verstehen. Durch das Arbeiten mit beiden Boards und deren Anschlussvarianten lernen Sie, wie FPGAs mit ihren Stärken und Schwächen in verschiedenen Kontexten eingesetzt werden können. Dies bereitet Sie auf eine Vielzahl von Herausforderungen in der Welt der Elektronik und der digitalen Systementwicklung vor. Indem Sie lernen, welche technischen Unterschiede existieren und wie Sie die jeweiligen Vorteile nutzen, entwickeln Sie eine flexiblere und tiefere Fachkompetenz. Mein endgültiges Ziel ist es, Sie nicht nur mit dem notwendigen technischen Wissen auszustatten, sondern Ihnen auch zu zeigen, wie man kreativ und problemlösend denkt, um innovative Lösungen beim Design von Systemen zu schaffen. So macht der scheinbare Wahnsinn der unterschiedlichen Anschlüsse letztendlich doch Sinn und trägt zu Ihrem Wissen bei.

Bestellen Sie also bitte beide FPGA-Boards und verwenden Sie auch beide bei den Projekten in diesem Buch.

Die GPIO-Anbindung des IceZero

Der GPIO-Anschluss des IceZero-Boards, den Sie in Abbildung 3.6 sehen, ermöglicht Ihnen die Interaktion mit dem FPGA-Board, aber auch die direkte Programmierung des FPGAs über die GPIO-Pins, ohne einen Umweg über einen anderen Anschluss gehen zu müssen. Dies erlaubt einen Low-Level-Zugriff und bietet Vorteile bei der Integration weiterer Hardware, z. B. von Sensoren oder Aktoren, die im Programmablauf auf dem Raspberry Pi eingebunden werden können. Zudem sorgt diese direkte Anbindung für eine geringere *Latenz* bei zeitkritischen Abläufen. Der Nachteil ist die begrenzte Bandbreite der GPIO-Schnittstelle, die jedoch für viele Anwendungen ausreichend ist. Für Anwendungen mit hohen Datentransferraten sollten Sie separate Anschlüsse des FPGA-Chips an den Pmod-Schnittstellen des IceZero-Boards nutzen.

Abbildung 3.6 Die GPIO-Leiste des IceZero-Boards

Die USB-Anbindung des Tang Nano 9K

Im Gegensatz dazu erfolgt bei der USB-Anbindung des Tang Nano 9K die Programmierung über einen JTAG-Chip, der USB-Daten in JTAG-Signale für den FPGA-Chip umsetzt und vice versa. Diese Variante bietet den Vorteil höherer Datenübertragungsraten, was für Projekte mit großen Datenmengen von Vorteil sein kann. Allerdings bedeutet dies eine weniger direkte Hardware-Kontrolle im Vergleich zur GPIO-Anbindung sowie eine Abhängigkeit vom USB-Anschluss und von den dafür nötigen Treibern.

Stromversorgung

Die Stromversorgung ist ein weiterer wichtiger Aspekt, der sich bei den beiden Anschlüssen unterscheidet. Das *Tang Nano 9K*-FPGA-Board kann über USB mit Strom versorgt werden, was einen eigenständigen Betrieb nach der Programmierung ermöglicht, solange eine USB-Stromquelle angeschlossen ist, beispielsweise eine Power-Bank. Dies bietet hohe Flexibilität für portable Anwendungen.

Das IceZero-FPGA-Board wiederum wird auf einem Raspberry Pi montiert und bezieht seine Stromversorgung vom Raspberry Pi über dessen GPIO-Leiste. In diesem Fall ist ein eigenständiger Betrieb nicht möglich, dafür ist aber eine enge Integration mit dem Raspberry Pi gegeben.

Die Wahl zwischen GPIO- und USB-Anbindung hängt von den Projektanforderungen ab, z. B. von der benötigten Datenübertragungsrate, von der Komplexität, der Hardware-Kontrolle und der Integration. Die GPIO-Variante eignet sich für Projekte mit enger System-Integration, während die USB-Anbindung für portablere, eigenständige Anwendungen mit hohen Datenraten vorteilhafter ist.

VIII – Stromversorgung

Denken Sie über die Stromversorgung nach. Welche Anforderungen hat Ihr Projekt an die Stromversorgung? Wird es mobil sein und eine Batterie benötigen oder reicht eine stationäre Stromquelle? Brauchen Sie ein Ladegerät? Möchten Sie es einfach halten und eine Power-Bank verwenden, wie es sie mittlerweile günstig für Smartphones gibt? Notieren Sie Ihre Überlegungen zur Stromversorgung!

3.6 Die Open-Source-Toolchain für das IceZero- und das Tang-Nano-Board

Die Entwicklung der IceStorm-Toolchain wurde durch den iCE40HX-FPGA von Lattice Semiconductor inspiriert, einen Chip, der durch seine einfache Handhabbarkeit und Flexibilität viele Entwickler anzog. Doch eine dieser Entwicklerinnen, Claire Wolf (vormals Clifford Wolf), ging einen Schritt weiter. Claire war fasziniert von dessen Potenzial, sah jedoch eine erhebliche Barriere: die Entwicklungssoftware, die nicht nur proprietär, sondern auch kostspielig und in ihrer Funktionalität eingeschränkt war. Diese Erkenntnis brachte sie dazu, eine eigene, vollständig offene Toolchain zu entwickeln – die *IceStorm*-Toolchain. Ihr Ziel war es, eine zugänglichere, verständlichere und flexiblere Umgebung für FPGA-Entwickler zu schaffen.

Die Unterstützung durch Lattice Semiconductor war anfangs begrenzt, da die Entwicklung einer Open-Source-Toolchain außerhalb der kommerziellen Interessen der Firma lag. Dennoch erkannte das Unternehmen bald die Bedeutung der Community-getriebenen Initiative, die die Akzeptanz ihrer Hardware erheblich erweitern könnte. Dies führte zu einer allmählichen, wenn auch vorsichtigen Unterstützung vonseiten der Firma Lattice Semiconductor.

Die IceStorm-Toolchain ist heute ein leuchtendes Beispiel für das Potenzial von Open-Source-Toolchains für Maker und Hobbyisten, weshalb ich sie in einer abgewandelten Form hier im Buch verwende.

3.7 Die Hersteller-IDE für den Tang Nano 9K

Der Tang Nano 9K wird in diesem Buch mit einer Open-Source-Toolchain verwendet. Trotzdem sollte nicht unerwähnt bleiben, dass Sie eine lizenzfreie Education-Version der Entwicklungsumgebung des Herstellers herunterladen können. Sie ist sowohl für Windows als auch für Linux verfügbar. Mit ihr können Sie sich anschauen, wie eine professionelle Hersteller-IDE für die FPGA-Entwicklung ausschaut.

Den Download finden Sie mit jeder Suchmaschine mit den Suchbegriffen *Gowin EDA Download Education* oder im Sipeed-Wiki unter *https://wiki.sipeed.com/hardware/en/tang/*.

Installieren Sie die IDE einmal und probieren Sie ein paar der mitgelieferten Beispiele aus. Das *Look-and-feel* dieser IDE ist sehr nah an dem anderer FPGA-Hersteller.

3.8 Beide FPGAs gleichzeitig am Raspberry Pi nutzen

Die parallele Nutzung des IceZero- und des Tang-Nano-9K-Boards an einem Raspberry Pi kann für spezielle Anwendungsfälle und Experimente durchaus sinnvoll sein. Beide FPGAs bieten jeweils Eigenschaften und Vorteile, die der andere nicht hat. Wenn Sie beide so wie in Abbildung 3.7 kombinieren, sind Sie in Ihren Projekten flexibler und können mehr mögliche Funktionen nutzen.

Abbildung 3.7 Ein IceZero und ein Tang Nano 9K mit Displays am Raspberry Pi 5 im gleichzeitigen Betrieb

Es gibt Szenarien, in denen es sinnvoll sein könnte, beide FPGAs gleichzeitig zu verwenden:

- **Komplementäre Verarbeitung**

  Sie könnten beide FPGAs für unterschiedliche Aufgaben innerhalb desselben Projekts einsetzen, wobei jeder FPGA die Aufgaben übernimmt, für die er besonders geeignet ist. Beispielsweise könnte der iCE40HX auf dem IceZero-Board für einfache Steuerungsaufgaben oder für das I/O-Handling verwendet werden, während der Tang Nano 9K komplexe Datenverarbeitungsaufgaben oder die grafische Ausgabe auf ein Display übernimmt, da er über einen RGB- und SPI-Display-Connector und auch über einen HDMI-Ausgang verfügt.

- **Erhöhte Ressourcenverfügbarkeit**

  Durch die Verwendung beider FPGAs stehen Ihnen mehr logische Elemente, I/O-Pins und Spezialfunktionen zu Verfügung. Dies ist besonders nützlich für umfangreiche Projekte, die die Kapazität eines einzelnen FPGAs überschreiten.

- **Redundanz und Fehlertoleranz**

  In kritischen Anwendungen, bei denen Ausfallsicherheit wichtig ist, könnten die FPGAs in einer *redundanten Konfiguration* betrieben werden. Dabei könnte ein FPGA als primäres Gerät und der andere als Backup dienen, das bei einem Ausfall des primären Geräts die Kontrolle übernimmt. Die berühmte *A- und B-Seite*.

- **Forschung und Bildung**

  Für Bildungszwecke oder Forschungsprojekte könnte die gleichzeitige Verwendung beider FPGAs die Möglichkeit bieten, die Unterschiede in Leistung, Energieverbrauch und anderen Parametern zwischen den beiden Chips zu untersuchen. Dies kann wertvolle Einblicke in die jeweiligen Architekturen und Designphilosophien liefern. Ungefähr so machen wir das hier auch im Buch.

- **Spezialisierte Anwendungen**

  In spezialisierten Anwendungen, wie etwa in der Signalverarbeitung oder in der Entwicklung von Embedded-Systemen, könnten die FPGAs für unterschiedliche Stufen der Signalverarbeitungskette verwendet werden. So könnte beispielsweise ein FPGA für die Vorverarbeitung und ein anderer für die nachfolgende Datenanalyse eingesetzt werden.

- **Robotik und Automatisierung**

  In Robotik-Projekten könnten Sie beide FPGAs für die Steuerung unterschiedlicher Subsysteme eines Roboters verwenden. Der iCE40HX auf dem IceZero-Board könnte für die Servosteuerung genutzt werden, während der Tang Nano 9K die Sensoren und komplexere Berechnungen wie Wegfindungsalgorithmen, Bildverarbeitung oder sogar KI-basierte Entscheidungsfindung übernimmt.

In jedem dieser möglichen Szenarien, in denen Sie beide FPGAs parallel einsetzen, müssen Sie die Kommunikation zwischen den FPGAs und dem Raspberry Pi sorgfältig planen. Die Software- und Toolchain-Integration für beide FPGAs erfordert in solch einem Fall ebenfalls mehr Aufmerksamkeit, um eine reibungslose Konfiguration des jeweiligen FPGAs sicherzustellen.

Lohnt sich nun solch ein Parallelbetrieb? In Einzelfällen, in denen eines der vorher genannten Szenarien sinnvoll ist, kann das schon sein. Wenn man als Maker den Ehrgeiz hat, sich solch einer technischen Herausforderung zu stellen, kann das schon eine spannende Sache sein. Aber ehrlich gesagt: Außer in der Robotik ist es oft deutlich einfacher, einen größeren FPGA zu nutzen, anstatt zwei Stück im Verbund laufen zulassen. Aber möglich ist es trotzdem!

Kapitel 4

Software-Entwicklung leicht gemacht

Wenn Sie FPGA-Designs entwickeln, müssen Sie auch wie ein FPGA denken. Die hardwarenahe Entwicklungsmethodik erfordert eine andere Vorgehensweise als in der Softwareentwicklung. Das ist oftmals schwierig und ungewohnt, aber es gibt eine Abkürzung.

Wenn Sie bereits Erfahrungen in der Software-Entwicklung gesammelt haben, werden Sie wahrscheinlich Hochsprachen wie C++, Java oder Python kennen. Diese Sprachen erlauben es Ihnen, sich auf abstrakte Konzepte und Algorithmen zu konzentrieren, während sich der Computer um die Low-Level-Details wie Bytecodes, Maschinensprache und Hardware-Anweisungen kümmert. Wenn Sie in diesen Sprachen programmieren, kommen Sie womöglich nie direkt mit der CPU oder anderer Hardware in Berührung. Das Programmierparadigma dieser Sprachen ist darauf ausgelegt, die oftmals schwierige Arbeit mit der Hardware auszublenden – wer mit Python programmiert, macht sich (meistens) um die Speicherzugriffe oder die CPU-Zyklen des Scripts keine Gedanken und arbeitet auf einer höheren, abstrakteren Ebene.

Hardware-Beschreibungssprachen (HDLs) wie Verilog hingegen folgen einem ganz anderen Ansatz.

Anstatt sich auf Abstraktion zu konzentrieren, fordert Verilog von Ihnen ein tiefes Verständnis der Hardware-spezifischen Aspekte wie Logikgatter, Zeitverhalten und Parallelität. Diese Denkweise wurzelt in der Tradition der klassischen Hardware-Entwicklung und Digitalelektronik und mag auf den ersten Blick archaisch erscheinen. Doch gerade in Zeiten, in denen Hochleistungscomputer an die Grenzen der aktuellen Technologie stoßen, gewinnt dieses Gebiet der Hardware-nahen Programmierung wieder an Relevanz.

FPGAs bieten ein enormes Potenzial für parallele Datenverarbeitung und energieeffiziente Berechnungen. Durch den Einsatz von Hardware-Beschreibungssprachen können Entwickler die ungeheure Rechenleistung dieser programmierbaren Logikbausteine voll ausschöpfen. Allerdings erfordert dies auch ein Umdenken:

weg von der sequenziellen oder objektorientierten Programmierung hin zur parallelen Programmierung in Hardware.

In diesem Buch führe ich Sie durch die Verilog-Programmierung für FPGAs und versuche dabei, die Kluft zwischen den Paradigmen der Software und Hardware zu überbrücken. Durch die Nutzung von Open-Source-Tools und den Einsatz von KI-Assistenten für die Code-Generierung und Fehlersuche möchte ich frischen Wind in die teils angestaubten Methoden der klassischen HDL-Entwicklung bringen.

Lassen Sie sich nicht von der scheinbar antiquierten Verilog-Syntax abschrecken. Konzentrieren Sie sich stattdessen auf das faszinierende Gebiet der Hardware-nahen Programmierung, die Ihnen völlig neue Möglichkeiten beim Design Ihrer Projekte und bei der Leistungsoptimierung eröffnet. Beide Paradigmen, die der Software-Entwicklung und die der Hardware-nahen Entwicklung in FPGAs, haben ihre Stärken und Schwächen. In diesem Buch lernen Sie, wie Sie die Vorteile beider miteinander verbinden können.

4.1 Die Hardware-Beschreibung mit Verilog

Im Kontext von FPGAs wird Ihnen stets der Begriff *HDL* begegnen. Dies ist das Kürzel für *Hardware Description Language*.

Der deutsche Begriff dafür lautet *Hardware-Beschreibungssprache*, und dies ist auch der Überbegriff, mit dem eine Sprache wie Verilog bezeichnet wird. Es gibt aber noch weitere Hardware-Beschreibungssprachen neben Verilog:

- **Verilog**: eine populäre Hardware-Beschreibungssprache, die für die Modellierung und das Design von digitalen Systemen verwendet wird
- **SystemVerilog**: eine Erweiterung von Verilog, die zusätzliche Features für Testbenches und für die Hardware-Verifikation bietet sowie einige Verbesserungen für die Modellierung komplexer Systeme
- **VHDL** (*VHSIC Hardware Description Language*): eine stark typisierte Sprache, die für die Beschreibung und Modellierung von digitalen und gemischten Signalen verwendet wird
- **AHDL** (*Altera Hardware Description Language*): eine Sprache, die speziell für die Verwendung mit Altera-(jetzt Intel-)FPGAs entwickelt wurde
- **MyHDL**: eine Bibliothek, mit der Sie Hardware-Beschreibungen in Python formulieren und dann in VHDL oder Verilog konvertieren können
- **HDL Coder** (von MathWorks): ein Tool, mit dem Sie MATLAB- und Simulink-Modelle in VHDL oder Verilog übersetzen können

Jede dieser Sprachen und die zu ihr gehörigen Toolchains bieten unterschiedliche Vor- und Nachteile. In Abschnitt 7.5, also im zweiten Teil des Buches, gehe ich zum Zusammenhang mit der automatischen Codegenerierung ein wenig näher auf MyHDL und andere Tools ein.

Je nach den Gegebenheiten in seiner Firma muss ein Hardware-Entwickler bei einem Job in der Industrie mit dem arbeiten, was ihm vorgegeben wird. Wir können in diesem Buch allerdings einen anderen Weg gehen. Für Maker und Elektronik-Enthusiasten, die in die FPGA-Entwicklung einsteigen, stellt die Wahl einer Open-Source-Toolchain zusammen mit Verilog eine gut funktionierende und herstellerunabhängige Option dar. Diese Kombination bietet eine robuste Plattform für die meisten Designanforderungen, während sie gleichzeitig die Flexibilität und Offenheit der Open-Source-Welt nutzt.

4.2 Hardware-Beschreibung vs. Programmierung

Warum wird im Zusammenhang mit Verilog (oder VHDL) von einer *Hardware-Beschreibung* gesprochen und nicht von *Programmierung*?

Der Grund dafür besteht in der Anwendung und dem Zweck von Verilog und beispielsweise C. Eine Hardware-Beschreibungssprache wie Verilog wird verwendet, um die Struktur und das Verhalten von elektronischen Schaltungen zu beschreiben, nicht nur bei FPGAs. Verilog ermöglicht es, digitale Schaltkreise auf einer hohen *Abstraktionsebene* zu modellieren. Der Verilog-Quellcode beschreibt, wie sich die Hardware verhalten soll. Dieser Code wird nicht direkt auf einem FPGA ausgeführt, sondern dient dazu, diesen FPGA so zu konfigurieren, dass in ihm die gewünschte Hardware-Struktur realisiert wird. In diesem Kontext spricht man deshalb in der Regel von einem *Design*, einer *Beschreibung* oder der *Modellierung* der FPGA-Hardware.

Im Unterschied dazu ist die Programmiersprache C darauf ausgelegt, Algorithmen zu formulieren, die von einem (Mikro-)Prozessor ausgeführt werden. Wenn Sie in C programmieren, schreiben Sie Anweisungen, die von der CPU ausgeführt werden, um bestimmte Aufgaben zu erledigen. Der Quellcode in C wird in Maschinencode übersetzt und auf einer CPU oder einem Mikrocontroller ausgeführt. In diesem Kontext spricht man von *Programmierung*, *Code*, *Quellcode* oder einer *Software-Entwicklung*.

In beiden Fällen – sowohl in Verilog als auch in C – wird der von Menschen lesbare Text als Quellcode bezeichnet. In der Welt von Verilog (oder VHDL) wird jedoch oft spezifischer von einer *Hardware-Beschreibung*, einem *Hardware-Modell*, einem *Schaltungsdesign*, einem *Hardware-Design* oder einfach nur von einem *Design* gesprochen, da der Quellcode letztlich die Struktur und das Verhalten einer Hardware-Schaltung beschreibt.

> **Werden FPGAs programmiert?**
>
> Am Anfang des Kapitels habe ich das Wort »programmiert« verwendet. Auch in der FPGA-Entwicklung wird auch oft der Ausdruck *programmieren* verwendet, aber es ist technisch genauer, wenn Sie stattdessen von *konfigurieren* oder *designen* sprechen. Trotzdem verwende ich in diesem Buch die Begriffe programmieren, konfigurieren und designen synonym. Diese Entscheidung soll den Inhalt dieses Buches für Sie vereinfachen. Wenn der Unterschied zwischen den Begriffen relevant ist, gehe ich darauf ein, aber wenn ich sie als Synonym verwende, macht es auch keinen Unterschied. Es ist lediglich wichtig, dass Sie verstehen, dass in der Fachwelt präzisere Begriffe verwendet werden, während wir uns hier auf eine leicht zugängliche und verständliche Sprache konzentrieren.

4.3 Die Idee und die FPGAs im Rampenlicht, KI im Support

Eine Hardware-Beschreibungssprache wie Verilog kann in ihren Grundlagen in etwa 50 bis 100 Stunden erlernt werden, je nachdem, wie viel Programmiererfahrung Sie schon mitbringen. Wenn Sie beispielsweise C/C++ oder eine Skriptsprache wie Bash, Perl, Python flüssig beherrschen, dann ist der Einstieg recht einfach. Wenn Sie allerdings nur sporadisch programmieren, kann es etwas länger dauern. Das Gute ist: Verilog ist keine komplexe Sprache. Die Komplexität fängt erst mit den spezifischen Eigenschaften des verwendeten FPGAs und dem darin gewünschten Design an.

Bevor wir loslegen, hier ein kleiner Hinweis, falls Sie sich nach einem klassischen Lernweg für Verilog sehnen: Wenn Sie es vorziehen, Verilog durch das intensive Üben mit synthetischen Codestrukturen zu erlernen, ganz im Stil der 1980er-Jahre, und mit einem starken Fokus auf Theorie statt Praxis, könnte ein herkömmliches Lehrbuch die bessere Wahl zum Erlernen der Sprache für Sie sein. Doch wenn Ihr Herz für einen zeitgemäßen Lernansatz schlägt, der praktische Übungen in den Vordergrund rückt, und wenn Sie das Erlernen von Verilog durch *Pair Programming* mit einer generativen KI praktizieren möchten – also mit einem Ansatz, der das echte *Learning by Doing* verkörpert –, dann sind Sie hier richtig.

> **Was ist »Pair Programming« mit einer KI?**
>
> Wenn Sie beim Programmieren mit einer KI zusammenarbeiten, lässt sich auch von einer Form des *Pair Programmings* sprechen: Der Mensch übernimmt die Rolle

des Fahrers und (be)schreibt den Code, den er haben möchte. Die KI wirkt als Helfer und Beifahrer unterstützend. Sie hilft bei der Bereitstellung der nötigen Codestrukturen, gibt jederzeit ein *Code-Review* und liefert geduldig Feedback zu allen Fragen.

Warum funktioniert dieser Code nicht?

```
// 4-Bit Counter in Verilog

module counter_4bit (
    input clk,          // Clock input
    input reset,        // Asynchronous reset input
    output [3:0] q      // 4-bit counter output
);

reg [3:0] count;        // 4-bit register to store the cour

// Asynchronous reset
always @(posedge clk or posedge reset) begin
    if (reset)
        count <= 4'b0000;    // Reset count to 0
    else
        count <= count + 1; // Increment count
end

assign q = count;            // Assign the value of count

endmodule
```

Der gegebene Code hat ein Problem mit der Deklaration des `count`-Registers. In Verilog müssen Register, die innerhalb eines `always`-Blocks verwendet werden, als `reg` deklariert werden. Obwohl das `count`-Register korrekt als `reg` deklariert ist, wird der Zähler nicht richtig aktualisiert, da es in der Sensitivitätsliste steht.

Eine korrekt funktionierende Version des Codes sieht so aus:

Abbildung 4.1 Code-Review und Pair-Programming mit einer Chat-KI

Aber auch bei der Ideenfindung für die Architektur und den Entwurf des FPGA-Projekts, bei der Erstellung von Dokumentation und bei der Fehlersuche kann die KI dem Menschen hilfreich unter die Arme greifen. Die KI ist also ein intelligenter Co-Pilot, der Sie in der Entwicklungsarbeit unterstützt. Der Mensch behält jedoch die volle Kontrolle und Entscheidungsgewalt.

Diese Arbeitsweise kann die Produktivität und Qualität steigern, indem die komplementären Stärken von Menschen und KI effizient genutzt werden – oder man kann sich dabei ziemlich verhaspeln und ablenken lassen. Auch dieses Werkzeug braucht ein bisschen Übung, bis man es richtig beherrscht.

In diesem Buch geht es darum, die Zeit zu verkürzen, die Sie brauchen, bis Sie die Grundlagen von Verilog beherrschen. Daher werden Sie die grundlegenden Elemente der Sprache »beim Machen« erlernen und die Möglichkeiten der Unterstützung durch eine generative KI nutzen, um schon von Anfang an mit hoher Qualität in Verilog zu programmieren. Diese Herangehensweise ermöglicht es, dass wir uns auf die eigentliche Projektidee konzentrieren, ohne dass Sie zunächst lange Grundlagen der Sprache pauken müssen.

Indem Sie die KI als virtuellen Assistenten nutzen, können Sie Ihre Anforderungen als Fragen formulieren; die KI generiert dann den passenden Code. So können Sie sich direkt auf die Umsetzung der Idee konzentrieren, ohne sich in den Feinheiten der Sprache Verilog zu verlieren.

Anstatt zuerst umfangreiche Tutorials durchzuarbeiten, können Sie also sofort an praxisnahen, später nutzbaren Projekten arbeiten und beim Entwicklungsprozess von der KI die richtigen Antworten und Lösungsvorschläge erhalten. Dies beschleunigt Ihren Lernprozess erheblich. Die generative KI gibt dabei Antworten und Codebeispiele aus, die sich ohnehin an den Tutorials und Programmierrichtlinien orientieren, mit denen sie trainiert wurde. So ist die Erstellung von »gutem Code« schon implizit gegeben, ohne dass Sie sich darauf explizit konzentrieren müssen.

Die KI ist natürlich nicht perfekt – aber sie hilft doch sehr!

Natürlich kann beim Programmieren mit der KI auch mal etwas im Code schiefgehen, aber würden Sie für den Einstieg einen regulären Kurs zum Erlernen von Verilog besuchen und dann die ersten eigenen Designs erstellen, wäre Ihr Verilog-Code wahrscheinlich auch nicht perfekt. Möglicherweise wäre er sogar schlechter als das, was Sie hier im Tandem mit der KI erstellen werden. Also vertrauen Sie am Anfang erst einmal auf die Kraft der KI und lernen Sie durch Beobachten und das Nachvollziehen der gelieferten Beispiele. Für uns Menschen ist dies der natürlichste Weg, um zu lernen: beobachten und nachmachen.

Zu jedem Quellcode, den Ihnen die KI liefert, können Sie auch noch weiterführende Fragen stellen. Fragen Sie einfach mal im Prompt nach,

- warum ein Stück Verilog-Code an einer bestimmten Stelle so aufgebaut ist,
- was die eine unverständliche Zeile bedeutet, die Sie gerade nicht verstehen,
- warum die KI gerade diese und nicht eine andere Lösung gewählt hat.

Alle diese Fragen können Sie sich bis ins kleinste Detail erklären lassen. Die KI kennt keine Ungeduld, sie wird Ihnen so lange antworten, wie Sie Fragen haben, und Sie können sie unendlich lange darum bitten, die Erklärung anders zu formulieren, bis Sie sie verstanden haben.

Sie haben also jede Zeit der Welt, um Ihr Verständnis von Verilog aufzubauen und zu verfeinern. Links auf dem Tisch können Sie dieses Buch hier geöffnet haben und es durcharbeiten, rechts haben Sie ein Fenster mit dem Prompt einer KI offen und in der Mitte geht es um Ihr FPGA-Projekt.

Es wird eine Weile dauern, bis Sie einmal richtig fit in Verilog sind. Trotzdem können Sie in der Zwischenzeit schon mithilfe der KI komplexere Projekte realisieren und anspruchsvolle Designs mit Ihrem FPGA angehen. Die KI hilft, technische Details zu meistern, und bietet Lösungsansätze für Probleme, die für Sie in der Anfangszeit sonst vielleicht unüberwindbar wären. Und je mehr Sie mit der Zeit können, desto weniger werden Sie die KI um Hilfe bitten müssen.

Der Einstieg in eine neue Sprache, Toolchain und in einen neuen FPGA kann frustrierend sein. Die Komplexität des Gesamtprojekts wirkt vielleicht demotivierend, denn nicht nur bei Verilog können Probleme auftauchen: Manchmal funktioniert etwas mit dem Raspberry Pi, den Bibliotheken, dem Linux-System, der SD-Karte, dem WLAN oder der USB-Schnittstelle nicht. Oder es tritt ein anderer unvorhersehbarer Fehler auf.

Aber keine Sorge: In solchen Fällen hilft Ihnen die KI weiter – egal worum es geht! Scheuen Sie sich also nicht, ihr jede Frage zu stellen, die Ihnen in den Sinn kommt. Mit ihr können Sie gemeinsam eine Lösung für ein Problem finden, egal wo das Problem liegt.

Da die KI so viele technische Hürden abfangen kann, können Sie sich mehr auf die kreative Seite Ihres Projekts konzentrieren. Dies führt manchmal zu neuen Ideen und Gedanken, die zu innovativen Ansätzen und unkonventionellen Lösungen führen können. Das Gehirn hat mehr Zeit, sich auf Ideen und kreative Ansätze zu konzentrieren, während die KI sich um die zeitfressenden und frustrierenden Details kümmert. Letztendlich hat die KI einen Zugang zu einer viel breiteren Wissensbasis, als Sie jemals haben können. Und dieses umfangreiche Wissen wird ständig aktualisiert.

Und zuletzt: Da die KI sich an Ihren Kenntnisstand anpassen kann, kann sie Sie jederzeit adäquat unterstützen – zuerst, wenn Sie noch ein Anfänger sind, aber auch später, wenn Sie eines Tages ein erfahrener Entwickler sein werden.

4.3.1 Generative KI

Das Angebot an generativen KIs ist groß. Sie kennen sicher schon ChatGPT, den Vorreiter der Technologie. Die Firma OpenAI hat damit den Markt revolutioniert. Die Technologie, auf der ChatGPT basiert, wird LLM (*Large Language Model*) genannt, was ein spezialisiertes Modell zur Erzeugung von Text ist.

Starke und schwache KI

Oft wird gesagt, ein *LLM* wäre keine KI, also keine *echte* künstliche Intelligenz, sondern nur ein sogenannter *stochastischer Papagei*, der aufgrund von Wahrscheinlichkeiten Sätze aus seinem Wissensstand ausplappert, ohne sie zu verstehen.

Abbildung 4.2 So können Sie sich Ihren KI-Helfer vorstellen.
Das Bild selbst ist natürlich auch KI-generiert.

Das entspricht nicht der Definition und den Erwartungen, die man an eine *echte* KI hat. Stattdessen sind aktuelle Modelle darauf ausgelegt, spezifische Aufgaben zu erfüllen und in bestimmten Bereichen menschenähnliche Leistungen zu erbringen, ohne jedoch ein Bewusstsein, Verstand oder echte Intelligenz im menschlichen Sinne zu besitzen. Daher fallen aktuelle KI-Systeme, einschließlich LLMs, in die Kategorie *schmale KI* oder *schwache KI*. Das heißt, sie imitieren menschliche Intelligenz in einem eng zugeschnittenen Bereich, sind aber nicht wirklich selbst intelligent.

Der große Bruder dieser Systeme wäre eine *starke KI* oder auch *allgemeine KI*. Das ist heutzutage noch ein hypothetisches Konstrukt, denn solch eine KI hätte ein Bewusstsein, Verstand und kognitive Fähigkeiten, die denen des Menschen entsprechen oder diese übertreffen.

Ich sehe diese Diskussion pragmatisch, und so behandle ich das Thema KI auch hier im Buch: Ob das Ding, das Sie da nutzen, nun wirklich intelligent ist oder nicht, ist nicht die relevante Frage. Solch eine KI ist ein Werkzeug, und in diesem Zusammenhang lautet die Frage: »Hilft es mir oder nicht?«

Und wie mit jedem Werkzeug müssen Sie erst einmal lernen, damit umzugehen. Anschließend können Sie sich fragen, ob sie es brauchen können oder nicht.

Bei der Nutzung einer KI müssen Sie zwischen drei Dingen unterscheiden:

- **KI als Arbeitserleichterung**: Sie lassen eine Chat-KI etwas machen, was Sie schon selbst können. Langweilige, monotone und aufwendige Fleißarbeiten erledigt Ihr KI-Helfer ohne Meckern und Murren.
- **KI als Lernmittel**: Sie nutzen die KI, um sich im Dialog neue Inhalte zu erschließen und schrittweise Probleme zu lösen. Das ist der Ansatz, den ich in diesem Buch nutze und den ich für sehr geeignet halte, um eine neue Programmiersprache zu erlernen.
- **KI als Ersatz des eigenen Denkens**: Sie lassen die KI Aufgaben erledigen, die Sie selbst nicht bewältigen können oder nicht richtig verstanden haben.

Punkt 1 und 2 funktionieren gut, nutzen Sie aber Punkt 3, rangiert das irgendwo zwischen einer Katastrophe und einer schlechten Idee. Es geht nämlich regelmäßig schief, einer KI eine Aufgabe komplett zu übertragen, die man nicht auch selbst lösen könnte.

Das größte Problem bei der Nutzung einer KI lässt sich gut mit dem berühmten *Dunning-Kruger-Effekt* beschreiben: Wer in einem bestimmten Bereich nicht kompetent ist, kann auch nicht bewerten, wie eine richtige Lösung aussieht. Deswegen überschätzen sich Neulinge oftmals maßlos, denn es braucht die gleiche Erfahrung, eine gute Lösung zu finden wie die eigenen Fähigkeiten einzuschätzen. Wenn Sie also ohne das entsprechende Hintergrundwissen die KI um Lösungen bitten, sind Sie auch nicht in der Lage, gute Antworten von Mumpitz zu unterscheiden.

Hinzu kommt, dass die KI nur dann gute Ergebnisse erzeugen kann, wenn Sie den richtigen Input liefern. Sie arbeitet – ganz einfach gesagt – mit Wahrscheinlichkeiten der Sprache. Wenn Sie sie nicht mit den richtigen Worten füttern, weil Sie nicht die richtigen Begriffe und Definitionen kennen, dann findet die KI nicht den richtigen Kontext in ihrem Wissensschatz. Daher ist es wichtig, die richtigen Wörter zu verwenden, wenn Sie der KI Fragen stellen und ihr Aufgaben zuweisen.

Hat man von einer Sache so wenig Ahnung, dass man noch nicht einmal die richtigen Fragen stellen kann, dann kann die KI eigentlich gar nicht weiterhelfen. Eine Lösung kann darin bestehen, die KI zum Nachfragen aufzufordern und in einem endlosen Ping-Pong mit Frage und Antwort der Sache näherzukommen. Das ist aber nicht nur zeitaufwendig und mühsam, sondern auch sehr fehleranfällig, da es leicht passieren kann, dass Sie mit falschen Rückmeldungen die KI vollständig aufs Glatteis führen. Oft geht es schneller, wenn Sie sich zuerst eine Zusammenfassung zu dem Thema von der KI erstellen lassen – mit expliziter Verwendung der dazugehörigen Fachwörter. Die KIs nehmen Ihnen also nicht die Arbeit ab, selbst neue Wissensgebiete mit einem Buch in der Hand zu erlernen und zu verstehen, aber sie können Sie dabei unterstützen.

Großartig ist eine KI bei allen Sachen, die man auch selbst machen könnte. Das ist zwar ein bisschen paradox, weil man sich denkt, dass man die KI dann ja gar nicht braucht. Sie hilft aber doch, weil sie viel schneller darin ist, irgendwelche Texte umzuformatieren, ein Thema zusammenzufassen oder Quellcode zu generieren. Ein Mensch kann dann sehr schnell aufgrund seiner Erfahrung das Ergebnis prüfen und weitermachen. Das spart unendlich viel Zeit.

Probieren Sie es einfach mal aus. Die Nutzung einer KI ist kein *Schummeln* oder dergleichen. Einen Freund oder eine Kollegin würden Sie doch auch mit Fragen löchern, wenn Sie etwas Neues lernen möchten und Ihre Gesprächspartnerin eine Expertin auf dem Gebiet ist.

Und ein Tipp noch dazu: Eine KI können Sie zwölfmal fragen, ob sie Ihnen die eine Sache noch mal auf eine andere Art und Weise oder mit anderen Worten erklären kann – einfach so lange, bis Sie es verstanden haben. Die KI wird dann nicht genervt oder mürrisch sein. Sie wird Ihnen einfach so lange antworten, wie Sie es möchten.

4.3.2 Copilot und ChatGPT

Wie können KI-Technologien in diesem Buch genutzt werden? Zwei Möglichkeiten stehen zur Verfügung:

- eine KI mit Prompt-Eingabe, beispielsweise ChatGPT (siehe Abbildung 4.3)
- eine KI, die unterstützend beim Programmieren hilft, beispielsweise Copilot

KI-Systeme mit Prompt-Eingabe, etwa ChatGPT oder Claude, eignen sich besonders, um Konzepte zu erlernen und zu verstehen, weil sie die Möglichkeit bieten, mit der KI durch Fragen und Antworten zu interagieren.

GitHub Copilot, nicht zu verwechseln mit dem normalen *Copilot* im Edge-Browser, dient als KI-gestützte Programmierhilfe in gängigen Entwicklungsumgebungen wie *Visual Studio Code*. GitHub Copilot unterstützt Sie bei der Codegenerierung und kann bei verschiedenen Programmieraufgaben helfen, etwa beim Erstellen von Unit-Tests oder indem es Fehlerkorrekturen im Code vorschlägt. Dabei kann es komplette Codestrukturen oder einzelne Zeilen vervollständigen. Visual Studio Code stelle ich im zweiten Teil dieses Buches näher vor, nämlich in Abschnitt 6.4.1.

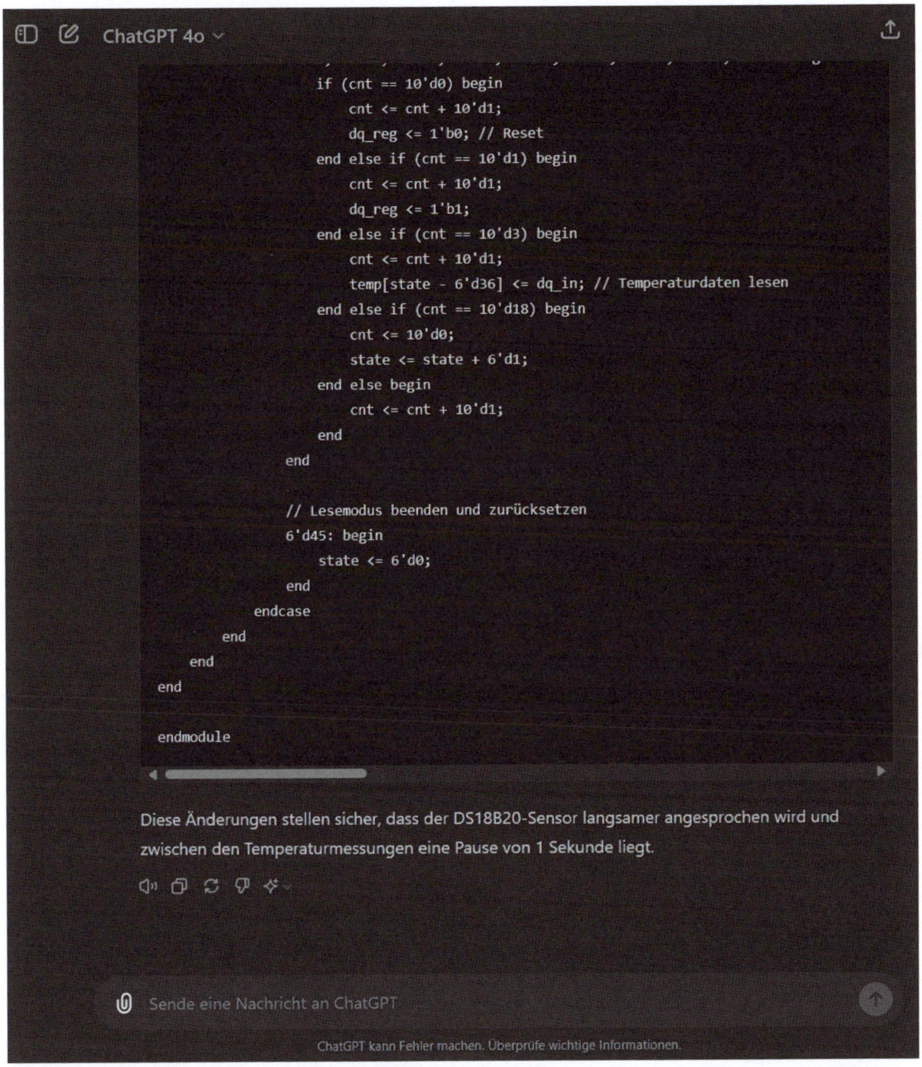

Abbildung 4.3 Prompten mit Chat-GPT

KI verändert sich, ihre Ergebnisse sind nicht reproduzierbar

Die Möglichkeiten, die dieses Buch beschreibt und die sich Ihnen durch die Nutzung einer KI bieten, sind nur eine Momentaufnahme. Das, was Sie hier sehen, z. B. in Abbildung 4.3 oder den KI-Dialogen, entstand zu dem Zeitpunkt, als dieses Buch geschrieben wurde.

Die Entwicklung generativer KI-Systeme schreitet in rasantem Tempo voran und eröffnet kontinuierlich neue Möglichkeiten. Der Qualitätssprung von ChatGPT 3 zu

ChatGPT 4 war bereits beträchtlich, und mit GPT-4o wurde im Sommer 2024 eine Weiterentwicklung der Sprachmodelle veröffentlicht, die komplexere menschliche Sprache besser verstehen und präziser auf sie reagieren kann. Tiefere, kontextuellere und nuanciertere Anfragen können nun verarbeitet werden – was auch ein Vorteil bei der Programmierung und Codeerstellung ist.

Darüber hinaus haben KI-Bildgeneratoren, die detaillierte Grafiken aus Textbeschreibungen erzeugen können, den visuellen Bereich revolutioniert. Von der Erstellung erklärender Grafiken in Dokumentationen bis hin zur visuellen Erklärung komplexer Konzepte eröffnen sich völlig neue Anwendungsmöglichkeiten.

Diese Fortschritte bedeuten nicht nur erweiterte technische Fähigkeiten, sondern eine fundamentale Veränderung in der Art und Weise, wie Entwickler bei der Realisierung ihrer Projekte mit einer KI interagieren können. Dank intuitiverer und effizienterer Arbeitsweisen wird die Lücke zwischen menschlicher Kreativität und maschineller Ausführung noch weiter verringert werden, denn diese rasante Entwicklung wird mit Sicherheit nicht aufhören. In den nächsten Jahren werden neue KI-Durchbrüche und die fortschreitende Integration dieser Technologie in die alltäglich genutzten Software-Tools die Möglichkeiten noch weiter vorantreiben und die in diesem Buch beschriebene KI-Unterstützung für die Programmierung ganz normal werden lassen.

Also: Zu dem Zeitpunkt, zu dem Sie dieses Buch in den Händen halten, wird sich sicher schon vieles bei den KIs weiterentwickelt haben. Ich verlasse mich darauf, dass Sie die hier beschriebenen Prompts und Schritte zur Interaktion mit der KI dann zeit- und sinngemäß interpretieren.

4.3.3 Welche KI nutzen?

Zu Beginn empfehle ich Ihnen, mit einer Prompt-basierten KI wie ChatGPT, Claude oder Gemini zu arbeiten. Dies erleichtert das Erlernen von Verilog, da Sie der KI Fragen stellen und sich Codezeilen detailliert erklären lassen können. Auch komplexe Konzepte der FPGA-Entwicklungsumgebung lassen sich mit KI-Unterstützung besser verstehen, und bei auftretenden Fehlern, beispielsweise in der Toolchain, können Sie sich einfacher Hilfe holen.

Wenn Sie schon fortgeschrittene Kenntnisse in der Verilog-Programmierung haben, können Sie einen Editor mit KI-Unterstützung wie GitHub Copilot in Visual Studio Code nutzen, um Unterstützung zu erhalten, während Sie den Code erstellen. Diese Form der KI-Integration fokussiert sich auf den Programmierprozess. Bei Fragen oder Problemen außerhalb des Editors bietet diese Integrationsform jedoch keine Unterstützung.

Eine Mischung ist auch möglich: Sie können die in Ihrem Editor integrierte KI zum Programmieren nutzen und parallel in einem Browserfenster prompten, um allgemeinere Fragen zu stellen.

Lokale LLMs

Neben den Online-Angeboten wie ChatGPT & Co gibt es auch die Möglichkeit, mit *GPT4ALL* eine KI mit vortrainierten Modellen auf dem eigenen Rechner laufen zu lassen. Der Vorteil ist, dass auf diese Weise keine Daten mit fremden Firmen geteilt werden, die sonst auch sehr wahrscheinlich direkt als Trainingsmaterial verwendet würden – Ihr lokaler KI-Helfer arbeitet also nur für Sie! Die Software *https://gpt4all.io/* ist solch ein Beispiel.

Der Nachteil ist, dass diese Modelle sehr Hardware-hungrig sind und Ihre Stromrechnung in die Höhe treiben werden. Für aktuelle LLMs sollte Ihr Rechner mit viel RAM und einer schnellen Grafikkarte ausgestattet sein, die die KI-Berechnungen unterstützt. Die Qualität der Antworten Ihrer lokal laufenden KI wird aber auch dann noch unter der Qualität der kommerziellen Angebote liegen.

Weitere Informationen dazu finden Sie unter:

- *https://huggingface.co/*
- *https://ollama.com/*
- *https://github.com/openlm-research/open_llama*

4.4 Einen FPGA mit Prompts designen

Was ist Prompten und wie geht man nun konkret vor, um mit einer KI ein FPGA-Design zu realisieren?

Was ist Prompten?

Prompten in Bezug auf eine künstliche Intelligenz wie ChatGPT bedeutet, dass man eine Anfrage oder Frage an das KI-System stellt. Der Benutzer gibt eine spezielle Frage oder Anweisung ein, und das KI-System liefert dann eine Antwort oder führt die gewünschte Aufgabe aus. Diese Interaktion ist zentral für die Kommunikation zwischen dem Benutzer und der KI. Dabei beeinflussen die Qualität und die Genauigkeit des Prompts die Relevanz und Genauigkeit der Antwort.

Schauen wir uns dazu ein Beispiel an: Sie wollen mit Verilog einen FPGA designen. Das lässt sich natürlich nicht durch einen einzigen Prompt erledigen. Stattdessen müssen Sie den gesamten Entwicklungsprozess in kleine Teilschritte herunterbrechen, die einzeln gelöst werden können.

Das gesamte Hardware-Design eines FPGAs lässt sich grob in sieben Schritte unterteilen, die in Abbildung 4.4 illustriert sind:

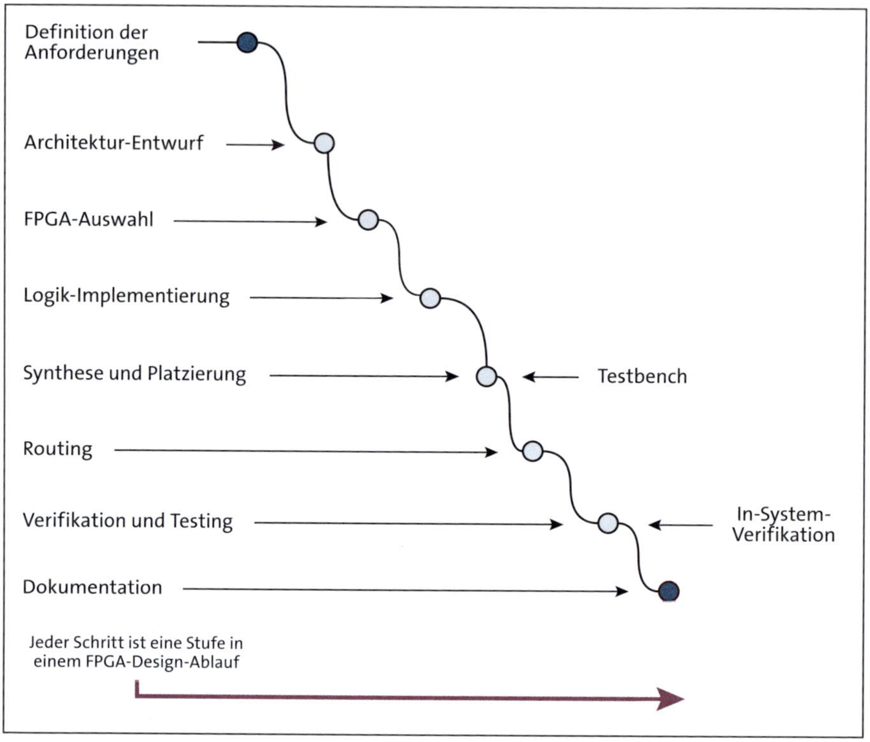

Abbildung 4.4 Der Ablauf eines FPGA-Designs

- **Grundlagen und Konzepte verstehen**

  Zu Beginn können Sie eine Chat-KI verwenden, um grundlegende Fragen zu FPGAs, Verilog und dem Designprozess zu klären. Sie können beispielsweise fragen: »Was ist der Unterschied zwischen einem FPGA und einem Mikrocontroller?« oder: »Wie funktioniert ein Zustandsautomat in Verilog?«

- **Entwurfsplanung**

  Im nächsten Schritt nutzen Sie die Chat-KI zur Unterstützung bei der Planung Ihres FPGA-Designs. Sie könnten Fragen stellen wie: »Wie kann ich eine PWM-Steuerung in Verilog implementieren?« oder: »Welche Überlegungen sind wichtig beim Design einer UART-Schnittstelle auf einem FPGA?«

  Hier können Sie auch schon etwas konkreter werden: »Wie wird die UART-Schnittstelle in einem iCE40HX-FPGA in Verilog implementiert?« Als Antwort werden Sie eine in einzelne Schritte heruntergebrochene Liste bekommen, die Sie einzeln abarbeiten können, um die UART-Schnittstellenimplementierung zu erstellen.

- **Codeerstellung**

  Die Chat-KI kann Ihnen helfen, Beispielcode oder Vorlagen für bestimmte Verilog-Module zu generieren. Zum Beispiel könnten Sie fragen: »Könntest du mir ein Beispiel für einen Verilog-Code für einen Debouncer geben?« oder: »Wie implementiere ich einen einfachen FIFO-Puffer in Verilog?«

  Für ein Beispiel der UART-Schnittstelle geben Sie einfach die Anweisung: »Gib mir ein einfaches Codebeispiel für eine UART-Schnittstelle.«

Fragen und Anweisungen

Achten Sie bei den letzten beiden Schritten auf die Fragestellung!

- Ein »Wie wird [...] implementiert?« ist eine *Frage*, die mit einer Erklärung beantwortet wird.
- Eine *Anweisung* wie »Gib mir ein Codebeispiel für [...]« lässt die KI den Beispielcode erstellen, der mit Hinweisen unterfüttert wird.

- **Debugging und Fehlerbehebung**

  Wenn Sie auf Probleme stoßen, kann die Chat-KI Vorschläge zur Fehlersuche und Korrektur machen. Fragen Sie beispielsweise: »Warum erkennt mein FPGA die Eingangssignale an Pin X nicht?« oder: »Wie kann ich Timing-Probleme in meinem FPGA-Design beheben?«

  Die KI wird dann versuchen, mit Ihrer Hilfe und einer Prozedur den Fehler einzugrenzen, und wird einige Hinweise oder überarbeiteten Quellcode bereitstellen, um den Fehler zu beseitigen. Falls Sie eine Fehlermeldung vom System erhalten, kopieren Sie diese in den Prompt der KI. Die KI wird dann versuchen, die Fehlermeldung zu interpretieren und die Ursache zu beseitigen.

- **Testen und Validierung**

  Eine Chat-KI kann bei der Entwicklung von Testbenches und der Erklärung von Teststrategien hilfreich sein. Mögliche Fragen wären: »Wie erstelle ich eine Testbench für meinen Verilog-Code?« oder: »Was sind effektive Methoden zur Validierung von FPGA-Designs?«

- **Optimierung**

  Auch für die Optimierung Ihres FPGA-Designs kann eine Chat-KI Empfehlungen geben, beispielsweise zur Verbesserung der Performance oder zur Reduzierung des Ressourcenverbrauchs. Hier können Sie konkrete Fragen stellen, beispielsweise so: »Das Ausgangssignal an Pin 33 kommt sehr verzögert an, woran kann das liegen?«

  Je mehr Chat-Verlauf bei der Entwicklung schon bereitsteht, desto mehr kann die KI auf das Vorhergehende zurückgreifen und den Kontext betrachten, um Ihre Frage zu beantworten. Falls dies nicht funktioniert, weil Sie beispielsweise eine neue Session mit der KI begonnen haben, dann stellen Sie die Frage so um: »Das Ausgangssignal an Pin 33 kommt sehr verzögert an. Stelle mir erst drei Fragen, die dir helfen, das Problem besser einzugrenzen, dann folge mit der Antwort.«

Die Antwort der KI wird dann ungefähr so aussehen:

Um das Problem besser einzugrenzen, benötige ich einige zusätzliche Informationen:

1.) Konfiguration und Umgebung: Wie genau haben Sie den Beispielcode in Ihr Tang Nano 9k-Design integriert? Haben Sie spezifische Anpassungen am Code vorgenommen, um ihn an Ihre Systemkonfiguration anzupassen?

2.) Fehlerbeschreibung: Können Sie genauer beschreiben, was nicht funktioniert? Gibt es Fehlermeldungen während der Synthese oder im Betrieb? Funktioniert die UART-Kommunikation teilweise oder gar nicht?

3.) Testumgebung: Wie testen Sie die Funktionalität des UART-Moduls? Welche Tools oder externen Geräte (z. B. ein serieller Monitor) verwenden Sie, und welche Einstellungen haben Sie dort vorgenommen?

Basierend auf Ihren Antworten können wir das Problem besser verstehen und mögliche Lösungsansätze finden.

Mit dieser Methode können Sie der KI etwas auf die Sprünge helfen, sodass sie richtigen Fragen stellen wird, um das Herumstochern nach dem Fehler zu verkürzen. Ansonsten würde die KI versuchen, *so schnell wie möglich* zu helfen, und geht dazu erst einmal von Annahmen aus, die nicht unbedingt auf Ihr Design und Ihren Entwicklungsprozess zutreffen.

Wie gesagt, diese Annahmen entwickelt die KI, wenn ihr der Kontext fehlt. Da sie aber so programmiert ist, dass sie Ihnen auf jeden Fall helfen und nicht erst einmal viele Fragen stellen soll, müssen Sie sie dazu ermutigen, zunächst einmal den Kontext einzuholen.

- **Dokumentation und weiterführendes Lernen**

  Eine Chat-KI hilft, komplexe Konzepte zu erklären und bei der Erstellung von Dokumentationen zu assistieren.

  Beispiele für Fragen sind: »Kannst du die Funktionsweise eines SerDes-Blocks erklären?« oder: »Wie dokumentiere ich mein FPGA-Design effektiv?« Hier kann Ihnen die KI gut bei den Best-Practice-Dingen helfen, die es Ihnen ermöglichen, nach einer längeren Pause wieder mit einem Projekt weiterzumachen. Wenn es nicht gleich eine ganze Dokumentation zu einem Projekt sein soll, können Sie auch kleiner anfangen: Bitten Sie die Chat-KI einfach, eine Readme-Datei zu einem Verilog-Modul zu schreiben.

Eine gute Dokumentation der im Design schon erledigten Module und die saubere Versionierung Ihres Projekts sind die Kleinigkeiten, die einem das Leben leichter machen können. Aber man denkt selten noch daran, wenn der anstrengende Teil der Entwicklung erst einmal vollbracht ist. Bei der Erledigung dieser Fleißaufgaben kann die KI nun aber sehr gut helfen.

4.5 Tipps und Tricks beim Prompten

4.5.1 Weisen Sie der KI eine Rolle zu

Ich habe schon mehrfach betont, wie wichtig der Kontext für gute, sinnvolle Antworten ist. Am einfachsten erreichen Sie dies, wenn Sie Ihrem KI-Helfer schon zu Beginn der Unterhaltung eine passende Rolle zuweisen: »Du bist ein Experte für FPGA-Design und kennst dich sehr gut mit Verilog aus.«

4.5.2 Konkret und spezifisch

Um die bestmögliche Unterstützung einer Chat-KI zu erhalten, ist es entscheidend, ihr präzise und detaillierte Fragen zu stellen. Es ist ähnlich wie im Umgang mit Menschen: Eine klare Kommunikation hilft wesentlich besser als eine gegrunzte Frage durch zusammengebissene Zähne. Auch kann die KI Ihre Gedanken nicht lesen. Ein einzelnes Stichwort reicht ihr oft nicht aus, um Ihre Frage zu verstehen.

Wenn Sie nur »Erstelle eine UART-Schnittstelle« schreiben, fehlt der KI der notwendige Kontext, um Ihre Anforderungen genau zu erfassen. Für was soll diese Schnittstelle geschrieben werden? In welcher Sprache? Um welche Hardware geht es? Das Ergebnis wird daher unbrauchbar sein. Es ist wichtig, dass Sie genügend Kontext liefern und Ihre Prompts klar und detailliert formulieren.

Kleine Unterschiede in der Formulierung einer Frage oder Aufforderung machen einen großen Unterschied in der Qualität der Unterstützung durch die KI aus. Bedenken Sie immer, dass eine Chat-KI ein Hilfsmittel ist, das den Entwicklungsprozess unterstützen, jedoch nicht vollständig ersetzen kann. Es ist wichtig, dass Sie den von der KI erstellten Code und die vorgeschlagenen Konzepte selbst überprüfen. Ebenso liegt es in Ihrer Verantwortung zu beurteilen, ob die Antwort auf Ihre Frage auch Ihren Anforderungen entspricht oder ob sie durch eine präzisere Fragestellung verbessert werden sollte.

4.5.3 Der Kontext ist wichtig

Bleiben Sie mit Ihren Fragen möglichst bei einem Thema. Das heißt, packen Sie bei der Zusammenarbeit mit der KI nicht alles in den gleichen Prompt-Verlauf, wenn Sie Fragen zu unterschiedlichen Wissensgebieten haben.

Falls Sie also beispielsweise während der Arbeit an Ihrem FPGA parallel einen Fehler in einem anderen Python-Quellcode suchen möchten oder nach einem Kochrezept oder einer Buchrezension fragen wollen, dann nutzen Sie einen neuen Chatverlauf dafür. Stellen Sie diese Frage nicht in dem Verlauf, in dem Sie die letzte Stunde an Ihrem FPGA-Design gearbeitet haben!

Solche Kontext-Vermischungen sind nicht immer ein Problem, und vielleicht werden sie in Zukunft auch gar keinen Ärger mehr bereiten, denn KIs entwickeln sich ständig weiter. Momentan aber können solche thematischen Sprünge die KI noch mehr verwirren, als sie einen menschlichen Gesprächspartner aus der Bahn werfen würden. Themenwechsel führen manchmal zu Merkwürdigkeiten, die die Genauigkeit der Antworten herabsetzen. Denn wenn die KI bei Ihren Gedankensprüngen im Dunkeln tappt, weil ihr der Kontext fehlt, kann sie nur schlecht gute Antworten geben.

4.5.4 Viele Kommentare und gute Namen

Die KI-Helfer sind sehr gut darin, Code zu verstehen, da er meistens strukturierter und formalisierter ist als menschliche Sprache – perfekt sind sie aber natürlich nicht. Probleme wird es besonders dann geben, wenn es der KI schwerfällt, Bezüge zwischen Ihren Anweisungen und dem Code herzustellen.

Wenn Sie beispielsweise im Text sagen, dass ein Eingang und ein Ausgang für eine Datenleitung bestimmt werden sollen, die Variablen im Code aber nur `a` und `b` heißen, dann fällt es nicht nur dem menschlichen Verstand schwer, sofort die Zusammenhänge zu entdecken. Benennen Sie die Variablen lieber direkt passend:

```
module temp_read (
    input wire clk_in,      // 1 kHz
    input wire rst_n,       // Reset
    input wire dq_in,       // Eingang für Datenleitung
    output wire dq_out,     // Ausgang für Datenleitung
    output wire dq_enable,  // Steuersignal für Aktivierung
    output reg [4:0] temp   // Temperaturwert, in °C
);
```

Listing 4.1 Beispiele für gute Variablennamen

Als Faustregel gilt: Je einfacher Sie den Code lesen und verstehen können, desto besser wird auch die KI Ihnen helfen können.

4.5.5 Recherche und Zeitersparnis

Bei der Recherche zu einem neuen FPGA-Design kann die KI Ihnen sehr viel Zeit sparen, gerade wenn es um spezifische Fragen geht. Für die Entwicklung Ihres FPGA-Projekts wichtige Details, wie z. B. Pin-Konfigurationen, Performance-Spezifikationen oder Implementierungsdetails, sind schnell mit einer KI geklärt. Das Durchsuchen von Websites und Datenblättern zu weiterführenden Fragen und Information kann von Ihrem unermüdlichen digitalen Helfer erledigt werden. Was Ihnen manuell viel Zeit kostet, wird so enorm beschleunigt. Und selbst dann, wenn Ihnen die KI nicht immer punktgenau eine Antwort zu einem ausgefallenen Detail geben kann, kann sie Sie zumindest zur vielversprechendsten Stelle führen, an der Sie suchen können. Auch danach können Sie gezielt fragen: »Liste mir alle Abschnitte in diesem PDF auf, in denen ein Levelshifter genutzt wird, sowie alles, was einen Bezug dazu hat.«

Die KI kann Ihnen direkte Web-Links oder Titel von Dokumenten nennen, in denen Sie die gesuchte Antwort wahrscheinlich finden werden. Das kann Ihnen helfen, sich auf kreative und technische Aspekte Ihres Projekts zu konzentrieren, anstatt Zeit mit der Suche nach Informationen zu verbringen.

Möglicherweise verläuft eine FPGA-Design-Erstellung mithilfe einer Chat-KI nicht immer perfekt, aber in 80 bis 90 % der Fälle liegt die KI richtig. Und das ist an vielen Tagen mehr, als man als Mensch hinbekommt.

Aber was machen Sie in den 10 bis 20 % der Fälle, in denen der Vorschlag nicht perfekt implementiert ist oder sogar fehlschlägt? Sorgen Sie für mehr Kontext, stellen Sie die Fragen anders, erstellen Sie eine Testbench, grenzen Sie den Fehler ein und gehen Sie die Korrektur des Fehlers dann noch mal zusammen mit der KI an. Oder geben Sie ihr auch mal die Anweisung, etwas über den Haufen zu werfen und neu zu erstellen: »Der Code für die UART-Schnittstelle funktioniert so nicht. Gibt es eine andere Methode, einen anderen Weg, um diese in Verilog zu implementieren? Zeige mir Codebeispiele für Alternativen.«

Wenn Sie dann einen besser funktionierenden Verilog-Code bekommen haben, können Sie mithilfe der KI die Unterschiede untersuchen. Vergleichen Sie beide Varianten und finden Sie das Problem, das Sie anschließend mit einer gründlicheren Analyse eingrenzen. Lassen Sie sich auch hier wieder erklären, worin die Unterschiede bestehen und welche Auswirkungen diese haben. Seien Sie flexibel in Ihren Fragestellungen, gehen Sie Probleme von mehreren Seiten an und formulieren Sie die Prompts immer mal anders.

> Ein Ding wie ChatGPT oder Copilot ist nur eine Maschine. Und Maschinen können nicht perfekt sein. Warum dies so ist? Für die Antwort fragen Sie die KI dies:
>
> *Kennst Du den Witz: »95 % der Menschen glauben, sie wären besser als der Durchschnitt«?*

IX – Fortschritte dokumentieren

Haben Sie eine Idee, wie Sie den Entwicklungsfortschritt verfolgen können? Schon mal von den berühmten Milestone-Plänen in Microsoft Project gehört? So grausam müssen Sie nicht zu sich sein, aber vielleicht ist es gut, ein Projekt-Tagebuch oder eine kleine Textdatei zu pflegen, in der Sie Ihren Fortschritt notieren und auch die Gründe für die eine oder andere Entscheidung, die Sie im Rahmen des Projekts getroffen haben. Ab und an manövriert man sich sonst in eine Sackgasse, wenn man vergessen hat, warum man vor einem halben Jahr das eine oder andere so entschieden hat, als man das Verilog-Modul geschrieben hat. Notieren Sie, wie Sie die Arbeit an Ihrem Traumprojekt organisieren und den Überblick behalten wollen.

Kapitel 5
Offene Tools und Setup

Der Raspberry Pi ist die optimale Entwicklungsplattform für einen Maker, der in das FPGA-Design einsteigen möchte. Doch eine gute Entwicklungsumgebung muss erst einmal eingerichtet werden.

5

Sprechen wir einen zentralen Aspekt in diesem Buch mal unter einem anderen Blickwinkel an: den Einsatz von Open-Source-Software und die Nutzung freier Hardware. Mir liegt die Philosophie des offenen Zugangs und der gemeinschaftlichen Innovation, die die Maker-Bewegung und die Open-Source-Welt prägt, sehr am Herzen. Ich habe mich bewusst für Open-Source-Tools und offene Hardware entschieden und möchte damit nicht nur den Zugang zu und die Vielfalt in der FPGA-Entwicklung fördern, sondern auch die Prinzipien der Transparenz, der Zusammenarbeit und der Selbstbestimmung stärken. Durch die Einrichtung des Raspberry Pi als Herzstück Ihres Entwicklungssystems und die Verwendung offener Software- und Hardware möchte ich Ihnen zeigen, dass eine FPGA-Hardware-Entwicklung unter diesen Gesichtspunkten nicht nur möglich ist, sondern auch gut funktioniert.

X – Was brauche ich?

Denken Sie über die Entwicklungszeit und den Ressourcenaufwand nach. Wie viel Zeit können Sie realistisch in Ihr Projekt investieren? Welche Ressourcen (Hardware, Software, Unterstützung) benötigen Sie noch? Erstellen Sie eine kleine Übersicht, was Ihnen an Zeit, Geld und persönlicher Energie zur Verfügung steht.

Wenn Sie bereits mit dem Mini-Computer Raspberry Pi gearbeitet haben, können Sie direkt zum nächsten Abschnitt springen. Wenn Sie aber noch keinen Raspberry Pi haben, kann die Vielzahl der unterschiedlichen Modelle verwirrend sein. Daher liefert dieser Abschnitt noch ein paar Zusatzinfos.

Das Handbuch zum Raspberry Pi

Falls der Raspberry Pi vollkommen neu für Sie ist, gibt es ein empfehlenswertes Buch vom Rheinwerk-Verlag, das für den Raspberry Pi 5 aktualisiert wurde. Auf den über 1000 Seiten dieses Buches bleibt keine Frage zum Raspberry Pi unbeantwortet: *Kofler, Kühnast, Scherbeck: Raspberry Pi. Das umfassende Handbuch* (ISBN 978-3-8362-9666-3, siehe *https://www.rheinwerk-verlag.de/raspberry-pi_5750/*).

5.1 Unsere Steuerzentrale: Der Raspberry Pi

Die Nutzung eines Raspberry Pi für die FPGA-Entwicklung vereint dessen Zugänglichkeit und Anpassungsfähigkeit durch die GPIO-Pins und das offene System mit den Vorteilen und der Leistung der FPGAs. Der Raspberry Pi dient uns hierbei als idealer Einstiegspunkt in die Welt der FPGA-Hardware-Entwicklung und als Basis für ein maßgeschneidertes Entwicklungssystem. Das auf ihm laufende Raspbian-System mit den vielen quelloffenen Software-Paketen bringt auch für FPGAs die Tools mit, die für solch Hardware-nahe Designs benötigt werden.

Im Kontext dieses Buches kommt das IceZero-Board zum Einsatz, das direkt mit der GPIO-Leiste des Raspberry Pi verbunden wird. Diese Schnittstelle nutzen wir für eine Reihe von praktischen Entwicklungsbeispielen, weshalb der Raspberry Pi in den folgenden Kapiteln als unsere Referenzplattform dient.

5.1.1 Das richtige Modell

Der erste Schritt ist der Erwerb eines passenden Raspberry Pi. Kaufen Sie bei einem offiziellen Händler einen Raspberry Pi 4 oder einen Raspberry Pi 5. Alle Projekte, die Sie in diesem Buch finden, habe ich mit dem Raspberry Pi 5 entwickelt. Ich habe aber parallel auch alle Projekte auf dem Raspberry Pi 4 kompiliert und ausprobiert. Einen Zero 2 W habe ich für das IceZero-Board verwendet, allerdings nicht zum Kompilieren, sondern nur zum Schreiben des Bitstreams und als Träger des FPGAs.

Wenn Sie einen Raspberry Pi 4 oder 5 kaufen, nehmen Sie das Modell mit 4 oder 8 GByte RAM (im Buch wird die 8-GByte-RAM-Variante verwendet) und nutzen Sie eine SD-Karte mit mindestens 32 GByte Kapazität. Hier gilt: je mehr, desto besser, denn 64 GByte oder 128 GByte schaden auf lange Sicht auch nicht.

Ich habe meine Raspberry-Pi-Modelle für die Entwicklung der Beispielprojekte dieses Buches immer mit einem aktiven Lüfter betrieben. Das Kompilieren des Verilog-Codes beansprucht die CPU des kleinen Rechners und sorgt für Wärme, die abgeführt werden muss. Ein Gehäuse wie in Abbildung 5.1, das aus Aluminium besteht und viele Kühlrippen besitzt, ist zwar möglicherweise ausreichend, kann aber deutlich leichter überhitzen. Wird der Raspberry Pi zu warm, dann wird seine CPU-Taktrate reduziert, was den Entwicklungsprozess deutlich verlangsamt. Daher empfehle ich Ihnen, einen aktiven Kühler zu verwenden, wie Sie ihn in Abbildung 5.2 sehen.

Abbildung 5.1 Ein Raspberry Pi mit passivem Kühlkörper-Gehäuse

Abbildung 5.2 Ein Raspberry Pi 5 mit aktivem Kühler

Läuft der Raspberry Pi ohne Probleme?

Auf einem Raspberry Pi, der unter Raspbian OS läuft, können Sie den Zustand des Systems mit dem Kommando **vcgencmd** abfragen. Ein kleines Skript, das Sie beim Download-Material unter dem Namen *measurepi.sh* finden, zeigt Ihnen diese Informationen aufbereitet an und gibt Ihnen folgende Info aus:

```
pi@pi5:~ $ ./measurepi.sh
    arm_freq=2400
    arm_freq_min=1500
    core_freq=910
    core_freq_min=500
    gpu_freq_min=500
    over_voltage_avs=0x1fef0
```

```
arm:     1.5GHz
core:    0.5GHz
h264:    0.0GHz
isp:     0.5GHz
v3d:     0.5GHz
core:    volt=0.7200V
sdram_c:        volt=0.6000V
sdram_i:        volt=0.6000V
sdram_p:        volt=1.1000V
temp=48.3'C
throttled=0x0
0x0       nothing wrong
```

In diesem Beispiel sehen Sie die Ausgabe auf einem Raspberry Pi 5. Die letzte Zeile zeigt Ihnen eine Zusammenfassung des Systemzustands an. Erscheint ein `nothing wrong`, ist alles in Ordnung.

Hier sehen Sie eine Liste weiterer möglicher Systemzustände:

```
"throttling occurred since last reboot"
"currently under voltage and throttled."
"Under-voltage detected"
"Arm frequency capped"
"Currently throttled"
"Soft temperature limit active";
"Under-voltage has occurred"
"Arm frequency capping has occurred"
"Throttling has occurred"
"Soft temperature limit has occurred"
```

Sie können mit diesem Skript auch andere Probleme identifizieren, beispielsweise ein nicht geeignetes Netzteil.

Schreibgeschwindigkeiten

Eine schnelle, qualitativ hochwertige SD-Karte schont die Nerven. Nicht nur erfolgt die Installation so wesentlich schneller, auch die späteren Arbeiten gehen viel leichter von der Hand, wenn die Zugriffszeiten flott sind. Verwenden Sie eine SD-Karte der Klasse *UHS-I U3* oder besser, was dann eine Bezeichnung wie *V30*, *V60* oder *V90* bedeutet. Mit dieses Karten erreichen Sie eine Schreibgeschwindigkeit von 30 bis 90 MByte/s und Leseraten bis zu 170 MByte/s. Der SD-Kartenslot des Raspberry Pi ist nicht ganz so schnell, aber wenigstens ist die SD-Karte dann nicht der Flaschenhals.

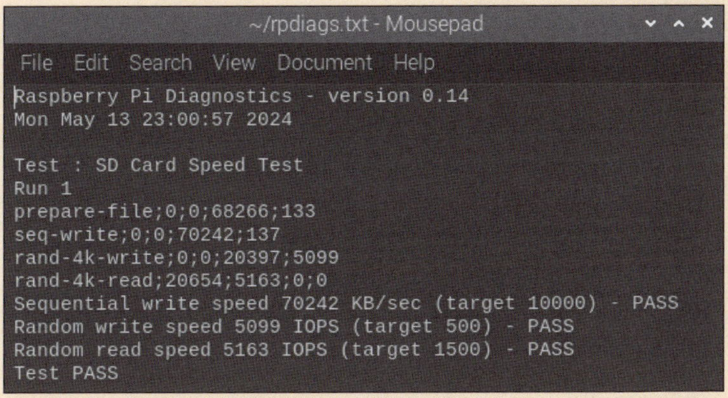

Abbildung 5.3 Achten Sie darauf, eine schnelle SD-Karte zu verwenden.

Der Test der SD-Karte in Abbildung 5.3, ausgeführt mit dem Tool *rpdiag*, das bei jeder Installation von Raspbian auf dem System enthalten ist, zeigt für die verwendete SD-Karte eine sequenzielle Schreibrate von 70.242 KByte/s, was umgerechnet 68,6 MByte/s sind. Die Karte ist also schön flott.

Beginnen Sie mit der Installation des Betriebssystems auf Ihrem neuen Entwicklungssystem. Das *Raspberry Pi OS* bietet eine solide Basis, die Sie entweder mit oder ohne grafische Oberfläche installieren können. Die Version ohne grafische Oberfläche verbraucht weniger Ressourcen. Sie bietet sich für den Zero 2 W an, während die Version mit grafischer Oberfläche eine benutzerfreundlichere Umgebung für die Entwicklung zur Verfügung stellt. Diese Version kommt eher für den Pi 4 oder Pi 5 infrage. Wenn möglich, verwenden Sie die 64-Bit-Variante.

5.1.2 Den Raspberry Pi einrichten

Wenn Sie schon einige Maker-Projekte umgesetzt haben, wird es an dieser Stelle unnötig sein, Ihnen zu erklären, was Sie ohnehin schon wissen und wohl schon öfter gemacht haben: die Installation und Einrichtung Ihres Raspberry Pi.

Den *Raspberry Pi Imager* und Erläuterungen zum weiteren Vorgehen beim Einrichten Ihres Raspberry Pi finden Sie unter *https://www.raspberrypi.com/software/*.

Die wichtigsten Punkte fasse ich aber noch mal kurz zusammen:

SPI und I²C aktivieren

Aktivieren Sie nach der Installation SPI und I²C über den Befehl `raspi-config`, so wie in Abbildung 5.4 gezeigt.

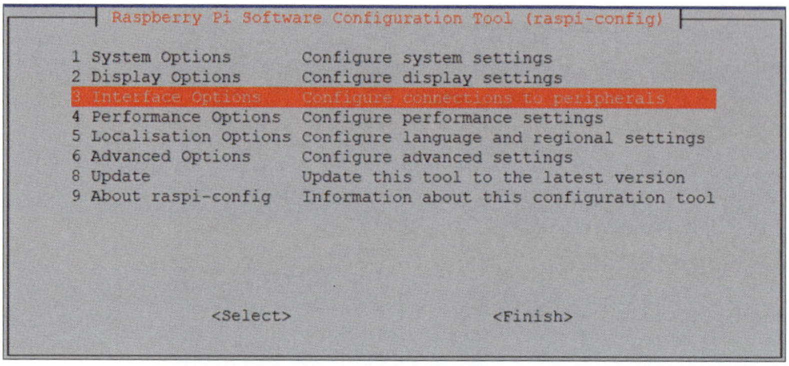

Abbildung 5.4 Das Konfigurationswerkzeug »raspi-config«

Unter dem Punkt `Interface Options` finden Sie das Menü, um die SPI- sowie die I²C-Schnittstelle zu aktivieren (siehe Abbildung 5.5).

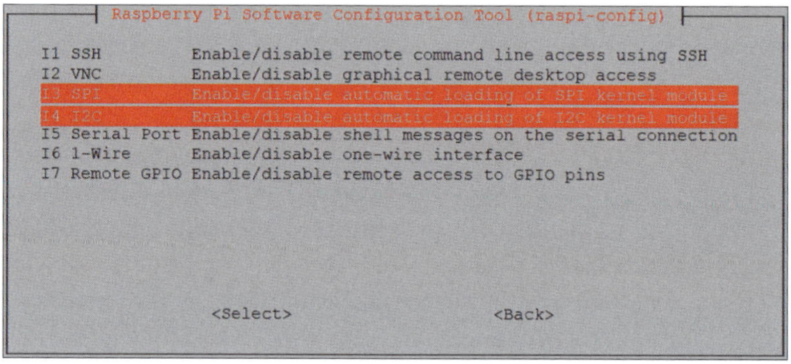

Abbildung 5.5 Aktivieren Sie »SPI« und »I2C« im Menüeintrag.

Diese Schnittstellen sind notwendig für die Kommunikation mit dem IceZero-FPGA-Board und vielen anderen HATs.

Benutzer einrichten

Richten Sie nach der Installation des Betriebssystems Ihren Benutzer auf dem System ein. Es kann ratsam sein, einen spezifischen Benutzer für die FPGA-Entwicklung anzulegen. Dies hilft, die Projekte und Berechtigungen übersichtlich zu halten. Für die Projekte in diesem Buch wurde dafür der User *pi* verwendet.

Die weitere Konfiguration und zusätzliche Pakete

Nach der grundlegenden Einrichtung des Systems können Sie die Software installieren, die Ihnen für die Arbeit an Quellcode-Dateien am angenehmsten ist. Sie haben möglicherweise einen Lieblingseditor, möchten einen Browser verwenden oder ein E-Mail-Programm einrichten.

Machen Sie dies ruhig; die Installation der Toolchain, die ich in Kapitel 6 beschreibe, sorgt selbst dafür, dass die Abhängigkeiten vorhanden sind, und richtet alles, was für die Arbeit mit den FPGAs notwendig ist, unter dem Pfad */usr/local* ein. Sie müssen sich an dieser Stelle also keine Gedanken über diese Aufgaben machen.

Falls Sie doch eine detaillierte Anweisung zur Einrichtung und Konfiguration Ihres Raspberry Pi benötigen, verweise ich auf die offizielle Raspberry-Pi-Dokumentation unter *https://www.raspberrypi.org/documentation/*. Dort finden Sie umfassende Guides und Tutorials, die Ihnen Schritt für Schritt durch den Installations- und Einrichtungsprozess helfen können.

5.2 Die Entwicklungsumgebung einrichten

Das Einrichten einer effizienten Arbeitsumgebung für FPGA-Designs einschließlich der Verilog-Entwicklungsprojekte ist wichtig, damit Sie Ihre Arbeit nachvollziehen können. Auch hilft sie Ihnen, Probleme zu vermeiden, die durch unübersichtlich gewachsene Verzeichnisstrukturen entstehen. Eine gut durchdachte Projekt- und Verzeichnisstruktur hilft Ihnen nicht nur bei der Verwaltung verschiedener Versionen und Teile Ihres Projekts, sondern unterstützt auch die Datensicherung, die Wiederverwendbarkeit von Code, das Wiederhineinfinden in älteren Code und auch die Zusammenarbeit mit anderen.

Die hier im Buch verwendete Methodik ist mein Best-Practices-Vorschlag für eine einfache, aber funktionale Projektstruktur, die sich besonders für Hobby-Bastler und Maker eignet.

5.2.1 Projektstruktur

Die folgende Verzeichnisstruktur ist ein Vorschlag, den Sie leicht an Ihre spezifischen Bedürfnisse anpassen können:

```
pi@pi5:~ $ tree -d -L 3 fpga/
fpga/
├── doc
│   ├── datasheets
│   ├── icezero
│   └── tangnano9k
├── git
│   ├── apicula
│   ├── arachne-pnr
│   ├── gowin_blinky
│   ├── icestorm
```

```
│   ├── icezero-blinky
│   ├── icotools
│   ├── iverilog
│   ├── nextpnr
│   ├── openFPGALoader
│   ├── WiringPi
│   └── yosys
└── src
    ├── icezero
    │   ├── counter
    │   ├── oled-image
    │   ├── oled-prng
    │   ├── oled-text
    │   ├── toggle
    │   ├── uart
    │   ├── uart-tx
    │   ├── webcontrol
    │   └── ws2812b
    └── tangnano9k
        ├── ads1115
        ├── oled-image
        ├── oled-prng
        ├── oled-text
        ├── servo
        ├── spi-lcd
        ├── uart
        └── uart-lcd
```

Wie Sie sehen können, befinden sich die Projekte für die jeweiligen FPGAs in einem Unterverzeichnis, die Software-Tools aus GitHub sind in einem eigenen `git`-Unterverzeichnis organisiert, und auch die Dokumentation zu den beiden FPGA-Boards und weiteren Elektronik-Komponenten befindet sich jeweils in einem eigenen Unterverzeichnis.

Mit solch einer strukturierten Ablage findet man schnell alles wieder und auch die Sicherung des gesamten Verzeichnisbaums mit ZIP ist einfach. Sie können aber noch einen Schritt weiter gehen und eine Versionsverwaltung verwenden.

5.2.2 Versionsverwaltung mit Git

Die Organisation eines Software-Projekts stellt immer Anforderungen an die Disziplin zur Einhaltung von Struktur und Organisation der Projektdateien während des gesamten Entwicklungsprozesses. Den Überblick zu behalten und Ordnung in der Entwicklung zu wahren, ist eine der schwierigsten Sachen dabei. An dieser Stelle kann eine Versionsverwaltung Ihnen sehr gut helfen. Sie ermöglicht es Ihnen, Änderungen am Code effektiv und genau nachzuverfolgen, unterschiedliche Versionen eines Projekts zu verwalten und bei Bedarf zu früheren Zuständen zurückzukehren.

Versionskontrollsysteme bilden das Rückgrat einer sauberen Projektverwaltung. Sie ermöglichen es Ihnen, auch nach einer längeren Pause nahtlos an einem Projekt weiterzuarbeiten. Der Einsatz von Versionsverwaltung reduziert die Angst vor dem Verlust oder dem Überschreiben wertvoller Daten. Kurz gesagt, die Versionskontrolle ist der Schlüssel zur Bewahrung von Überblick und Ordnung in Entwicklungsprojekten und ist somit ein unverzichtbares Instrument für jeden Entwickler.

Wir verwenden Git beispielsweise in Kapitel 6, um uns unsere Toolchain-Komponenten und andere Beispielprojekte von GitHub herunterzuladen. Es bietet sich aber auch an, Git bei Ihren eigenen FPGA-Projekten zu nutzen, denn es ist ein leistungsstarkes und weitverbreitetes Versionsverwaltungssystem, das die Zusammenarbeit an Projekten erheblich erleichtert – mit Git ist es viel einfacher, bei zahlreichen Code-Änderungen den Überblick zu bewahren. Durch die Integration von Git in Ihren Workflow können Sie Änderungen sicher verwalten und nahtlos mit anderen Entwicklern Quellcode zusammenführen. Egal, ob Sie an FPGA-Projekten oder anderen Entwicklungsaufgaben arbeiten, Git ist ein unverzichtbares Werkzeug, das Ihnen hilft, Ihre Arbeit zu organisieren und zu optimieren.

Bevor Sie Git vollständig nutzen können, empfiehlt es sich, einen Account auf GitHub zu erstellen, um Ihre Projekte online zu speichern und mit anderen Entwicklern zu teilen. Gehen Sie dazu auf die GitHub-Website und klicken Sie auf die Schaltfläche SIGN UP. Folgen Sie den Anweisungen zur Erstellung eines neuen Benutzerkontos. Sie werden aufgefordert, einen Benutzernamen, eine E-Mail-Adresse und ein Passwort anzugeben. Nachdem Sie Ihr Konto erstellt haben, erhalten Sie eine Bestätigungs-E-Mail, um Ihre Adresse zu verifizieren.

Abbildung 5.6 Die GitHub-Seite zur Erstellung eines neuen Accounts

Sobald Ihr Konto eingerichtet ist, können Sie ein neues Repository auf GitHub anlegen. Klicken Sie dafür auf das +-Symbol in der oberen rechten Ecke der GitHub-Webseite und wählen Sie NEW REPOSITORY. Geben Sie Ihrem Repository einen Namen und fügen Sie eine Beschreibung hinzu. Sie können das Repository öffentlich oder privat machen, je nach Ihren Präferenzen. Nachdem das Repository erstellt wurde, erhalten Sie eine URL, die Sie verwenden können, um Ihr lokales Git-Repository mit dem GitHub-Repository zu verknüpfen. Dies ermöglicht es Ihnen, Ihre lokalen Änderungen online zu synchronisieren und von überall auf Ihr Repository zuzugreifen.

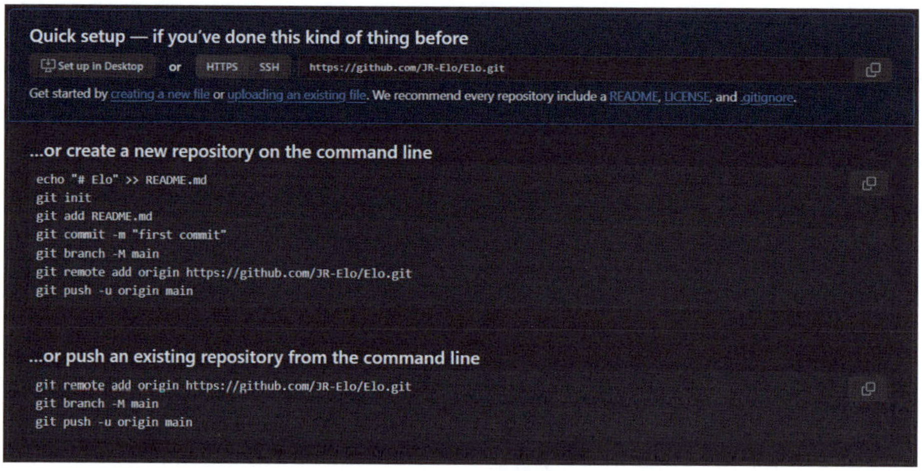

Abbildung 5.7 Das Quick-Setup eines neuen Repository

Installation und Einrichtung

Falls Git auf Ihrem Raspberry Pi nicht installiert sein sollte, können Sie es mit dem folgenden Befehl installieren:

```
$ sudo apt install git
```

Nachdem Git installiert ist, können Sie Ihre Git-Konfiguration personalisieren, indem Sie Ihren Benutzernamen und Ihre E-Mail-Adresse festlegen. Dies ist wichtig, um Ihre Änderungen in der Versionsverwaltung zu identifizieren:

```
$ git config --global user.name "Ihr Name"
```

```
$ git config --global user.email "ihre@email.com"
```

Nun sind wir startbereit! Lassen Sie uns ein neues FPGA-Projekt initialisieren. Navigieren Sie in Ihrem Terminal zum Projektverzeichnis und initialisieren Sie ein neues Git-Repository mit dem Befehl:

```
$ git init
```

Git hat nun ein neues Repository in Ihrem aktuellen Verzeichnis erstellt. Fügen Sie alle relevanten Dateien für Ihr FPGA-Projekt hinzu und committen Sie die erste Version:

```
$ git add .
$ git commit -m "Initial commit"
```


Herzlichen Glückwunsch! Sie haben soeben Ihr erstes Git-Repository erstellt und die erste Version Ihres Projekts committet.

Grundlagen der Versionsverwaltung

Die Versionsverwaltung ist das zentrale Konzept von Git und ermöglicht es, Änderungen an Dateien sicher zu verfolgen und bei Bedarf zu früheren Versionen zurückzukehren. Es gibt noch ein paar grundlegenden Konzepte bei der Versionsverwaltung mit Git, die ich erläutern möchte:

- **Repository**

  Ein Git-Repository ist der Ort, an dem alle Dateien und deren Versionshistorie gespeichert werden. Es kann lokal auf Ihrem Computer oder remote auf einem Server wie GitHub oder GitLab gehostet werden.

- **Commits**

  Ein Commit ist eine Momentaufnahme aller Änderungen, die Sie an Dateien in Ihrem Repository vorgenommen haben. Jeder Commit enthält eine eindeutige ID (den Commit-Hash), den Autor, das Datum und eine Commit-Nachricht, die die Änderungen beschreibt. Commits bilden die Basis der Versionsverwaltung in Git.

  Beispiel: Erstellen eines neuen Commits:

  ```
  $ git add datei1.txt datei2.txt
  $ git commit -m "Änderungen an Datei1 und Datei2"
  ```

- **Staging Area**

  Bevor Sie Änderungen committen, müssen Sie sie zur *Staging Area* (auch *Index* genannt) hinzufügen. Die Staging Area ist ein zwischengelagerter Bereich, in dem Git alle Änderungen für den nächsten Commit verfolgt. So können Sie gezielt auswählen, welche Änderungen in den nächsten Commit aufgenommen werden sollen.

  Beispiel: Hinzufügen von Dateien zur Staging Area:

  ```
  $ git add datei1.txt
  ```

Die Grundlagen der Versionsverwaltung in Git umfassen Repositorys zum Speichern von Dateien und deren Historie, Commits zum Erfassen von Änderungen und die Staging Area zum genauen Steuern, welche Änderungen committet werden. Diese Kernkonzepte ermöglichen eine genau nachvollziehbare Versionskontrolle und bilden die Basis für komplexere Git-Workflows.

Arbeiten mit Git-Repositorys

In diesem Abschnitt werden wir uns ansehen, wie man mit bestehenden Git-Repositorys arbeitet, wie man Änderungen verfolgt und wie man neue Commits erstellt.

- **Ein bestehendes Git-Repository klonen**

  Um mit einem bestehenden Repository zu arbeiten, müssen Sie es zunächst auf Ihren lokalen Computer klonen. Dieser Vorgang erstellt eine vollständige Kopie des Repositorys auf Ihrem System.

  ```
  $ git clone https://github.com/benutzer/repository.git
  ```

  Dieses Kommando klont das angegebene Repository in ein neues Verzeichnis mit dem Namen `repository`.

- **Den Status des Repositorys überprüfen**

  Mit dem Befehl `git status` können Sie den aktuellen Status Ihres Repositorys überprüfen. Er zeigt Ihnen, welche Dateien geändert wurden, welche zur Staging Area hinzugefügt wurden und welche noch nicht committet sind.

  ```
  $ git status
  ```

- **Änderungen zur Staging Area hinzufügen**

  Bevor Sie Änderungen committen können, müssen Sie sie zur Staging Area hinzufügen. Dies können Sie mit dem Befehl **git add** tun:

  ```
  $ git add datei1.txt datei2.txt
  ```

  Dieser Befehl fügt die Dateien *datei1.txt* und *datei2.txt* zur Staging Area hinzu. Sie können auch `git add .` verwenden, um alle geänderten Dateien im aktuellen Verzeichnis hinzuzufügen.

- **Änderungen committen**

  Nachdem Sie Ihre Änderungen zur Staging Area hinzugefügt haben, können Sie sie mit dem Befehl `git commit` committen, d. h. sichern oder festschreiben.

  ```
  $ git commit -m "Beschreibende Commit-Nachricht"
  ```

  Die Option `-m` ermöglicht es Ihnen, eine Commit-Nachricht anzugeben, die die von Ihnen vorgenommenen Änderungen beschreibt.

- **Commit-Historie anzeigen**

  Mit dem Befehl `git log` können Sie die Historie Ihrer Commits anzeigen.

  ```
  $ git log
  ```

Dieser Befehl zeigt eine Liste aller Commits im aktuellen Branch an, beginnend mit dem neuesten. Jeder Commit enthält den Commit-Hash, den Autor, das Datum und die Commit-Nachricht.

Durch das Arbeiten mit Git-Repositorys, das Verfolgen von Änderungen, das Hinzufügen von Änderungen zur Staging Area und das Committen können Sie die Entwicklung Ihres Projekts genau nachverfolgen und bei Bedarf zu früheren Versionen zurückkehren.

Branching und Merging

Branches und Merges sind zwei wichtige Konzepte in Git, die es Ihnen ermöglichen, parallel an verschiedenen Funktionen oder Fehlerbehebungen zu arbeiten, ohne den Hauptzweig (`main`) zu beeinflussen. Anschließend können Sie Ihre Änderungen in den Hauptzweig zusammenführen (*mergen*).

- **Branching**

  Ein Branch ist im Grunde ein separater Entwicklungszweig, der von einem bestimmten Commit ausgeht. Dies ermöglicht es Ihnen, unabhängig an einer neuen Funktion oder einer Fehlerbehebung zu arbeiten, ohne den stabilen Code im Hauptzweig zu beeinflussen.

  So erstellen Sie einen neuen Branch:

  ```
  $ git branch neue-funktion
  ```

  Dieser Befehl erstellt einen neuen Branch mit dem Namen `neue-funktion`. Um zu diesem Branch zu wechseln, verwenden Sie:

  ```
  $ git checkout neue-funktion
  ```

  Jetzt können Sie Änderungen vornehmen und committen, ohne den Hauptzweig zu beeinflussen.

- **Merging**

  Nachdem Sie Ihre Arbeit in einem Branch abgeschlossen haben, können Sie sie in den Hauptzweig oder einen anderen Branch überführen. Git versucht, die Änderungen automatisch mit dem schon vorhandenen Code zusammenzuführen (zu *mergen*), aber in manchen Fällen können Konflikte auftreten, die manuell gelöst werden müssen.

  So mergen Sie einen Branch in den aktuellen Branch:

  ```
  $ git merge neue-funktion
  ```

  Git versucht, die Änderungen aus dem `neue-funktion`-Branch in den aktuellen Branch zu überführen. Wenn Konflikte auftreten, müssen Sie diese manuell in den betroffenen Dateien lösen und dann die Änderungen committen.

Beispiel für einen Merge-Konflikt:

```
Copy code<<<<<<< HEAD
Hauptzweig-Code
=======
Neue Funktion-Code
>>>>>>> neue-funktion
```

In diesem Fall müssen Sie entscheiden, welchen Code Sie behalten möchten, und den Konflikt entsprechend auflösen.

Branching und Merging sind Funktionen, mit denen Sie effizient an verschiedenen Aspekten Ihres Projekts arbeiten können, ohne den Hauptzweig zu beeinträchtigen. Gleichzeitig können Sie die Arbeit mehrerer Entwickler zusammenführen, was die Teamarbeit und Zusammenarbeit erheblich erleichtert.

Remote-Repositorys und Kollaboration

Git ist nicht nur für die Versionsverwaltung auf einem lokalen System nützlich, sondern ermöglicht auch die Zusammenarbeit mit anderen Entwicklern über Remote-Repositorys. Plattformen wie GitHub, GitLab oder Bitbucket bieten Hosting-Dienste für Git-Repositorys an und erleichtern die Zusammenarbeit erheblich.

- **Hinzufügen eines Remote-Repositorys**

  Um mit einem Remote-Repository zu arbeiten, müssen Sie es zunächst zu Ihrem lokalen Repository hinzufügen. Dabei geben Sie einen benutzerfreundlichen Namen für das Remote-Repository an, z. B. `origin`:

  ```
  $ git remote add origin https://github.com/benutzername/repository.git
  ```

- **Pushen von Änderungen zum Remote-Repository**

  Nachdem Sie Änderungen an Ihrem lokalen Repository vorgenommen und committet haben, können Sie sie zum Remote-Repository pushen (hochladen):

  ```
  $ git push origin hauptzweig
  ```

  Dieser Befehl schickt Ihre lokalen Commits aus dem Branch `hauptzweig` an das Remote-Repository, das Sie zuvor als `origin` hinzugefügt haben.

- **Pullen von Änderungen aus dem Remote-Repository**

  Wenn andere Entwickler Änderungen am Remote-Repository vorgenommen haben, können Sie diese Änderungen in Ihr lokales Repository pullen (herunterladen):

  ```
  $ git pull origin hauptzweig
  ```

  Dieser Befehl lädt die neuesten Commits aus dem Branch `hauptzweig` des Remote-Repositorys herunter und führt sie mit Ihrem lokalen Branch zusammen.

- **Zusammenarbeiten mit Forks**

  Auf Plattformen wie GitHub ist es üblich, ein eigenes Fork (eine Kopie) eines Repositorys zu erstellen, daran zu arbeiten und dann einen Pull-Request zu stellen, um die Änderungen in das ursprüngliche Repository zu integrieren. Der Maintainer des ursprünglichen Repositorys kann dann die Änderungen überprüfen und in das Hauptprojekt mergen.

  Die Verwendung von Remote-Repositorys und Kollaborationsplattformen wie GitHub, GitLab oder Bitbucket ermöglicht es Teams zusammenzuarbeiten, Änderungen zu überprüfen und zu diskutieren sowie die Codequalität und Stabilität des Projekts aufrechtzuerhalten.

Fortgeschrittene Git-Funktionen

Git bietet eine Reihe fortgeschrittener Funktionen, die in komplexeren Workflows und Projekten nützlich sein können. Hier sind einige wichtige Funktionen:

- **Rebasing**

  Das Rebasing ist ein Vorgang, bei dem die Änderungen eines Branches auf die Basis eines anderen Branches angewendet werden. Dies kann hilfreich sein, um eine lineare Commit-Historie zu erhalten und Merge-Konflikte zu vermeiden.

  ```
  $ git rebase hauptzweig
  ```

  Dieser Befehl wendet die Commits aus dem aktuellen Branch auf die Basis des `hauptzweig`-Branches an.

- **Stashing**

  Mit dem Stashing können Sie temporär Ihre aktuellen Änderungen beiseitelegen, ohne sie zu committen. Dies ist nützlich, wenn Sie schnell zu einem anderen Branch wechseln oder Ihre Arbeitsumgebung bereinigen müssen.

  ```
  $ git stash
  ```

  Dieser Befehl speichert Ihre aktuellen Änderungen im Stash. Um später zu diesen Änderungen zurückzukehren, verwenden Sie:

  ```
  $ git stash apply
  ```

- **Cherry-Picking**

  Das Cherry-Picking ermöglicht es Ihnen, bestimmte Commits aus einem anderen Branch in Ihren aktuellen Branch zu übernehmen, ohne den gesamten Branch zu mergen.

  ```
  $ git cherry-pick [commit-hash]
  ```

  Dieser Befehl übernimmt den Commit mit dem angegebenen `[commit-hash]` in Ihren aktuellen Branch.

- **Git-Hooks**

  Git-Hooks sind Skripte, die vor oder nach bestimmten Git-Aktionen ausgeführt werden können. Sie können beispielsweise verwendet werden, um die Codequalität zu prüfen oder Benachrichtigungen zu senden.

Git bietet viele weitere fortgeschrittene Funktionen, wie z. B. das Verwalten von Submodulen, das Arbeiten mit dem Reflog, das Squashen von Commits und vieles mehr. Je nach Komplexität Ihres Projekts und Ihrer Arbeitsweise können diese Funktionen sehr nützlich sein, sie erfordern aber auch ein tieferes Verständnis von Git.

Nützliche Git-Tools und -Ressourcen

Während der Arbeit mit Git gibt es viele nützliche Tools und Ressourcen, die Ihnen den Umgang mit Git erleichtern und Ihr Verständnis vertiefen können.

- **Grafische Oberflächen für Git**

  Obwohl Git hauptsächlich über die Kommandozeile bedient wird, gibt es auch grafische Benutzeroberflächen (GUIs), die eine visuelle Darstellung Ihres Repositorys und eine benutzerfreundlichere Interaktion ermöglichen. Einige beliebte Git-GUIs sind:

  - GitKraken
  - GitHub Desktop
  - SourceTree
  - GitAhead

- **Git-Cheat-Sheets**

  Cheat-Sheets sind praktische Referenzen, die gängige Git-Befehle und deren Verwendung auf einen Blick zusammenfassen. Sie können Ihnen Zeit sparen und als Nachschlagewerk dienen, bis Sie die Befehle verinnerlicht haben. Einige nützliche Git-Cheat-Sheets finden Sie unter:

  - *https://education.github.com/git-cheat-sheet-education.pdf*
  - *https://docs.github.com/de/get-started/getting-started-with-git/git-cheatsheet*

> Eine der einfachen Methoden, um ein vergessenes Git-Kommando wiederzufinden oder einfach jedes andere auftretende Git-Problem zu lösen, ist – mal wieder – die KI zu fragen. Schildern Sie einfach Ihrer Chat-KI Ihr Problem und fragen Sie, was Sie tun sollen. In der professionellen Software-Entwicklung ist die Arbeit mit Git Standard, daher ist das Trainingsmaterial der KIs so gut mit Beispielen gefüllt, dass sie für jedes Problem eine Lösung finden sollte.

Best Practices und Tipps

Die Verwendung von Git ist recht einfach. Und wenn man ein paar bewährte Methoden und Vorgehensweisen verinnerlicht, sollte es nie zu Problemen kommen. Hier sind einige bewährte Tipps:

- **Aussagekräftige Commit-Nachrichten**

  Beschreiben Sie in Ihren Commit-Nachrichten prägnant und klar, welche Änderungen Sie vorgenommen haben. Gute Commit-Nachrichten erleichtern es, den Projektverlauf nachzuvollziehen und spezifische Änderungen zu finden.

  Ein Beispiel für eine gute Commit-Nachricht ist:

  »Füge Funktion zum Berechnen des Durchschnitts hinzu.«

- **Atomar committen**

  Teilen Sie größere Änderungen in mehrere kleine, logische Commits auf. Jeder Commit sollte eine abgeschlossene, zusammenhängende Änderung enthalten. Dies erleichtert das Verstehen, das Revidieren und das mögliche Rückgängigmachen von Änderungen.

- **Branches sinnvoll benennen**

  Geben Sie Ihren Branches aussagekräftige Namen, die den Zweck des Branches widerspiegeln. Beispiele für gute Branch-Namen sind `feature/neue-funktion` oder `hotfix/fehler-xyz`.

- **Regelmäßiges Pullen und Pushen**

  Pullen Sie regelmäßig Änderungen aus dem Remote-Repository, um auf dem neuesten Stand zu bleiben und Merge-Konflikte zu vermeiden. Pushen Sie Ihre Commits ebenfalls regelmäßig, um anderen Teammitgliedern Ihre Arbeit zugänglich zu machen.

- **Code-Reviews und Pull-Requests**

  Nutzen Sie Code-Reviews und Pull-Requests, um Änderungen vor dem Mergen in den Hauptzweig zu überprüfen und zu diskutieren. Dies hilft, die Codequalität zu verbessern und potenzielle Probleme frühzeitig zu erkennen.

- **Git-Hooks nutzen**

  Setzen Sie Git-Hooks ein, um automatisierte Prozesse wie Linting, Formatierung oder Tests auszuführen, bevor Commits akzeptiert werden.

- **Regelmäßige Backups**

  Erstellen Sie regelmäßig Backups Ihres Git-Repositorys, um vor Datenverlusten geschützt zu sein.

Mit diesen Best Practices und Tipps stellen Sie sicher, dass Ihr Git-Workflow problemfrei bleibt, Änderungen nachvollziehbar sind und auch eine mögliche Zusammenarbeit im Team reibungslos funktioniert.

5.2.3 Make und Makefiles

Make ist ein Programm zur automatisierten Erstellung von ausführbaren Dateien oder anderen Nicht-Quelldateien aus Quelldateien. Es wird häufig in der Software-Entwicklung eingesetzt, um aus Quellcode eine ausführbare Datei oder eine Bibliothek zu machen. Wir nutzen Make und die Makefiles auch hier für unsere Projekte. Das Makefile lässt die Software-Tools einer Toolchain im Verbund laufen, es steuert den Ablauf der Synthese, des Place-and-route und der Programmierung des FPGAs.

Make hat sich aus vielen Gründen als weit verbreitetes und mächtiges Build-Automatisierungswerkzeug in der Software-Entwicklung etabliert:

- Make ist ein plattformunabhängiges Werkzeug, das auf den meisten Betriebssystemen wie Linux, macOS und Windows verfügbar ist. Dies ermöglicht eine konsistente Build-Umgebung über verschiedene Plattformen hinweg.
- Makefiles können einfach in Versionskontrollsysteme wie Git eingecheckt werden. Dies ermöglicht es Entwicklern, die Build-Anweisungen gemeinsam zu verwalten und zu versionieren.
- Make unterstützt die Parallelisierung von Build-Vorgängen, was auf modernen Mehrkern-Systemen zu einer Beschleunigung des Build-Prozesses führen kann.
- Make ist ein rein textbasiertes Werkzeug, das in der Befehlszeile oder in Skripten verwendet werden kann. Dies macht es leichtgewichtig und einfach zu verwenden, ohne dass eine grafische Benutzeroberfläche erforderlich ist.
- Makefiles definieren den Build-Prozess in einer deterministischen Weise. Dies ermöglicht es, konsistente und reproduzierbare Builds auf verschiedenen Systemen zu gewährleisten.

Was sind Makefiles?

Makefiles sind Dateien, die die Regeln und Abhängigkeiten für die Erstellung von Zieldateien definieren. Sie legen fest, welche Quelldateien für die Erstellung einer bestimmten Zieldatei benötigt werden und welche Befehle ausgeführt werden müssen, um die Zieldatei zu erstellen.

Ein einfaches Makefile könnte zum Beispiel so aussehen:

```
# Beispiel-Makefile
program: main.o helper.o
    gcc main.o helper.o -o program
main.o: main.c
    gcc -c main.c
helper.o: helper.c
```

```
    gcc -c helper.c
clean:
    rm -f program *.o
```

Listing 5.1 Ein einfaches Beispiel für ein Makefile

In diesem Beispiel wird definiert, dass die Zieldatei `program` aus den Objektdateien `main.o` und `helper.o` erstellt wird. Die Objektdateien `main.o` und `helper.o` werden wiederum aus den Quelldateien `main.c` und `helper.c` erstellt. Im Ziel `clean` sorgt der Löschbefehl `rm -f program *.o` dafür, dass alle Objektdateien nach getaner Arbeit wieder aufgeräumt werden.

Der Tabulator

In Makefiles definiert ein Tabulator den Beginn einer Anweisung, die für ein bestimmtes Ziel auszuführen ist. Leerzeichen hingegen haben in Makefiles keine spezielle Bedeutung und werden ignoriert. Das bedeutet, dass alle Befehle, die zu einem Ziel gehören, mit einem Tabulator eingerückt sein müssen.

Hier ein Beispiel:

```
ziel: abhängigkeiten
    befehl1
    befehl2
    befehl3
```

In diesem Beispiel müssen `befehl1`, `befehl2` und `befehl3` mit einem Tabulator (nicht Leerzeichen) eingerückt sein, damit Make sie als Befehle für das Ziel `ziel` erkennt.

Wenn stattdessen Leerzeichen verwendet werden, interpretiert Make die Zeilen als Kommentare oder Fortsetzungen der vorigen Zeile, was zu Fehlern führt.

Die Verwendung von Tabulatoren anstelle von Leerzeichen hat historische Gründe und ist eine wichtige Konvention in der Make-Syntax. Obwohl moderne Make-Versionen auch Leerzeichen akzeptieren, wenn die Umgebungsvariable `.POSIX` gesetzt ist, wird aus Gründen der Kompatibilität und Lesbarkeit die Verwendung von Tabulatoren empfohlen.

Es ist wichtig, diese Konvention zu beachten, da Makefiles sonst nicht ordnungsgemäß ausgeführt werden können. Die meisten Texteditoren bieten die Möglichkeit, Tabulatoren anstelle von Leerzeichen für die Einrückung zu verwenden. In Entwicklungsumgebungen ist dies oft die Standardeinstellung.

Wenn Sie versehentlich Leerzeichen statt Tabulatoren in Ihrem Makefile verwenden, erhalten Sie in der Regel eine Fehlermeldung von Make, die Sie auf dieses Problem aufmerksam macht. Im ersten Moment erschrickt man natürlich, aber keine Sorge: Es kann nichts kaputtgehen. Make bricht einfach ab und Sie können die Leerzeichen einfach durch ein Tab ersetzen und dann den letzten Befehl wiederholen.

Verwendung von Make

Um ein Makefile zu verwenden, rufen Sie einfach `make` im Terminal in einem Verzeichnis mit einem Makefile auf. Make überprüft dann die im Makefile definierten Abhängigkeiten und führt die erforderlichen Befehle aus, um die Zieldatei(en) zu erstellen.

Bewährte Methoden für Makefiles

Die Arbeit mit Makefiles kann recht schnell unübersichtlich werden. Befolgen Sie daher einige Best Practices:

- Verwenden Sie aussagekräftige Zielnamen: Verwenden Sie Zielnamen, die klar beschreiben, was das Ziel erstellt oder tut.
- Beschreiben Sie Ihre Ziele: Kommentieren Sie Ihr Makefile, um zu erklären, was die verschiedenen Ziele tun.
- Verwenden Sie Variablen, um Werte zu speichern, die sich möglicherweise ändern, wie Compiler-Flags oder Verzeichnispfade.
- Verwenden Sie Musterregeln, um Regeln für ähnliche Dateien zu verallgemeinern.
- Definieren Sie phony-Ziele: phony-Ziele sind Ziele, die keine Datei repräsentieren. Sie können für häufig verwendete Aktionen wie `clean` oder `install` genutzt werden.
- Verwenden Sie `.PHONY`: Markieren Sie phony-Ziele mit der `.PHONY`-Anweisung, um sicherzustellen, dass Make sie immer ausführt, unabhängig davon, ob eine Datei mit dem gleichen Namen existiert.
- Trennen Sie Pakete und Programme: Erstellen Sie separate Makefiles für Pakete und Programme, um die Übersichtlichkeit zu erhöhen.
- Nutzen Sie vordefinierte Variablen: Make bietet viele vordefinierte Variablen wie `$@` (Name der Zieldatei) oder `$<` (erste Voraussetzung). Verwenden Sie diese, um Ihr Makefile kompakter zu gestalten.

Mit diesen Best Practices können Sie effiziente und gut strukturierte Makefiles schreiben, die das Erstellen Ihrer Software-Projekte vereinfachen. Da in allen Beispielprojekten in diesem Buch die Makefiles schon enthalten sind, müssen Sie erst mal nichts weiter an ihnen ändern, außer ab und an mal eine Kleinigkeit, über die wir aber sprechen werden. Für weitere, eigene Projekte können Sie dann ein passendes Makefile kopieren und an Ihr neues Projekt anpassen.

5.2.4 Best Practices bei der Arbeit in der Entwicklungsumgebung

Abschließend möchte ich diese (sehr kurze) Einführung in die moderne Entwicklungsarbeit mit ein paar grundsätzlichen Gedanken. Sie haben diese sicher schon tausendfach gehört, trotzdem möchte ich sie der Vollständigkeit halber hier noch einmal erwähnen:

- **Modulare Entwicklung**: Entwickeln Sie Ihre FPGA-Komponenten modular, sodass sie leicht in anderen Projekten wiederverwendet werden können. Bewahren Sie generisch nutzbare Module in einem gemeinsamen Verzeichnis *lib/* oder *GemeinsameLibs/* auf.
- **Dokumentation**: Jedes Projekt sollte ein *doc/*-Verzeichnis enthalten, in dem die Projektbeschreibung, die Hardware-Spezifikationen und die Nutzungsdokumentation gespeichert sind. Dies ist besonders wichtig, um Projekte nach einer längeren Pause wieder aufzunehmen oder um anderen die Nutzung Ihres Codes zu erleichtern.
- **Testen und validieren**: Nutzen Sie Testbenches (**_tb.v*-Dateien), um Ihre Verilog-Module zu simulieren und zu testen, bevor Sie mit der Synthese beginnen. Dies wird Ihnen viel Zeit sparen und hilft, Fehler frühzeitig zu erkennen.

Was ist eine Testbench?

In der FPGA-Entwicklung versteht man unter einer *Testbench* eine Umgebung, die zum Testen und Verifizieren der Funktionalität eines FPGA-Designs dient, an dem man gerade arbeitet. Eine Testbench ist im Wesentlichen ein separates Verilog-Programm, das das zu testende Design instanziiert und mit Eingabedaten versorgt. Die Ausgaben des Designs werden dann von der Testbench überwacht und mit den erwarteten Werten verglichen. So können Fehler im Design aufgedeckt werden.

Zur Testbench gehören auch vordefinierte Testvektoren, Testmuster für mögliche Eingabewerte sowie Prozeduren zum Überprüfen der Ausgaben. Da sich die komplexe Funktionsweise eines FPGA-Designs oft nicht manuell vollständig überprüfen lässt, ist es notwendig, mit einer Testbench umfassende, automatisierte Tests durchzuführen.

Diese einfachen Richtlinien sollten ausreichen, um mit der FPGA-Entwicklung zu beginnen und Ihre Projekte organisiert zu halten. Die Struktur ist erst einmal minimal, aber flexibel genug, um mit Ihren Bedürfnissen zu wachsen. Sie kann aber auch leicht angepasst und erweitert werden, um zusätzliche Tools oder Workflows einzubinden.

Machen Sie sich keine Sorgen, falls Sie solch eine Methodik noch nie verwendet haben: Sie müssen nicht vom ersten Tag an solch ein System perfekt beherrschen. Aber mit jedem neuen Projekt können Sie ein wenig mehr versuchen, sich dem gedachten Ideal zu nähern. Das Wichtigste ist: Sichern Sie Ihre Arbeit immer gut, packen Sie die Verzeichnisstruktur der Projekte mit ZIP und legen Sie zur Sicherheit auch ab und zu mal ein Image Ihrer SD-Karte an – was im nächsten Abschnitt beschrieben wird. Im zweiten Teil des Buches werden wir bei den Beispielprojekten diese Best-Practice-Methoden anwenden und einüben.

XI – Denken Sie von Anfang an an die Doku

Wie möchten Sie Ihr fertiges Projekt dokumentieren? In einem Wiki? Als Word-Dokument? In einem Markdown-Format? Planen Sie, eine Anleitung oder ein Tutorial dazu zu erstellen? Notieren Sie, welche Dokumentationsform für Ihr Projekt am sinnvollsten ist und wie Sie dabei vorgehen möchten.

5.2.5 Backup der Entwicklungsumgebung und der eigenen Projekte

Ein Raspberry Pi profitiert stark von seiner SD-Karte und der Übersichtlichkeit des darauf eingerichteten Systems. Für ein *Backup* des Systems empfiehlt sich die Sicherung der SD-Karte als einfachste Methode.

PiShrink ist ein nützliches Tool, um diesen Vorgang zu erleichtern. Sollte es nicht in den Paketquellen des Systems verfügbar sein, lässt es sich von GitHub beziehen.

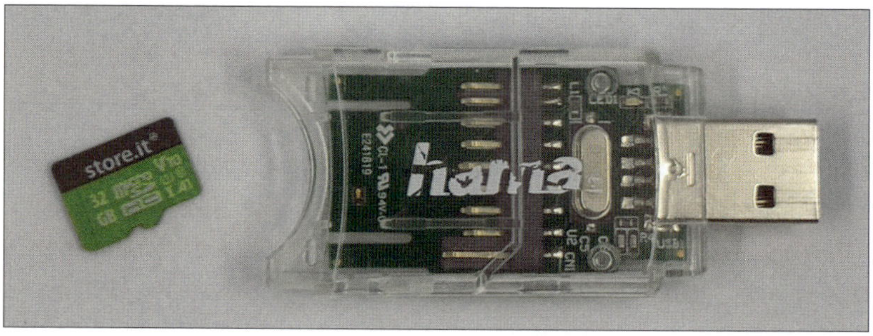

Abbildung 5.8 SD-Karte und SD-Kartenleser für die Sicherung des Systems

Die Installation erfolgt mit folgenden Schritten:

```
$ wget https://raw.githubusercontent.com/Drewsif/PiShrink/master/pishrink.sh
$ chmod +x pishrink.sh
$ sudo mv pishrink.sh /usr/local/bin
```

Das zweite Tool, das Sie zur Sicherung der SD-Karte benötigen, ist dd, das in jeder Linux-Installation vorhanden sein sollte. Um ein Backup zu erstellen, fahren Sie den Raspberry Pi herunter und entnehmen die SD-Karte. Anschließend verbinden Sie die Speicherkarte mittels eines SD-Kartenlesers (siehe Abbildung 5.8) mit einem Linux-Rechner. Die beiden Partitionen einer Raspbian-Standardinstallation sollten mit df einfach zu finden sein.

Der Zeilenanfang zeigt Ihnen den Device-Namen, den die SD-Karte dynamisch zugeordnet bekommen hat. In diesem Fall lautet er sde:

```
$ df -h
Dateisystem    Größe Benutzt Verf. Verw% Eingehängt auf
/dev/sde1       255M     31M  225M   13% /media/joerg/bootfs
/dev/sde2        29G     11G   17G   40% /media/joerg/rootfs
```

Mit fdisk überprüfen Sie nun unter Angabe des Device-Namens die Größe der SD-Karte. Sie ist in der ersten Zeile der Ausgabe zu finden:

```
$ sudo fdisk -l /dev/sde

Festplatte /dev/sde: 29,3 GiB, 31464620032 Bytes, 61454336 Sektoren
Festplattenmodell: Storage Device
Einheiten: Sektoren von 1 * 512 = 512 Bytes
Sektorgröße (logisch/physikalisch): 512 Bytes / 512 Bytes
E/A-Größe (minimal/optimal): 512 Bytes / 512 Bytes
Festplattenbezeichnungstyp: dos
Festplattenbezeichner: 0xf84d8fa3
Gerät      Boot Anfang     Ende Sektoren Größe Kn Typ
/dev/sde1          8192   532479   524288  256M  c W95 FAT32 (LBA)
/dev/sde2        532480 61454335 60921856   29G 83 Linux
```

Sicherung des Systems

Die Größe der SD-Karte beträgt in diesem Beispiel 31.464.620.032 Byte, was umgerechnet 32 GByte sind. Mit dd legen wir nun ein Image in dieser Größe der gesamten SD-Karte an:

```
$ sudo dd if=/dev/sde of=pi_fpga.img bs=1M count=32000

30007+0 Datensätze ein
30007+0 Datensätze aus
31464620032 Bytes (31 GB, 29 GiB) kopiert, 1441,09 s, 21,8 MB/s
```

Dieses neue Abbild der SD-Karte umfasst den gesamten Inhalt der darauf enthaltenen Partitionen, inklusive des freien Platzes in ihnen. Hier hilft nun *PiShrink*: Es entfernt den *leeren Raum*, der mitgesichert wurde, und schrumpft das Image auf den Inhalt zusammen, der wirklich nur Daten enthält:

```
$ sudo ./pishrink.sh pi_fpga.img pi_fpga_backup.img
```

```
pishrink.sh v0.1.4
pishrink.sh: Copying pi_fpga.img to pi_fpga_backup.img... ...
pishrink.sh: Gathering data ...
Creating new /etc/rc.local
pishrink.sh: Checking filesystem ...
rootfs: 163847/1901280 files (0.3% non-contiguous), 3000254/7615232 blocks
resize2fs 1.46.5 (30-Dec-2021)
pishrink.sh: Shrinking filesystem ...
resize2fs 1.46.5 (30-Dec-2021)
Resizing the filesystem on /dev/loop0 to 3297844 (4k) blocks.
Begin pass 2 (max = 861890)
Relocating blocks             XXXXXXXXXXXXXXXXXXXXXXXXXXXXXXXXXXXXXXXX
Begin pass 3 (max = 233)
Scanning inode table          XXXXXXXXXXXXXXXXXXXXXXXXXXXXXXXXXXXXXXXX
The filesystem on /dev/loop0 is now 3297844 (4k) blocks long.
pishrink.sh: Shrinking image ...
pishrink.sh: Shrunk pi_fpga backup.img from 30G to 13G ...
```

Das Abbild der gesamten SD Karte ist hier auf ein Backup-Image mit 13 GByte Größe zusammengeschrumpft worden. Wenn Sie das System so duplizieren oder aus einem Backup wiederherstellen wollen, benötigen Sie nun nur eine SD-Karte mit mehr als 13 GByte Größe, um das Image auf sie zurückzuspielen. Beim ersten Start erweitert sich das Filesystem automatisch auf den maximalen Platz, den die neue SD-Karte bereitstellt.

Wiederherstellung des Systems

Zur Wiederherstellung benötigen Sie nur das Programm dd, mit dem das Backup-Image dann auf die neue SD-Karte geschrieben wird:

```
$ dd if=pi_fpg_backup.img of=/dev/<sd-card-device> bs=1M
```

Nachdem das Image auf die SD-Karte geschrieben wurde, können Sie diese wieder in einen Raspberry Pi stecken und das System starten.

Regelmäßige Backups der SD-Karte sind übrigens ratsam, da SD-Karten nur eine begrenzte Lebensdauer haben.

Kapitel 6

Erste Schritte mit FPGAs und dem Raspberry Pi

Nun installieren wir die Toolchains für die beiden FPGAs und lassen als ersten Funktionstest ein paar LEDs blinken. Funktioniert alles, wie es soll?

Um Ihre FPGA-Entwicklungsumgebung für dieses Buch einzurichten, empfehle ich Ihnen einen Raspberry Pi 5, wie Sie ihn in Abbildung 6.1 sehen, oder einen Pi 4. Wie gut sich die aktuellen Raspberry-Pi-Modelle als Entwicklungsrechner eignen, haben wir schon in Abschnitt 5.1.1 besprochen.

Abbildung 6.1 Ein Raspberry Pi 5

Das richtige Betriebssystem für die Toolchain

Das Linux-System, das für die Open-Source-Toolchain verwendet wird, basiert auf Debian. Die Installationsskripte der Toolchain habe ich unter Raspberry Pi OS, Debian, Ubuntu und Pop OS! getestet, sie sollten daher beim Einrichten auf einem aktuellen Linux-System dieser Familie keine Probleme verursachen: Nutzen Sie einfach die Distribution dieser Auswahl, die Ihnen am besten gefällt.

Falls Sie ein anderes Linux-Derivat nutzen, kann Ihnen die KI mit folgendem Prompt helfen, die Installationsskripte für die Toolchains umzuschreiben: *»Ändere folgendes Skript um, damit es auf einem CentOS-Linux ausgeführt werden kann.«*

Alternativ können Sie die Entwicklungsumgebung auch auf einem normalen PC mit x86-Prozessor einrichten. Dieser Weg bietet sich dann an, wenn nur ein langsamer Raspberry Pi für das IceZero-Board verwendet werden soll oder nur der Tang Nano 9K genutzt wird. Ein halbwegs aktueller Rechner aus den letzten Jahren reicht vollkommen aus.

Ein Plädoyer für den Raspberry Pi

Aber wie gesagt: Ich empfehle Ihnen, einen Raspberry Pi zur Einrichtung der FPGA-Entwicklungsumgebung zu nutzen und keinen normalen PC, weil dieser Kleincomputer ein paar angenehme Vorteile für unsere Zwecke mit sich bringt: Von der Entwicklung des Codes bis zum Einsatz des FPGAs ist der Raspberry Pi der passende Wegbegleiter, besonders als Träger des FPGA-HATs.

Auf einem dedizierten Raspberry Pi bleiben Ihre Projekte unberührt von den täglichen Aufgaben, die ein normaler PC bewältigen muss. Die Installation der Entwicklungsumgebung erfordert zwar Zeit und Mühe, bis alles nach Wunsch funktioniert, aber diese Investition schützt Sie vor den Risiken unbeabsichtigter System-Updates. Durch die Nutzung eines Raspberry Pi als dedizierte FPGA-Entwicklungsumgebung minimieren Sie das Risiko ungewollter Störungen und haben im Handumdrehen ein Bastelsystem eingerichtet, auf dem Sie sich austoben können.

Das liegt daran, dass der Raspberry Pi kein Power-Management hat, kein AppArmor, SELinux oder andere Sicherheitssysteme, die ein einfaches Anstecken des FPGAs an den Rechner verkomplizieren könnten. Das Raspberry Pi OS räumt also mit einigen Stolperfallen auf, die Ihnen auf einem Linux-Desktop begegnen können. Und wenn Sie Ihren Raspberry Pi nur als FPGA-Entwicklungsumgebung verwenden, bleibt dieser weitgehend unverändert. Was dort einmal läuft, bleibt in der Regel auch weiterhin lauffähig. Sie schalten ihn einfach ein, und los geht's.

Als Maker haben Sie wahrscheinlich schon einen Raspberry Pi im Einsatz. Das System ist Ihnen bekannt. Und zu guter Letzt geht es auch um den Einsatzzweck und den Ort des FPGAs: Das, was Sie damit machen wollen, wird vielleicht eine Kunstinstallation, ein Roboter, irgendeine Bastelei in Ihrer Werkstatt oder an einem anderen Ort sein. Dort werden Sie möglicherweise keinen normalen PC oder Laptop verwenden können – oder wollen. Ein Raspberry Pi bietet sich für solche Orte an. Er ist stromsparend, läuft einfach durch und macht fast nie Probleme. Das ist das, was man eigentlich gerne möchte.

Einfache Backups

Die SD-Karte des Raspberry Pi macht es Ihnen einfach, das komplette System mittels `dd` und *PiShrink* platzsparend zu sichern und so mit wenig Aufwand das komplette System im Fall der Fälle wieder herstellen zu können. Die nötigen Details dazu finden Sie in Abschnitt 5.2.5.

Was spricht also gegen ein eigenes Entwicklungssystem auf Raspberry-Pi-Basis? Hauptsächlich der Preis, wenn Sie extra dafür einen Raspberry Pi anschaffen müssen.

Obwohl das IceZero-Board des iCE40HX auf einen günstigen Zero 2 W Pi gesteckt und betrieben werden kann, ist dieser als Entwicklungsumgebung schlecht geeignet, denn er hat nur 512 MByte RAM und auch seine CPU-Leistung ist relativ schwach.

Abbildung 6.2 Ein Raspberry Pi Zero 2 W mit passivem Kühlkörper

Damit die FPGA-Entwicklung flott läuft, ist ein neuerer Raspberry Pi nötig. Der hat aber seinen Preis: Ein gut ausgestatteter aktueller Raspberry Pi mit Netzteil, SD-Karte und gegebenenfalls einem Gehäuse, Lüfter und einer Echtzeituhr kostet zwischen 100 und 150 €.

Ein Raspberry Pi 4 mit 4 oder 8 GByte RAM ist günstiger zu haben als der 5er, und ein Raspberry Pi Zero 2 W ist mit rund 20 € die günstigste Option. Bei der Verwendung eines Zero 2 W sollten Sie die Entwicklungsumgebung allerdings auf einem PC einrichten und dann den fertigen Bitstream auf den Raspberry Pi übertragen, um ihn in den daran angeschlossenen FPGA zu laden (wie das geht, zeige ich Ihnen in Abschnitt 6.1).

Um als Träger des FPGAs zu dienen, ist der Zero 2 W gut geeignet, denn er ist stromsparend und klein, und zusammen mit dem IceZero-Board hat er einen kompakten Formfaktor, wie Abbildung 6.3 zeigt. Um dauerhaft große Projekte auf ihm zu entwickeln, reicht seine Leistung aber nicht aus.

Abbildung 6.3 Ein Raspberry Pi Zero 2 W mit IceZero-FPGA-Board

Es dauert eine erhebliche Zeit, um mittleren bis größeren Verilog-Code auf ihm zu kompilieren. Die 512 MByte RAM reichen für das Synthetisieren und Place-and-route des Codes nicht aus. Zudem bietet auch ein großes Swap-File auf einer SD-Karte keine Abhilfe, da dies den Prozess erheblich verlangsamt. Heutzutage ist es nicht mehr zeitgemäß, Kompilierungsvorgänge über Nacht laufen zu lassen.

Abbildung 6.4 Der IceZero, ein iCE40HX-FPGA auf einem GPIO-Board für den Raspberry Pi

Die Gowin-Entwicklungsumgebung

Außer dem Einrichten einer Open-Source-Entwicklungsumgebung auf einem Raspberry Pi oder Linux-PC gibt es noch eine Variante: Der Tang Nano 9K ist ein FPGA-Board, das mittels USB-Anschluss programmiert wird. Die Gowin-IDE, die Entwicklungssoftware des Herstellers, wird nicht nur für Linux angeboten, sondern kann auch auf einem Windows-PC installiert werden. Diese IDE und ihre Verwendung wird allerdings nicht in diesem Buch besprochen.

Abbildung 6.5 Der Tang Nano 9K wird in einer praktischen Box geliefert.

6.1 Der iCE40HX auf dem IceZero-Board

Wenn Sie Ihren Raspberry Pi fertig eingerichtet haben und alles rundläuft, können wir beginnen, die Toolchain(s) zu installieren.

6.1.1 Die Toolchain

Um aus dem Raspberry Pi einen FPGA-Entwicklungsrechner zu machen und um damit einen durch die Open-Source-Toolchain unterstützten FPGA verwenden zu können, benötigen Sie einige Software-Tools, die ineinandergreifen und gemeinsam dafür sorgen, dass der geschriebene Verilog-Code zu einer Konfigurationsdatei für einen FPGA wird.

Git-Repositorys oder Paketquellen?

Die Toolchain für den iCE40HX lässt sich am sichersten aus den Git-Repositorys der jeweiligen Projekte einrichten. Grundsätzlich können Sie die Programme zwar auch aus den Paketquellen Ihrer Distribution installieren, allerdings sind diese dann nicht auf dem neusten Versionsstand. Die Bestandteile dieser Open-Source-Toolchain werden nämlich ständig weiterentwickelt, Probleme werden korrigiert und neue FPGA-Typen kommen hinzu. Daher ist es meiner Meinung nach ratsam, die jeweiligen Git-Repositorys zur Installation zu nutzen und sich somit direkt an der Quelle zu bedienen.

Aus diesem Grund habe ich fertige *Installationsskripte* erstellt, die Ihnen die Arbeit abnehmen. Im Download-Material zum Buch finden Sie die beiden Skripte *toolchain_ice40hx_install.sh* und *toolchain_tang_nano_install.sh*.

Die genaue Verwendung beschreibe ich in Abschnitt 6.5.

Damit Sie, auch wenn Sie die Installationsskripte verwenden, trotzdem den grundsätzlichen Aufbau solch einer Toolchain verstehen, gehen wir die Installation einmal prinzipiell durch. Die nötigen Befehle für die Konsole liste ich mit auf, falls einmal eine Installation per Hand nötig sein sollte.

Die hier im Buch verwendete Open-Source-Toolchain für das IceZero-Board besteht aus folgenden Teilen:

- Yosys: *https://github.com/YosysHQ/yosys*
- Arachne-pnr: *https://github.com/cseed/arachne-pnr*
- IceStorm: *https://github.com/YosysHQ/icestorm*
- IcoTools: *https://github.com/thekroko/icotools*
- iVerilog: *https://github.com/steveicarus/iverilog*
- icezero-blinky: *https://github.com/thekroko/icezero-blinky*

Ich stelle Ihnen diese Programme kurz vor und zeige Ihnen, wie sie installiert werden. Beachten Sie, dass die Programme für die Toolchain des Tang-Nano-9K-Boards leicht davon abweichen – am Prinzip ändert sich aber nichts. Die Unterschiede stelle ich in Abschnitt 6.2 vor, wenn es um den Tang Nano 9K geht.

Was machen diese Programme und wie werden sie installiert?

Yosys

Yosys dient als Architekt, der Ihre digitalen Schaltungsdesigns in detaillierte Baupläne umwandelt.

Dieses Tool übernimmt den von Ihnen erstellten Verilog-Code und wandelt ihn in eine Netzliste um. Eine Netzliste ist wie ein Bauplan, der die exakte Verbindung der einzelnen Schaltungskomponenten darstellt.

Listing 6.1 fasst die Installation zusammen:

```
cd "$HOME/fpga/git/"
git clone https://github.com/YosysHQ/yosys
cd "$HOME/fpga/git/yosys"
make -j$(nproc)
sudo make install
```

Listing 6.1 Die Installation in der Kurzfassung

Arachne-pnr

Nachdem Yosys die Baupläne erstellt hat, kommt *Arachne-pnr* ins Spiel, um zu entscheiden, wo die Teile im FPGA platziert werden: Arachne-pnr ist ein sogenanntes *Place-and-route-Tool*. Es nimmt die Netzliste und ordnet sie intelligent auf dem FPGA-Chip an, sodass alle Logikblöcke und Verbindungen optimal platziert sind. Arachne-pnr sorgt dafür, dass Ihre Schaltung nicht nur funktioniert, sondern auch effizient und leistungsfähig ist. Denken Sie an ein Bürogebäude: Arachne-pnr verteilt die Büros und Arbeitsplätze effizient im Gebäude, sodass der Workflow gut funktioniert und niemand zu weit laufen muss. Für andere FPGAs kann auch das Place-and-route-Tool *nextpnr* verwendet werden.

```
cd "$HOME/fpga/git/"
git clone https://github.com/cseed/arachne-pnr
cd "$HOME/fpga/git/arachne-pnr"
make -j$(nproc)
sudo make install
```

Listing 6.2 Arachne-pnr installieren

IceStorm

IceStorm öffnet Ihnen die Türen zu den iCE40HX-FPGAs von Lattice, die bisher nur mit der proprietären Software des Herstellers programmierbar waren. IceStorm ermöglicht es, Ihre FPGA-Designs in einer offenen, verständlichen Weise zu kompilieren und zu implementieren. Es ist das Rückgrat der freien Entwicklungsplattform.

```
cd "$HOME/fpga/git/"
git clone https://github.com/YosysHQ/icestorm
cd "$HOME/fpga/git/icestorm"
make -j$(nproc)
sudo make install
```

Listing 6.3 IceStorm installieren

IcoTools

IcoTools ist eine Sammlung von Tools für die Arbeit mit iCE40HX-FPGAs. Diese Software-Tools sind wie ein Set von hochwertigen Pinseln für einen Künstler und ermöglichen es Ihnen, mit Präzision und Flexibilität an Ihrem FPGA-Projekt zu arbeiten. Von der Entwicklung über die Synthese bis hin zum Debugging – IcoTools stellt sicher, dass Sie alles haben, was Sie für die Umsetzung Ihrer kreativen Visionen benötigen. Für das IceZero-Board benötigen wir nur das `icezprog`-Programm zum Übertragen des Bitstreams:

```
cd "$HOME/fpga/git/"
git clone https://github.com/thekroko/icotools
cd "$HOME/fpga/git/icotools/examples/icezero"
make icezprog
sudo make install_icezprog
```

Listing 6.4 IceTools installieren

iVerilog

Icarus Verilog (oder kurz *iVerilog*) ist der Dirigent, der sicherstellt, dass jede Inszenierung perfekt ist, bevor sie auf die große Bühne geht. Es ermöglicht Ihnen, Ihren Design-Code durch Simulation zu testen, Fehler zu finden und zu beheben, lange bevor die tatsächliche Hardware ins Spiel kommt. Die Simulation im Entwicklungsprozess hilft, Zeit und Arbeit zu sparen.

```
cd "$HOME/fpga/git/"
git clone https://github.com/steveicarus/iverilog
cd "$HOME/fpga/git/iverilog"
sh autoconf.sh
./configure
make -j$(nproc)
sudo make install
```

Listing 6.5 Icarus Verilog installieren

IceZero-Blinky

IceZero-Blinky ist einfaches Beispielprojekt, das Ihnen zeigt, wie Sie ein LED-Blinkprogramm auf einem IceZero-FPGA-Board mit der IceStorm-Toolchain erstellen können. Dieses Mini-Design ist ein Test, um die Toolchain zu prüfen und um die Grundlagen dieser Entwicklungsumgebung zu erlernen. Dieses Repository muss nur heruntergeladen werden, es ist keine Installation nötig.

```
cd "$HOME/fpga/git/"
git clone https://github.com/thekroko/icezero-blinky
```

Listing 6.6 IceZero-Blinky installieren

6.1.2 Das Installationsskript für die IceZero-Toolchain

Um alle Software-Tools und Bestandteile der Toolchain des IceZero-Boards erfolgreich installieren zu können, sind einige Paketabhängigkeiten aufzulösen. Um dies einfacher zu machen und um einen weitgehend automatisierten Ablauf zu gewährleisten, habe ich Installationsskripte geschrieben, die sich bei den Materialien zum Buch befinden, die Sie herunterladen können.

In der Archiv-Datei mit dem Download-Material zum Buch finden Sie die beiden Installationsskripte *toolchain_ice40hx_install.sh* und *toolchain_tang_nano_install.sh*.

Um die oben genannten Toolchain-Programme für den iCE40HX auf dem IceZero-Board auf Ihrem Raspberry Pi zu installieren, müssen Sie zuerst die Archivdatei mit dem Download-Material zum Buch in Ihr Benutzerverzeichnis herunterladen und entpacken:

```
pi@pi5:~ $ wget https://www.rippel.info/fpga-buch/Material-zum-Buch.zip
pi@pi5:~ $ unzip Material-zum-Buch.zip
```

Danach können Sie in das entpackte *fpga*-Verzeichnis wechseln und das für das IceZero-Board benötigte Installationsskript ausführen:

```
pi@pi5:~ $ cd fpga
pi@pi5:~/fpga $ ./toolchain_ice40hx_install.sh
```

Wenn Sie den gesamten Ablauf der Installation mitprotokollieren möchten, können Sie auch folgenden Befehl verwenden:

```
pi@pi5:~/fpga $ ./toolchain_ice40hx_install.sh 2>&1 | tee install_ice40_
log.txt
```

Das tee-Kommando schreibt im Hintergrund eine Log-Datei mit. Falls bei der Installationsroutine des Skripts ein Fehler auftritt oder falls Sie hinterher im Detail den einen oder anderen Schritt bei der Installation genauer betrachten möchten, können Sie so einen Blick in die *install_ice40_log.txt*-Log-Datei werfen.

Die Installation der Toolchain des iCE40HX sollte mit diesem Skript auf einem Raspberry Pi 5 etwa 20 Minuten benötigen; auf einem Raspberry Pi 4 dauert der gesamte Ablauf etwas über eine Stunde. Sie finden alle installierten Programme der Toolchain dann unter */usr/local/bin*.

Nach der erfolgreichen Installation der Toolchain-Komponenten sollten die letzten Zeilen der Ausgabe des Installationskripts ungefähr so aussehen:

```
[…]
Die Installation und das Klonen der Repositories ist abgeschlossen.
Die Installation wird nun überprüft.
Überprüfung der Installation der Hauptkomponenten...
Jede Überprüfung sollte mit '...korrekt installiert' quittiert werden.
yosys ist korrekt installiert.
icepack ist korrekt installiert.
icetime ist korrekt installiert.
icezprog ist korrekt installiert.
iverilog ist korrekt installiert.
vvp ist korrekt installiert.
arachne-pnr ist korrekt installiert.
Die Installation der Toolchain ist abgeschlossen.
```

Wie Sie sehen können, nimmt das Installationsskript am Ende des Durchlaufs eine rudimentäre Überprüfung vor, ob alle zu erwartenden und wichtigen Komponenten an Ort und Stelle liegen. Sollte eine der Zeilen nicht mit `ist korrekt installiert` abgeschlossen werden, ist es notwendig, einen genaueren Blick in die mitgeschriebene Log-Datei zu werfen, um das Problem zu lokalisieren.

Falls Sie auf einen Fehler stoßen, der sich nicht so einfach lösen lässt, zögern Sie nicht, mit der Chat-KI Ihres Vertrauens eine Fehlersuche und -behebung durchzuführen. Die KI ist sehr gut bei solchen Sachen und kann Ihnen schnell Hilfe leisten, denn die Fehlermeldungen vieler Probleme liegen bereits in ihren Trainingsdaten. Daher werden zumindest einfache Stolpersteine zuverlässig erkannt.

Das Installationsskript läuft nicht durch?

Ab und an gibt es Probleme beim Herunterladen der Git-Pakete. Bei Verbindungsabbrüchen kann es zu Fehlern im Ablauf der Installationsroutine kommen. Durch den Schalter `set -e` wird das Skript in einem Fehlerfall automatisch abgebrochen. Falls ein Fehler bei Ihnen auftritt, suchen Sie in der Log-Datei die entsprechende Zeile heraus, die das Wort `error` beinhaltet. In den Zeilen darunter oder darüber sollten Sie das Problem finden können. Hier sehen Sie ein Beispiel:

```
[100%] Building yosys (11821/63164), 15.89 MiB | 379.00 KiB/s
error: 4587 bytes of body are still expected MiB | 811.00 KiB/s
fetch-pack: unexpected disconnect while reading sideband packet
fatal: early EOF
fatal: fetch-pack: invalid index-pack output
+ cd abc
/bin/sh: 7: cd: can't cd to abc
make: *** [Makefile:791: abc/abc-0cd90d0] Error 2
```

In diesem Beispiel gab es einen Verbindungsabbruch beim Herunterladen der Steuer- und Statusinformationen, weil die Wifi-Verbindung nicht stabil war. Löschen Sie in diesem Fall einfach das Git-Verzeichnis des Programms, bei dem der Fehler auftrat (hier war es Yosys), und starten Sie das Installationsskript neu. Das Skript erkennt, was schon durchgelaufen ist, und setzt wieder an der richtigen Stelle an.

6.1.3 Das Blinky-Projekt zum Einstieg

Nachdem die Software der Toolchain installiert ist, geht es mit der Hardware weiter. Der iCE40HX-FPGA befindet sich auf einer *HAT*-Platine. (Das Kürzel HAT steht für *Hardware Attached on Top*.) Diese für Raspberry-Pi-Computer entwickelten Erweiterungsboards bieten eine einfache Möglichkeit, um die Funktionalität dieser Geräte zu erweitern.

Das IceZero-Board ist ein solches HAT und wurde speziell für die Verwendung mit dem Raspberry Pi Zero entworfen. Dank der Standardisierung der 40-Pin-GPIO-Anschlüsse bei Raspberry-Pi-Modellen ist es auch mit dem neueren Raspberry Pi 5 kompatibel.

!

Hitze unter dem HAT

Ein mögliches Problem ergibt sich, wenn Sie das IceZero-Board mit dem Raspberry Pi 5 verwenden: Der aktive Kühlkörper des Raspberry Pi 5 könnte durch den aufgesteckten HAT in seiner Luftzirkulation eingeschränkt werden, was dann die Kühlleistung beeinträchtigt. Um dieses Problem zu lösen, können wir einen *Stacking-Header* verwenden. Dieser erhöht den Abstand zwischen dem Raspberry Pi und dem HAT, wodurch der Luftstrom zur Kühlung nicht mehr behindert wird. Zusätzlich bietet dieser erhöhte Abstand mehr Platz, um den Raspberry Pi 5 in einem Gehäuse unterzubringen und das FPGA-Board trotzdem noch aufstecken zu können.

Abbildung 6.6 zeigt Ihnen einen solchen Stacking-Header mit farbcodierten Pins, die das Basteln einfacher machen.

Abbildung 6.6 Stacking-Header für die 40-Pin-GPIO-Leiste

Abbildung 6.7 zeigt einen solchen Stacking-Header im Einsatz. Das IceZero-Board kann damit mit deutlichem Abstand über dem Lüfter des Raspberry Pi 5 schweben und bietet auch genug Abstand für ein Gehäuse, in das der Raspberry Pi noch eingebaut werden wird, wie Sie in Abbildung 6.8 sehen können.

Abbildung 6.7 Raspberry Pi 5 mit IceZero-HAT – hier ohne Gehäuse

Abbildung 6.8 Raspberry Pi 5 im Gehäuse mit aufgestecktem IceZero-FPGA

Bezugsquelle für das IceZero-Board

Erhältlich ist das Board mit dem iCE40HX-FPGA bei der Trenz Electronic GmbH. Ihr Shop ist unter *http://www.trenz-electronic.de* zu finden.

Schauen Sie sich dazu die Informationsseite am Ende des Buchs sowie die Seite *https://www.rheinwerk-verlag.de/professional-computing/lp/fpgas-handbuch-rabattcode-trenz/* an.

Übertragen des Bitstreams

Das Git-Repository *IceZero-Blinky*, das auch durch das Installationsskript der Toolchain mitinstalliert wurde, enthält ein Verilog-Programm, das als erster Funktionstest gedacht ist. Um den FPGA und die von Ihnen installierte Toolchain erstmals zu testen, wechseln Sie in folgendes Verzeichnis und führen den Befehl **make blinky.prog** aus:

```
pi@pi5:~ $ cd fpga/git/icezero-blinky/
pi@pi5:~/fpga/git/icezero-blinky $ make blinky.prog
```

Es sollte eine Ausgabe wie in den folgenden Zeilen erfolgen:

```
Flash ID: 9D 60 17 9D 60 17 9D 60 17 9D 60 17 9D 60 17 9D 60 17 9D 60
Writing 0x000000 .. 0x00ffff: [erasing] [writing................]
[readback................]
Writing 0x010000 .. 0x01ffff: [erasing] [writing................]
[readback................]
Writing 0x020000 .. 0x020fbb: [erasing] [writing.] [readback.]
DONE.
```

Dies bedeutet, dass die Konfiguration des FPGAs erfolgreich war. Wenn Sie Ihren Blick auf das IceZero-Board richten, sollten die drei LEDs auf ihm fröhlich blinken.

Der Verilog-Code

Der Quellcode der Datei led_blinky.v im Verzeichnis /home/pi/fpga/git/icezero-blinky kann uns auch als erste Übung dienen, um Verilog kennenzulernen. Listing 6.7 zeigt den Quellcode:

```
`include "prescaler.v"
module top (
        input clk_100mhz,
        output led1
);
        // CLOCK Generator
        wire clk_16mhz, pll_locked;
`ifdef TESTBENCH
        assign clk_16mhz = clk_100mhz, pll_locked = 1;
`else
        SB_PLL40_PAD #(
                .FEEDBACK_PATH("SIMPLE"),
                .DELAY_ADJUSTMENT_MODE_FEEDBACK("FIXED"),
                .DELAY_ADJUSTMENT_MODE_RELATIVE("FIXED"),
                .PLLOUT_SELECT("GENCLK"),
                .FDA_FEEDBACK(4'b1111),
                .FDA_RELATIVE(4'b1111),
                .DIVR(4'b0011),         // DIVR =  3
```

```
                .DIVF(7'b0101000),       // DIVF = 40
                .DIVQ(3'b110),           // DIVQ =  6
                .FILTER_RANGE(3'b010)    // FILTER_RANGE = 2
        ) pll (
                .PACKAGEPIN   (clk_100mhz),
                .PLLOUTGLOBAL (clk_16mhz ),
                .LOCK         (pll_locked),
                .BYPASS       (1'b0      ),
                .RESETB       (1'b1      )
        );
`endif
        // Blink LED with ~2 Hz
        wire clk_2hz;
        prescaler #(.bits(23)) ps1(.clk_in(clk_16mhz), .clk_out(clk_2hz));
        assign led1 = clk_2hz;
endmodule
```

Listing 6.7 Das Blinky-Testprogramm für den Funktionstest des IceZero-Boards

Der Aufbau des Blinky-Programms

Schauen wir uns den Verilog-Code im Detail an. Dazu werde ich die relevanten Abschnitte schrittweise erklären. In diesem Blinky-Beispiel wird die Funktionsweise einer LED-Blinkansteuerung demonstriert, die von einem 100-MHz-Taktgeber auf etwa 2 Hz heruntergeteilt wird.

- **Eingebundene Module**

  Zu Beginn wird mit `` `include "prescaler.v" `` ein Modul eingebunden. Ein Prescaler ist eine Komponente, die dazu dient, die Frequenz eines Eingangssignals zu reduzieren. Die Einbindung eines solchen Moduls erleichtert die Programmierung genauso wie in anderen Sprachen und lagert die Anpassung der Taktfrequenzerzeugung für die LED aus.

- **Das Hauptmodul**

  Danach wird mit `module top (...)` das Hauptmodul mit dem Namen `top` definiert. Der Name ist frei wählbar, Sie können auch `main` oder einen anderen beliebigen Namen wählen. (Schlüsselwörter der Verilog-Syntax oder -Struktur sind nicht als Name möglich.)

  Dieses Hauptmodul nimmt einen Eingang `clk_100mhz` (ein 100-MHz-Taktsignal) und gibt ein Signal `led1` aus, das zur Steuerung einer LED dient.

- **Der Taktgenerator**

  Danach wird ein interner Taktgenerator deklariert. Hierbei werden die Signale `clk_16mhz` und `pll_locked` eingeführt. `clk_16mhz` ist das resultierende Taktsignal, und `pll_locked` zeigt an, ob die PLL (*Phase-Locked Loop*) erfolgreich gesperrt ist. Der Block `SB_PLL40_PAD #(...)` definiert eine PLL-Konfiguration, die das 100-MHz-Eingangssignal in ein 16-MHz-Signal umwandelt. Die PLL ist ein Steuerkreis, der Eingangstaktsignale mit einem gewünschten Ausgangstakt synchronisiert. Die Parameter wie `DIVR`, `DIVF`, `DIVQ` und `FILTER_RANGE` bestimmen die genauen Eigenschaften der Taktumwandlung. Um es erst einmal kurz zu machen: Im Wesentlichen wird hier das 100-MHz-Eingangssignal auf 16 MHz reduziert.

- **Bedingte Kompilierung**

  Die Bedingung `ifdef TESTBENCH` ermöglicht eine bedingte Kompilierung. Wenn die `TESTBENCH`-Variable definiert ist, wird der 16-MHz-Takt direkt dem 100-MHz-Eingangstakt zugewiesen, um Tests zu vereinfachen. Andernfalls wird die im Codeblock `SB_PLL40_PAD #(...)` definierte PLL-Konfiguration verwendet.

  Eine *Testbench* ist bei der Programmierung eines FPGAs mithilfe einer Hardware-Beschreibungssprache speziell dafür gedacht, das Verhalten eines Moduls oder Systems zu simulieren und zu testen, ohne dass physische Hardware erforderlich ist. Sie ermöglicht es Entwicklern, verschiedene Eingaben an ein zu testendes Modul zu senden, die Ausgaben zu überprüfen und sicherzustellen, dass das Modul wie erwartet funktioniert. Der durch die `ifdef TESTBENCH` bedingte Code-Teil ist für die Simulation während der Entwicklungs- und Testphase gedacht und wird nicht in den endgültigen Bitstream Ihres FPGAs übernommen. Wenn der Verilog-Code für die Produktion oder den Einsatz in der realen Hardware synthetisiert wird, sind die unter `ifdef TESTBENCH` stehenden Teile ausgeschlossen. Dies ist eine gute Methode, um Entwicklungs- und Testlogik im Code zu organisieren und eine klare Trennung zwischen Test- und Produktionsumgebungen zu gewährleisten.

- **Blinkende LED**

  Am Ende des Verilog-Codes wird nun die LED zum Blinken gebracht. Mit dem Abschnitt `prescaler #(.bits(23)) ps1(...)` wird das 16-MHz-Signal weiter heruntergeteilt, und zwar auf ungefähr 2 Hz, was ein sichtbares Blinken der LED ermöglicht. Der `prescaler` wird mit einem Parameter konfiguriert. Hier wird ein 23 Bit breiter Prescaler verwendet, um die gewünschte Frequenz zu erreichen. Zum Schluss wird das heruntergeteilte Signal mit `assign led1 = clk_2hz;` dem Ausgang `led1` zugewiesen. Das bedeutet, dass die LED mit einer Frequenz von etwa 2 Hz blinkt.

Dieses Modul nimmt also ein 100-MHz-Eingangssignal und wandelt es mittels einer PLL und eines Prescalers in ein Signal um, das eine LED mit einer Frequenz von ungefähr 2 Hz blinken lässt.

Module

Ich habe hier das Wort *Modul* verwendet, weil dies der in Hardware-Beschreibungssprachen verwendete Begriff für Strukturen ist, die das Verhalten und die Verbindungen von elektronischen Komponenten definieren. In der Software-Entwicklung würde man beim Betrachten dieses Quellcodes von einem *Programm* sprechen. Aber wir müssen hier immer im Hinterkopf behalten, dass hier keine Software-Entwicklung erfolgt, sondern Hardware konfiguriert wird.

Selbstverständlich wissen Sie nun noch nicht im Detail, was jede einzelne Zeile des Verilog-Codes genau macht, und das mit dem Prescaler habe ich geschickt übersprungen. Das ist aber kein Problem, dazu kommen wir noch. Zuerst einmal wollten wir hier nur die Funktion testen und sehen, wie der Raspberry Pi mit dem IceZero-Board und dessen iCE40HX-FPGA und mit der von Ihnen installierten Toolchain zusammenarbeitet. Nach diesen erfolgreichen Schritten gönnen Sie sich eine Pause mit einer großen Tasse Kaffee oder Tee, denn nun läuft Ihre neue FPGA-Entwicklungsumgebung reibungslos und das Schwierigste liegt bereits hinter Ihnen.

6.2 Der Tang Nano 9K

Die Toolchain des Tang Nano 9K lässt sich nicht nur am sichersten aus den Git-Repositorys der Programme einrichten – es ist zurzeit auch die einzige Möglichkeit. Das mag sich noch im Laufe der Zeit ändern, aber eine Installation der benötigten Software-Pakete für eine vollständige Toolchain ist bislang nur zum Teil aus den Paketquellen der Distribution möglich. Deshalb müssen wir die Git-Repositorys zur Installation nutzen.

Installationsskript für die Git-Repositorys

Zu Installation der Toolchain können Sie auch hier auf ein fertiges *Installationsskript* zurückgreifen, das Ihnen die Arbeit abnimmt. Im Download-Material zum Buch finden Sie für beide FPGAs die Skripte *toolchain_ice40hx_install.sh* und *toolchain_tang_nano_install.sh*.

Für die Toolchain des Tang Nano brauchen Sie (fast) die gleichen Programme wie für den iCE40HX, die ich bereits in Abschnitt 6.1 vorgestellt habe:

- Yosys: *https://github.com/YosysHQ/yosys*
- Apicula: *https://github.com/YosysHQ/apicula.git*
- nextpnr: *https://github.com/YosysHQ/nextpnr*
- openFPGALoader: *https://github.com/trabucayre/openFPGALoader*

Neu ist nur *Apicula*. Es dient als Werkzeugkasten für die Arbeit mit Gowin-FPGAs und ermöglicht das Reverse Engineering von Bitstreams sowie die Generierung von Konfigurationsdateien. Es nutzt Informationen über die Struktur und Funktion des FPGAs, um Entwicklern eine offene Plattform für die Programmierung ihrer Hardware zu bieten. Stellen Sie sich Apicula als den Kartographen vor, der detaillierte Karten des Terrains (in diesem Fall des FPGA-Layouts) erstellt, auf denen Yosys und nextpnr navigieren können.

Zu Apicula bzw. *Apycula* gibt es vor der Installation noch etwas Wichtiges zu sagen, denn es gibt dazu drei Installationsvarianten, die in Abschnitt 6.2.1 besprochen werden. Die Kurzfassung sehen Sie schon einmal in Listing 6.8:

```
mkdir -p $HOME/Programme/apycula_env
python3 -m venv $HOME/Programme/apycula_env
source $HOME/Programme/apycula_env/bin/activate
pip install apycula
deactivate
```

Listing 6.8 Apycula installieren

nextpnr

nextpnr ist der Navigator, der Ihre Netzliste nimmt und entscheidet, wie und wo im FPGA-Land (der physischen Hardware) die logischen Blöcke platziert und verbunden werden sollen. Es ist ein platzierendes und routendes Tool (*Place-and-route-Tool*), das für verschiedene Architekturen verfügbar ist, darunter auch für Gowin-FPGAs – in Verbindung mit Apicula. *nextpnr* überbrückt die Lücke zwischen dem abstrakten Design und der realen Implementierung auf dem Chip, ähnlich wie ein Städteplaner, der auf Grundlage des Bauplans entscheidet, wo Gebäude und Straßen errichtet werden. Auch *nextpnr* ist schnell installiert:

```
cd "$HOME/fpga/git/"
git clone https://github.com/YosysHQ/nextpnr
cd "$HOME/fpga/git/nextpnr"
cmake . -DARCH=gowin \
   -DGOWIN_BBA_EXECUTABLE="$HOME/Programme/apycula_env/bin/gowin_bba"
make -j$(nproc)
sudo make install
```

Listing 6.9 nextpnr installieren

openFPGALoader

openFPGALoader ist ein universelles Programmierwerkzeug, das die Übertragung von Bitstream-Dateien auf eine breite Palette von FPGA-Boards unterstützt. Es fungiert als Brücke zwischen der Software-Welt und der Hardware, indem es die von Yosys generierten und durch nextpnr optimierten Designs auf den physischen FPGA überträgt. Stellen Sie sich openFPGALoader als den Bauunternehmer vor, der die Pläne in die Realität umsetzt, indem er die endgültige Schaltung auf den FPGA baut.

```
cd "$HOME/fpga/git/
git clone https://github.com/trabucayre/openFPGALoader
cd "$HOME/fpga/git/openFPGALoader"
export CC=clang
export CXX=clang++
mkdir build
cd build
cmake ..
cmake --build .
sudo make install
```

Listing 6.10 openFPGALoader installieren

6.2.1 Das Installationsskript für die Tang-Nano-9K-Toolchain

Um alle Software-Tools und Bestandteile der Toolchain des *Tang Nano 9K*-Boards installieren zu können, sind einige Paketabhängigkeiten aufzulösen. Um dies einfacher zu machen und um einen weitgehend automatisierten Ablauf zu gewährleisten, habe ich ein Installationsskript geschrieben, das Sie bei den Materialien zum Buch finden.

In der Archiv-Datei mit dem Download-Material zum Buch finden Sie die beiden Installationsskripte *toolchain_ice40hx_install.sh* und *toolchain_tang_nano_install.sh*.

Um die oben genannten Toolchain-Programme für das Board Tang Nano 9K auf Ihrem Raspberry Pi zu installieren, müssen Sie zuerst die Archivdatei mit dem Download-Material zum Buch in Ihr Benutzerverzeichnis herunterladen und entpacken:

```
pi@pi5:~ $ wget https://www.rippel.info/fpga-buch/Material-zum-Buch.zip
pi@pi5:~ $ unzip Material-zum-Buch.zip
```

Danach können Sie in das entpackte *fpga*-Verzeichnis wechseln und das für den Tang Nano 9K benötigte Installationsskript ausführen:

```
pi@pi5:~ $ cd fpga
pi@pi5:~/fpga $ ./toolchain_tang_nano_install.sh 2>&1 | tee install_tang_
nano_log.txt
```

Weitere Informationen finden Sie in Abschnitt 6.1.2. Die Informationen zum iCE40HX gelten auch hier. Auf zwei Besonderheiten gehe ich noch schnell ein.

nextpnr mit GUI

Sie können alle wichtigen Arbeiten mit *nextpnr* im Terminal erledigen und brauchen daher gar keine grafische Oberfläche. Das hält das Basissystem schlank und erlaubt das Arbeiten über eine SSH-Verbindung.

nextpnr bringt aber auch ein GUI mit, das durch die Layout-Ansicht sehr komfortabel und übersichtlich ist, wie Abbildung 6.9 beweist.

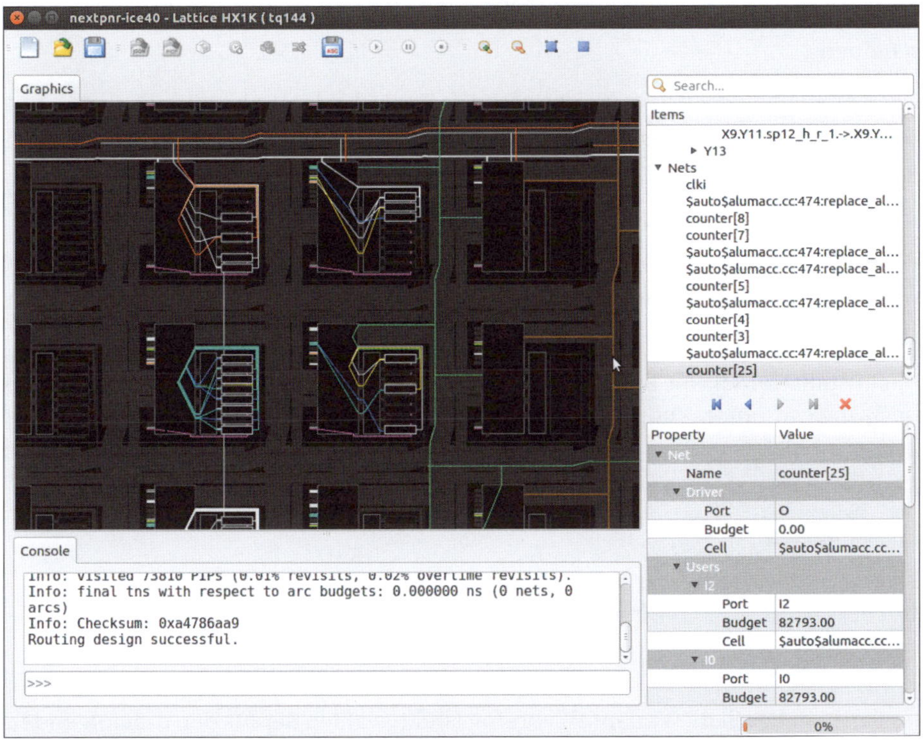

Abbildung 6.9 nextpnr mit GUI, hier beim Einsatz mit dem IceZero-Board

In meinem Installationsskript wird nextpnr jedoch ohne GUI kompiliert, weil mich die Menge und der Umfang der zusätzlichen QT-Pakete abgeschreckt haben. Ich habe aber den entsprechenden Aufruf mit ins Installationsskript gepackt. Sie aktivieren diesen Aufruf, indem Sie einfach das Kommentarzeichen vor der entsprechenden `cmake`-Zeile entfernen. Suchen Sie im Installationsskript nach »GUI« und Sie werden die Stelle finden:

```
# mit GUI ("sudo apt install qtcreator qtbase5-dev qt5-qmake")
# cmake . -DARCH=gowin \
#   -DGOWIN_BBA_EXECUTABLE="$HOME/Programme/apycula_env/bin/gowin_bba" \
#   -DBUILD_GUI=ON
```

Den entsprechenden `apt`-Befehl zur Installation der für die GUI benötigten QT-Abhängigkeiten habe ich dazugeschrieben. Halten Sie aber ein paar Hundert MB auf der SD-Karte dafür frei.

Apicula vs. Apycula

Die Unterscheidung zwischen *Apicula* und *Apycula* kann zunächst verwirrend erscheinen.

Der Name *Apicula* wird oft für das gesamte Toolset oder Projekt für die Arbeit mit Gowin-FPGAs verwendet, einschließlich aller Tools und Bibliotheken, die zum *Reverse Engineering* der Bitstreams der Gowin-FPGA notwendig sind.

Apycula hingegen ist spezifischer und bezieht sich in der Regel auf die Python-Bibliothek oder das Python-Paket, das innerhalb des Apicula-Projekts verwendet wird, um die *Chip-Datenbankdateien* (Pickle-Dateien) zu generieren oder zu nutzen.

Das Installationsskript bietet für die Installation von Apycula drei verschiedene Wege an, um mit der Einrichtung und Nutzung der Tools zu beginnen. Im Skript `toolchain_tang_nano_install.sh` finden Sie eine Variable, die Sie dafür setzen können:

```
#############
# Definieren Sie die Variante (1, 2 oder 3)
ApiculaVariante=3
#############
```

Im Skript habe ich die Variante `3` voreingestellt; wählen Sie aus den drei folgenden Optionen aber die Auswahl, die am besten für Sie passt:

- **Variante 1** ist die umfangreichste Option, die die Installation der Gowin-IDE erfordert, um die *Chip-DB-Pickle-Dateien* selbst zu generieren (zu *fuzzen*, wie man auch sagt). Was es damit auf sich hat, erkläre ich gleich im Exkurs zum Fuzzing.

  Diese Methode ist die zeitaufwendigste, da sie die direkte Interaktion mit der Gowin-IDE und den Prozess des Reverse Engineerings der FPGA-Datenbank umfasst. Sie ist richtig, wenn Sie sich tief in die FPGA-Struktur einarbeiten wollen, Spaß am Hacken haben und eigene Anpassungen vornehmen möchten.

- **Variante 2** bietet eine schnellere Alternative, indem sie auf bereits generierte Chip-DB-Pickle-Dateien zurückgreift, die einfach in das entsprechende Verzeichnis entpackt werden. Diese Methode spart Zeit und dürfte meistens ausreichend sein, wenn nicht die Notwendigkeit besteht, die Chip-Datenbankdateien selbst zu erstellen.
- **Variante 3** ist die einfachste und benutzerfreundlichste Option. Sie beinhaltet die direkte Installation via *pip* aus dem Internet, wobei die notwendigen Chip-DB-Pickle-Dateien bereits enthalten sind. Diese Methode minimiert den Installationsaufwand und spart Ihnen weitere Schritte, was sie zur empfohlenen Auswahl macht, wenn Sie schnell und ohne zusätzlichen Aufwand mit der Entwicklung beginnen möchten.

Exkurs: Was ist Fuzzing und was hat es mit der Freiheit von Software zu tun?

Pickle-Dateien sind im Kontext von Apicula und der FPGA-Entwicklung nicht verwandt mit der gleichnamigen Serialisierungsmethode in Python. Im Bereich der FPGA-Entwicklung werden mit dem Begriff *Pickle-Dateien* Datenstrukturen bezeichnet, die Konfigurationsdaten oder andere Informationen in einem speziellen Format enthalten, sodass sie für die Synthese, Platzierung und das Routing der Designs genutzt werden können.

Ein *Fuzzer* ist ein Werkzeug in der Software- und Hardware-Entwicklung, das automatisch Eingabedaten generiert, die potenziell fehlerhafte oder unerwartete Reaktionen in dem zu testenden System hervorrufen. Fuzzer werden oft in Testumgebungen oder bei Sicherheitsüberprüfungen eingesetzt, bei denen ein System mit allen denkbaren (und undenkbaren) Inputs bombardiert wird.

Im Kontext von Apicula und der FPGA-Entwicklung wird ein Fuzzer genutzt, um automatisiert Testdaten zu generieren, die dann verwendet werden, um zu verstehen, wie ein FPGA-Hersteller seinen Bitstream für einen spezifischen FPGA aufbaut. Der Fuzzer versucht also, die Funktionsweise des FPGAs zu verstehen, indem er die Eingabeparameter systematisch verändert und die Auswirkungen auf den erzeugten Bitstream beobachtet. Diese Informationen werden dann verwendet, um offene Tools zur Erstellung von Bitstreams zu entwickeln, ohne auf die proprietäre Software des FPGA-Herstellers angewiesen zu sein.

Wie nutzt Apicula diese Techniken?

Apicula nutzt den Ansatz des Fuzzings, um die Bitstream-Struktur von Gowin-FPGAs zu verstehen und um offene Software-Tools zur Bitstream-Generierung bereitzustellen. Mit dem Fuzzer findet Apicula heraus, welche Bits im Bitstream für welche Funktionen verantwortlich sind. Diese Informationen werden dann verwendet, um die Pickle-Dateien zu generieren, die wiederum als Basis für die Synthese, das Platzieren und das Routen von Designs auf Gowin-FPGAs dienen.

Ist das legal?

Fuzzing zur Untersuchung und Dokumentation der Funktionsweise von FPGA-Bitstreams zu nutzen, wie im Fall von Apicula und anderen ähnlichen Projekten, bewegt sich in einer rechtlichen Grauzone, die jedoch bestimmte Aspekte des Copyrights umgeht.

Dies liegt daran, dass Fuzzing nicht direkt urheberrechtlich geschützte Software oder Daten kopiert. Stattdessen generiert und analysiert es automatisch Eingaben, um zu verstehen, wie ein System (in diesem Fall ein FPGA) auf verschiedene Konfigurationen reagiert. Die daraus resultierenden Informationen – beispielsweise welche Bit-Konfigurationen welche Funktionen innerhalb des FPGAs aktivieren – sind das Ergebnis eigener Forschungsarbeit und nicht direkt aus dem urheberrechtlich geschützten Material abgeleitet. Das Erstellen von Tools, die auf diesen Informationen basieren, um Bitstreams zu generieren, verletzt daher nicht notwendigerweise das Urheberrecht des FPGA-Herstellers, sofern diese Tools nicht direkt den proprietären Code oder herstellereigene Daten verwenden.

In der Geschichte gab es oft Einschränkungen, die die freie Verbreitung von Wissen und Technologie verhindern sollten. Die Methoden der FPGA-Hersteller, um die Nutzer an ihre Software zu binden und einen Vendor-Lock-in zu schaffen, verhindern die freie Wahl und mehr Wettbewerb.

Die Krypto-Wars

Dies erinnert ein wenig an die *Krypto-Wars*. In den 1990er-Jahren waren starke Verschlüsselungstechnologien in den USA strengen Exportbeschränkungen unterworfen, wodurch Software, die außerhalb der Vereinigten Staaten vertrieben wurde, oft nur mit schwächeren Verschlüsselungsmethoden ausgestattet war. Besonders augenfällig wurde dies bei Internet-Browsern: Es existierten unterschiedliche Versionen, wobei die in Europa verfügbare Software lediglich mit schwachen Verschlüsselungsverfahren ausgestattet war – ein Defizit, das die Kommunikation unsicher machte.

Ein bekanntes Beispiel für einen kreativen Umgang mit diesen Beschränkungen war die Veröffentlichung des Source-Codes für starke Kryptografie in Buchform. Bücher unterlagen nicht denselben Exportbeschränkungen wie Software, was bedeutete, dass der Code in Buchform ins Ausland gebracht und dort legal in Software umgewandelt werden konnte. Diese Methode umging die Exportbeschränkungen für starke Verschlüsselung, ohne direkt gegen das Urheberrecht zu verstoßen, da die Verbreitung des gedruckten Codes als Teil der Meinungsfreiheit angesehen wurde. Bücher sind die Wächter der Freiheit in einer Welt, die nach Macht strebt.

Der wesentliche Unterschied zwischen diesen beiden Fällen liegt in der Art und Weise, wie die rechtlichen und technischen Herausforderungen umgangen werden. Bei den Krypto-Wars wurde die physische Form des Buches genutzt, um Exportbeschränkungen für Software zu umgehen, während bei der FPGA-Entwicklung mittels Fuzzing die Forschung und Generierung von Wissen im Vordergrund steht, um Abhängigkeiten von proprietärer Software zu umgehen. Beide Ansätze nutzen kreative Lösungen, um künstliche Einschränkungen zu überwinden, und fördern die Verbreitung von Wissen und Technologie – auf legalem Wege.

Gemeinsam ist in beiden Fällen, dass sie zeigen, wie kreatives Denken und technische Innovation genutzt werden können, um regulatorische oder urheberrechtliche Einschränkungen auf legale Weise zu umgehen. Offene Standards und die Freiheit der Entwicklung sind sehr wichtig für den technologischen Fortschritt. Solche unkonventionellen Methoden der Problemlösung veranschaulichen, wie kreativ der Mensch ist und dass eine technologische Entwicklung, für die die Zeit reif ist, auch einen Weg findet.

6.2.2 Das Lauflicht-Projekt zur Funktionsüberprüfung des Tang Nano 9K

Nachdem nun die Software der Toolchain installiert ist, geht es mit der Hardware weiter. Der Tang Nano 9K befindet sich auf einer Platine mit USB-Anschluss, wie Abbildung 6.10 zeigt.

Abbildung 6.10 Die Oberseite des Tang Nano 9K – gut sichtbar sind die USB- und HDMI-Buchsen und auch das SPI-Display, das Sie zusätzlich erwerben können.

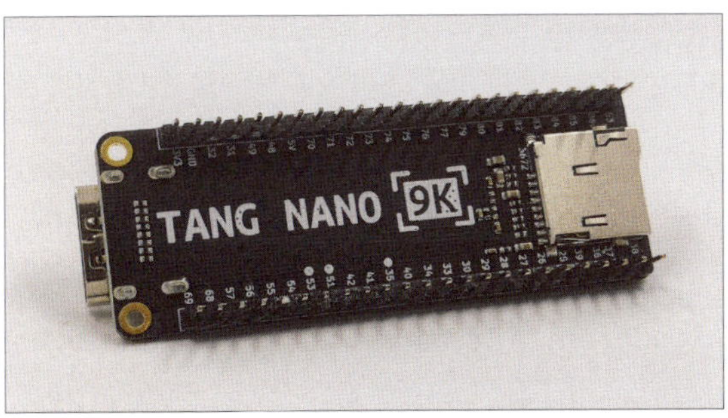

Abbildung 6.11 Die Unterseite des Tang Nano 9K – hier ist der Steckplatz für die SD-Karte zu erkennen.

Verbinden Sie den Tang Nano 9K mit einer USB-Buchse Ihres Raspberry Pi und führen Sie den Befehl **dmesg** auf der Konsole aus, um die Erkennung zu überprüfen. Im letzten Abschnitt der Ausgabe sollten folgende Zeilen zu finden sein:

```
[ 2359.940905] usb 3-1: Product: JTAG Debugger
[ 2359.940911] usb 3-1: Manufacturer: SIPEED
[ 2359.940916] usb 3-1: SerialNumber: FactoryAIOT Pro
[ 2359.946936] ftdi_sio 3-1:1.0: FTDI USB Serial Device converter detected
[ 2359.947004] usb 3-1: Detected FT2232C/D
[ 2359.953049] usb 3-1: FTDI USB Serial Device converter now attached to
                         ttyUSB0
[ 2359.953305] ftdi_sio 3-1:1.1: FTDI USB Serial Device converter detected
[ 2359.953363] usb 3-1: Detected FT2232C/D
[ 2359.958989] usb 3-1: FTDI USB Serial Device converter now attached to
                         ttyUSB1
```

Die neu erkannten USB-Schnittstellen sollten Sie mit dem folgenden Befehl finden können:

```
pi@pi5:~/fpga $ ls -al /dev/ttyUSB*
crw-rw---- 1 root dialout 188, 0 Mar 13 13:58 /dev/ttyUSB0
crw-rw---- 1 root dialout 188, 1 Mar 13 13:58 /dev/ttyUSB1
```

Wie Sie in der Ausgabe sehen können, sind die Schnittstellen der Gruppe dialout zugeordnet. Der bei der Einrichtung des Raspberry Pi angelegte Benutzer ist standardmäßig dieser Gruppe zugeordnet. Überprüfen können Sie dies in der Datei */etc/group*:

```
pi@pi5:~/fpga $ grep dialout /etc/group
dialout:x:20:pi
```

Falls dies nicht so ist, dann nehmen Sie den Benutzer *pi* mit folgendem Befehl in diese Gruppe auf.

```
pi@pi5: sudo usermod -a -G dialout pi
```

Ändern Sie den Befehlsparameter entsprechend, falls Ihr Benutzer nicht *pi* heißt. Denken Sie daran, dass Ihnen die Berechtigungen erst nach dem nächsten Einloggen zur Verfügung stehen.

Führen Sie nun mit dem openFPGALoader einen Test aus, ob der Tang Nano 9K erkannt wird:

```
pi@pi5:~/fpga $  openFPGALoader --detect
empty
No cable or board specified: using direct ft2232 interface
Jtag frequency : requested 6.00MHz   -> real 6.00MHz
index 0:
        idcode 0x100481b
        manufacturer Gowin
        family GW1N
        model  GW1N(R)-9C
        irlength 8
```

Wenn Sie diese Ausgabe sehen, war die Installation der Toolchain erfolgreich: Der Tang Nano 9K wurde erkannt, und die erste Übertragung einer Konfiguration auf den FPGA kann nun erfolgen. Falls Sie Probleme bei der Verbindung haben, reduzieren Sie die JTAG-Frequenz mit dem Parameter `--freq` von den standardmäßigen 6 MHz auf 2 MHz (oder sogar weniger):

```
pi@pi5:~/fpga $ openFPGALoader --detect --freq=2000000
empty
No cable or board specified: using direct ft2232 interface
Jtag frequency : requested 2.00MHz   -> real 2.00MHz
index 0:
        idcode 0x100481b
        manufacturer Gowin
        family GW1N
        model  GW1N(R)-9C
        irlength 8
```

Übertragen des Bitstreams

Der Tang Nano 9K steht jetzt bereit, und Sie können mit dem openFPGALoader einen Bitstream an ihn übertragen.

Entpacken Sie die Archivdatei *gowin_blinky.zip*, die im Download-Material zum Buch enthalten ist, mit folgendem Befehl in das Git-Unterverzeichnis:

```
pi@pi5:~/fpga/git $ cd $HOME/fpga/src/tangnano9k
pi@pi5:~/fpga/src/tangnano9k/ $ unzip ../gowin_blinky.zip
Archive:  ../gowin_blinky.zip
   creating: gowin_blinky/
  inflating: gowin_blinky/blinky.sh
  inflating: gowin_blinky/led_blinky-yosys.json
  inflating: gowin_blinky/led_blinky.v
  inflating: gowin_blinky/led_blinky.fs
```

```
  inflating: gowin_blinky/tangnano9k.cst
  inflating: gowin_blinky/led_blinky-nextpnr.json
  inflating: gowin_blinky/led_blinky.cst
```

Wechseln Sie nun in das entpackte Verzeichnis und führen Sie das Skript *blinky.sh* aus, das Ihnen das Verilog-Modul übersetzt und dann den Bitstream auf den Tang Nano 9K überträgt. Die Ausführung des Skripts dauert einen Moment, und die letzten Zeilen der Ausgabe sollten ungefähr so aussehen:

```
pi@pi5:~/fpga/src/tangnano9k $ cd gowin_blinky/
pi@pi5:~/fpga/src/tangnano9k/gowin_blinky $ sh blinky.sh
[…]
Info: Program finished normally.
+ gowin_pack -d GW1N-9C -o led_blinky-gowinpack.fs led_blinky-nextpnr.json
XXX IO: add BANK_VCCIO key handle
XXX IO: add BANK_VCCIO key handle
XXX IO: add BANK_VCCIO key handle
XXX IO: add BANK_VCCIO key handle
XXX IO: add BANK_VCCIO key handle
XXX IO: add BANK_VCCIO key handle
XXX IO: add BANK_VCCIO key handle
XXX IO: add BANK_VCCIO key handle
+ openFPGALoader -m -b tangnano9k led_blinky-gowinpack.fs
empty
write to ram
Jtag frequency : requested 6.00MHz   -> real 6.00MHz
Parse file Parse led_blinky-gowinpack.fs:
Done
DONE
Load SRAM: [==================================================] 100.00%
Done
DONE
CRC check: Success
```

Wenn Sie einen Blick in das Skript *blinky.sh* werfen, werden Sie den Befehl **set -ex** sehen, mit dem die im Skript verwendeten Befehle bei der Ausführung sichtbar werden. Dadurch wird für Sie nachvollziehbar, dass der openFPGALoader den Bitstream mittels **openFPGALoader -m -b tangnano9k led_blinky-gowinpack.fs** überträgt.

Der Parameter **-m** kommt gezielt zum Einsatz, um die FPGA-Konfiguration ausschließlich in den SRAM zu schreiben. Wenn Sie das USB-Kabel des Tang Nano 9K aus dem Raspberry Pi herausziehen und damit die Stromversorgung unterbrechen, geht die Konfiguration aus dem flüchtigen SRAM verloren und der FPGA startet beim nächsten Einschalten ohne Vorkonfiguration. Eine detaillierte Erläuterung der Vorteile, für den ersten Test einer Konfiguration das flüchtigen SRAM zu nutzen, finden Sie in Abschnitt 2.1.6, »Die Grundkomponenten aller FPGAs«, unter »Konfigurationsspeicher«.

Richten Sie jetzt Ihren Blick auf die sechs LEDs des Tang Nano 9K. Leuchten diese nun nacheinander auf, ähnlich einem Lauflicht? Dann hat alles funktioniert.

Nachdem wir hier die Funktion und das Zusammenspiel des Raspberry Pi mit dem Tang Nano 9K und der von Ihnen installierten Toolchain erfolgreich getestet haben, sollten Sie sich eine Pause mit einer großen Tasse Kaffee oder Tee gönnen, denn nun läuft Ihre neue FPGA-Entwicklungsumgebung reibungslos und das Schwierigste liegt bereits hinter Ihnen.

Der Verilog-Code

Werfen wir nun einen Blick in den Verilog-Code, mit dem die LEDs des Tang Nano 9K zum Lauflicht gemacht werden. Dies ist der Quellcode von *led_blinky.v*:

```
module led (
    input sys_clk,          // clk input
    input sys_rst_n,        // reset input
    output reg [5:0] led    // 6 LEDS pin
);
reg [23:0] counter;
always @(posedge sys_clk or negedge sys_rst_n) begin
    if (!sys_rst_n)
        counter <= 24'd0;
    else if (counter < 24'd1349_9999)       // 0.5s delay
        counter <= counter + 1'b1;
    else
        counter <= 24'd0;
end
always @(posedge sys_clk or negedge sys_rst_n) begin
    if (!sys_rst_n)
        led <= 6'b111110;
    else if (counter == 24'd1349_9999)       // 0.5s delay
        led[5:0] <= {led[4:0],led[5]};
    else
        led <= led;
end
endmodule
```

Listing 6.11 Der Blink-Test-Quellcode für die LEDs des Tang Nano 9K

Wenn Sie sich den Code anschauen, können Sie erkennen, wie dieser in mehrere Abschnitte unterteilt ist, die jeweils eine spezifische Funktion innerhalb des gesamten Moduls erfüllen. Die Struktur gibt Ihnen schon einen Anhaltspunkt, um die Funktionsweise zu verstehen:

- **Die Struktur des Moduls**

  Der Kern des Codes ist das Modul `led`, das drei wesentliche Schnittstellen hat: den Systemtakt (`sys_clk`), das Reset-Signal (`sys_rst_n`) und die Ausgänge für die LEDs (`led`). Der Systemtakt dient als Herzschlag für das Modul, während das Reset-Signal verwendet wird, um den Anfangszustand der Schaltung zu definieren. Die Ausgänge für die LEDs sind als ein Register definiert, das es ermöglicht, die Zustände der sechs LEDs dynamisch zu steuern.

- **Der Zähler für die Zeitsteuerung**

  Innerhalb des Moduls wird ein 24-Bit-Register namens `counter` verwendet, um Zeitverzögerungen zu generieren. Dieser Zähler wird bei jedem Taktimpuls erhöht und dient dazu, den Zeitpunkt zu bestimmen, zu dem das Muster der LEDs verändert werden soll. Die Größe des Zählers und der Vergleichswert von 13.499.999 sind so gewählt, dass eine Verzögerung von ungefähr 0,5 Sekunden entsteht, die auf der Taktrate des FPGA basiert.

- **Die Logik zur Steuerung der LEDs**

  Der Code umfasst zwei `always`-Blöcke, die auf Änderungen des Systemtakts oder des Reset-Signals reagieren. Der erste Block ist zuständig für die Kontrolle des Zählers. Bei einem Reset wird der Zähler auf null gesetzt. Erreicht der Zähler den Wert 13.499.999, wird er ebenfalls zurückgesetzt, was eine periodische Zeitbasis schafft.

  Der zweite Block steuert direkt die LEDs. Im Falle eines Resets wird ein spezifisches Muster auf die LEDs gelegt (`6'b111110`), bei dem alle LEDs außer der letzten eingeschaltet sind. Sobald der Zähler seinen Maximalwert erreicht, wird das LED-Muster zyklisch verschoben, indem das letzte Bit des `led`-Registers an den Anfang gesetzt wird. Dieser Vorgang wiederholt sich, was ein sichtbares Lauflicht erzeugt.

- **Das Zusammenspiel**

  Durch den Zähler in Kombination mit den `always`-Blöcken wird ein Lauflichteffekt erzeugt, bei dem das Licht von einer LED zur nächsten wandert. Dieser Effekt wird alle 0,5 Sekunden aktualisiert, was durch die sorgfältige Auswahl des Zähler-Maximalwerts und der Logik zur Aktualisierung der LED-Zustände erreicht wird.

Der Code zeigt, wie man mit relativ einfachen Mitteln eine visuell ansprechende Animation der LEDs auf einem FPGA-Board realisieren kann.

Wie auch schon beim Beispiel des Verilog-Codes zum IceZero-Board wissen Sie auch hier noch nicht im Detail, was jede einzelne Zeile des Verilog-Codes genau macht.

Das ist aber kein Problem, das lernen Sie noch im Laufe dieses Buches. Wenn Sie aber sehr neugierig sind, können Sie jetzt schon mithilfe einer künstlichen Intelligenz, beispielsweise ChatGPT oder Gemini, sich den Verilog-Code mit der Anweisung »Erkläre mir folgenden Verilog-Code Schritt für Schritt« erläutern lassen.

6.3 Sind die Toolchain-Komponenten austauschbar?

Wie Sie sicher schon bemerkt haben, gibt es bei den Programmen in den Toolchains der beiden FPGAs einige Überschneidungen, aber auch ein paar Unterschiede. Dabei hat sich *nextpnr* als der Nachfolger von *Arachne-pnr* etabliert. Ich habe jedoch Arachne-pnr in der iCE40HX-Toolchain belassen, da es das ursprüngliche Werkzeug im IceStorm-Projekt für das Place-and-route-Verfahren war. *nextpnr* bietet auf technologischer Ebene deutliche Fortschritte: Neben einer generischen Architektur, die eine größere Vielfalt von FPGAs unterstützt, verbessern seine Algorithmen die Effizienz der Layouts erheblich. Sollten Sie sich in Zukunft an komplexere FPGA-Projekte wagen, könnten Sie Arachne-pnr in der iCE40HX-Toolchain durch nextpnr ersetzen, um diese Vorteile voll auszuschöpfen. Allerdings habe ich beim Place-and-route einiger Verilog-Projekte in diesem Buch auch Unterschiede bemerkt. Bei der Text-Engine in Abschnitt 10.9. werde ich Ihnen das im Detail zeigen.

Warum habe ich die Entscheidung getroffen, auch das ältere Arachne-pnr in der einen Toolchain zu behalten? Es ist mir wichtig, dass Sie Folgendes verstehen: Eine Toolchain ist nicht in Stein gemeißelt. Tatsächlich kann sie um weitere nützliche Tools erweitert werden, beispielsweise um den Simulator *iVerilog* oder *Verilator* zur Hardware-Verifikation, oder um andere Tools zur Simulation und zum Test Ihrer Designs. Diese Flexibilität erlaubt es Ihnen, Ihre Toolchain kontinuierlich anzupassen, zu optimieren oder zu erweitern, je nach den spezifischen Anforderungen Ihres Projekts. Eine Toolchain ist nur eine Ansammlung von Tools, die Hand in Hand arbeiten.

Der wesentliche Vorteil einer selbst zusammengestellten Toolchain gegenüber fertigen Dachprojekten oder gebündelten Paketen besteht in der Transparenz und der Kontrolle, die Sie dadurch erhalten. Während fertige Lösungen oft als undurchsichtige Software-Zusammenstellungen daherkommen, deren einzelne Komponenten und deren Zusammenspiel für den Benutzer schwer zu durchschauen sind, bietet eine eigens erstellte Toolchain vollständige Freiheit. Sie können diese nach Belieben erweitern, verbessern und bei einer Fehlersuche in ihre Einzelteile zerlegen und diese Teile separat testen. Diese Flexibilität bei der Zusammenstellung von Tools, die Hand-in-Hand zusammenarbeiten, ist besonders wertvoll, da sie es Ihnen ermöglicht, präzise auf die Bedürfnisse Ihrer Projekte einzugehen und sich nicht von den Einschränkungen eines vorgefertigten Software-Sets zurückhalten zu lassen. Sie können Ihre eigene Toolchain pflegen und erweitern, sie verbessern und mit der Zeit feintüfteln, ohne von anderen abhängig zu sein.

Die schon angesprochenen Skripte zur Installation der IceZero- und Tang-Nano-9K-Toolchains bieten Ihnen die Möglichkeit, Anpassungen vorzunehmen und auch einfach durch ein erneutes Ausführen der Installationsskripte – bei Bedarf – die komplette Toolchain neu aufzubauen.

6.4 Quellcode-Editoren für Verilog

Mit irgendetwas müssen Sie den Verilog-Code schreiben, und es gibt eine Vielzahl an Quellcode-Editoren, von denen einige für Einsteiger und andere eher für erfahrene Entwickler geeignet sind.

Die Auswahl des richtigen Editors hängt von verschiedenen Faktoren ab: von der gewünschten Funktionalität, davon, inwieweit Erweiterungen unterstützt werden, und von der Kompatibilität mit Betriebssystemen wie Raspberry Pi OS auf einem Raspberry Pi oder Linux auf einem x86-Rechner. Wir konzentrieren uns hier auf Open-Source-Programme und deren Möglichkeiten.

6.4.1 Visual Studio Code (VS Code)

Visual Studio Code ist ein sehr beliebter, plattformübergreifender Quellcode-Editor, der sich durch seine Vielseitigkeit und Anpassungsfähigkeit auszeichnet. Seine Oberfläche sehen Sie in Abbildung 6.12.

Visual Studio Code unterstützt Verilog durch Erweiterungen wie *Verilog-HDL/SystemVerilog* oder *TerosHDL* und bietet Funktionen wie Syntaxhervorhebung, Codevervollständigung und *Linting*. Darüber hinaus ermöglichen Erweiterungen wie *Verilator* und *SVUnit* das Testen und Simulieren von Verilog-Code direkt aus dem Editor heraus.

Das Plug-in *TerosHDL* unterstützt Sie bei der Verifikation, Simulation und mit Funktionen wie *Go to definition* und *Hover*, die das Suchen im Quellcode viel einfacher machen. Es bringt außerdem einen Viewer für Hierarchien, Abhängigkeiten und Verilog/SV-Schaltpläne mit und hat auch einen Linter sowie Werkzeuge für

Zustandsautomaten an Bord. Kurz: Für die FPGA-Entwicklung ist es ein fast unentbehrliches Werkzeug und schon fast alleine Grund genug, Visual Studio Code zu nutzen.

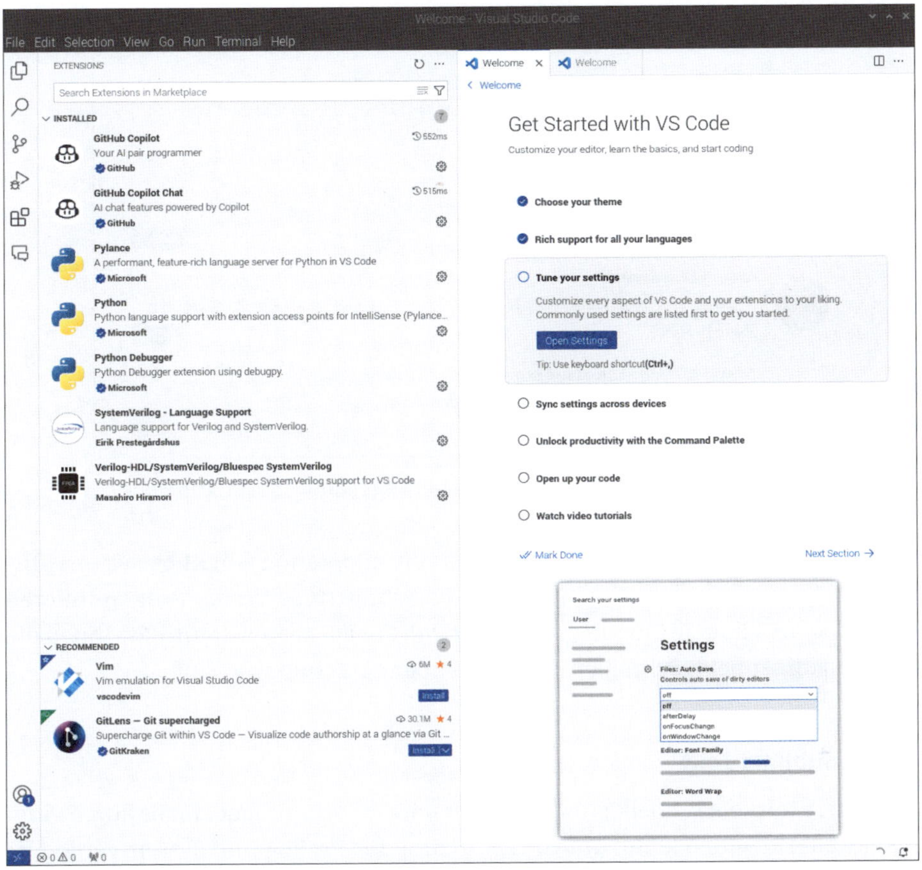

Abbildung 6.12 Visual Studio Code mit Verilog-Erweiterungen

> **Was ist Linting?**
>
> *Linting* bezeichnet den Prozess, Quellcode auf syntaktische und stilistische Fehler zu überprüfen. Dieser Prozess wird durch sogenannte Linter-Tools durchgeführt, die den Code analysieren und potenzielle Probleme aufdecken, bevor der Code ausgeführt wird. Ein Linter hilft Ihnen also, Fehler im Code frühzeitig zu erkennen und zu beheben.

Sie installieren dieses oder andere Plug-ins über Schaltfläche ERWEITERUNGEN (oder EXTENSIONS), die sich in der linken Seitenleiste versteckt.

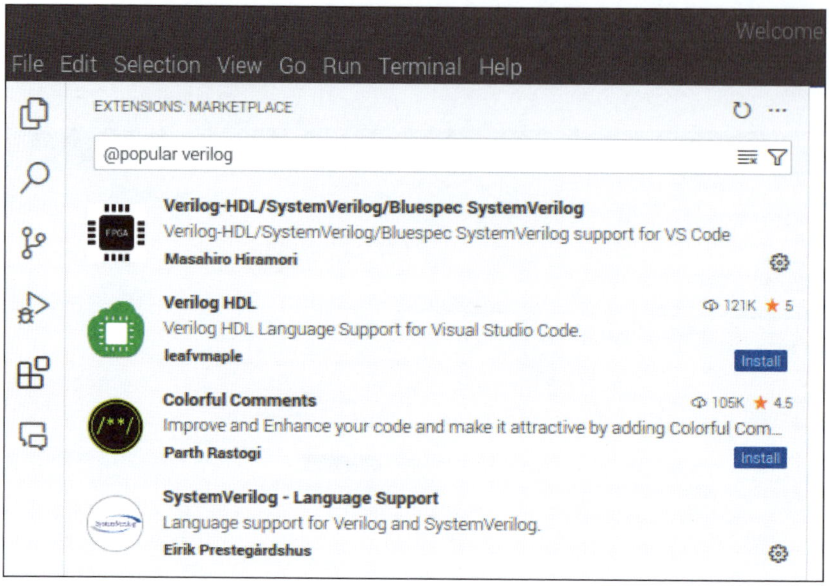

Abbildung 6.13 Installation von Verilog-Erweiterungen in Visual Studio Code

VS Code bietet auch eine gute Grundlage für die Integration von KI-basierten Hilfsmitteln. Es gibt zwar keine direkte ChatGPT-Schnittstelle für das Programmieren in Verilog, aber andere Plug-ins wie der *GitHub Copilot* sorgen dafür, dass Ihnen die KI schon direkt beim Schreiben des Codes über die Schulter schaut.

6.4.2 Sublime Text

Sublime Text ist ein schneller und leistungsstarker Editor, der ebenfalls durch Plug-ins erweitert werden kann, um Unterstützung für Verilog und SystemVerilog zu bieten.

Ein bekanntes Plug-in heißt *System Verilog* und ist unter *https://github.com/TheClams/SystemVerilog* zu finden. Mit *SublimeLinter* lässt sich Quellcode überprüfen und analysieren. Sublime Text zeichnet sich durch seine Geschwindigkeit und Effizienz aus, bietet aber möglicherweise nicht dieselbe einfache Integration von KI-Diensten wie VS Code.

6.4.3 Atom und sein Nachfolger Pulsar

Atom ist ein weiterer plattformübergreifender Texteditor, der durch Pakete für Verilog wie *language-verilog* und *linter-verilator* erweitert werden kann. Atom bietet eine anpassbare Benutzeroberfläche, die Sie in Abbildung 6.14 sehen, und unterstützt eine Vielzahl von Programmiersprachen. Für die Integration von ChatGPT oder ähnlichen KI-basierten Diensten gibt es Erweiterungen, die die Funktionalität entsprechend ausbauen.

Leider wird Atom nicht mehr weiterentwickelt; nach einem Sicherheitsproblem auf GitHub hatten sich die Entwickler 2022 für die Einstellung des Projekts ausgesprochen. Aber es gibt eine gute Nachricht: Ein Nachfolger namens *Pulsar* wurde ins Leben gerufen. Sie finden ihn unter *https://pulsar-edit.dev/*.

Abbildung 6.14 Der Atom-Editor – Er wird leider nicht mehr weiterentwickelt.

6.4.4 Die Klassiker

Nano, *Vim* oder *Emacs*: Diese bekannten Editoren sind in der Entwicklergemeinschaft hoch angesehen und die beiden Letzteren können durch Plug-ins für die Verilog-Entwicklung angepasst werden.

Vim und *Emacs* bieten jeweils Erweiterungen für Syntaxhervorhebung, Codestrukturierung und andere sprachspezifische Funktionen. Sie sind tief in der Linux-Geschichte verwurzelt und viele Linux-Veteranen schwören auf diese Urgesteine.

Der Verilog-Mode in EMACS wird häufig bei der FPGA-Programmierung verwendet. Der Modus durch das Öffnen einer Datei mit den Endungen .v oder .sv oder manuell mit `Meta`+`X` `verilog-mode` aktiviert. Weitere Informationen finden Sie unter: *https://github.com/veripool/verilog-mode*

Beide Editoren weisen jedoch eine ziemliche steile Lernkurve auf und sind eigentlich eine Wissenschaft für sich.

Für den Einstieg kann ich beide Editoren kaum empfehlen, aber wenn Sie quasi auf der Kommandozeile leben und sich den ganzen Tag durch Text- und Code-Dateien hangeln, sind sie definitiv einen Blick wert. *Nano* ist deutlich simpler (Sie sehen ihn in Abbildung 6.15) und eignet sich gut, um schnell und einfach ein bisschen Code zu bearbeiten.

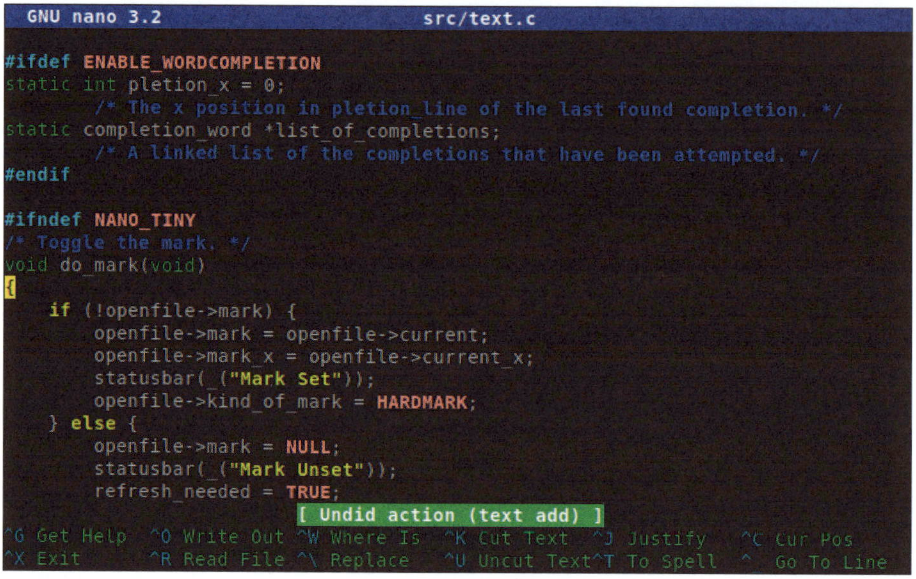

Abbildung 6.15 Der Editor Nano – klassisch und zeitlos

Falls Sie noch keinen Lieblingseditor haben, empfehle ich Ihnen Visual Studio Code. Er ist äußerst flexibel und komfortabel, läuft quasi überall und bringt eine breite Unterstützung durch die Gemeinschaft mit, die viele tolle Plug-ins und Erweiterungen entwickelt. Wenn Sie Erfahrung mit Klassikern wie Vim und Emacs haben, ermöglichen diese Ihnen ein unglaublich effizientes Arbeiten und Anpassbarkeit bis ins kleinste Detail. Die einfachste Variante ist der Editor Nano.

Installieren können Sie jeden dieser Editoren mit der Paketverwaltung des Raspberry Pi oder Ihrer Linux-Distribution. Unter Windows oder macOS nutzen Sie die Download-Pakete der offiziellen Seiten.

XII – Finden Sie das richtige Werkzeug

Welche Tools und Software, die hier im Buch vorgestellt wurden, haben Sie bisher interessant gefunden? Gibt es eine bestimmte Entwicklungssoftware oder ein Programm, die bzw. das Ihnen besonders hilfreich erscheint? Oder ist es einer der Editoren mit so einem nützlichen Plug-in? Notieren Sie, welche Tools Sie gerne verwenden würden und warum.

6.5 Die Ausgabeinformationen der Toolchain verstehen

Wenn Sie die beiden Blinky-Testprogramme der FPGA-Boards mit der Toolchain ausgeführt haben, sind Ihnen sicher die Unmengen an Ausgabe-Zeilen der Programme zur Synthese und für das Place-and-route aufgefallen.

Wenn Sie Yosys nicht den Parameter -q mitgeben, um sich auf das Wesentliche zu beschränken, kann allein die Ausgabe der Synthese rund 1000 Zeilen beinhalten!

Kein Mensch liest so etwas im Normalfall, aber bei Problemen – oder aber um sich einen groben Überblick über ein paar Eckpunkte des Designs zu verschaffen –, sind ein paar Zeilen der Ausgabe doch wichtig.

Nehmen wir den Tang Nano 9K als Beispiel und sehen wir uns im Folgenden die wichtigsten Zeilen an, die Sie beachten sollten.

Device Utilisation

Der Abschnitt Device utilisation zeigt, wie die verschiedenen Ressourcen des FPGAs genutzt werden. So stellen Sie sicher, dass keine Ressourcen überlastet sind oder ungewöhnlich hohe Auslastungswerte aufweisen.

```
Info:            Device          utilisation:
Info:               VCC:      1/      1  100%
Info:             SLICE:    115/   8640    1%
Info:               IOB:      4/    274    1%
Info:           OSER16:      0/     38    0%
Info:           IDES16:      0/     38    0%
Info:          IOLOGIC:      0/    296    0%
Info:        MUX2_LUT5:      2/   4320    0%
Info:        MUX2_LUT6:      1/   2160    0%
Info:        MUX2_LUT7:      0/   1080    0%
Info:        MUX2_LUT8:      0/   1056    0%
Info:               GND:      1/      1  100%
Info:              RAMW:      0/    270    0%
Info:               OSC:      0/      1    0%
Info:              rPLL:      0/      2    0%
```

Wenn Sie beispielsweise SLICE: 115 / 8640 (1%) betrachten, erkennen Sie, dass 115 von 8640 verfügbaren SLICE-Einheiten in diesem Design verwendet werden. Die Angaben VCC und GND stehen jeweils auf 100 %, was normal ist, da diese Ressourcen für die Energieversorgung der Schaltung notwendig sind.

Placement and Routing

Der Abschnitt `Placement and Routing` zeigt, wie gut die Platzierung und das Routing der Logikzellen im FPGA durchgeführt wurden. Die Platzierung bezieht sich darauf, wie die Logikzellen auf dem FPGA-Chip angeordnet sind, während das Routing die Verbindungen zwischen diesen Zellen beschreibt. Eine effiziente Platzierung und ein effizientes Routing sind entscheidend für die Leistung und Funktionalität des Designs.

```
Info: Placed 4 cells based on constraints.
Info: Creating initial analytic placement for 47 cells, random
placement wirelen = 2039.
...
Info: Routing 362 arcs.
...
Info: Routing complete.
Info: Router1 time 5.19s
```

Eine ganze Menge an Informationen steckt in diesen paar Zeilen:

- `Placed 4 cells based on constraints`: Diese Meldung zeigt an, dass 4 Logikzellen entsprechend der festgelegten Einschränkungen platziert wurden. Einschränkungen können physische Positionen oder Designanforderungen sein.
- `Creating initial analytic placement for 47 cells, random placement wirelen = 2039`: Hier wird eine anfängliche analytische Platzierung für 47 Zellen erstellt, wobei die anfängliche Länge der Verbindung zufällig auf 2039 festgelegt ist. Dies ist oft der erste Schritt, um eine grobe Anordnung der Zellen zu evaluieren.
- `Routing 362 arcs`: Dieser Schritt beschreibt den Prozess des Verbindens von 362 Bögen (Verbindungen) zwischen den Logikzellen. Routing ist entscheidend, um sicherzustellen, dass alle logischen Verbindungen korrekt und effizient sind.
- `Routing complete`: Diese Meldung bestätigt, dass der Routing-Prozess nun abgeschlossen ist.
- `Router1 time 5.19s`: Die Zeit, die der erste Routing-Vorgang in Anspruch genommen hat, betrug 5,19 Sekunden.

Timing Analysis

Der Abschnitt `Timing Analysis` ist entscheidend, da er die maximal erreichbare Taktrate und die kritischen Pfade im Design zeigt. Die Timing-Analyse bewertet, ob das Design innerhalb der vorgegebenen Zeitvorgaben korrekt funktioniert. Dabei wird sichergestellt, dass alle logischen Signale innerhalb der geforderten Zeiträume verarbeitet werden, um Fehler zu vermeiden.

```
Info: Max frequency for clock 'clk_IBUF_I_O': 316.86 MHz (PASS at
12.00 MHz)
```

Hier geht es darum, ob das Design innerhalb der gewünschten Frequenzgrenzen zuverlässig arbeitet und optimale Leistung liefert:

- `Max frequency for clock 'clk_IBUF_I_O': 316.86 MHz`: Diese Meldung gibt die maximale Frequenz an, bei der das Clock-Signal `clk_IBUF_I_O` betrieben werden kann, ohne dass Timing-Verstöße auftreten. Eine höhere Frequenz bedeutet, dass das FPGA-Design schneller arbeiten kann, was in vielen Anwendungen entscheidend ist.
- `PASS at 12.00 MHz`: Dies bedeutet, dass das Design bei einer Taktrate von 12 MHz erfolgreich getestet wurde. `PASS` zeigt an, dass das Timing bei dieser Frequenz eingehalten wird und das Design zuverlässig arbeitet.

Critical Path Reports

Der Abschnitt `Critical path report` zeigt die kritischen Pfade, die für die Timing-Analyse wichtig sind. Diese Pfade bestimmen die maximale Taktrate des Designs. Ein kritischer Pfad ist der längste Pfad, den ein Signal durchlaufen muss, um von einem Ausgangspunkt zu einem Endpunkt zu gelangen. Die Zeit, die das Signal für diesen Pfad benötigt, bestimmt die maximale Geschwindigkeit, mit der das Design sicher arbeiten kann.

```
Info: Critical path report for clock 'clk_IBUF_I_O' (posedge ->
posedge):
Info: curr total
Info:  0.5  0.5  Source counter_DFFR_Q_20_DFFLC.Q
Info:  0.8  1.3    Net counter[13] (43,3) -> (43,4)
Info:              Sink counter_DFFR_Q_20_D_ALU_SUM_ALULC.B
Info:              Defined in:
Info:                 servo.v:10.12-10.19
...
```

Der Bericht über die kritischen Pfade bietet einen wichtigen Einblick in die zeitlichen Eigenschaften des FPGA-Designs:

- `Critical path report for clock 'clk_IBUF_I_O' (posedge -> posedge)`: Dieser Bericht beschreibt den kritischen Pfad für das Taktsignal `clk_IBUF_I_O`, der vom positiven Taktflankenwechsel (`posedge`) zum nächsten positiven Taktflankenwechsel reicht. Der kritische Pfad für dieses Taktsignal gibt die Verzögerungen an, die die maximale Taktrate beeinflussen.

- `curr total`: Diese Spalten zeigen die aktuellen und kumulierten Verzögerungen entlang des kritischen Pfads an. Die Verzögerungen werden in Zeiteinheiten (z. B. Nanosekunden) angegeben.
- `0.5 0.5 Source counter_DFFR_Q_20_DFFLC.Q`: Hier beginnt der kritische Pfad am Ausgang `Q` des Flip-Flops `counter_DFFR_Q_20_DFFLC`. Die Verzögerung an diesem Punkt beträgt 0,5 Einheiten.
- `0.8 1.3 Net counter[13] (43,3) -> (43,4)`: Das Signal bewegt sich dann über das Netz `counter[13]` von der Position `(43,3)` zur Position `(43,4)` mit einer zusätzlichen Verzögerung von 0,8 Einheiten, was zu einer kumulierten Verzögerung von 1,3 Einheiten führt.
- `Sink counter_DFFR_Q_20_D_ALU_SUM_ALULC.B`: Der kritische Pfad endet am Eingang `B` der Komponente `counter_DFFR_Q_20_D_ALU_SUM_ALULC`.
- `Defined in: servo.v:10.12-10.19`: Diese Zeile zeigt, dass der definierte kritische Pfad in der Datei *servo.v* zwischen den Zeilen 10.12 und 10.19 beschrieben ist. Dies hilft Entwicklern, den genauen Codeabschnitt zu identifizieren, der für diesen Pfad verantwortlich ist.

Slack Histogram

Der Abschnitt `Slack histogram` zeigt die Timing-Reserve (*Slack*) für die Endpunkte. Es ist wichtig, dass die Reserve ausreichend ist, um Timing-Verletzungen zu vermeiden. Der Begriff *Slack* bezeichnet die Differenz zwischen der maximal zulässigen Verzögerung und der tatsächlichen Verzögerung eines Signalpfads. Positive Slack-Werte bedeuten, dass der Signalpfad innerhalb der vorgegebenen Zeit abgeschlossen wird, während negative Werte auf Timing-Verletzungen hinweisen.

```
Info: Slack histogram:
Info:  legend: * represents 1 endpoint(s)
Info:          + represents [1,1) endpoint(s)
Info: [ 80177,  80292) |*****************
...
```

Die Überprüfung der Timing-Reserven und der Timing-Konformität eines Designs ist wichtig, um sicherzustellen, dass alle Signalpfade innerhalb der zulässigen Zeitvorgaben abgeschlossen wurden:

- `Slack histogram`: Das Histogramm zeigt die Verteilung der Slack-Werte für alle Endpunkte im Design. Ein Endpunkt ist der letzte logische Punkt eines Signalpfads. Die Werte in eckigen Klammern geben den Bereich der Slack-Werte an.
- `legend: * represents 1 endpoint(s)`: Jedes * im Histogramm steht für einen Endpunkt. Wenn im Histogramm also beispielsweise zehn Sterne in einer Zeile stehen, bedeutet dies, dass zehn Endpunkte Slack-Werte in diesem Bereich aufweisen.

- `legend: + represents [1,1) endpoint(s)`: Jedes + im Histogramm steht für einen Endpunkt innerhalb des angegebenen Bereichs.
- `[ 80177, 80292) |***************`: Diese Zeile zeigt einen Bereich von Slack-Werten (80177 bis 80292) an. Die Anzahl der * repräsentiert die Anzahl der Endpunkte, die Slack-Werte in diesem Bereich aufweisen. In diesem Fall gibt es viele Endpunkte mit Slack-Werten in diesem Bereich.

Das sind die wichtigsten Zeilen, die Ihnen dabei helfen, potenzielle Probleme zu identifizieren und sicherzustellen, dass das Design den Timing-Anforderungen entspricht. Am Anfang werden Sie eher auch mal auf eine Error-Zeile stoßen, wenn etwas in Ihrem Verilog-Code nicht funktioniert. Das kann beispielsweise so aussehen:

```
ERROR: Unable to place cell 'te.fontBuffer.0.0', no BELs remaining to
implement cell type 'SPX9'
```

Manchmal sieht es auch so aus:

```
adc1115.blif:6110: fatal error: toplevel inout port 'i2cSda' connected to
tristate buffer and driving a net
```

Wie auch immer die Fehlermeldung aussieht, die entsprechende Error-Meldung finden Sie immer in den letzten Zeilen der Ausgabe. Vermutlich haben Sie in den meisten Fällen schon eine Ahnung, welcher Teil des Codes den gemeldeten Fehler verursacht. In allen anderen Fällen kann Ihnen aber auch die Chat-KI weiterhelfen.

Falls Ihre Toolchain in Zukunft einmal in ein automatisches Build-System eingebunden werden soll, können Sie bereits jetzt die ersten wichtigen Zeilen definieren, die geparst werden sollten.

Kapitel 7
Die Grundlagen von Verilog

Verilog ist eine alte Sprache. Ihre Nähe zur Hardware trägt dazu bei, dass sie sich so anders anfühlt als beispielsweise Python. Schauen wir uns hier die die absolut notwendigen Grundlagen dazu an.

Bevor wir in die Syntax von Verilog eintauchen, möchte ich Ihnen eine kleine Anekdote erzählen.

Es war einmal ein Ingenieur, der frisch aus der Universität kam und in seinem ersten Projekt Verilog einsetzen sollte. Eifrig und motiviert schrieb er seine erste Simulation und war überglücklich, als alles perfekt funktionierte. Stolz präsentierte er seine Arbeit seinem erfahrenen Kollegen. Dieser schaute sich den Code an, lächelte und sagte: »Gut gemacht! Aber hast du daran gedacht, die Simulation auch zu stoppen?«

Verwirrt schaute der junge Ingenieur auf den Bildschirm und bemerkte, dass seine Simulation immer noch lief und Ressourcen verbrauchte. Seitdem erinnert er sich immer daran, dass Verilog nicht nur bedeutet, den Code zum Laufen zu bringen, sondern auch dafür zu sorgen, dass er zur richtigen Zeit stoppt.

7.1 Aufbau und Struktur

Damit Sie in dem folgenden Teil des Buches die Beispielprojekte nachvollziehen können, benötigen Sie ein paar Grundlagen zu Verilog. Es ist nicht nötig, jede Kleinigkeit und jeden Aspekt dieser Hardware-Beschreibungssprache von Anfang an zu verstehen, aber Sie sollten so viel darüber wissen, dass Sie die grundlegende Struktur des Codes überblicken und einzelne Blöcke sicher erkennen können. Aus diesem Grund konzentrieren wir uns auf das Wesentliche, den Rest lernen Sie später beim Machen.

Der Verilog-Standard im Überblick

Der ursprüngliche Verilog-Standard (IEEE 1364) wurde seit seiner Einführung im Jahr 1995 mehrfach aktualisiert. Die bedeutendste Überarbeitung erfolgte 2001 und heißt daher *IEEE 1364-2001*. 2005 wurden kleinere Verbesserungen vorgenommen, was zum Standard *IEEE 1364-2005* führte.

Der Verilog-Code, den Sie in diesem Buch sehen, entspricht in seiner Funktionalität dem Standard IEEE 1364-2005. Da die grundlegende Funktionalität von Verilog (also Operatoren, Signaltypen, Funktionen usw.) bereits im ursprünglichen IEEE-1364-Standard definiert wurde, ist es nicht notwendig, explizit anzugeben, dass ein Design diesen spezifischen Standard verwendet, da die Einhaltung dieser grundlegenden Definitionen als gegeben vorausgesetzt wird.

Es ist jedoch wichtig zu wissen, dass Sie in der Praxis auf Verilog-Code stoßen können, der sich nicht an den neuesten Standard hält. Die Gründe dafür können vielfältig sein und reichen von der Notwendigkeit, Kompatibilität mit älteren Systemen zu gewährleisten, über Verzögerungen bei der Aktualisierung der verwendeten Entwicklungssoftware bis hin zu speziellen Projektanforderungen. Daher ist es ratsam, bei fremdem Verilog-Code gegebenenfalls nachzufragen, auf welchem Standard dieser basiert.

Ein paar der wichtigsten Syntax-Eigenheiten von Verilog sind schnell zusammengefasst. Mit diesem Wissen (und etwas Erfahrung mit anderen Programmiersprachen) sollten Sie einfachen Verilog-Code bereits gut lesen können:

- Verilog ist case-sensitive, die Variablen `q` und `Q` bezeichnen also unterschiedliche Dinge. Wenn Sie `Input` statt `input` schreiben, ist das ein Syntaxfehler.
- Jede Zuweisung, Definition oder Deklaration in Verilog endet mit einem Semikolon: ;
- Zeilenumbrüche sind erlaubt und signalisieren nicht das Ende einer Zuweisung, Definition oder Deklaration. Zeilenumbrüche können somit verwendet werden, um Verilog lesbarer zu machen.
- Kommentare in Verilog werden auf zwei Arten markiert. Die erste Art wird als *Zeilenkommentar* bezeichnet und beginnt mit zwei Schrägstrichen //. Das heißt, alles nach den Schrägstrichen gilt bis zum Ende der Zeile als Kommentar.

  ```
  // Dies ist ein Kommentar
  ```

  Die zweite Kommentarform ist der *Blockkommentar*, der mit /* beginnt und mit */ endet. Dies bedeutet, alles zwischen /* und */ wird als Kommentar betrachtet:

  ```
  /* Dies ist ein
  mehrzeiliger Blockkommentar,
  der hier nun endet */
  ```

  Ein Blockkommentar kann sich somit über mehrere Zeilen erstrecken.

- Alle benutzerdefinierten Namen in Verilog müssen mit einem Buchstaben beginnen, nicht mit einer Zahl. Benutzerdefinierte Namen dürfen nicht mit einem Verilog-Schlüsselwort identisch sein.
- Eine Verilog-Quellcode-Datei trägt in der Regel die Endung `.v`.

Der Aufbau einer Verilog-Datei lässt sich in mehrere Hauptbestandteile gliedern:

- **Modul-Deklaration**

  Jede Verilog-Datei besteht in der Regel aus einem oder mehreren *Modulen*, die die grundlegenden Bausteine jeder Verilog-Beschreibung sind. Ein Modul kann eine Schaltung oder einen Teil einer Schaltung repräsentieren. Die Modul-Deklaration beginnt mit dem Schlüsselwort `module`, gefolgt vom Modulnamen und der Liste der Ein- und Ausgänge des Moduls.
- **Schnittstellendefinition**

  Innerhalb der Moduldeklaration werden die Ein- und Ausgangs-Ports des Moduls definiert. Ports können als `input`, `output` oder `inout` deklariert werden, je nachdem, ob sie Signale in das Modul hinein, aus dem Modul heraus oder in beide Richtungen übertragen.
- **Parameter und lokale Variablen**

  In Verilog können Parameter (Konstanten) und lokale Variablen wie `reg` (für speicherbare Variablen) und `wire` (für Signalverbindungen zwischen Logikgattern) definiert werden, um die Funktionsweise des Moduls zu steuern.

Die Bedeutung des Wortes »wire«

Der Verilog-Begriff `wire` wird in der deutschen Fachliteratur häufig nicht übersetzt und weiterhin als `wire` verwendet. Das liegt daran, dass die direkte Übersetzung als *Draht* oder *Leitung* je nach Kontext nicht die gleiche Bedeutung und Klarheit hat wie das Original. *Wire* bezeichnet in Verilog ein grundlegendes Konzept der Verknüpfung von Signalen, das schwer adäquat zu übersetzen ist, ohne Missverständnisse zu riskieren.

Trotzdem verwende ich in diesem Buch öfter das Wort *Leitung*, wenn eine elektrische Verbindung gemeint ist, beispielsweise beim Anschluss eines Displays; und den Begriff *Signalverbindung* (engl. *wire*), benutze ich, wenn im Text eine Erklärung zu einem Stück Verilog-Code gemeint ist, in dem `wire` vorkommt.

- **Anweisungen und Verhaltensbeschreibungen**

  Innerhalb eines Moduls können verschiedene Anweisungen verwendet werden, um das Verhalten der Schaltung zu beschreiben. Dies kann durch prozedurale Anweisungen innerhalb von `initial`- und `always`-Blöcken oder durch kontinuierliche Zuweisungen erfolgen.

- **Instanziierung von Modulen**

  Module können andere Module instanziieren, was bedeutet, dass Sie eine Hierarchie von Modulen aufbauen können. Dies ermöglicht es, komplexe Schaltungen aus einfacheren Untermodulen zusammenzusetzen.

- **Ende der Modul-Deklaration**

  Jedes Modul wird mit dem Schlüsselwort `endmodule` abgeschlossen, das das Ende der Modulbeschreibung markiert.

- **Kommentare**

  Kommentare können eingefügt werden, um den Code zu erläutern oder Anmerkungen zu machen.

7.2 Ein erstes Code-Beispiel

Fassen wir dies alles in einem einfachen Beispiel zusammen, indem wir ein *D-Flip-Flop* definieren. Ein D-Flip-Flop ist ein Speicherelement, das den Wert seines D-Eingangs (Daten) in den Q-Ausgang (Ausgabe) überträgt, wenn am Clock-Eingang (`clk`) eine steigende Flanke erkannt wird. Zusätzlich gibt es einen Reset-Eingang, der es ermöglicht, den Ausgang Q auf 0 zu setzen. Den Code dazu sehen Sie in Listing 7.1:

```
module DFlipFlop(
    input wire clk,      // CLOCK-Eingang
    input wire reset,    // Asynchroner Reset-Eingang
    input wire D,        // Daten-Eingang
    output reg Q         // Ausgabe
);
// Verhaltensbeschreibung des D-Flip-Flops
always @(posedge clk or posedge reset) begin
    if (reset) begin
        Q <= 1'b0;      // Setzt Q auf 0, wenn reset aktiv ist
    end else begin
        Q <= D;         // Überträgt den Wert von D zu Q an der steigenden
                        // Flanke von clk
    end
end
endmodule
```

Listing 7.1 Der Verilog-Code für ein D-Flip-Flop

Gehen wir dieses Beispiel noch einmal Schritt für Schritt durch:

- `module DFlipFlop(...);` definiert den Beginn der Moduldeklaration für das D-Flip-Flop.
- Die Liste in den Klammern (...) definiert die Schnittstelle des Moduls mit den Eingängen `clk`, `reset`, `D` und dem Ausgang `Q`.
- `input wire` und `output reg` sind Typdeklarationen für die Ports: `input wire` wird für Eingänge verwendet, die direkt mit anderen Schaltungsteilen verbunden sind, und `output reg` wird für den Ausgang verwendet, der innerhalb des Moduls verändert wird.
- Der Block `always @(posedge clk or posedge reset) begin ... end` beschreibt das Verhalten des D-Flip-Flops. Es reagiert auf die steigende Flanke des Clock-Signals (`posedge clk`) oder des Reset-Signals (`posedge reset`).
- Innerhalb des `always`-Blocks bestimmt die Struktur `if (reset) begin ... end else begin ... end`, was geschieht, wenn das Reset-Signal aktiv ist, und wie der Zustand von `Q` basierend auf dem Eingang `D` aktualisiert wird, wenn kein Reset vorliegt.
- ... und bei `endmodule` ist der ganze Spaß schon wieder vorbei.

Dieses Beispiel zeigt kompakt, wie Verilog zur Beschreibung der Schnittstellen und des Verhaltens digitaler Schaltungen verwendet wird, mit einer klaren Trennung zwischen den Definitionen der Schnittstelle (Ports) und der internen Logik des Moduls.

7.3 Datentypen

Nachdem Sie nun den Aufbau und die Struktur eine Verilog-Datei kennengelernt haben, müssen wir uns noch den Datentypen widmen. Dazu müssen Sie – erst einmal – nur vier Dinge kennen: *Wertebereiche*, *Netztypen*, *Variablen* und *Arrays*.

In Verilog werden Daten und Signale durch verschiedene Datentypen repräsentiert, die bestimmen, wie sie im Design verwendet und interpretiert werden können. Ihre Behandlung hängt von dem spezifischen Kontext ab, in dem sie verwendet werden, sowie vom Datentyp des Signals oder der Variablen.

7.3.1 Wertebereich

Verilog unterstützt vier grundlegende Werte, die ein Signal annehmen kann: `0`, `1`, `X` und `Z`. Die meisten vordefinierten Datentypen in Verilog speichern diese Werte:

- `0`: eine logische Null oder eine falsche Bedingung
- `1`: eine logische Eins oder eine wahre Bedingung

- `x` oder `X`: unbekannt oder nicht initialisiert
- `z` oder `Z`: hochohmig, *tri-state* oder schwebend

In Verilog haben Werte auch eine zugeordnete *Stärke* (engl. *Strength*). Die Stärken werden verwendet, um den Wert eines Signals zu bestimmen, wenn es von mehreren Quellen getrieben wird:

- `supply1`: Versorgungsantrieb für VCC, Stärke-Level 7
- `supply0`: Versorgungsantrieb für VSS oder GND, Stärke-Level 7
- `strong1`: starker Antrieb zur logischen Eins, Stärke-Level 6
- `strong0`: starker Antrieb zur logischen Null, Stärke-Level 6
- `pull1`: mittlerer Antrieb zur logischen Eins, Stärke-Level 5
- `pull0`: mittlerer Antrieb zur logischen Null, Stärke-Level 5
- `large`: große Kapazität, Stärke-Level 4
- `weak1`: Schwacher Antrieb zur logischen Eins, Stärke-Level 3
- `weak0`: schwacher Antrieb zur logischen Null, Stärke-Level 3
- `medium`: mittlere Kapazität, Stärke-Level 2
- `small`: kleine Kapazität, Stärke-Level 1
- `highz1`: hochohmig mit schwachem Pull-up zur logischen Eins, Stärke-Level 0
- `highz0`: hochohmig mit schwachem Pull-down zur logischen Null, Stärke-Level 0

Wenn ein Signal von mehreren Treibern angesteuert wird, nimmt es den Wert des Treibers mit der höchsten Stärke an. Haben zwei Treiber die gleiche Stärke, wird der Wert als unbekannt betrachtet. Wird die Stärke nicht spezifiziert, wird standardmäßig ein starker Antrieb oder Stärke-Level 6 angenommen.

Diese Erläuterung zeigt, wie Verilog mit Daten und Signalen umgeht: Es verwendet unterschiedliche Datentypen, um alles darzustellen, was in digitalen Schaltungen passiert. Die Werte `0`, `1`, `X` und `Z` spielen dabei eine Schlüsselrolle. `0` und `1` stehen für die grundlegenden Zustände Aus und An. `X` zeigt an, dass ein Signalwert gerade unbekannt ist, und `Z` wird genutzt, um zu sagen, dass ein Signal nirgends angeschlossen ist, also »in der Luft hängt«.

So ist es möglich, das Innenleben und die Funktionsweise digitaler Schaltungen zu gestalten. Durch die Festlegung von Signalwerten und ihrer Stärke – also wie stark ein Signal *durchdrückt* – ermöglicht Verilog eine feine Steuerung der Schaltung unseres Designs. Dies macht es einfacher, komplexe digitale Systeme zu entwickeln, zu testen und zu verbessern, da wir genau bestimmen können, wie sich die verschiedenen Teile der Schaltung verhalten sollen.

»Strength« in Verilog

Das Konzept der *Strength* (Stärke) in Verilog wurde speziell für Simulationszwecke entwickelt und dient zum Modellieren und Testen von Schaltungsverhalten unter diversen Betriebsbedingungen. So können in der Simulation Szenarien dargestellt und analysiert werden, in denen Signale von mehreren Quellen gleichzeitig beeinflusst werden. So lässt sich das Verhalten von Schaltungen in einem realen System präzise simulieren. Bei der tatsächlichen Hardware-Implementierung auf einem FPGA werden die »Strength«-Eigenschaften nicht umgesetzt, da sie nicht synthetisierbar sind. Synthese-Tools fokussieren sich auf die logische Funktionalität und Timing-Informationen und nicht auf die physikalischen Treiberstärken der Signale.

Die physischen Eigenschaften eines Ausgangs, einschließlich der *Treiberstärke*, werden durch die elektrischen Charakteristika des Chips sowie seiner I/O-Blöcke bestimmt. Diese Konfigurationen erfolgen typischerweise über spezifische Hardware-Einstellungen, und die sind unabhängig von den in Verilog spezifizierten »Strength«-Informationen.

Das Wort »Strength« kann Ihnen auch in Constraints-Dateien begegnen, wo es eine andere Bedeutung hat: In diesen Dateien bezieht sich »Strength« nicht auf die Simulation von Signalverhalten, sondern auf die Vorgabe von physikalischen Eigenschaften für das Place-and-route-Verfahren. Hier kann »Strength« beispielsweise dazu verwendet werden, die Treiberstärke von I/O-Pins zu spezifizieren, was wichtig ist, um die Leistungsfähigkeit und das elektrische Verhalten des FPGAs zu optimieren. Diese Angaben beeinflussen, wie das FPGA-Layout-Tool die Verbindungen und Komponenten auf dem Chip anordnet, um optimale Signalintegrität und Performance zu erreichen. Behalten Sie daher im Hinterkopf, dass das Wort »Strength« in verschiedenen Kontexten innerhalb von FPGA- und Schaltungsdesigns verwendet wird und dass seine spezifische Bedeutung und Anwendung deswegen variieren kann.

Während *Strength* also in Verilog-Simulationen die *Signalstärke* zur Konfliktlösung zwischen mehreren Treibern definiert, bezieht sich *Strength* in Constraints-Dateien auf physikalische *Treibereigenschaften* zur Optimierung von FPGA-Layouts und Signalverhalten. Ähnlich verhält es sich mit dem Wort *Delay*. Es ist bei manchen Schlüsselwörtern wichtig, darauf zu achten, in welchem *Kontext* sie gerade verwendet werden.

7.3.2 Netz-Datentypen

Netz-Datentypen werden verwendet, um Verbindungen zwischen verschiedenen Elementen einer Schaltung zu beschreiben. Sie repräsentieren eher physische Verbindungen in Hardware als speicherbare Werte.

Ein Netz-Datentyp bildet eine Verbindung zwischen Komponenten ab und kann die Werte `0`, `1`, `X` und `Z` annehmen. Ein Signal dieses Typs muss ständig angesteuert werden und aktualisiert seinen Wert, sobald sich der Wert der ansteuernden Quelle ändert. Der am häufigsten für die Synthese verwendete Netz-Datentyp in Verilog ist *wire*. Diesen werden wir hier im Buch oft verwenden, daher brauchen Sie sich zunächst nur diesen zu merken. Es gibt aber noch eine Vielzahl weiterer, fortgeschrittener Netz-Datentypen, die komplexe digitale Systeme mit mehreren Ansteuerungen modellieren.

Es gibt folgende Netz-Datentypen in Verilog:

- `wire`: eine einfache Verbindung zwischen Komponenten
- `wor` (Wired-OR): Wenn mehrere Quellen ansteuern, werden ihre Werte mit OR verknüpft.
- `wand` (Wired-AND): Wenn mehrere Quellen ansteuern, werden ihre Werte mit AND verknüpft.
- `supply0`: Wird verwendet, um die VSS (Erdung oder GND), also die negative Spannungsversorgung, zu modellieren. Die Treiberstärke ist implizit.
- `supply1`: Modelliert die VCC-Stromversorgung (positive Spannung). Die Treiberstärke ist ebenfalls implizit.
- `tri1`: Zieht auf logisch Eins, wenn im hochohmigen Zustand.
- `tri0`: Zieht auf logisch Null, wenn im hochohmigen Zustand.
- `trireg`: Hält den letzten Wert im hochohmigen Zustand durch implizierte Kapazität.

Jeder dieser Netztypen kann auch eine zugehörige Treiberstärke haben. Diese Stärke ist entscheidend, um den endgültigen Wert des Netzes zu bestimmen, wenn es mit mehreren Ansteuerungen verbunden ist.

Die spezialisierten tri-Aliase in Verilog

Es gibt drei spezialisierte Aliase für Netz-Datentypen in Verilog, die oft eingesetzt werden, um die Lesbarkeit in komplexen Schaltungsdesigns zu verbessern:

- `tri`: Wird für dreizustandsfähige Signalverbindungen verwendet und hebt hervor, dass diese Signalverbindung hoch, niedrig oder hochohmig (Z) sein kann. Im Gegensatz zur einfachen `wire`-Signalverbindung zeigt die Verwendung von `tri`, dass die Signalverbindung potenziell in einen hochohmigen Zustand versetzt werden kann, was besonders in Designs mit Bus-Systemen oder ähnlichen Strukturen relevant ist.
- `trior`: Dient zur Beschreibung einer Wired-OR-Signalverbindung in einem dreizustandsfähigen Kontext. Dies verbessert die Lesbarkeit, indem es das Wired-

OR-Verhalten direkt im Namen kodiert, was bei Netzen nützlich ist, die von mehreren Quellen in einer OR-Logik angesteuert werden.

- `triand`: Analog zu `trior` wird `triand` für die Beschreibung einer Wired-AND-Signalverbindung verwendet. Es spezifiziert das Wired-AND-Verhalten für dreizustandsfähige Netze und verbessert die Lesbarkeit bei Schaltungen, die eine AND-Logik auf der physikalischen Ebene implementieren.

Die Verwendung dieser spezifischen Aliase trägt zur Klarheit bei, indem sie wichtige Informationen über das erwartete Verhalten der Verbindungen direkt im Namen kodiert, was das Verständnis und die Wartung von komplexen Schaltungsdesigns erleichtert.

Das bedeutet: In Verilog wird mit unterschiedlichen Typen von *Drähten* oder *Verbindungen* gearbeitet, um zu definieren, wie Teile einer Schaltung miteinander kommunizieren. Einige dieser Verbindungen haben spezielle Eigenschaften (wie die Fähigkeit, Signale zu kombinieren oder eine Spannungsversorgung darzustellen), die helfen, komplexe Verhaltensweisen in digitalen Systemen zu simulieren.

7.3.3 Variablen-Datentypen

Variablen-Datentypen sind Datentypen, die dazu dienen, Werte zu speichern und zu verändern, ähnlich wie Variablen in herkömmlichen Programmiersprachen. Sie werden genutzt, um den Zustand innerhalb von Modulen zu halten oder Berechnungen durchzuführen. Verilog umfasst also nicht nur Typen für die Modellierung von Verbindungen, sondern auch solche, die Speicher repräsentieren. Ein Variablen-Datentyp kann die Werte `0`, `1`, `X` und `Z` annehmen, ist aber nicht mit einer bestimmten Stärke verbunden. Variablen-Datentypen behalten den ihnen zugewiesenen Wert bis zur nächsten Zuweisung.

Es gibt folgende Variablen-Datentypen in Verilog:

- `reg`: eine Variable, die einen logischen Speicher darstellt. Sie kann die Werte `0`, `1`, `X` und `Z` annehmen. Stellen Sie sich `reg`-Variablen wie kleine Schachteln vor, in denen Informationen gespeichert werden, bis sie aktualisiert werden.
- `integer`: eine 32-Bit-Ganzzahl im Zweierkomplement, die ganze Zahlen von -2.147.483.648 bis +2.147.483.647 repräsentiert. Das ist praktisch, wenn man mit Zählern oder anderen Zahlen innerhalb dieser Spanne arbeiten möchte.
- `real`: repräsentiert reelle Zahlen in einem sehr großen Bereich, nämlich von ungefähr $-2{,}2 \times 10^{308}$ bis $+2{,}2 \times 10^{308}$. Diese werden genutzt, wenn man mit Berechnungen arbeitet, die Fließkommazahlen erfordern, also zum Beispiel bei genauen Zeitmessungen oder anderen Berechnungen, die über einfache Ganzzahlen hinausgehen.

- `time`: eine vorzeichenlose, 64-Bit-Variable, die Werte von 0 bis etwa $+9.2 \times 10^{18}$ annehmen kann. Sie ist ideal, um Zeitpunkte oder Zeiträume in Simulationen zu erfassen.
- `realtime`: dasselbe wie `time`, nur zur besseren Lesbarkeit gedacht.

Mit Verilog können Sie nicht nur definieren, wie Dinge verbunden sind, sondern auch, was in diesen Verbindungen »gespeichert« wird. Ob Sie nun einfache Ja/Nein-Zustände, Zahlen, Zeiten oder sogar komplexere Werte wie Fließkommazahlen handhaben möchten, Verilog stellt Ihnen diese Werkzeuge zur Verfügung. Diese Speichervariablen sind wie kleine Schubladen oder Fächer, in denen Sie Informationen ablegen können, die Sie später wieder abrufen oder ändern möchten.

Angaben zum Speicherbereich

In Verilog gibt es keinen Unterschied zwischen `[255:0]` und `[0:255]`. Beide Deklarationen definieren einen Speicherplatz von 256 Elementen. Die Syntax ist zwar unterschiedlich, beide Schreibweisen werden bei der Synthese jedoch gleich interpretiert. Die Wahl zwischen den beiden ist hauptsächlich eine Frage der Präferenz und des Stils des Programmierers. Manchmal wird die eine Form verwendet, um die maximale Anzahl der Elemente zu betonen, manchmal die andere Form, um deutlich zu machen, dass die Indizes bei 0 beginnen.

Überprüfen Sie allerdings Ihren Code mit iVerilog, dann gibt es eine Warnmeldung, wenn Sie die erste Schreibweise nutzen:

```
WARNING: The behaviour for reg[...] mem[N:0]; $readmemh("...", mem); changed
in the 1364-2005 standard. To avoid ambiguity, use mem[0:N] or explicit range
parameters
```

7.3.4 Arrays

Ein *Array* in Verilog ermöglicht es Ihnen, eine Sammlung von Elementen unter einem gemeinsamen Namen zu speichern und zu organisieren. Diese Elemente können einfache Werte (wie Zahlen) oder komplexere Strukturen sein. Stellen Sie sich ein Array wie eine Schublade mit vielen Fächern vor, wobei jedes Fach einen Wert enthält.

Stellen Sie sich außerdem vor, dass jedes dieser kleinen Fächer wiederum mehrere Unterteilungen haben kann, in denen Sie spezifische Informationen ablegen. So können Sie nicht nur viele Dinge ordentlich sortieren, sondern auch in jeder kleinen Abteilung verschiedene Informationen systematisch speichern.

Um ein solches Array zu erstellen, geben Sie zuerst an, was für eine Art von Informationen Sie in jedem Fach speichern wollen (zum Beispiel Zahlen oder Ja/Nein-Werte) und wie viele Unterteilungen jedes Fach haben soll. Danach geben Sie dem ganzen Set einen Namen und legen fest, wie viele Fächer Sie insgesamt haben möchten.

Ein einfaches Beispiel: Wenn wir eine Liste von 2048 kleinen Fächern haben wollen, wobei jedes Fach 4 Unterteilungen (Plätze) für Ja/Nein-Entscheidungen hat, könnte das so aussehen:


```
reg[3:0] Mem[0:2047]; // Erstellt 2048 Fächer, jedes mit 4 Plätzen
```

Jedes Fach ist ein 4-Bit-Vektor vom Typ reg, was bedeutet, dass jedes Fach 4 Plätze für Informationen hat.

So haben Sie eine ordentliche Struktur, in der Sie viele Informationen speichern und bei Bedarf genau auf diese zugreifen können.

Wie greift man die Informationen zu? Sie können ein bestimmtes Fach (Element des Arrays) öffnen, indem Sie dessen Nummer (Index) angeben. Wenn Sie tiefer in der Schublade wühlen wollen, können Sie sogar auf einen spezifischen Teil eines Wertes in einem Fach zugreifen, indem Sie noch genauer spezifizieren, welchen Teil Sie sehen möchten, ähnlich als ob Sie eine kleinere Box innerhalb eines Fachs öffnen würden.

Beim Zugriff auf ein Array wird zuerst der Name des Arrays genannt, gefolgt vom Index des Elements. Es ist auch möglich, auf ein einzelnes Bit innerhalb eines Arrays zuzugreifen, indem der Index des Elements angehängt wird.

Ein paar Beispiele:

```
Mem[2];       // Das ist das 3. Element innerhalb des Arrays
              // mit dem Namen »Mem«.
              // Diese Syntax repräsentiert einen 8-Bit-Vektor vom Typ reg.
Mem[2][3];    // Das ist ein Zugriff auf das MSB des 3. Elements
              // innerhalb des Arrays mit dem Namen »Mem«,
              // d. h., jedes Fach hat 4 Bit (von 0 bis 3) und das
              // MSB (Most Signifikant Bit) ist das höchste Bit im 4-Bit-
              // Vektor, also Bit Nummer 3 (da wir bei 0 anfangen zu zählen).
              // Diese Syntax repräsentiert ein einzelnes Bit vom Typ reg.
A[2];         // Das ist das 2. Element innerhalb des Arrays mit
              // dem Namen »A«.
              // A wurde hier mit einem Startindex von 1 deklariert.
              // Diese Syntax repräsentiert eine 32-Bit-Ganzzahl.
```

Wenn Sie lernen, wie man Arrays in Verilog nutzt, machen Sie einen großen Schritt vorwärts, um Ihre digitalen Projekte clever und übersichtlich zu gestalten. Arrays sind eine flexible und mächtige Methode zur Speicherung, Organisation und auch zur Manipulation von Daten.

7.4 Konstrollstrukturen

Die Sprache Verilog enthält einige *Kontrollstrukturen*. Die meisten werden Ihnen schon aus anderen Programmiersprachen bekannt sein. Wenn Sie dieses Buch in der Hand halten, werden Sie schon mindestens eine Programmiersprache kennen, und ich gehe davon aus, dass Sie für die gängigen und bekannten Kontrollstrukturen keine Erklärung benötigen. Deshalb beschränke ich mich auf eine kompakte Übersicht der wichtigsten Kontrollstrukturen in Verilog.

7.4.1 Bedingte Anweisungen

Um Bedingungen zu formulieren, gibt es in Verilog grundsätzlich zwei Möglichkeiten, die Sie wahrscheinlich schon aus anderen Sprachen kennen: die Verzweigung mit `if-else` und die Auswahl eines bestimmten Falls mit `case`.

- `if-else`: erlaubt die Ausführung unterschiedlicher Codeblöcke basierend auf einer Bedingung.

```
if (Bedingung) begin
  // Anweisungen, falls Bedingung wahr ist
end else begin
  // Anweisungen, falls Bedingung falsch ist
end
```

- `case`: wählt einen aus mehreren Codeblöcken basierend auf dem Wert eines Ausdrucks.

```
case (Ausdruck)
  Wert1: begin
    // Anweisungen für Wert1
  end
  Wert2: begin
    // Anweisungen für Wert2
  end
  default: begin
    // Anweisungen, falls kein anderer Wert zutrifft
  end
endcase
```

Es gibt noch zusätzliche spezielle Varianten der case-Anweisung in Verilog, die eine erweiterte Übereinstimmungslogik bieten. Sie ermöglichen es, *»Don't-care«-Bedingungen* in den Vergleichen zu berücksichtigen, was bei der Modellierung digitaler Schaltungen oft nützlich ist.

- casex: erlaubt Don't-care-Bedingungen für sowohl 0 als auch 1 durch Verwendung des x-Zeichens. Das bedeutet, dass Bits, die in der Bedingung als x markiert sind, bei der Übereinstimmungsprüfung ignoriert werden. Dies kann für Fälle nützlich sein, in denen bestimmte Bits irrelevant sind und somit jede Kombination dieser Bits als Übereinstimmung gelten soll.

```
casex (Ausdruck)
  4'b1x0x: begin
    // Wird ausgeführt, wenn das erste Bit 1 ist und das dritte Bit 0,
    // während das zweite und vierte Bit ignoriert werden.
  end
  // Weitere Fälle ...
endcase
```

- casez: ähnlich wie casex, aber hier wird nur das z-Zeichen für hochohmige Zustände (*High Impedance*) als »Don't-care« behandelt. Dies ist besonders nützlich, wenn man mit Signalen arbeitet, die in einem hochohmigen Zustand sein können, und dieser Zustand bei der Fallunterscheidung ignoriert werden soll.

```
casez (Ausdruck)
  4'b1z0z: begin
    // Wird ausgeführt, wenn das erste Bit 1 ist und das dritte Bit 0,
    // während das zweite und vierte Bit (wenn hochohmig) ignoriert
    // werden.
  end
  // Weitere Fälle ...
endcase
```

Somit bieten casex und casez Flexibilität bei der Mustererkennung in Verilog, indem sie es erlauben, bestimmte Bitmuster als irrelevant zu markieren. Diese Fähigkeit ist besonders nützlich in der Hardware-Beschreibung, wo nicht immer alle Bits eines Signals von Bedeutung sind.

7.4.2 Schleifen

Es gibt mehrere Möglichkeiten, eine Schleife zu formulieren:

- for: führt einen Codeblock mehrfach aus, mit einer initialen Setzung, einer Bedingung und einem Inkrement.

```
for (Initialisierung; Bedingung; Inkrement) begin
  // Zu wiederholende Anweisungen
end
```

- `while`: führt einen Codeblock wiederholt aus, solange eine Bedingung wahr ist.

```
while (Bedingung) begin
  // Zu wiederholende Anweisungen
end
```

- `repeat`: wiederholt einen Codeblock eine bestimmte Anzahl von Malen.

```
repeat (Anzahl) begin
  // Zu wiederholende Anweisungen
end
```

- `forever`: führt einen Codeblock unendlich oft aus. (`forever` wird daher oft in Testbenches verwendet.)

```
forever begin
  // Ständig zu wiederholende Anweisungen
end
```

- `disable`: beendet vorzeitig die Ausführung eines benannten Blocks oder einer Schleife.

```
disable Blockname;
```

Beachten Sie zu Schleifen unbedingt die Hinweise in Abschnitt 11.1!

Diese Kontrollstrukturen sind wesentliche Bestandteile der Verilog-Programmierung und ermöglichen es, komplexe Verhaltensweisen und Schaltungslogiken zu modellieren.

Das war es. Dies sind die grundlegendsten Dinge, die Sie erst einmal über Verilog wissen sollten, um die im Buch folgenden Beispiele nachvollziehen zu können. Den Rest von Verilog werden Sie im Verlauf des Buches nach und nach kennenlernen. Und die ganz kniffligen Nuancen der Sprache Verilog werden Sie beim Pair-Programming mit einer KI einfach so nebenbei erledigen. Ich denke, Sie haben sich jetzt wieder einmal einen Kaffee oder Tee und eine Pause verdient.

7.5 Von der Software zur Hardware: Automatische Codegenerierung für FPGAs

Heutzutage gibt es Möglichkeiten, FPGAs nicht mehr manuell in Verilog oder VHDL zu programmieren, sondern stattdessen eine höhere Programmiersprache wie beispielsweise Python zu verwenden und den Code dann automatisch in ein HDL-Format zu übersetzen. Diese sogenannte *High-Level-Synthese* bietet Vorteile, aber auch einige Nachteile, die Sie kennen sollten. Beginnen wir mit einem Überblick über die momentan bekanntesten Tools und Methoden für die High-Level-Synthese.

7.5.1 Software-Tools zur automatischen Codegenerierung

Verschiedene Programme ermöglichen es, Code, der in Hochsprachen wie Python, C, MATLAB oder SystemC geschrieben wurde, in Verilog oder VHDL zu übertragen:

- **MyHDL**: eine Python-Bibliothek, die die Hardware-Beschreibung in Python ermöglicht und die Konvertierung dieser Beschreibungen in Verilog oder VHDL unterstützt
- **nMigen**: ein modernes Werkzeug, das eine Python-basierte Hardware-Beschreibungssprache bereitstellt und die Umwandlung von Designs in Verilog ermöglicht
- **PyMTL**: ein weiteres Python-basiertes Tool für die Modellierung, Simulation und das Testen von Hardware-Designs, mit Optionen zur Konvertierung in Verilog
- **Chisel**: bietet die Möglichkeit, Python in Chisel-Workflows zu nutzen, um Verilog-Code zu generieren.
- **PyRTL**: ein Tool für das Design, die Simulation und das Testen von Hardware-Designs in Python, mit Unterstützung für die Konvertierung in Verilog
- **Silice**: eine Hardware-Beschreibungssprache, die darauf abzielt, das Schreiben von FPGA-Designs zu vereinfachen, und eine Brücke zwischen Programmiersprachen wie Python und VHDL/Verilog schlägt
- **Xilinx Vivado HLS**: ein Werkzeug von Xilinx, das *High-Level Synthesis* (HLS) unterstützt, indem es C-, C++- oder SystemC-Code direkt in Verilog/VHDL umwandelt, um den Designprozess für FPGAs und SoCs zu beschleunigen
- **Intel High-Level Synthesis Compiler**: ein ähnliches Tool wie Xilinx Vivado HLS, aber von Intel. Es ermöglicht die Umwandlung von C++-Code in FPGA-kompatible Hardware-Beschreibungen, um den Entwicklungsprozess zu vereinfachen und zu beschleunigen.
- **LegUp High-Level Synthesis**: ein Open-Source-Tool, das es erlaubt, C-basierte Algorithmen in Hardware-Beschreibungen zu konvertieren. Es ist besonders nützlich für die Entwicklung von anpassbarer und effizienter Hardware.
- **Finn**: ein spezialisiertes Tool für die Umwandlung von Neural-Network-Modellen, die in TensorFlow beschrieben sind, in FPGA-optimierten Verilog/VHDL-

Code. Finn ist besonders nützlich für die Entwicklung von KI-Hardware, da es die Implementierung von KI-Algorithmen auf FPGAs erleichtert.

Diese Tools analysieren den Quellcode der Hochsprache und generieren daraus eine funktionsäquivalente HDL-Beschreibung, die dann für die Programmierung des FPGAs verwendet werden kann.

Vorteile der automatischen Codegenerierung
Der größte Vorteil ist eine mögliche höhere Entwicklungsgeschwindigkeit, wenn die Entwickler aus der Software-Entwicklung kommen. Statt manuell in Verilog oder VHDL programmieren zu müssen, können Entwickler ihre Algorithmen in einer ihnen bekannten Hochsprache umsetzen. Das erhöht die Produktivität und erleichtert den Einstieg für Software-Entwickler.

Nachteile der automatischen Codegenerierung
Der größte Nachteil ist, dass der generierte HDL-Code oft schwerer zu verstehen und zu warten ist als von Hand geschriebener Code. Bei Problemen ist es deutlich schwieriger, den Fehler zu finden und zu beheben. Wenn der Entwickler kein Verilog versteht, nicht die Hardware-nahe Optimierung und Anpassungen an den FPGAs vornehmen kann, keine Fehlersuche in einem Verilog-Code und der Toolchain vornehmen kann, dann ist es oft sehr schwer, manche Probleme zu entdecken und zu beheben.

Automatisch generierter Code schafft es nicht immer, die spezifischen Fähigkeiten eines FPGAs optimal auszunutzen. Manuell optimierter HDL-Code kann oft effizienter sein. Zudem unterstützen diese Tools zur Codegenerierung nicht immer alle Funktionen und Eigenheiten aller FPGA-Plattformen gleich gut. Das kann die Portierbarkeit und Wiederverwendbarkeit einschränken.

Meiner Meinung nach sollten Sie als Anfänger im Bereich des FPGA-Designs erst eine HDL-Sprache wie Verilog lernen. Nur so können Sie das Denkschema entwickeln, das erforderlich ist, um einen FPGA effizient programmieren zu können. Später, wenn Sie Erfahrungen gesammelt haben, können Sie Codegenerierungs-Tools ausprobieren. Wie Sie an der Liste sehen, gibt es viele Möglichkeiten und Angebote. In diesem Buch lernen Sie aber erst einmal zu laufen, bevor Sie rennen müssen. Konzentrieren Sie sich zuerst auf die Toolchain, auf Verilog und Ihre ersten FPGAs. Wenn Sie dieses Setup beherrschen, die Beispielprojekte, die wir in diesem Buch durchgehen, verstanden haben und selbst schon dazu übergegangen sind, eigene komplexere Designs zu entwickeln (und diese auch ohne Probleme umgesetzt bekommen), dann können Sie anfangen, auch mal kurze Etappen zu rennen. Irgendwann werden Sie Ihre Marathons laufen können, aber das braucht nun mal seine Zeit.

7.5.2 Hochsprachen für Testbenches

Zum Erstellen von Testbenches für FPGAs und andere Hardware-Designs werden häufig höhere Programmiersprachen wie SystemVerilog, SystemC oder VHDL verwendet. Auch dabei gibt es eine Reihe von Vor- und Nachteilen.

Vorteile:

- Die höhere Abstraktionsebene ermöglicht ein effizienteres Testen komplexer Designs.
- Integration von Testfällen, Stimuli-Generierung und Auswertung in einer Sprache
- bessere Lesbarkeit und Wartbarkeit des Testcodes
- gute Unterstützung für objektorientierte Konzepte
- die Möglichkeit, Testbenches modular und wiederverwendbar zu gestalten

Nachteile:

- zusätzlicher Lernaufwand für die Syntax und Konzepte der Hochsprache
- potenzielle Diskrepanz zwischen der Testumgebung und dem eigentlichen Hardware-Design
- langsamere Simulation aufgrund der Abstraktion
- weniger granulare Kontrolle und Einblicke in die Hardware-Vorgänge

Traditionell wurden Testbenches in reinem Verilog oder VHDL geschrieben, was eine niedrigere Abstraktionsebene bedeutet, aber eine direktere Kontrolle über Hardware-nahe Details ermöglicht. Die moderneren Hardware-Beschreibungssprachen, wie SystemVerilog, bieten hier einen guten Kompromiss, indem sie Hochsprachen-Features mit Hardware-Modellierung verbinden.

Übrigens: Mit etwas Prompten lassen sich mit den gängigen Chat-KIs ziemlich schnell gute Testbenches erstellen.

7.5.3 Durchgängiges Testen komplexer eingebetteter Systeme mit Python

In modernen eingebetteten Systemen kommen oft mehrere Komponenten zum Einsatz, die in unterschiedlichen Sprachen programmiert sind. Typischerweise finden Sie hier einen FPGA, einen Prozessor mit Betriebssystem sowie darauf ausgeführte Anwendungssoftware in Hochsprachen wie C++ oder Python. Um in einem solchen heterogenen Umfeld ein umfassendes und zuverlässiges Testen durchzuführen, bietet sich der Einsatz von Python als Testbench-Sprache an.

Python zeichnet sich durch seine hohe Flexibilität, Lesbarkeit und Interoperabilität aus – Eigenschaften, die beim Testen komplexer Systemzusammenspiele von großem Vorteil sind. Python erlaubt es den Entwicklern, Testfälle, Stimuli-Generierung und Auswertung auf einer hohen Abstraktionsebene zu implementieren. Gleichzeitig können über Python-Schnittstellen die unterschiedlichen Systemkomponenten nahtlos miteinander verbunden werden:

- Der FPGA-Teil kann über Hardware-Beschreibungssprachen wie Verilog oder VHDL getestet werden.
- Der Prozessor und das Betriebssystem können über Systemaufrufe und IPC-Mechanismen angesprochen werden. (IPC-Mechanismen ermöglichen die Kommunikation und Datenübertragung zwischen verschiedenen Prozessen im System.)
- Die in C++ oder Python implementierte Anwendungssoftware lässt sich direkt in die Testumgebung integrieren.

Durch diesen Testansatz über die Sprachgrenzen hinweg können Entwickler das Zusammenspiel aller Systembestandteile verifizieren. Eventuelle Fehlerquellen lassen sich so schnell identifizieren, eingrenzen und beheben.

Darüber hinaus erleichtert Python dank seiner breiten Unterstützung für Visualisierung, Datenhaltung und Automatisierung auch die Dokumentation und Wiederholbarkeit von Testszenarien – ein entscheidender Faktor für die Qualitätssicherung komplexer Systeme. So können bewährte Testkomponenten wiederverwendet werden. Bei größeren Projekten, in denen bestimmte Verilog-Module immer wieder verwendet werden, sollten Sie die dazugehörigen Testbenches modular aufbauen und wiederverwenden. Lediglich der Teil der Testbench, der das konkrete Interface zu dem Modul abbildet, das getestet wird (DUT, Device Under Test), muss dann bei Änderungen angepasst werden. Die übergreifende Testlogik und die übergreifenden Auswertungsroutinen können hingegen weiterverwendet werden. Das spart bei Wartung und Weiterentwicklung erheblich Zeit und Aufwand.

Allerdings rentiert sich dieser Aufwand für die Erstellung einer modularen, wiederverwendbaren Testumgebung eher bei großen Projekten mit komplexen, heterogenen Systemarchitekturen. Bei kleineren eingebetteten Designs wäre der Overhead oftmals zu groß und würde den Nutzen übersteigen. Generell sollten Sie den Einsatz von Python-basierten Testbenches abwägen: Ab einer gewissen Komplexität des Gesamtsystems, die ein integriertes Testen über Sprachgrenzen hinweg erforderlich macht, können die Vorteile den zusätzlichen Aufwand deutlich überwiegen. Jede Firma hat ihre eigenen Ansätze, und in vielen Branchen, wie etwa der Luft- und Raumfahrt, haben sich hierfür auch eigene Standards und Spezifikationen entwickelt.

Und zu der Frage, wie Simulationen gestoppt werden, habe ich einen kleinen Überblick in Abschnitt 11.7 zusammengestellt.

Kapitel 8
Ablauf eines FPGA-Designs

Ein FPGA-Design läuft immer nach den gleichen Regeln und Schritten ab. Hat man diesen Ablauf erst einmal verinnerlicht, geht einem solch ein Design leicht von der Hand.

Ein FPGA-Design folgt immer den gleichen Schritten. Es kann hier und da mal Abweichungen geben, beispielsweise bei der Frage, ob eine Simulation durchführt wird oder nicht, aber im Großen und Ganzen geht man immer gleich vor.

8.1 Entwicklungsschritte

Schauen wir uns zuerst die allgemeine Übersicht der *Entwicklungsschritte* an, die in Abbildung 8.1 schematisch dargestellt sind.

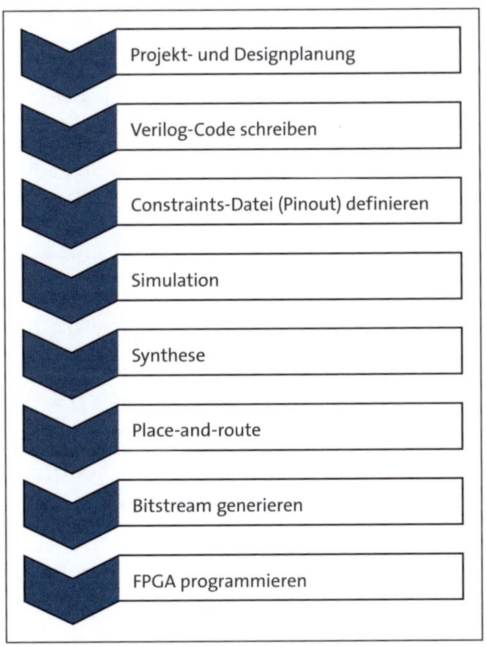

Abbildung 8.1 Die acht Schritte eines FPGA-Designs

Danach, in Abschnitt 8.2, »Aufbau und Ablauf der FPGA-Projekte in diesem Buch«, erzähle ich Ihnen noch etwas über die Besonderheiten der Beispielprojekte. Hauptsächlich geht es dabei um die Herausforderungen bei der Erstellung der Constraints-Datei – einem der zu Beginn schwierigsten Schritte, der aber notwendig ist, um den FPGA mit der Außenwelt zu verbinden. Die übrigen Schritte eines FPGA-Designs habe ich Ihnen schon abgenommen, damit Sie sich auf das Lernen konzentrieren können.

1. **Projekt- und Designplanung**

   Bevor Sie mit einem Projekt beginnen, ist es wichtig, eine klare Vorstellung davon zu haben, was Sie erreichen möchten. Erstellen Sie ein Blockdiagramm oder eine Beschreibung Ihrer Schaltung. Tragen Sie alle benötigten Dokumente zusammen, wie die Pinout-Informationen Ihres FPGA-Boards und die Datenblätter der Module, die Sie verwenden möchten (z. B. OLED-Display oder ADC).

   Überlegen Sie, wie die Projektstruktur aussehen soll. Wie wird die Dokumentation und Dateiablage organisiert? Wie soll das Backup passieren? Soll eine Versionsverwaltung genutzt werden? Soll eine Readme-Datei im Projektverzeichnis liegen, die einen kurzen Überblick über die vorhandenen Dateien gibt?

XIII – Die Umsetzung planen

Was sind die wichtigsten Schritte auf dem Weg zu Ihrem Traumprojekt? Definieren Sie einige Zwischenziele, die Sie erreichen möchten, und notieren Sie, wie Sie diese Ziele überprüfen und feiern können. Also so etwas wie:

1. Schaltung finalisieren
2. Protokolle aussuchen
3. Datenformat festlegen

... usw.

2. **Den Verilog-Code schreiben**

   Beginnen Sie mit dem Schreiben Ihres Verilog-Codes. Überlegen Sie, ob die Verilog-Module in einzelne Dateien oder in Gruppen aufgeteilt werden sollen. Erstellen Sie ein auf das Projekt abgestimmtes Makefile.

3. **Die Constraints-Datei: Spezifizieren des Pinouts**

   Während Sie Ihren Verilog-Code schreiben oder nachdem Sie ihn fertiggestellt haben, sollten Sie beginnen, die Constraints-Datei zu erstellen. In dieser Phase kennen Sie bereits die Signale und Ports in Ihrem Verilog-Code, die mit den physischen Pins des FPGA-Boards verbunden werden müssen. In der Constraints-Datei ordnen Sie jedem Signal in Ihrem Verilog-Code einen spezifischen Pin des FPGAs zu. Dies beinhaltet die Zuweisung von Input- und Output-Signalen zu den entsprechenden Pins gemäß dem Datenblatt des FPGAs und Ihrer Schaltung.

4. **Testbench und Simulation**

   Bevor Sie den Code auf den FPGA laden, sollten Sie ihn simulieren. Dies kann mit Tools wie *Icarus Verilog* und *GTKWave* erfolgen. Eine Simulation hilft, Fehler im Design zu erkennen und zu beheben, bevor sie auf den FPGA gelangen.

   Icarus Verilog ist ein Verilog-Simulations- und Synthese-Tool, das zur Entwicklung digitaler Schaltungen verwendet wird. Es ist besonders beliebt in der Open-Source-Community und unterstützt die meisten Konstrukte der Verilog-2005-Standards.

   GTKWave ist ein Wellenform-Betrachter, der hauptsächlich zur Analyse von Simulationsergebnissen verwendet wird. Ich werde beide Tools in diesem Buch vorstellen und ihren Einsatz in einer Testbench/Simulation demonstrieren.

5. **Synthese**

   Nutzen Sie *Yosys*, um Ihren Verilog-Code in eine Form zu übersetzen, die ein FPGA versteht. Dieser Schritt überprüft, ob Ihr Code für die Synthese geeignet ist, und erstellt eine Netzliste.

6. **Place-and-route**

   Mit einem Tool wie *Arachne-pnr* oder *nextpnr* nehmen Sie das Platzieren und Verbinden der Logikblöcke auf dem FPGA vor. In diesem Schritt wird der von Yosys in eine generische Form umgewandelte Verilog-Code in das spezifische Format für den Ziel-FPGA umgewandelt, z. B. für den iCE40HX- oder GW1NR-9C-FPGA. Dabei wird entschieden, wo jede Logikeinheit auf dem Chip platziert wird. Während des Place-and-route-Prozesses wird die Constraints-Datei verwendet, insbesondere beim Ausführen von nextpnr, dem Place-and-route-Tool der IceStorm-Toolchain. nextpnr nutzt die Informationen aus der PCF-Datei, um die logischen Verbindungen aus Ihrem Verilog-Code den physischen Pins des FPGAs zuzuordnen. nextpnr überprüft auch, ob die in der PCF-Datei angegebenen Zuordnungen gültig und realisierbar sind. Falls Konflikte oder Probleme erkannt werden, gibt das Tool entsprechende Warnungen oder Fehlermeldungen aus.

7. **Generierung der Bitstream-Datei**

   Gowin-pack oder *Icepack* sind Tools, die die Ausgabe der Place-and-route-Tools in eine *Bitstream*-Datei umwandeln, die auf den FPGA geladen werden kann.

8. **Programmierung des FPGAs**

   Schließlich nutzen Sie *openFPGALoader* oder *icezprog*, um den Bitstream auf das IceZero-Board oder den Tang Nano 9K zu laden. Nach diesem Schritt sollte Ihr FPGA das programmierte Verhalten zeigen.

8.2 Aufbau und Ablauf der FPGA-Projekte in diesem Buch

Am Anfang steht die Idee: Was soll gemacht werden? Nehmen wir das Beispiel eines Tasters und einer LED, die leuchten soll, sobald der Taster gedrückt wird. Dieses einfache Projekt veranschaulicht alle wichtigen Schritte der Entwicklung und zeigt, wie die reale Außenwelt mit der Innenwelt des FPGAs über I/O-Pins verbunden wird.

Bei den Beispielprojekten in diesem Buch habe ich die vorher beschriebenen Entwicklungsschritte schon für Sie erarbeitet. Sie finden in den Projektverzeichnissen, die Sie mit den Materialien zum Buch herunterladen, alles vor: jede Verilog-Datei, jedes Makefile, jedes notwendige Datenblatt und alle andere benötigte Dokumentation. Sie müssen nur das nacharbeiten, was Ihnen bei den Beispielprojekten in diesem Buch gezeigt wird.

Diese Erleichterung ist notwendig, damit Sie sich auf das konzentrieren können, was wichtig ist: ein Verständnis für die FPGAs zu entwickeln und das damit verbundene Wissen und Know-how in Ihren Kopf zu bekommen. Der Vorteil ist auch, dass Sie die Dateien mit einem Texteditor öffnen und komplett betrachten können. Nutzen Sie dies, um sich von der KI einzelne Abschnitte noch einmal im Kontext erklären zu lassen.

Der schwierige Teil des zuvor beschriebenen Entwicklungsprozesses ist meist die Erstellung der Constraints-Datei: Wie bekommt man die notwendigen Informationen dazu, welche Anschlüsse und Pins verwendet werden sollen? Wie schreibt man eine PCF-Datei? Wie kann diese im Workflow mit der Toolchain verwendet werden?

Lassen Sie uns dies Schritt für Schritt durchgehen:

1. Zuerst werfen Sie einen Blick in das Datenblatt des IceZero-Boards. Hier finden Sie wichtige Informationen über die I/O-Pins. Das Datenblatt dient als Leitfaden, der zeigt, welche Pins für unsere spezifische Anwendung verfügbar sind und wie wir sie konfigurieren können. Das Datenblatt *IceZero-pinout-v5.1.pdf* finden Sie im Verzeichnis *$HOME/fpga/doc/datasheets/*. Dort finden Sie auch eine Datei mit dem Namen *trenz_icezero.pcf*. Diese Datei enthält die kompletten Pinbelegungen des IceZero-Boards im Format einer Constraints-Datei.

   Die PCF-Datei ist eine Blaupause für eine Constraints-Datei. In ihr sind alle Pinouts, die LEDs und der Taster-Anschluss des FPGA-Boards enthalten. Bei einem neuen Projekt kopieren Sie sie und löschen Sie in der Kopie einfach alle Einträge, die Sie nicht benötigen.

2. Als Nächstes widmen wir uns dem Layout und dem Schaltplan des IceZero-Boards. Jedes FPGA-Board ist anders, und indem wir das Layout und den Schalt-

plan studieren, können wir genau bestimmen, wie der iCE40HX-FPGA auf dem Board integriert ist. Ob zum Beispiel ein Taster als »Active Low« designt ist. (Ein *Active Low*-Taster bedeutet, dass der Eingang aktiv ist, wenn er auf einen niedrigen Spannungspegel – typischerweise 0 Volt oder GND – gezogen wird.) Diese Informationen sind entscheidend, um zu verstehen, wie die Pins und Anschlüsse des FPGA-Boards mit der angeschlossenen Peripherie interagieren können.

3. Jetzt, da wir wissen, welche Pins verfügbar sind, wie sie auf dem Board angeordnet sind und wie die elektrischen Verbindungen verwendet werden sollten, ist es an der Zeit, diejenigen auszuwählen, die wir für unser Projekt verwenden möchten. Diese Auswahl schreiben wir dann in die Constraints-Datei. Diese Datei dient als Brücke zwischen unserer Hardware-Konfiguration und dem FPGA-Design, indem sie genau festlegt, welche Pins für welche Funktionen verwendet werden.

   Im Verzeichnis *$HOME/fpga/doc/icezero/* finden Sie die Datei *trenz_icezero.pcf*.

   Diese PCF-Datei ist die schon erwähnte eine Blaupause für eine IceZero-Constraints-Datei, die Sie nun inhaltlich an Ihr Projekt anpassen. In ihr sind alle Pinouts, die LEDs und der Taster-Anschluss des FPGA-Boards enthalten.

Mit diesen Schritten gelangen Sie von der Anfangsidee bis zu einer fertigen Constraints-Datei. Es ist ein Prozess, der Aufmerksamkeit und Genauigkeit erfordert, aber mit den richtigen Informationen und einer genauen Analyse der vorhandenen Dokumentationen zum FPGA und IceZero-Board ist diese Aufgabe gut zu bewältigen. Im ersten Beispielprojekt mit dem IceZero-Board werde ich Ihnen diesen Schritt auch noch in der Praxis zeigen.

TEIL II

Praxis und Projekte

Kapitel 9

Projekte mit dem IceZero

Das IceZero-Board eignet sich hervorragend für einfachere Projekte. Starten wir mit den ersten Designs und üben auch gleich die Integration der KI in unseren Arbeitsablauf mit ein.

9

Nun sind wir so weit. Wenn Sie bis hierhin im Buch durchgehalten haben, haben Sie schon einiges geschafft. Glückwunsch! Was haben Sie nun schon alles erreicht?

- Ihre Entwicklungsumgebung inklusive Toolchain ist eingerichtet.
- Sie wissen, wie Ihre Arbeitsumgebung gesichert werden kann.
- Sie wissen, wie Ihre Toolchain gepflegt und aktualisiert werden kann.
- Sie kennen fast jedes Bit persönlich, das wir bis hierhin auf Ihrem Raspberry Pi eingerichtet haben.

Lassen wir nun die graue Theorie hinter uns und legen wir los!

Alle Projekte gibt es im Download!

Die Experimente und Projekte in diesem Buch können Sie als ZIP-Dateien aus dem Archiv *Materialien-zum-Buch.zip* herunterladen. Jede Quellcodedatei, jedes Makefile und eine Readme-Datei sind darin enthalten. Sie müssen also nichts abtippen und können auf diese Weise schneller loslegen.

Die Archiv-Datei finden Sie unter *https://www.rheinwerk-verlag.de/5580* oder auch unter *https://www.rippel.info* auf der Infoseite zum Buch.

Wenn Sie das Archiv entpacken, werden Sie eine Verzeichnisstruktur erhalten, die wie nachfolgend aufgebaut ist. Dies ist eine einfache, übersichtliche Organisation der Projekte aus diesem Buch. Die Dateien wurden in Unterverzeichnisse aufgeteilt, sodass Sie zum jeweiligen FPGA-Board alles gebündelt finden.

```
pi@pi5:~/fpga/src $ tree -d
└── fpga
    ├── doc
    │   ├── datasheets
    │   ├── icezero
    │   └── tangnano9k
```

```
├── git
│   └── TangNano-9K-example
└── src
    ├── icezero
    ├── counter
    ├── prng
    ├── spi-oled-image
    │   └── image
    ├── spi-oled-text
    │   └── fonts
    ├── toggle
    ├── uart
    ├── uart-tx
    └── ws2812b
└── tangnano9k
    ├── prng
    ├── spi-lcd
    ├── spi-oled-image
    │   └── image
    ├── spi-oled-text
    │   └── fonts
    ├── uart
    └── uart_lcd
```

9.1 I/O: Interaktion mit der Außenwelt

Die IceZero-Platine bietet durch ihre herausgeführten Anschlüsse, speziell `P1` bis `P4`, vielfältige Erweiterungsmöglichkeiten. Diese Anschlüsse sind sogenannte Pmod-Schnittstellen (*Peripheral Module*, siehe den Kasten »Pmod – Wer hat's erfunden?«), die eine einfache Erweiterung der Platine um zusätzliche Funktionen ermöglichen.

Das Trenz-IceZero-Board bietet im Gegensatz zum originalen BlackMesa-Board vier 2×6-Pmod-Anschlüsse und mit `J1` eine weitere Schnittstelle, die im 2×3-Format auf der Platine untergebracht wurde. Das Layout der Trenz-Platine ist kompakter und bietet somit mehr Anschlussmöglichkeiten als das ursprüngliche BlackMesa-IceZero-Board, das mit `P1` und `P2` zwei 2×6-Anschlüsse und mit `P3` und `P4` zwei 1×6-Anschlüsse bietet. Abbildung 9.1 zeigt ein Beispiel für eine `P1`- Schnittstelle.

Im Folgenden finden Sie mehrere Tabellen, die detaillierte Informationen zu den Pinbelegungen und -bezeichnungen der Schnittstellen des IceZero-Boards und des iCE40HX-FPGAs bereitstellen. Diese Tabellen sind ein unverzichtbares Werkzeug bei der Entwicklung Ihrer Projekte und dienen als Referenz für das Erstellen des Constraints-Files, das für die Konfiguration Ihres FPGA-Projekts notwendig ist. Mit diesen Angaben identifizieren Sie die erforderlichen Informationen und stellen sicher, dass Ihre Schaltungen und Programme korrekt mit der Hardware interagieren. Halten Sie diese Informationen griffbereit, während Sie an den folgenden Beispielprojekten arbeiten.

Abbildung 9.1 P1 – eine 2×6-Pmod-Schnittstelle

Eine Datei mit der kompletten Zuordnung aller Pins des Trenz-IceZero-Boards finden Sie bei den Materialien zum Buch unter *$HOME/fpga/doc/icezero/*. Die Datei heißt *trenz_icezero.pcf*. Diese Constraints-Datei ist die digitale Form der folgenden Tabellen.

9.1.1 P1 Pmod – eine vielseitige I/O-Schnittstelle

Die Schnittstelle `P1 Pmod` ist primär für allgemeine Eingabe- und Ausgabeoperationen konzipiert. Sie bietet Zugriff auf die I/O-Pins des FPGA, die sich für die Kommunikation mit Sensoren, Aktuatoren oder anderen Peripheriegeräten eignen. Jeder Pin kann entweder als digitale Eingabe oder Ausgabe konfiguriert werden, wobei am Pmod-Anschluss auch die Versorgungsspannung von 3,3 V und eine gemeinsame Masse (GND) bereitgestellt wird, um die Kompatibilität mit den Pmod-Modulen zu gewährleisten.

IOT_217 #139	IOT_219 #141
IOT_215 #137	IOT_216 #138
IOT_213 #135	IOT_214 #136
IOT_206 #130	IOT_212 #134
GND	GND
3,3 V	3,3 V

Tabelle 9.1 P1 Pmod

9.1.2 P2 Pmod – fokussiert auf Hochgeschwindigkeits-I/O

P2 Pmod bietet eine ähnliche Funktionalität wie die P1 Pmod-Schnittstelle, aber mit dem Unterschied, dass die hier verfügbaren Pins aus der unteren I/O-Bank des FPGAs genutzt werden. Auch hier bietet der Anschluss eine 3,3-V-Versorgungsspannung und teilt sich eine gemeinsame Masse.

IOB_94 #56	IOB_91 #55
IOB_80 #48	IOB_79 #47
IOB_73 #45	IOB_72 #44
IOB_71 #43	IOB_64 #42
GND	GND
3,3 V	3,3 V

Tabelle 9.2 P2 Pmod

9.1.3 P3 Pmod – erweiterte I/O-Optionen

P3 Pmod erweitert die Palette der I/O-Möglichkeiten weiter und stellt Ihnen Pins aus der unteren und linken I/O-Bank zur Verfügung. Auch diese Schnittstelle bietet eine 3,3-V-Spannungsversorgung und eine GND-Verbindung.

IOL_18B #26	IOB_63 #41
IOL_23B #29	IOB_61 #39
IOL_23A #28	IOB_57 #38
IOB_81_GBIN4 #52	IOB_56 #37
GND	GND
3,3 V	3,3 V

Tabelle 9.3 P3 Pmod

9.1.4 P4 Pmod – spezialisierte I/O-Fähigkeiten

P4 Pmod unterscheidet sich von den anderen drei Schnittstellen durch die Bereitstellung von Anschlüssen, die aus der oberen und linken I/O-Bank des FPGAs kommen.

Wie bei den anderen Pmods ist auch hier eine Spannungsversorgung mit 3,3 V und GND vorhanden.

IOL_14A_GBIN6 #21	IOL_2A #1
IOL_13B_GBIN7 #20	IOT_222 #144
IOL_4B #8	IOT_221 #143
IOL_4A #7	IOT_220 #142
GND	GND

Tabelle 9.4 P4 Pmod

Pmod – Wer hat's erfunden?

Pmod ist ein Kurzwort für *Peripheral Module* und bezeichnet einen offenen Standard für Peripheriemodule, der von *Digilent Inc.* entwickelt wurde. Pmod-Module erweitern Entwicklungsboards um eine Vielzahl von Funktionen, etwa um Sensoren, Aktuatoren, Kommunikationsschnittstellen, Datenerfassungssysteme, Displays und vieles mehr. Pmod-Module werden weitgehend in der Elektronikentwicklung und im Bildungsbereich eingesetzt, insbesondere in Projekten und Laboren, die sich mit Embedded Systems, Mikrocontrollern und FPGAs beschäftigen. Sie sind bei Entwicklern und Studierenden beliebt, da sie eine schnelle und einfache Möglichkeit bieten, Prototypen zu erstellen und zu testen.

Was ist bei Pmod standardisiert? VCC und GND sind immer in der gleichen Reihenfolge und an der gleichen Seite zu finden. Jedes Modul ist – in der Regel – mit einem männlichen 1×6-(*Standard 6-pin Interface*) oder 2×6-Header (*Double Pmod Interface*) ausgestattet.

Abbildung 9.2 Ein Pmod-Modul von Digilent

Und damit ergibt sich auch die Antwort auf die Frage, wie das IceZero-Board bestückt werden soll: mit Buchsenleisten an `P1` bis `P4` und einer Stiftleiste an `J1`, da diese dann für Jumper-Verbindungen genutzt wird. Abbildung 9.3 zeigt diese Bestückung.

Abbildung 9.3 Das mit Buchsen- und Stiftleisten fertig bestückte IceZero-Board

9.1.5 J1 – eine Schnittstelle für allgemeine Aufgaben

Die J1-Schnittstelle ist für allgemeine Eingabe- und Ausgabeoperationen gedacht. Sie bietet Zugriff auf I/O-Pins, die aus der oberen I/O-Bank des FPGAs kommen. Jeder Pin kann entweder als digitale Eingabe oder Ausgabe konfiguriert werden. Im Gegensatz zu den Schnittstellen P1 bis P4 ist J1 nicht im Pmod-Format, sondern im 2×3-Format auf der Platine herausgeführt.

IOT_179 #120	IOT_174 #117
IOT_181 #121	IOT_177 #118
IOT_173 #116	GND

Tabelle 9.5 J1

Die Anschluss-Bänke des iCE40HX

Die verschiedenen Bezeichnungen IOT, IOR, IOB und IOL (T = Top, R = Right, B = Bottom und L = Left) für die Pins (Anschlüsse) des iCE40HX-FPGAs von Lattice beziehen sich auf die vier Seiten des FPGAs.

- **I/O Bank 0 bis 2**: Diese Bänke bieten universell einsetzbare Anschlüsse (General Purpose I/O), die sowohl als Eingänge als auch als Ausgänge konfiguriert werden können. Diese Pins sind für allgemeine Aufgaben in der digitalen Schaltungstechnik gedacht und bieten sich für eine Vielzahl von Anwendungen an.

- **IO Bank 3**: Diese Bank bietet zusätzlich zu universell einsetzbaren Anschlüssen auch 14 Pins für differenzielle Anschlüsse. Das Datenblatt des iCE40HX zeigt Ihnen im Abschnitt »Pin Information Summary« auf Seite 42 einen Überblick dazu.

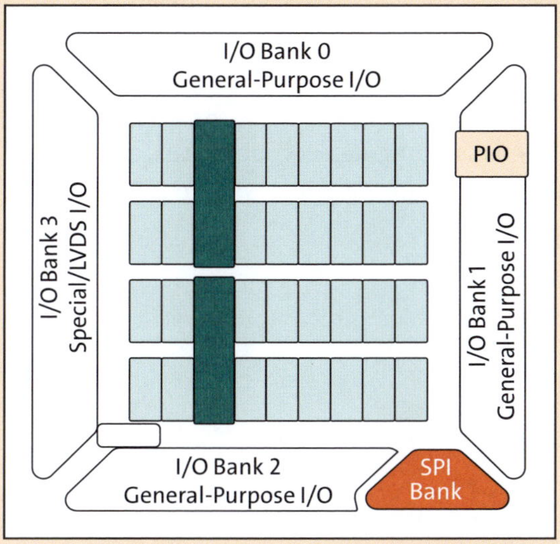

Abbildung 9.4 Die vier I/O-Bänke des iCE40HX FPGAs

Erweiterungen für den Raspberry Pi kombinieren

Sie möchten das IceZero-Board auf Ihrem Raspberry Pi einsetzen, haben jedoch bereits ein HAT installiert, das Sie weiterhin verwenden möchten? Mehrere HATs können problemlos die I²C-Schnittstelle, die über die GPIO-Leiste bereitgestellt wird, gemeinsam nutzen. Bei anderen Pins kann es jedoch zu Konflikten kommen. Wenn Sie nicht den Schaltplan jedes HATs hinsichtlich der verwendeten Anschlüsse durchforsten möchten, können Sie einen Pinout-Checker verwenden, um solche Doppelbelegungen zu identifizieren.

Eine der bekanntesten Ressourcen für Raspberry Pi GPIO-Pinbelegungen ist *https://pinout.xyz/*. Diese Website zeigt die Pinbelegung des Raspberry Pi sowie vieler populärer HATs. Sie ermöglicht es Ihnen, die Pinbelegung verschiedener HATs zu vergleichen. So sehen Sie, welche Pins belegt sind, und vermeiden Konflikte.

9.1.6 LEDs und Taster

Die IceZero-Platine integriert drei LEDs und einen Taster, die direkt mit dem iCE40HX-FPGA verbunden sind. Diese Elemente dienen nicht nur zur visuellen Rückmeldung und Interaktion, sondern ermöglichen auch einfache Steuerungs- und Testfunktionen direkt auf der Hardware-Ebene.

Der Taster

Der auf der Platine vorhandene Taster macht eine einfache und direkte Benutzerinteraktion möglich. Er kann beispielsweise verwendet werden, um ein Programm zu starten, zwischen verschiedenen Modi umzuschalten oder um einen Reset auszuführen.

Die LEDs

LED1, LED2 und LED3 können zur Signalisierung des Betriebsstatus, aber auch zur Anzeige spezifischer Zustände eines Programms genutzt werden.

LED1	IOT_168 #110
LED2	IOR_140_GBIN3 #93
LED3	IOR_141_GBIN2 #94
BTN	IOB_103_CBSEL0 #63

Tabelle 9.6 LED und Taster

9.1.7 Der Takt des IceZero-FPGAs

Der iCE40HX auf dem IceZero-Board wird von einer präzisen 100-MHz-Taktquelle angetrieben. Diese *Taktquelle* ist ein *Oszillator*-IC vom Typ SiT8OOAI-73-XXS-100.00000E, der von Silicon Labs hergestellt wird.

Dieser IC stellt einen stabilen und zuverlässigen Systemtakt bereit, der für den Betrieb des FPGAs und der angeschlossenen Komponenten unerlässlich ist. Mit einer Genauigkeit von ±50 ppm bietet er eine sehr hohe Frequenzstabilität, die für zeitkritische Anwendungen in der Digitaltechnik oder Signalverarbeitung wichtig ist.

CLK	IOB_81_GBIN5 #49

Tabelle 9.7 Taktsignal an einem Global Buffer Pin

Der 100-MHz-Takt wird über den Pin 49, der die Bezeichnung IOB_81_GBIN5 trägt, an den FPGA weitergeleitet. Dieser dedizierte Eingang für Taktleitungen (engl. *Global Clock Buffer*) sorgt dafür, dass der Takt ohne Verluste und mit minimaler Signalverzerrung im gesamten FPGA-Chip verteilt wird. Genauerer Informationen zu den Spezifikationen der Pins können Sie im Datenblatt des iCE40HX im Abschnitt »Clock/Control Distribution Network« detailliert nachlesen.

9.1.8 J3 – Die FTDI-Schnittstelle

Über die FTDI-Schnittstelle laden Sie Programme hoch und können einen Debugging-Prozess durchführen. Die FTDI-Schnittstelle schlägt also eine Brücke zwischen dem USB-Anschluss eines Computers und der Debugging-Schnittstelle des FPGAs. Dazu konvertiert sie die USB-Signale in serielle Signale, die vom FPGA verarbeitet werden können, und umgekehrt. Diese FTDI-Schnittstelle umfasst mehrere wichtige Signalverbindungen:

- GND (*Ground*): Pin 1 auf der IceZero-Seite ist mit GND auf der FTDI-Seite verbunden und stellt die gemeinsame Masseverbindung her, die für die Signalintegrität kritisch ist.
- CTS (*Clear To Send*): Verbunden mit IOT_178 (#119), signalisiert diese Signalverbindung, dass die FTDI-Seite bereit ist, Daten zu empfangen. Es handelt sich um ein Handshake-Signal, das für den Fluss der Kommunikation wichtig ist.
- VCC (5V): Versorgt die FTDI-Schnittstelle mit Strom. Während die Schnittstelle mit 5 V betrieben wird, ist es entscheidend, dass die Signalpegel bei 3,3 V bleiben, um die Kompatibilität mit dem Logik-Level der IceZero-Platine zu gewährleisten.
- Tx und Rx (*Transmit* und *Receive*): IOT_190 (#122) und IOT_191 (#124) sind für die Datenübertragung (Tx) und den Datenempfang (Rx) zuständig.
- DTR (*Data Terminal Ready*): Verbunden mit IOT_125 (#125), wird dieses Signal in der Regel für die Steuerung des Resets während des Programmierprozesses verwendet. Er kann aber auf der IceZero-Platine ignoriert werden, da es für die grundlegende Funktion nicht erforderlich ist.

IceZero-Seite	FTDI-Seite
GND (Pin1)	GND
IOT_178 #119	→ CTS (low)
5V	VCC
IOT_190 #122	→ Tx (3,3 V)
IOT_191 #124	← Rx (3,3 V)
IOT_125 #125	← DTR (ignore)

Tabelle 9.8 J3 – die FTDI-Schnittstelle

Die Integration dieser Schnittstelle auf der IceZero-Platine erleichtert die Entwicklung und das Debugging von Projekten erheblich, da sie einen direkten und einfachen Zugang zur Programmierung und Kommunikation bietet. Damit haben Sie eine flexible Alternative für den Zugriff, der insbesondere in Umgebungen nützlich ist, in denen kein Raspberry Pi zur Verfügung steht. Denn die FTDI-Schnittstelle gibt Ihnen – neben dem GPIO-Anschluss – eine weitere Möglichkeit, den FPGA zu programmieren und zu debuggen. Ich werde die Nutzung der FTDI-Schnittstelle für die Programmierung und das Debugging nicht vertiefen. Dennoch ist es wichtig, dass Sie diese Möglichkeit kennen.

Achtung: Stromversorgung und Signalpegel

Der FTDI-Anschluss des IceZero-Boards erfordert zwar eine 5-V-Stromversorgung, muss jedoch mit 3,3-V-Signalpegeln betrieben werden.

9.1.9 Die GPIO-Schnittstelle

Auf der Unterseite des IceZero-Boards befindet sich die Buchsenleiste zum Anschluss an die GPIO-Schnittstelle des Raspberry Pi, wie Sie in Abbildung 9.5 sehen.

Abbildung 9.5 Die GPIO-Buchsenleiste des IceZero-Boards

Dies ist die standardisierte Schnittstelle, die auf (fast) jedem Raspberry Pi verwendet wird. Nur die allererste Version, der Raspberry Pi 1, hatte eine kleinere, nämlich 20-polige Version davon. Alle späteren Modelle erhielten dann die heutige Version mit einem 40-poligen Anschluss.

Die Interaktion zwischen dem IceZero-Board und dem Raspberry Pi

Die Verbindung zwischen dem IceZero-Board und dem Raspberry Pi wird durch ausgewählte Pin-Belegungen auf beiden Seiten hergestellt. Es gibt viele Kommunikationsmöglichkeiten zwischen dem FPGA und dem Raspberry Pi, beispielsweise über I^2C, UART, SPI und auch über ein paar allgemeine GPIOs. So können Signale vom IceZero-Board mittels Kommunikationsprotokollen zum Raspberry Pi gesendet und empfangen werden.

Dadurch ergeben sich ein paar spezifische Möglichkeiten:

- **I²C** (*Inter-Integrated Circuit*): Durch die Verbindung der I²C-Pins können der Raspberry Pi und das IceZero-Board Daten über diesen seriellen Bus austauschen und so Sensoren, Displays und andere Peripheriegeräte nutzen, die I²C zur Kommunikation verwenden. Das *Durchschleifen* von (Pmod-)Sensoren, die dieses Protokoll nutzen, ist so sehr einfach zu realisieren.
- **UART** (*Universal Asynchronous Receiver/Transmitter*): Die UART-Pins öffnen einen seriellen Kommunikationskanal, der für Debugging-Zwecke, einen Terminal-Zugang oder für die Anbindung an andere Mikrocontroller und Computer genutzt werden kann.
- **SPI** (*Serial Peripheral Interface*): Die SPI-Verbindung sorgt für schnelle Datenübertragungswege und ist wichtig für Flash-Speicher, Sensoren und Displays, die eine höhere Datentransferrate erfordern.
- **Allgemeine GPIOs** (*General Purpose Input/Output*): Diese Pins bieten flexible I/O-Optionen, die für eine Vielzahl von Steuerungs- und Sensorerfassungsaufgaben genutzt werden können – von der einfachen LED-Steuerung bis hin zur Erfassung von Tastendrücken.

Tabelle 9.9 stellt die Anschlüsse auf dem Raspberry Pi und dem IceZero-Board gegenüber.

Raspberry-Pi-Seite	IceZero-Seite
I2C SDA #3	IOT_172 #115
I2C SCL #5	IOT_171 #114
UART Tx #8	IOT_170 #113
UART Rx #10	IOT_169 #112
SPI_MOSI #19	IOR_138 #90
SPI_MISO #21	IOR_136 #87
SPI_SCK #23	IOR_115 #79
SPI_CE0N #24	IOR_128 #85
SPI_CE1N #26	IOR_114 #78
GPIO25 #22	IOR_137 #88

Tabelle 9.9 Anschlüsse des GPIO-40-Pin-Headers

Raspberry-Pi-Seite	IceZero-Seite
GPIO24 #18	IOR_152 #99
GPIO22 #15	IOR_160 #101
ID_SD #27	IOR_109 #73
ID_SC #28	IOR_110 #74

Tabelle 9.9 Anschlüsse des GPIO-40-Pin-Headers (Forts.)

Programmierung durch den Raspberry Pi

Die GPIO-Verbindung ermöglicht aber nicht nur die allgemeine Interaktion. Über sie können Sie auch den FPGA, der auf dem IceZero-Board angebracht ist, direkt vom Raspberry Pi aus programmieren. Diese Funktion haben Sie schon bei der Übertragung des Blinky-Testprogramms genutzt, als Sie überprüft haben, dass die Toolchain funktioniert.

Das bedeutet, dass spezifische Pins für den Programmierprozess reserviert sind, einschließlich der Signale für den Programmdaten-Input, das Clock-Signal, die Chip-Select-Leitung und Reset-Funktionen. Dies vereinfacht den Entwicklungsprozess erheblich, da Sie dadurch eine schnelle und einfache Möglichkeit erhalten, FPGA-Designs direkt über den Raspberry Pi zu laden und zu aktualisieren. Eine separate Programmierschnittstelle ist nicht notwendig.

Tabelle 9.10 stellt wieder die einzelnen GPIOs gegenüber.

Raspberry-Pi-Seite	IceZero-Seite
GPIO5 #29	CDONE #65
GPIO6 #31	IOB_106_SDI #68
GPIO13 #33	IOB_105_SDO #67
GPIO16 #36	IOB_107_SCK #70
GPIO12 #32	IOB_108_SS #71
GPIO26 #37	CRESET_B #66

Tabelle 9.10 Programmierung durch Raspberry-Pi-Header

9.1.10 J2 – die Spannungsversorgung

Die Schnittstelle J2 bietet eine 5-V-Spannungsquelle an. Da kommen 5 V raus. Ganze. Fünf. Volt!

J2
5V
GND

Tabelle 9.11 J2 – Pinbelegung der 5V Spannungsquelle

Dieser Anschluss eignet sich ideal für externe Komponenten, die eine 5-V-Versorgungsspannung oder ein Level-Shifting benötigen, wenn sie mit einer 5-V-Logik arbeiten. J2 kann die dafür nötige 5-V-Spannung liefern. Die 5-V-Spannungsquelle kann auch für andere Projekte oder Experimente genutzt werden, die eine 5-V-Versorgung erfordern.

9.1.11 Der SRAM-Speicher des IceZero-Boards

Tabelle 9.12 und Tabelle 9.13 beschreiben die Pin-Zuordnung zwischen dem IceZero-Board und dem darauf verwendeten *SRAM*-Chip, genauer gesagt dem aktuell verwendeten Modell IS61WV25616BLL-10TLI (siehe Abbildung 9.6). Dieser SRAM-Chip bietet eine Speicherkapazität von 4 Mb (Megabit), was 512 KB (Kilobyte) entspricht. Die Zugriffszeit beträgt 10 Nanosekunden.

Abbildung 9.6 Der SRAM-Chip des IceZero-Boards

Dieser SRAM-Chip ersetzt einen älteren, langsameren SRAM, der bei einer früheren Version des IceZero-Boards verwendet wurde. Die detaillierte Pin-Zuordnung ist wichtig für die korrekte Integration und Nutzung des SRAMs bei einem FPGA-Design, das direkt auf das SRAM zugreift.

Adress- und Steuerleitungen

Tabelle 9.12 beschreibt die Zuordnung der Adress- und Steuerleitungen zwischen dem IceZero-Board und dem SRAM. Sie zeigt, wie die Pins auf dem IceZero-Board mit den Adresspins (`A0` bis `A17`) und den Steuerpins (wie `CEn` für *Chip Enable*, `WEn` für *Write Enable*, `OEn` für *Output Enable*, `LBn` für *Lower Byte Enable* und `UBn` für *Upper Byte Enable*) des SRAM-Chips verbunden sind. Diese Signalverbindungen sind entscheidend für die Adressierung spezifischer Speicherstellen im SRAM und für die Steuerung der Zugriffsarten (Lesen, Schreiben, Aktivieren bzw. Sperren bestimmter Bereiche).

IceZero-Seite	SRAM-Seite
IOL_25B #34	A0 #1
IOL_25A #33	A1 #2
IOL_24B #32	A2 #3
IOL_24A #31	A3 #4
IOL_18A #25	A4 #5
IOL_5B #10	A5 #18
IOL_5A #9	A6 #19
IOL_3B #4	A7 #20
IOL_3A #3	A8 #21
IOB_95 #60	A9 #22
IOB_96 #61	A10 #23
IOR_166 #106	A11 #24
IOR_165 #105	A12 #25
IOR_164 #104	A13 #26
IOR_161 #102	A14 #27
IOB_102 #62	A15 #42
IOR_167 #107	A16 #43
IOL_2B #2	A17 #44
IOL_17B #24	CEn #6
IOL_8A #11	WEn #17
IOR_112 #76	OEn #41
IOR_117 #81	LBn #39
IOR_111 #75	UBn #40
IOR_148 #98	NC #28

Tabelle 9.12 Die Adress- und Steuerleitungen des IceZero-Boards (IS61WV25616EDBLL-10TLI)

Datenleitungen

Tabelle 9.13 konzentriert sich auf die Datenleitungen I/O0 bis I/O15. Sie zeigt, welche Pins auf dem IceZero-Board mit den Datenpins des SRAM-Chips verbunden sind. Diese Pins sind verantwortlich für den tatsächlichen Datenfluss zwischen dem IceZero-Board und dem SRAM – sie übertragen die Daten, die gelesen oder geschrieben werden sollen.

SRAM-Seite	IceZero-Seite
I/O0 #7	IOL_17A #23
I/O1 #8	IOL_14B #22
I/O2 #9	IOL_13A #19
I/O3 #10	IOL_12B #18
I/O4 #13	IOL_12A #17
I/O5 #14	IOL_10B #16
I/O6 #15	IOL_10A #15
I/O7 #16	IOL_8B #12
I/O8 #29	IOR_147 #97
I/O9 #30	IOR_146 #96
I/O10 #31	IOR_144 #95
I/O11 #32	IOR_139 #91
I/O12 #35	IOR_120 #84
I/O13 #36	IOR_118 #82
I/O14 #37	IOR_119 #83
I/O15 #38	IOR_116 #80

Tabelle 9.13 Die Datenleitungen des IceZero-Boards (IS61WV25616EDBLL-10TLI)

Wenn Ihr FPGA-Design später einmal über das einfache Schalten von LEDs hinausgeht, werden Sie das SRAM auf dem IceZero-Board mit direkten Zugriffen auf den Speicher nutzen wollen. Dafür sind diese Datenleitungen wichtig. So könnten Sie beispielsweise spezielle Datenstrukturen direkt im Speicher organisieren wollen, um optimale Zugriffszeiten oder Datenverarbeitungsgeschwindigkeiten zu erreichen oder um eigene Caching-Mechanismen zu implementieren. Dies ist ein Szenario, in dem ein schneller Zugriff auf wiederholt genutzte Daten die Leistung des Systems signifikant verbessern kann.

9.2 Einen Takt ausgeben

Mit dem Blinky-Projekt zum Test der Toolchain haben Sie den FPGA schon mit Ihrem ersten Verilog-Programm zum Laufen gebracht. Nun gehen wir einen Schritt weiter. Den *Takt*, mit dem Sie vorher die LEDs haben aufleuchten lassen, werden wir nun auf einen Pin ausgeben.

Gehen wir dies Schritt für Schritt durch, damit Sie den gesamten Design-Prozess noch einmal verinnerlichen können. In späteren Beispielen kürzen wir dann manche Schritte etwas ab und konzentrieren uns mehr auf den Verilog-Code und weniger auf das Drumherum.

Die Projektdateien

Bei den Materialien zum Buch können Sie dieses Projekt in der Datei *toggle.zip* finden, die im Verzeichnis *$HOME/fpga/src/icezero/* liegt. Nachdem Sie die Datei *toggle.zip* entpackt haben, wechseln Sie in das entpackte Verzeichnis. Folgende vier Dateien sollten darin zu finden sein:

```
pi@pi5:~/fpga/src/icezero/toggle $ ls
Makefile  readme.txt  toggle.pcf  toggle.v
```

Wenn Sie meinen Empfehlungen zum Erstellen einer Entwicklungsumgebung auf dem Raspberry Pi folgen und die Struktur beibehalten, die sich aus den Materialien zum Buch ergibt, dann werden unterhalb von *$HOME/fpga/src/icezero/* und *$HOME/fpga/src/tangnano9k/* die Beispielprojekte dieses Buches mit ihren Projektverzeichnissen entstehen. Eine große Anzahl der Beispielprojekte liegt auch für beide FPGAs vor.

Es steht Ihnen selbstverständlich frei, die Projektdateien an einem von Ihnen gewählten Ort zu entpacken und dort zu arbeiten. Ich brauche aber etwas, auf das ich im Verlauf des Buches Bezug nehmen kann. Außerdem dient die hier vorgeschlagene Struktur als Leitfaden, um Ihnen den Einstieg zu erleichtern und eine organisierte Arbeitsumgebung zu fördern.

9.2.1 Die ersten Schritte

Für dieses Mini-Projekt benötigen Sie zunächst zwei Informationen: Wo kommt der Takt her und wo geben Sie das Signal aus?

- Zur Ausgabe des Taktsignals nutzen wir Pin 1 der `P1 Pmod`-Schnittstelle auf dem IceZero-Board. In Tabelle 9.1 (aus Abschnitt 9.1.1) können Sie sehen, dass der erste Pin dieser Schnittstelle mit dem physischen Pin 139 elektrisch verbunden ist.

Damit haben wir schon eine Angabe für die PCF-Datei ermittelt. Nun fehlt uns noch die Taktquelle.

- Wie Sie in Tabelle 9.7 (aus Abschnitt 9.1.7) sehen, hat der iCE40HX auf dem Ice-Zero-Board eine Taktquelle, die an Pin 49 anliegt. Auch diese Information müssen wir in der PCF-Datei hinterlegen.

9.2.2 Die Constraints-Datei

Diese Informationen schreiben Sie in die PCF-Datei, die Sie zur Synthese des Verilog-Codes benötigen. Das Ergebnis sollte so wie in Listing 9.1 aussehen:


```
set_io clk 49
set_io data_out 139
```

Listing 9.1 Der Inhalt der Constraints-Datei »toggle.pcf«

9.2.3 Der Verilog-Code und der Prompt

Den Verilog-Code für dieses Beispiel können Sie sich komfortabel von ChatGPT oder einer anderen KI erstellen lassen. Ich habe dafür diesen Prompt genutzt:

> Erstelle einen Verilog-Code für ein Modul namens `FrequencyDivider`. Das Modul soll einen Eingang `clk` für den Systemtakt haben, der mit 100 MHz läuft, und einen Ausgang namens `data_out`. Der Zweck dieses Moduls ist es, die Eingangsfrequenz auf etwa 2 MHz zu reduzieren und als alternierende Bitfolge auf den Ausgang zu geben. Verwende den Verilog-2005-Standard.

Wenn Sie diesen Prompt in eine Chat-KI wie ChatGPT oder Claude eingeben, werden Sie ungefähr den Verilog-Code aus Listing 9.2 ausgegeben bekommen:

```
module FrequencyDivider(
    input wire clk,        // Systemtakt von 100 MHz
    output reg data_out    // Datenausgang
);
// Teilerwert für eine Ziel-Ausgabefrequenz von 2 MHz,
// ausgehend von einer Eingangsfrequenz von 100 MHz.
// 100 MHz / 2 MHz = 50; jedoch benötigen wir ein Toggle
// bei jedem halben Zyklus, deshalb wird durch 25 geteilt.
parameter divider = 25;
reg [4:0] counter = 0; // 5-Bit-Zähler für das Zählen bis 25
always @(posedge clk) begin
    if(counter == (divider - 1)) begin
        data_out <= ~data_out;  // Toggle data_out
        counter <= 0;           // Zähler zurücksetzen
```

```
    end else begin
        counter <= counter + 1; // Zähler inkrementieren
    end
end
endmodule
```

Listing 9.2 Ausgabe des Taktsignals in der Datei »toggle.v«

Der vollständige Code zur Ausgabe eines Taktsignals braucht also nicht viele Zeilen. Wie Sie sehen, sind aber einige Angaben wichtig, um einen funktionierenden Quellcode zu erhalten:

- **Der Takt**: Sie müssen den Takt angeben, den Ihr FPGA verwendet. Beim IceZero-Board ist es ein 100-MHz-Taktgeber.
- **Die Namen der Ein- und Ausgänge in der PCF-Datei**: In diesem Fall sind das `clk` und `data_out`. Diese Namen müssen im Verilog-Code und in der Constraints-Datei zueinander passen. Vergessene Einträge oder Abweichungen vom Namen sind mit die häufigsten Fehlerquellen bei der Synthese. Yosys ist in der Regel aber ziemlich gut solche Fehler schnell zu entdecken und liefert Ihnen aussagekräftige Fehlermeldungen. Wichtig ist hier: Über diesen Teil – also über die Ein- und Ausgänge sowie den Takt – sollten Sie sich schon so weit wie möglich Gedanken machen, bevor Sie die KI auffordern, einen Quellcode zu erstellen. Je mehr konkrete Angaben Sie machen können, desto vollständiger ist der Verilog-Code, den Sie ausgegeben bekommen.
- **Die Angabe, was das Programm tun soll**: Das ist bei mir der Prompt-Teil »*auf etwa 2 MHz zu reduzieren und als alternierende Bitfolge auf den Ausgang zu geben*«.
- **Der Standard**: Geben Sie der KI zur Sicherheit den Hinweis, Verilog 2005 zu verwenden. Der generierte Quellcode sollte dadurch mit unserer Open-Source-Toolchain kompatibel sein.

Verilog 2005 als Standard in diesem Buch

Die Empfehlung, Verilog 2005 für die Codeerstellung zu nutzen, dient dazu, Kompatibilität mit unserer Open-Source-Toolchain sicherzustellen. Es ist zwar richtig, dass Bestandteile der in diesem Buch verwendeten Toolchain (und auch andere Open-Source-Toolchains) auch neuere Standards, einschließlich *SystemVerilog*, unterstützen, aber dazu muss vorausgesetzt werden, dass diese Versionen dieser Tools auch installiert sind.

Da ich jedoch keinen Einblick in Ihre spezifische Systemkonfiguration habe, gehe ich auf Nummer sicher und orientiere mich an *Verilog 2005*. Diese Version nutzen wir als den gemeinsamen Ausgangspunkt, um sicherzustellen, dass jeder unabhängig von seiner individuellen Toolchain oder den installierten Versionen ohne Probleme den Beispielen folgen kann. Dieser Ansatz ermöglicht es mir, eine breite Kompatibilität zu gewährleisten und sicherzustellen, dass alle Leserinnen und Leser die Beispiele und Anleitungen in diesem Buch ohne spezielle Anforderungen an ihre Software-Umgebung nachvollziehen können.

Schauen wir uns nun den Verilog-Code aus Listing 9.2 im Detail an. Er ist ein einfach zu verstehendes Beispiel, wie ein Taktsignal generiert und ausgegeben werden kann. Er beginnt wie folgt:


```
module FrequencyDivider(
    input wire clk,         // Systemtakt von 100 MHz
    output reg data_out     // Datenausgang
);
```

Listing 9.3 Moduldefinition und Schnittstelle

Das Modul `FrequencyDivider` (siehe Listing 9.3) hat einen Eingang `clk` und einen Ausgang `data_out`. Der Eingang `clk` ist der Systemtakt mit einer Frequenz von 100 MHz, und `data_out` ist der Datenausgang, der die geteilte Frequenz ausgibt.

```
// Teilerwert für eine Ziel-Ausgabefrequenz von 2 MHz,
// ausgehend von einer Eingangsfrequenz von 100 MHz.
// 100 MHz / 2 MHz = 50; jedoch benötigen wir ein Toggle
// bei jedem halben Zyklus, deshalb wird durch 25 geteilt.
parameter divider = 25;
```

Listing 9.4 Parameterdefinition

Der Parameter `divider` (siehe Listing 9.4) ist auf `25` gesetzt. Das basiert auf der Berechnung, dass die Frequenz von 100 MHz auf 2 MHz reduziert werden soll. Da das Ausgangssignal bei jedem halben Zyklus umschalten soll, wird durch 25 geteilt, nicht durch 50.

```
reg [4:0] counter = 0; // 5-Bit-Zähler für das Zählen bis 25
```

Listing 9.5 Zählerdefinition

Mit `counter` wird ein 5-Bit-Zähler mit 0 initialisiert, mit dem hier bis 25 gezählt wird. `reg` kennzeichnet die Variable `counter` als Register, was bedeutet, dass sie ihren Wert über die Zeit hinweg beibehalten kann und hauptsächlich in prozeduralen Blöcken wie `always`-Blöcken verwendet wird.

Die Größe des Registers ist mit [4:0] definiert. Es umfasst also 5 Bits. Verilog ermöglicht die Definition von Vektoren (Gruppen von Bits) mit dieser Syntax, wobei die erste Zahl vor dem Doppelpunkt den Index des höchstwertigen Bits (*Most Significant Bit*, MSB) und die zweite Zahl den Index des niedrigstwertigen Bits (*Least Significant Bit*, LSB) angibt. Die Zählung beginnt bei 0. Diese Definition der Variable counter erlaubt es, Zustände oder Zahlen im Bereich von 0 bis 2^{5-1} (0 bis 31) zu speichern und zu manipulieren, was für Zählvorgänge oder zur Speicherung kleinerer Datenmengen geeignet ist.

```
always @(posedge clk) begin
    if(counter == (divider - 1)) begin
        data_out <= ~data_out; // Toggle data_out
        counter <= 0;          // Zähler zurücksetzen
    end else begin
        counter <= counter + 1; // Zähler inkrementieren
    end
end
```

Listing 9.6 Die Hauptlogik

Der always-Block aus Listing 9.6 enthält die Hauptlogik. Er reagiert auf die positive Flanke des clk-Signals, definiert durch posedge. Er enthält eine bedingte Anweisung (if-else), die wie folgt funktioniert:

- **Bedingte Prüfung (**if(counter == (divider - 1))**):** Überprüft, ob der Zähler seinen maximalen Wert (divider - 1, also 24) erreicht hat. Diese Prüfung entscheidet, ob der Ausgangszustand umgeschaltet (*getoggelt*) wird oder nicht.
- **Umschalten des Ausgangs (**data_out <= ~data_out**):** Wenn der Zähler den Wert 24 erreicht hat, wird das Ausgangssignal data_out umgeschaltet. Dies erfolgt durch die Verwendung des Komplementoperators ~, der den aktuellen Zustand von data_out invertiert.
- **Zähler zurücksetzen (**counter <= 0**):** Nach dem Umschalten des Ausgangssignals wird der Zähler zurückgesetzt, indem sein Wert auf 0 gesetzt wird, um für den nächsten Zyklus von vorne zu beginnen.
- **Sonstiger Fall (**else**):** Falls der Zähler noch nicht den maximalen Wert erreicht hat, wird der Zähler einfach inkrementiert (counter <= counter + 1). Dies bedeutet, dass bei jeder positiven Taktflanke geprüft wird, ob der Zähler erhöht werden soll, solange er nicht den Umschaltpunkt erreicht hat.

Der always-Block implementiert damit einen Zählmechanismus, der bei jeder positiven Taktflanke des Eingangssignals entscheidet, ob der Zustand des Ausgangssignals umgeschaltet wird. Das Umschalten des Ausgangszustands und das Zurücksetzen des Zählers nach Erreichen seines Maximalwerts führen dazu, dass die

Frequenz des Ausgangssignals reduziert wird. Die Frequenzreduktion wird durch den Teilerwert von 25 erreicht, der im Parameter `divider` festgelegt ist, und bewirkt, dass das Ausgangssignal mit einer bestimmten, durch den Teilerwert auf `divider` definierten Geschwindigkeit von High zu Low und umgekehrt wechselt.

9.2.4 Das Makefile

Ein Makefile dient zum Steuern der Toolchain und zum Erstellen des Programms. Makefiles werden in der Software-Entwicklung ungefähr seit dem Tod der letzten Dinosaurier eingesetzt und sind der Standard, um solche Abläufe zu automatisieren. (Ich bin darauf bereits in Abschnitt 5.2.3 eingegangen.)

Das Makefile aus Listing 9.7 ist für die Verwendung mit FPGA-Designprojekten konzipiert, insbesondere für Projekte mit dem Lattice-iCE40HX-FPGAs, die mit unserer Toolchain arbeiten: mit *Yosys* für die Synthese, *Arachne-pnr* für Platzierung und Routing sowie *Icepack* für das Erzeugen der Binärdatei. Es legt genau fest, wie ein Verilog-Quellcode in ein Format verwandelt wird, das Sie auf einen FPGA laden können.

```
PROJ = toggle
PIN_DEF = toggle.pcf
DEVICE = hx8k
PACKAGE = tq144:4k
all: toggle.bin
%.blif: %.v
        yosys -p 'synth_ice40 -top FrequencyDivider -blif $@' $<
%.asc: $(PIN_DEF) %.blif
        arachne-pnr -d $(subst hx,,$(subst lp,,$(DEVICE))) -P $(PACKAGE) ⮐
                    -o $@ -p $^
%.bin: %.asc
        icepack $< $@
%.rpt: %.asc
        icetime -d $(DEVICE) -mtr $@ $<
%_tb: %_tb.v %.v
        iverilog -o $@ $^
%_tb.vcd: %_tb
        vvp -N $< +vcd=$@
%_syn.v: %.blif
        yosys -p 'read_blif -wideports $^; write_verilog $@'
%_syntb: %_tb.v %_syn.v
        iverilog -o $@ $^ `yosys-config --datdir/ice40/cells_sim.v`
%_syntb.vcd: %_syntb
        vvp -N $< +vcd=$@
```

```
prog: $(PROJ).bin
	icezprog $<
%.prog: %.bin
	icezprog $<
clean:
	rm -f *.blif *.asc *.rpt *.bin
.SECONDARY:
.PHONY: all prog clean
```

Listing 9.7 Das Makefile des »toggle«-Beispieldesigns

Schauen wir uns nun die verschiedenen Teile des Makefiles genauer an:

Variablendefinitionen

- `PROJ`: der Name des Projekts. Hier wird es für den Namen der generierten Ausgabedateien verwendet.
- `PIN_DEF`: die Pin-Definition-Datei, die angibt, wie die I/O-Pins des FPGAs mit Ihrem Design verbunden sind
- `DEVICE`: spezifiziert den FPGA-Typ, der für das Design verwendet wird, für das Place-and-route-Tool.
- `PACKAGE`: definiert das physische Paket des FPGAs, somit die Anzahl der Logikblöcke, für das Place-and-route-Tool.

Woher kommen die Angaben in DEVICE und PACKAGE?

Welche Lattice-FPGAs momentan unterstützt werden, erfahren Sie über die Hilfeausgabe von `arachne-pnr`:

```
pi@pi5:~/fpga/src $ arachne-pnr --help
  -d <device>, --device <device>
    Target device <device>. Supported devices:
     384 - Lattice Semiconductor iCE40LP384
      1k - Lattice Semiconductor iCE40LP/HX1K
      5k - Lattice Semiconductor iCE40UP5K
    lm4k - Lattice Semiconductor iCE40LM4K
      8k - Lattice Semiconductor iCE40LP/HX8K
    Default: 1k
  -P <package>, --package <package>
    Target package <package>.
    Default: cm49 for 384, tq144 for 1k, ct256 for 8k
```

Den aktuellen Stand der Entwicklung und auch Ankündigungen, welche FPGAs neu unterstützt werden, finden Sie unter *https://github.com/YosysHQ/arachne-pnr*.

Ziele

- `all`: gibt das Standardziel an, das mit dem Befehl `make` gebaut wird. Es hängt von `toggle.bin` ab, wodurch `make` versucht, diese Datei zu erzeugen.
- `%.blif`: eine Regel, um `.blif`-Dateien aus Verilog-Quelldateien mithilfe von Yosys zu erzeugen. Achten Sie hier besonders auf die Angabe `-top FrequencyDivider`. Das ist der Name des Haupt-Verilog-Moduls in Ihrem Quellcode. Dieses Modul ist das Äquivalent dessen, was Sie wahrscheinlich aus der Software-Entwicklung als Hauptprogramm mit dem Namen `Main` oder `Top` kennen.
- `%.asc`: erzeugt eine `.asc`-Datei (ASCII-Repräsentation des Platzierungs- und Routing-Ergebnisses) aus der `.blif`-Datei und der Pin-Definition-Datei mithilfe von Arachne-pnr.
- `%.bin`: wandelt die `.asc`-Datei in eine `.bin`-Datei um, die mit dem Tool Icepack auf den FPGA geladen werden.
- `%.rpt`: erzeugt einen Timing-Report für das Design mithilfe von Icetime.
- `%_tb`: kompiliert eine Testbench für das Design, unter Verwendung von iVerilog.
- `%_tb.vcd`: führt die Testbench aus und erzeugt eine `.vcd`-Datei (*Value Change Dump*), die in einem Wellenformbetrachter geöffnet werden kann.
- `%_syn.v`: erzeugt eine synthetisierte Verilog-Datei aus der `.blif`-Datei.
- `%_syntb`: erzeugt eine Testbench für die synthetisierte Verilog-Datei.
- `%_syntb.vcd`: führt die synthetisierte Testbench aus und erzeugt eine `.vcd`-Datei.

Befehle

- `prog`: ein Ziel zum Programmieren des FPGAs mit der generierten `.bin`-Datei
- `clean`: entfernt alle generierten Dateien und sorgt für Ordnung.

Spezielle Anweisungen

- `.SECONDARY`: verhindert, dass Make automatisch Zwischendateien löscht.
- `.PHONY`: markiert Ziele, die nicht tatsächlichen Dateien entsprechen, als *unecht*. Dies verhindert Konflikte mit gleichnamigen Dateien und sorgt dafür, dass die Ziele bei jedem Aufruf ausgeführt werden.

Jede Regel im Makefile besteht aus einem Ziel, aus Abhängigkeiten und aus einem Rezept:

- Das *Ziel* ist der Name der Datei, die generiert wird, oder eine Aktion, die ausgeführt wird.
- Die *Abhängigkeiten* sind Dateien, die benötigt werden, um das Ziel zu erreichen.
- Das *Rezept* (die Befehle nach den Abhängigkeiten) definiert, wie das Ziel erreicht wird.

Die Verwendung von Variablen wie `$(PROJ)` macht das Makefile flexibler und wiederverwendbar für verschiedene Projekte.

Die Beispielprojekte in diesem Buch verwenden alle ein Makefile, um die Toolchain zu steuern. Die Befehle, die Sie damit aufrufen, werden immer folgende sein:

- `make`: zum Erstellen des Bitstreams aus dem Verilog-Quellcode
- `make prog`: zum Übertragen des Bitstreams auf den FPGA
- `make clean`: zum Löschen der generierten Dateien, falls Sie einen neuen Quellcode ausprobieren möchten, um sicherzugehen, dass alle alten automatisch generierten Dateien entfernt wurden

Alle Makefiles der Projekte in diesem Buch habe ich spezifisch erstellt, um die in diesem Buch verwendeten FPGAs zu programmieren – entweder den iCE40HX oder den Tang Nano 9K. Sie funktionieren also nur mit dem in ihnen festgelegten FPGA-Typ. Eine Anpassung der Makefiles an einen anderen FPGA-Typ ist aber durchaus möglich. Dazu ist es jedoch erforderlich, dass Sie die Constraints-Datei, hier die *toggle.pcf*, entsprechend ändern.

Bezogen auf das Toggle-Projekt müssen Sie dann spezifische Details anpassen, wie die Taktfrequenz, den Pin der Taktquelle sowie die Pins, die als Ein- und Ausgänge fungieren sollen. Bei anderen, umfangreicheren Projekten sind die benötigten Anpassungen aufwendiger. Sie müssen dann die spezifischen Eigenschaften des neuen FPGAs genau kennen, um eine korrekte Funktionsweise des Designs auf dem neuen FPGA-Typ sicherzustellen.

Makefiles sind empfindlich!

Makefiles sind ein bewährtes Werkzeug in der Software-Entwicklung, besonders beim Automatisieren von Build-Prozessen. Ihre korrekte Funktion hängt jedoch stark von der Einhaltung spezifischer Syntaxregeln ab. Wenn Sie ein Makefile editieren, dann achten Sie auf folgende Punkte, die ich auch schon in Abschnitt 5.2.3 angesprochen habe:

- **Tabs vs. Leerzeichen**: In Makefiles müssen Sie Tabs anstelle von Leerzeichen für Einrückungen verwenden, die den Beginn eines Befehls unter einem Ziel markieren. Verwenden Sie versehentlich ein Leerzeichen statt eines Tabs, erkennt **make** dies nicht korrekt als Befehl.
- **Kommentare**: Alles, was nach einem # in einer Zeile steht, wird als Kommentar betrachtet und von **make** ignoriert.
- **Leerzeilen und Leerzeichen**: Überflüssige Leerzeilen und Leerzeichen am Ende von Zeilen können die Lesbarkeit erhöhen, sollten aber vermieden werden, wenn sie innerhalb von Zieldefinitionen oder Befehlen stehen.

9.2.5 Konfiguration des FPGAs

Das Programm, bzw. der Bitstream zur Konfiguration des FPGAs, wird nun mit `make` erstellt und mit `make prog` auf den FPGA geladen.

Codeüberprüfung mit iVerilog

Die Überprüfung eines Quellcodes auf Syntaxfehler, typische Programmfehler, stilistische Fehler und verdächtige Konstrukte wird *Linten* genannt. Diese *statische Codeanalyse* hilft bei der Entwicklung, damit der Code sauber und fehlerfrei bleibt. Auf Ihrem Entwicklungsrechner können Sie iVerilog zum Linten nutzen, da es schon in der Toolchain enthalten ist. Um iVerilog zum Linten zu verwenden, führen Sie folgenden Befehl in Ihrem Terminal aus:

```
iverilog -tnull -Wall <your_file.v>
```

iVerilog überprüft so Verilog-Code auf Syntax- und Ausführungsfehler, ohne eine vollständige Simulation durchzuführen.

Mit einigen wichtigen Parametern steuern Sie iVerilog:

- `-tnull`: Dieser Parameter bewirkt, dass iVerilog keine Ausgabe generiert, was nützlich ist, wenn Sie nur an der Überprüfung der Code-Syntax interessiert sind.
- `-Wall`: aktiviert alle Warnungen, um Ihnen einen umfassenden Überblick über mögliche Probleme in Ihrem Code zu geben.
- `-Winfloop`: warnt vor möglichen unendlichen Loops im Code.
- `-Wportbind`: gibt Warnungen aus, wenn Portbindungen (Zuweisungen zu Modulports) potenzielle Probleme aufweisen könnten.
- `-Wtimescale`: warnt bei Problemen mit der `timescale`-Direktive in Verilog, die häufig zu Timing-Problemen führen kann.

Wenn Sie beispielsweise ein Design überprüfen möchten, dessen Verilog-Modul auf mehrere Dateien verteilt ist, dann müssen Sie all diese Dateien angeben:

```
iverilog -tnull -Wall uart.v uart_tx.v uart_rx.v
```

9.3 Einen Zähler implementieren

In diesem Verilog-Modul implementieren wir einen einfachen Zähler, der drei LEDs sequenziell an- und ausschaltet, und zwar basierend auf einem internen Taktzähler. Das Modul dient als Beispiel für zeitbasierte Steuerungsanwendungen, bei denen ein visuelles Feedback gewünscht ist. Vieles kommt Ihnen dabei wahrscheinlich schon vom vorherigen Projekt mit der Taktausgabe bekannt vor.

Die Projektdateien

In den Materialien zum Buch können Sie dieses Projekt in der Datei *toggle.zip* im Verzeichnis *$HOME/fpga/src/icezero/* finden. Nachdem Sie die Datei *counter.zip* entpackt haben, wechseln Sie in das entpackte Verzeichnis. Folgende Dateien sollten darin zu finden sein:

```
pi@pi5:~/fpga/src/icezero/counter $ ls
counter.asc  counter.bin  counter.blif  counter.pcf  counter.v
Makefile  readme.txt
```

9.3.1 Die ersten Schritte

Um solch einen Zähler zu veranschaulichen, nutzen wir die drei LEDs, die auf dem IceZero-Board vorhanden sind. Dazu müssen wir uns noch ein paar weitere Gedanken machen:

- In welchem Takt soll gezählt werden, also wie schnell?
- Welches Muster oder welche Sequenz soll durch die LEDs dargestellt werden?
- Soll der Counter endlos zählen oder nach einem bestimmten Wert stoppen und zurücksetzen?

9.3.2 Die Constraints-Datei

Für den Zähler sind nur wenige Angaben in der PCF-Datei nötig. Wir benötigen nur den Systemtakt und die Steuerausgänge der LEDs. Der Inhalt der Constraints-Datei *counter.pcf* sieht so aus:

```
set_io clk 49
set_io led1 110
set_io led2 93
set_io led3 94
```

Listing 9.8 Die Constraints-Datei »counter.pcf«

9.3.3 Der Verilog-Code und der Prompt

Der Verilog-Quellcode für den Zähler ist in der Datei *counter.v* enthalten:

```
module counter
(
    input clk,
    output led1,
```

```
    output led2,
    output led3
);
localparm WAIT_TIME = 15000000;
reg [2:0] ledCounter = 0;
reg [23:0] CLOCKCounter = 0;
always @(posedge clk) begin
    CLOCKCounter <= CLOCKCounter + 1;
    if (CLOCKCounter == WAIT_TIME) begin
        CLOCKCounter <= 0;
        ledCounter <= ledCounter + 1;
    end
end
assign led1 = ~ledCounter[0];
assign led2 = ~ledCounter[1];
assign led3 = ~ledCounter[2];
endmodule
```


Listing 9.9 Der Quellcode des »counter«-Moduls

Sie können den Code aus Listing 9.9 wieder ganz einfach von einer KI erstellen lassen. Ich habe diesen Prompt genutzt:

> Ich benötige ein Verilog-Modul, das einen einfachen digitalen Zähler implementiert. Das Modul soll mit einem Eingangstakt (`clk`) arbeiten und drei LEDs `led1`, `led2`, `led3` anhand eines internen Zählvorgangs steuern.
>
> Der Zähler soll bei jeder positiven Taktflanke inkrementiert werden und nach Erreichen eines spezifischen Schwellenwerts zurückgesetzt werden. Bei den drei LEDs soll er also von 111 wieder zu 000 springen.
>
> Die Geschwindigkeit des Zählers möchte ich mit einer Variable einstellen können. Verwende den Verilog-2005-Standard und formuliere den Quellcode komplett aus.

Dieses Modul erhöht kontinuierlich einen internen Taktzähler bei jedem positiven Taktflankenereignis des Systemtakts. Jede LED ändert dabei ihren Zustand in Abhängigkeit von der Binärdarstellung des LED-Zählerstandes, was zu einem sequenziellen Leuchten bzw. Erlöschen führt.

```
module counter
(
    input clk,
    output led1,
```

```
    output led2,
    output led3
);
```

Listing 9.10 Moduldefinition und Ein-/Ausgänge

Das Modul `counter` (siehe Listing 9.10) hat vier Ports: ein Eingangssignal `clk` (Clock) für den Takt und drei Ausgangssignale (`led1`, `led2`, `led3`) für die LEDs. In Listing 9.11 werden ein Parameter und zwei Register angegeben:

```
localparm WAIT_TIME = 15000000;
reg [2:0] ledCounter = 0;
reg [23:0] clockCounter = 0;
```

Listing 9.11 Parameter und Register

- `WAIT_TIME` ist ein lokaler Parameter, der die Anzahl der Taktzyklen festlegt, nach denen der `ledCounter` inkrementiert wird. In diesem Fall sind es 15 Millionen Taktzyklen.
- `ledCounter` ist ein 3-Bit-Register, das dazu dient, den aktuellen Zustand der LED-Sequenz zu speichern.
- `clockCounter` ist ein 24-Bit-Register, das als Taktzähler fungiert und bei jeder Taktflanke inkrementiert wird.

Danach folgt der Haupt-Logikblock (siehe Listing 9.12):

```
always @(posedge clk) begin
    CLOCKCounter <= CLOCKCounter + 1;
    if (CLOCKCounter == WAIT_TIME) begin
        CLOCKCounter <= 0;
        ledCounter <= ledCounter + 1;
    end
end
```

Listing 9.12 Haupt-Logikblock

Innerhalb dieses `always`-Blocks (siehe Listing 9.12) wird bei jeder positiven Taktflanke (`posedge clk`) der `clockCounter` inkrementiert. Erreicht der `clockCounter` den Wert von `WAIT_TIME`, wird er zurückgesetzt und der `ledCounter` inkrementiert. Dies führt dazu, dass der Zustand der LEDs etwa alle 15 Millionen Taktzyklen wechselt.

Nun weisen wir die LEDs zu:

```
assign led1 = ~ledCounter[0];
assign led2 = ~ledCounter[1];
assign led3 = ~ledCounter[2];
```

Listing 9.13 LED-Zuweisungen

Die LEDs werden basierend auf den Bits des `ledCounter` gesteuert. Das ~-Symbol vor `ledCounter[x]` bedeutet, dass das Signal invertiert wird. Daher ist eine LED eingeschaltet, wenn das entsprechende Bit im `ledCounter` `0` (logisch `1`) ist, und ausgeschaltet (logisch `0`), wenn das Bit `1` ist. Da `ledCounter` inkrementiert wird, durchlaufen die LEDs verschiedene Ein- und Ausschaltzustände, wodurch ein sequenzielles Muster entsteht.

Das Programm – bzw. den Bitstream zur Konfiguration des FPGAs – können Sie nun mit **make** erstellen und mit **make prog** auf den FPGA laden.

9.4 RGB-LEDs ansteuern

Im vorangegangenen Abschnitt haben Sie sich die Grundlagen der FPGA-Programmierung erarbeitet, indem Sie gelernt haben, wie man ein einfaches alternierendes Signal auf einem Ausgangspin `data_out` ausgibt. Diese grundlegende Übung diente als Einführung in die Steuerung von digitalen Signalen mit FPGAs und bildet eine Grundlage für die kommenden Projekte in diesem Buch.

In diesem Abschnitt widmen wir uns nun der Ansteuerung von WS2812B-RGB-LEDs. Im Gegensatz zur einfachen Erzeugung eines Taktsignals wie in Abschnitt 9.3 stellt die Kontrolle dieser intelligenten LEDs eine deutlich komplexere Herausforderung dar. Die WS2812B-LEDs verlangen ein präzises digitales Protokoll, um Farben und Helligkeiten individuell zu steuern, wodurch wir tiefer in die Themen der digitalen Kommunikation und des präzisen Timings eintauchen. Takt, Timing und die Fähigkeit, präzise Signale zu generieren, sind wichtig für jedes FPGA-Projekt.

Die Projektdatei

Im Material zum Buch finden Sie dieses Projekt in der Datei *ws2812b.zip*. Nachdem Sie die Datei entpackt haben, wechseln Sie in das entpackte Verzeichnis. Folgende Dateien sollten darin zu finden sein:

```
pi@pi5:~/fpga/src/icezero/ws2812b $ ls
Makefile ws2812b.pcf ws2812b.v.animated
ws2812b.v ws2812b.v.drei_led_gruen_rot_blau
ws2812b.v.eine_led_gruen ws2812b.v.zwei_led_gruen_rot
```

In diesem Beispielprojekt verwenden wir den Verilog-Quellcode aus der Datei *ws-2812b.v.animated*. Der Inhalt der Datei *ws2812b.v* sollte identisch sein. Die Readme-Datei im Projektverzeichnis enthält Erklärungen zu den weiteren Varianten dieser Datei.

RGB-LEDs, die dem WS2812B-Protokoll folgen, gelten aufgrund ihrer Ansteuerung über nur einen einzigen Datenpin als besonders einfach zu verwenden. Jede LED in einer Kette ist nicht nur ein leuchtendes Element, sondern beinhaltet auch einen kleinen Controller-Chip im Gehäuse. Über diesen Chip setzt die LED individuelle Farb- und Helligkeitsinformationen, die sie über das digitale Protokoll empfangen hat.

Dank des 24-Bit-Datenstroms, den jede LED erhält, sind 16 Millionen Farben und 256 Helligkeitsstufen pro LED möglich. Für jede zusätzliche LED in der Kette verlängert sich der Datenstrom entsprechend um weitere 24 Bit – bei 64 RGB-LEDs ergibt das einen Datenstrom von 1536 Bit. Die LEDs sind zwar einfach zu verwenden, aber die Ansteuerung ist nicht ganz so trivial.

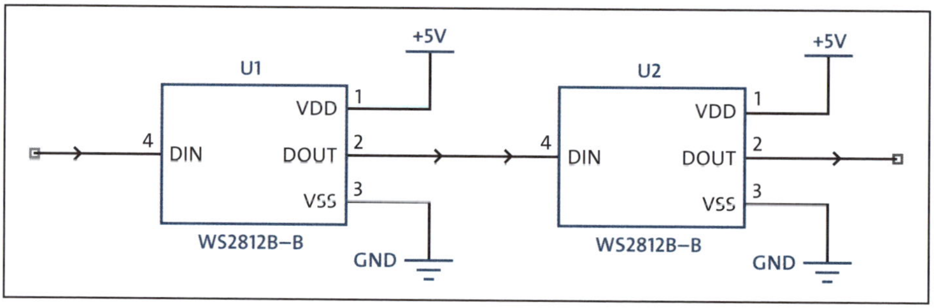

Abbildung 9.7 Serieller Aufbau einer WS2812B-LED-Kette

9.4.1 Was sind Neopixel und RGB-LEDs?

Adressierbare LED-Streifen sind in den letzten Jahren immer populärer geworden. Sie werden z. B. zur Beleuchtung, für Dekorationen oder zur Visualisierung von Daten eingesetzt. Drei wichtige Begriffe, die in diesem Zusammenhang immer wieder auftauchen, sind *Neopixel*, *RGB-LEDs* und *WS2812B*.

- **Neopixel**

  Bei der Bezeichnung *Neopixel* handelt es sich nicht um eine bestimmte LED, sondern um einen Produktnamen des Herstellers Adafruit. Neopixel-LEDs sind in Wirklichkeit RGB-LEDs, die mit einem Controller-Chip ausgestattet sind. Dieser Chip ermöglicht es, jede einzelne LED individuell anzusteuern und so verschiedene Farben und Effekte zu erzeugen. Aber Achtung: Die mit dem Namen

»Neopixel« bezeichneten RGB-LEDs werden nicht immer mit einem WS2812B-Controller angesteuert, manchmal steckt da auch ein SK6812-Controller drin und dessen Timing und Ansteuerung ist etwas anders.

- **RGB-LEDs**

  RGB-LEDs sind Leuchtdioden, die aus drei einzelnen Dioden in den Farben Rot, Grün und Blau bestehen. Durch die unterschiedliche Ansteuerung dieser drei Farbanteile lässt sich ein sehr breites Farbspektrum erzeugen. RGB-LEDs werden häufig in adressierbaren LED-Streifen verwendet, da sie eine hohe Flexibilität bei der Farbgestaltung bieten.

- **WS2812B**

  Der *WS2812B* ist ein spezieller Controller-Chip, der häufig in adressierbaren LED-Streifen verwendet wird. Er erlaubt es, jede einzelne LED im Streifen individuell anzusteuern und so Farbeffekte zu realisieren. Der Vorteil des WS2812B ist, dass er eine serielle Datenübertragung unterstützt, was den Anschluss an Mikrocontroller wie Arduinos oder Raspberry Pis deutlich vereinfacht – aber auch an FPGAs.

Der erste Chip dieser Familie war der WS2811, der im Jahr 2008 auf den Markt kam. Darauf folgten weitere Versionen wie der WS2812 und der populärste Chip, der WS-2812B, der 2013 von der Firma Worldsemi vorgestellt wurde. Die WS28xx-Chips zeichnen sich durch eine einfache serielle Schnittstelle aus, mit der individuell adressierbare RGB-LEDs angesteuert werden. Dadurch wurden sie zum De-facto-Standard für adressierbare LED-Streifen und werden nicht nur in vielen Maker-Projekten verwendet, sondern auch in professionellen Beleuchtungslösungen genutzt.

Abbildung 9.8 RGB-LEDs in einer Matrix arrangiert – trotz des 8×32-Formats sind alle LEDs in Serie verschaltet.

9.4.2 Die ersten Schritte

Für dieses Projekt benötigen Sie wieder einen Takt und einen Ausgang für die Ansteuerung der RGB-LEDs. Aus dem vorherigen Beispiel mit der Taktausgabe können wir die Informationen dazu übernehmen:

- Um das Signal zur Ansteuerung der LEDs auszugeben, nutzen wir Pin 1 der `P1 Pmod`-Schnittstelle auf dem IceZero-Board. In Tabelle 9.1 (siehe Abschnitt 9.1.1) können Sie sehen, dass der erste Pin dieser Schnittstelle mit dem physischen Pin 139 elektrisch verbunden ist.
- Die Taktquelle des iCE40HX auf dem IceZero-Board liegt an Pin 49 an, wie Sie in Abschnitt 9.1.7 der Tabelle 9.7 entnehmen können.

Diese Informationen müssen Sie in der PCF-Datei hinterlegen.

Für die Haupt-Logik des Verilog-Moduls sind weitere Informationen notwendig. Sie werden für dieses Projekt wissen müssen, wie WS2812B-LEDs angesteuert werden, d. h., wie das Protokoll aufgebaut ist. Ich werde die wichtigsten Eigenschaften dieses Protokolls zwar in diesem Kapitel behandeln, wenn Sie sich allerdings einen umfangreicheren Überblick über das Protokoll verschaffen möchten, dann laden Sie sich am besten das WS2812B-Datenblatt von Worldsemi herunter, das Sie unter *http://www.world-semi.com/ws2812-family/* finden.

9.4.3 Die Constraints-Datei

Die Informationen zum Takt und zur Ausgabe des Signals schreiben Sie in die PCF-Datei, die Sie zur Synthese des Verilog-Codes benötigen:

```
set_io clk 49
set_io data_out 139
```

Listing 9.14 Inhalt der Constraints-Datei »ws2812b.pcf«

9.4.4 Das WS2812B-Protokoll

Das Besondere am WS2812B-Protokoll ist, dass es eine einzige Datenleitung verwendet, über die alle Informationen übertragen werden, ohne dass ein Rückkanal oder eine Taktleitung erforderlich ist. Es ist also ein asynchrones Protokoll.

Der Datenstrom erreicht zuerst den Datenpin (D_{in}) der ersten LED der Kette. Diese extrahiert die sie betreffenden ersten 24 Bit und leuchtet entsprechend auf. Anschließend leitet ihr Controller-IC die verbleibenden Daten der Sequenz an die nächste LED über D_{out} weiter (siehe Abbildung 9.9). Mit jedem LED-Durchlauf verkürzt sich der Datenstrom somit um 24 Bit.

Dieser Prozess setzt sich fort, bis keine Datenpakete mehr übrig sind. LEDs, die in der Kette hinter der letzten adressierten LED stehen, bleiben entweder ausgeschaltet oder behalten den Zustand ihrer letzten Aktualisierung bei.

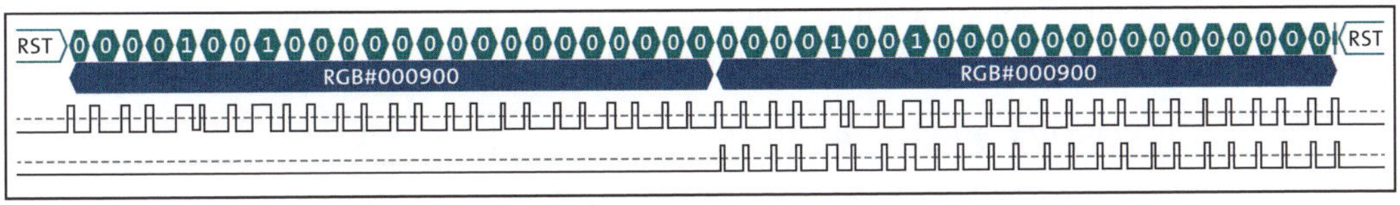

Abbildung 9.9 Weitergabe des restlichen Datenstroms – D_{in} und D_{out} eines WS2812B-Controller-ICs

9.4.5 Timing

Das Timing ist bei solch einem Eindraht-Protokoll entscheidend. Die einzelnen Datenpakete wie auch die Nullen und Einsen müssen eine definierte Länge haben. Die einzelnen Varianten des WS28xx-Protokolls sind gleich aufgebaut, sie unterscheiden sich nur minimal im Timing (was in der Praxis oft vernachlässigt werden kann, wie Tabelle 9.14 und Tabelle 9.15 zeigen).

Allzu grobe Abweichungen von diesem Timing können allerdings dazu führen, dass die LEDs nicht oder falsch angesteuert werden. Es ist oft notwendig, mit diesen Werten zu experimentieren und sie später im Verilog-Code feinzujustieren, um eine zuverlässige Ansteuerung zu gewährleisten. Achten Sie aber auch auf die in den Datenblättern genannte *Scan Frequency*, die *Auffrischrate* der LEDs. Wenn diese zu kurz ausfällt, werden die Controller-Chips der LEDs überrannt und allerlei merkwürdige Effekte können auftreten.

T0H	0 code, high voltage time	0.35 µs	± 150 ns
T1H	1 code, high voltage time	0.7 µs	± 150 ns
T0L	0 code, low voltage time	0.8 µs	± 150 ns
T1L	1 code, low voltage time	0.6 µs	± 150 ns
RES	low voltage time	Above 50 µs	

Tabelle 9.14 Timing-Parameter aus dem Datenblatt eines WS2812/WS2812S

T0H	0 code, high voltage time	0.35 µs	± 150 ns
T1H	1 code, high voltage time	0.9 µs	± 150 ns
T0L	0 code, low voltage time	0.9 µs	± 150 ns

Tabelle 9.15 Timing-Parameter aus dem Datenblatt eines WS2812B

T1L	1 code, low voltage time	0.35 µs	± 150 ns
RES	low voltage time	Above 50 µs	

Tabelle 9.15 Timing-Parameter aus dem Datenblatt eines WS2812B (Forts.)

Die Rolle von 400 Hz und 800 Kbps im WS2812B-Protokoll

Beim Entwerfen von FPGA-basierten Projekten mit WS2812B-RGB-LEDs sind zwei Angaben aus dem Datenblatt des Protokolls wichtig: eine Mindest-Scanfrequenz von 400 Hz und eine Datenübertragungsrate von 800 Kbps. Diese Werte spielen eine zentrale Rolle in der korrekten Ansteuerung der LEDs durch den FPGA. Doch wie beeinflussen diese Spezifikationen genau Ihr Projekt?

- **Scanfrequenz (400 Hz)**: Diese Angabe ist die Verarbeitungsgeschwindigkeit der Controller-ICs in den LEDs. Sie legt also fest, wie oft pro Sekunde die Anzeige der LEDs aktualisiert werden kann. In der FPGA-Terminologie bedeutet das, dass Ihr Verilog-Code in der Lage sein muss, die LED-Daten mit einer Frequenz zu aktualisieren, die diese Mindestanforderung nicht unterschreitet. Eine zu niedrige Aktualisierungsrate kann zu sichtbaren Verzögerungen oder zum Flackern in der LED-Anzeige führen.
- **Datenübertragungsrate (800 Kbps)**: Diese Rate gibt an, wie schnell die Übertragungsrate der Datenbits, die die Farb- und Helligkeitsinformationen tragen, maximal sein darf. Ihr FPGA muss daher so programmiert sein, dass das `data_out`-Signal mit maximal dieser Geschwindigkeit die Bit-Sequenzen an die LEDs ausgibt. Eine präzise Übereinstimmung ist wichtig, um sicherzustellen, dass jede LED korrekt und ohne Datenverluste angesteuert wird.

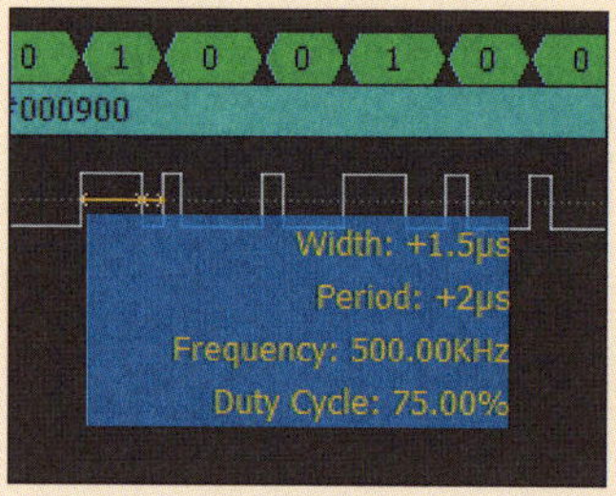

Abbildung 9.10 Messung der Datenrate von 500 kHz mit einem Logic-Analyzer

Für Ihr FPGA-Projekt bedeutet dies, dass sowohl der Verilog-Code als auch die Konfiguration des FPGA-Boards sorgfältig auf diese Spezifikationen abgestimmt werden müssen. Die Herausforderung besteht darin, die Taktung des FPGAs so zu gestalten, dass sowohl die Scanfrequenz von mindestens 400 Hz erreicht wird als auch die Datenübertragung mit nicht mehr als 800 Kbps erfolgt. Unter Umständen kann es notwendig sein, mit der FPGA-Taktung zu experimentieren und eventuell zusätzliche Logik einzuführen, um die Timing-Anforderungen genau zu erfüllen.

In fortgeschrittenen Anwendungen können FPGAs auch genutzt werden, um dynamische Effekte oder komplexere Beleuchtungssequenzen zu realisieren, indem sie die Flexibilität bieten, die Datenrate und die Aktualisierungsdynamik in Echtzeit anzupassen. Dies eröffnet ein breites Spektrum an Möglichkeiten für kreative und technisch anspruchsvolle LED-Projekte.

9.4.6 Versorgungsspannung und Level-Shifter

Die technischen Spezifikationen der WS2811- und WS2812B-ICs offenbaren weitere wichtige Details: Während der WS2811-IC eine Betriebsspannung von 6 bis 7 V benötigt, sind die WS2812B-LEDs für einen Spannungsbereich von 3,5 bis 5,3 V ausgelegt. Dies bedeutet, dass bei der Planung Ihrer LED-Projekte die Spannung eine wesentliche Rolle spielt. Es ist daher ratsam, das Datenblatt Ihrer spezifischen RGB-LEDs sorgfältig zu studieren, um die korrekte Betriebsspannung zu ermitteln. Darüber hinaus ist der Strombedarf einer langen LED-Kette ein nicht zu unterschätzender Faktor. Eine einzelne LED kann bis zu 0,3 Watt (W) verbrauchen, dies entspricht 60 mA. Für eine LED-Matrix mit 256 LEDs (einen Auszug aus ihrem Datenblatt sehen Sie in Tabelle 9.16) kann der Gesamtstromverbrauch somit auf bis zu 15,38 A ansteigen.

Planen Sie also ein entsprechend dimensioniertes Netzteil ein! Das Datenblatt dieser RGB-Matrix mit 256 LEDs empfiehlt ein Netzteil, das bei einer Spannung von 5 V einen Strom von bis zu 16 A bereitstellen kann.

Operating Voltage	5V DC
Power Consumption	0.3 W per LED
LED count	256
Driver	WS2812B
Dimensions	320 × 80 × 1.8
Weight	50

Tabelle 9.16 RGB-Matrix-Spezifikationen aus dem Datenblatt

Da unser FPGA mit einem Logik-Level von 3,3 V arbeitet und die LEDs der hier im Buch als Beispiel verwendeten LED-Matrix mit 5 V arbeiten und angesteuert werden, ist eine Anpassung des Spannungspegels notwendig. Dies wird mit einem sogenannten *Level-Shifter* gemacht, wie Sie ihn in Abbildung 9.11 sehen.

Abbildung 9.11 Ein Level-Shifter im Einsatz.

Diese kleinen Helfer sind für wenig Geld bei allen gängigen Online-Elektronikhändlern erhältlich. Kaufen Sie gleich eine Handvoll und achten Sie darauf, dass sie »bidirektional« und »schnell« sind. Dann eignen sie sich gleich für alle Einsatzzwecke, die Ihnen in Ihrer Hobby-Werkstatt begegnen sollten.

Die Verwendung ist einfach: An der einen Seite, die mit `LV` (*Low Voltage*) beschriftet ist, schließen Sie den 3,3 V- und GND-Pin der von Ihnen verwendeten Pmod-Schnittstelle an. An den Pin `LV1` schließen Sie den `data_out`-Pin an, den Sie in Ihrer Constraints-Datei definieren werden. Abbildung 9.12 gibt einen Überblick über die Verkabelung.

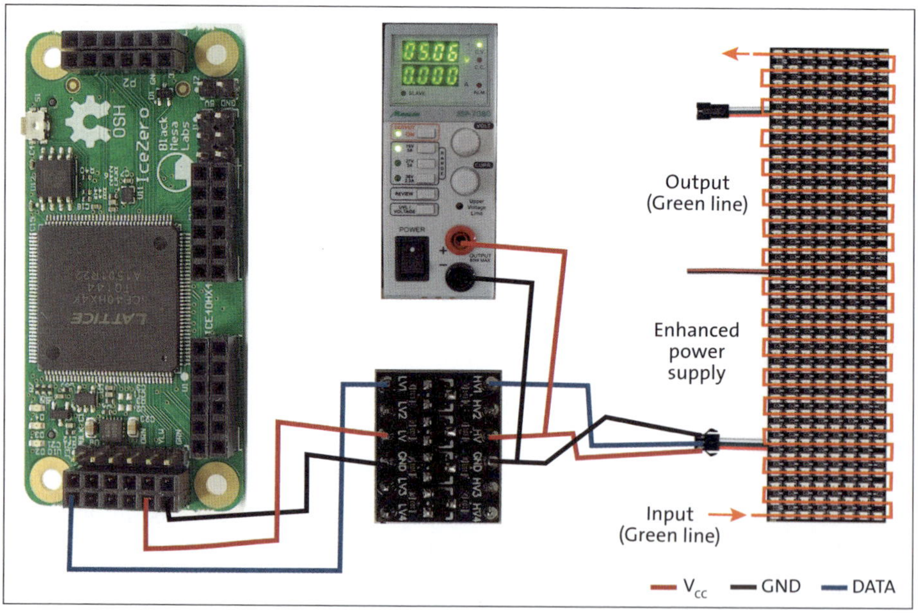

Abbildung 9.12 Die Verdrahtung der RGB-Matrix mit dem Level-Shifter am IceZero

Auf der HV-Seite (*High Voltage*) des Level-Shifters schließen Sie die Spannungsversorgung der RGB-LEDs mit an. Den Datenanschluss der LED-Kette, also das, was als D_{in} bezeichnet wird, schließen Sie an den Pin HV1 an.

Wie überprüft man einen Level-Shifter?

Verbinden Sie die Spannungsversorgungen auf beiden Seiten des *Level-Shifters*, also 5 V und 3,3 V, und brücken Sie dann die 3,3 V beispielsweise auf den LV1-Pin. Mit einem *Multimeter* sollten Sie dann an HV1 eine 5-V-Spannung messen können, solange an LV1 die 3,3-V-Spannung anliegt.

Damit steht der Implementierung des Protokolls und der Ansteuerung Ihrer RGB-LED-Kette mit dem FPGA nichts mehr im Weg. Aber machen Sie erst mal eine Pause, bevor wir uns dem Verilog-Code zuwenden.

9.4.7 Der Verilog-Code und der Prompt

Den vollständigen Verilog-Code zur Ansteuerung einer RGB-LED-Kette sehen Sie in Listing 9.15. Abgespeichert finden Sie ihn in der Datei *ws2812b.v*.

```
module WS2812B_Driver(
    input wire clk,          // Systemtakt von 100 MHz
    output reg data_out = 0 // Datenausgang für WS2812B,
                            // initialisiert auf 0
);
// Timing-Konstanten
parameter integer HIGH_1 = 90;          // 0.9 µs High für "1"
parameter integer HIGH_0 = 45;          // 0.45 µs High für "0"
parameter integer TOTAL_CYCLES = 125;   // Gesamtdauer 1.25 µs für
                                        // "1" oder "0"
parameter integer RESET_CYCLES = 8000; // 80 µs für Reset
// Konfigurationsparameter
parameter integer NUM_LEDS = 100; // Anzahl der LEDs in der Kette
parameter integer ANIMATION_SPEED = 30000000; // Geschwindigkeit der
                                              // Animation
// Farbdaten für LEDs
reg [23:0] color_data [0:NUM_LEDS-1]; // Array für Farbdaten
reg [31:0] animation_counter = 0; // Zähler für die Animations-
                                  // geschwindigkeit
// Zähl- und Steuerungsvariablen
reg [4:0] bit_index = 0;        // Aktuelles Bit
reg [6:0] cycle_count = 0;      // Zählt die Taktzyklen pro Bit
```

```
reg bit_value;                    // Aktueller Bitwert
reg [13:0] reset_counter = 0;     // Zähler für Reset-Intervall
integer led_index = 0;            // Aktueller Index in der LED-Kette
integer i = 0;                    // Index für die Farbdaten
integer j = 0;                    // Index für die LEDs
// Initialisierung der Farbdaten für jede LED
initial begin
  data_out = 0;                   // Initialisiere data_out mit 0
  for (i = 0; i < NUM_LEDS; i = i + 1) begin
    color_data[i] = 24'hFF0000; // Initial rot
  end
end
always @(posedge clk) begin
    if(animation_counter >= ANIMATION_SPEED) begin
        animation_counter <= 0;
        // Ändere die Farbe jeder LED
        for (j = 0; j < NUM_LEDS; j = j + 1) begin
            case (color_data[j])
                24'hFF0000: color_data[j] <= 24'h00FF00; // Rot zu Grün
                24'h00FF00: color_data[j] <= 24'h0000FF; // Grün zu Blau
                24'h0000FF: color_data[j] <= 24'hFF0000; // Blau zu Rot
                default: color_data[j] <= 24'hFF0000;     // Fallback zu Rot
            endcase
        end
    end else begin
        animation_counter <= animation_counter + 1;
    end
    if(reset_counter >= RESET_CYCLES) begin
        // Reset-Intervall abgewartet, sende Farbdaten
        if(cycle_count < TOTAL_CYCLES) begin
            if(cycle_count == 0) bit_value = color_data[led_index] ↩
                                          [23-bit_index];
            data_out <= (bit_value ? (cycle_count < HIGH_1) : ↩
                                   (cycle_count < HIGH_0));
            cycle_count <= cycle_count + 1;
        end else begin
            cycle_count <= 0;
            bit_index <= bit_index + 1;
            if(bit_index == 23) begin
                bit_index <= 0;
                led_index <= led_index + 1;
```

```
                if(led_index == NUM_LEDS-1) begin
                    led_index <= 0;
                    reset_counter <= 0; // Beginne Reset-Intervall
                end
            end
        end
    end else begin
        // Im Reset-Intervall
        data_out <= 0;
        reset_counter <= reset_counter + 1;
    end
end
endmodule
```

Listing 9.15 Quellcode des Verilog-Moduls zur Ansteuerung der RGB-LEDs

Diesen Code habe ich mit folgendem Prompt erstellen lassen.

> Erstelle einen Verilog-Code für die Ansteuerung einer Kette von WS2812B-RGB-LEDs. Der Code soll eine einfache Farbwechsel-Animation implementieren, bei der jede LED in der Kette zyklisch die Farben Rot, Grün und Blau durchläuft. Jede Farbe soll für eine bestimmte Dauer angezeigt werden, bevor zur nächsten Farbe gewechselt wird. Berücksichtige die folgenden technischen Spezifikationen und Anforderungen:
>
> Der FPGA verfügt über einen Systemtakt von 100 MHz.
>
> Beachte die Timing-Spezifikationen der WS2812B-LEDs.
>
> Die Anzahl der LEDs soll als Parameter konfigurierbar sein.
>
> Die Geschwindigkeit der Farbwechsel-Animation soll einstellbar sein.
>
> Implementiere eine Logik, die die Farben der LEDs basierend auf der eingestellten Animationsgeschwindigkeit zyklisch wechselt.
>
> Der erstellte Code soll gut strukturiert und kommentiert sein, um die Funktionsweise und die Implementierungsdetails verständlich zu machen. Verwende den Verilog-2005-Standard.

Gehen wir den Quellcode aus Listing 9.15 wieder Schritt für Schritt durch, denn er stellt ein ausgezeichnetes Beispiel für die Anwendung einer *State-Machine* (Zustandsmaschine) in der Verilog-Hardware-Beschreibungssprache dar. Dies ist ein grundlegendes Konzept, das Sie noch öfter brauchen werden.

```
module WS2812B_Driver(
    input wire clk,           // Systemtakt von 100 MHz
    output reg data_out = 0   // Datenausgang für WS2812B, initialisiert
                              // auf 0
);
```

Listing 9.16 Moduldefinition und Parameter

Diese Zeilen definieren das Modul `WS2812B_Driver`, das zwei Ports hat: `clk` als Eingangssignal für den Systemtakt (üblicherweise 100 MHz) und `data_out` als Ausgangssignal für die Datenübertragung zu den LEDs. `data_out` wird initial auf 0 gesetzt.

```
parameter integer HIGH_1 = 90;          // 0.9 µs High für "1"
parameter integer HIGH_0 = 45;          // 0.45 µs High für "0"
parameter integer TOTAL_CYCLES = 125;   // Gesamtdauer 1.25 µs für
                                        // "1" oder "0"
parameter integer RESET_CYCLES = 8000;  // 80 µs für Reset
parameter integer NUM_LEDS = 100;       // Anzahl der LEDs in der Kette
parameter integer ANIMATION_SPEED = 30000000; // Geschwindigkeit der
                                              // Animation
```

Listing 9.17 Timing-Konstanten und Konfigurationsparameter

Diese Parameter definieren die kritischen Timing-Werte für die Kommunikation mit den WS2812B-LEDs und die Konfiguration der LED-Kette. Die Werte `HIGH_1` und `HIGH_0` legen die Dauer des High-Signals für das Senden einer `1` bzw. einer `0` fest. `TOTAL_CYCLES` definiert die Gesamtdauer eines Datenbits, und `RESET_CYCLES` gibt die Dauer des Reset-Intervalls an. `NUM_LEDS` und `ANIMATION_SPEED` sind Parameter für die Anzahl der LEDs und die Geschwindigkeit der Animation.

Das Timing ist entscheidend für die korrekte Funktion der WS2812B-LEDs. Eine Abweichung von den im Datenblatt spezifizierten Zeiten kann zwar zu Farbfehlern oder zum Ausfall der LED-Kommunikation führen, in der Praxis müssen Sie die Werte trotzdem meist durch etwas Ausprobieren an die gegebene Hardware anpassen, um einerseits eine flüssige Animation zu ermöglichen und andererseits die Controller-ICs nicht zu überlasten. Wie Sie im Quellcode sehen können, weichen die Werte schon etwas von den Vorgaben des Datenblatts ab, aber die von mir verwendete LED-Matrix funktionierte erst mit diesen Angaben fehlerfrei. Das ist der Unterschied zwischen Theorie und Praxis. Trauen Sie sich manchmal einfach, ein wenig herumzuprobieren. Keine Sorge: Es kann nichts dabei kaputtgehen.

```
reg [23:0] color_data [0:NUM_LEDS-1]; // Array für Farbdaten
reg [31:0] animation_counter = 0;     // Zähler für die
                                      // Animationsgeschwindigkeit
```

```
integer led_index = 0;                  // Aktueller Index in der LED-Kette
integer i = 0;                          // Index für die Farbdaten
integer j = 0;                          // Index für die LEDs
```

Listing 9.18 Variablendeklarationen

In Listing 9.18 werden verschiedene Register und Zählvariablen für die Steuerung der Animation und das Tracking des aktuellen Zustands deklariert. `color_data` speichert die Farbinformationen für jede LED, und `animation_counter` dient als Zähler für die Animationsgeschwindigkeit.

```
initial begin
  data_out = 0; // Initialisiere data_out mit 0
  for (i = 0; i < NUM_LEDS; i = i + 1) begin
    color_data[i] = 24'hFF0000; // Initial rot
  end
end
```

Listing 9.19 Initialisierung

Im `initial`-Block aus Listing 9.19 wird `data_out` initial auf `0` gesetzt und das Farbarray `color_data` für jede LED mit Rot initialisiert. Der `initial`-Block wird häufig verwendet, um

- Variablen zu initialisieren oder einen Anfangszustand für die Simulation festzulegen.
- Test-Stimuli in einer Testbench zu generieren.
- die Simulation nach einer bestimmten Zeit oder einem bestimmten Ereignis zu beenden.

Ein Verilog-Modul kann mehrere `initial`-Blöcke enthalten, die parallel zueinander ausgeführt werden. Dies unterscheidet sie von `always`-Blöcken, die verwendet werden, um kontinuierliche oder wiederholte Verhalten zu modellieren, die auf Änderungen der Signale reagieren.

In der Welt der FPGA-Entwicklung und beim Einsatz von Hardware-Beschreibungssprachen wie Verilog zeigt der Gebrauch von `initial`-Blöcken das grundlegend andere *Paradigma* im Kopf eines FPGA-Entwicklers.

Hier sieht man den Unterschied zur traditionellen Software-Entwicklung sehr deutlich: Während bei der Software-Entwicklung der Fokus auf dem Programmablauf liegt – also auf der sequenziellen oder parallelen Ausführung von Code auf einem Prozessor –, steht bei der Hardware-Beschreibung die Simulation im Mittelpunkt. Der `initial`-Block in Verilog dient dazu, Anfangszustände zu definieren und Verhaltensweisen oder Testfälle in einer Simulationsumgebung zu modellieren. Diese Simulation ermöglicht es, das Design eines digitalen Systems umfassend zu testen und zu verifizieren, bevor es auf physischer Hardware wie einem FPGA implementiert wird. Das bedeutet: Es geht nicht um den Ablauf eines Programms im herkömmlichen Sinne, sondern um die Modellierung und Überprüfung, wie sich ein Hardware-Design unter verschiedenen Bedingungen verhalten wird.

Der Block `always @(posedge clk)` enthält die Kernlogik des Treibers und implementiert eine implizite State-Machine, indem er den Ablauf des Programms auf Grundlage von Zählern und Bedingungen kontrolliert.

```
if(animation_counter >= ANIMATION_SPEED) begin
  // Farbänderungslogik
end else begin
  animation_counter <= animation_counter + 1;
end
```

Listing 9.20 Hauptlogik: Die State-Machine

In Listing 9.20 wird überprüft, ob die in `animation_counter` angegebene Animationsgeschwindigkeit erreicht wurde, um die Farbe der LEDs zu ändern.

```
if(reset_counter >= RESET_CYCLES) begin
  // Logik zum Senden der Daten
end else begin
  // Im Reset Intervall
end
```

Listing 9.21 Datenübertragungslogik

Innerhalb dieser Bedingung wird die eigentliche Datenübertragung an die LEDs gesteuert. Das Timing, das durch die Parameter `HIGH_1`, `HIGH_0` und `TOTAL_CYCLES` bestimmt wird, kommt hier zum Tragen.

Die hier genutzte implizite State-Machine zeigt, wie eine komplexe Aufgabe – die Steuerung einer LED-Kette – in handhabbare, sequenzielle Schritte unterteilt werden kann. Abbildung 9.13 zeigt die Ansicht mit einem Logic-Analyzer.

Falls Sie solch eine State-Machine nicht aus der Software-Welt kennen, fragen Sie doch mal eine Chat-KI, warum hier eine *implizite State-Machine* verwendet wird und warum diese so heißt. Nehmen Sie sich etwas Zeit für diese Frage – auch um die Antwort zu verstehen.

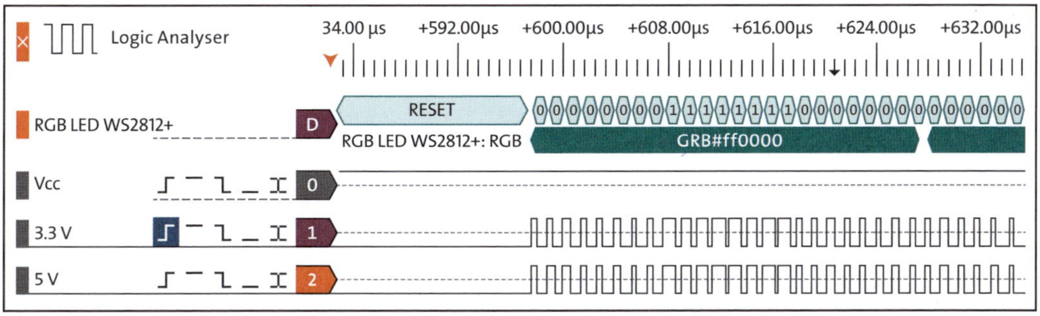

Abbildung 9.13 Diese Darstellung des WS2812B-Bitstreams wurde mit einem Logic-Analyzer und Protokoll-Decoder am Level-Shifter abgegriffen.

9.4.8 Das Makefile

Das Makefile des WS2812B-Projekts ähnelt sehr dem Makefile in Abschnitt 9.2.4, das ich dort ausführlich erklärt habe. Die Unterschiede bestehen in dem mit `PROJ` angegebenen Projektnamen und in dem beim Yosys-Aufruf mit dem Parameter `-top` mitgegebenen Namen `WS2812B_Driver`.

Die Befehle, die Sie damit aufrufen, sind wieder:

- **`make`** zum Erstellen des Bitstreams aus dem Verilog-Quellcode.
- **`make prog`** zum Übertragen des Bitstreams auf den FPGA.
- **`make clean`** zum Löschen der generierten Dateien, falls Sie einen neuen Quellcode ausprobieren möchten, um sicherzugehen, dass alle alten automatisch generierten Dateien entfernt wurden.

Den Inhalt des Makefiles zum WS2812B-Projekt sehen Sie in Listing 9.22:

```
PROJ = ws2812b
PIN_DEF = ws2812b.pcf
DEVICE = hx8k
PACKAGE = tq144:4k
all: ws2812b.bin
%.blif: %.v
	yosys -p 'synth_ice40 -top WS2812B_Driver -blif $@' $<
%.asc: $(PIN_DEF) %.blif
	arachne-pnr -d $(subst hx,,$(subst lp,,$(DEVICE))) -P $(PACKAGE) \
	        -o $@ -p $^
%.bin: %.asc
	icepack $< $@
%.rpt: %.asc
	icetime -d $(DEVICE) -mtr $@ $<
```

```
%_tb: %_tb.v %.v
        iverilog -o $@ $^
%_tb.vcd: %_tb
        vvp -N $< +vcd=$@
%_syn.v: %.blif
        yosys -p 'read_blif -wideports $^; write_verilog $@'
%_syntb: %_tb.v %_syn.v
        iverilog -o $@ $^ 'yosys-config --datdir/ice40/cells_sim.v'
%_syntb.vcd: %_syntb
        vvp -N $< +vcd=$@
prog: $(PROJ).bin
        icezprog $<
%.prog: %.bin
        icezprog $<
clean:
        rm -f *.blif *.asc *.rpt *.bin
.SECONDARY:
.PHONY: all prog clean
```

Listing 9.22 Das Makefile des WS2812B-Projekts

In den folgenden Beispielen werde ich die Makefiles der einzelnen Projekte zumeist nicht weiter behandeln. Der Aufbau ist immer gleich, daher werde ich ein Makefile nur besprechen, wenn sich etwas ändert. Sie finden die zum Projekt gehörenden Makefiles immer in der dazugehörigen ZIP-Datei in den Materialien zum Buch. Ich habe jede Zeile in diesen Makefiles mit einem Kommentar zur Erklärung versehen, sodass Sie sich darin zurechtfinden können.

Das Programm bzw. der Bitstream zur Konfiguration des FPGAs wird nun mit `make` erstellt und mit `make prog` auf den FPGA geladen.

Wie Sie sehen konnten, erfordert die Implementation eines Protokolls deutlich mehr Vorarbeit und Aufwand zur Erstellung des nötigen Verilog-Codes. Mit zunehmender Komplexität der Projekte steigt dieser Aufwand immer weiter an. Achten Sie deshalb immer darauf, Ihre Verilog-Module gut zu kommentieren und wiederverwendbar zu strukturieren. So können Sie Code-Teile in neuen Projekten wiederverwenden und Zeit sparen.

9.5 Serielle Daten übertragen

Dieses Verilog-Modul namens `uart` implementiert eine UART-Schnittstelle (*Universal Asynchronous Receiver Transmitter*), über die Sie Daten seriell senden und empfangen. Zusätzlich verfügt es über eine Funktionalität zur Steuerung von LEDs basierend auf den empfangenen Daten. Dabei wird generischer Code genutzt, der für einen FPGA geschrieben wurde, der mit einer Taktfrequenz von 100 MHz arbeitet und zur Kommunikation eine Baudrate von 57.600 unterstützt. Dieses Modul ist universell gehalten und kann von Ihnen später in anderen Projekten – auch auf einem anderen FPGA – wiederverwendet werden.

Allerdings sind UART-Schnittstellen für FPGAs immer so eine Sache, denn sie sind fast nie das Gelbe vom Ei. Immer fehlt irgendwas in der Implementation, so auch hier: Es gibt keine Unterstützung für Paritätsbits, keine Flusskontrolle, keine Fehlererkennung und keine konfigurierbare Datenbitlänge. Aber es ist ein gutes Beispiel, um ohne viel Schnickschnack das UART-Schnittstellendesign an einem nicht überkomplizierten Beispiel prinzipiell zu erklären. Dieses wiederverwendbare Modul kann Sie eine ganze Zeit lang bei Ihren FPGA-Projekten begleiten, aber irgendwann sollten Sie es zu einer vollwertigen Schnittstellen-Implementation weiterentwickeln und ausbauen.

Die Projektdateien

In den Materialien zum Buch können Sie dieses Projekt in der Datei *uart.zip* im Verzeichnis *$HOME/fpga/src/icezero/* finden. Nachdem Sie die Datei *uart.zip* entpackt haben, wechseln Sie in das entpackte Verzeichnis. Folgende Dateien sollten darin zu finden sein:

```
pi@pi5:~/fpga/src/icezero/uart $ ls
Makefile  readme.txt  uart.asc  uart.bin  uart.blif  uart.pcf
uart_tb.v  uart.v
```

Bevor Sie mit der Entwicklung eines UART-Designs beginnen, müssen Sie bestimmte Grundparameter festlegen:

- Wir haben eine FPGA-Taktfrequenz von 100 MHz.
- Wir möchten eine Baudrate von 57.600 nutzen.
- Die LEDs sollen aufleuchten, wenn etwas zum FPGA gesendet wird.
- Der FPGA soll eine Datensendung durch einen Tastendruck initiieren.

Mit diesen Eckdaten haben Sie schon einmal die Basis für die weitere Planung und Implementierung Ihres UART-Designs.

9.5.1 Die Constraints-Datei

Mit den Eckpunkten zur gedachten Funktionalität und der Erfahrung, die Sie in den vorherigen Projekten gesammelt haben, können Sie schon die benötigten Angaben in der Constraints-Datei spezifizieren. Sie benötigen:

- `clk`: Systemtakt
- `rx`: UART-Empfang
- `tx`: UART-Sendung
- `led`: Ausgänge zur Ansteuerung von 3 LEDs
- `btn`: einen Eingang für den Tastendruck, der die Datensendung auslöst

Nachdem Sie die benötigten Informationen zu den LEDs und dem Tastendruck in Tabelle 9.6 (siehe Abschnitt 9.1.6) gefunden haben, können Sie diese in der PCF-Datei *uart.pcf* wie folgt spezifizieren:

```
set_io clk 49
set_io rx 120
set_io tx 121
set_io led[0] 110
set_io led[1] 93
set_io led[2] 94
set_io btn 63
```

Listing 9.23 Inhalt der Constraints-Datei für das UART-Beispielprojekt

Damit sind alle benötigten Angaben korrekt konfiguriert und für Ihr Projekt einsatzbereit.

9.5.2 Der Verilog-Code und der Prompt

Den Verilog-Code aus der Datei *uart.v* sehen Sie in Listing 9.24:

```
`default_nettype none
module uart
#(
    parameter CLOCK_FREQUENCY = 100_000_000,        // Systemtaktfrequenz
    parameter BAUD_RATE = 57600,                              // Baudrate
    parameter DELAY_FRAMES = CLOCK_FREQUENCY / BAUD_RATE - 1 // Taktzyklen
                                                              // pro Baud
)
(
    input clk,                         // Taktquelle
    input rx,                          // Data In
    output tx,                         // Data Out
    output reg [2:0] led,              // 3 LEDs verfügbar
    input btn                          // Taster auf IceZero-Board
);
localparm HALF_DELAY_WAIT = (DELAY_FRAMES / 2);
```

```
reg [3:0] rxState = 0;
reg [12:0] rxCounter = 0;
reg [7:0] dataIn = 0;
reg [2:0] rxBitNumber = 0;
reg byteReady = 0;
reg [2:0] led_count;
localparm RX_STATE_IDLE = 0;
localparm RX_STATE_START_BIT = 1;
localparm RX_STATE_READ_WAIT = 2;
localparm RX_STATE_READ = 3;
localparm RX_STATE_STOP_BIT = 5;
always @(posedge clk) begin
    case (rxState)
        RX_STATE_IDLE: begin
            if (rx == 0) begin
                rxState <= RX_STATE_START_BIT;
                rxCounter <= 1;
                rxBitNumber <= 0;
                byteReady <= 0;
            end
        end
        RX_STATE_START_BIT: begin
            if (rxCounter == HALF_DELAY_WAIT) begin
                rxState <= RX_STATE_READ_WAIT;
                rxCounter <= 1;
            end else
                rxCounter <= rxCounter + 1;
        end
        RX_STATE_READ_WAIT: begin
            rxCounter <= rxCounter + 1;
            if ((rxCounter + 1) == DELAY_FRAMES) begin
                rxState <= RX_STATE_READ;
            end
        end
        RX_STATE_READ: begin
            rxCounter <= 1;
            dataIn <= {rx, dataIn[7:1]};
            rxBitNumber <= rxBitNumber + 1;
            if (rxBitNumber == 3'b111)
                rxState <= RX_STATE_STOP_BIT;
            else
                rxState <= RX_STATE_READ_WAIT;
        end
```

9

```
        RX_STATE_STOP_BIT: begin
            rxCounter <= rxCounter + 1;
            if ((rxCounter + 1) == DELAY_FRAMES) begin
                rxState <= RX_STATE_IDLE;
                rxCounter <= 0;
                byteReady <= 1;
            end
        end
    endcase
end
always @(posedge clk) begin
  if (byteReady) begin
    case (dataIn)
      "1": led_count <= 3'b001;
      "2": led_count <= 3'b010;
      "3": led_count <= 3'b100;
      default: led_count <= 3'b000;
    endcase
  end
  led <= led_count;
end
reg [3:0] txState = 0;
reg [12:0] txCounter = 0;
reg [7:0] dataOut = 0;
reg txPinRegister = 1;
reg [2:0] txBitNumber = 0;
reg [3:0] txByteCounter = 0;
assign tx = txPinRegister;
localparm MEMORY_LENGTH = 10;
reg [7:0] Memory [MEMORY_LENGTH-1:0];
initial begin
    Memory[0] = "F";
    Memory[1] = "P";
    Memory[2] = "G";
    Memory[3] = "A";
    Memory[4] = " ";
    Memory[5] = "U";
    Memory[6] = "A";
    Memory[7] = "R";
    Memory[8] = "T";
    Memory[9] = " ";
end
```

```
localparm TX_STATE_IDLE = 0;
localparm TX_STATE_START_BIT = 1;
localparm TX_STATE_WRITE = 2;
localparm TX_STATE_STOP_BIT = 3;
localparm TX_STATE_DEBOUNCE = 4;
always @(posedge clk) begin
    case (txState)
        TX_STATE_IDLE: begin
            if (btn == 0) begin
                txState <= TX_STATE_START_BIT;
                txCounter <= 0;
                txByteCounter <= 0;
            end
            else begin
                txPinRegister <= 1;
            end
        end
        TX_STATE_START_BIT: begin
            txPinRegister <= 0;
            if ((txCounter + 1) == DELAY_FRAMES) begin
                txState <= TX_STATE_WRITE;
                dataOut <= Memory[txByteCounter];
                txBitNumber <= 0;
                txCounter <= 0;
            end else
                txCounter <= txCounter + 1;
        end
        TX_STATE_WRITE: begin
            txPinRegister <= dataOut[txBitNumber];
            if ((txCounter + 1) == DELAY_FRAMES) begin
                if (txBitNumber == 3'b111) begin
                    txState <= TX_STATE_STOP_BIT;
                end else begin
                    txState <= TX_STATE_WRITE;
                    txBitNumber <= txBitNumber + 1;
                end
                txCounter <= 0;
            end else
                txCounter <= txCounter + 1;
        end
        TX_STATE_STOP_BIT: begin
            txPinRegister <= 1;
```

```
                if ((txCounter + 1) == DELAY_FRAMES) begin
                    if (txByteCounter == MEMORY_LENGTH - 1) begin
                        txState <= TX_STATE_DEBOUNCE;
                    end else begin
                        txByteCounter <= txByteCounter + 1;
                        txState <= TX_STATE_START_BIT;
                    end
                    txCounter <= 0;
                end else
                    txCounter <= txCounter + 1;
            end

            TX_STATE_DEBOUNCE: begin
                    if (btn == 1)
                        txState <= TX_STATE_IDLE;
            end
        endcase
    end
endmodule
```

Listing 9.24 Quellcode der UART-Schnittstelle

Auch diesen Code habe ich nicht mühsam selbst geschrieben, sondern mir erstellen lassen.

> Schreibe einen Verilog-Code für ein FPGA-basiertes System, das eine UART-Kommunikation implementiert. Das Modul sollte in der Lage sein, Daten mit einer Baudrate von 57600 zu senden und zu empfangen, wobei eine Systemtaktfrequenz von 100 MHz zugrunde liegt.
>
> Es sollte konfigurierbare Parameter für die Baudrate und die Taktfrequenz haben.
>
> Zusätzlich muss das Modul drei LEDs basierend auf den empfangenen Daten steuern können, wobei jede LED einem bestimmten empfangenen Byte entspricht.
>
> Der Code sollte auch einen Frequenzteiler enthalten, um die Systemtaktfrequenz für andere Modulteile anzupassen.
>
> Ich möchte, dass Zustandsmaschinen für das Senden und Empfangen klar definiert sind und dass der Code effizient parallele Verarbeitung nutzt, um die Hauptfunktionen gleichzeitig auszuführen.
>
> Benutze den Verilog-2005-Standard. Formuliere den Quellcode komplett aus.

Dieser Prompt diente mir als Ausgangspunkt für den gezeigten Quellcode, der in Folge mehrfach überarbeitet und verfeinert wurde. Diese Verbesserungen erfolgten teils durch eigene Anpassungen und teils durch weitere Prompts im Dialog mit der Chat-KI. Diese Vorgehensweise ist oft notwendig, um durch mehrere Iterationen zu dem vollständig funktionsfähigen und optimierten Code aus Listing 9.24 zu gelangen.

Sie werden immer wieder feststellen, dass das erste Ergebnis noch nicht richtig läuft oder nicht genau das tut, was Sie erwarten. Das kann an ungenauen Prompts liegen, aber oftmals fehlen der KI einfach nötige Kontextinformationen, die Sie ihr erst nach und nach liefern. Sie kommen also nicht umhin, sich selbst Gedanken über die Funktionen des Codes zu machen: Wenn Sie ihn selbst nicht verstehen, werden Sie mit den KI-Produkten nie richtig glücklich werden. Schauen wir uns daher an, was der Code tut.

9.5.3 Erklärung des Quellcodes

Das Verilog-Modul aus Listing 9.24 integriert eine bidirektionale UART-Schnittstelle in Ihr FPGA-Design, mit der eine serielle Kommunikation ermöglicht wird.

Basierend auf empfangenen Daten steuert das Modul die drei LEDs und initiiert die Datenübertragung durch einen Taster.

Sehen wir uns die wichtigen Blöcke und Konzepte Schritt für Schritt an:

Moduldefinition und Parameter

- `default_nettype none`: Dieser Befehl deaktiviert die implizite Deklaration von Netzen, erhöht die Strenge der Code-Prüfung und hilft, unbeabsichtigte Fehler zu vermeiden.
- `module uart #(...) (...)`: Definiert das UART-Modul mit Parametern wie `CLOCK_FREQUENCY` und `BAUD_RATE` und berechnet `DELAY_FRAMES` für die Timing-Steuerung der UART-Kommunikation.

Lokale Parameter und Registervariablen

- `HALF_DELAY_WAIT`: wird für die Timing-Kontrolle während der Startbit-Erkennung verwendet.
- Register wie `rxState`, `rxCounter`, `dataIn`, `rxBitNumber` und `byteReady` sind für die Empfangslogik zuständig. Sie halten den Zustand, den Zählstand, das empfangene Byte, die Nummer des gerade gelesenen Bits und ein Flag, das anzeigt, ob ein Byte komplett empfangen wurde.
- `led_count` und `led`: steuern die LEDs basierend auf den empfangenen Daten.

Empfangslogik (RX)

Die `always @(posedge clk)`-Blöcke steuern das Verhalten der UART-Empfangsoperationen. Die `case`-Anweisung wird verwendet, um den aktuellen Zustand `rxState` des Empfangsprozesses zu überprüfen und entsprechend zu handeln:

- `RX_STATE_IDLE`: wartet auf das Startbit (Low-Signal bei `rx`).
- `RX_STATE_START_BIT` und `RX_STATE_READ_WAIT`: überprüfen das Timing, um sicherzustellen, dass das Signal stabil ist.
- `RX_STATE_READ`: liest die Datenbits in das Register `dataIn`.
- `RX_STATE_STOP_BIT`: überprüft das Stopbit und setzt den Zustand zurück auf `IDLE`, wenn die Übertragung abgeschlossen ist.

LED-Steuerung

Ein weiterer `always @(posedge clk)`-Block wertet `byteReady` und `dataIn` aus, um `led_count` zu aktualisieren, was wiederum direkt die LEDs steuert. Die LEDs repräsentieren visuell die empfangenen Daten.

Sendelogik (TX)

- `TX_STATE_IDLE`: wartet darauf, dass der Benutzer den Taster `btn` drückt, um die Übertragung zu starten.
- `TX_STATE_START_BIT`: beginnt die Übertragung mit einem Startbit.
- `TX_STATE_WRITE`: überträgt die Datenbits aus Memory.
- `TX_STATE_STOP_BIT`: fügt das Stopbit hinzu und überprüft, ob weitere Bytes gesendet werden sollen.
- `TX_STATE_DEBOUNCE`: entprellt den Taster, um Doppelaktivierungen zu vermeiden. Abbildung 9.14 zeigt den Schaltplan für so einen Taster.

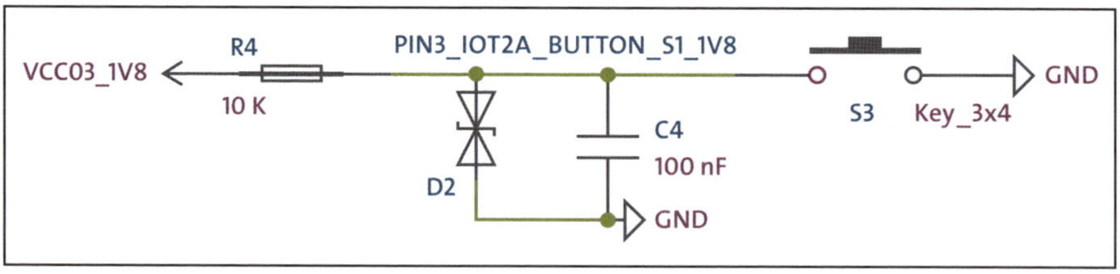

Abbildung 9.14 Detail aus dem Schaltplan des Tang Nano 9K: Active-Low-Button-Design des Tasters S3

Initialisierung

Der `initial begin`-Block initialisiert den Speicher `Memory` mit einer vordefinierten Nachricht, die gesendet wird, wenn der Taster gedrückt wird.

9.5.4 Eine Testbench für das UART-Programm

Bevor Sie einen Verilog-Code auf einem FPGA ausführen, ist es wichtig, den letzten Schritt des Design-Prozesses – die Simulation und das Debuggen der Logik – sorgfältig zu durchlaufen, denn Sie müssen die Funktionalität und Korrektheit Ihrer digitalen Schaltung überprüfen, bevor sie in Hardware umgesetzt wird. In komplexen Systemen kann ein fehlerhaft programmierter FPGA nämlich zu Hardware-Schäden führen. Wenn Ihr System mehrere Komponenten umfasst, sorgt die Simulation zudem dafür, dass Kompatibilitäts- und Integrationsprobleme zwischen den Komponenten frühzeitig gefunden werden. Ein Design, das beim Test in einer isolierten Umgebung funktioniert, kann in einem komplexen System unerwartetes Verhalten zeigen. Simulationen können solche Probleme aufdecken, bevor das gesamte System zusammengebaut wird. Auch die Anzahl der benötigten *Ressourcen* (z. B. *Logikblöcke, Speicher*) kann so überprüft und optimiert werden, um die *Leistung* (z. B. *Durchsatz, Latenz*) zu maximieren, bevor das Design in einem FPGA implementiert wird. Ohne die Simulation übersehen Sie sonst, dass das Design ineffizient ist, mehr Ressourcen als nötig verbraucht oder nicht die gewünschte Leistung erbringt.

9

Bei unserem kleinen UART-Projekt drohen derartige Gefahren nicht, aber ein bidirektionales Kommunikationsprotokoll ist eine gute Möglichkeit, um solch eine Testbench einmal auszuprobieren.

Simulation mit iVerilog und VCD-Dateien

Für die Simulation verwenden wir iVerilog zusammen mit VCD-Dateien. iVerilog ist bereits Teil unserer installierten Toolchain. Um mit der Simulation zu beginnen, erstellen Sie eine Testbench als separates Verilog-Modul. Diese Testbench simuliert die Eingaben für das getestete Modul und lässt uns die Ausgaben beobachten.

Beginnen Sie, indem Sie eine neue Verilog-Datei mit dem Namen *uart_tb.v* erstellen. Speichern Sie sie im gleichen Verzeichnis, in dem auch die *uart.v* liegt. Der Inhalt sollte folgendermaßen aussehen:

```
module uart_tb();
  reg clk = 0;
  reg rx = 1; // Initial als High, was Idle entspricht.
  wire tx;
  wire [2:0] led;
  reg btn = 1; // Initial als High, was ungedrückt entspricht.
  // Instanziieren des UART-Moduls mit korrekten Timing-Parametern
  uart #( .CLOCK_FREQUENCY(100_000_000), .BAUD_RATE(57600) ) uart_instance(
    .clk(clk),
    .rx(rx),
```

```
    .tx(tx),
    .led(led),
    .btn(btn)
  );
  // Erzeugung des Taktsignals, 100 MHz entsprechen 10 ns pro Taktzyklus
  always #5 clk = ~clk; // Halbe Periode von 10 ns für den 100-MHz-Takt
  initial begin
    $display("Starting UART RX Simulation");
    $monitor("Time: %t, LED Value: %b", $time, led);
    // Hier wird die UART-Kommunikation simuliert
    // Die Verzögerungen müssen die Bitperiode entsprechend
    // der Baudrate abbilden
    // 100 MHz / 57600 Baud ≈ 1736 Taktzyklen pro Bitperiode
    // Da die Taktperiode 10 ns beträgt,
    // entsprechen 1736 Taktzyklen 17360 ns
    #17360 rx = 0; // Startbit
    #17360 rx = 1; // Bit 1 (Datenbit)
    #17360 rx = 0; // Bit 2 (Datenbit)
    #17360 rx = 1; // Bit 3 (Datenbit)
    #17360 rx = 0; // Bit 4 (Datenbit)
    #17360 rx = 1; // Bit 5 (Datenbit)
    #17360 rx = 0; // Bit 6 (Datenbit)
    #17360 rx = 1; // Bit 7 (Datenbit)
    #17360 rx = 0; // Bit 8 (Datenbit)
    // Auf das Stoppbit warten und das Drücken des Buttons simulieren
    #17360 rx = 1; // Stoppbit
    #8680 btn = 0; // Knopf drücken (halbe Bitperiode warten)
    #8680 btn = 1; // Knopf loslassen (halbe Bitperiode warten)

    // Beenden Sie die Simulation nach einem Zeitraum,
    // der ausreichend ist, um alle Daten zu übertragen
    #100000 $finish;
  end
  // VCD-Datei-Erstellung für die Analyse mit GTKWave
  initial begin
    $dumpfile("uart_tb.vcd");
    $dumpvars(0, uart_tb);
  end
endmodule
```

Listing 9.25 Quellcode der UART-Testbench

Diese Testbench-Datei ist ein Verilog-Programm, das speziell dafür entworfen wurde, ein anderes Verilog-Modul zu testen. In diesem Fall ist das unser UART-Modul. Die Testbench simuliert eine Umgebung für das zu testende Modul, indem sie Steuersignale – wie Takt und Reset – sowie Eingangssignale bereitstellt und die Ausgangssignale überwacht. Diese Testbench enthält somit keine externen Eingänge und generiert stattdessen alle erforderlichen Eingaben intern, um das UART-Modul unter verschiedenen Bedingungen zu testen.

Schauen wir uns den Inhalt der Datei etwas detaillierter an.

Moduldefinition

```
module uart_tb();
```


Dies definiert ein neues Verilog-Modul namens `uart_tb`, das als Testbench dient. Das Modul hat keine Ein- oder Ausgangsports, da es als selbstständige Testumgebung konzipiert ist.

Register und Signalverbindungen

Danach werden die Register und Signalverbindungen definiert:

- `reg clk = 0;`: definiert ein Register `clk` für das Taktsignal und initialisiert es direkt mit 0.
- `reg rx = 1;`: Ein Register `rx` simuliert das Empfangssignal des UART, das mit 1 initialisiert ist (High-Zustand).
- `wire tx;`: Eine Signalverbindung (wire) `tx` dient als Ausgangssignal des UART, das die gesendeten Daten darstellt.
- `wire [2:0] led;`: Eine 3 Bit breite Signalverbindung (`wire`) namens `led` repräsentiert die Zustände von drei LEDs.
- `reg btn = 1;`: Ein Register `btn` simuliert einen Taster, der im nicht gedrückten Zustand initialisiert ist (High).

Instanziierung des UART-Moduls

```
uart #( .CLOCK_FREQUENCY(100_000_000), .BAUD_RATE(57600) ) uart_instance(
    .clk(clk),
    .rx(rx),
    .tx(tx),
    .led(led),
    .btn(btn)
);
```

Hier wird eine Instanz des uart-Moduls mit dem Namen uart_instance erstellt. Die Parameterübergabe #(...) setzt einen spezifischen Parameter des uart-Moduls auf den Wert der Baudrate, die verwendet werden soll. Die in der Testbench definierten Signale clk, rx, tx, led und btn werden mit den entsprechenden Ports des uart-Moduls verbunden.

Simulation des Taktsignals

```
always #5 clk = ~clk;
```

Diese always-Anweisung erzeugt ein Taktsignal, indem sie das clk-Signal alle 5 ns umkehrt (~clk), was einem kontinuierlichen Taktzyklus entspricht. Das bedeutet, ein vollständiger Taktzyklus wird alle 10 ns durchlaufen.

Testsequenz

Innerhalb der initial-Block-Anweisungen senden wir das Startbit, gefolgt von Datenbits und dem Stoppbit, indem wir den rx-Pin entsprechend manipulieren. Dies simuliert eine einfache UART-Übertragung.

```
initial begin
  $display("Starting UART RX Simulation");
  $monitor("Time: %t, LED Value: %b", $time, led);
  ...
  #100000 $finish;
end
```

Im initial-Block wird eine Testsequenz definiert:

- $display("Starting UART RX Simulation") gibt eine Nachricht zu Beginn der Simulation aus.
- $monitor("... LED Value: %b ...") überwacht die Änderungen der led-Signale und gibt deren binären Wert aus. Ein %h steht für einen hexadezimalen Wert, %d für einen dezimalen Wert, und %s wird verwendet, um eine Zeichenkette auszugeben.
- Die dann folgenden Zeilen simulieren eine Reihe von Änderungen am rx-Signal und am btn-Taster, um das Verhalten des UART-Moduls unter verschiedenen Bedingungen zu testen.
- #100000 $finish; beendet die Simulation nach 100.000 Zeiteinheiten.

Abbildung 9.15 zeigt schematisch die Simulation dieser Bitfolge.

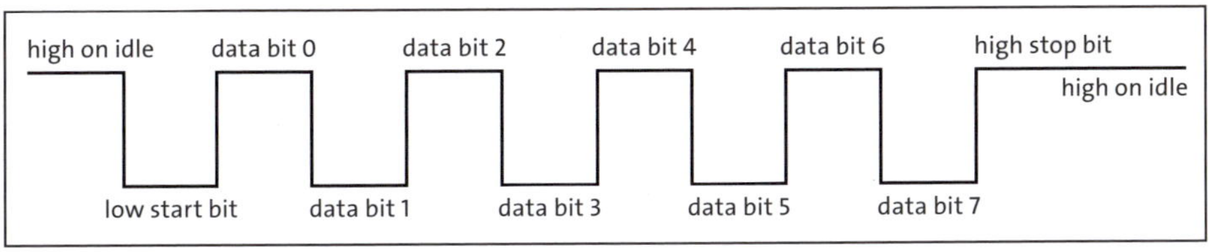

Abbildung 9.15 Die Bitfolge, die am RX-Eingang simuliert wird

Erzeugung der VCD-Datei

Ein weiterer `initial`-Block ist verantwortlich für die Erzeugung einer VCD-Datei (*uart_tb.vcd*), die alle Signale und ihre Änderungen im Verlauf der Simulation festhält:

```
initial begin
  $dumpfile("uart_tb.vcd");
  $dumpvars(0,uart_tb);
end
```

`$dumpvars(0,uart_tb)` spezifiziert, dass alle Signale im Modul `uart_tb` (und dessen Untermodulen, angezeigt durch `0`) in die Datei geschrieben werden sollen. Diese Datei kann dann mit einem Tool wie GTKWave analysiert werden. Durch die visuelle Inspektion der Wellenformen Ihres Designs können Sie Fehler entdecken, bevor es auf einem FPGA implementiert wird.

Weitere Dateitypen in FPGA-Simulationen

Neben den hier verwendeten *.vcd*-Dateien existieren weitere Formate, die in der Simulation von FPGA-Designs zum Einsatz kommen können:

- **LXT/LXT2:** Diese Dateiformate bieten eine effiziente Speicherung von Wellenformdaten und sind ideal für große Simulationen, bei denen *.vcd*-Dateien zu umfangreich werden würden. Sie werden von vielen Wellenformbetrachtern unterstützt.
- **FST:** Das Format *Fast Signal Trace* ist eine weitere Alternative, die für ihre Speicher- und Geschwindigkeitseffizienz geschätzt wird. Es eignet sich besonders für extrem umfangreiche Datensätze, die in herkömmlichen Formaten schwer zu handhaben sind.
- **Log-Dateien:** Während der Simulation erstellte Log-Dateien enthalten wichtige Informationen über den Simulationsablauf, Fehlermeldungen und Warnungen. Sie sind entscheidend für die Fehlersuche und die Überprüfung der korrekten Funktionsweise des Designs.

- **Ausgabetextdateien (.out, .txt):** Einige Simulatoren können so konfiguriert werden, dass sie bestimmte Simulationsergebnisse direkt in Textdateien schreiben, die Sie für Analysen und Berichte außerhalb der Wellenformvisualisierung verwenden können.
- **BLIF (.blif):** Dieses Format wird vor allem in Verbindung mit Synthesetools verwendet und beschreibt das logische Layout einer Schaltung, was für weitere Schritte in der Hardware-Implementierung nützlich ist.

Das Makefile für die Testbench nutzen

Wir nutzen natürlich wieder ein Makefile, um den Kompilier- und Ausführungsprozess der Testbench zu automatisieren. In der Datei *uart-zip* ist schon alles enthalten, auch das Makefile habe ich schon für die Testbench erweitert:

```
makefile
%_tb: %_tb.v %.v
        iverilog -o $@ $^
%_tb.vcd: %_tb
        vvp -N $< +vcd=$@
```

Mit dem Befehl **`make uart_tb.vcd`** wird die Testbench für den UART kompiliert und ausgeführt. Dieser Prozess initiiert die Erstellung einer VCD-Datei (*Value Change Dump*), die zur Analyse mit GTKWave genutzt werden kann.

Die Befehle im Detail:

```
pi@pi5:~/fpga/src/ice40hx/uart $ make uart_tb
iverilog -o uart_tb uart_tb.v uart.v
pi@pi5:~/fpga/src/ice40hx/uart $ make uart_tb.vcd
vvp -N uart_tb +vcd=uart_tb.vcd
Starting UART RX Simulation
VCD info: dumpfile uart_tb.vcd opened for output.
Time:                    0, LED Value: xxx
Time:               182195, LED Value: 000
uart_tb.v:44: $finish called at 290960 (1s)
```

Nach Abschluss der Simulation steht die Datei *uart_tb.vcd* bereit. Diese können Sie in GTKWave öffnen, um eine visuelle Verifikation der Simulationsdaten durchzuführen. Dies ermöglicht eine detaillierte Analyse der zeitlichen Abläufe und LED-Werte während der Simulation und zeigt Ihnen ob in Ihrem Design alles in Ordnung ist.

Simulationsstrategien für Testbenches

Bei der Entwicklung von Testbenches können zwei Hauptansätze zur Simulation der Taktzyklen unterschieden werden: Ein Ansatz simuliert realitätsnahe und umfassende Szenarien, während ein alternativer Ansatz die Anzahl der simulierten Taktzyklen reduziert, um die Simulationszeit zu verkürzen.

Die vereinfachte Methode sieht so aus:

```
always #1 clk = ~clk;
```

Dieser Code erzeugt einen schnellen Wechsel des Taktsignals, bei dem jeder Zyklus nur zwei Zeiteinheiten umfasst. Diese Methode führt zu kleineren Simulationsdateien und schnelleren Analysen.

Die Vorteile der vereinfachten Methode:

- **Schnellere Simulationen**: Die Simulationen werden in kürzerer Zeit durchgeführt.
- **Effizientere Dateinutzung**: Die Dateien sind kleiner, beanspruchen weniger Speicherplatz und können schneller analysiert werden.

Die Nachteile der vereinfachten Methode:

- **Weniger realitätstreu**: Die Simulation bietet möglicherweise nicht genügend Daten, um alle potenziellen Fehlerquellen und Randbedingungen zu erfassen.
- **Reduzierte Fehlererkennung**: Kritische Fehler, die nur unter bestimmten oder seltenen Bedingungen auftreten, könnten übersehen werden.

Der in der Testbench *uart_tb.v* implementierte Ansatz bevorzugt eine umfassende Simulation, um die Robustheit und Zuverlässigkeit des UART-Designs zu maximieren. Diese bietet verschiedene Vorteile:

- **Erhöhte Fehlererkennung**: Die detaillierte Simulation hilft, mehr potenzielle Fehlerquellen zu identifizieren.
- **Validierung unter realen Bedingungen**: Die Testbench simuliert das tatsächliche Verhalten des Systems unter einer Vielzahl von Betriebsbedingungen.

Umfassende Simulationen tragen wesentlich dazu bei, die Zuverlässigkeit und Funktionalität eines FPGA-Designs sicherzustellen. Auch wenn die Simulation länger dauert und größere Dateien erzeugt, ist der Nutzen einer gründlicheren Fehleranalyse und realistischeren Verifikation empfehlenswert, um ein robustes Endprodukt zu gewährleisten. Wo immer es Ihnen möglich ist, sollten Sie die Testbench daher so umfassend und realistisch wie möglich gestalten.

9.5.5 Mit GTKWave VCD-Dateien analysieren

Die Analyse von Simulationsergebnissen ist ein kritischer Schritt in der Verifikation von digitalen Schaltungen und Systemen. Hierbei kommt oft das Tool GTKWave zum Einsatz, das VCD-(*Value Change Dump*-)Dateien grafisch darstellt, damit wir sie analysieren können.

Ich möchte Ihnen hier einen kurzen Überblick über die Grundlagen von GTKWave geben, speziell im Kontext der Untersuchung der Wechselwirkungen zwischen Tastendruck und der Aussendung des TX-Signals in einer UART-Kommunikation.

GTKWave

Der Wellenformbetrachter GTKWave ist ein Open-Source-Projekt und auf Sourceforge zu finden: *https://gtkwave.sourceforge.net/*

Installationspakete stehen unter allen gängigen Linux-Distributionen im Repository bereit, auch auf Ihrem Raspberry Pi. Installieren Sie GTKWave mit dem Paketmanagement:

```
sudo apt install gtkwave
```

Auf der GTKWave-Homepage finden Sie weitere Installationspakete und Anleitungen für die Installation unter macOS oder Windows.

GTKWave kann die in den VCD-Dateien gespeicherten Simulationsergebnisse visualisieren. Seine Stärke ist, dass die komplexen Zeitdiagramme übersichtlich dar gestellt werden, was für die Fehlersuche und Leistungsanalyse digitaler Schaltun gen unerlässlich ist.

Eine VCD-Datei öffnen

Um eine VCD-Datei in GTKWave zu öffnen, starten Sie das Programm und wählen dann im Menü FILE die Option OPEN NEW TAB. Navigieren Sie zu dem Speicherort der VCD-Datei, also hier zu der *uart_rb.vcd*, die von Ihrer Testbench erzeugt wurde, und öffnen Sie diese. Die Datei enthält alle während der Simulation erfassten *Signaländerungen* und *Zeitevents*.

Signale hinzufügen

Nach dem Laden der VCD-Datei werden die verfügbaren Signale in einer Baumstruktur auf der linken Seite angezeigt. Um ein Signal zur Analyse hinzuzufügen, ziehen Sie es einfach per Drag-and-Drop in das Hauptfenster – oder nutzen Sie das Kontextmenü, um es zur Wellenformansicht hinzuzufügen.

Analyse der Simulationsergebnisse

Für unser Beispiel interessieren uns insbesondere die Signale, die den Tastendruck `btn` und die Aussendung des TX-Signals repräsentieren. Fügen Sie diese Signale zur

Wellenformansicht hinzu, indem Sie sie mit einem Mausklick auf UART_TB im linken oberen *Signal Selection Tree* (*SST*) sichtbar machen. Mit einem weiteren Mausklick auf das jeweilige Signal lassen Sie sich dann in dem mit WAVES bezeichneten Fensterabschnitt die dazugehörige Wellenform anzeigen (siehe Abbildung 9.16). Darin können Sie die Zustände der einzelnen Signale über die Zeit verfolgen.

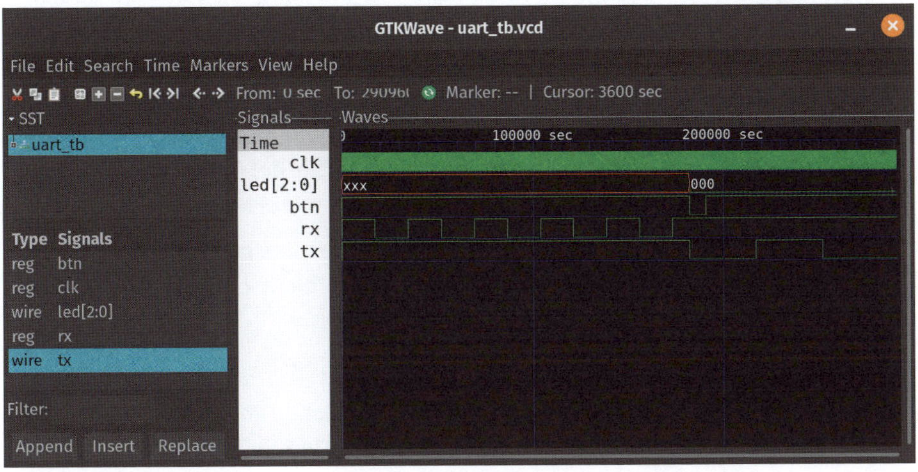

Abbildung 9.16 GTKWave zeigt die Signalverläufe des UART-Moduls.

In Abbildung 9.16 sehen Sie die Interaktion zwischen dem Tastendruck und dem TX-Signal. Die abgebildete Wellenform für den Tastendruck `btn` zeigt den Zustand des Tastendrucks über die Zeit. Der Wechsel von `High` zu `Low` kennzeichnet das Drücken der Taste. (Denken Sie daran: Der Taster arbeitet mit `active low`.) Das TX-Signal (`tx`) zeigt die Datenübertragung, die durch das Drücken des Tasters ausgelöst wird.

Zoomen und Navigieren

GTKWave bietet verschiedene Werkzeuge zum Zoomen und Navigieren in der Wellenformansicht. Nutzen Sie die Zoom-Schaltflächen, um sich auf spezifische Zeitintervalle zu konzentrieren, oder die Scroll-Leiste, um durch den Zeitverlauf zu navigieren und die Signaländerungen genauer zu untersuchen. Durch die visuelle Darstellung der Simulationsergebnisse können Sie besser verstehen, wie verschiedene Teile Ihrer Schaltung zusammenwirken, und potenzielle Probleme effizient identifizieren und beheben.

Das Ying und Yang von Testbench und Simulation

Ich möchte es noch mal wiederholen: Um die Funktionalität und Zuverlässigkeit eines FPGA-Designs zu gewährleisten, ist eine sorgfältige Simulation mit einer durchdachten Testbench wichtig. Die Testbench konstruiert ein kontrolliertes Testumfeld für das FPGA-Design, wobei die **_tb.v*-Dateien die Umgebung simulieren, in der das eigentliche FPGA-Design getestet wird, indem sie definieren, wie das Design mit Daten versorgt wird und wie seine Reaktionen ausgewertet werden.

Die Simulation selbst bezieht sich auf den Prozess, bei dem Ihr FPGA-Design mithilfe der in der Testbench (*_tb.v*) definierten Stimuli ausgeführt wird. Diese Simulation generiert Ausgabedateien, insbesondere *.vcd*-Dateien (*Value Change Dump*), die alle während der Simulation aufgetretenen Signaländerungen aufzeichnen. Diese *.vcd*-Dateien enthalten die detaillierten Ergebnisse der Simulation, die zeigen, wie die Ausgänge des FPGA-Designs auf die von der Testbench generierten Eingänge reagieren. Nutzen Sie GTKWave und iVerilog, um die in den *.vcd*-Dateien enthaltenen Daten zu analysieren. Damit können Sie bei der Entwicklung des Designs detailliert überprüfen und entscheiden, ob alles wie erwartet funktioniert.

Nachdem Sie durch die Simulation das Verhalten des Designs analysiert haben und sicherstellen konnten, dass es den Anforderungen entspricht, können Sie es auf die tatsächliche Hardware übertragen.

Die Testbench und Simulation ergänzen sich gegenseitig:

- **Testbench:** Die Testbench stellt die *Umgebung* oder den *Rahmen* bereit, in dem Tests durchgeführt werden. Sie definiert, wie das Design getestet wird, indem sie spezifiziert, welche Eingaben verwendet werden, wie die Ausgaben überprüft werden und welche Bedingungen für den Test gelten. Das Design wird so unter verschiedenen Bedingungen und mit unterschiedlichen Eingabesignalen getestet, um sicherzustellen, dass es wie erwartet funktioniert.
- **Simulation:** Die Simulation ist der *Motor*, der das Design innerhalb der von der Testbench definierten Parameter ausführt. Es handelt sich um den Prozess, der das tatsächliche Verhalten des Designs unter Testbedingungen ausführt und analysiert.

9.5.6 Konfiguration des FPGAs

Nachdem Sie nun alles simuliert und getestet haben, geht es zurück zu unserem UART-Programm. Der Bitstream zur Konfiguration des FPGAs wird mithilfe des Befehls `make` erstellt. Anschließend können Sie den Bitstream mit `make prog` auf den FPGA laden. Um den gesamten Prozess in einem Durchgang auszuführen, nutzen Sie den folgenden Befehl:

```
make clean && make && make simulate && make prog
```

Dieser Befehl bereinigt zunächst alle vorherigen Builds (`make clean`), erstellt dann den Bitstream (`make`), generiert die *.vcd*-Datei für die Testbench (`make simulate`) und lädt schließlich den Bitstream auf den FPGA (`make prog`). Diese Vorgehensweise ist effizient, wenn Sie mehrere Schritte automatisieren und Zeit sparen möchten.

9.5.7 Die serielle Verbindung einrichten

Der Raspberry Pi 5 besitzt einen seriellen Anschluss mit der Bezeichnung J16 auf der Platine. Dieser sitzt zwischen den beiden HDMI-Anschlüssen.

Abbildung 9.17 Die UART-Schnittstelle des Raspberry Pi 5

Da dies sowohl beim Raspberry Pi wie auch beim FPGA eine UART-Schnittstelle mit einem 3,3-V-TTL-Pegel ist, könnte man diese Anschlüsse direkt miteinander verbinden und ohne RS232-Wandler nutzen. Eine andere Variante wäre die Einrichtung der seriellen Verbindung über die GPIO-Leiste. Diese Art der Einrichtung einer seriellen Verbindung könnten Sie auf einem Raspberry Pi 4 oder Zero 2 W nutzen.

GPIO-Pins für UART

Die GPIO-Pins, die für UART TX und UART RX verwendet werden können, sind wie folgt belegt:

- UART TX des Raspberry Pi befindet sich auf GPIO-Pin 8 (Pinbezeichnung am Raspberry Pi: UART Tx #8), der an IOT_170 #113 auf der IceZero-Seite angeschlossen wird.
- UART RX des Raspberry Pi befindet sich auf GPIO-Pin 10 (Pinbezeichnung am Raspberry Pi: UART Rx #10), der mit IOT_169 #112 auf der IceZero-Seite verbunden ist.

Diese Pins ermöglichen eine direkte Kommunikation zwischen dem Raspberry Pi und dem FPGA unter Verwendung der 3,3-V-TTL-Pegels, ohne dass ein zusätzlicher Pegelwandler gebraucht wird. (In Tabelle 9.9 aus Abschnitt 9.1.9 können Sie sehen, wie verschiedene Pins des iCE40HX der GPIO-Schnittstelle zugeordnet sind.)

In der Praxis wird meist ein UART-zu-Seriell-USB-Kabel genutzt, um die seriellen Ports des FPGAs anzusprechen. Deshalb nutzen wir ein entsprechendes Kabel mit

PL2303-Chip (oder einem ähnlichen Chipsatz), wie es in den üblichen Online-Shops für wenige Euro zu bekommen ist. Sie sehen es in Abbildung 9.18. Wahrscheinlich haben Sie solch ein Kabel schon in der Schublade.

Dieses Kabel wandelt die TTL-Signale in das USB-Protokoll um, sodass sie leicht mit jedem Computer verbunden werden können, der über einen USB-Port verfügt. Dieser Ansatz bietet eine flexible Lösung, falls Sie ein anderes Setup verwenden oder wenn direkte GPIO-Verbindungen nicht praktikabel sind.

Abbildung 9.18 Serielles Adapterkabel für UART-Schnittstellen

Wenn Sie dieses Kabel in einen USB-Port Ihres Raspberry-Pi oder Linux-Rechners stecken, sollte eine Ausgabe ähnlich wie diese in der **dmesg**-Ausgabe zu sehen sein:

```
usb 1-2: Detected FT2232C/D
usbcore: registered new interface driver pl2303
usbserial: USB Serial support registered for pl2303
pl2303 3-2:1.0: pl2303 converter detected
usb 1-2: FTDI USB Serial Device converter now attached to ttyUSB0
ftdi_sio 1-2:1.1: FTDI USB Serial Device converter detected
usb 1-2: Detected FT2232C/D
usb 1-2: FTDI USB Serial Device converter now attached to ttyUSB2
usb 3-2: pl2303 converter now attached to ttyUSB2
```

Das UART-zu-Seriell-USB-Kabel wurde also erkannt und (in diesem Beispiel) unter `ttyUSB2` bereitgestellt. Dies ist dann das Device, das Sie mit einem Terminal-Programm ansprechen können, um darüber die serielle Verbindung aufzubauen. (Denken Sie auch daran, dass Ihr User zur `dialout`-Gruppe gehören muss.)

Vorher müssen wir aber noch das andere Ende des Kabels an den FPGA anschließen (siehe Abbildung 9.19). Die vier Dupont-Stecker auf dem Kabelende sind durch die vier verschiedenfarbigen Adern gut zu unterscheiden. Die Farben sind genormt und haben folgende Bedeutung:

- **Rot:** Spannungsversorgung mit +5 V, wird durch den USB-Port bereitgestellt.
- **Schwarz (= GND):** Die Masseverbindung; sie sollte immer angeschlossen werden, um die Signalintegrität zu gewährleisten.
- **Grün (= TX):** Die Daten fließen von hier zum USB-Port.
- **Weiß (= RX):** Die Daten kommen hier vom USB-Port an.

Abbildung 9.19 So schließen Sie das UART-Adapterkabel an das IceZero-Board an.

Nun benötigen Sie ein Terminal-Programm, mit dem Sie Signale senden können. Falls Sie noch kein Terminal-Programm installiert haben, kann ich Ihnen *Picocom* empfehlen. Es steht unter allen gängigen Linux-Distributionen im Repository bereit, auch auf Ihrem Raspberry Pi. Installieren Sie es mit dem Paketmanagement:

```
sudo apt install picocom
```

Starten Sie nun in einer Konsole das Terminal-Programm mit dem Befehl und den entsprechenden Parametern. Passen Sie den Device-Namen an, falls Ihr Kabel einem anderen USB-Device zugeordnet wurde.

```
pi@pi5:~/fpga/src/icezero/uart $ picocom /dev/ttyUSB2 -b 57600
picocom v3.1
port is          : /dev/ttyUSB2
flowcontrol      : none
baudrate is      : 57600
parity is        : none
databits are     : 8
stopbits are     : 1
escape is        : C-a
```

```
local echo is  : no
noinit is      : no
noreset is     : no
hangup is      : no
nolock is      : no
send_cmd is    : sz -vv
receive_cmd is : rz -vv -E
imap is        :
omap is        :
emap is        : crcrlf,delbs,
logfile is     : none
initstring     : none
exit_after is  : not set
exit is        : no

Type [C-a] [C-h] to see available commands
Terminal ready
FPGA UART FPGA UART FPGA UART FPGA UART FPGA UART FPGA UART FPGA UART FPGA
UART FPGA UART FPGA UART FPGA UART FPGA UART
```

Listing 9.26 Start des picocom Programms und Empfang der Daten vom IceZero-Board

Nachdem sich das Terminal-Programm mit dem seriellen Port des FPGAs verbunden hat, können Sie am FPGA den Taster drücken, um die Aussendung des Test-Strings zu initiieren. Bei jedem Drücken der Taste wird die Zeichenkette erneut übertragen. Wie Sie in Listing 9.26 sehen, hatte ich ordentlich Spaß beim Tastendrücken ...

Mit dem Befehl [Strg]+[A], gefolgt von [Strg]+[X], können Sie Picocom beenden.

Wenn bis hierhin alles funktioniert hat, dann haben Sie eine Menge geschafft. Glückwunsch, Sie haben Ihre erste bidirektionale Schnittstelle auf einem FPGA implementiert!

9.5.8 Testbench-Techniken und die konditionale Kompilation in Verilog

Kehren wir noch einmal kurz zur Testbench zurück: Beim Design digitaler Schaltungen ist es wichtig, eine Teststrategie zu entwickeln, mit der man gut klarkommt und so die Zuverlässigkeit und Funktionalität der entworfenen Systeme sicherstellen kann. Zwei gängige Techniken, die in diesem Prozess häufig verwendet werden, sind die konditionale Kompilation (ein weiteres Beispiel dazu folgt noch in Abschnitt 10.5.3) und das Einrichten von dedizierten Testbenches. In diesem Abschnitt erläutere ich beide Ansätze mit ihren Anwendungen und ihren Unterschieden.

Konditionale Kompilation mittels ifdef

Die `ifdef`-Direktive in Verilog haben Sie schon beim *led_blinky.v*-Testprogramm kennengelernt. Solch eine Anweisung ermöglicht es, bestimmte Codeabschnitte nur dann zu kompilieren, wenn ein bestimmtes Makro definiert ist. Dies ist besonders nützlich, um unterschiedliche Hardware-Konfigurationen oder Testsettings ohne Änderung des Hauptcodes zu simulieren. Ein typisches Beispiel hierfür ist das Setzen von Taktsignalen und Systemzuständen in einer simulierten Testumgebung:

```
ifdef TESTBENCH
    assign clk_16mhz = clk_100mhz, pll_locked = 1;
```

In diesem Beispiel wird geprüft, ob `TESTBENCH` definiert ist. Wenn dies zutrifft, wird `clk_16mhz` direkt an `clk_100mhz` gebunden und `pll_locked` auf `1` gesetzt, um die Notwendigkeit einer echten *Phase-Locked Loop* (*PLL*) in der Testsimulation zu umgehen. So können Sie das Verhalten des Designs flexibel an verschiedenen Testbedingungen anpassen.

Testbenches: Die Simulationsspezialisten

Im Gegensatz zur konditionalen Kompilation, die Teile des Codes ein- oder ausschaltet, bietet eine Testbench eine vollständige Simulationsumgebung für ein Modul oder System. Ein Beispiel dafür war die *uart_tb.v* in Abschnitt 9.5.4: eine Testbench speziell für das Testen des UART-Moduls. Testbenches dieser Art sind dafür konzipiert, Eingaben zu simulieren, Ausgaben zu überprüfen und das Verhalten des Moduls unter verschiedenen Bedingungen zu analysieren:

```
// Instanziierung des UART-Moduls
uart uart_instance (.rx(rx), .tx(tx), .clk(clk));
// Generierung von Teststimuli
initial begin
    clk = 0;
    forever #10 clk = ~clk;  // Taktgenerator
end
// Anwendung von Testszenarien
initial begin
    // Das Senden und Empfangen von Daten testen
end
```

Listing 9.27 Aufbau einer Testbench

Diese Testbench instanziiert das UART-Modul, generiert einen Takt und simuliert verschiedene Testszenarien, um das Verhalten des UART-Moduls zu überprüfen.

Beide Ansätze – die konditionale Kompilation und das Erstellen von Testbenches – sind wichtige Schritte im Designprozess von digitalen Schaltungen. Während `ifdef` die Flexibilität erhöht, indem es den Code für verschiedene Konfigurationen anpasst, ohne ihn zu ändern, bieten Testbenches eine robuste Umgebung für die detaillierte Überprüfung und Verifikation des Verhaltens von Schaltkreisen.

Die konditionale Kompilation wird oft zuerst genutzt, um spezifische Teile des Codes für bestimmte Testumgebungen zu aktivieren oder zu deaktivieren, was insbesondere in der Anfangsphase des Entwurfs hilfreich ist, wenn Sie verschiedene Konfigurationen schnell und unkompliziert testen wollen. Auf Testbenches können Sie allerdings nicht verzichten, denn sie sorgen für eine umfassende Überprüfung des Systemverhaltens. Ihre Stunde schlägt, sobald das Grunddesign stabil ist.

Wenn also ein stabiler Prototyp vorhanden ist, sollten Sie umfassende Testbenches erstellen, um das Verhalten unter verschiedenen Betriebsbedingungen zu testen. Nutzen Sie also das beste beider Welten: schnelle, flexible Tests im Code und gründliche Simulationen in Form von Testbenches.

Tatsächlich ist das Thema Testbenches ziemlich umfangreich. Die hier gezeigten Beispiele bieten zwar einen Einstieg, für eine vertiefte Auseinandersetzung sollten Sie aber ein auf dieses Thema spezialisiertes Werk lesen. Oder fragen Sie einfach Ihren KI-Kollegen nach weiteren Informationen. Aber Vorsicht: Je fortgeschrittener und spezieller Ihre Anforderungen werden, desto mehr kann schief gehen: Die Trainingsdaten der KI sind nur beschränkt, Sonderfälle werden sie aufs Glatteis führen. Menschliche Erfahrung und auch ein gewisses Maß an Intuition für das richtige Testdesign bleiben unersetzlich.

In diesem Buch konzentrieren wir uns jedoch darauf, weiter in die Grundlagen der Verilog-Programmierung von FPGAs einzusteigen, um eine solide Basis für praktische Anwendungen zu schaffen. Tiefer gehe ich aber noch in Abschnitt 9.8 auf das Thema ein.

9.6 Web-Control-Server

Mit der UART-Schnittstelle aus Abschnitt 9.5 haben wir bereits ein Beispiel implementiert, mit dem Befehle an den FPGA gesendet werden können. Jeder übertragene Tastendruck oder ausgeschriebene Befehl kann so zur gezielten Steuerung eines FPGAs über eine serielle Verbindung genutzt werden. Allerdings erfordert dies die Implementierung einer Schnittstelle. Selbst wenn Sie den Umfang des Verilog-Programms vereinfachen, indem Sie nur den RX-Teil der UART-Schnittstelle implementieren, ist dies dennoch mit Zeit und Aufwand verbunden.

Ein einfacherer Weg zur Übertragung eines Steuerbefehls besteht darin, einen FPGA-Pin auf `High` oder `Low` zu setzen, um so einen Steuerbefehl zu übermitteln. Da wir einen Raspberry Pi mit einem IceZero-Board an der GPIO-Schnittstelle verwenden, ist ein solches Beispiel leicht umzusetzen. Falls Sie einen Tang Nano 9K für dieses Projekt nutzen möchten, müssen Sie mit einem Dupont-Kabel einen Pin der GPIO-Leiste des Raspberry Pi mit einem Pin des Tang-Nano-Boards verbinden.

Die Projektdateien

In den Materialien zum Buch können Sie dieses Projekt in der Datei *webcontrol.zip* im Verzeichnis *$HOME/fpga/src/icezero/* finden. Nachdem Sie die Datei *webcontrol.zip* entpackt haben, wechseln Sie in das entpackte Verzeichnis. Folgende Dateien sollten darin zu finden sein:

```
pi@pi5:~/fpga/src/icezero/webcontrol $ ls
gpio_server.py  Makefile  readme.txt  webcontrol.asc  webcontrol.bin
webcontrol.blif  webcontrol.pcf  webcontrol.v
```

9

9.6.1 Die Steuerungsebene und die Datenebene

Dieses Beispiel veranschaulicht auch ein neues Konzept: die Implementierung der Steuerung des FPGAs auf der sogenannten *Steuerungsebene* (*Control Plane*) und die Implementierung der Logik auf der *Datenebene* (*Data Plane*).

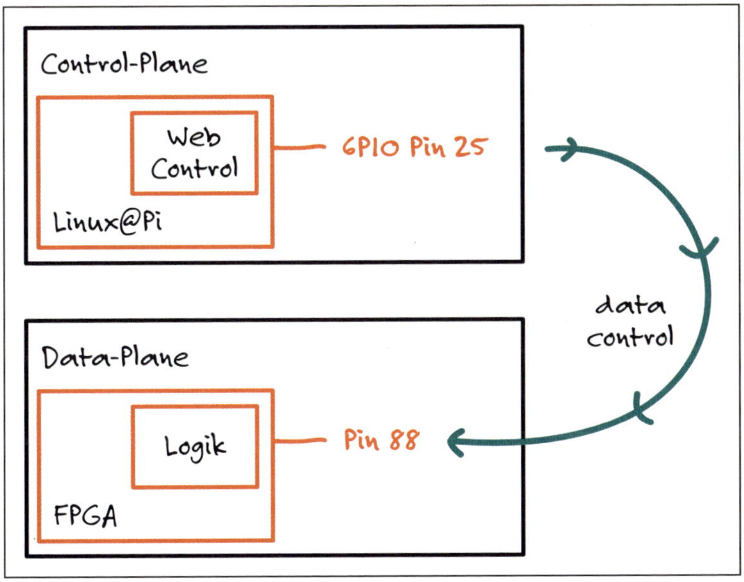

Abbildung 9.20 Die Control Plane und die Data Plane der Steuerung eines FPGAs durch eine Web-Control-Applikation

Dieses Thema wird noch mal in Abschnitt 11.14 angesprochen, wenn wir uns die Softcore-CPU auf dem FPGA ansehen. Hier nutzen wir eine einfachere Architektur, nämlich die Hardcore-CPU des Raspberry Pi, um darauf den *Webserver* mit dem Konfigurations-Interface auf der *Steuerungsebene* laufen zu lassen. Das Blinken der LEDs wird mit der Logik im FPGA implementiert und stellt dabei die *Datenebene* dar.

9.6.2 Die Constraints-Datei

Für den Zähler sind nur wenige Angaben in der *.pcf*-Datei nötig. Wir benötigen nur den Systemtakt und die Steuerausgänge der LEDs. Der Inhalt der Constraints-Datei sieht dann so aus, dass zur ursprünglichen Datei die Definition des `data`-Pins in der *webcontrol.pcf* hinzugekommen ist:

```
set_io clk 49
set_io led1 110
set_io led2 93
set_io led3 94
set_io data 88
```

Listing 9.28 Der Inhalt der Constraints-Datei für den Web-Control-Server

9.6.3 Der Verilog-Code

Der Verilog-Quellcode basiert auf dem Code, den wir in Abschnitt 9.3.3 besprochen haben, und ist in der Datei *webcontrol.v* zu finden:

```
module counter
(
    input clk,
    input data,
    output led1,
    output led2,
    output led3
);
localparm WAIT_TIME = 15000000;
reg [2:0] ledCounter = 0;
reg [23:0] CLOCKCounter = 0;
always @(posedge clk) begin
    if (data) begin // Überprüfen, ob Pin 88 high ist
        CLOCKCounter <= CLOCKCounter + 1;
        if (CLOCKCounter == WAIT_TIME) begin
            CLOCKCounter <= 0;
```

```
                ledCounter <= ledCounter + 1;
            end
        end else begin
            CLOCKCounter <= 0; // Zurücksetzen des Zählers, wenn data low ist
        end
    end
// Zuweisung der einzelnen LED-Zustände basierend auf dem ledCounter
assign led1 = data ? ~ledCounter[0] : 1'b0;
assign led2 = data ? ~ledCounter[1] : 1'b0;
assign led3 = data ? ~ledCounter[2] : 1'b0;
endmodule
```

Listing 9.29 Der Quellcode des Blinky-Programms, aber nun erweitert um die Steuerung durch einen Data-Pin

Um den Steuereingang an Pin 88 des FPGAs zu berücksichtigen, wird eine einfache `if`-Bedingung verwendet:

```
if (data) begin // Überprüfen, ob Pin 88 high ist
```

Wenn der Pin 88 auf `high` gesetzt ist (und damit `data` auf `yes`), wird die Bedingung erfüllt und der Code-Block ausgeführt. Wird der `data`-Pin durch das Webinterface auf `low` gesetzt, werden die LEDs ausgeschaltet und das Blinken hört auf.

9.6.4 Der Python-Code

Die Datei *gpio_server.py* stellt einen einfachen Webserver bereit, um den GPIO-Pin 25 des Raspberry Pi zu steuern. Über eine Weboberfläche können Sie den Pin auf `high` oder `low` setzen, wodurch der FPGA gesteuert wird.

Den vollständigen Quellcode der Datei sehen Sie in Listing 9.30:

```
from http.server import SimpleHTTPRequestHandler, HTTPServer
import urllib.parse as urlparse
from gpiozero import LED
# GPIO setup
led = LED(25)
class GPIORequestHandler(SimpleHTTPRequestHandler):
    def do_GET(self):
        parsed_path = urlparse.urlparse(self.path)
        query = urlparse.parse_qs(parsed_path.query)
        if 'state' in query:
            state = query['state'][0]
            if state == 'high':
                led.on()
```

```
            elif state == 'low':
                led.off()
        self.send_response(200)
        self.send_header('Content-type', 'text/html')
        self.end_headers()
        self.wfile.write(b"""
        <html>
        <body>
            <form method="get" action="/">
                <label for="state">State:</label>
                <select name="state">
                    <option value="high">On</option>
                    <option value="low">Off</option>
                </select>
                <input type="submit" value="Set">
            </form>
        </body>
        </html>
        """)
def run(server_class=HTTPServer, ↩
        handler_class=GPIORequestHandler, port=8080):
    server_address = ('', port)
    httpd = server_class(server_address, handler_class)
    print(f'Starting httpd server on port {port}...')
    httpd.serve_forever()
if __name__ == "__main__":
    try:
        run()
    except KeyboardInterrupt:
        print('Stopping server...')
```

Listing 9.30 Der Python-Code für einen einfachen Webserver zur Steuerung der Data Plane des FPGAs

Wie funktioniert der Webserver?

Der Webserver basiert auf dem Modul `http.server` und verwendet die Bibliothek `gpiozero`, um den GPIO-Pin 25 zu steuern. Der Server lauscht auf Port 8080 und stellt eine einfache HTML-Seite bereit, auf der Sie den Zustand des Pins einstellen können (siehe Abbildung 9.21). Wenn Sie ON auswählen, wird der Pin auf `high` gesetzt und die LEDs des FPGAs beginnen zu blinken. Wenn Sie OFF auswählen, wird der Pin auf `low` gesetzt und die LEDs hören auf zu blinken.

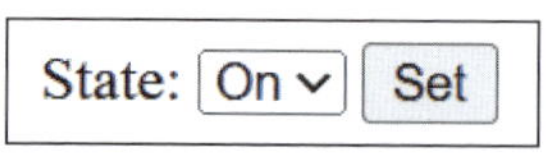

Abbildung 9.21 Webcontrol-Interface zum Ein- und Ausschalten der LEDs

Lassen Sie sich auch hier von der KI helfen

Sie sprechen nicht fließend Python? Kein Problem: Die Syntax der Sprache ist sehr einfach. Durch die vielen Einrückungen ist der Code sehr übersichtlich und intuitiv.

Der Code aus Listing 9.30 zeigt, wie schnell ein kleiner Webserver mit Python gestartet werden kann. Sie können sich die einzelnen Code-Teile einfach von einer KI erklären und ergänzen lassen. Die Ergebnisse sollten sehr gut sein – Python ist die Lieblingssprache von ChatGPT & Co., das Trainingsmaterial ist gigantisch. Dementsprechend sollte Ihr KI-Helfer keine Probleme mit diesem Code haben.

9.6.5 Konfiguration des FPGAs

Die Synthese und Konfiguration des FPGAs erfolgt mit den schon bekannten Make-Befehlen:

```
make clean && make && make prog && make web
```

Dies bereinigt das Projektverzeichnis von überflüssigen Dateien, startet die Synthese, programmiert den FPGA und startet den Python-Webserver mit dem Kontroll-Interface. Die Verbindung erfolgt über *http://<IP-Adresse>:8080/*.

Start und Steuerung des Webservers

Um die Website zur Steuerung des FPGAs ohne Hilfe des Makefiles zu starten, verwenden Sie folgenden Befehl in der Kommandozeile:

```
python3 gpio_server.py
```

Sie können den GPIO-Pin auch von der Kommandozeile aus setzen, falls Sie keinen Webserver nutzen möchten. Verwenden Sie dazu den `gpio`-Befehl.

So setzen Sie Pin 25 auf `high`:

```
gpio -g write 25 1
```

So setzen Sie Pin 25 auf `low`:

```
gpio -g write 25 0
```

Sie können diese Befehle in einem Shell-Skript verwenden, um auf diese Weise den FPGA zu steuern. Dieser Ansatz bietet eine einfache Möglichkeit, den FPGA zu steuern, ohne einen Webserver zu verwenden

Mit diesen Methoden – sowohl über den Python-Webserver als auch direkt über die Kommandozeile – können Sie einen GPIO-Pin des Raspberry Pi zur Steuerung eines FPGAs verwenden.

9.6.6 Erweiterte Steuerungsmöglichkeiten

Auf dem IceZero-Board oder auch beim Tang Nano 9K sind nur eine begrenzte Anzahl von Pins für die Steuerung von Funktionen vorhanden. Was tun Sie, wenn Sie mehr Funktionen steuern möchten, als Pins zur Verfügung stehen? Sie könnten Bitmuster bzw. Bitfolgen verwenden.

Anstatt einen einzelnen Pin für High- oder Low-Pegel zu verwenden, können Sie mehrere GPIO-Pins kombinieren. Beispielsweise lassen sich drei GPIO-Pins nutzen, um bis zu 8 (2^3) verschiedene Zustände zu codieren und an den FPGA zu übermitteln. Ein Beispiel für kombinierte Zustände:

```
- 000: Funktion 1 aus, Funktion 2 aus, Funktion 3 aus
- 001: Funktion 1 an, Funktion 2 aus, Funktion 3 aus
- 010: Funktion 1 aus, Funktion 2 an, Funktion 3 aus
- 011: Funktion 1 an, Funktion 2 an, Funktion 3 aus
- 100: Funktion 1 aus, Funktion 2 aus, Funktion 3 an
- 101: Funktion 1 an, Funktion 2 aus, Funktion 3 an
- 110: Funktion 1 aus, Funktion 2 an, Funktion 3 an
- 111: Funktion 1 an, Funktion 2 an, Funktion 3 an
```

Alternativ können die drei GPIO-Pins als Binärzahlen verwendet werden, um einzelne Funktionen zu aktivieren:

```
- 000: Keine Funktion aktiv
- 001: Funktion 1 aktiv
- 010: Funktion 2 aktiv
- 011: Funktion 3 aktiv
- 100: Funktion 4 aktiv
- 101: Funktion 5 aktiv
- 110: Funktion 6 aktiv
- 111: Funktion 7 aktiv
```

Der entsprechende Verilog-Code-Teil würde etwa so aussehen:

```
module multi_function_control (
    input clk,
    input [2:0] control_bits, // Drei GPIO-Pins zur Steuerung
    output led1,
    output led2,
    output led3
);
always @(posedge clk) begin
    case (control_bits)
```

```
        3'b000: begin
            // Alle Funktionen deaktiviert
        end
        3'b001: begin
            // Funktion 1 aktiviert
        end
        3'b010: begin
            // Funktion 2 aktiviert
        end
        3'b011: begin
            // Funktion 3 aktiviert
        end
        3'b100: begin
            // Funktion 4 aktiviert
        end
        3'b101: begin
            // Funktion 5 aktiviert
        end
        3'b110: begin
            // Funktion 6 aktiviert
        end
        3'b111: begin
            // Alle Funktionen aktiviert
        end
    endcase
end
```

Listing 9.31 Beispielcode für eine Steuerung der Data Plane durch Bitfolgen zur Steigerung der möglichen Schaltzustände

Mit dieser Methode lassen sich mehrere Funktionen mit weniger Pins steuern. Bereits mit zwei Pins könnten Sie vier Funktionen ansteuern, statt sich auf zwei Zustände (*high/low*) zu beschränken.

9.7 Retrospektive: Erlernte Grundlagen

Was haben Sie bislang gelernt?

- **Einführung in die Grundlagen von Verilog**: Die Syntax von Moduldeklarationen, Schnittstellendefinitionen, Parametern, lokalen Variablen und Anweisungen sowie die Instanziierung von Modulen und das Setzen von Kommentaren sind Ihnen bekannt.

- **Grundlegende Modulstruktur in Verilog**: Sie verstehen die grundlegenden Komponenten und die Struktur eines Verilog-Moduls, einschließlich der Deklaration von Ein- und Ausgängen sowie der Verwendung von Parametern für konfigurierbare Designs.
- **Erstellen eines Zählers**: Sie können einen digitalen Zähler implementieren, der durch systematische Inkrementierung über einen bestimmten Zeitraum hinweg LEDs steuert oder andere Aktionen ausführt.
- **LED-Ansteuerung**: Sie haben Verilog zur Steuerung von LEDs eingesetzt, was zeigt, dass Sie die Grundlagen zu digitalen Ausgängen kennen und deren praktische Anwendung beherrschen.
- **WS2812B-Protokoll**: Sie haben ein modernes Eindraht-Protokoll implementiert und dabei das Timing und weitere Spezifikationen zur Ansteuerung von RGB-LEDs berücksichtigt.
- **Bidirektionale-Kommunikation**: Sie haben ein UART-Sende- und Empfangsmodul entwickelt, um Daten seriell zu senden und zu empfangen – ein Schlüsselelement in der Kommunikation zwischen verschiedenen digitalen Systemen.
- **Frequenzteiler**: Sie haben ein Modul zur Frequenzteilung entworfen, das durch Teilen der Taktfrequenz eine niedrigere Ausgabefrequenz erzeugt – eine wichtige Technik in der Taktsignalverarbeitung.
- **Debouncing**: Sie wissen, warum eine Entprellungslogik für Eingabesignale wie Tastendrücke notwendig ist, um stabile und zuverlässige digitale Zustände zu gewährleisten. Und Sie können diese Logik implementieren.
- **Speicher und Datenmanagement**: Sie haben internen Speicher zur Speicherung und Verwaltung von Daten verwendet, die für die Übertragung oder Verarbeitung vorgesehen sind.
- **Zustandsmaschinen**: Sie können Zustandsmaschinen zur Steuerung des Verhaltens von Modulen entwerfen und implementieren, und wissen, dass Zustandsmaschinen insbesondere bei komplexen Operationen wie bei der seriellen Kommunikation wichtig sind.
- **Testbench-Erstellung**: Sie haben Testbenches in Verilog genutzt, um das Verhalten von Modulen unter verschiedenen Eingangsbedingungen systematisch zu testen.
- **Simulation**: Sie haben eine Simulationssoftware verwendet, um das Verhalten eines Verilog-Moduls über die Zeit zu testen.
- **Wellenformbetrachter**: Außerdem haben Sie einen Wellenformbetrachter eingesetzt, um die Simulationsergebnisse visuell zu analysieren.

9.7.1 Was bedeutet dies alles?

Sie haben sich nun bereits von den Grundlagen bis zu einigen fortgeschrittenen Techniken im digitalen Design und der Programmierung vorgearbeitet. Doch wozu lässt sich das Gelernte praktisch anwenden? Die erlernten Kenntnisse sind wichtige Grundlagen, um eine Design-Idee von der Theorie in eine reale Anwendung zu überführen. Das Erstellen grundlegender, kombinierbarer Module und die Verwendung konfigurierbarer Parameter ermöglichen es Ihnen, flexible und wiederverwendbare Designs zu entwickeln. Die Fähigkeit, digitale Zähler zu entwickeln, hat Ihnen gezeigt, wie zeitbasierte Logik und sequenzielle Schaltkreise das Fundament vieler komplexerer Systeme bilden.

Die Ausgänge sequenzieller Schaltkreise werden nicht nur durch aktuelle Eingangssignale, sondern auch durch vorherige Zustände bestimmt, die unter Nutzung von Speicherelementen, Flip-Flops oder Latches einen Zustand speichern und es so ermöglichen, eine Sequenz von Ereignissen über die Zeit zu verarbeiten. Die sequenziellen Schaltkreise sind notwendig für Zähler, Register und komplexe Steuerungen.

Die Ansteuerung von LEDs ist eine der grundlegendsten Anwendungen in Verilog, und sie ist zugleich gut fürs Auge geeignet, um Ihnen die Interaktion von Software und Hardware vorzustellen. Wir haben die LEDs dabei in unterschiedlicher Art und Weise angesprochen. Leuchtende LEDs zu sehen, ist immer eine gute Bestätigung für die getane Arbeit.

Durch die Implementierung einer UART-Kommunikation haben Sie eine der universellsten Schnittstellen in der digitalen Welt für sich verwendbar gemacht. Sie ermöglicht es, Daten über einfache serielle Verbindungen zu senden und zu empfangen. Die Implementierung des komplizierten WS2812B-Protokolls hat Ihnen die Bedeutung von Timing aufgezeigt.

Der Entwurf eines Frequenzteilers hat Ihnen die Wichtigkeit von Taktsignalen und deren Manipulation vermittelt – eine wichtige Fähigkeit, die Sie fast immer für Ihre digitalen Designs benötigen werden.

Schließlich hat Sie die Einführung in das Thema Zustandsmaschinen mit einer Methode bekannt gemacht, um das Verhalten von Systemen strukturiert und effizient zu steuern. Dies ist besonders relevant bei der Entwicklung komplexer logischer Operationen und Prozesse.

Auch die Parallelität in einem FPGA habe ich Ihnen bei der UART-Schnittstelle demonstriert: die Sende- und Empfangsfunktionalität, der Baudratengenerator, die Zustandsmaschinen für das Senden und Empfangen und die LED-Steuerungslogik – dies alles waren parallel laufende Logikblöcke innerhalb Ihres FPGAs.

Mit der Implementation einer Control Plane und einer Data Plane haben Sie das erste hybride Design erstellt und die GPIO-Schnittstelle zur Steuerung des FPGAs genutzt.

Durch die Erstellung einer Testbench, die Durchführung einer Simulation und den Einsatz eines Wellenformbetrachters haben Sie auch einen entscheidenden Schritt im Verilog-Entwurfsprozess gemeistert: Sie haben die Funktionsweise und Richtigkeit Ihrer digitalen Schaltung geprüft und bestätigt, noch bevor Sie zur Hardware-Implementierung übergegangen sind. Der Einsatz des GTKWave-Wellenformbetrachters ermöglichte Ihnen eine detaillierte Analyse der Signalverläufe über die Zeit, und diese Analyse gab Ihnen die Möglichkeit, Timing-Fehler frühzeitig zu erkennen und zu adressieren.

An diesen kleinen Grundlagen-Projekten war doch mehr dran, als man auf den ersten Blick meinen könnte, oder? Dabei habe ich die bisherigen Beispiele und Konzepte bewusst generisch gehalten, um sicherzustellen, dass das erworbene Wissen nicht auf spezifische Hardware beschränkt ist, sondern Ihnen eine breit anwendbare Wissensbasis verschafft, die Sie auf einer Vielzahl von FPGAs einsetzen können.

Erst spätere Designs in diesem Buch werden spezielle Fähigkeiten der jeweiligen FPGAs nutzen. Sie können also die Verilog-Grundlagen, die ich Ihnen mit dem iCE40HX gezeigt habe, prinzipiell auch auf den Tang Nano 9K oder andere FPGAs portieren. Sie müssen natürlich Anpassungen an der Constraints-Datei vornehmen und den Quellcode hinsichtlich des Takts anpassen, aber grundsätzlich sind diese im Verilog-2005-Standard geschriebenen Programme auf jedem FPGA lauffähig und mit jeder halbwegs gescheiten Toolchain synthetisierbar.

9.7.2 Grundlagen verinnerlichen und Wissen ausbauen

Während Sie diese Liste der erlernten Fähigkeiten und Konzepte durchgegangen sind, waren Sie sicher überrascht, welch beachtliche Reise Sie schon durch die Welt von Verilog unternommen haben. Und das stimmt auch! Es ist aber auch normal, dass Ihnen gewisse Themen oder Techniken noch nicht vollständig vertraut erscheinen und auf keinen Fall schon leicht von der Hand gehen. Und sicherlich werden bei der Anwendung des Erlernten weitere Fragen aufkommen, die tiefergehende Erklärungen erfordern. In solchen Momenten ist es wichtig zu wissen, dass Sie nicht allein sind. Dieses Buch dient als Ihr primärer Wegweiser und als Fundament für Ihr Verständnis und Ihre Fähigkeiten in der digitalen Schaltungstechnik. Doch in der heutigen Zeit haben wir auch das Privileg, auf ergänzende Ressourcen zurückgreifen zu können, um unser Lernen zu vertiefen und zu bereichern.

Nutzen Sie die Interaktion mit der KI und die Möglichkeiten, die sich dadurch bieten. Diese Interaktion mit einer Chat-KI ermöglicht es Ihnen, den Quellcode Zeile für Zeile zu durchdenken und Szenarien zu erkunden, die über das hinausgehen, was auf den Seiten dieses Buches behandelt werden kann. Sie können parallele Ideen testen, Hypothesen überprüfen und Ihr Wissen durch weitere Experimente und praktische Anwendung festigen und erweitern.

Nutzen Sie diese Chance, um Dinge nachzuarbeiten, die Sie noch nicht verstanden haben, und um Ihre erworbenen Fähigkeiten zu verfeinern. Erwarten Sie jedoch nicht, dass die Chat-KI dieses Buch oder die grundlegenden Prinzipien, die es vermittelt, ersetzen kann. Vielmehr sollten Sie sie als eine Art Tutor betrachten – als ein zusätzliches Werkzeug in Ihrem Arsenal, das Ihnen hilft, die Konzepte, die Ihnen noch unklar sind, zu meistern und Ihre Fähigkeiten und Verständnis des FPGA-Designs (oder anderer Themen) zu verbessern. Indem Sie die soliden Grundlagen, die dieses Buch bietet, mit den dynamischen und interaktiven Möglichkeiten der KI kombinieren, können Sie ein weit umfassenderes und tieferes Verständnis für Verilog und digitales Design entwickeln, als es früher der Fall gewesen wäre – oder nur durch viel mehr Zeitaufwand möglich gewesen wäre.

9.8 Mehr zu Testbench-Techniken: Simulation und Test von digitalen Signalverarbeitungssystemen

Die Simulation ist ein zentraler Bestandteil in der Entwicklung digitaler Signalverarbeitungssysteme (DSP-Systeme). Bevor Sie Komponenten wie Analog-Digital-Wandler (ADC) und Digital-Analog-Wandler (DAC) real implementieren, sollten Sie die Funktionalität der entwickelten Filter und Algorithmen durch Simulationen verifizieren. Doch was ist die beste Methode und Technik dafür? Wie können Sie DSP-Algorithmen effizient simulieren und testen, um ihre Funktionsweise vor dem Einsatz in der realen Welt zu überprüfen?

Tatsächlich ist das ein oft auftretendes Problem, denn es geht grundsätzlich um die Generierung und Bereitstellung von guten Testdaten. In der Industrie hat sich eine gängige Methodik dafür durchgesetzt, wie Sie für die Entwicklung eine Testbench konzipieren können.

Aber Achtung! Die folgende Beschreibung ist ein allgemein gehaltenes Kochrezept. Wie Sie dies später im Detail für Ihr Projekt umsetzen, werden Sie noch etwas tüfteln müssen, aber wie schon gesagt: Die Chat-KI kann Ihnen dabei helfen.

9.8.1 Testsignale erstellen

Eine grundlegende Methode, um in Simulationen Testsignale zu erzeugen, ist die manuelle Kodierung spezifischer Muster. Zum Beispiel kann ein digitales Sinussignal einfach durch abwechselnde Werte wie 0, 1, 0, -1 generiert werden. Diese Methode stößt jedoch bei komplexeren Signalen schnell an ihre Grenzen und ist unflexibel.

9.8.2 Externe Programme zur Signalgenerierung nutzen

Effizienter ist die Verwendung von externen Software-Tools wie MATLAB oder Python. Diese Programme ermöglichen es, komplexe Eingangssignale zu generieren und die Werte in einer Textdatei im ASCII-Format zu speichern. Ein Testbench-Skript kann diese Datei dann lesen und die Werte in das zu testende System einspeisen.

```
import numpy as np
import matplotlib.pyplot as plt
# Erzeugung eines komplexen Signals
t = np.linspace(0, 1, 500, endpoint=False)
signal = np.sin(2 * np.pi * 5 * t) + np.sin(2 * np.pi * 10 * t)
# Speichern des Signals in einer Textdatei
np.savetxt('input_signal.txt', signal, fmt='%f')
```

Listing 9.32 Signalgenerierung in Python mit »numpy«

9.8.3 Automatisierung der Testprozesse

Durch die Einrichtung einer Testbench-Infrastruktur, die automatisch Testsignale liest, sie vom DSP-System verarbeiten lässt und die Ergebnisse speichert, lässt sich ein effizientes Regressionstestsystem aufbauen. Solche Testbenches können zudem für die Feinabstimmung der Algorithmen genutzt werden. Und vor allem: Sie sind wiederverwendbar.

9.8.4 Alternative I/O-Methoden für DSP-Tests

Um bei der Entwicklung und Prüfung digitaler Signalverarbeitungssysteme die korrekte Funktion der Algorithmen sicherzustellen, ist Ihr Ohr eine besonders effektive Methode zur Überprüfung. Wenn Sie das Signal anhören, können Sie selbst die feinsten Veränderungen wahrnehmen. Das menschliche Ohr ist äußerst empfindlich gegenüber Nuancen im Klangbild, was es zu einem hervorragenden Werkzeug für die initiale Prüfung der DSP-Leistung macht. Tatsächlich sorgt die Hörbarkeit (*Audibilität*) von Veränderungen für eine intuitive und direkte Methode, um die Systemleistung zu beurteilen. Änderungen, die möglicherweise in numerischen Daten schwer zu identifizieren sind, können durch einfaches Hören oft sehr klar erkannt werden.

Noch ein Tipp: Eine weitere faszinierende Methode der Überprüfung, insbesondere im Bereich der zufälligen *Zahlengeneratoren* (*TRNGs*), ist die optische Methode. Bei dieser Technik wird das *Rauschen*, das normalerweise zur Generierung von Zufallszahlen verwendet wird, in ein *Schwarz-Weiß-Bild* umgewandelt. Diese visuelle Darstellung kann Aufschluss darüber geben, ob das Rauschen wirklich zufällig ist. Unregelmäßigkeiten im Muster, die auf eine mögliche Vorhersehbarkeit oder Periodizität im vermeintlich zufälligen Ausgang hinweisen, werden oft visuell erkennbar. Dies macht es möglich, potenzielle Schwächen im Algorithmus schnell zu identifizieren, die bei einer herkömmlichen numerischen Analyse möglicherweise übersehen würden. (Wenn Sie mehr zu diesem Thema wissen möchten, fragen Sie die Chat-KI mal nach *Monte-Carlo-Methoden*.) Denken Sie an diese Möglichkeit, wenn Sie zum *PRNG*-Beispielprojekt in Abschnitt 10.10 kommen.

Beim Testen Ihrer Systeme sollten Sie diese beiden Möglichkeiten in Betracht ziehen. Die Kombination aus auditiven und visuellen Methoden bietet eine qualitativ gute Bewertung der Funktionalität und Leistung Ihrer Systeme. Das menschliche Ohr ist in der Lage, selbst feinste akustische Unterschiede zu erkennen, während das Auge eine zusätzliche Ebene der Analyse durch die Untersuchung *visueller Muster* hinzufügt. Beide Sinne wurden über Hunderttausende von Jahren evolutionär optimiert, um beispielsweise einen Säbelzahntiger im Unterholz auszumachen. Warum also sollten wir diese hochspezialisierten Werkzeuge zur Mustererkennung nicht auch für die Entwicklung von FPGAs nutzen?

9.8.5 Einsatz von cocotb für DSP-Simulationen

Ein weiterer und sehr fortschrittlicher Ansatz für eine Testbench ist die Verwendung von *cocotb*, einem Coroutine-basierten Cosimulation-Testbench-Framework für VHDL und Verilog. *cocotb* nutzt Python, was die Integration leistungsfähiger Bibliotheken wie *NumPy* zur Signalverarbeitung ermöglicht. Dieser Ansatz macht eine schnelle Entwicklung und ein flexibles Testen verschiedener *DSP*-Algorithmen möglich. Listing 9.33 zeigt ein Beispiel:

```
import cocotb
from cocotb.triggers import RisingEdge
from cocotb.regression import TestFactory
@cocotb.coroutine
def dsp_test(dut):
```

```
        # Initialisierung des Tests
        dut.reset = 1
        yield RisingEdge(dut.clock)
        dut.reset = 0
        # Einspeisen des Testsignals und Auslesen der Ergebnisse
        for _ in range(100):
            dut.input_signal = next(test_signal)
            yield RisingEdge(dut.clock)
            output = dut.output_signal.value
# Testausführung starten
factory = TestFactory(dsp_test)
factory.generate_tests()
```

Listing 9.33 Beispielcode für eine einfache »cocotb«-Testbench

9.8.6 Das Einlesen der generierten Testsignale

Um in Verilog eine Testbench zu erstellen, die eine externe Textdatei einliest und verwendet, müssen Sie einige Schritte durchführen, die normalerweise das Laden von Daten in Register und deren weitere Verwendung in Ihrer Simulation beinhalten. Verilog selbst bietet keine direkte Unterstützung für das Einlesen von Dateien im Textformat, aber Sie können Dateien im ASCII-Format verarbeiten, indem Sie sie Zeichen für Zeichen einlesen und konvertieren.

Ich möchte Ihnen ein einfaches Beispiel dafür zeigen, wie Sie eine Textdatei namens *input_signal.txt* in einer Verilog-Testumgebung einlesen und nutzen können.

Schritt 1: Die Testbench vorbereiten

Zunächst müssen Sie die grundlegenden Module und Signale definieren, die Sie verwenden möchten. Ob Sie nun Python, Matlab oder cocotb genutzt haben, um die Werte der Eingangssignale zu generieren, oder ob Sie den Ausgang eines Funktionsgenerators genutzt haben, um die Zahlenwerte in die Datei zu bekommen – egal. Ich gehe davon aus, dass Sie eine Datei *input_signal.txt* haben, die eine Reihe von Zeilen enthält, wobei jede Zeile einen numerischen Wert im ASCII-Format darstellt.

Schritt 2: Verilog-Code-Beispiel

```
`timescale 1ns / 1ps
module testbench;
    // Eingangssignal
    reg [31:0] input_signal;
```

```
// Dateihandhabung
integer file, r, eof;
// Zeichen und Zeilenpuffer
reg [7:0] line[100:0];
reg [7:0] ch;
integer i;
initial begin
    // Datei öffnen
    file = $fopen("input_signal.txt", "r");
    if (file == 0) begin
        $display("Fehler beim Öffnen der Datei.");
        $finish;
    end
    // Datei einlesen bis zum Ende
    i = 0;
    eof = 0;
    while (!eof) begin
        r = $fscanf(file, "%s\n", line); // Lese eine Zeile in
                                         // den Puffer
        if (r == -1) begin
            eof = 1;
        end else begin
            // Konvertiere die ASCII-Zeile in einen numerischen Wert
            input_signal = $atoi(line);
            // Verarbeite das Eingangssignal
            $display("Eingelesenes Signal: %d", input_signal);
            // Hier könnte Ihre Logik stehen, die input_signal
            // verwendet
            // Beispielweise könnten Sie das Signal an ein Modul senden
            // und die Ausgabe analysieren

            // Für das Beispiel, wiederhole das Einlesen
            i = i + 1;
            if (i >= 10) begin // Begrenzen Sie die Schleife
                               // für das Beispiel
                eof = 1;
            end
        end
    end
    // Datei schließen
    $fclose(file);
```

```
        $finish; // Beenden der Simulation
    end
endmodule
```

Listing 9.34 Framework für eine Testbench zum Einlesen von generierten Daten

Was bewirkt der Code?

Dieser Quellcode ist nur ein Kochrezept. Er zeigt, wie ein Einlesen einer Datei mit Werten für das Eingangssignal implementiert werden könnte.

- **Datei öffnen und lesen**: Die Datei wird geöffnet und Zeile für Zeile gelesen. Jede Zeile wird als ASCII-Zeichenfolge gelesen und dann in eine Integer-Variable konvertiert.
- **Verarbeitung der Daten**: In diesem Beispiel wird das konvertierte Signal einfach ausgegeben. In einer realen Anwendung würden Sie diese Daten an andere Verilog-Module senden, die darauf basierend Operationen ausführen.
- **Schleife und Kontrolle**: Es gibt eine Kontrolle, um die Anzahl der gelesenen Zeilen zu begrenzen und die Simulation zu beenden.

Spezielle Strukturen in Verilog für Testbenches und Simulationen

In Verilog gibt es spezielle Funktionen wie `` `$fscanf` ``, die für Simulationen in Testbenches genutzt werden, die jedoch nicht für die Synthese geeignet sind. Diese Funktionen dienen dazu, externe Daten in Simulationen zu integrieren, und können nicht in tatsächliche Hardware wie FPGAs oder ASICs synthetisiert werden. Die Geschwindigkeit dieser Operationen ist in der Simulation nicht ausschlaggebend, da der Fokus auf der korrekten Funktionalität und dem erwarteten Verhalten des Designs liegt. Solche simulationsspezifischen Strukturen bzw. systeminternen Funktionen (*System Tasks* und *System Functions*) sind für Testbenches und Simulationen gedacht. Ein paar davon haben Sie schon in den bisherigen Verilog-Code-Beispielen gesehen, es gibt aber noch mehr:

- **`$display` und `$write`**:

  `$display` funktioniert ähnlich wie `printf` in C; es zeigt Daten auf der Konsole an.

  `$write` ist wie `$display`, fügt aber keinen automatischen Zeilenumbruch hinzu.
- **`$fopen`, `$fclose`, `$fread`, `$fwrite`, `$fscanf` und `$fprintf`**:

  Diese Funktionen dienen zum Öffnen, Schließen, Lesen von und Schreiben in Dateien. `$fscanf` und `$fprintf` erlauben formatiertes Lesen und Schreiben.
- **`$monitor`**:

  Diese Funktion gibt die Werte der spezifizierten Variablen immer dann aus, wenn sich einer der Werte ändert.

- **`$time` und `$stime`**:

  `$time` gibt die aktuelle Simulationszeit als 64-Bit-Wert zurück.

  `$stime` gibt die Simulationszeit als 32-Bit-Wert zurück.
- **`$stop` und `$finish`**:

  `$stop` hält die Simulation an und ermöglicht eine interaktive Fortsetzung.

  `$finish` beendet die Simulation vollständig.
- **`$random`**:

  Erzeugt eine zufällige Zahl basierend auf einem internen Zufallszahlengenerator.
- **`$dumpfile` und `$dumpvars`**:

  `$dumpfile` legt eine Datei fest, in die Simulationsdaten (zum Beispiel für Waveform-Viewer) geschrieben werden.

  `$dumpvars` spezifiziert die Variablen, deren Werte in die von `$dumpfile` angegebene Datei geschrieben werden.

Nun haben Sie ein erstes Kochrezept, um in Verilog-Simulationen mit externen Daten zu arbeiten. Indem Sie Werte aus externen Dateien nutzen, können Sie Ihre Systeme umfassend simulieren und testen, lange bevor überhaupt die erste Hardware gebaut wird. Die hier beschriebenen Methoden sind nicht nur flexibel und effizient, sondern ermöglichen auch eine präzise Überprüfung von Signalverarbeitungsalgorithmen. Zudem ist eine solche Testbench-Infrastruktur extrem flexibel und lässt sich hervorragend wiederverwenden, was die Entwicklungszeit deutlich verkürzen kann. Unter dem Strich sparen Sie durch den Aufbau und die Nutzung einer solchen Testumgebung viel Zeit und Mühe.

9.9 Mehr zu Makefiles: Automatisierung

Es ist möglich, mithilfe der Makefiles ein FPGA-Design in eine automatisierte Toolchain zu integrieren. Ein *Makefile* ist dafür ausgelegt, mit Variablen an den spezifischen FPGA-Typ und die zugehörigen Prozesse angepasst zu werden. Durch diese Anpassungen kann die Flexibilität und Wiederverwendbarkeit so weit erhöht werden, dass Projekte auf eine Art und Weise in eine automatisierte Toolchain integriert werden können, dass man sie dann nicht mehr weiter bearbeiten muss.

Beispiel: Makefile-Variablen für das IceZero-Board mit einem iCE40HX-FPGA

Im Makefile des IceZero-Boards, das den iCE40HX-FPGA verwendet, finden sich die folgenden Angaben:

```
DEVICE = hx8k
PACKAGE = tq144:4k
```

- DEVICE: Spezifiziert den FPGA-Typ, der für das Design verwendet wird, für das Place-and-route-Tool.
- PACKAGE: Definiert das physische Paket des FPGAs einschließlich der Anzahl der Logikblöcke für das Place-and-route-Tool.

Diese Variablen werden für den Place-and-Route-Prozess von *Arachne-pnr* genutzt, das im Makefile an einer späteren Stelle aufgerufen wird:

```
arachne-pnr -d $(subst hx,,$(subst lp,,$(DEVICE))) \
          -P $(PACKAGE) -o output.blif input.json
```

Beispiel: Makefile-Variablen für den Tang Nano 9K mit dem GW1NR-9C-FPGA von Gowin

Das Makefile für den Tang Nano 9K enthält die folgenden spezifischen Angaben:

```
DEVICE = GW1NR-LV9QN88PC6/I5
DEVICE_FAMILY = GW1N-9C
BOARD = tangnano9k
```

- DEVICE: Definiert den Typ des FPGAs, hier ist es ein GW1NR-LV9QN88PC6/I5 von Gowin.
- DEVICE_FAMILY: Gibt die Gerätefamilie an (GW1N-9C).
- BOARD: Spezifiziert den Namen des Entwicklungskits (tangnano9k), das für die Verbindung mit der *OpenFPGALoader*-Software verwendet wird.

Diese Variablen werden für das Place-and-route und die Programmierung des FPGAs wie folgt verwendet:

```
[...]
nextpnr-gowin --json $(PROJ)-yosys.json --write $@ \
  --device $(DEVICE) --family $(DEVICE_FAMILY) --cst $(PIN_DEF)
[...]
openFPGALoader -f -b $(BOARD) $<
```

Die Verwendung von Variablen in Makefiles bietet mehrere Vorteile. Sie ermöglichen eine schnelle und einfache Anpassung des Makefiles an verschiedene FPGAs. Variablen können dynamisch übergeben werden, um verschiedene FPGA-Typen oder -Varianten zu unterstützen. Dies führt zu einer effizienteren und fehlerfreien Arbeitsweise durch Automatisierung, da wiederholbare Aufgaben konsistent und ohne manuelle Eingriffe ausgeführt werden können.

Im folgenden Kapitel sehen wir uns nun weitere Beispiele und Projekte mit dem Tang Nano 9K an.

Kapitel 10

Projekte mit dem Tang Nano 9K

Das Tang Nano 9K-Board ist eine leistungsstarke Plattform für anspruchsvollere Designs. Wir nutzen seine vielfältigen Anschlüsse und schauen was der FPGA leisten kann.

Alle bisherigen Verilog-Grundlagenprojekte mit dem iCE40HX auf dem IceZero-Board sind prinzipiell auch mit dem Tang Nano 9K kompatibel, da der Verilog-Code generisch gestaltet ist, und vice versa. Um diese Projekte mit dem Tang Nano 9K zu nutzen, sind lediglich kleinere Anpassungen erforderlich, die hauptsächlich die Constraint- und Makefile-Dateien betreffen. Diese Arbeit habe ich Ihnen schon abgenommen, und Sie finden die angepassten Projekte als ZIP-Archiv-Dateien im Verzeichnis *$HOME/fpga/src/tangnano9k/*. Die Dateinamen sind die gleichen wie bei den IceZero-Projekten. So können Sie, wenn Sie nur über einen Tang Nano verfügen, trotzdem alle Grundlagen durcharbeiten.

Übrigens: Es muss in dem Fall dann auch kein *Tang Nano 9K* sein; die anderen Varianten des Boards, wie der *1K*, der *4K* und der *20K*, sollten sich auch für die Grundlagenprojekte eignen – getestet habe ich die Code-Beispiele aber nicht mit jedem FPGA. Sie sind aber schon in der Lage, die Anpassungen an die anderen Tang-Nano-Varianten selbst durchzuführen.

10.1 I/O: Die 48 GPIO-Pins des Tang Nano 9K

Die Platine des Tang Nano 9K, die Sie in Abbildung 10.1 sehen, bietet durch ihre Vielzahl von Anschlüssen mehrere Möglichkeiten für Displays. Sie können nicht nur ein HDMI-Display, sondern auch RGB-Displays, wie auch SPI-LCDs verwenden. Diese Anschlüsse sind nicht nur mit den Anschluss-Ports auf der Platine herausgeführt, sie können auch über die GPIO-Pins angeschlossen werden.

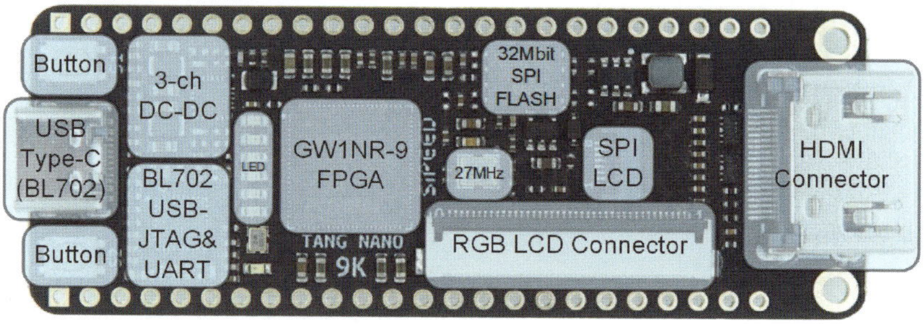

Abbildung 10.1 Der Floorplan des »Tang Nano 9K«

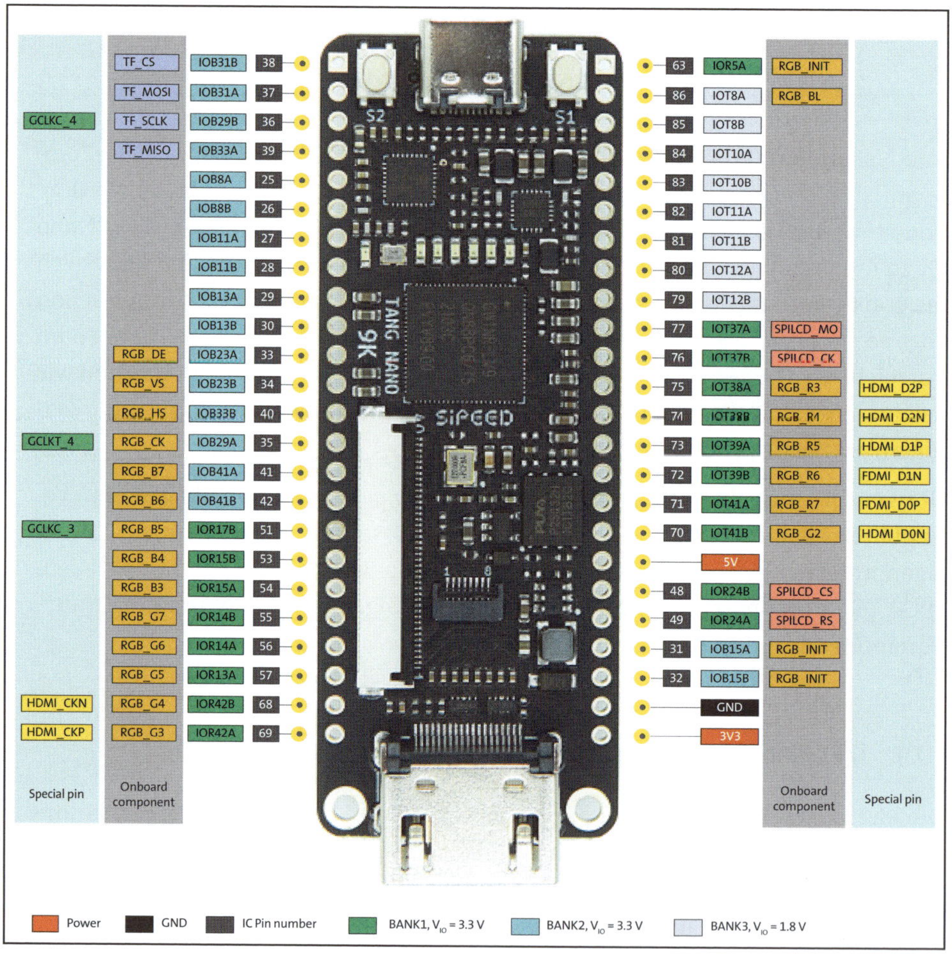

Abbildung 10.2 Die GPIO-Pinbelegung des »Tang Nano 9K«

Tabelle 10.1 stellt die Pin-Belegung des *Tang Nano 9K*-FPGA-Boards dar, die Sie in Abbildung 10.2 sehen. Dort finden Sie Angaben zu jedem Pin, einschließlich seiner spezifischen Funktionen und der dazugehörigen Beschreibung. Einige Pins sind mehrfach belegt, die jeweiligen Zweit- oder Drittbelegungen sind in den Spalten *Onboard Component* und *Special Pin* zu sehen.

Chip-Pin-Nummer	Bezeichnung	Onboard Component	Special Pin	Beschreibung
38	IOB31B	TF_CS		Chip Select für SD-Karte (SPI)
37	IOB31A	TF_MOSI		Master Out Slave In für SD-Karte (SPI)
36	IOB29B	TF_SCLK	GCLKC_4	Serial Clock für SD-Karte (SPI)
39	IOB33A	TF_MISO		Master In Slave Out für SD-Karte (SPI)
25	IOB8A			Allgemeine I/O
26	IOB8B			Allgemeine I/O
27	IOB11A			Allgemeine I/O
28	IOB11B			Allgemeine I/O
29	IOB13A			Allgemeine I/O
30	IOB13B			Allgemeine I/O
33	IOB23A	RGB_DE		Data Enable für RGB-Display
34	IOB23B	RGB_VS		Vertical Sync für RGB-Display
40	IOB33B	RGB_HS		Horizontal Sync für RGB-Display
35	IOB29A	RGB_CK	GCLKT_4	Clock für RGB-Display
41	IOB41A	RGB_B7		Datenpin für Blauwert 7 des RGB-Displays
42	IOB41B	RGB_B6		Datenpin für Blauwert 6 des RGB-Displays
51	IOR17B	RGB_B5	GCLKC_3	Datenpin für Blauwert 5 des RGB-Displays

Tabelle 10.1 Die Funktionen der einzelnen Pins für das »Tang Nano 9K«-FPGA-Board

Chip-Pin-Nummer	Bezeichnung	Onboard Component	Special Pin	Beschreibung
53	IOR15B	RGB_B4		Datenpin für Blauwert 4 des RGB-Displays
54	IOR15A	RGB_B3		Datenpin für Blauwert 3 des RGB-Displays
55	IOR14B	RGB_G7		Datenpin für Grünwert 7 des RGB-Displays
56	IOR14A	RGB_G6		Datenpin für Grünwert 6 des RGB-Displays
57	IOR13A	RGB_G5		Datenpin für Grünwert 5 des RGB-Displays
68	IOT42B	RGB_G4	HDMI_CKN	Datenpin für Grünwert 4 des RGB-Displays
69	IOT42A	RGB_G3	HDMI_CKP	Datenpin für Grünwert 3 des RGB-Displays
63	IOR5A	RGB_INIT		Initialisierung des RGB-Displays
86	IOT8A	RGB_BL		Steuerung der Hintergrundbeleuchtung des Displays
85	IOT8B			Allgemeine I/O
84	IOT10A			Allgemeine I/O
83	IOT10B			Allgemeine I/O
82	IOT11A			Allgemeine I/O
81	IOT11B			Allgemeine I/O
80	IOT12A			Allgemeine I/O
79	IOT12B			Allgemeine I/O
77	IOT37A	SPILCD_MO		Master Out für SPI-LCD
76	IOT37B	SPILCD_CK		Clock für SPI-LCD
75	IOT38A	RGB_R3	HDMI_D2P	Datenpin für Rotwert 3, HDMI Data 2 Positive

Tabelle 10.1 Die Funktionen der einzelnen Pins für das »Tang Nano 9K«-FPGA-Board (Forts.)

Chip-Pin-Nummer	Bezeichnung	Onboard Component	Special Pin	Beschreibung
74	IOT38B	RGB_R4	HDMI_D2N	Datenpin für Rotwert 4, HDMI Data 2 Negative
73	IOT39A	RGB_R5	HDMI_D1P	Datenpin für Rotwert 5, HDMI Data 1 Positive
72	IOT39B	RGB_R6	HDMI_D1N	Datenpin für Rotwert 6, HDMI Data 1 Negative
71	IOT41A	RGB_R7	HDMI_D0P	Datenpin für Rotwert 7, HDMI Data 0 Positive
70	IOT41B	RGB_G2	HDMI_D0N	Datenpin für Grünwert 2, HDMI Data 0 Negative
5V				Versorgungsspannung 5V
48	IOR24B	SPILCD_CS		Chip Select für SPI-LCD
49	IOR24A	SPILCD_RS		Register Select für SPI-LCD
31	IOB15A	RGB_INIT		Zusätzlicher Initialisierungspin für RGB-Display
32	IOB15B	RGB_INIT		Zusätzlicher Initialisierungspin für RGB-Display
GND				Erdung / Masseverbindung
3V3				Versorgungsspannung 3,3 V

Tabelle 10.1 Die Funktionen der einzelnen Pins für das »Tang Nano 9K«-FPGA-Board (Forts.)

Die Abkürzungen IOT, IOR, IOB und IOL beziehen sich auf die Anschlüsse der vier Input/Output-Bänke des FPGA-Chips:

- **IOT** (*Input/Output Top*): Bezeichnet die Anschlüsse an der oberen Seite des FPGA-Gehäuses, zugehörig zu Bank 0. Diese Schnittstellen verbinden die internen Logikelemente des FPGAs mit externen Signalen.

- **IOR** (*Input/Output Right*): Bezeichnet die Anschlüsse an der rechten Seite des FPGA-Gehäuses, zugehörig zu Bank 1.
- **IOB** (*Input/Output Bottom*): Bezeichnet die Anschlüsse an der unteren Seite des FPGA-Gehäuses, zugehörig zu Bank 2.
- **IOL** (*Input/Output Left*): Bezeichnet die Anschlüsse an der linken Seite des FPGA-Gehäuses, zugehörig zu Bank 3.

Prüfen Sie die Anschluss-Pins für Ihr Design sehr sorgfältig

Sie kommen nicht umhin, die Anschlussbelegung anhand von Tabelle 10.1 und Abbildung 10.2 sehr genau zu prüfen. Sonst handeln Sie sich eine ganze Reihe potenzieller Probleme ein:

- **Timing-Probleme**: Wenn kritische Signale nicht auf geeignete Pins gelegt werden, kann dies zu Timing-Verletzungen führen. Dies bedeutet, dass Signale nicht rechtzeitig ankommen, und das Design funktioniert nicht richtig.
- **Signalintegrität**: Nicht geeignete Pin-Zuweisungen können zu Signalreflexionen, Rauschen und anderen Signalintegritätsproblemen führen. Dies kann die Zuverlässigkeit und Leistung des Systems beeinträchtigen.
- **Unzureichende Leistung**: Bestimmte Pins sind nicht für hohe Frequenzen oder spezielle Protokolle ausgelegt. Die Verwendung solcher Pins für Hochleistungsanwendungen kann zu Leistungsproblemen führen.
- **Konflikte bei Mehrzweck-Pins**: Viele Pins auf einem FPGA können mehrere Funktionen haben (z. B. GPIO, spezielle Protokolle). Eine falsche Zuweisung kann dazu führen, dass eine Funktion eine andere stört oder blockiert.
- **Stromversorgungsprobleme**: Bestimmte Pins können spezielle Anforderungen an die Stromversorgung haben. Eine falsche Zuweisung kann zu unzureichender oder instabiler Stromversorgung führen, was die Funktionalität beeinträchtigen kann.

Sie müssen die Pinbelegung also sorgfältig planen und die Empfehlungen und Einschränkungen des FPGA-Herstellers beachten. Bei den einfachen Designs, die ich in diesem Buch vorstelle, kann kaum was schiefgehen: Im schlimmsten Fall schlägt eine Timing-Anforderung oder eine Platzierung auf dem FPGA fehl. Dann wechseln Sie einfach so lange den Pin, bis die Synthese und das Place-and-route wieder durchlaufen.

Aber bei größeren Designs oder wenn FPGAs auf einer Trägerplatine verwendet werden und der Pin nachträglich nicht mehr so einfach getauscht werden kann, sollten Sie schon früh im Design-Prozess die zu verwendenden Pins sorgfältig planen und prüfen.

10.2 Die Taster des Tang Nano 9K

Die beiden Taster, die sich auf der Platine befinden, sind an Pin 3 und 4 angeschlossen. Beide Taster können für allgemeine Eingabezwecke oder als Reset-Taste konfiguriert werden. Sie sind ideal für die Implementierung von Benutzerinteraktionen, bei denen eine einfache Betätigung erforderlich ist. Beide Taster sind über Pull-Up-Widerstände (*Active-Low*) mit den Pins verbunden, um sicherzustellen, dass sie bei Nichtbetätigung einen definierten logischen Zustand haben. Es ist wichtig, bei der Programmierung des FPGAs entsprechende Debouncing-Techniken zu verwenden, um sicherzustellen, dass unbeabsichtigte Mehrfachbetätigungen vermieden werden.

10.3 Der Takt des Tang Nano 9K

Der Systemtakt des GW1NR-9C-FPGAs von Gowin wird über den Pin 52 bereitgestellt, der in der Dokumentation des FPGAs als `OR17A/GCLKT_3` gekennzeichnet ist. Dieser Pin fungiert als globaler Takteingang und ist entscheidend für die Taktversorgung des gesamten Systems. Laut der Pinbelegung im Dokument *GW1NR-9 Pinout - UG803.pdf*, das zu den Materialien des Buches gehört und unter *$HOME/fpga/doc/tangnano9k/* zu finden ist, ist dieser Pin auf dem *Tang Nano 9K*-Board an einen externen 27-MHz-Taktgenerator angeschlossen, den Sie in Abbildung 10.1 sehen können. Dieser stellt sicher, dass der FPGA einen stabilen und präzisen Takt erhält, und das ist auch der Pin, den wir als Taktquelle für unsere Projekte hier im Buch verwenden.

> **Materialien zum Buch**
> Alle Dokumente, die im Text genannt werden, sind im Verzeichnis *$HOME/fpga/doc/tangnano9k/* zu finden.

10.4 Der Speicher eines FPGAs

Im Datenblatt des Tang Nano 9K (siehe *GW1NR FPGA Datasheet - DS117E.pdf*) fällt der Begriff *Block SRAM* auf.

Diese Speicherform, die auch als *BSRAM* bekannt ist, ist einer der Haupttypen von Speicher in FPGAs und wird meistens verwendet, wenn mehr Speicher als üblich gebraucht wird. Die genaue Handhabung und Nutzung dieses besonderen Speichers wird ausführlich im Datenblatt Gowin *BSRAM & SSRAM User Guide - UG285E.pdf* beschrieben.

Ich habe Ihnen in Abbildung 10.3 die wichtigsten Informationen zusammengestellt; für den Einstieg brauchen Sie darüber gar nicht mehr zu wissen. Später können Sie Ihr Wissen noch in diese Richtung erweitern, aber für unsere Beispielprojekte in diesem Buch kommen Sie nur an einer Stelle mit BSRAM in Kontakt.

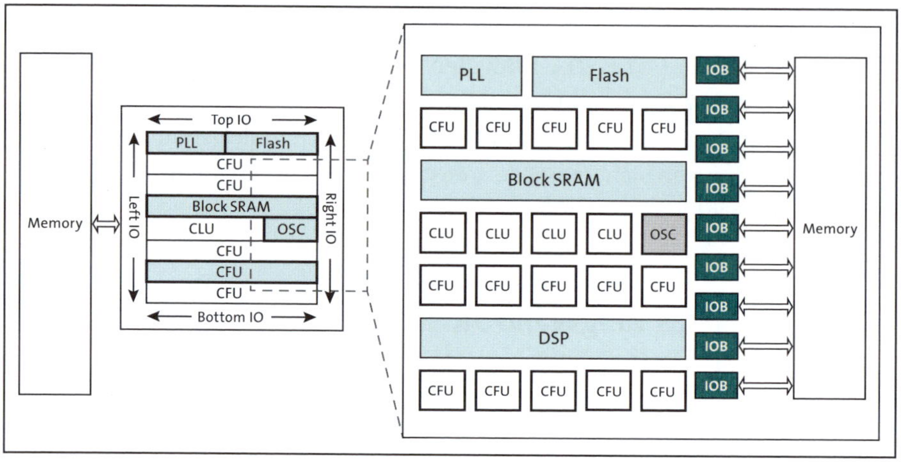

Abbildung 10.3 Detail aus dem Datenblatt – die Architektur des GW1NR-9C

BSRAM / Block SRAM / Block RAM

Diese Bezeichnungen stehen für denselben Speichertyp. BSRAM ist eine Form von Speicher, die typischerweise für größere Datenspeicherbedürfnisse innerhalb des FPGAs verwendet wird. Dieser Speichertyp ist in der Regel in größeren, festen Blöcken organisiert und ermöglicht einen schnellen Zugriff auf die Daten. Würden Sie sich die innere Struktur eines FPGAs unter dem Mikroskop anschauen, dann könnten Sie den *Block SRAM* als eine auffällige rechteckige Struktur erkennen.

Der BSRAM kann flexibel eingesetzt werden, beispielsweise für:

- Implementierung von FIFO-Queues
- Lookup-Tabellen
- Datenpufferung
- komplexere Speicherstrukturen wie Framebuffer

Ein BSRAM bietet eine höhere Speicherdichte und einen schnellen Zugriff und ist daher für Anwendungen geeignet, die größere Mengen an Daten schnell verarbeiten müssen.

Distributed RAM / Distributed SRAM

Auch diese beiden Bezeichnungen stehen für denselben Speichertyp. Distributed RAM verwendet die Logik-LUTs des FPGAs, um Speicher auf einer feineren, verteilten Ebene zu realisieren. Es wird direkt aus den verfügbaren Logikressourcen des Chips gebildet und ist ideal für kleinere Speichermengen, die nahe der Logik platziert werden müssen. Typische Beispiele für die Verwendung von Distributed RAM sind:

- kleine Register und Speicherarrays
- Zustandsmaschinen
- die temporäre Speicherung von kleineren Datenmengen

Distributed RAM ist besonders nützlich, wenn die Speicheranforderungen gering sind und eine minimale Latenz zwischen den Logikoperationen und dem Speicherzugriff erforderlich ist.

Wie werden die beiden Speicherarten genutzt?

Den Distributed SRAM haben Sie schon beim UART-Beispiel aus Abschnitt 9.5 genutzt; die Speicherung des Strings `FPGA UART` erfolgte auf diese Art und Weise im Inneren des iCE40HX:

```
localparm MEMORY_LENGTH = 10;
reg [7:0] Memory [MEMORY_LENGTH-1:0];
initial begin
    Memory[0] = "F";
    Memory[1] = "P";
    Memory[2] = "G";
    Memory[3] = "A";
    Memory[4] = " ";
    Memory[5] = "U";
    Memory[6] = "A";
    Memory[7] = "R";
    Memory[8] = "T";
    Memory[9] = " ";
end
```

Listing 10.1 Initialisierung des Distributed SRAM für die Speicherung eines Strings

Beim FPGA des Tang Nano 9K können wir einen anderen Weg nehmen: Der GW1NR-9C besitzt einen BSRAM, der für die Speicherung verwendet werden kann. Die Spezifizierung, welcher Speichertyp in einem FPGA verwendet wird, ist im Verilog-Code nur subtil sichtbar, wenn keine *PRAGMA*s verwendet werden. Im Code-Beispiel aus Listing 10.1 sieht man bei der Deklarierung des Arrays nichts Auffälliges:

```
reg [7:0] Memory [MEMORY_LENGTH-1:0];
```

Um sicherzugehen, dass die eine oder andere Speicherart für das eigene Design verwendet wird, können Sie im Verilog-Code dem Synthese-Tool explizite Anweisungen zur Implementierung des Speichers geben. Ohne solche expliziten Anweisungen entscheidet das Synthesetool auf Grundlage der besten Praktiken und der verfügbaren Ressourcenauslastung selbstständig über die Implementierungsart.

Yosys-spezifische PRAGMAs

Yosys unterstützt verschiedene Attribute, um das Verhalten bei der Synthese zu steuern. Für die Spezifikation von RAM-Blöcken können Sie im Verilog-Code für das nachfolgende UART-Beispiel folgende Attribute verwenden:

Block

Dieses Attribut weist Yosys an, den Speicher als Block RAM zu implementieren, was große Speicherkapazitäten effizient unterstützt:

```
(* ram_style = "block" *) reg [data_width-1:0] ram[depth-1:0];
```

Listing 10.2 Block RAM

Block RAM wird durch dedizierte Speicherblöcke im FPGA implementiert und unterstützt in der Regel nur synchrone Lesezugriffe. Es können zwei Ports mit separaten Takten vorhanden sein, und meistens wird echtes Dual-Port-RAM unterstützt (mit Ausnahme des iCE40HX, der nur Single-Dual-Port unterstützt). Block RAM kann asymmetrische Speicher und per-Byte Schreibfreigaben unterstützen und umfasst normalerweise mehrere Kilobits.

Distributed

Hierdurch wird der Speicher als Distributed RAM implementiert, wobei die LUTs des FPGAs verwendet werden, was für kleinere Speicherkapazitäten geeignet ist:

```
(* ram_style = "distributed" *) reg [data_width-1:0] ram[depth-1:0];
```

Listing 10.3 Distributed RAM

Distributed RAM nutzt die LUTs des FPGAs und verteilt den Speicher so über die gesamte FPGA-Struktur. Dies ist effizienter für kleine, verteilte Speicheranforderungen, da es die vorhandenen LUT-Ressourcen nutzt. Unterstützt wird in der Regel ein synchroner Schreibport und ein oder mehrere asynchrone Leseports.

Registers

Dieses Attribut weist Yosys an, den Speicher als Register zu implementieren, was für schnelle Zugriffszeiten auf kleine Datenmengen vorteilhaft ist:

```
(* ram_style = "registers" *) reg [data_width-1:0] ram[depth-1:0];
```

Listing 10.4 Registers RAM

Register werden als Registerbänke implementiert, die mehrere Register in einer geordneten Weise zusammenfassen. Diese Konfiguration führt zu sehr schnellen Zugriffszeiten, ist aber weniger flexibel in der Nutzung von FPGA-Ressourcen im Vergleich zu Distributed RAM.

FF RAM

Dieses Attribut weist Yosys an, den Speicher als FF RAM zu implementieren, wobei keine speziellen Hardware-Primitive verwendet werden und der Speicher auf Flip-Flops (FFs) und Multiplexer abgebildet wird:


```
(* ram_style = "logic" *) reg [data_width-1:0] ram[depth-1:0];
```

Listing 10.5 FF RAM

FF RAM kann eine beliebige Anzahl von Schreibports handhaben, solange sich alle Schreibports in derselben Taktdomäne befinden, und unterstützt auch eine beliebige Anzahl und Art von Leseports. Dies ist geeignet für sehr kleine Speicher.

Huge RAM

Dieses Attribut weist Yosys an, den Speicher als Huge RAM zu implementieren. Dies ist nur auf einigen spezifischen FPGA-Zielen verfügbar:

```
(* ram_style = "huge" *) reg [data_width-1:0] ram[depth-1:0];
```

Listing 10.6 Huge RAM

Da Huge RAM wird nur von einigen FPGAs unterstützt wird, erfordert es eine explizite Deklaration über das Attribut `ram_style` und wird nicht automatisch vom Yosys-Syntheseprozess ausgewählt.

Was ist ein PRAGMA?

In der Programmierung bezeichnen *PRAGMAs* spezielle Anweisungen, die dazu dienen, dem Compiler oder einem anderen Werkzeug zusätzliche Informationen über bestimmte Teile des Codes zu geben. Sie sind keine Teile des eigentlichen Programmcodes, der ausgeführt wird, sondern dienen dazu, das Verhalten des Compilers oder der Entwicklungsumgebung zu steuern. Der Begriff *PRAGMA* ist eine Kurzform von *Pragmatic Information*.

Mehr Informationen zu den verschiedenen Attributen und Speichertypen finden Sie in der Datei *yosys.pdf* im Abschnitt *Memory kind selection*.

Die Spezifikationen des Block RAM im Tang Nano 9K

Im Abschnitt *Embedded Memory* des GW1NR-9-Datasheets (Dateiname: *GW1NR FPGA Datasheet - DS117E.pdf*) und im *BSRAM & SSRAM User Guide - UG285E.pdf* finden Sie noch weitere Details zur Spezifikation des Embedded Block RAMs und zu seinen Speicherblock-Größen. Ich habe Ihnen die relevanten Infos in Tabelle 10.2 und Abbildung 10.4 zusammengestellt.

Die Block RAMs können demzufolge einzeln oder zu größeren RAM-Blöcken zusammengeschaltet werden, abhängig von der benötigten Datentiefe und -breite. Die GW1NR-Serie von Gowin ist flexibel, da diese Speicherressourcen laut dem Datenblatt in Form von Reihen über das FPGA-Array als Blöcke verteilt sind.

Daher werden sie als *Block Static Random Access Memories* (BSRAMs) bezeichnet. Die Kapazität jedes *BSRAM* kann bis zu 18.432 Bits (18 KBits) betragen. Es gibt vier Betriebsmodi: den *Single-Port-Modus*, den *Dual-Port-Modus*, den *Semi-Dual-Port-Modus* und den *ROM-Modus*.

Single Port Mode	Dual Port Mode	Semi-Dual Port Mode	ROM Mode
16K × 1	16K × 1	16K × 1	16K × 1
8K × 2	8K × 2	8K × 2	8K × 2
4K × 4	4K × 4	4K × 4	4K × 4
2K × 8	2K × 8	2K × 8	2K × 8
1K × 16	1K × 16	1K × 16	1K × 16
512 × 32	–	512 × 32	512 × 32
2K × 9	2K × 9	2K × 9	2K × 9
1K × 18	1K × 18	1K × 18	1K × 18
512 × 36	–	512 × 36	512 × 36
Achtung! Von den GW1NR-9-FPGAs unterstützt nur die C-Variante den Dual Port Mode.			

Tabelle 10.2 Größe und Konfigurationsmöglichkeiten des Block RAM in GW1NR-9-FPGAs aus dem Gowin-Datenblatt

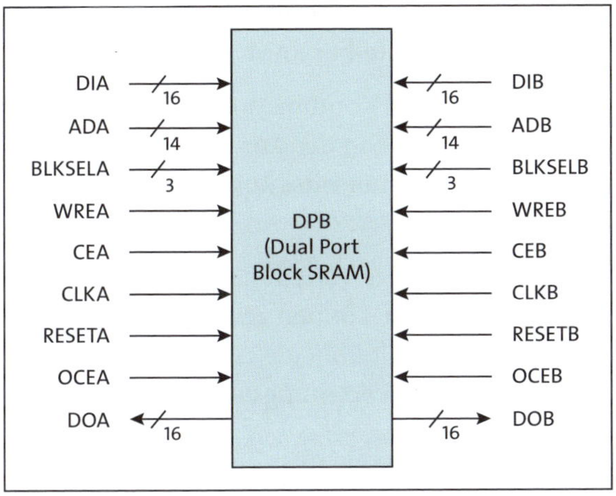

Abbildung 10.4 Dual-Port-BSRAM im Datenblatt des GW1NR-9C

Wann werden die verschiedenen Speicherarten genutzt?

In vielen Code-Beispielen ist der signifikanteste Unterschied, der impliziert, welcher RAM-Typ verwendet wird, die direkte oder indirekte Deklaration durch den Entwickler im Code selbst. Die Größe des Speichers ist nicht immer ein Kriterium: Oft kann man nur raten, welche Absicht der Entwickler mit der Verwendung des jeweiligen Speichers wohl verfolgte.

In echten FPGA-Designs ist es oft notwendig, im Synthesewerkzeug explizit anzugeben, welche Art von RAM verwendet werden soll, oder durch bestimmte Code-Konstruktionen (wie das Gruppieren von Daten in größeren Blöcken) die Art des RAMs zu steuern.

Wenn Sie im Verilog-Code keine expliziten Anweisungen für das Synthesetool setzen, entscheidet Yosys auf Basis des Codes und der Mengenanforderungen, wie der Speicher im FPGA angelegt wird. Die Entscheidung des Tools basiert auf den verfügbaren Ressourcen des Chips und der spezifischen Code-Konfiguration.

Bezüglich der Nutzung von LUTs als Speicher sollten Sie noch Folgendes wissen: Die Speicherkapazität einer LUT hängt von ihrer Architektur ab. Eine LUT kann so konfiguriert werden, dass sie kleine Datenmengen basierend auf ihren Eingangskombinationen speichert.

Eine LUT4 mit vier Eingängen kann beispielsweise 16 verschiedene Zustände (2^4 Kombinationen) repräsentieren. Typischerweise kann jeder dieser Zustände an den Eingängen jeweils 1 Bit speichern. In normaler Sprache ausgedrückt, bedeutet das, dass jede einzelne LUT4 im FPGA 16 Speicherplätze mit je 1 Bit Kapazität bereitstellen kann. Durch diese *RAM Split* genannte Technik werden dann diese kleinen

16×1-Bit-RAM-Bausteine aus den eigentlich für Logikfunktionen vorgesehenen LUTs »herausgesplittet« und stehen somit als verteilter RAM zur Verfügung.

Ähnlich kann eine LUT5 32 mögliche Zustände (2^5 Kombinationen) speichern. Die Speicherkapazität einer LUT als RAM hängt also von der Anzahl ihrer möglichen Eingangskombinationen und von der Konfiguration jedes Zustands als 1-Bit-Speicher ab.

Es handelt sich damit also um eine sehr feinkörnige Verteilung von RAM-Ressourcen auf Ebene der logischen Lookup-Tables. Diese können genutzt werden, wenn nur sehr kleine Mengen verteilten RAMs – verteilt über die Logik – benötigt werden. Deshalb wird im Zusammenhang mit dieser Verteilung der Speicherzellen oft die Bezeichnung *RAM Split* verwendet.

Im Gegensatz dazu steht der dedizierte *Block RAM* für größere zusammenhängende Speicheranforderungen zur Verfügung. Dieser Block RAM wiederum ist zwar schnell, kann aber nur im begrenzten Umfang adressiert und ausgelesen werden. Ein *Distributed RAM* ist in der Logik verteilt, direkt zugreifbar und nahe am Ort des Geschehens. Der Block RAM ist unter Umständen weit weg von der Logik, die im FPGA verteilt ist, und nur ein Teil seines Inhalts kann zu einem dezidierten Zeitpunkt adressiert und genutzt werden.

Stellen Sie sich den Distributed RAM als einen Tisch voller gefüllter Biergläser vor und den Block RAM als ein Bierfass mit einem Zapfhahn. Das eine ist etwas für den schnellen Durst, das andere ist etwas für den ganzen Abend.

Die verschiedenen Typen von Block RAM

In Tabelle 10.2 gab es noch ein paar Spalten-Bezeichnungen, auf die ich etwas genauer eingehen muss:

- **Single Port Mode BSRAM**

  Der *Single Port Block BSRAM* ist praktisch, wenn im Design nur eine Schnittstelle Daten abrufen muss. Diese einfache Konfiguration ist ideal für die Speicherung von Nur-Lese-Daten, beispielsweise von fest programmierten Werten oder Kalibrierungsparametern, die während des Bootvorgangs ausgelesen werden. Single Port BSRAMs sind auch nützlich für Codierungs- bzw. Decodierungsanwendungen, wie sie in Schnittstellen wie Ethernet, HDMI, SATA und USB verbreitet sind.

  Bei Single Port BSRAMs erfolgt der Datenzugriff getaktet. Bei einer positiven Taktflanke werden die Daten von der durch die Adresse spezifizierten Stelle ausgelesen, vorausgesetzt, das Schreibsignal ist nicht aktiv. Es kann jeweils nur ein Datenwert pro Taktzyklus gelesen werden. So dauert das Auslesen eines 512 Einträge tiefen Block SRAMs mindestens 512 Taktzyklen.

- **Dual Port Mode BSRAM (DPRAM)**

  Im Gegensatz zum Single Port BSRAM ermöglicht der *Dual Port BSRAM* das unabhängige Lesen und Schreiben von zwei Zugriffspunkten. Dies bedeutet, dass beispielsweise ein Zugriff auf »Port A« Daten von einer Speicheradresse lesen kann, während ein Zugriff auf »Port B« gleichzeitig an einer anderen Adresse schreiben kann. *DPRAMs* eignen sich gut für Anwendungen, die parallele Datenverarbeitung erfordern, wie das Zwischenspeichern von Daten aus externen Geräten oder die Anbindung an Analog-Digital-Wandler.

- **Semi Dual Port Mode BSRAM**

  Der *Semi Dual Port BSRAM* bietet eine Mischform zwischen Single Port und Dual Port BSRAM. Er ermöglicht das Lesen und Schreiben an einer Adresse über einen Port, während ein anderer Port ausschließlich zum Lesen verwendet wird. Diese Konfiguration ist hilfreich, wenn ein schneller Lesezugriff auf die gleichen Daten von zwei verschiedenen Prozessen oder Systemteilen erforderlich ist, ohne dass eine vollständige Dual-Port-Funktionalität benötigt wird.

- **ROM Mode**

  Im *ROM Mode* wird der Block SRAM als Nur-Lese-Speicher konfiguriert. Dieser Modus ist nützlich für Anwendungen, bei denen Daten einmalig während der Herstellung oder Initialisierung des FPGAs geschrieben und danach nur noch gelesen werden. Beispiele hierfür sind Lookup-Tabellen oder fest programmierte Steuerungslogiken, die keine dynamische Änderung während des Betriebs erfordern.

... noch mehr RAM-Bezeichnungen

In FPGA-Datenblättern und anderen Dokumentationen oder Websites für FPGAs werden verschiedene Kürzel für die unterschiedlichen Arten von Embedded RAM verwendet. Leider sind diese Bezeichnungen nicht immer eindeutig. Es ist oft unklar, ob mit »BRAM« tatsächlich »BSRAM« gemeint ist, oder ob das neue, unbekanntes Kürzel für den Speicher einfach nur ein Tippfehler ist. Zudem verwenden die Synthese und Place-and-route-Tools in ihrer Ausgabe auch nur den Begriff »BRAM«, was zu weiterer Verwirrung führen kann. Hier folgt eine Erklärung einiger dieser Kürzel, damit Sie irgendwie durch diesen Dschungel von Begriffen hindurchfinden können:

- **BRAM**
  - Steht für *Block RAM*, oft synonym verwendet für *Block SRAM*.
  - Bezieht sich auf die dedizierten Block-RAM-Ressourcen.
- **SRAM**
  - Steht für *Static RAM*.
  - Ist ein generischer Begriff für statischen RAM, der sich auf Block RAM oder verteilten RAM beziehen kann.

- **PSRAM**
  - *Pseudo SRAM*
  - Dieser Begriff wird üblicherweise für externe Speicherchips verwendet, nicht spezifisch für FPGAs. Bezieht sich aber manchmal auf den verteilten SRAM, der in den logischen Ressourcen (LUTs) des FPGAs implementiert ist.
- **USRAM**
  - *Ultra SRAM*
  - Ist eine spezielle Variante von PSRAM mit erhöhter Geschwindigkeit. Ist kein standardisierter Begriff.
- **BSRAM**
  - *Block Synchronous RAM*
  - Bezeichnet die Block RAMs. Manchmal aber auch nicht. Von manchen Tools oder Herstellern wird oft nur die Bezeichnung BRAM verwendet.
- **UPROM**
  - *User Programmable ROM*
  - Bezieht sich auf die Möglichkeit, Block RAMs auch als konfigurierbare ROMs zu nutzen. Ist kein standardisierter Begriff.

Wie Sie sehen, werden teilweise sehr spezifische Kürzel benutzt, um die verschiedenen RAM-Ressourcen-Typen und Modi zu benennen. Die wichtigsten dabei sind *BSRAM* oder *BRAM* für die dedizierten Block SRAMs und *PSRAM* für den in der Logik verteilten RAM. Daneben gibt es Varianten wie *USRAM* oder *UPROM* für Spezialfälle. Mehr müssen Sie sich erst einmal nicht dazu merken.

All diese verschiedenen Arten von Block RAM haben ihre spezifischen Eigenheiten und Eigenschaften. Sie müssen also mit einem Blick ins Datenblatt des FPGAs entscheiden, ob und wie welche Art RAM für Ihr Design geeignet ist und ob die Anforderungen erfüllt werden können, die Ihr Design benötigt. Die Verwendung einer falschen Art Speicher kann sonst zu einem Flaschenhals werden. In solch einem Fall wäre das dann so, als wenn Sie mit einem leeren Glas in der Hand in einer langen Schlange vor einem kleinen Party-Bierfass stehen, an dem jemand intensiv am Plastik-Zapfhahn pumpt.

10.5 Eine UART-Schnittstelle

Dieses Verilog-Modul implementiert ähnlich wie das Beispielprojekt in Abschnitt 9.5 eine UART-Schnittstelle (*Universal Asynchronous Receiver Transmitter)* zur seriellen Datenübertragung. Es stammt aus dem Sipeed-GitHub-Repository (*https://github.com/sipeed/TangNano-9K-example*), in dem einige Verilog-Programme bereitgestellt werden. Dieser UART-Code ist ein interessantes Beispiel dafür, wie eine Implementation ein und derselben Sache anders aussehen kann, obwohl sie dasselbe Prinzip der Zustandsmaschine verwendet.

Da Sie mit dem IceZero-Beispielprojekt schon eine UART-Schnittstelle eigenhändig implementiert haben, sparen wir uns diesen Schritt und nutzen hier den von Sipeed bereitgestellten Verilog-Code. Wir betrachten nun die Unterschiede der Implementation dieser seriellen Schnittstelle im Vergleich zur der des IceZero-Boards und richten einen gezielten Blick auf die Besonderheiten.

Die Projektdateien

Sie können alle Dateien zu diesem Projekt in der ZIP-Archiv-Datei mit dem Namen *uart.zip* unter *$HOME/fpga/src/tangnano9k/* finden.

Wenn Sie die Archiv-Datei entpackt haben, sollten Sie folgende Dateien in dem neu entpacken Verzeichnis vorfinden:

```
pi@pi5:~/fpga/src/tangnano9k/uart $ ls
Makefile readme.txt uart.cst uart.fs uart_rx.v uart_tx.v uart.v
```

Dieses UART-Beispiel war ursprünglich eine Projektdatei für die Gowin-IDE. Ich habe den Verilog-Code aus der Projektdatei herausgelöst und mit einem Makefile versehen, sodass Sie dieses Verilog-Programm mit der Open-Source-Toolchain synthetisieren können.

Schauen Sie sich die drei UART-Dateien in einem Editor an. Ihnen werden einige Code-Teile durch ihre Ähnlichkeit zu dem UART-Code des iCE40HX auffallen. Das liegt daran, dass hier genauso eine Zustandsmaschine verwendet wird, um den Sende- und Empfangsvorgang zu steuern. Die Grundfunktionalität ist in beiden Fällen ähnlich, auch wenn die Umsetzung und der Detailgrad unterschiedlich sind.

Die UART-Implementation, die uns Sipeed hier zur Verfügung stellt, ist insgesamt etwas kompakter und einfacher zu verstehen, weil der Sende- und der Empfangsteil getrennt und in einzelne Dateien aufgeteilt sind. Das macht das Projekt etwas übersichtlicher und ist auch besser geeignet, wenn Sie Bestandteile des Codes später einmal in einem anderen Projekt verwenden möchten.

Es wird ein Ping-Pong-Verhalten implementiert, bei dem empfangene Daten, nachdem sie empfangen und gespeichert wurden, nach einer Wartezeit von einer Sekunde zurückgesendet werden. Falls während des Wartens keine weiteren Daten empfangen werden, erfolgt die Rücksendung nach Ablauf der Wartezeit. Dieser Prozess wird in einer Zustandsmaschine gesteuert, die zwischen den Zuständen `IDLE`, `SEND` und `WAIT` wechselt, um die Datenübertragung entsprechend zu verwalten.

```
if(wait_cnt >= CLK_FRE * 1000_000) // wait for 1 second
    state <= SEND;
```

Listing 10.7 Definition des Wartezeitintervalls:

```
if(rx_data_valid == 1'b1)
begin
    tx_data_valid <= 1'b1;
    tx_data <= rx_data;   // send uart received data
end
```

Listing 10.8 Übergang von WAIT zu SEND, falls Daten empfangen werden

```
if(tx_data_valid == 1'b1 && tx_data_ready == 1'b1 && tx_cnt < DATA_NUM - 1)
begin
    tx_cnt <= tx_cnt + 8'd1;                //Send data counter
end
else if(tx_data_valid && tx_data_ready)    //last byte sent is complete
begin
    tx_cnt <= 8'd0;
    tx_data_valid <= 1'b0;
    state <= WAIT;
end
```

Listing 10.9 Überprüfung der Bedingungen zum Senden von Daten im SEND-Zustand

```
  begin
      wait_cnt <= 32'd0;
      tx_data <= tx_str;
      ...
  end
```

Listing 10.10 Zurücksetzen des Warte-Counters beim Eintritt in den SEND-Zustand

In Listing 10.7 bis Listing 10.10 sehen Sie die wesentlichen Code-Teile des *Ping-Pong*-Verhaltens, einschließlich der Logik zur Steuerung der Wartezeit und der Bedingung für den Wechsel vom `WAIT`- in den `SEND`-Zustand und der Übertragungslogik.

10.5.1 Die Datei »Constraints«

Mit den Erfahrungen, die Sie bereits durch Ihre eigenen UART-Schnittstellen-implementierungen gesammelt haben, können Sie die in der Constraints-Datei spezifizierten Anschlüsse und die Verwendung der Taktquelle sicher schon direkt erkennen. Egal um welchen FPGA es geht, die Constraints-Datei existiert immer, um die physischen Pin-Zuweisungen und elektrischen Eigenschaften der I/O-

Ports eines FPGAs zu definieren. Nur dadurch ist es der Toolchain möglich, mit dem Synthese- und dem Place-and-route-Tool die Designanforderungen zu verstehen und umzusetzen.

Betrachten wir die Constraints-Datei *uart.cst* dieses UART-Projekts:

```
IO_LOC "uart_tx" 17;
IO_PORT "uart_tx" IO_TYPE=LVCMOS33 PULL_MODE=UP;
IO_LOC "uart_rx" 18;
IO_PORT "uart_rx" IO_TYPE=LVCMOS33 PULL_MODE=UP;
IO_LOC "rst_n" 3;
IO_LOC "clk" 52;
IO_PORT "clk" IO_TYPE=LVCMOS33 PULL_MODE=NONE;
```

Listing 10.11 Definition der Pin-Zuweisungen und I/O-Eigenschaften in der Constraints-Datei

In diesen Definitionen legt der `IO_LOC`-Befehl den physischen Ort des I/O-Pins auf dem FPGA-Chip fest. Beispielsweise wird `uart_tx` an Pin 17 zugewiesen. Die Syntax ist also etwas anders: Statt `set_io` wie beim iCE40HX wird hier `IO_LOC` verwendet.

Neu ist der `IO_PORT`-Befehl: Er spezifiziert die elektrischen Eigenschaften des I/O-Ports. Zum Beispiel wird der `uart_tx`-Port auf den `LVCMOS33`-Standard eingestellt und besitzt einen Pull-up-Widerstand.

Erklärung der I/O-Port-Parameter

Die Parameter `IO_TYPE=LVCMOS33` und `PULL_MODE=UP` bzw. `NONE` konfigurieren die Schnittstellen so, dass sie an die elektrischen Anforderungen des Projekts angepasst sind und stabile Signalzustände gewährleisten. Zu den Parametern sollten Sie Folgendes wissen:

- `IO_TYPE=LVCMOS33`: Dieser Typ beschreibt die Spannungscharakteristik des Signals. `LVCMOS33` steht für eine Low-Voltage-CMOS-Ausführung mit einer typischen Spannung von 3,3 V.
- `PULL_MODE=UP`: Ein Pull-up-Widerstand ist aktiviert, der den Pin im Ruhezustand auf den High-Level (3,3 V) zieht. Dies ist nützlich, um definierte Zustände sicherzustellen, wenn keine aktive Signalquelle verbunden ist.
- `PULL_MODE=DOWN`: Ein Pull-down-Widerstand ist aktiviert, der den Pin im Ruhezustand auf den Low-Level (0 V) zieht. Dies stellt sicher, dass der Pin einen definierten Zustand hat, wenn keine aktive Signalquelle verbunden ist.
- `PULL_MODE=NONE`: Hierbei ist kein Pull-up- oder Pull-down-Widerstand aktiviert, was bedeutet, dass der Pin im hochohmigen Zustand bleibt, wenn er nicht aktiv betrieben wird.

- `PULL_MODE=KEEPER`: Hierbei ist ein Keeper-Schaltkreis aktiviert, der den letzten bekannten Zustand des Pins hält. Dies ist besonders nützlich in Situationen, in denen der Pin kurzzeitig unbeschaltet ist, da der Keeper-Schaltkreis ungewollte Zustandsänderungen verhindert und somit eine stabile Signalübertragung gewährleistet.

Unterschiede in den Dateiendungen: .cst und .pcf

Die Wahl der Dateiendung für Constraints-Dateien hängt oft vom verwendeten FPGA und den zugehörigen Entwicklungstools ab. Für den *Tang Nano 9K*-FPGA wird die Endung *.cst* verwendet, die spezifisch für die Tools von Gowin Semiconductor ist.

Im Gegensatz dazu verwendet der iCE40HX-FPGA von Lattice Semiconductor eine *.pcf*-Datei, kurz für *Physical Constraints File*. Beide Dateien dienen dem gleichen Zweck, weisen jedoch eine andere Formatierung und eine unterschiedliche Syntax auf. Da das Makefile unserer Open-Source-Toolchain den Namen der Constraints-Datei inklusive der Endung spezifiziert hat, ist es schlichtweg egal, wie die Datei heißt. Es kommt nur auf den Inhalt an und auf die richtige Verwendung innerhalb des Toolchain-Ablaufs.

10.5.2 Der Verilog-Code

Der Verilog-Code dieser UART-Schnittstelle ist in drei Dateien aufgeteilt, um die Übersichtlichkeit und Wiederverwendbarkeit zu erhöhen. Schauen wir uns die drei Dateien im Detail an.

Das Top-Level-Modul

Die Datei *uart.v* ist das Top-Level-Modul für dieses Design. In ihr erfolgt die Deklaration der Parameter. Wichtig sind hier die beiden Parameter `CLK_FRE` und `UART_FRE`. Diese definieren die Taktfrequenz und die UART-Baudrate. Außerdem werden noch weitere Signale und Register deklariert, die die Kommunikation zwischen den Submodulen und der internen Logik gewährleisten. Dann werden die beiden Submodule `uart_rx` und `uart_tx` instanziiert:

```
// Instanziierung der UART-RX-Einheit
uart_rx #(
    .CLK_FRE(CLK_FRE),
    .BAUD_RATE(UART_FRE)
) uart_rx_inst (
    .clk(clk),
    .rst_n(rst_n),
```

```
        .rx_data(rx_data),
        .rx_data_valid(rx_data_valid),
        .rx_data_ready(rx_data_ready),
        .rx_pin(uart_rx)
);
// Instanziierung der UART-TX-Einheit
uart_tx #(
        .CLK_FRE(CLK_FRE),
        .BAUD_RATE(UART_FRE)
) uart_tx_inst (
        .clk(clk),
        .rst_n(rst_n),
        .tx_data(tx_data),
        .tx_data_valid(tx_data_valid),
        .tx_data_ready(tx_data_ready),
        .tx_pin(uart_tx)
);
```


Listing 10.12 Das Toplevel-Modul in der Datei »uart.v«

Wie diese drei Dateien zusammengeführt werden, besprechen wir beim Makefile in Abschnitt 10.5.4.

Das Sende-Modul

Die Datei *uart_rx.v* ist für den Empfang von seriellen Daten über die `uart_rx`-Schnittstelle zuständig. Sie implementiert eine zustandsbasierte Maschine, um die eingehenden Bits zu erkennen, zu synchronisieren und in Bytes umzuwandeln. Sehen wir uns die wichtigen Blöcke dieser Datei Schritt für Schritt an:

Parameter

```
module uart_rx
#(
        parameter CLK_FRE = 50,        //CLOCK frequency(Mhz)
        parameter BAUD_RATE = 115200 //serial baud rate
)
localparm       CYCLE = CLK_FRE * 1000000 / BAUD_RATE;
```

Listing 10.13 Parameter zur Konfiguration des Sende-Moduls

Folgende Parameter kommen zum Einsatz:

- `CLK_FRE`: die Taktfrequenz des Systems in MHz
- `BAUD_RATE`: die Baudrate der seriellen Übertragung
- `CYCLE`: berechnet die Anzahl der Taktzyklen pro Baud-Periode basierend auf der Taktfrequenz und der Baudrate.

Zustandsmaschine

```
localparm                       S_IDLE      = 1;
localparm                       S_START     = 2; //start bit
localparm                       S_REC_BYTE  = 3; //data bits
localparm                       S_STOP      = 4; //stop bit
localparm                       S_DATA      = 5;
```

Listing 10.14 Parameter für die Zustände der FSM

Das Modul implementiert eine zustandsbasierte Maschine mit folgenden Zuständen:

- `S_IDLE`: wartet auf ein Start-Bit.
- `S_START`: erkennt und synchronisiert das Start-Bit.
- `S_REC_BYTE`: empfängt die einzelnen Datenbits.
- `S_STOP`: erkennt das Stop-Bit.
- `S_DATA`: ist bereit für die nächste Byteübertragung.

Die Zustandsübergänge werden durch die `always`-Blöcke gesteuert, die auf Taktereignisse und Signalwerte reagieren.

Bitempfang und Synchronisierung

```
reg[15:0]           cycle_cnt;      //baud counter
reg[2:0]            bit_cnt;        //bit counter
reg[7:0]            rx_bits;        //temporary storage of received data
```

Listing 10.15 Register für den Baud- und Bit-Zähler

- Der Code verwendet einen Zähler (`cycle_cnt`) und einen Bitzähler (`bit_cnt`), um die Bits zu synchronisieren und zu empfangen.
- Im Zustand `S_REC_BYTE` wird jedes Bit zur Mitte der Baud-Periode abgetastet und im Register `rx_bits` gespeichert.
- Die Synchronisierung erfolgt, indem der `cycle_cnt`-Zähler auf das nächste Baud-Intervall zurückgesetzt wird, sobald ein vollständiges Byte empfangen wurde.

Datenvalidierung

- Das Signal `rx_data_valid` wird gesetzt, wenn ein vollständiges Byte empfangen wurde und im Zustand `S_STOP` angekommen ist.
- Dieses Signal informiert das aufrufende Modul, dass neue Daten im Register `rx_data` bereitstehen.

Neustartbedingungen

- Wenn während des Empfangs ein ungültiges Signal erkannt wird (z. B. kein gültiges Start-Bit), kehrt die Zustandsmaschine in den `S_IDLE`-Zustand zurück und wartet auf ein neues, gültiges Start-Bit.
- Dies erhöht die Robustheit des Moduls gegenüber Störungen oder ungültigen Daten.

Das `uart_rx`-Modul implementiert somit die Logik, um serielle Daten korrekt zu empfangen und in parallele Bytes umzuwandeln. Die Verwendung einer zustandsbasierten Maschine, die Synchronisierung der Bits und die Validierung der empfangenen Daten sind in diesem Modul zusammen implementiert.

Das Empfangsmodul

Die Datei *uart_tx.v* ist für das Senden von seriellen Daten über die `uart_tx`-Schnittstelle zuständig. Ähnlich wie bei `uart_rx` implementiert sie eine zustandsbasierte Maschine, um Bytes in serielle Bitströme umzuwandeln und über die UART-Schnittstelle zu senden. Sehen wir uns die wichtigen Blöcke dieser Datei Schritt für Schritt an:

Parameter

```
module uart_tx
#(
        parameter CLK_FRE = 50,       //CLOCK frequency(Mhz)
        parameter BAUD_RATE = 115200 //serial baud rate
)
localparm       CYCLE = CLK_FRE * 1000000 / BAUD_RATE;
```

Listing 10.16 Parameter zur Konfiguration des Empfangs-Moduls

Folgende Parameter kommen zum Einsatz:

- `CLK_FRE`: die Taktfrequenz des Systems in MHz
- `BAUD_RATE`: die Baudrate der seriellen Übertragung
- `CYCLE`: berechnet die Anzahl der Taktzyklen pro Baud-Periode basierend auf der Taktfrequenz und der Baudrate.

Zustandsmaschine

```
localparm                     S_IDLE      = 1;
localparm                     S_START     = 2; //start bit
localparm                     S_SEND_BYTE = 3; //data bits
localparm                     S_STOP      = 4; //stop bit
```

Listing 10.17 Parameter für die Zustände der FSM

Das Modul implementiert eine zustandsbasierte Maschine mit folgenden Zuständen:

- S_IDLE: wartet auf Daten zum Senden.
- S_START: sendet das Start-Bit.
- S_SEND_BYTE: sendet die einzelnen Datenbits.
- S_STOP: sendet das Stopp-Bit.

Die Zustandsübergänge werden durch die always-Blöcke gesteuert, die auf Taktereignisse und Signalwerte reagieren.

Bitsendung und Synchronisierung

```
reg[15:0]               cycle_cnt;  //baud counter
reg[2:0]                bit_cnt;    //bit counter
```

Listing 10.18 Register für die Synchronisierung

- Der Code verwendet einen Zähler (cycle_cnt) und einen Bitzähler (bit_cnt), um die Bits zu synchronisieren und zu senden.
- Im Zustand S_SEND_BYTE wird jedes Bit zur Mitte der Baud-Periode auf die tx_pin-Schnittstelle ausgegeben.
- Die Synchronisierung erfolgt, indem der cycle_cnt-Zähler auf das nächste Baud-Intervall zurückgesetzt wird, sobald ein vollständiges Byte gesendet wurde.

Datenvalidierung

- Das Signal tx_data_ready wird gesetzt, wenn ein vollständiges Byte gesendet wurde und der Zustand S_STOP erreicht ist.
- Dieses Signal informiert das aufrufende Modul, dass das uart_tx-Modul bereit ist, neue Daten zum Senden entgegenzunehmen.

Datenübertragung

```
reg[7:0]                tx_data_latch;  //latch data to send
reg                     tx_reg;         //serial data output
```

Listing 10.19 Register für die Datenübertragung

- Die zu sendenden Daten werden im Register tx_data_latch zwischengespeichert, sobald sie über das tx_data-Signal empfangen werden.
- Im Zustand S_SEND_BYTE werden die Bits aus tx_data_latch nacheinander über tx_reg auf die tx_pin-Schnittstelle übertragen.

Start- und Stopp-Bits

- Im Zustand `S_START` wird das Start-Bit (logisch 0) auf die `tx_pin`-Schnittstelle ausgegeben.
- Im Zustand `S_STOP` wird das Stopp-Bit (logisch 1) auf die `tx_pin`-Schnittstelle ausgegeben.

Das `uart_tx`-Modul ist das Gegenstück zum `uart_rx`-Modul und implementiert die erforderliche Logik, um Bytes (vereinfacht gesagt: die parallelen Bits) in serielle Bitströme umzuwandeln und über die UART-Schnittstelle zu senden. Die Verwendung einer zustandsbasierten Maschine, die Synchronisierung von Bits und die Validierung der Daten ist ein sehr wichtiges Konzept, das bei der Arbeit mit FPGAs immer wieder vorkommt.

Eine Zustandsmaschine am Beispiel eines Münzautomaten erläutert

Ein Münzautomat ist ein hervorragendes Beispiel für eine Zustandsmaschine. So ein Automat ist ein System, das auf Eingaben reagiert und basierend auf seinem aktuellen Zustand und diesen Eingaben seinen nächsten Zustand einnimmt. Der Münzautomat ist somit mit sequenzieller Logik modelliert. Die Erbauer der ersten Münzautomaten im frühen 20. Jahrhundert hatten die Übergänge zwischen den unterschiedlichen Zuständen in ihren Automaten auf einer rein intuitiven Ebene erfasst – so, wie es eben für den Bau dieser Automaten notwendig war. Erst mit der Formalisierung des Konzepts von endlichen Automaten durch Alan Turing und Claude Shannon bekamen wir die Theorie der Zustandsmaschine (*Finite State Machines*, FSM). Alter Wein in neuen Schläuchen, oder?

Schauen wir uns die Automatentheorie einmal an. Sie ist einfacher zu verstehen als die UART-Schnittstelle, ist aber trotzdem eine gute Analogie, um sich das Prinzip zu verdeutlichen.

Das Grundkonzept

Ein Münzautomat wartet in einem Grundzustand (*Bereit*), bis eine Münze eingeworfen wird. Jede eingeworfene Münze ändert den Zustand des Automaten schrittweise, bis der erforderliche Betrag erreicht ist, woraufhin der Automat ein Produkt ausgibt.

Zustandsübergänge

- **Anfangszustand – Bereit**: Der Automat ist bereit, Münzen zu akzeptieren.
- **Münze eingeworfen**: Jede Münzeinwurf ändert den Zustand des Automaten entsprechend dem Wert der Münze. Der Automat summiert die eingeworfenen Beträge.

- **Zielbetrag erreicht**: Sobald der notwendige Betrag für ein Produkt eingeworfen wurde, wechselt der Zustand zu *Ausgabe*.
- **Produktausgabe**: Der Automat gibt das gewählte Produkt aus und kehrt dann in den Anfangszustand *Bereit* zurück.

Abbildung 10.5 zeigt den Vorgang anhand eines Ablaufdiagramms:

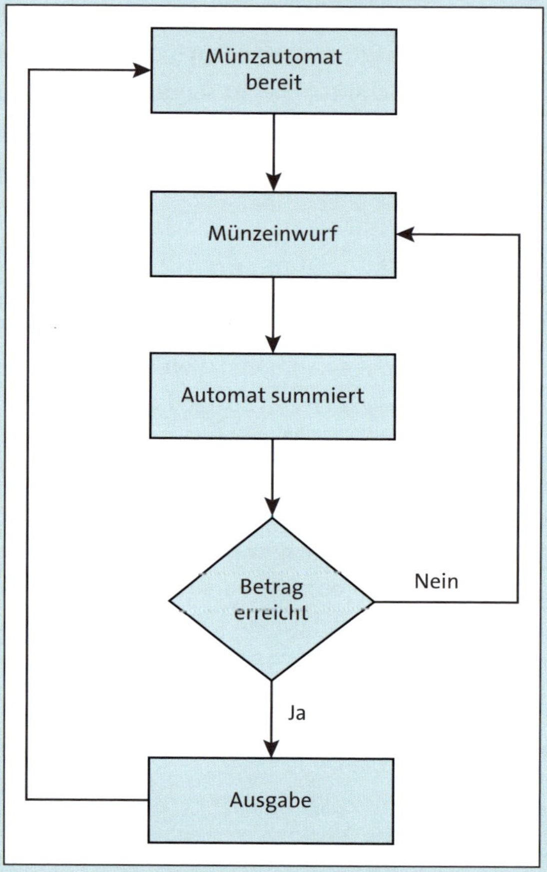

Abbildung 10.5 Ablaufdiagramm des Zustandsautomaten eines Münzautomaten

Dieses vereinfachte Beispiel (die Zustände hinsichtlich des Betrages wurden weggelassen) verdeutlicht, wie eine Zustandsmaschine durch klar definierte Zustände und Übergänge einen effizienten und zuverlässigen Ablauf ermöglicht, bei dem nichts durcheinanderkommen kann.

Und so ist es auch bei der UART-Schnittstelle, bei anderen Schnittstellen, bei Ampelsteuerungen oder bei interaktiven Menüs in Geräten – überall dort, wo nichts durcheinanderkommen darf und alles immer einen geregelten und nachvollziehbaren Zustand haben muss, verwendet man Zustandsmaschinen.

Die Aufteilung in separate Dateien

Die Aufteilung in separate Module und einzelne Dateien erhöht die Wiederverwendbarkeit, da so jedes Modul unabhängig auch in anderen Designs verwendet werden kann. Beispielsweise könnte das `uart_rx`-Modul in einem System verwendet werden, das nur Daten empfängt, oder das `uart_tx`-Modul in einem System, das nur Daten sendet. Diese Aufteilung vereinfacht die Wartung und Fehlersuche, da Probleme auf ein bestimmtes Modul in einer bestimmten Datei eingegrenzt werden können. Es erleichtert den Entwicklungsprozess, wenn man jedes Modul unabhängig testen und verifizieren kann.

Ich hatte die Erstellung einer Testbench schon in Abschnitt 9.5.4 als Beispiel vorgestellt. Hier in diesem Projekt würden Sie dann beispielsweise zu jeder Datei auch die Testbench in einzelne Dateien aufteilen: Zu einer *uart_rx.v* gehört dann eine *uart_rx_tb.v* und zu der *uart_tx.v* eine *uart_tx_tb.v* und zu der *uart.v* ... nun, Sie wissen schon, was ich meine.

Kurz gesagt: Die Aufteilung in mehrere Dateien oder Module ist eine gängige Praxis, die Ihre Arbeit viel übersichtlicher und einfacher machen kann.

10.5.3 Erklärung des Quellcodes

Im Quellcode der Schnittstelle gibt es eine Besonderheit, auf die ich Sie aufmerksam machen möchte. Außerdem sehen wir uns die Präprozessoranweisungen und das Ping-Pong-Verfahren genauer an.

UTF-8 Schriftzeichen

Es gibt eine Stelle in der Datei *uart.v*, die ich unglaublich interessant fand, nämlich die Präprozessoranweisung für die Verwendung von chinesischen Schriftzeichen. Schauen wir uns den Code-Teil einmal genauer an:

```
// combinational logic
// `define example_1
`ifdef example_1
// Example 1
parameter   ENG_NUM  = 14;      // 非中文字符数
                                // (Anzahl der nichtchinesischen Zeichen)
parameter   CHE_NUM  = 2 + 1; // 中文字符数
                                // (Anzahl der chinesischen Zeichen)
parameter   DATA_NUM = CHE_NUM * 3 + ENG_NUM; // 中文字符使用UTF8，占用3个字节
  // (Chinesische Zeichen werden in UTF-8 kodiert und benötigen 3 Bytes)
wire [ DATA_NUM * 8 - 1:0] send_data = {"你好 Tang Nano 20K",16'h0d0a};
  // Die chinesischen Zeichen 你好 und der ASCII-Text
`else
```

```
// Example 2
parameter    ENG_NUM  = 20 + 1;  // 非中文字符数
                                 // (Anzahl der nichtchinesischen Zeichen)
parameter    CHE_NUM  = 0;       // 中文字符数 (Keine chinesischen Zeichen)
parameter    DATA_NUM = CHE_NUM * 3 + ENG_NUM + 1; // 中文字符使用UTF8,
        // 占用3个字节 (Keine chinesischen Zeichen, daher kein Faktor 3)
wire [ DATA_NUM * 8 - 1:0] send_data = {"Tang Nano UART Test",16'h0d0a};
// Nur ASCII-Text
`endif
```

Listing 10.20 Präprozessoranweisung für die serielle Textausgabe

In diesem Codeabschnitt werden zwei Beispiele definiert:

- Beispiel 1 (`Example_1`) enthält zwei chinesische Schriftzeichen (你好) und ASCII-Zeichen.
- Beispiel 2 (`Example_2`) enthält nur ASCII-Zeichen.

Die Präprozessoranweisung `ifdef` überprüft, ob die Bedingung `example_1` erfüllt ist. Wenn ja, wird der Code innerhalb des `ifdef`-Blocks verwendet, andernfalls wird der Code innerhalb des `else`-Blocks verwendet. In diesem Fall ist `define example_1` im Quellcode auskommentiert, was bedeutet, dass die englischen Zeichen im `example 2`-Block verwendet werden.

Das Interessante ist hier: Chinesische Schriftzeichen werden in UTF-8 kodiert, was bedeutet, dass jedes Zeichen aus einer Folge von bis zu 4 Bytes bestehen kann. (Allerdings liegen die am häufigsten verwendeten chinesischen Hanzi-Schriftzeichen im Bereich von U+4E00 bis U+9FFF, wo die Zeichen mit nur 3 Bytes in UTF-8 kodiert werden. Deshalb geht der Entwickler in diesem Code davon aus, dass jedes chinesische Zeichen nur 3 Bytes benötigt.)

Die Anzahl der chinesischen Zeichen (`CHE_NUM`) und der nichtchinesischen Zeichen (`ENG_NUM`) wird gezählt. Dann wird die Gesamtanzahl der benötigten Bytes (`DATA_NUM`) berechnet, indem die Anzahl der chinesischen Zeichen mit 3 multipliziert wird (da die hier verwendeten chinesischen Zeichen 3 Bytes benötigen) und zur Anzahl der nichtchinesischen Zeichen addiert wird. Die tatsächliche Zeichenfolge wird dann als Vektor von Bits definiert, wobei die Bitbreite `DATA_NUM * 8` entspricht. Die chinesischen Zeichen müssen danach in der richtigen Bytereihenfolge kodiert werden, damit sie vom System am anderen Ende der seriellen Leitung korrekt interpretiert werden können.

Offensichtlich ist der Entwickler dieses Verilog-Codes fest davon ausgegangen, dass das Empfangssystem UTF-8 können sollte. Falls es aber nicht UTF-8 beherrscht, so kann auf eine reine ASCII-Darstellung mit englischen Zeichen umgestellt werden, indem `define example_1` auskommentiert wird.

Durch die Verwendung von Präprozessoranweisungen kann ein Entwickler also einfach zwischen verschiedenen Code-Teilen seines Designs wechseln, indem er die Präprozessorbedingung ändert. Dies ermöglicht das Testen verschiedener Szenarien, die Anpassung an unterschiedliche Hardware oder die Unterstützung von Zeichensätzen anderer Sprachen, ohne den Hauptcode ändern zu müssen.

Wenn Sie also einmal ein Design haben, das

- auf verschiedenen FPGAs laufen können soll,
- wegen Gegebenheiten in der Peripherie mit verschiedenen Bitraten laufen können muss und/oder
- auch verschiedene Displays am I^2C-Bus ansprechen können soll,

dann verwenden Sie einfach entsprechende Präprozessoranweisungen, um Ihren Verilog-Code flexibel zu halten. Easy peasy!

Präprozessoranweisungen verwenden

Sie können solch eine Präprozessoranweisung entweder extern setzen oder im Quellcode definieren. Bei der externen Verwendung können Präprozessoranweisungen beim Aufruf von Yosys über das Kommandozeilenargument `-D` angegeben werden. Ein Beispiel:

`yosys -D example_1 uart.v`

Dieser Befehl definiert die Präprozessoranweisung `example_1` für die Verilog-Datei.

Eleganter ist es, eine Präprozessoranweisung im Makefile zu verwenden, indem Sie eine Variable `YOSYS_DEFINES` hinzufügen und in der Regel für das Ziel `$(PROJ)-yosys.json` die Präprozessoranweisungen übergeben:

```
YOSYS_DEFINES = -D example_1
$(PROJ)-yosys.json: $(SOURCES)
    yosys -p "read_verilog $(SOURCES); \
    synth_gowin -json $@ $(YOSYS_DEFINES)"
```

Listing 10.21 Beispiel für eine Präprozessoranweisung in einem Makefile

Yosys wird dann der angegebenen Präprozessoranweisung folgen und den Verilog-Code entsprechend synthetisieren.

Die Backticks in der Verilog-Syntax

In der Sprache Verilog werden die *Backticks* ` für Compiler-Direktiven und Präprozessoranweisungen verwendet. Diese Direktiven funktionieren ähnlich wie die Präprozessoranweisungen in der Programmiersprache C.

Ping-Pong

Ein anderer interessanter Teil in diesem Verilog-Code ist das *Ping-Pong*-Verhalten, das mittels einer Zustandsmaschine realisiert wird. Diese Zustandsmaschine verwendet drei Hauptzustände: `IDLE`, `SEND` und `WAIT`, um empfangene Daten nach einer definierten Wartezeit zurückzusenden. Gehen wir die Funktionsweise jedes Zustands und die Logik, die den Übergang zwischen diesen Zuständen steuert, einmal durch.

Der IDLE-Zustand

Im IDLE-Zustand beginnt die Zustandsmaschine. Dieser Zustand dient als Startpunkt und versetzt das System in einen definierten Anfangszustand zurück, sobald das Reset-Signal `rst_n` aktiv ist:

```
if(rst_n == 1'b0)
begin
    wait_cnt <= 32'd0;
    tx_data <= 8'd0;
    state <= IDLE;
    tx_cnt <= 8'd0;
    tx_data_valid <= 1'b0;
end
```

Listing 10.22 Der IDLE-Zustand

Sobald das System nicht mehr im Reset-Zustand ist, wechselt es direkt in den SEND-Zustand, um mit der Datenübertragung zu beginnen.

Der SEND-Zustand

Im SEND-Zustand werden die Daten übertragen. Die Logik überprüft, ob die Datenübertragungsberechtigung `tx_data_valid` aktiv und das Signal zur Übertragungsbereitschaft `tx_data_ready` gesetzt ist. Die Daten werden sequenziell gesendet, und zwar so lange, bis alle Daten übertragen worden sind:

```
if(tx_data_valid == 1'b1 && tx_data_ready == 1'b1 && tx_cnt < DATA_NUM - 1)
begin
    tx_cnt <= tx_cnt + 8'd1; //Send data counter
end
else if(tx_data_valid && tx_data_ready)  //last byte sent is complete
begin
    tx_cnt <= 8'd0;
    tx_data_valid <= 1'b0;
    state <= WAIT;
end
```

Listing 10.23 Der SEND-Zustand

Nachdem alle Daten gesendet worden sind, wird das System in den WAIT-Zustand versetzt.

Der WAIT-Zustand

Im WAIT-Zustand wartet das System, bis entweder eine Sekunde verstrichen ist oder neue Daten empfangen werden. Wenn neue Daten empfangen werden (rx_data_valid), wird das Datenvalidierungssignal gesetzt und die empfangenen Daten werden zum Senden vorbereitet:

```
if(rx_data_valid == 1'b1)
begin
    tx_data_valid <= 1'b1;
    tx_data <= rx_data;    // send uart received data
end
// Falls keine weiteren Daten empfangen werden, zählt der Warte-Counter
// wait_cnt hoch, bis die definierte Zeit abgelaufen ist:
if(wait_cnt >= CLK_FRE * 1000_000) // wait for 1 second
    state <= SEND;
```

Listing 10.24 Der WAIT-Zustand

Nach Ablauf der Wartezeit oder wenn sie neue Daten empfängt, wechselt die Zustandsmaschine dann zurück in den SEND-Zustand, um die Daten zurückzusenden oder neue Daten zu verarbeiten.

Die Implementierung als Zustandsmaschine erleichtert die Übersicht und das Management des Datenflusses. Insbesondere in Echtzeitanwendungen, in denen das Timing und die Reihenfolge der Datenübertragung kritisch sind, ist solch eine Zustandsmaschine immer eine gute Wahl.

Alternativen zu einer Zustandsmaschine

Wie Sie sicher schon bemerkt haben, finde ich Zustandsmaschinen (FSMs) ziemlich cool.

FSMs können als komplementäre Technologie innerhalb der traditionellen Computer-Architektur eingesetzt werden, um spezifische Aufgaben zu optimieren und zu beschleunigen. Ihr Einsatz trägt zur Verbesserung der Gesamteffizienz herkömmlicher Systeme bei, weil sie spezielle Verarbeitungsanforderungen effizienter abarbeiten können – obwohl sie nicht direkt den Von-Neumann-Flaschenhals dieser Systeme umgehen können. Daher sind sie oft die erste Wahl im Bereich der Echtzeitverarbeitung von Sensorinformationen, Fourier-Transformationen bis hin zu Highspeed-Trading und Bitcoin-Mining.

Aber Zustandsmaschinen sind nicht jedermanns Sache. Auch wenn das Konzept von vielen Menschen intuitiv verstanden wird, kann man in der Programmierung auch andere Wege gehen. Wenn Sie also keine Zustandsmaschinen mögen und etwas anderes ausprobieren möchten, dann schauen Sie sich das Code-Beispiel in Abschnitt 10.12.2 an. Fragen Sie auch eine Chat-KI nach Beispielen. Vielleicht finden Sie ja das eine oder andere, was ihnen besser von der Hand geht.

10.5.4 Das Makefile

Das Makefile dient zum Steuern der Toolchain und zum Erstellen des Programms. Wir haben Makefiles zwar schon ausführlich besprochen, aber bei der UART-Schnittstellenimplementation des Tang Nano 9K haben wir einen neuen Fall, den wir mit dem Makefile berücksichtigen müssen: die Aufteilung des Verilog-Codes über mehrere Dateien hinweg.

Bislang hatten wir den Quellcode immer komplett in einer einzigen Datei gespeichert. Nun muss das Makefile aber verstehen, wie die weiteren Submodul-Dateien der Top-Level-Datei zugeordnet werden sollen.

Dies implementieren wir im Makefile durch die Variablen `Source` und `Source_Addon`. Es gibt, ehrlich gesagt, viele Möglichkeiten, wie diese Funktionalität in ein Makefile aufgenommen werden kann. Es ist beispielsweise auch möglich, einfach ein *File Globbing* zu verwenden und in einem Projektverzeichnis mit einem **.v* einfach jede Datei einzulesen, die nach Verilog aussieht.

Aber das kann einen Nachteil haben: Es ist nicht immer in allen Fällen egal, in welcher Reihenfolge die Verilog-Quellcode-Dateien an die Toolchain übergeben werden. Es kann manchmal zu Henne-Ei-Problemen kommen, wenn einfach eine mit File Globbing gefüllte Liste übergeben wird. Aus diesem Grund habe ich das Makefile so strukturiert, dass die Verilog-Dateien, die zur Top-Level-Datei hinzugenommen werden sollen, auch alle einzeln mit Namen in das Makefile geschrieben werden müssen, und zwar in einer definierten Reihenfolge. Im folgenden Listing 10.25 sind diese Stellen im Code fett hervorgehoben:

```
# Name des Projekts
PROJ = uart
# Pfad zur Pin-Konfigurationsdatei CST
PIN_DEF = $(PROJ).cst
# FPGA-Typ, hier ein Tang Nano 9K
DEVICE = GW1NR-LV9QN88PC6/I5
# Device Family für Gowin
DEVICE_FAMILY = GW1N-9C
```

```
# Name der Haupt-Verilog-Quelldatei
SOURCE = $(PROJ).v
# Zusätzliche Verilog-Quelldateien, die einbezogen werden sollen
SOURCE_ADDON = uart_rx.v uart_tx.v
# Name des Boards für OpenFPGALoader
BOARD = tangnano9k
# Ziel für das Programmieren: "SRAM" oder "FLASH"
TARGET ?= SRAM
# Alle Verilog-Quellen zusammenführen
SOURCES = $(SOURCE) $(SOURCE_ADDON)
# Hauptziel: Erstellt die finale Binärdatei für das FPGA
all: $(PROJ).fs
# Synthetisiert Verilog-Quellcode in JSON mit Yosys
$(PROJ)-yosys.json: $(SOURCES)
    yosys -p "read_verilog $(SOURCES); synth_gowin -json $@"
# Erzeugt eine Platzierungs- und Verdrahtungsdatei in JSON
# aus der Yosys-JSON-Datei
$(PROJ)-nextpnr.json: $(PIN_DEF) $(PROJ)-yosys.json
    nextpnr-gowin --json $(PROJ)-yosys.json \
    --write $@ \
    --device $(DEVICE) \
    --family $(DEVICE_FAMILY) \
    --cst $(PIN_DEF)
# Packt die NextPNR-JSON-Datei in eine finale Gowin-Pack-Datei für das FPGA
$(PROJ).fs: $(PROJ)-nextpnr.json
    PATH="/home/pi/Programme/apycula_env/bin:$$PATH" \
    gowin_pack -d $(DEVICE_FAMILY) -o $@ $(PROJ)-nextpnr.json
# Programmieren des FPGAs mit der erstellten FS-Datei in SRAM oder FLASH
prog: $(PROJ).fs
ifeq ($(TARGET),FLASH)
    openFPGALoader -f -b $(BOARD) $<
else
    openFPGALoader -m -b $(BOARD) $<
endif
# Löscht alle erzeugten Dateien, um einen
# sauberen Startzustand zu erreichen
clean:
    rm -f *.json *.fs
.PHONY: all prog clean
# EOF
```

Listing 10.25 Das Makefile zur UART-Schnittstelle des Tang Nano 9K

Mit der Variable `TARGET ?=` und der möglichen Angabe von `SRAM` und `FLASH` habe ich noch die Möglichkeit geschaffen, um entscheiden zu können, wohin der *openFPGALoader* den Bitstream zur Konfiguration des FPGAs schreibt – also ob die Konfiguration permanent oder nur bis zur nächsten Unterbrechung der Stromversorgung im FPGA verbleibt. Falls Sie sich daran nicht mehr erinnern: Schauen Sie sich noch mal den Punkt »Konfigurationsspeicher« in Abschnitt 2.1.6 im ersten Teil des Buches an.

Woher kommen die Angaben in »DEVICE« und »DEVICE_FAMILY«?

Welche Gowin-FPGAs momentan unterstützt werden, erfahren Sie auf der Homepage des Apicula-Projekts unter *https://github.com/YosysHQ/apicula*:

- Trenz TEC0117: GW1NR-UV9QN881C6/I5
- Sipeed Tang Nano: GW1N-LV1QN48C6/I5
- Sipeed Tang Nano 1K: GW1NZ-LV1QN48C6/I5
- Sipeed Tang Nano 4K: GW1NSR-LV4CQN48PC7/I6
- Sipeed Tang Nano 9K: GW1NR-LV9QN88PC6/I5
- Sipeed Tang Nano 20K: GW2AR-LV18QN88C8/I7
- Sipeed Tang Primer 20K: GW2A-LV18PG256C8/I7
- Seeed RUNBER: GW1N-UV4LQ144C6/I5
- @Disasm honeycomb: GW1NS-UX2CQN48C5/I4
- szfpga: GW1NR-LV9LQ144PC6/I5

Den aktuellen Stand der Entwicklung und auch Ankündigungen, welche FPGAs neu unterstützt werden, finden Sie unter *https://github.com/YosysHQ/nextpnr*.

Woher kommt die Angabe in BOARD?

Die Angabe in der Variable `BOARD` wird vom openFPGALoader für die Übertragung des Bitstreams auf den FPGA genutzt. Eine Liste der von diesem Tool unterstützten Boards können Sie mit dem Parameter `--list-boards` abrufen:

```
pi@pi5:~/fpga/src $ openFPGALoader --list-boards | grep -i tang
licheeTang                 anlogicCable
tangmega138k               ft2232
tangnano                   ch552_jtag
tangnano1k                 ft2232
tangnano20k                ft2232
tangnano4k                 ft2232
tangnano9k                 ft2232
tangprimer20k              ft2232
tangprimer25k              ft2232
```

10.5.5 Konfiguration des FPGAs

Das Programm bzw. der Bitstream zur Konfiguration des FPGAs wird mithilfe des Befehls **make** erstellt. Anschließend können Sie den Bitstream mit **make prog** auf den FPGA laden. Um den gesamten Prozess in einem Durchgang auszuführen, nutzen Sie den folgenden Befehl:

```
make clean && make && make prog
```

Dieser Befehl bereinigt zunächst alle vorherigen Builds mit `make clean`, erstellt dann den Bitstream mit `make` und lädt den Bitstream in den FPGA: `make prog`. Falls die Konfiguration des FPGAs permanent sein soll, ändern Sie die Target-Variable im Makefile auf `FLASH`.

Ein Beispiel für die Übertragung des Bitstreams auf dem Tang Nano 9K sieht dann so aus:

```
pi@pi5:~/fpga/src/tangnano9k/uart $ make prog
openFPGALoader -m -b tangnano9k uart.fs
empty
write to ram
Jtag frequency : requested 6.00MHz   -> real 6.00MHz
Parse file Parse uart.fs:
Done
DONE
Load SRAM: [=====================================] 100.00%
Done
DONE
CRC check: Success
```

Übertragungsprobleme mit dem openFPGALoader

Falls Sie mal Probleme haben, mit dem openFPGALoader einen Bitstream auf den Tang Nano 9k zu übertragen und Sie eine Fehlermeldung in dieser Art erhalten ...

```
pi@pi5:~/fpga/src/tangnano9k/ads1115 $ make prog
openFPGALoader -m -b tangnano9k ads1115.fs
empty
write to ram
unable to open ftdi device: -6 (ftdi_usb_reset failed)
JTAG init failed with: unable to open ftdi device
make: *** [Makefile:72: prog] Error 1
Erase SRAM Load SRAM mpsse_write: fail to write with error -1 (usb bulk
write failed)
^Cmake: *** [Makefile:72: prog] Interrupt
```

... dann können Sie versuchen, wie folgt die Übertragungsrate zu reduzieren. Dies löst das Problem zumeist:

```
pi@pi5:~/fpga/src/tangnano9k/ads1115 $ make prog
openFPGALoader -m --freq=2000000 -b tangnano9k ads1115.fs
empty
write to ram
Jtag frequency : requested 2.00MHz   -> real 2.00MHz
Parse file Parse ads1115.fs:
Done
```

Manchmal hilft es auch, das USB-Kabel des *Tang Nano 9K*-Boards aus dem Raspberry Pi kurz herauszuziehen und wieder einzustecken.

10.5.6 Die serielle Verbindung

Die serielle Verbindung zum Tang Nano 9K wird über die USB-Schnittstelle hergestellt, die auch zur Programmierung des FPGAs genutzt wird. Unter Linux können Sie sich dafür mit dem Device verbinden, das mit der Bezeichnung */dev/ttyUSB* beginnen sollte. Mit einem Terminalprogramm wie `picocom` können Sie die Verbindung herstellen. Geben Sie dazu die benötigte Baudrate an:

```
pi@pi5:~ $ picocom -b 115200 /dev/ttyUSB1
```

Nach dem Starten von `picocom` empfangen Sie nun im Sekundentakt die Nachricht »Tang Nano UART Test«, wie Listing 10.26 zeigt.

```
pi@pi5:~/fpga/src/tangnano9k/uart $ picocom -b 115200 /dev/ttyUSB1
picocom v3.1
port is         : /dev/ttyUSB1
flowcontrol     : none
baudrate is     : 115200
parity is       : none
databits are    : 8
stopbits are    : 1
escape is       : C-a
local echo is   : no
noinit is       : no
noreset is      : no
hangup is       : no
nolock is       : no
send_cmd is     : sz -vv
receive_cmd is  : rz -vv -E
```

```
imap is         :
omap is         :
emap is         : crcrlf,delbs,
logfile is      : none
initstring      : none
exit_after is   : not set
exit is         : no

Type [C-a] [C-h] to see available commands
Terminal ready
Tang Nano UART Test
Tang Nano UART Test
Tang Nano UART Test
Tang Nano UART Test
Tang Nano UART Test
Tang Nano UART Test
```

Listing 10.26 Test der UART-Schnittstelle mit Picocom

Wenn Sie nun eine Taste drücken, sendet Ihnen der FPGA das betätigte Zeichen mit der Ping-Pong-Funktion zurück.

Eine UART-Schnittstelle kann auch direkt über einen der GPIO-Pins des Tang Nano 9K genutzt werden. Wenn Sie die UART-Schnittstelle über die GPIO-Pins nutzen möchten, dann vergessen Sie nicht, die entsprechenden Anpassungen in der Constraints-Datei vorzunehmen.

XIV – Eine Sprache finden, die alle verstehen

Überlegen Sie, welche Kommunikationsschnittstellen Ihr Projekt benötigt. Wenn ja, welche Protokolle könnten verwendet werden? Müssen auch verschiedene Module miteinander kommunizieren? Notieren Sie Ihre Gedanken zu den Kommunikationsanforderungen und den verwendeten Protokollen.

10.6 Ein SPI-LCD ansteuern

Ein SPI-LCD (*Serial Peripheral Interface Liquid Crystal Display*) am *Tang Nano 9K*-Board eröffnet eine Vielzahl von Anwendungsmöglichkeiten, die von einfachen Anzeigesystemen bis hin zu komplexen interaktiven Benutzeroberflächen reichen können. Einer der Hauptvorteile des Einsatzes eines Displays besteht darin, Echtzeitdaten direkt anzeigen zu können. Dies kann bei einer Vielzahl von Anwendungen nützlich sein, von der Wetterstation, die Temperatur und Feuchtigkeit anzeigt, bis hin zu einem Systemmonitor, der die CPU-Auslastung oder den Netzwerkverkehr grafisch darstellt. Aber das LCD ist nicht nur zur Darstellung von Daten nutzbar, sondern kann auch als interaktive Schnittstelle genutzt werden. In Verbindung mit Tasten kann darin in Menüs navigiert, Einstellungen geändert oder Befehle erteilt werden.

Zur Ansteuerung des kleinen 1,14-Zoll-LCDs mit 240 × 135 Punkten Auflösung nutzen wir wieder einen Beispielcode, den uns Sipeed auf seiner GitHub-Seite bereitstellt: *https://github.com/sipeed/TangNano-9K-example*

Ich habe die Verilog-Dateien wieder aus der Gowin-Projektstruktur herausgelöst und mit einem Makefile versehen, damit das Programm mit unserer Open-Source-Toolchain funktioniert.

Die Projektdateien

Die Dateien zu diesem Beispielprojekt können Sie in der ZIP-Archiv-Datei *spi-lcd.zip* unter *$HOME/fpga/src/tangnano9k/* finden. Entpacken Sie diese Archiv-Datei wie gewohnt. In dem neu entpackten Verzeichnis sollten Sie die folgenden Dateien vorfinden:

```
pi@pi5:~/fpga/src/tangnano9k/spi-lcd $ ls
Makefile  readme.txt  spi-lcd.cst  spi-lcd.fs  spi-lcd.v
```

10.6.1 Erklärung des Quellcodes

Den Verilog-Code, den Sie in den nächsten Listings sehen, ist für die Ansteuerung eines 1,14-Zoll-240×135-SPI-LCD-Displays geschrieben, das mit einem Tang Nano 9K geliefert wird. Der Code zeigt Farbbalken auf dem Display an, wie Sie es in Abbildung 10.6 sehen.

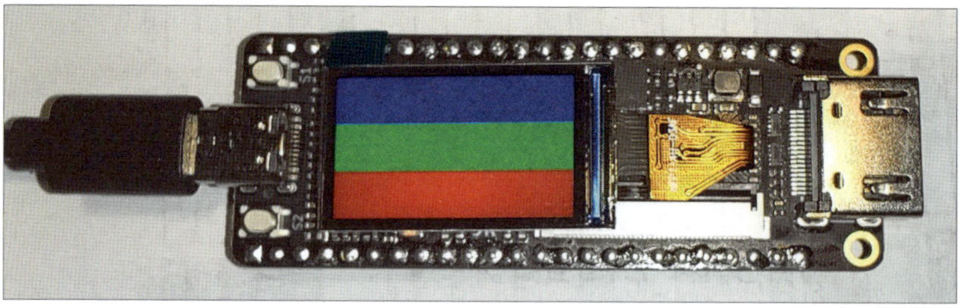

Abbildung 10.6 Tang Nano 9K mit einem Testbild auf dem SPI-LCD

Öffnen Sie die Projektdateien mit einem Texteditor Ihrer Wahl. (Haben Sie sich mittlerweile an VS Code gewöhnt und nutzen Sie die Verilog-Plug-ins?) Schauen wir uns ein paar Stellen im Verilog-Code der Datei *spi-lcd.v* im Detail an:

```
module lcd114_test(
    input clk, // 27 Mhz
    input resetn,
    output lcd_resetn,
    output lcd_clk,
    output lcd_cs,
    output lcd_rs,
    output lcd_data
);
```

Listing 10.27 Moduldefinition und Schnittstellen

Das Code-Segment aus Listing 10.27 definiert das Verilog-Modul `lcd114_test` und dessen Schnittstellen. Die Ein- und Ausgänge wie `clk` (Systemtakt), `resetn` (Reset-Signal) sowie die Steuer- und Datensignale für die LCD-Ansteuerung und serielle Kommunikation werden hier initialisiert.


```
localparm MAX_CMDS = 69;
wire [8:0] init_cmd[MAX_CMDS:0];
assign init_cmd[ 0] = 9'h036; // Erster Befehl im Befehlssatz
// Weitere Initialisierungsbefehle der Kürze halber weggelassen
```

Listing 10.28 Parameter und Speicherinitialisierung

Dieser Abschnitt definiert `MAX_CMDS` als die maximale Anzahl der Initialisierungsbefehle für das LCD und initialisiert das Array `init_cmd`, das diese Befehle speichert. Jeder Befehl wird individuell zugewiesen und besteht aus einem 9-Bit-Wert, der das RS-Signal und die Befehlsdaten umfasst.

```
localparm INIT_RESET   = 4'b0000; // delay 100ms while reset
localparm INIT_PREPARE = 4'b0001; // delay 200ms after reset
localparm INIT_WAKEUP  = 4'b0010; // write cmd 0x11 MIPI_DCS_EXIT_SLEEP_MODE
localparm INIT_SNOOZE  = 4'b0011; // delay 120ms after wakeup
localparm INIT_WORKING = 4'b0100; // write command & data
localparm INIT_DONE    = 4'b0101; // all done
```

Listing 10.29 Zustandsmaschine für die Initialisierung

Die Konstanten aus Listing 10.29 definieren die verschiedenen Zustände der Zustandsmaschine. Sie steuert die Reihenfolge der Aktionen während der Initialisierung des Displays, von einem Reset über das Warten bis hin zum Senden spezifischer Befehle.

```
`ifdef MODELTECH
    localparm CNT_100MS = 32'd2700000;
    localparm CNT_120MS = 32'd3240000;
    localparm CNT_200MS = 32'd5400000;
`else
    localparm CNT_100MS = 32'd27;
    localparm CNT_120MS = 32'd32;
    localparm CNT_200MS = 32'd54;
`endif
```

Listing 10.30 Timing bzw. Zeitsteuerung

In diesem Segment werden die Timer-Konstanten definiert, die in der FPGA-Logik verwendet werden, um spezifische Zeitintervalle abzuwarten. Der Code unterscheidet zwischen Simulation (`MODELTECH`) und tatsächlicher Hardware.

```
always@(posedge clk or negedge resetn) begin
    if (~resetn) begin
        // Reset-Handling-Code
    end else begin
        case (init_state)
            INIT_RESET : begin
                // Reset-Handling im Zustand INIT_RESET
            end
            INIT_PREPARE : begin
                // Vorbereitung nach Reset
            end
                // Weitere Zustände und Handlungen
        endcase
    end
end
```

Listing 10.31 Der Haupt-»always«-Block

Der `always`-Block reagiert auf jede positive Taktflanke (`posedge clk`) oder negative Flanke des Reset-Signals (`negedge resetn`). Innerhalb des Blocks wird die Zustandsmaschine kontrolliert, die den aktuellen Zustand überprüft und entsprechend agiert. Dieser Teil des Codes ist die sequenzielle Steuerung des LCDs durch die verschiedenen Phasen der Initialisierung.

10.6.2 Portierung auf einen anderen FPGA

Wenn Sie ein solches Display an einem anderen FPGA verwenden wollen, müssen Sie die Constraints-Datei anpassen und auch auf den Systemtakt und die Timing-

Parameter achten: Ändert sich die Taktfrequenz, ändern sich die Timing-Parameter. Sie müssen sie auf die geänderte Taktfrequenz abstimmen, um wieder die gewünschten Zeiträume in Millisekunden (ms) zu erhalten, die für die fehlerfreie Ansteuerung des Displays benötigt werden. Außerdem könnte es notwendig sein, auch die Taktinvertierung anzufassen.

Taktinvertierung bei verschiedenen FPGA-Typen

Mit einem Beispiel lässt sich die Problematik der Taktinvertierung bei den unterschiedlichen FPGAs am besten veranschaulichen:

- **Xilinx-FPGAs**
  In vielen Xilinx-FPGAs, wie etwa in der Spartan- oder Artix-Serie, kann eine Taktinvertierung direkt über dedizierte Clock-Management-Blöcke oder durch einfache Verilog-Statements erfolgen. In Verilog können Sie dann einfach Folgendes schreiben:
  ```
  assign lcd_clk = ~clk;
  ```
  Dies kennen Sie schon vom iCE40HX und vom Tang Nano 9K. Dieser Code invertiert das Taktsignal `clk` und weist es `lcd_clk` zu, was sehr direkt und einfach ist. Viele FPGAs, wie auch der Xilinx-FPGA, verarbeiten diese Invertierung effizient, da sie spezielle Routing-Ressourcen für Taktsignale haben, die minimale Verzögerungen und geringe Jitter-Eigenschaften aufweisen.
- **Altera/Intel-FPGAs**
  Bei Altera-(jetzt Intel-)FPGAs kann die Situation anders sein. Während Sie – technisch gesehen – immer noch denselben Verilog-Code verwenden können, also
  ```
  assign lcd_clk = ~clk;
  ```
  empfiehlt es sich aber oft, spezielle Clock-Management-Features wie die PLLs (*Phase-Locked Loops*) oder globale Takt-Buffer zu verwenden, um eine stabilere und zuverlässigere Taktversorgung sicherzustellen. Zum Beispiel könnte eine PLL verwendet werden, um einen invertierten Takt explizit zu generieren:
  ```
  // PLL-Konfiguration für die Erzeugung eines invertierten Takts
  pll my_pll(
    .reference_clk(clk),
     .outclk_0(lcd_clk), // Der Ausgangstakt kann über die PLL-
                         // Konfiguration invertiert werden
     .reset(reset),
     .locked(locked)
  );
  ```
  In diesem Fall wird `lcd_clk` direkt von einer PLL erzeugt, die so konfiguriert ist, dass sie einen invertierten Ausgang bereitstellt. Diese Methode kann Vorteile in Bezug auf die Signalintegrität und Flexibilität bieten, da PLLs weitere Einstellungen wie Taktteilung und Phasenverschiebung ermöglichen.

Die wichtigen Stichworte zu diesem Themenkomplex sind *Clock Management Tiles* (CMTs), *Phase-Locked Loops* (PLLs) und *Mixed-Mode Clock Managers* (MMCMs). Die damit zusammenhängenden tiefergehenden Details sind kein Thema mehr für ein FPGA-Einsteigerbuch, aber wenn Sie den Infokasten hier irgendwo weit hinten in Ihrem Kopf ablegen, wird er Ihnen wieder einfallen, wenn Sie dieses Wissen später einmal brauchen.

10.6.3 Konfiguration des FPGAs

Sie wissen schon: Der Bitstream zur Konfiguration des FPGAs wird mit dem Befehl `make` erstellt. Anschließend können Sie ihn mit `make prog` auf den FPGA laden. Um den gesamten Prozess in einem Durchgang auszuführen, nutzen Sie den folgenden Befehl:

```
make clean && make && make prog
```

Danach sollten drei Farbbalken in Blau, Grün und Rot auf dem Display zu sehen sein, wie in Abbildung 10.6 gezeigt.

10.6.4 Übung: Das Kombinieren von Modulen

Machen wir eine kleine Übung: Kombinieren Sie die UART-Schnittstellenmodule mit dem SPI-LCD-Modul.

Wir haben schon mehrfach besprochen, wie sich modularer Code positiv auf die Wiederverwendbarkeit auswirkt. Nun nageln wir den Pudding mal an die Wand!

Ich gebe Ihnen die Schritte vor und halte die Beschreibung, was zu tun ist, oberflächlich. Sie führen diese aus und ergänzen die nötigen Details mit Ihrem schon gelernten Wissen.

1. Erstellen Sie ein neues Verzeichnis und kopieren Sie das Makefile, die Constraints-Datei und die Verilog-Dateien (alle mit der Endung *.v*) aus dem UART-Verzeichnis in das neu erstellte Projektverzeichnis.
2. Kopieren Sie den Inhalt der Constraints-Datei aus dem SPI-LCD-Projektverzeichnis mit der UART-Constraints-Datei, die im neuen Projektverzeichnis liegt. Danach kopieren Sie die Datei *spi-lcd.v* auch in das neue Projektverzeichnis.

   Sie sollten nun folgende Dateien dort liegen haben:

   ```
   Makefile spi-lcd.v uart.cst uart_rx.v uart_tx.v uart.v
   ```
3. Öffnen Sie das Makefile mit einem Editor und fügen Sie in die Zeile mit den zusätzlich zu inkludierenden Verilog-Dateien die *spi-lcd.v*-Datei mit ein:

   ```
   SOURCE_ADDON = uart_rx.v uart_tx.v spi-lcd.v
   ```

4. Öffnen Sie die Constraints-Datei und räumen Sie darin auf. Es gibt ein paar doppelte Einträge, beispielsweise für das Taktsignal. Was können Sie tun?

   Sie haben wahrscheinlich auch bemerkt, dass der Inhalt der Constraints-Datei des SPI-LCD-Projekts ungenutzte Definitionen für `ser_tx` und `ser_rx` beinhaltet. Schauen Sie mal in den Quellcode, ob diese verwendet werden. Wenn nicht, dann können Sie diese einfach löschen, oder?

   Und keine Angst: Sie können nichts kaputtmachen. Tun Sie einfach mal, was Sie für richtig halten, und bringen Sie die Constraints-Datei in Ordnung.

5. Feuern Sie die Toolchain hoch, d. h., führen Sie die Synthese aus und laden Sie den Bitstream auf den FPGA.

Hat alles funktioniert?

Sie haben schon viel gelernt. Wir haben bis hierhin schon eine Menge Themen durchdrungen und Sie haben den kleinen Kombiniere-Verilog-Module-Pudding-Test erfolgreich abgeschlossen. Machen Sie eine Pause, trinken Sie in Ruhe einen Kaffee oder Tee und reflektieren Sie noch einmal, was Sie bisher alles gelernt haben. Gar nicht so schlecht, oder?

XV – Displays ... oder doch lieber etwas ganz anderes?

Was macht eigentlich Ihr Traumprojekt? Haben Sie weitere Ideen bekommen, was Sie basteln wollen? Etwas mit einem Display und einer Menüführung? Eine eigene kleine Zustandsmaschine für die Menüsteuerung vielleicht?

10.7 Ein OLED-Display ansteuern

Um dieses Beispiel zu implementieren, benötigen Sie einen Tang Nano 9K und ein OLED-Display mit 128×64-Pixel und mit einem SSD1306-Controller, der in der 4-Draht-SPI-Konfiguration betrieben wird. (Der Bildschirm selbst sollte 7 Pins haben.)

Die Projektdateien

Die Dateien zu diesem Beispielprojekt können Sie in der ZIP-Archiv-Datei *oled-image.zip* unter *$HOME/fpga/src/tangnano9k/* finden. Entpacken Sie diese Archiv-Datei wie gewohnt. In dem neu entpackten Verzeichnis sollten Sie diese Dateien vorfinden:

```
pi@pi5:~/fpga/src/tangnano9k/oled-image $ ls
image.hex  Makefile  readme.txt  spi-oled.cst  spi-oled.fs  spi-oled.v
pi@pi5:~/fpga/src/tangnano9k/oled-image $ cd image && ls
generate_img2hex.py  image.hex  image.png  readme.txt
```

Um dieses 0,96-Zoll-OLED-Display zu verwenden, müssen wir das SPI-Protokoll zur Ansteuerung dieses Displays selbst implementieren. Das verwendete OLED-Display ist ein weit verbreitetes Modell, das mit dem SSD1306-Treiberchip ausgestattet ist, dessen Ansteuerung wir auch implementieren werden.

Abbildung 10.7 Vorderansicht des SPI-OLED-Moduls

Abbildung 10.8 Rückseite des SPI-OLED-Moduls

Um das Display korrekt ansteuern zu können, müssen wir zuerst ein Treiber-Modul für den Controller-Chip schreiben. Als Erstes benötigen wir dazu das Datenblatt des Controllers, das Sie unter dem Namen *SSD1306.pdf* im Verzeichnis *$HOME/fpga/doc/datasheets/* finden können.

Um solch ein Treiber-Modul überhaupt schreiben zu können, müssen Sie zuerst verstehen, wie die Ansteuerung des Displays funktioniert und wie Sie den FPGA mit ihm kommunizieren lassen können.

Warum SPI und nicht I²C?

Bei Projekten mit Mikrocontrollern verwende ich lieber das I²C-Protokoll. Die Sensoren und Displays, die ich bei Robotern gerne verwende, sind alle mit einer I²C-Schnittstelle ausgestattet. Das *Multi-Master*-fähige I²C-Protokoll ist für diesen Einsatzzweck besser geeignet. Als ich aber während der Arbeit an diesem Buch versuchte, ein I²C-Display an einem der beiden FPGAs zum Laufen zu bekommen, merkte ich sehr schnell, dass ich die in der Mikrocontroller-Welt überall benutzbaren und ausgetesteten Bibliotheken nicht genug zu schätzen weiß: Es war eine Qual, das I²C-Protokoll auf dem FPGA vernünftig implementiert zu bekommen.

Wenn man einmal in Ruhe darüber nachdenkt, gibt es mehrere Gründe, warum bei FPGA-Projekten häufiger das SPI-Protokoll verwendet wird:

- **Die einfachere Hardware-Implementierung von SPI**
  SPI ist ein rein Hardware-gesteuerter serieller Bus, der einfach nur dedizierte Leitungen (Takt, MOSI, MISO, Chip Select) benötigt. Dies erleichtert die Integration in FPGA-Designs im Vergleich zu I^2C, das allein schon durch die benötigten Adressen komplexer in der Hardware-Implementierung ist.
- **Höhere Übertragungsraten**
  SPI ermöglicht in der Regel deutlich höhere Datenraten als I^2C, was bei Anwendungen mit hohen Bandbreitenanforderungen von Vorteil ist. Auch das ist eher etwas, was man bei FPGAs braucht.
- **Volle Kontrolle über den Datentransfer**
  Bei SPI kontrolliert der Master den gesamten Datenaustausch. Dies erleichtert die Handhabung und Fehlerbehandlung im Vergleich zu I^2C, wo Master und Slave stärker zusammenarbeiten müssen. Das macht die Schnittstellenimplementation im FPGA so viel einfacher.
- **Punkt-zu-Punkt-Verbindungen**
  SPI verbindet jeweils nur ein Master- und ein Slave-Gerät. Dies reduziert die Komplexität gegenüber dem Multi-Master-fähigen I^2C-Bus. Auch das ist wieder ein Plus bei der Implementierung der Schnittstelle und der Logik.

10

10.7.1 Das Funktionsprinzip des SSD1306-Controllers und SPI-Protokolls

Der Treiber-Chip SSD1306 setzt die Daten um, die vom FPGA an das OLED-Display gesendet werden. Solch ein Display besteht aus vielen kleinen LEDs (die Pixel), die einzeln angesteuert werden müssen, um eine Anzeige zu erzeugen. Der Treiber-Chip ist auf der einen Seite mit diesen LEDs verbunden und bietet auf der anderen Seite eine Schnittstelle, über die Befehle oder Daten empfangen werden, um die Anzeige zu aktualisieren. Diese Trennung, dass sowohl Daten- als auch Steuerbefehle verarbeitet werden müssen, macht die Ansteuerung solch eines Displays etwas komplizierter als beispielsweise die Ansteuerung eines RGB-Displays. Wenn Sie sich das Blockdiagramm im Datenblatt ansehen (siehe Abbildung 10.9), können Sie einen Eindruck davon bekommen, wie die Ansteuerung intern im Controller-Chip abläuft:

Auf der linken Seite sehen Sie einen Mikrocontroller mit der Bezeichnung »MCU Interface«, mit dem wir kommunizieren. Die Anschlüsse, die wir ansteuern müssen, sind Reset (`RES#`), Chip Select (`CS#`) und das Data/Command Flag (`D/C#`) sowie `D0` und `D1`.

`D0` ist unser SPI-Takt und `D1` ist unsere SPI-Datenverbindung. Alle anderen Pins können wir an dieser Stelle ignorieren; sie dienen alternativen Kommunikationsmethoden, beispielsweise wenn das Display über eine parallele Verbindung angesteuert werden soll. Da wir bei diesem Display-Modul jedoch den 4-Draht-SPI-Modus verwenden, benötigen wir nur die 5 oben genannten Anschlüsse.

Der MCU-Controller empfängt die Daten und entscheidet dann, ob es sich bei ihnen um einen Befehl zur Steuerung des Bildschirms oder um Pixeldaten für die Anzeige handelt. Die Pixeldaten werden dabei im Grafik-RAM gespeichert, das den Inhalt für das gesamte Display bereitstellt. Das Grafik-RAM wird dann vom Display-Treiber an die eigentlichen Pins weitergeleitet, die die einzelnen organischen LEDs steuern. Der Vorteil der Verwendung eines *RAM-Bildschirmpuffers* ist, dass der eigentliche Bildschirm unabhängig vom Master, der das Display-Modul steuert, aktualisiert werden kann und dass man auch nur eine spezifische Aktualisierung senden kann, um einen Teil des Bildes zu ändern. Der Rest der Anzeige wird den nicht aktualisierten Teil wie gehabt aus dem Bildschirmpuffer anzeigen.

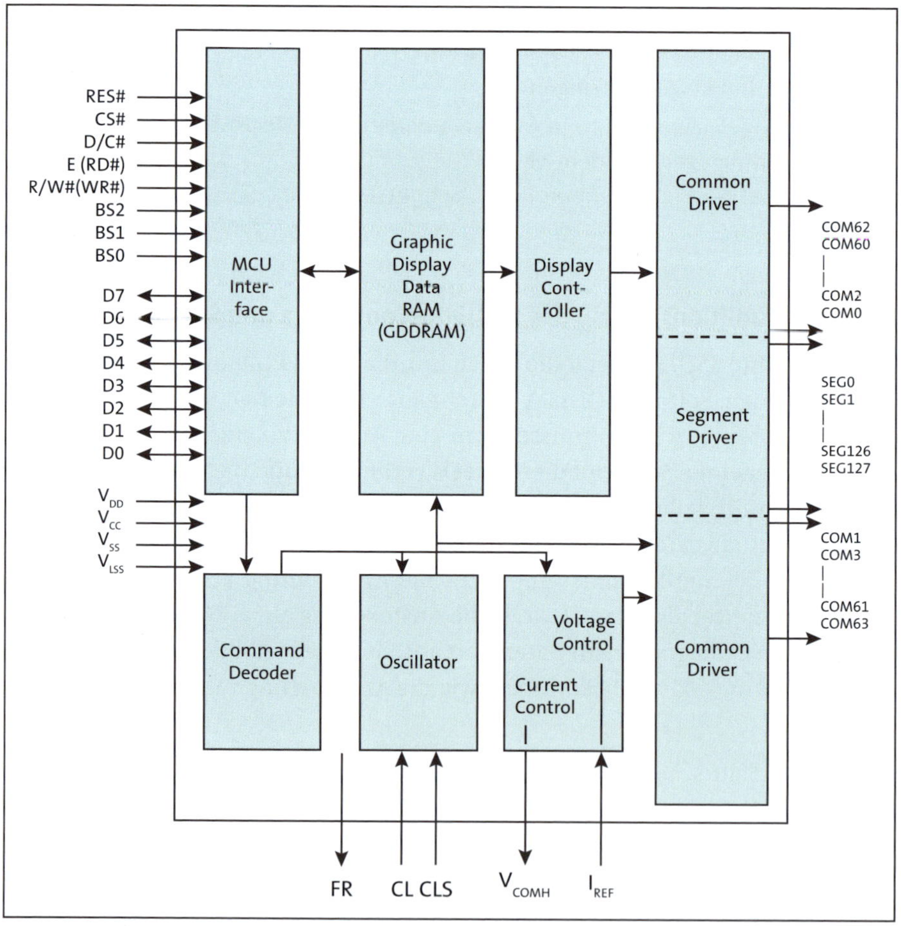

Abbildung 10.9 Aus dem Datenblatt – das Blockdiagramm des SSD1306-Treiber-Chips

Wenn der D/C-Anschluss (*Data/Command*) angesteuert wird, gehen die Daten an den *Befehlsdecoder*, der den gesendeten Befehl verarbeitet und ausführt.

Jede Übertragung an den Bildschirm ist ein einzelnes Byte, und wenn der D/C-Pin auf *Low* gesetzt wird, wird das empfangene Byte als Befehl interpretiert. Ist der Pin auf *High* gesetzt, wird das Byte im Bildschirmpuffer des SSD1306-Controllers abgelegt, und zwar mit der aktuellen *Bildschirmposition*.

Wie werden die Daten im Bildschirmpuffer gespeichert?

Das Display verfügt über eine Auflösung von 128 × 64 Pixeln, was einer Gesamtzahl von 8192 Pixeln entspricht. Der SSD1306-Controller steuert die Übertragung der Bilddaten aus dem Bildschirmpuffer auf das Display. Jedes übertragene Byte aktiviert acht vertikale Pixel in einer horizontalen Reihe. Daher steuert ein einzelnes Byte einen vertikalen Block von acht Pixeln. Für die vollständige Ansteuerung einer Zeile, die acht Pixel hoch ist, sind 128 Bytes erforderlich, da die Displaybreite 128 Pixel beträgt. Jedes zusätzliche gesendete Byte wird automatisch der folgenden Zeile zugeordnet.

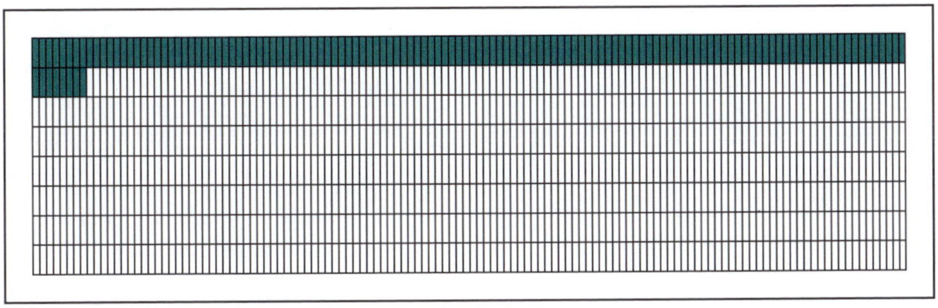

Abbildung 10.10 Prinzipzeichnung des Aufleuchtens der Pixel, wenn das Display mit 136 Bytes angesteuert wird

Durch Setzen einer Zeilenstart- und Zeilenende-Adresse im SSD1306-Controller kann die Datenzuweisung auch an spezifische Zeilen auf dem Display gesendet werden. Dies ermöglicht eine präzise Steuerung der Anzeige auf dem Bildschirm.

Steuerkommandos für den SSD1306

Wie bereits erwähnt, kann der Controller-Chip über eine Reihe von Befehlen gezielt gesteuert werden. Das Datenblatt des SSD1306 listet uns die wichtigsten von ihnen auf, die hier als Tabelle 10.3 wiedergegeben ist.

In dieser Tabelle ist jeder Befehl zusammen mit dem erforderlichen Byte oder den erforderlichen Bytes aufgelistet. Ein gesetztes oder nicht gesetztes Bit wird entweder als 1 oder 0 dargestellt. Parameter sind durch Buchstaben gekennzeichnet und werden auf der rechten Seite erklärt.

D/C#	Hex	D7	D6	D5	D4	D3	D2	D1	D0	Command	Description
0 0	81 A[7:0]	1 A7	0 A6	0 A5	0 A 4	0 A 3	0 A 2	0 A 1	1 A 0	Set Contrast Control	Double byte command to select 1 out of 256 contrast steps. Contrast increases as the value increases. (RESET = 7Fh)
0	A4/A5	1	0	1	0	0	1	0	X0	Entire Display ON	A4h, X0=0b: Resume to RAM content display (RESET) Output follows RAM content A5h, X0=1b: Entire display ON Output ignores RAM content
0	A6/A7	1	0	1	0	0	1	1	X0	Set Normal/ Inverse Display	A6h, X[0]=0b: Normal display (RESET) 0 in RAM: OFF in display panel 1 in RAM: ON in display panel A7h, X[0]=1b: Inverse display 0 in RAM: ON in display panel 1 in RAM: OFF in display panel
0	AE AF	1	0	1	0	1	1	1	X0	Set Display ON/OFF	AEh, X[0]=0b:Display OFF (sleep mode) (RESET) AFh X[0]=1b:Display ON in normal mode

Tabelle 10.3 Die Befehlstabelle des SSD1306-Controllers laut Datenblatt

Beispielsweise kann eine Bildschirminvertierung (der dritte Befehl in der Liste) durch das Senden von 1010011x erfolgen, wobei das letzte Bit variabel ist. Setzen wir dieses Bit auf 0, bleibt der Bildschirm im Normalmodus: Ein Pixelwert 0 bedeutet dann ausgeschaltet, eine 1 bedeutet eingeschaltet. Setzen wir das Bit jedoch auf 1, invertiert der Befehl die Darstellung, sodass ein Pixelwert 0 das Pixel einschaltet und 1 ausschaltet.

Sie kennen nun das Prinzip, wie die Informationen in dieser Tabelle zu interpretieren sind und können die weiteren Befehle darin eigenständig analysieren.

Was noch zu beachten ist: Vor der Nutzung des OLED-Displays ist eine Initialisierungssequenz erforderlich, in der alle notwendigen Befehle für die Grundkonfiguration des Displays gesendet werden. Nach dieser Initialisierung können Pixeldaten übertragen und die Anzeige aktualisiert werden.

Nun müssen wir noch das für die Kommunikation genutzte Protokoll (SPI) betrachten, bevor wir den Verilog-Code implementieren.

Das SPI-Protokoll

Sie haben das SPI-Protokoll bereits im Rahmen eines vorherigen Projekts kennengelernt, in dem wir fertigen Verilog-Code aus einem Git-Repository verwendet haben, um schneller zu einem Ergebnis zu kommen. Jetzt steht die Implementierung des Protokolls in eigener Regie an. Sie besitzen bereits das notwendige Wissen, allerdings wird die Umsetzung trotzdem etwas anspruchsvoller.

Gehen wir die Grundlagen noch mal Schritt für Schritt durch: Das OLED-Display wird über SPI angeschlossen, ein serielles Protokoll, das den Datenaustausch zwischen zwei Geräten über separate Datenleitungen für jede Richtung bei einer gemeinsamen Taktleitung ermöglicht. Bei SPI existieren mehrere Modi, die sich dadurch unterscheiden, ob die Datenübernahme bei der steigenden oder der fallenden Flanke des Taktsignals stattfindet und ob der Ruhezustand der Taktleitung *High* oder *Low* ist. Für die Ansteuerung des OLED-Displays verwenden wir typischerweise den Modus 0 (*CPOL = 0, CPHA = 0*), wobei die Daten mit der steigenden Taktflanke gelesen und bei fallender Taktflanke gesendet werden.

(Der *Modus 0* ist fast immer der Standard bei der Verwendung von SPI. Erst wenn ein Gerät sich merkwürdig verhält, sollten Sie einen genaueren Blick in dessen Datenblatt werfen; oft läuft das Modul dann in einem anderen Modus.)

Mehrere SPI-Geräte können über dieselben Leitungen verbunden sein, wobei aber jedes Gerät eine eigene Chip-Select-Leitung (CS) zum Master besitzt. Durch diese kann der Master, unser FPGA, auswählen, mit welchem Gerät er kommunizieren möchte. Da FPGAs in der Regel eine große Menge an I/O-Ports haben, ist die Bereitstellung einer solchen Leitung für jedes SPI-Modul normalerweise kein Problem. Bei Mikrocontrollern hat man da mehr Probleme, ausreichend I/O-Pins bereitstellen zu können. Auch deshalb ist – wie schon angesprochen – I^2C beliebter bei Mikrocontrollern.

Beim SSD1306-Controller kommt eine zusätzliche Leitung zum Einsatz, die angibt, ob das gesendete Byte Daten oder einen Befehl enthält: die schon weiter oben erwähnte D/C-Leitung. Dieser Ansatz ist notwendig, da der SSD1306-Controller unterschiedliche Arten von Informationen verarbeiten muss, um sowohl die Konfiguration des Displays als auch die Anzeige der Pixel steuern zu können. Diese Leitung erweitert somit das Standard-SPI-Protokoll um eine für dieses Display spezifische Funktionalität und ermöglicht dadurch eine differenzierte Behandlung von Steuerbefehlen und Bilddaten.

Interpretation der Signalleitungen im SPI-Kommunikationsdiagramm

Im Datenblatt finden wir ein Beispiel für die Kommunikation mit dem Treiber in diesem 4-Draht-SPI-Modus. Sie sehen den Auszug in Abbildung 10.11.

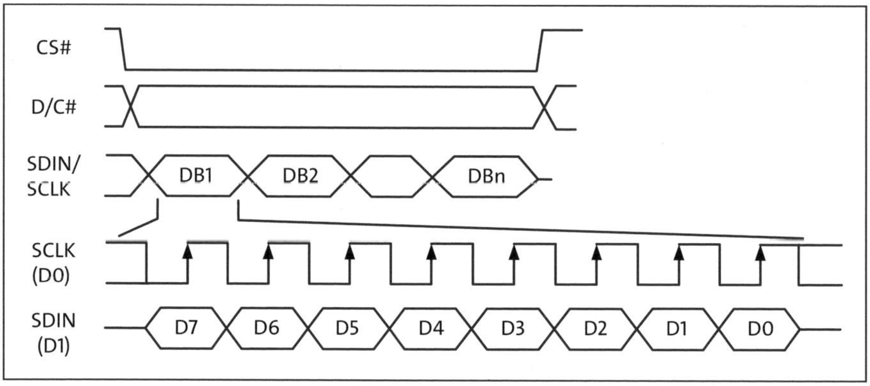

Abbildung 10.11 Kommunikationsablauf des SPI-Protokolls zur OLED-Steuerung, wie sie im Datenblatt dargestellt ist

Die erste Zeile in Abbildung 10.11 zeigt die Chip-Select-Leitung (CS#). Diese Leitung wird zu Beginn einer Kommunikation aktiv-niedrig geschaltet (*Active-Low*), um die Kommunikation mit dem angeschlossenen Gerät einzuleiten. Nach Abschluss der Datenübertragung wird der Pegel wieder auf *High* gesetzt, um die Kommunikation zu beenden.

Die zweite Zeile repräsentiert die Data/Command-Leitung (DC#), die den Zustand *High* oder *Low* annehmen kann. Ein High-Zustand signalisiert, dass Pixeldaten gesendet werden, während ein Low-Zustand das Senden eines Steuerbefehls anzeigt.

Die dritte Zeile illustriert die Kombination aus Datenanschlüssen und dem Takt-Pin. Sie verdeutlicht, dass mehrere Bytes übertragen werden können, ohne dass eine Änderung am Chip-Select-Pegel notwendig ist.

Die danach folgende Darstellung zeigt detailliert die Übertragung eines einzelnen Bytes. Die erste Zeile ist der Taktanschluss (`Clock/SCLK/D0`), die zweite Zeile die Datenübertragung (`SDIN/D1`). Hierbei ist zu beachten, dass der Taktanschluss im Ruhezustand entweder *High* oder *Low* sein kann. Wichtig ist, dass die Daten bei der fallenden Flanke des Takts aktualisiert werden und bei der steigenden Flanke gelesen werden. Zudem muss das höchstwertige Bit (MSB) des Bytes zuerst übertragen werden, denn die Reihenfolge der Daten geht von links nach rechts von `D7` zu `D0`.

Mit diesen detaillierten Informationen sind wir nun in der Lage, die Entwicklung eines Verilog-Treiber-Moduls für die SPI-Schnittstelle des OLED-Displays zu beginnen.

10.7.2 Die Constraints-Datei

Schauen wir uns die nötigen Einträge in der Constraints-Datei *spi-oled.cst* an, in der die Anschlüsse für die Ansteuerung des Displays definiert werden. Darin spezifizieren wir die Taktquelle und die fünf benötigten Anschlusspins für die Ansteuerung des Displays:

```
IO_LOC "clk" 52;
IO_PORT "clk" PULL_MODE=UP;
IO_LOC "io_cs" 25;
IO_PORT "io_cs" IO_TYPE=LVCMOS33 PULL_MODE=DOWN DRIVE=8;
IO_LOC "io_dc" 39;
IO_PORT "io_dc" IO_TYPE=LVCMOS33 PULL_MODE=DOWN DRIVE=8;
IO_LOC "io_reset" 36;
IO_PORT "io_reset" IO_TYPE=LVCMOS33 PULL_MODE=DOWN DRIVE=8;
IO_LOC "io_sdin" 37;
IO_PORT "io_sdin" IO_TYPE=LVCMOS33 PULL_MODE=DOWN DRIVE=8;
IO_LOC "io_sclk" 38;
IO_PORT "io_sclk" IO_TYPE=LVCMOS33 PULL_MODE=DOWN DRIVE=8;
```

Listing 10.32 Die Constraints-Datei zur Ansteuerung des OLED-Displays für den Tang Nano 9K

Diese Angaben korrespondieren mit den Anschluss-Pins, die Sie in Abbildung 10.12 sehen.

Die Pins zur Ansteuerung des Displays verwenden den LVCMOS33-Standard (3,3-V-Logik) und haben eine Pull-down-Widerstandskonfiguration und eine mittlere Ausgangstreiberstärke.

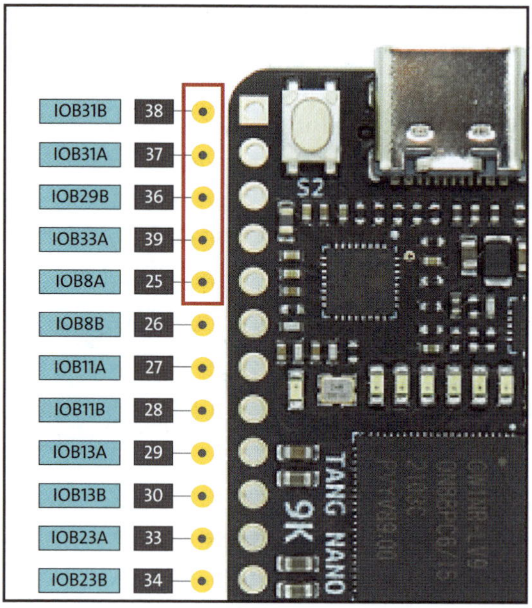

Abbildung 10.12 Die fünf Pins für den Anschluss des OLED-Displays

Die Logik-Pegel

In dieser Constraints-Datei werden mit `IO_TYPE=LVCMOS33` die Pins zur Ansteuerung des Displays so konfiguriert, dass sie den LVCMOS33 Standard verwenden. Dadurch wird sichergestellt, dass die Pins mit einer Spannung von 3,3 V arbeiten und so mit dem Display kompatibel sind, das diesen Logik-Pegel ebenfalls nutzt.

Neben LVCMOS33 bietet der GW1NR-9C-FPGA auf dem Tang Nano 9K auch die Möglichkeit, andere Logik-Pegel zu verwenden, um mit unterschiedlichen Spannungsanforderungen und elektrischen Spezifikationen kompatibel zu sein. Die wichtigsten sind:

- **LVCMOS12** (1,2 V), **LVCMOS15** (1,5 V) und **LVCMOS18** (1,8 V)

  Diese Standards eignen sich für Anwendungen, die eine niedrigere Betriebsspannung benötigen. Diese niedrigen Spannungen reduzieren den Stromverbrauch und die Wärmeentwicklung, was besonders für mobile oder batteriebetriebene Geräte vorteilhaft ist.

- **LVCMOS25** (2,5 V)

  Ein Kompromiss zwischen den höheren Spannungen von LVCMOS33 und den niedrigeren von LVCMOS18. Dieser Standard bietet eine gute Balance zwischen Leistung und Stromverbrauch und wird oft in moderneren digitalen Schaltungen verwendet.

- **LVCMOS33** (3,3 Volt)

  Dieser *Spannungspegel* ist der Bereich, den wir in diesem Buch hauptsächlich verwenden. Viele Peripheriebausteine, beispielsweise Sensoren, die via SPI- oder I²C-Protokoll angesprochen werden, arbeiten mit dieser Spannung. Meistens wird in Maker-Projekten, wenn sie keinen Arduino nutzen, mit einem 3,3-V-Spannungspegel gearbeitet.

- **LVTTL** (3,3 V)

  Das Kürzel steht für *Low-Voltage Transistor-Transistor Logic*. Dieser Spannungspegel ist ähnlich wie LVCMOS33, aber mit geringfügig unterschiedlichen *Schaltschwellen* für ältere Komponenten, die weiterhin TTL-kompatible Logik benötigen.

Der Pull-down-Mode

Bei der Ansteuerung von Displays und anderen digitalen Komponenten ist es entscheidend, dass die Steuerungssignale stabile Zustände haben, um Fehlfunktionen zu vermeiden. Ohne Pull-down-Widerstände könnten Pins, die nicht aktiv gesteuert werden, in einen schwebenden Zustand (*Floating*) geraten. Dies kann zu unerwarteten und potenziell schädlichen Signalen führen. Floating Pins verursachen zufällige und instabile Zustände, die in digitalen Schaltungen unerwünscht sind. Ein Pull-down-Widerstand verhindert diesen Zustand, indem er sicherstellt, dass der Pin einen definierten logischen Zustand hat, wenn keine andere Quelle ihn steuert.

Ein Pull-down-Widerstand ist im Grunde ein Widerstand, der zwischen einem Signalleitungs-Pin und Masse (*Ground*) geschaltet ist. Er zieht den Pin auf einen definierten niedrigen Spannungspegel (logisch 0). Dadurch wird sichergestellt, dass der Eingangspin eines FPGAs keinen undefinierten Zustand annimmt, was in der Logik des FPGAs zu unvorhergesehenen Abläufen führen könnte. Wenn der Eingang nicht aktiv von einem anderen Signal auf einen hohen Pegel gezogen wird, sorgt der Pull-down-Widerstand dafür, dass der Eingang auf einem klar definierten niedrigen Pegel bleibt.

Die Treiberstärke

Die Angabe `DRIVE=8` in der Constraints-Datei bezieht sich auf die Ausgangstreiberstärke des jeweiligen IO-Pins. Die Treiberstärke gibt an, wie viel Strom der Ausgangspin liefern kann. Ein höherer Wert bedeutet eine stärkere Treiberleistung, die für schnellere Signalübergänge bei hohen Lasten erforderlich sein kann.

Die genaue Einheit kann je nach FPGA-Hersteller variieren, aber in der Regel wird die Treiberstärke in mA (Milliampere) angegeben. Im Datenblatt des Tang Nano 9K sind die Treiberstärke-Einstellungen für die I/O-Pins des GW1NR-9C-FPGA-Chips von 4 bis 24 spezifiziert, je nachdem, welcher »IO-Output-Type« eingestellt wurde. Der Wert `DRIVE=8` ist eine Treiberstärke, die von allen LVCMOS-Ausgangstypen unterstützt wird. Für genauere Angaben, welche Treiberstärken möglich sind, können Sie im Datasheet des GW1NR-9C die Tabelle im Abschnitt »I/O Standards« konsultieren.

Die Treiberstärke kann somit angepasst werden, um die Anforderungen der angeschlossenen Last zu erfüllen. Wichtig ist aber zu wissen, welche Einstellungen der jeweilige FPGA-Typ unterstützt und was das angeschlossene Peripherie-Gerät für eine störungsfreie Funktion erwartet. Für die Ansteuerung eins Displays könnte je nach verwendeter Hardware, d. h. je nach den elektrischen Eigenschaften des Displays und der Verbindungslänge, auch eine andere Treiberstärke notwendig sein. Dann hilft wieder einmal ein Blick ins Datenblatt, oder Sie schauen bei vergleichbaren (und nachweislich funktionierenden) Projekten, ob in deren Constraints-Dateien ein spezieller Drive-Wert angegeben ist, den Sie übernehmen können.

Falls Sie nichts finden, starten Sie mit einem niedrigen bis mittleren Wert und passen diesen je nach Gegebenheit – oder Notwendigkeit – in die eine oder andere Richtung an, um sicherzustellen, dass der Pin genügend Strom liefern kann, um das Signal zuverlässig zu übertragen. Auch wenn die Treiberstärke anfangs zu hoch gewählt ist, wird nichts explodieren.

Namensschema

Um später die Wiedererkennung und Lesbarkeit im Verilog-Code zu erhöhen, können Sie die I/O-Pins in der Constraints-Datei nach folgendem Namensschema benennen:

- Chip Select → `io_cs`
- Data/Command → `io_dc`
- Reset Pin → `io_reset`
- D1/SPI Data → `io_sdin`
- D0/SPI Clock → `io_sclk`

10.7.3 Verkabelung

Insgesamt benötigen Sie sieben Verbindungen, um das Display mit dem FPGA zu verbinden. Das OLED-Display wird für die folgenden fünf Beispielprojekte immer in der Anschlusskonfiguration verwendet, die Sie in Tabelle 10.4 sehen.

Tang Nano 9K	OLED-Display
Pin +3,3 V	VCC
Pin GND	GND
Pin 25 - cs	CS
Pin 39 - dc	DC
Pin 36 - reset	RES
Pin 37 - sdin	D1
Pin 38 - sclk	D0

Tabelle 10.4 Die Verbindungen zwischen dem Tang Nano 9K und dem Display

Auf einer Lochrasterplatine (siehe Abbildung 10.13) kann der Aufbau übersichtlicher erfolgen und auch Platz für zukünftige Erweiterungen bieten.

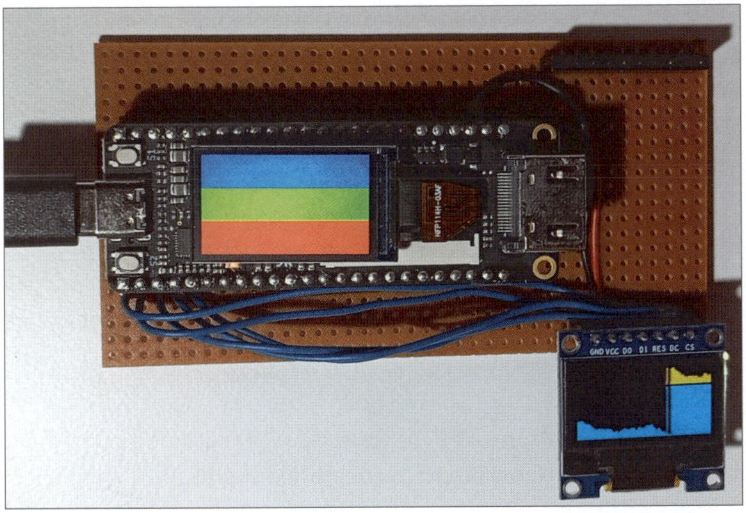

Abbildung 10.13 Aufbau der Schaltung auf einer Lochrasterplatine

Die Verdrahtung ist einfach: Halten Sie dafür den Tang Nano 9K mit der USB-Buchse nach oben vor sich. Die fünf Steuerleitungen für das OLED-Display werden an den obersten fünf Pins (links neben der USB-Buchse) angeschlossen, so wie Sie es in Abbildung 10.14 sehen, und die Spannungsversorgung an den unteren zwei Pins (rechts neben der HDMI-Buchse), wie Sie es in Abbildung 10.15 sehen können. Wenn Sie in den Abbildungen den farblich codierten Anschlussleitungen folgen, können Sie in Abbildung 10.12 sehen, wie diese am OLED-Display angeschlossen werden.

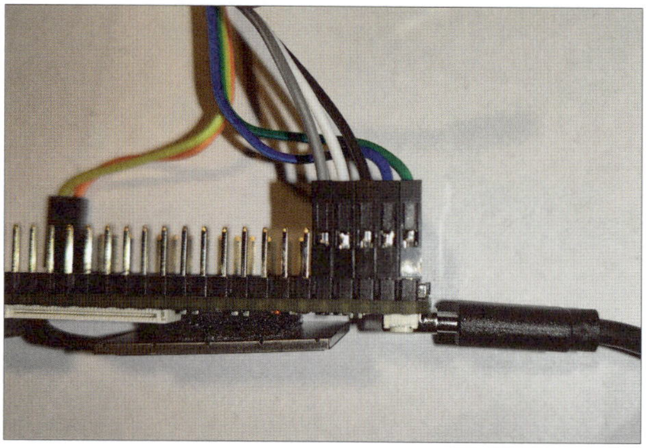

Abbildung 10.14 Die verwendeten GPIO-Pins des Tang Nano 9K

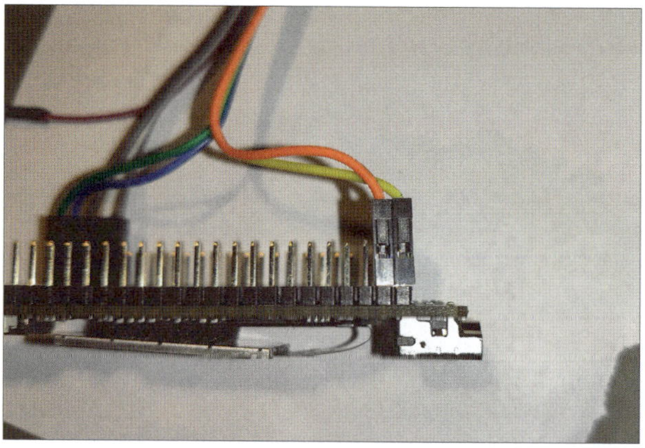

Abbildung 10.15 Die verwendeten Stromversorgungspins am Tang Nano 9K

Die beiden Pins für die 3,3-V-Spannungsversorgung und GND befinden sich neben der HDMI-Buchse auf dem Tang-Nano-Board (siehe Abbildung 10.16).

Abbildung 10.16 Spannungsversorgung des OLED

Sie haben keine Nummer, da sie nicht zu den Anschlüssen des FPGAs gehören, sondern nur eine Anschlussmöglichkeit für eine Spannungsversorgung darstellen.

Die vollständige Kabelbelegung sehen Sie in Abbildung 10.17. Es kann ein bisschen Fummelarbeit sein, aber wenn alles so aussieht, sollte es funktionieren. Wenn Sie ein Breadboard für die Verdrahtung verwenden, bekommen Sie das wahrscheinlich auch übersichtlicher hin, als ich es hier mit der direkten Verdrahtung im Maker-Style realisiert habe.

Abbildung 10.17 Die Kabelbelegung am Display

Für den Anschluss des Displays bieten sich Dupont-Anschlussleitungen an, anhand deren Farbcodierung sich die richtige Verdrahtung einfach nachvollziehen lässt.

10.7.4 Die Zustandsmaschine zur Ansteuerung des Displays

Nach der Definition der GPIO-Pins in der Constraints-Datei können wir mit dem Verilog-Code zur Implementierung der Schnittstelle beginnen.

Zuerst muss das Display initialisiert werden. Wie im Datenblatt empfohlen, führen wir nach der Stabilisierung der Anzeige einen Reset durch, um sicherzustellen, dass das Display sich im korrekten Anfangszustand befindet. Nach dem Reset senden wir alle erforderlichen Initialisierungsbefehle, die für den Betrieb des Displays notwendig sind. Anschließend ist der Bildschirm bereit, Pixeldaten zu empfangen und anzuzeigen.

Die Zustandsmaschine (siehe Abbildung 10.18) für die Ansteuerung des Displays besteht aus den folgenden Schritten:

1. **Initialisierung und Reset:** Dieser Schritt umfasst das Einschalten des Displays, die Durchführung des Power-Resets und das Warten bis zum stabilen Zustand des Displays.
2. **Laden des Initialisierungsbefehls:** In dieser Phase wird das nächste Befehlsbyte der Initialisierungssequenz bereitgestellt.

3. **Senden des Befehls- oder Datenbytes über SPI:** Dieser Zustand umfasst das Senden eines Befehls- oder Datenbytes über die SPI-Schnittstelle.
4. **Entscheidungsfindung nach dem Senden:** Hier wird überprüft, ob weitere Befehle zu senden sind. Je nach Ergebnis wird entweder zu Schritt 2 zurückgekehrt, um weitere Initialisierungsbefehle zu laden, oder zu Schritt 5 übergegangen.
5. **Laden und Senden von Pixeldaten:** Nach dem Abschluss der Initialisierung wird ein Pixel-Datenbyte geladen und anschließend gesendet.

Die Schritte 3 und 5 nutzen dieselbe Methode zum Senden über SPI; der Unterschied besteht lediglich in der Quelle des Bytes (Befehl vs. Pixel-Daten) und in dem nachfolgenden Zustand. In Schritt 4 wird entschieden, ob der Zyklus mit weiteren Befehlsbytes fortgesetzt wird oder ob mit dem Senden von Pixeldaten fortgefahren wird.

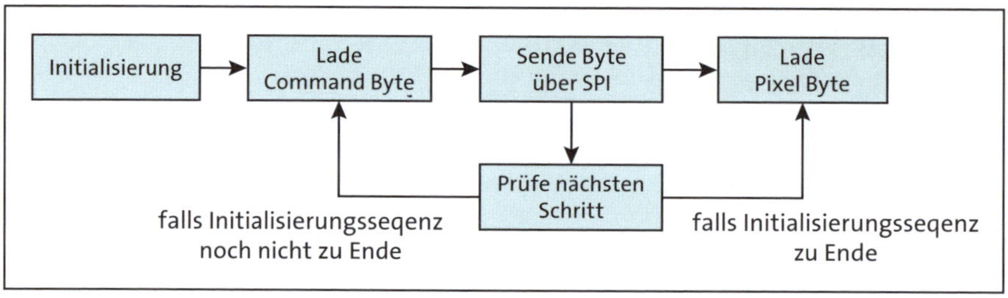

Abbildung 10.18 Zustandsmaschine zur Ansteuerung der OLED-Anzeige

10.7.5 Verilog-Code

Nachdem wir die Zustandsmaschine definiert haben, können wir den Verilog-Code dazu schreiben.

Das Verilog-Modul für die Display-Anzeige

Beginnen wir mit der Erstellung des ersten Moduls in der Datei *spi-oled.v*:

```
module screen
#(
  parameter STARTUP_WAIT = 32'd10000000  // Wartezeit in Taktzyklen
                                         // vor dem Reset
)
(
    input clk,                          // Systemtakt
    output io_sclk,                     // Serielle Taktleitung
    output io_sdin,                     // Serielle Datenleitung
    output io_cs,                       // Chip-Select-Leitung
    output io_dc,                       // Data/Command-Leitung
```

```
    output io_reset                     // Reset-Leitung
);
  localparm STATE_INIT_POWER = 8'd0;    // Zustand:
                                        // Initialisierung und
                                        // Power-On Reset
  localparm STATE_LOAD_INIT_CMD = 8'd1; // Zustand:
                                        // Lade Initialisierungsbefehl
  localparm STATE_SEND = 8'd2;          // Zustand: Sende Daten/Befehle
  localparm STATE_CHECK_FINISHED_INIT = 8'd3;  // Zustand:
                                        // Überprüfe Ende der
                                        // Initialisierung
  localparm STATE_LOAD_DATA = 8'd4;     // Zustand: Lade Pixeldaten
endmodule
```


Listing 10.33 Anzeige-Modul für das OLED-Display

Dieses Modul nutzt die in der Constraints-Datei definierten Eingänge und definiert mit `localparam` fünf Schritte der Zustandsmaschine. Der Parameter `STARTUP_WAIT` gibt an, wie viele Taktzyklen lang vor dem Zurücksetzen des Bildschirms gewartet werden soll. Dies ist ein externer Parameter statt eines lokalen, um die Wartezeit bei Simulationstests flexibel anpassen zu können. Diese Unterscheidung zwischen externen und lokalen Parametern ermöglicht es, das Modul ohne Neukompilierung des gesamten Codes für verschiedene Testszenarien anzupassen.

Weitere benötigte Register werden in Listing 10.34 definiert:

```
reg [32:0] counter = 0;         // Zähler für Taktzyklen
reg [2:0] state = 0;            // Aktueller Zustand der Zustandsmaschine
reg dc = 1;                     // Data/Command-Signal
reg sclk = 1;                   // Serielle Taktleitung
reg sdin = 0;                   // Serielle Datenleitung
reg reset = 1;                  // Reset-Signal
reg cs = 0;                     // Chip-Select-Signal
reg [7:0] dataToSend = 0;       // Zu sendendes Byte
reg [3:0] bitNumber = 0;        // Aktuelles Bit des zu sendenden Bytes
reg [9:0] pixelCounter = 0;     // Zähler für Pixel
```

Listing 10.34 Die für das OLED-Display benötigten Register

Die Register `counter` und `state` dienen zum Zählen der Taktzyklen bzw. zur Steuerung des aktuellen Zustandes der Zustandsmaschine. Die Register für die Anschlüsse (`dc`, `sclk`, `sdin`, `reset`, `cs`) steuern das Display an, wobei die Takt- und Reset-Anschlüsse im Leerlauf auf *High* gesetzt sind. Außerdem gibt es Register für das aktuell zu sendende Byte (dataToSend), für das aktuelle Bit dieses Bytes (bitNumber) sowie einen Zähler für die Pixelposition (pixelCounter).

Die Kommandobefehle

Zur Initialisierung des Displays erstellen wir ein Register, das alle erforderlichen Init-Befehlsbytes speichert. Wir verwenden 15 Initialisierungsbefehle, die insgesamt 23 Bytes beanspruchen, wobei einige Befehle zwei Bytes lang sind.

```
localparm SETUP_INSTRUCTIONS = 23;
reg [(SETUP_INSTRUCTIONS*8)-1:0] startupCommands = {
  8'hAE,  // Display ausschalten
  8'h81,  // Kontrast auf 0x7F setzen (laut Datenblatt)
  8'h7F,
  8'hA6,  // Normaler Bildschirmmodus (nicht invertiert)
  8'h20,  // Horizontaler Adressierungsmodus
  8'h00,
  8'hC8,  // Normale Scan-Richtung
  8'h40,  // Startlinie für das Scannen
  8'hA1,  // Adresse 0 ist Segment 0
  8'hA8,  // Mux-Verhältnis
  8'h3f,  // 63 (64-1)
  8'hD3,  // Display-Versatz
  8'h00,  // Kein Versatz
  8'hD5,  // Teiler für Taktrate
  8'h80,  // Standardverhältnis/Oszillatorfrequenz
  8'hD9,  // Vorladung einstellen
  8'h22,  // Vorladung auf Standard 0x22 setzen
  8'hDB,  // VCOM-Ablehniveau
  8'h20,  // 0x20
  8'h8D,  // Ladungspumpenkonfiguration
  8'h14,  // Ladungspumpe aktivieren
  8'hA4,  // Inhalt des RAM fortsetzen
  8'hAF   // Display einschalten
};
reg [7:0] commandIndex = 0;
```

Listing 10.35 Die Kommandobefehle zur Initialisierung des OLED-Displays

Parallel zu den Init-Befehlen führen wir ein Register ein, das den aktuellen Befehlsindex verwaltet. Der Concat-Operator {...} ordnet die Bytes in der Reihenfolge an, in der sie geschrieben werden, wobei das höchstwertige Byte zuerst kommt. Daher setzen wir das erste zu sendende Byte ans Ende der Liste, damit die Befehle in der korrekten Reihenfolge ausgegeben werden.

Die Verbindung dieser Register mit den I/O-Leitungen erfolgt durch folgende Zuweisungen:

```
assign io_sclk = sclk;
assign io_sdin = sdin;
assign io_dc = dc;
assign io_reset = reset;
assign io_cs = cs;
```

Listing 10.36 Die I/O-Leitungen zur Ansteuerung des OLED-Displays

Die Zustandsmaschine

Um die Implementierung zu vereinfachen, reagiert unsere Zustandsmaschine auf die steigende Flanke des Systemtakts:


```
always @(posedge clk) begin
  case (state)
    // Hier werden die Zustände definiert
  endcase
end
```

Listing 10.37 Der Code-Block, in den die Zustandsmaschine kommen wird

Nun definieren wir jeden Zustand unserer Zustandsmaschine, um eine effektive Steuerung und Kommunikation mit dem Display zu gewährleisten.

Initialisierung und Reset

Der Vorgang beginnt, indem der Reset-Pin zunächst auf 1 gesetzt wird, was dem Ruhezustand entspricht. Wir warten eine festgelegte Zeitspanne, bis die Stromversorgung stabil ist, bevor wir den Bildschirm zurücksetzen. Dies geschieht durch das Setzen des Reset-Pins auf 0. Nach einer weiteren gleichen Zeitspanne setzen wir den Pin wieder auf 1 und warten kurz, um sicherzustellen, dass der Bildschirm bereit ist, Befehle zu empfangen. Anschließend bereiten wir den Übergang zum nächsten Zustand vor, indem der Zähler zurückgesetzt wird. Der Parameter STARTUP_WAIT wird auf 10.000.000 gesetzt. Bei Verwendung eines 27-MHz-Quarz-Oszillators im Tang Nano 9K ergibt dies eine Verzögerung von etwa einer drittel Sekunde pro Schritt, was insgesamt etwa eine Sekunde für alle drei Schritte bedeutet. (Falls Sie hier Probleme bekommen, erhöhen Sie diesen Wert etwas.)

In Verilog-Code sieht der entsprechende Abschnitt wie folgt aus:

```
STATE_INIT_POWER: begin
    counter <= counter + 1;
    if (counter < STARTUP_WAIT) begin
```

```
        reset <= 1;  // Halte den Reset-Pin im Ruhezustand auf "1"
    end else if (counter < STARTUP_WAIT * 2) begin
        reset <= 0;  // Aktiviere den Reset durch Setzen des Pins auf "0"
    end else if (counter < STARTUP_WAIT * 3) begin
        reset <= 1;  // Beende den Reset durch Rücksetzen des Pins auf "1"
    end else begin
        state <= STATE_LOAD_INIT_CMD;  // Wechsle zum nächsten Zustand:
                                       // Laden des Initialisierungsbefehls
        counter <= 32'b0;  // Setze den Zähler zurück
    end
end
```

Listing 10.38 Der STARTUP-WAIT-Zustand

Der Codeabschnitt aus Listing 10.38 veranschaulicht, wie das Reset-Verfahren in Schritten abläuft und die Bereitschaft des Displays zur Aufnahme von Befehlen sicherstellt, indem jeweils geeignete Zeitintervalle eingehalten werden.

Laden des Initialisierungsbefehls

In diesem Schritt wird das Data/Command-Bit auf null gesetzt, um zu signalisieren, dass ein Steuerbefehl gesendet wird. Wir laden den nächsten Befehl aus dem Register, das zuvor mit allen Init-Befehlsbytes gefüllt wurde. Die Syntax `[MSB-:LEN]` wird verwendet, um die Länge der Daten anzugeben, die vom angegebenen MSB (*Most Significant Bit*) aus nach links extrahiert werden sollen. Dies steht im Gegensatz zur häufigeren Syntax `[MSB:LSB]`, die einen direkten Bereich angibt. Die Alternative `[LSB+:LEN]` beginnt beim LSB (*Least Significant Bit*) und nimmt die angegebene Länge nach rechts.

Nachdem das Befehlsbyte geladen wurde, wechseln wir in den Sendezustand. Dabei wird die Bitnummer auf das höchstwertige Bit gesetzt, weil bei der SPI-Kommunikation das MSB zuerst gesendet wird, wie im Datenblatt angegeben.

Das Chip-Select-Signal (`CS`) wird auf *Low* gesetzt, um dem Display zu signalisieren, dass eine Kommunikation beginnt und es bereit sein sollte, Daten über die SPI-Schnittstelle zu empfangen. Der `commandIndex` wird um `8` reduziert, was den 8 Bits entspricht, die durch das Laden in `dataToSend` verarbeitet wurden.

In Verilog-Code sieht der entsprechende Abschnitt wie folgt aus:

```
STATE_LOAD_INIT_CMD: begin
    dc <= 0;  // Setze das Data/Command-Bit auf Befehl (0)
    dataToSend <= startupCommands[(commandIndex-1)-:8];  // Lade das nächste
                                                         // Befehlsbyte
    state <= STATE_SEND;  // Wechsle in den Sendezustand
```

```
        bitNumber <= 7;  // Beginne mit dem Senden des höchstwertigen Bits
        cs <= 0;  // Aktiviere die Chip-Select-Leitung für die Kommunikation
        commandIndex <= commandIndex - 8;  // Dekrementiere den Befehlsindex
                                           // um 8 Bits
end
```

Listing 10.39 Der STATE-SEND-Zustand

Dieser Codeabschnitt verdeutlicht, wie das Laden des Initialisierungsbefehls strukturiert und implementiert wird, einschließlich der Handhabung der Bitreihenfolge und der Kommunikationssignale.

Senden des Befehls- oder Datenbytes über SPI

Zur Vereinfachung der Implementierung nutzen wir nur die ansteigende Flanke unseres eigenen Taktsignals. Allerdings erfordert das SPI-Protokoll Aktionen sowohl bei der ansteigenden als auch bei der abfallenden Flanke des Taktsignals. Um dies zu bewerkstelligen, verwenden wir zwei eigene Taktzyklen für jedes Bit: einen, bei dem der SPI-Takt auf *Low* gesetzt wird, und einen weiteren, bei dem er auf *High* gesetzt wird.

Im ersten Taktzyklus setzen wir den SPI-Takt auf *Low*. Gemäß dem Datenblatt sollen die Daten am SPI-Datenpin bei der fallenden Flanke geändert werden, was wir dementsprechend umsetzen.

Im darauffolgenden Taktzyklus setzen wir den Zähler zurück und ziehen den Takt auf *High*. Diese Aktion signalisiert dem Display, das Bit zu lesen, das wir im vorherigen Taktzyklus auf den Datenpin gelegt haben. Abschließend prüfen wir, ob wir beim letzten Bit angekommen sind. Ist dies der Fall, wechseln wir in den nächsten Zustand. Andernfalls dekrementieren wir das `bitNumber`-Register, um zum nächsten Bit überzugehen und den Sendevorgang im aktuellen Zustand fortzusetzen.

Im Verilog-Code ist dieser Abschnitt wie folgt implementiert:

```
STATE_SEND: begin
    if (counter == 0) begin
        sclk <= 0;  // Setze SPI-Takt auf Low
        sdin <= dataToSend[bitNumber];  // Lade das aktuelle Bit auf den
                                        // Datenpin
        counter <= 1;  // Bereite Zähler vor für den nächsten Taktzyklus
    end
    else begin
        counter <= 0;  // Setze den Zähler zurück
        sclk <= 1;     // Setze den SPI-Takt auf High
```

```
        if (bitNumber == 0) // Überprüfe, ob das letzte Bit gesendet wurde
            state <= STATE_CHECK_FINISHED_INIT; // Wechsle den Zustand, wenn
                                                // alle Bits gesendet wurden
        else
            bitNumber <= bitNumber - 1; // Dekrementiere das bitNumber-
                                        // Register für das nächste Bit
    end
end
```

Listing 10.40 Der Zustand STATE_CHECK_FINISHED

Dieser Codeabschnitt zeigt, wie das Senden eines Befehls- oder Datenbytes in Schritten abläuft und wie die Kontrolle der Taktflanken innerhalb der Zustandsmaschine des Verilog-Codes strukturiert wird.

Entscheidungsfindung nach dem Senden

Nachdem ein Befehls- oder Datenbyte über SPI gesendet wurde, ziehen wir den Chip-Select-Pegel (CS) hoch, um das Ende der Übertragung zu signalisieren. Obwohl es technisch möglich wäre, mehrere Bytes unter Beibehaltung eines aktiven Chip-Select-Signals zu senden, wählen wir hier den Ansatz, CS nach jeder Übertragung zurückzusetzen, um eine klare Abgrenzung der Datenpakete zu gewährleisten.

Als Nächstes überprüfen wir den commandIndex. Wenn dieser 0 erreicht, sind alle Befehle gesendet worden und wir können zum Laden des nächsten Pixelbytes übergehen. Ist dies nicht der Fall, bedeutet es, dass weitere Befehle zu senden sind, und wir wechseln zurück in den Zustand STATE_LOAD_INIT_CMD, um das nächste Befehlsbyte zu laden.

Im Verilog-Code ist der entsprechende Abschnitt wie folgt implementiert:

```
STATE_CHECK_FINISHED_INIT: begin
    cs <= 1;  // Setze Chip-Select auf High, um das Ende der Übertragung
              // zu signalisieren
    if (commandIndex == 0) begin
        state <= STATE_LOAD_DATA;  // Alle Befehle gesendet,
                                   // beginne mit dem Laden von Pixeldaten
    end else begin
        state <= STATE_LOAD_INIT_CMD;  // Um weitere Befehle zu senden,
                                       // lade das nächste Befehlsbyte
    end
end
```

Listing 10.41 Der Zustand STATE_LOAD_INIT

Diese Logik stellt sicher, dass das System effizient von der Initialisierung zur Datenverarbeitung übergeht, sobald alle erforderlichen Setup-Befehle gesendet wurden.

Laden und Senden von Pixeldaten

Im letzten Schritt unserer Zustandsmaschine erfolgt das Laden der Pixelbytes. Zuerst wird der `pixelCounter` inkrementiert, um den Fortschritt durch die Bildschirmpixel zu verfolgen. Anschließend wird das Chip-Select-Signal (`CS`) auf `0` gesetzt, um die Kommunikation mit dem Bildschirm zu reaktivieren. Das Data/Command-Flag wird auf `1` gesetzt, was signalisiert, dass nun Daten und keine Befehle gesendet werden.

Dann wird die Bitnummer auf das höchstwertige Bit zurückgesetzt und der Zustand auf `send byte` geändert, um das nächste Pixel-Byte zu senden.

Da aktuell keine spezifischen Bilddaten vorhanden sind, nutzen wir zum Testen ein Beispiel, bei dem wir dem Bildschirm 136 Bytes mit dem Muster `01010111` senden und den Rest der Anzeige mit Nullen (also keiner Anzeige von Pixeln) auffüllen. Dies dient als einfacher Funktionscheck.

Es ist nicht nötig, den `pixelCounter` zurückzusetzen, da genau 1024 Bytes gesendet werden, die perfekt in den verfügbaren Adressraum passen. (Wir erinnern uns: Die 8 OLED-Zeilen mit 128 Bytes Länge ergeben 1024 Bytes.)

Dies bedeutet, dass das `pixelCounter`-Register nach dem Erreichen von `1024` automatisch auf `0` zurückgesetzt wird.

Im Verilog-Code ist der entsprechende Abschnitt wie folgt implementiert:

```
STATE_LOAD_DATA: begin
    pixelCounter <= pixelCounter + 1;  // Inkrementiere den Pixelzähler
    cs <= 0;  // Aktiviere die Chip-Select-Leitung
    dc <= 1;  // Setze Data/Command auf den Datenmodus
    bitNumber <= 7;  // Setze die Bitnummer auf das höchstwertige Bit
    state <= STATE_SEND;  // Wechsle in den Sendezustand
    if (pixelCounter < 136)
        dataToSend <= 8'b01010111;  // Sende das Testmuster
    else
        dataToSend <= 0;  // Sende Nullen nach dem Testmuster
end
```

Listing 10.42 Der Zustand STATE_SEND

Diese Implementierung gewährleistet, dass das Display aktiviert wird und dass durch das Senden von Testdaten überprüft werden kann, ob die Kommunikation korrekt funktioniert.

10.7.6 Das Makefile

Das Makefile aus Listing 10.43 automatisiert den kompletten Prozess der FPGA-Entwicklung von der Synthese über das Platzieren und Verdrahten bis hin zum Erzeugen des Bitstreams und Programmieren des Chips, was eine effiziente und fehlerarme Arbeitsweise ermöglicht.

Sie haben sich bei den Grundlagen-Projekten mit dem iCE40HX bereits intensiv mit den Makefiles auseinandergesetzt. Da sich beim Tang Nano 9K in Hinblick auf die Nutzung des openFPGALoaders zur Übertragung der Bitstreams an den FPGA ein paar Dinge geändert haben, gehen wir hier noch mal das Makefile im Detail durch. Achten Sie auf die Unterschiede zwischen den Makefiles beim IceZero- und dem Tang-Nano-Board.

Der gesamte Inhalt des Makefiles:

```
# Name des Projekts
PROJ = spi-oled
# Pfad zur Pin-Konfigurationsdatei CST
PIN_DEF = $(PROJ).cst
# FPGA-Typ, hier ein Tang Nano 9K
DEVICE = GW1NR-LV9QN88PC6/I5
# Device-Familie für Gowin
DEVICE_FAMILY = GW1N-9C
# Name der Verilog-Quelldatei
SOURCE = $(PROJ).v
# Name des Boards für openFPGALoader
BOARD = tangnano9k
# Ziel für das Programmieren: "SRAM" oder "FLASH"
TARGET ?= SRAM
# Hauptziel: Erstellt die finale Binärdatei für das FPGA
all: $(PROJ).fs
# Synthetisiert Verilog-Quellcode in JSON mit Yosys
$(PROJ)-yosys.json: $(SOURCE)
	yosys -q -p "synth_gowin -json $@" $(SOURCE)
# Erzeugt eine Platzierungs- und Verdrahtungsdatei
# JSON aus der Yosys-JSON-Datei
$(PROJ)-nextpnr.json: $(PIN_DEF) $(PROJ)-yosys.json
    nextpnr-gowin --json $(PROJ)-yosys.json --write $@ --device $(DEVICE) \
                  --family $(DEVICE_FAMILY) --cst $(PIN_DEF)
# Packt die NextPNR-JSON-Datei in eine finale Gowin-Pack-Datei für das FPGA
$(PROJ).fs: $(PROJ)-nextpnr.json
	PATH="/home/pi/Programme/apycula_env/bin:$$PATH" gowin_pack \
	-d $(DEVICE_FAMILY) -o $@ $(PROJ)-nextpnr.json
```

```
# Programmieren des FPGAs mit der erstellten FS-Datei in SRAM oder FLASH
prog: $(PROJ).fs
ifeq ($(TARGET),FLASH)
	openFPGALoader -f -b $(BOARD) $<
else
	openFPGALoader -m -b $(BOARD) $<
endif
# Löscht alle erzeugten Dateien, um einen sauberen Startzustand zu erreichen
clean:
	rm -f *.json *.fs
.PHONY: all prog clean
# EOF
```

Listing 10.43 Das Makefile des OLED-Beispielprojekts

Gehen wir die einzelnen Teile des Makefiles gemeinsam durch. Wir beginnen mit der Definition der Variablen.

- **Variablen-Definitionen**
  - PROJ: legt den Namen des Projekts fest (spi-oled).
  - PIN_DEF: spezifiziert den Pfad zur Pin-Konfigurationsdatei (*.cst*), die für das Mapping der physikalischen Pins auf das FPGA verwendet wird.
  - DEVICE: definiert den Typ des FPGAs, hier ein GW1NR-LV9QN88PC6/I5 von Gowin, für das Place-and-route-Tool.
  - DEVICE_FAMILY: gibt die Gerätefamilie an (GW1N-9C) – eine wichtige Information für das Place-and-route-Tool.
  - SOURCE: gibt den Namen der Verilog-Quelldatei an, die den in Hardware zu implementierenden Code enthält.
  - BOARD: spezifiziert den Namen des FPGA-Boards (tangnano9k), das verwendet wird, um mit der openFPGALoader-Software die richtige Verbindung herzustellen.
  - TARGET: bestimmt, ob das Programmieren in das SRAM oder den FLASH des FPGAs erfolgen soll. Der Standardwert ist SRAM.
- **Ziele**
  - all: dies ist das Standardziel, das die endgültige Binärdatei, den Bitstream, ($(PROJ).fs) für das FPGA erstellt
- **Synthese**
  - $(PROJ)-yosys.json: Dieses Ziel nutzt yosys, um den Verilog-Quellcode in eine Zwischenrepräsentation im JSON-Format zu übersetzen. Der Befehl synth_gowin wird speziell für Gowin-Hardware verwendet.

- **Platzierung und Verdrahtung**
  - `$(PROJ)-nextpnr.json`: Mit `nextpnr-gowin` wird aus der JSON-Datei von Yosys eine neue JSON-Datei erstellt, die Informationen über die Platzierung der Logikblöcke und Verbindungen auf dem FPGA beinhaltet. Hierbei werden das Gerät, die Familie und die Pin-Konfiguration als Parameter verwendet.
- **Packen**
  - `$(PROJ).fs`: Dieses Ziel benutzt `gowin_pack`, um aus der JSON-Datei von `nextpnr` die finale Konfigurationsdatei, den Bitstream, für den FPGA zu erstellen.
- **Programmieren des FPGAs**
  - `prog`: Dieses Ziel nutzt `openFPGALoader`, um den FPGA zu programmieren. Abhängig vom Wert der Variable `TARGET` wird das FPGA entweder in den Flash-Speicher oder das SRAM programmiert. Hierbei wird das vorbereitete FPGA-Konfigurationsfile genutzt.
- **Aufräumen**
  - `clean`: Dieses Ziel löscht alle erzeugten Zwischendateien (`*.json`, `*.fs`), um einen sauberen Startzustand für die nächste Build-Operation zu gewährleisten.
- **Sonstiges**
  - `.PHONY`: definiert Ziele, die nicht auf Dateinamen basieren. Diese Deklaration hilft `make` zu verstehen, dass es sich um Aktionen handelt und nicht um Dateinamen.

Optimierungsstrategien: ABC und ABC9 in Yosys

Wenn Sie an FPGA-Designs arbeiten, ist die Optimierung der logischen Netzwerke von entscheidender Bedeutung, um die beste Performance zu erzielen. **ABC** und **ABC9** sind zwei unterschiedliche Tools, die dafür in Yosys zur Logiksynthese zur Verfügung stehen. Beide Tools sind auf die Optimierung und Minimierung von logischen Netzwerken spezialisiert, aber es gibt Unterschiede:

- ABC (*A Better Compiler*) wird von der University of California, Berkeley, entwickelt und ist Teil der Yosys-Toolchain und das Standard-Logik-Synthese-Tool von Yosys. ABC ist besonders effektiv bei der Reduktion von AND- und OR-Gattern.
- ABC9 ist eine erweiterte Version von ABC, die spezifisch für die Nutzung in Yosys entwickelt wurde. Es beinhaltet zusätzliche Verbesserungen und Optimierungen und nutzt erweiterte Algorithmen für die Synthese von FPGA-Zellen.

ABC ist die Standardeinstellung, die genutzt wird, wenn Sie keine zusätzlichen Parameter setzen. Wenn Sie aber ABC9 verwenden möchten, müssen Sie die entsprechende Zeile im Makefile mit dem Parameter `-abc9` erweitern:

```
yosys -p "synth -top <top-module> -abc9 -json <output-file>.json"
```

ABC ist immer eine solide Wahl. Wenn Sie jedoch FPGA-Designs optimieren müssen, um eine bessere Timing-Leistung zu erhalten, dann kann ABC9 bessere Ergebnisse liefern. Einen Versuch ist es zumindest wert.

10.7.7 Konfiguration des FPGAs

Programmieren Sie nun den Tang Nano 9K, indem Sie die Ihnen schon bekannten Befehle ausführen:

```
make clean && make && make prog
```

Sie sollten eine Anzeige erhalten, die wie in Abbildung 10.19 aussieht:

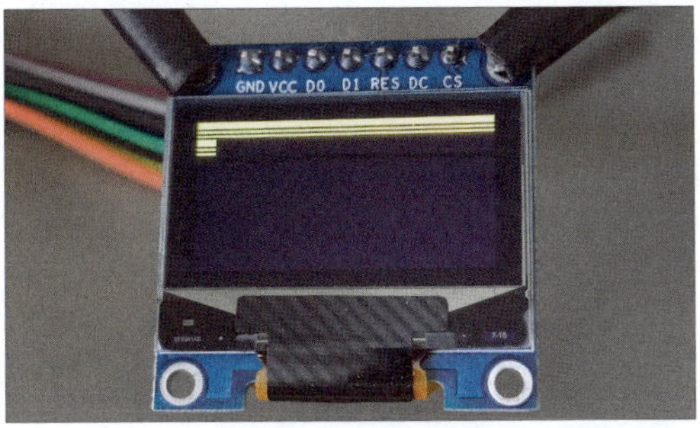

Abbildung 10.19 Die ersten Pixeldaten sind auf dem Display zu sehen.

Die erste und ein Teil der zweiten Zeile des Displays wurden mit dem Pixelmuster »01010111« beschrieben, so wie von unserem Test-Programm erwartet. (Falls Sie sich über die gelbe Farbe wundern: Das ist eine feste Display-Anzeigenfarbe. Die von mir verwendeten Displays haben einen oberen gelben Anzeigeteil, der untere Bereich ist blau. Die Displays gibt es in verschiedenen Varianten mit verschiedenen Anzeigefarben und Größen. Ich hatte einfach Glück.)

10.7.8 Was haben Sie gelernt?

Wir haben uns in diesem Projekt mit der Ansteuerung eines OLED-Displays, mit der Implementierung einer SPI-Schnittstelle und mit der korrekten Handhabung des SSD1306-Controllers durch eine Zustandsmaschine befasst. Während dieses Lernprozesses haben Sie nochmals in Verilog die Implementierung einer Schnittstelle vorgenommen, und zwar mithilfe der Informationen aus dessen Datenblatt. Dabei haben wir nicht nur die dafür nötige Zustandsmaschine definiert, sondern uns auch um das Ansteuern der Pixel auf dem Display gekümmert. Sie haben gelernt, wie wichtig eine korrekte Initialisierung ist, damit das Display später funktioniert. Sie haben wichtige Timing-Anforderungen berücksichtigt. Mithilfe der Informationen aus dem Datenblatt haben Sie verstanden, wie die physikalische

Signalübertragung beim SPI-Protokoll funktioniert – und das alles haben Sie in Code abgebildet. Dieser gesamte Prozess ist ein grundsätzliches Beispiel für die Vorgehensweise, wie digitale Systeme entworfen und implementiert werden, um reale Aufgaben in der Welt der Elektronik zu lösen. Die Fähigkeit, auf diese Art und Weise theoretisches Wissen praktisch umzusetzen, Brücken zu schlagen, um Dinge erledigt zu bekommen, ist »Butter und Brot« bei dieser Tätigkeit. Das Wichtige ist, das große Ganze bei solch einer Arbeit zu sehen: Auf der einen Seite haben Sie ein Datenblatt und ein Display mit einem Controller-Chip, der nur auf eine ganz bestimmte Art und Weise kommunizieren möchte; auf der anderen Seite haben Sie ein SPI-Protokoll, das noch um eine Anschlussleitung erweitert wurde ...

Da soll noch mal jemand sagen, es wäre nicht spannend, was wir hier machen!

10.8 Ein OLED-Display mit Bildanzeige

Die einzelnen Pixel des OLED-Displays können wir nun mit unserem Verilog-Modul ansteuern. Das Ziel ist natürlich, dass ein Bild anzuzeigen. Dafür müssen wir die Bildinformationen nur zerlegen und dem jeweiligen Pixel auf dem Display zuordnen.

Die Projektdateien

Die Dateien zu diesem Beispielprojekt finden Sie in der ZIP-Archiv-Datei *oled-image.zip* unter *$HOME/fpga/src/tangnano9k/*. Entpacken Sie diese Archiv-Datei wie gewohnt. In dem neu entpackten Verzeichnis sollten Sie diese Dateien vorfinden:

```
pi@pi5:~/fpga/src/tangnano9k/oled-image $ ls
image.hex  Makefile  readme.txt  spi-oled.cst  spi-oled.fs  spi-oled.v
pi@pi5:~/fpga/src/tangnano9k/oled-image $ cd image && ls
generate_img2hex.py  image.hex  image.png  readme.txt
```

10.8.1 Ein Bild auf das Display laden

In Verilog ist das Laden eines Bildes anstelle unserer zwei statischen Zeilenlinien ziemlich einfach. Zuerst benötigen wir einen Speicher, in dem wir alle unsere Bytes speichern können:

```
reg [7:0] screenBuffer [1023:0];
initial $readmemh("image.hex", screenBuffer);
```

Listing 10.44 Den Speicher bereitstellen

Unser Speicher hat 1024 Plätze, von denen jeder ein Byte hält. Die zweite Zeile weist die Toolchain an, eine Datei namens *image.hex* in diesen Speicher zu laden.

Anschließend können wir das letzte `if/else` unserer Zustandsmaschine zum Laden von Pixeln wie folgt ändern:

```
dataToSend <= screenBuffer[pixelCounter];
```

Listing 10.45 Pixel werden geladen.

So sollte der Abschnitt der Zustandsmaschine insgesamt aussehen:

```
STATE_LOAD_DATA: begin
    pixelCounter <= pixelCounter + 1;
    cs <= 0;
    dc <= 1;
    bitNumber <= 3'd7;
    state <= STATE_SEND;
    dataToSend <= screenBuffer[pixelCounter];
end
```

Listing 10.46 Der Zustand LOAD-DATA

Der Code ist jetzt sogar einfacher; das Problem besteht nur darin, wie man die Datei *image.hex* erstellen muss. Wir wissen, dass jedes Byte 8 vertikale Pixel repräsentiert, und wir müssen das Bild von oben links in Reihen von 8 Pixeln abtasten. Das Problem ist also eher, ein Bild in ein Format zu konvertieren, das wir angezeigt bekommen können.

Erstellen wir also einfach ein Python-Skript, das die Konvertierung für uns durchführt, damit wir danach die Hex-Datei einfach in den Bildspeicher laden können. Das spart uns Komplexität und Platz im FPGA und ist mit Python schnell erledigt.

10.8.2 Bilddaten umwandeln

Zu Beginn benötigen wir ein PNG-Bild in der gleichen Größe des Displays, also 128 × 64 Pixel. Da das Display nur eine einfarbige Anzeige bietet, verwenden wir ein einfaches Bild mit transparentem Hintergrund, um zu bestimmen, ob ein Pixel eingeschaltet wird oder nicht. Ein Pixel, der im transparenten Teil des Bildes liegt, bleibt also ausgeschaltet, und ein Pixel im angezeigten Bereich des Bildes wird eingeschaltet.

Ein solches Bild mit dem Namen *image.png* habe ich im Unterverzeichnis *$HOME/fpga/src/tangnano9k/oled-image/image/* des Projekts abgelegt. Dort finden Sie auch das Python-Skript *generate_img2hex.py*, das wir gleich besprechen.

Abbildung 10.20 Das Beispielbild für unser FPGA-Design

Die Konvertierung des Bildes erfolgt mithilfe dieses Python-Skripts, das folgenden Inhalt hat:

```
#!/usr/bin/env python3
import png
import binascii
# Für png-Bibliothek: "pip install pypng" oder
# "sudo apt install python3-png"
# Funktion zum Lesen des PNG-Bildes
def read_png(filename):
    reader = png.Reader(filename)
    data = reader.read()
    # Pixel-Daten als Tupel von Zeilen
    pixels = list(data[2])
    width, height = data[0], data[1]
    # Umformen der Pixel-Daten in eine flache Liste
    flat_pixels = []
    for row in pixels:
        flat_pixels.extend(row)
    return width, height, flat_pixels
# Funktion zum Schreiben der Hexadezimal-Daten in eine Datei
def write_hex_data(filename, hex_data):
    with open(filename, 'w') as f:
        f.write(' '.join(hex_data))
# Hauptfunktion
def generate_image_hex(input_file, output_file):
    width, height, pixels = read_png(input_file)
    print(f"Width: {width}, Height: {height}, ↩
             Length of pixels: {len(pixels)}")
    byte_list = []  # Name geändert von `bytes` in `byte_list`
    for y in range(0, height, 8):
        for x in range(width):
            byte = 0
            for j in range(7, -1, -1):
                idx = (width * (y + j) + x) * 4
                if pixels[idx + 3] > 128:
                    byte = (byte << 1) + 1
```

```
                else:
                    byte = (byte << 1)
            byte_list.append(byte)
    hex_data = [binascii.hexlify(bytes([b])).decode('ascii') ↩
                for b in byte_list]
    write_hex_data(output_file, hex_data)
# Aufruf der Hauptfunktion
generate_image_hex('image.png', 'image.hex')
#EOF
```

Listing 10.47 Das Python-Skript zur Konvertierung der Bilddatei

Das Skript beginnt mit dem Einbinden der Bibliotheken png und binascii. Falls png bei Ihnen auf dem System fehlt, können Sie diese Bibliothek mit **sudo apt install python3-png** nachinstallieren. (In Listing 10.47 sehen Sie auch einen Hinweis dazu. Die Bibliothek binascii gehört zur Standardinstallation des Systems und ist deshalb schon vorhanden.)

Anschließend definiert der Code eine Funktion read_png, die ein Bild lädt und dessen Pixelinformationen extrahiert. Der Code initialisiert den PNG-Reader und liest das Bild ein, um Breite, Höhe und Pixel-Daten zu erhalten:

```
def read_png(filename):
    reader = png.Reader(filename)
    data = reader.read()
    pixels = list(data[2])
    width, height = data[0], data[1]
```

Listing 10.48 Einlesen der Bilddatei

In dieser Funktion wird eine verschachtelte Liste von Pixelzeilen zu einer einzigen flachen Liste transformiert, die alle Pixel enthält. Das macht den Zugriff in den nachfolgenden Operationen einfacher:

```
    flat_pixels = []
    for row in pixels:
        flat_pixels.extend(row)
```

Listing 10.49 Eine flache Liste erstellen

Als Nächstes wird die Funktion generate_image_hex definiert. Sie beginnt damit, die Pixelinformationen des Bildes mithilfe der Funktion read_png zu lesen:

```
def generate_image_hex(input_file, output_file):
    width, height, pixels = read_png(input_file)
    print(f"Width: {width}, Height: {height}, ↩
            Length of pixels: {len(pixels)}")
```

Listing 10.50 Einlesen der Pixelinformationen

Innerhalb der Funktion generate_image_hex navigiert der Code in vertikalen Schritten von 8 Pixelzeilen durch das Bild. Diese Vorgehensweise entspricht dem Zusammenfassen von 8 aufeinanderfolgenden Zeilen in einem Byte:

```
byte_list = []
for y in range(0, height, 8):
    for x in range(width):
```

Listing 10.51 8 vertikale Pixel

Für jede Spalte in diesen 8 Zeilen wird ein Byte generiert, indem überprüft wird, ob der Alphawert des Pixels größer als 128 ist. Ist dies der Fall, wird eine 1 hinzugefügt, andernfalls eine 0. Dieses Vorgehen ermittelt, ob das Pixel angezeigt werden soll, oder nicht:

```
        byte = 0
        for j in range(7, -1, -1):
            idx = (width * (y + j) + x) * 4
            if pixels[idx + 3] > 128:
                byte = (byte << 1) + 1
            else:
                byte = (byte << 1)
        byte_list.append(byte)
```

Listing 10.52 Alphawert testen und Pixel zuordnen

Die generierten Bytes werden anschließend in Hexadezimalwerte umgewandelt und als Zeichenfolge für jede Hexadezimaldarstellung gespeichert:

```
hex_data = [binascii.hexlify(bytes([b])).decode('ascii') ↩
            for b in byte_list]
```

Listing 10.53 Gimme hex!

Zum Schluss schreibt die Funktion write_hex_data diese Hexadezimal-Daten in eine Ausgabedatei, wobei jedes Hexadezimal-Byte durch ein Leerzeichen getrennt ist:

```
    write_hex_data(output_file, hex_data)
```

Listing 10.54 hex-Daten werden in eine Ausgabedatei geschrieben

Der Code schließt mit dem tatsächlichen Aufruf der `generate_image_hex`-Funktion, um den Prozess für die Umwandlung des angegebenen Bildes zu starten und das Ergebnis in eine Datei zu schreiben:

```
generate_image_hex('image.png', 'image.hex')
```

Listing 10.55 Der Funktionsaufruf, um aus dem PNG-Bild eine hex-Datei zu machen

Nachdem Sie nun die Pixelinformationen der PNG-Datei umgewandelt haben, können wir die vom Skript erstellte Datei *image.hex* für die Display-Anzeige verwenden.

10.8.3 Konfiguration des FPGAs

Legen Sie die neu erstellte Datei in das Projektverzeichnis und führen Sie erneut **`make clean && make && make prog`** aus. Damit wird Ihr FPGA neu programmiert und die Anzeige sollte so wie in Abbildung 10.21 aussehen.

Abbildung 10.21 Das konvertierte Bild erscheint auf dem Display.

10.8.4 Was haben Sie gelernt?

Wir haben das Projekt zur Ansteuerung eines OLED-Displays um eine Anzeige von Bildern erweitert. Durch die Konvertierung von Bilddaten in ein geeignetes Format und das Laden dieser Daten in den Bildspeicher haben wir eine Brücke zwischen Software-Entwicklung und Hardware-Entwicklung geschlagen. So haben Sie gesehen, wie eine vorherige Umwandlung von Daten manchmal einiges an sonst nötiger Komplexität im FPGA reduzieren kann.

10.9 Ein OLED-Display mit Text-Engine

Die Darstellung eines Bildes ist ja ganz nett, aber etwas statisch für den Einsatz als Anzeige von Daten oder anderen Informationen mit dem FPGA. Wir brauchen also etwas, das Buchstaben und andere Zeichen on-the-fly in Pixeldaten umwandeln kann, um auf diesem Wege eine dynamische Anzeige zu ermöglichen.

Abbildung 10.22 zeigt, was ich meine: Buchstaben und Ziffern werden auf dem Display dargestellt, ohne dass die Pixel einzeln angesprochen werden müssen.

Abbildung 10.22 Test-Pattern mit Buchstaben und Zeichen auf dem OLED-Display

Was wir dafür brauchen, ist eine sogenannte *Text-Engine*. Wir erweitern damit die schon erstellte Zustandsmaschine zum Laden der Pixeldaten um die Funktionalität zur Darstellung von ASCII-Zeichen.

Die Projektdateien

Die Dateien zu diesem Beispielprojekt finden Sie in der ZIP-Archiv-Datei *oled-text.zip* unter *$HOME/fpga/src/tangnano9k/oled-text/*. Im Verzeichnis sollten Sie diese Dateien vorfinden:

```
pi@pi5:~/fpga/src/tangnano9k/oled-text $ ls
Makefile spi-oled-text-screen.v spi-oled-text-te.v spi-oled-text.v
spi-oled-text.cst spi-oled-text_tb.v spi-oled-text-tr.v
font2.hex font3.hex font4.hex font5.hex font6.hex font7.hex
pi@pi5:~/fpga/src/tangnano9k/oled-text $ cd fonts && ls
generate-font.py readme.txt doubledip.json highsmallpix.json mono-
gram.json minecraft.json font.hex.highsmallpix font.hex.monogram
font.hex.doubledip  font.hex.minecraft font2.hex font3.hex font4.hex
font5.hex font6.hex font7.hex
```

10.9.1 Buchstaben und Zeichen auf dem Display anzeigen

Um ASCII-Zeichen als Pixel auf das Display malen zu können, benötigen wir zwei Dinge:

- eine Methode, um die Position des Zeichens auf dem Display bestimmen zu können

- eine Methode, um das ASCII-Zeichen in ein Arrangement von Pixeln umzuwandeln, die dem ursprünglichen Zeichen so ähnlich wie möglich sehen

Unser OLED-Display ist insgesamt 64 Pixel hoch. Für unser Beispiel teilen wir den Bildschirm statt in 8 in 4 Textzeilen auf, was bedeutet, dass jedes Zeichen 16 Pixel hoch sein kann. (Eine einzelne 8 Bit hohe Zeile ist zu klein, um ein Zeichen gut erkennen zu können, also fassen wir zwei Zeilen zusammen.) Für die Zeichen einer Anzeigezeile stehen 128 Pixel zur Verfügung. Wenn wir jedes Zeichen 8 Bit breit machen, können wir bis zu 16 Zeichen pro Zeile anzeigen, wir haben 16 Stellen pro Anzeigezeile.

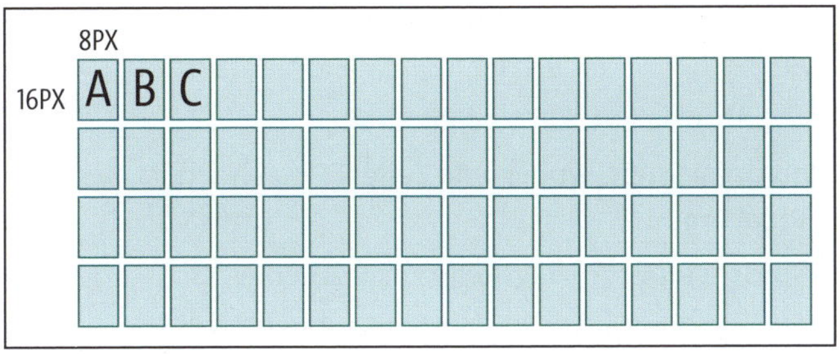

Abbildung 10.23 Die Aufteilung des OLEDs für die Darstellung der ASCII-Zeichen in vier Anzeigezeilen

Wir wissen nun, wie wir die Buchstaben anzeigen lassen wollen. Wir haben eine Höhe, eine Breite und eine Anzahl von Stellen. Wenn wir nun den Buchstaben D in der 4. Zeichenposition der ersten Zeile angezeigt bekommen möchten, benötigen wir die Positionsadressen der beiden vertikalen 8-Bit-Pixel-Spalten der beiden zusammengefassten Zeilen.

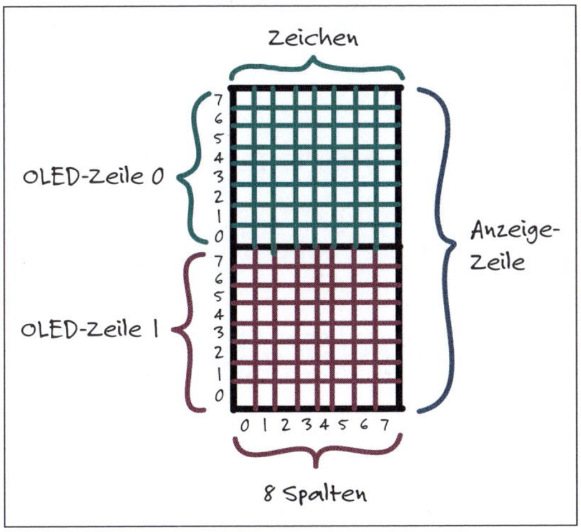

Abbildung 10.24 Der Aufbau eine Anzeige-Stelle

Da wir den Buchstaben D an die 4. Zeichenposition der ersten zusammengefassten Zeile setzen wollen, wissen wir, dass die oberste Hälfte des Zeichens (8 Pixel) sich auf die Pixelspalten 24–31 der ersten realen Zeile erstreckt und dass die untere Hälfte des Zeichens (8 Pixel) sich in den Pixelspalten 152–159 der zweiten realen Zeile befindet. Der Einfachheit halber können wir später einfach zur Pixel-Adresse der oberen Hälfte des Zeichens 128 addieren und erhalten so die Pixel-Adressen der unteren Hälfte des Zeichens.

Jedes Zeichen wird in zwei OLED-Pixelzeilen gezeichnet, wobei in jeder OLED-Zeile 8 der 16 vertikalen Pixel in einer Spalte aktualisiert werden.

Noch mal langsam zum Mitschreiben ...

- **Aufteilung des Displays**
  - Das Display hat eine Auflösung von 128 × 64 Pixeln.
  - Es ist in 8 OLED-Zeilen organisiert, wobei jede Zeile 8 Pixel hoch ist, was insgesamt 64 vertikale Pixel ergibt.
  - Je zwei OLED-Zeilen sind zu einer Anzeigezeile zusammengefasst.
  - Jede Anzeige-Stelle (jedes Zeichen) ist 8 Pixel breit und 16 Pixel hoch, was bedeutet, dass jedes Zeichen über zwei dieser 8-Pixel-Zeilen hinweg dargestellt wird.
- **Ermittlung der Position des Zeichens »D« an der vierten Stelle der (ersten) Zeile**
  - Jede Anzeige-Stelle ist 8 Pixel breit und 16 Pixel hoch.
  - Die erste OLED-Zeile übernimmt die obere Hälfte des Zeichens, die zweite OLED-Zeile die untere Hälfte.
  - Das vierte Zeichen (nach A, B und C) beginnt bei der vierten Stelle.
  - Jede Stelle ist 8 Pixel breit, daher beginnt das vierte Zeichen ab der 24. Pixel-Adresse.
- **Aufteilung des Zeichens**
  - Die obere Hälfte des Zeichens »D« wird in der ersten OLED-Zeile des Displays dargestellt.
  - Die untere Hälfte des Zeichens »D« wird in der zweiten OLED-Zeile des Displays dargestellt.
- **Ermittlung der Position des Zeichens »D« an der vierten Stelle der (ersten) Zeile**
  - In der oberen Hälfte belegen die Pixel die Pixelspalten von Position 24 bis 31 in der ersten Zeile.
  - In der unteren Hälfte belegen die Pixel die gleiche relative Position, allerdings 128 Pixel weiter (so lang ist die erste OLED-Zeile) in der zweiten Zeile.

- Daher addieren wir 128 zur Adresse der Pixel der oberen Zeile, um die Position der Pixel für die untere Hälfte des Zeichens zu erhalten, sodass die Adressen der Pixelspalten dann von 152 bis 159 reichen.

Jetzt dürfte alles so klar wie Kloßbrühe sein, oder?

Nun wissen wir, wie wir die ASCII-Zeichen, die wir auf dem Display darstellen möchten, von ihrer Pixel-Position her adressieren und zeichnen können. Nun brauchen wir noch eine Methode, um die Zeichen in die Pixel-Daten umzuwandeln, die wir für unsere Darstellung auf dem Display benötigen. Wir nutzen dafür eine ähnliche Methode wie bei der Darstellung des PNG-Bildes aus dem vorherigen Beispiel. Allerdings verwenden wir jetzt viele kleine, d. h. 8 × 16 Pixel »große« Bildchen für unsere Zeichen, die wir einfach an die richtige Stelle zeichnen.

10.9.2 Buchstaben in Pixeldaten umwandeln

Ein Computer stellt Buchstaben mithilfe von Schriftartendateien dar. Schriften können dabei entweder Vektorschriften sein, bei denen die einzelnen Zeichen mithilfe von Vektoren beschrieben werden, um sie in guter Qualität in beliebiger Größe wiedergeben zu können. Oder es können Bitmap-Schriften (Pixel-Schriften) sein, bei denen jedes Zeichen als eine Pixeldarstellung in einer bestimmten Größe (oder in mehreren Größen) gespeichert wird.

Heutzutage verwendet man eigentlich nur noch TrueType-Font-Vektorschriften; die Dateien haben die Endung *.ttf* oder *.otf*. Die älteren Schriften im Bitmap-Format erkennt man an der Dateiendung *.fon* oder *.bdf*. Seit Windows 3.1, OS/2 2.1, DOS und Atari aus der Mode gekommen sind, sind diese Schriften kaum noch anzutreffen. Aber ...

... um die Dinge einfach zu halten, reisen wir etwas in der Zeit zurück und verwenden nun solche Bitmap-Schriften, damit wir keine Vektoren berechnen müssen. Außerdem haben wir hier ein FPGA-Design mit einem auf Pixel basierenden OLED-Display, das eine Auflösung von 128 × 64 Pixel besitzt. Das ist wie geschaffen, um eine Bitmap-Schrift wiederauferstehen zu lassen.

Ähnlich wie im vorherigen Beispiel, bei dem wir ein Bild auf den Bildschirm gezeichnet haben, indem wir seine Pixel im Bildschirmpuffer abgelegt haben, müssen wir hier auch die Pixel für jedes Zeichen im Speicher ablegen. Der Unterschied zwischen den beiden Beispielen besteht darin, dass bei der Darstellung des Bildes der gesamte Speicher auch den angezeigten tatsächlichen Bildschirm darstellte und so jedes Pixel in einem Rutsch genauso gespeichert wurde, wie es auf dem Bildschirm erscheinen sollte.

Aber bei der Darstellung unserer Schriftzeichen als kleine Bitmap-Bilder wird es etwas komplizierter. Wir müssen die Pixel für jedes Zeichen frei an die jeweils gewünschte Anzeige-Stelle des Bildschirms positionieren, und zwar mit der bereits beschriebenen Zuordnungslogik, um das richtige Zeichen an der richtigen Stelle angezeigt zu bekommen. Durch diese ungebundene Zuordnung können wir dynamisch entscheiden, welcher Text auf den Bildschirm gezeichnet werden soll und welche Stellen der Anzeige aktualisiert werden sollen. So können wir denselben Buchstaben auch mehrfach verwenden.

Wir müssen solch eine Schriftartdatei aber nicht selbst erstellen, um an unsere Schriftzeichen zu kommen, sondern können auf vorgefertigte Fonts zurückgreifen. Ich habe im Projektverzeichnis ein paar Schriftarten abgelegt, die wir verwenden können:

```
pi@pi5:~/fpga/src/tangnano9k/spi-oled-text/fonts $ ls *.json
doubledip.json  highsmallpix.json  minecraft.json  monogram.json
```

Bitmap-Schriften selbst erstellen

Sie können solche Font-Dateien auch selbst erstellen. Nutzen Sie dazu *BitFontMaker* (*https://www.pentacom.jp/pentacom/bitfontmaker2*) oder *BitFonter* (*https://www.fontlab.com/font-editor/bitfonter/*). Achten Sie nur darauf, dass Ihre Zeichen in das hier gewählte Anzeigeformat von 8 × 16 Pixel passen müssen.

10.9.3 Konvertierung der Schriftartdatei

Die vorliegende Schriftartdatei im *JSON-Format* muss noch in unser Format konvertiert werden, das wir zur Anzeige auf unserem Display benötigen.

Schauen wir uns die Datei *monogram.json* an, sehen wir diesen Anfang:

```
{"33":[0,0,0,0,0,16,16,16,16,16,0,16,0,0,0,0],
"34":[0,0,0,0,0,40,40,40,0,0,0,0,0,0,0,0],
"35":[0,0,0,0,0,0,40,124,40,40,124,40,0,0,0,0],
...
```

Die Nummer in den Anführungszeichen ist der Dezimalwert des darin abgespeicherten ASCII-Zeichens:

- `"33"` ist ein Ausrufezeichen `!`.
- `"34"` ist ein Anführungszeichen `"`.
- `"35"` ist ein Hashtag `#`.

Falls Sie die ASCII-Codierungen nicht auswendig aufsagen können, finden Sie eine gute Übersicht in der Wikipedia unter *https://de.wikipedia.org/wiki/ASCII-Tabelle*.

Für die Darstellung auf unserem OLED-Display verwenden wir nur einen Teil der möglichen Zeichen. Das heißt, wir beschränken uns auf die sichtbaren Zeichen, inklusive des Leerzeichens. Der Rest ist für unser kleines Display uninteressant, da es eine Anzeigeeinheit und kein Fernschreiber ist. Tabelle 10.5 zeigt die relevanten Zeichen und ihre Dezimal- bzw. Hex-Codes.

Char	Dec	Hex	Char	Dec	Hex	Char	Dec	Hex
	32	20	!	33	21	"	34	22
#	35	23	$	36	24	%	37	25
&	38	26	'	39	27	(	40	28
)	41	29	*	42	2A	+	43	2B
,	44	2C	-	45	2D	.	46	2E
/	47	2F	0	48	30	1	49	31
2	50	32	3	51	33	4	52	34
5	53	35	6	54	36	7	55	37
8	56	38	9	57	39	:	58	3A
;	59	3B	<	60	3C	=	61	3D
>	62	3E	?	63	3F	@	64	40
A	65	41	B	66	42	C	67	43
D	68	44	E	69	45	F	70	46
G	71	47	H	72	48	I	73	49
J	74	4A	K	75	4B	L	76	4C
M	77	4D	N	78	4E	O	79	4F
P	80	50	Q	81	51	R	82	52
S	83	53	T	84	54	U	85	55
V	86	56	W	87	57	X	88	58
Y	89	59	Z	90	5A	[	91	5B
\	92	5C	]	93	5D	^	94	5E

Tabelle 10.5 ASCII-Tabelle

Char	Dec	Hex	Char	Dec	Hex	Char	Dec	Hex
_	95	5F	`	96	60	a	97	61
b	98	62	c	99	63	d	100	64
e	101	65	f	102	66	g	103	67
h	104	68	i	105	69	j	106	6A
k	107	6B	l	108	6C	m	109	6D
n	110	6E	o	111	6F	p	112	70
q	113	71	r	114	72	s	115	73
t	116	74	u	117	75	v	118	76
w	119	77	x	120	78	y	121	79
z	122	7A	{	123	7B	|	124	7C
}	125	7D	~	126	7E			

Tabelle 10.5 ASCII-Tabelle (Forts.)

Mit diesen Informationen gerüstet, können wir uns dem Aufbau der Zeichen widmen. Wenn die acht oberen roten Kästchen die obere Hälfte des Zeichens auf der oberen OLED-Zeile darstellen, dann ist das violette Kästchen aus Abbildung 10.25 ein Beispiel für die Adressierung der oberen 8 Bit für die Spaltenadresse 2. Und das grüne Kästchen sind die unteren vertikalen 8 Bit für die Spaltenadresse 130 (128+2).

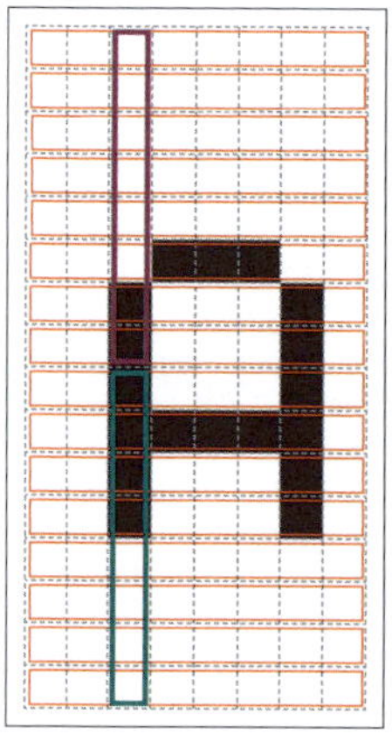

Abbildung 10.25 Der Buchstabe »A«, zerlegt in seine Pixeladressierung

Nachdem wir beide Zeilen durchgegangen sind und eine einzelne Spalte abgeschlossen haben, speichern wir die 2 Bytes und gehen zur nächsten vertikalen

Spalte über, indem wir wieder durch jede der Zeilen gehen, nur diesmal ein Bit nach rechts, also die Spaltenadresse plus 1.

Leider liegt die Schrift in der JSON-Datei in einem Format vor, das wir nicht direkt verwenden können. Diese Schriftdateien speichern die Pixel-Informationen nämlich in horizontal organisierten Zeilen, und wir müssen diese Pixel-Informationen in vertikal organsierten Datenpaketen an das OLED-Display senden. Und da wir auch noch zwei OLED-Zeilen zu einer Anzeigezeile zusammengefasst haben, müssen wir für die untere Hälfte des Zeichens den schon besprochenen Offset von 128 hinzufügen.

Also schreiben wir ein kleines Python-Skript (mit dem Namen *generate-font.py*), um jede horizontale Zeile in 8 vertikale Spalten umzuwandeln, in denen wir 2 Bytes pro Spalte speichern, was uns die volle Höhe von 16 Pixel gibt:


```
#!/usr/bin/env python3
import json
import os
# Versuche, die Datei im Verzeichnis './fonts/' zu öffnen
try:
    with open('./fonts/monogram.json', 'r') as file:
        json_data = json.load(file)
except FileNotFoundError:
    # Wenn die Datei im Verzeichnis './fonts/' nicht gefunden wird,
    # suche im aktuellen Verzeichnis
    with open('./monogram.json', 'r') as file:
        json_data = json.load(file)
memory = []
for i in range(32, 127):  # ASCII-Zeichen von 32 bis 126 einschließlich
    key = str(i)
    horizontal_bytes = json_data.get(key, [])
    vertical_bytes = []
    for x in range(8):  # 8 Bits pro Byte
        b1, b2 = 0, 0
        for y in range(8):
            if not horizontal_bytes:
                continue
            num1 = horizontal_bytes[y]
            num2 = horizontal_bytes[y+8] if y+8 < len(horizontal_bytes) else 0
            bit = 1 << x
            if num1 & bit:
                b1 |= 1 << y
            if num2 & bit:
                b2 |= 1 << y
```

```
        memory.append(format(b1, '02x'))
        memory.append(format(b2, '02x'))
# Schreibe die Daten in eine Hex-Datei
with open('font.hex', 'w') as file:
    file.write(' '.join(memory))
# EOF
```

Listing 10.56 Das Python-Skript zur Umwandlung der Bitmap-Schriftdatei

Gehen wir den Quellcode wieder Abschnitt für Abschnitt durch:

Laden der JSON-Datei

Der Code versucht zuerst, die Datei *monogram.json* im Verzeichnis *./fonts/* zu öffnen.

```
# Versuche, die Datei im Verzeichnis './fonts/' zu öffnen
try:
    with open('./fonts/monogram.json', 'r') as file:
        json_data = json.load(file)
except FileNotFoundError:
    # Wenn die Datei im Verzeichnis './fonts/' nicht gefunden wird,
    # suche im aktuellen Verzeichnis
    with open('./monogram.json', 'r') as file:
        json_data = json.load(file)
```

Falls diese Datei dort nicht gefunden wird (`FileNotFoundError`), versucht der Code, die Datei im aktuellen Verzeichnis zu öffnen. Dies ist so gemacht, damit das Skript entweder vom Makefile aufgerufen werden kann (das sich eine Verzeichnisebene höher befindet) oder von Ihnen manuell, wenn Sie sich im Verzeichnis des Skripts befinden.

Initialisierung

Ein leeres Array `memory` wird erstellt, um die vertikalen Bytes zu speichern:

```
memory = []
```

Iterieren über die sichtbaren ASCII-Zeichen

Die äußere Schleife iteriert über die ASCII-Zeichen von 32 bis 126, also die sichtbaren Zeichen:

```
for i in range(32, 127):  # ASCII-Zeichen von 32 bis 126 einschließlich
    key = str(i)
    horizontal_bytes = json_data.get(key, [])
    vertical_bytes = []
```

Es wird zunächst über die ASCII-Zeichen von 32 bis 126 iteriert. `key` ist der aktuelle ASCII-Wert als Zeichenkette. `horizontal_bytes` holt die Byte-Daten für das aktuelle Zeichen aus der JSON-Datei.

Verarbeiten der Spalten

Eine innere Schleife iteriert über die 8 Spalten eines Zeichens. `b1` und `b2` sind die beiden Bytes, die die vertikalen Pixel der beiden Hälften der Spalte speichern.

```
for x in range(8):  # 8 Bits pro Byte
    b1, b2 = 0, 0
```

Berechnen der vertikalen Bytes (Zeilen)

Eine weitere Schleife iteriert über die 8 Zeilen eines Zeichens:


```
for y in range(8):
    if not horizontal_bytes:
        continue
    num1 = horizontal_bytes[y]
    num2 = horizontal_bytes[y+8] if y+8 < len(horizontal_bytes) else 0
    bit = 1 << x
    if num1 & bit:
        b1 |= 1 << y
    if num2 & bit:
        b2 |= 1 << y
```

Was macht dieser Code-Teil? Schauen wir es uns Zeile für Zeile an:

- Die `for`-Schleife iteriert über die 8 Zeilen der aktuellen Spalte.
- `num1` ist das Byte für die obere Hälfte des Zeichens in der aktuellen Zeile.
- `num2` ist das Byte für die untere Hälfte des Zeichens in der aktuellen Zeile oder 0, wenn es keine zweite Hälfte gibt.
- `bit` ist die Bitmaske für das aktuelle Bit in der Spalte (z. B. 1, 2, 4, 8, 16, 32, 64, 128).
- Das erste `if` prüft, ob das aktuelle Bit in `num1` gesetzt ist; wenn ja, setzt es das entsprechende Bit in `b1`.
- Das erste `if` prüft, ob das aktuelle Bit in `num2` gesetzt ist; wenn ja, setzt es das entsprechende Bit in `b2`.

Speichern der vertikalen Bytes

Die berechneten vertikalen Bytes `b1` und `b2` werden in das Hexadezimalformat umgewandelt (`02x`) und dem `memory`-Array hinzugefügt:

```
memory.append(format(b1, '02x'))
memory.append(format(b2, '02x'))
```

Schreiben in eine Datei

Schließlich werden die gesammelten Hex-Werte in eine Datei namens *font.hex* geschrieben. Dazu wird die Datei *font.hex* im Schreibmodus geöffnet, und die gesammelten Hexadezimalwerte werden in die Datei geschrieben, getrennt durch Leerzeichen:

```
with open('font.hex', 'w') as file:
    file.write(' '.join(memory))
```

Somit haben wir mithilfe des Skripts die *Bitmap-Schriftartdatei monogram.json* in eine Datei mit dem Namen *font.hex* konvertiert, die wir nun zur Anzeige unserer Zeichen verwenden können.

10.9.4 Das Design der Text-Engine

Bevor wir das eigentliche Verilog-Modul implementieren können, müssen wir noch unseren Schlachtplan aufstellen. Die gesamte Text-Engine sieht in ihrer Funktionalität so aus, wie in Abbildung 10.26 skizziert.

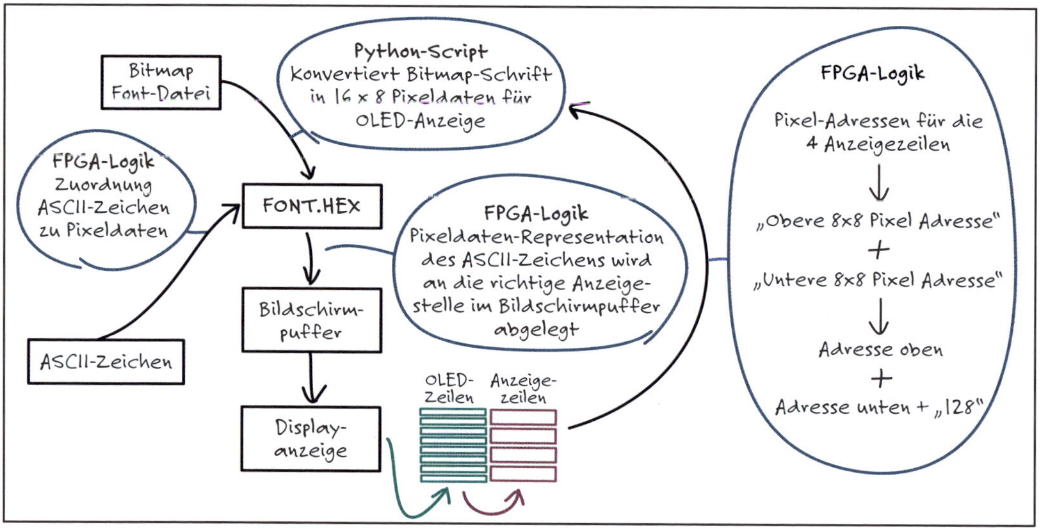

Abbildung 10.26 Übersicht über die Text-Engine

Gehen wir dies Schritt für Schritt durch, um die Punkte zu verstehen, die in der Übersicht zu sehen sind. In Abschnitt 10.8 hatten wir ein `pixelCounter`-Register, das jedes Byte eingelesen hat, das wir auf dem Bildschirm schreiben wollten. So hat es die Pixelinformation fortlaufend aus dem Bildschirmpuffer gelesen und auf dem Display dargestellt:

```
dataToSend <= screenBuffer[pixelCounter];
```

Damit wurde das Bild in einem Rutsch eingelesen und angezeigt.

Das ist eine recht einfache Methode, auf den Bildspeicher zuzugreifen. Bei einer realistischeren Nutzung des Displays würde man allerdings gezielt eine Speicheradresse abfragen und die dort gespeicherten Pixeldaten entgegennehmen und anzeigen wollen.

Bei unserer Text-Engine gehen wir deshalb einen anderen Weg. Wir haben eine Anzeige-Stelle, eine Position auf der Anzeige, an der wir dynamisch ein 16 × 8 Pixel großes Bild – das Zeichen – anzeigen wollen. Wenn also an dem einen Ende ein ASCII-Zeichen hineinkommt, wollen wir am anderen Ende das 16 × 8 Pixel große Bild, das dieses Zeichen repräsentiert, an einer in dem Moment dafür vorgesehenen Stelle auf dem Display anzeigen. Ist es das erste Zeichen der Zeichenkette »ABCD«, dann gehört das »A« an die erste Anzeigeposition und das »D« an die vierte Anzeigeposition. Das darzustellende Bild des ASCII-Zeichens muss folglich dynamisch ermittelt werden und die Position der Anzeige dieses Bildes (d. h. die Anzeigestelle dieses Zeichens) muss ebenfalls dynamisch ermittelt werden.

Es gibt nun mehrere Möglichkeiten, um so etwas zu implementieren:

- Wir ermitteln die Position und die anzuzeigenden Bilder zuerst, schreiben alles in der richtigen Reihenfolge in den Bildschirmpuffer und lesen diesen dann wieder in einem Rutsch aus.
- Wir aktualisieren den Inhalt des Bildschirmpuffers partiell an den Stellen, an denen sich die Anzeige verändert.

Wir hatten bei der Funktionsweise des SSD1306-Controllers besprochen, wie die Anzeige aus dem Bildschirmspeicher heraus aktualisiert wird:

> *Der Vorteil der Verwendung eines RAM-Bildschirmpuffers ist, dass der eigentliche Bildschirm unabhängig vom Master, der das Display-Modul steuert, aktualisiert werden kann und dass man auch nur eine spezifische Aktualisierung senden kann, um einen Teil des Bildes zu ändern. Der Rest der Anzeige wird den nicht aktualisierten Teil wie gehabt aus dem Bildschirmpuffer anzeigen.*

Genau diese Eigenschaft der Funktionsweise des OLED-Displays nutzen wir nun, um das Bild *dynamisch* zu erzeugen.

Möchten wir nun ein Zeichen auf dem Display darstellen, sind folgende Schritte notwendig:

1. Zuordnung des ASCII-Zeichens zu einem Bild aus 16 × 8 Pixeldaten
2. Ermitteln, in welcher der vier Anzeigezeilen der Buchstabe angezeigt werden soll
3. Ermitteln, an welcher Stelle dieser Anzeigezeile der Buchstabe angezeigt werden soll

4. Umrechnen, in welcher der acht OLED-Zeilen die obere und die untere Hälfte der Pixeldaten des 16×8-Bildes angezeigt werden sollen, und herausfinden, wie die dazugehörigen Adressen lauten
5. Den Befehl zur Aktualisierung der Display-Anzeige an den Controller senden, der daraufhin den aktualisierten Bildschirmpuffer ausliest

Wie wird dies nun in Verilog umgesetzt? Mit ein paar Grundkenntnissen in der Binärsprache können wir dies recht einfach in der Logik unseres FPGAs abbilden.

10.9.5 Die Zuordnungslogik der Adressen

Bevor wir damit beginnen, Zeichen in Zeilen aufzuteilen und uns eine Zuordnungslogik auszudenken, sollten wir die Handhabung dieser vier Anzeigezeilen vereinfachen, denn wir haben hier vier Zeilen mit jeweils 16 Zeichen. Ich denke, es ist einfacher, diese 4 Anzeigezeilen als ein einziges langes Array zu betrachten.

Vereinfacht dargestellt, sieht dies so wie in Abbildung 10.27 aus.

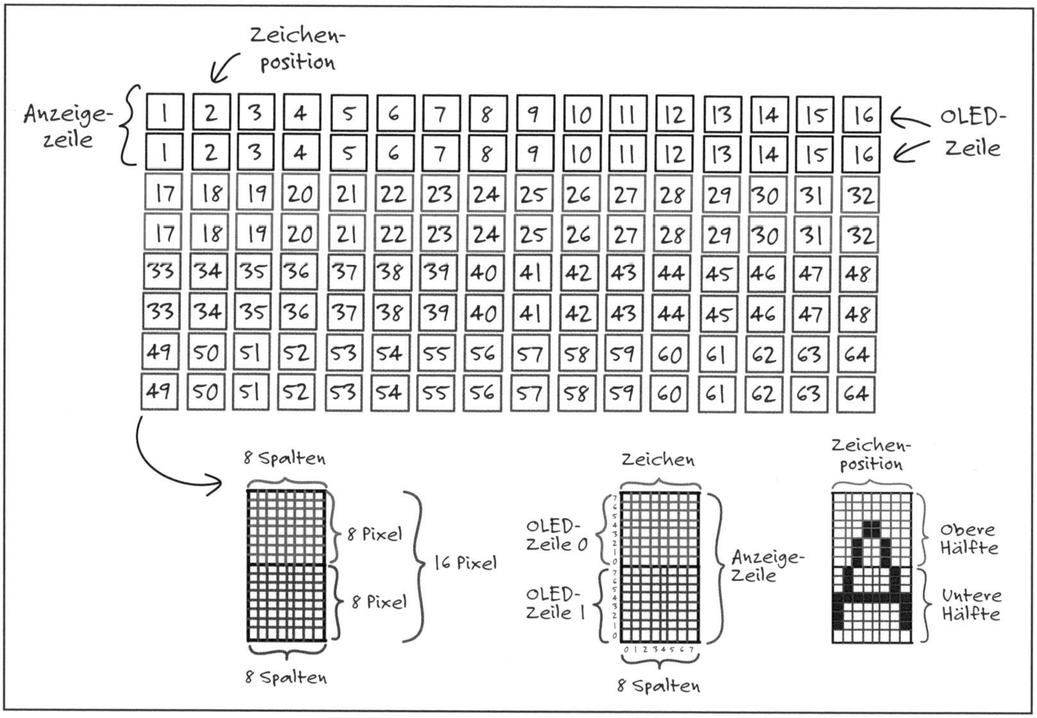

Abbildung 10.27 Anzeigematrix des OLED-Displays

- Eine Zeile entspricht einer OLED-Zeile.
- Zwei OLED-Zeilen, die farbig zusammengehören, repräsentieren eine Anzeigezeile.
- Die jeweiligen Zahlen bezeichnen die Anzeige-Stelle, an der ein Zeichen angezeigt werden kann.
- Die Organisation der Anzeige ist so aufgebaut, dass wir von links nach rechts gehen und dann zur nächsten Zeile wechseln.

Für jede der 64 möglichen Zeichen-Anzeige-Stellen können wir uns nun jeweils die Pixeladresse dieser Zeichen-Anzeigeposition organisieren. Dazu rufen wir uns noch einmal die Organisation der OLED-Zeilen und der Anzeigezeilen ins Gedächtnis: Je zwei Anzeigezeilen bilden den oben und unteren Teil eines Zeichens. Jedes Zeichen wiederum besteht aus 8 vertikalen Pixeln in jeder OLED-Zeile (siehe Abbildung 10.28).

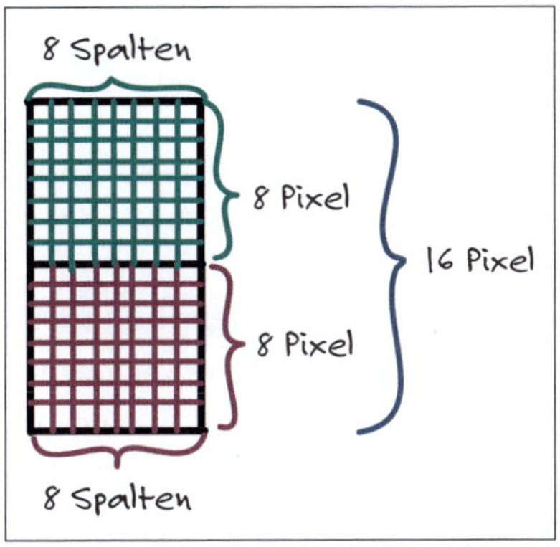

Abbildung 10.28 Die Pixel und Spaltenaufteilung einer Anzeigestelle

Um die Anzeige eines Zeichens innerhalb einer OLED-Zeile zu erreichen, benötigen wir einen Unterzähler für die 8 vertikalen Pixel, also die Spalten, eines Zeichens.

Jede Zahl des Index dieses Zählers repräsentiert somit 8 vertikale Pixel, die wir aus der Fonts-Datei holen werden. Die erste Zeile entspricht den *Anzeige-Stellen* 0 bis 15. Danach zählen wir die nächsten 16 Anzeige-Stellen weiter für die Darstellung der Zeichen in der nächsten OLED-Zeile.

Sobald das Abbilden der Pixeldaten zweier OLED-Zeilen (und damit einer Anzeigezeile) abgeschlossen ist, erhöhen wir den Zeilen-Index um eins und starten mit der nächsten Anzeigezeile. Hier wiederholen wir die gesamte Prozedur, um die beiden OLED-Zeilen zu füllen, und wenden uns dann wieder der nächsten Anzeigezeile zu.

Wir benötigen also eine eindeutige Adressierung der zum Zeichen gehörenden Pixel-Spalten auf dem Display.

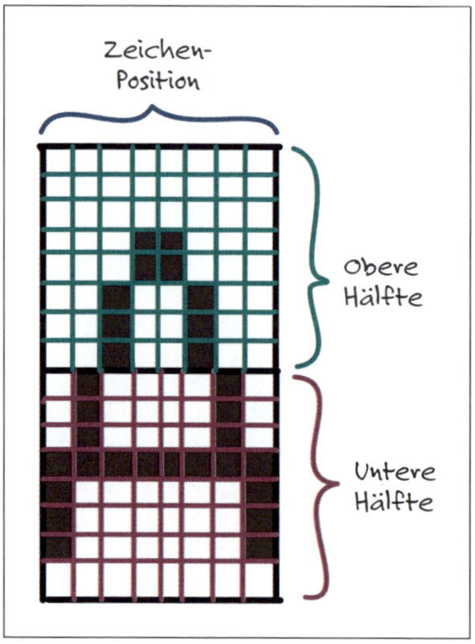

Abbildung 10.29 Die Darstellung eines Zeichens in einer Anzeigestelle

Hier können wir einen Trick nutzen, um uns die Implementierung der Logik einfacher zu machen: Wir denken wie ein FPGA. Das bedeutet, wir denken in Bits. Oder anders gesagt: Durch die Verwendung von Binärzahlen und die Aufteilung der Bits entsprechend den benötigten Schleifen (8 für die Spalten eines Zeichens und 16 für die Anzeige-Stellen einer Zeile) können wir die Adressierung und die Wiederholungsmuster automatisch durch den Überlauf der Binärstellen handhaben. So können wir das Überlauf-Bit als Flag für die obere oder untere OLED-Zeile verwenden. Den Rest der Bits verwenden wir dann als relative Adresse weiter. Mit einem Beispiel wird das klarer:

Jede OLED-Zeile besteht aus 128 Spalten.

Die Pixel-Spalten in der ersten OLED-Zeile haben die Adressen 0 bis 127:

0-7	8-15	16-23	24-31	32-39	40-47	48-55	56-63	64-71	72-79	80-87	88-95	96-103	104-111	112-119	120-127

Abbildung 10.30 Der OLED-Spaltenindex der ersten Zeile

Die Pixel-Spalten in der zweiten OLED-Zeile haben die Adressen 128 bis 255:

128-135	136-143	144-151	152-159	160-167	168-175	176-183	184-191	192-199	200-207	208-215	216-223	224-231	223-239	240-247	248-255

Abbildung 10.31 Der OLED-Spaltenindex der zweiten Zeile

Überlauf des Spaltenindex-Bits

Betrachten wir die Adresse der letzten Spalte in der ersten OLED-Zeile und die Adresse der ersten Spalte in der zweiten OLED-Zeile:

- 127 → 0111 1111
- 128 → 1000 0000

Hier sehen wir, dass ein Überlauf stattgefunden hat und nun die erste Stelle der Binärzahl auf 1 gewechselt ist und die anderen Stellen wieder auf 0 stehen.

Schauen wir uns nun die Adresse der ersten Spalte in der ersten OLED-Zeile an:

- 0 → 0000 0000

Wenn wir nur die hinteren sieben Bits der Spalte 0 betrachten, ist es die gleiche Adresse wie die hinteren sieben Bits der Spalte 128, der ersten Spalte in der zweiten OLED-Zeile.

Wenn wir also in Verilog das vorderste Bit als OLED-Zeilenindex verwenden, können wir anhand der 0 oder 1 sagen, ob es sich um den oberen oder unteren Teil eines Zeichens handelt. Die restlichen sieben Bits geben dann in beiden Fällen die gleiche Anzeigeposition an – wir verwenden also eine relative Adressierung.

Spaltenzähler

Wir benötigen nun eine Schleife für die 8 vertikalen Pixel einer jeden Pixelspalte. Dies bedeutet, dass wir 3 Bits der Adresse verwenden können, um die Spalten zu zählen, da $8 = 2^3$.

Zeilenindex

Der Zeilenindex muss alle 16 Stellen wechseln. Das bedeutet, dass wir die nächsten 4 Bits verwenden können, um die Zeichen-Position auf der Zeile zu zählen, da $16 = 2^4$.

Zyklus wiederholen

Da wir vier Anzeigezeilen mit jeweils 16 Zeichen verwenden, müssen wir sicherstellen, dass der gesamte Zyklus viermal stattfindet. Dies wird durch zwei weitere Bits der Adresse gehandhabt, da $4 = 2^2$.

Die Verwendung einer Pixelspalten-Adresse

Setzen wir diese ganzen Bits nun zusammen, um beispielsweise die Pixelspalten-Adresse 569 in unserer Display-Anzeige zu bestimmen.

Das OLED-Display hat eine Auflösung von 128 × 64 Pixeln, was wiederum als ein Array von 8192 (128 × 64) Pixeln betrachtet werden kann. Jede Spalte besteht aus 8 vertikalen Bits. Das bedeutet, wir verwenden 1024 (8192 / 8) Adressen. Das gesamte Adress-Array bezieht sich somit auf die Spalten der nativen 8 OLED-Zeilen, die der SSD1306-Controller steuert. Jede OLED-Zeile des Displays besteht aus 16 Zeichen, wobei jedes Zeichen aus 8 Spalten und 8 Zeilen besteht.

Aufteilung der Zeichen im Display

Das Display haben wir in 4 Anzeigezeilen organisiert (je zwei OLED-Zeilen sind zu einer Anzeigezeile zusammengefasst), damit die Zeichen größer und lesbarer sind, wobei aber jede Zeile weiterhin 16 Zeichen enthält. Insgesamt haben wir mit den 4 Anzeigezeilen 64 Zeichenpositionen (4 Zeilen × 16 Zeichen). Und wir verwenden das Überlauf-Bit, um bei der relativen Adressierung zu erkennen, ob es sich gerade um die obere oder untere Hälfte des Zeichens handelt, das gerade mit den Pixeln gemalt wird. Abbildung 10.32 zeigt die Aufteilung schematisch.

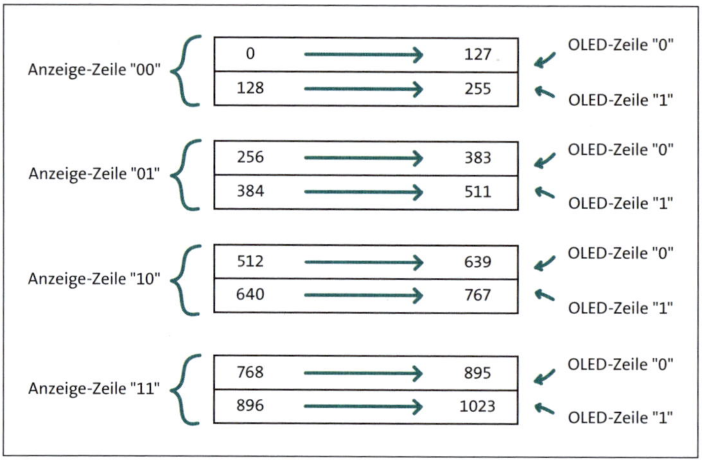

Abbildung 10.32 Die Organisation der OLED- und Anzeigezeilen sowie der Pixel-Spalten-Adressen

Berechnung der Pixel-Spalten-Adresse

Die Pixel-Spalten-Adresse bezieht sich in dieser gedachten Struktur nun auf die spezifische Position einer Pixel-Spalte des Displays, das aus 1024 Pixel-Spalten besteht. Wenn wir die Pixel-Spalten in einer fortlaufenden Reihenfolge von links oben nach rechts unten durchnummerieren, können wir eine eindeutige Adresse erhalten. Im Info-Kasten sehen Sie dazu ein Beispiel.

Binäre Betrachtung der Adresse 569:

Die Binärdarstellung der Adresse »569« lautet: 1000111001

Wir haben die 10 Bits der Adresse folgendermaßen organisiert:

- B9 B8 B7 B6 B5 B4 B3 B2 B1 B0
- Anzeigezeilen-Index = B9 B8
- OLED-Zeileninformation oben/unten = B7
- Zeichen-Positions-Index = B6 B5 B4 B3
- Spaltenzähler = B2 B1 B0

Entschlüsseln wir eine Anzeige-Adresse von hinten nach vorne:

- **Spaltenzähler (die unteren 3 Bits)**: `001` (Das entspricht einer 1 im Dezimalformat.)
  Dies zeigt, dass es sich um die 2. Spalte (die Zählung beginnt bei »0«) innerhalb des Zeichens handelt.
- **Zeichen-Positions-Index (nächste 4 Bits)**: `0111` (Das entspricht »7« im Dezimalformat.)
  Dies zeigt an, dass es sich um die 8. Zeichen-Anzeigeposition in der Zeile handelt.
- **OLED-Zeileninformation (Bit `B7`)**: `0` (obere Hälfte des Zeichens)
  Dies zeigt, dass es sich um die obere Hälfte des Zeichens handelt, also um die 1. Zeile der beiden zusammengefassten OLED-Zeilen.
- **Zeilen-Index** `B9 B8`: `10` (Das entspricht »2« im Dezimalformat.)
  Dies zeigt an, dass es sich um die 3. Anzeigezeile handelt.

Nun wissen wir, wie der Schlachtplan aussieht, und können diese Logik mit Verilog in den FPGA »gießen«.

10.9.6 Der Verilog-Code

Was ist zu tun?

- Wir konfigurieren das Bildschirmmodul so, dass es die Pixeladresse ausgibt (`pixelAddress`) und die Pixeldaten von einem externen Modul empfängt (`pixelData`).
- Wir verbinden die `pixelCounter`-Variable mit `pixelAddress`, um die aktuelle Pixeladresse bereitzustellen.

Wir müssen eine Änderungen am bisherigen Code in der Datei *spi-oled-text-screen.v* vornehmen, damit das Verilog-Modul die Daten von einem externen Modul anstelle des `screenBuffer` empfängt. Dazu übergeben wir die Pixel-Byte-Adresse an das neue Modul und nehmen die gewünschten Pixeldaten für diese Adresse entgegen:

```
output [9:0] pixelAddress,
input [7:0] pixelData
```

Um die Pixeladresse zu ermitteln, können wir die bereits vorhandene `pixelCounter`-Variable verwenden:

```
assign pixelAddress = pixelCounter;
```

Die letzte Änderung, die wir vornehmen müssen, ist das Aktualisieren des Zustands zum Laden der Daten, sodass die Daten vom Eingabeparameter anstelle des `screenBuffer` übernommen werden:

```
STATE_LOAD_DATA: begin
    pixelCounter <= pixelCounter + 1;
    cs <= 0;
    dc <= 1;
    bitNumber <= 3'd7;
    state <= STATE_SEND;
    dataToSend <= pixelData;
end
```

Die letzte Zeile verwendet `dataToSend` für die Daten, die wir über `pixelData` erhalten. Abgesehen davon können wir die beiden Zeilen für den `screenBuffer` löschen, da wir diese Methode für das Bild, das wir damit geladen haben, nicht mehr benötigen:

```
reg [7:0] screenBuffer [1023:0];
initial $readmemh("image.hex", screenBuffer);
```

Unser Bildschirmmodul ist jetzt bereit, mit dem neuen Text-Engine-Modul zu interagieren.

Das Text-Engine-Modul

Beginnen wir mit dem Text-Engine-Modul: Erstellen Sie eine neue Datei namens *spi-oled-text-te.v* mit folgendem Inhalt:

```
module textEngine (
    input clk,
    input [9:0] pixelAddress,
    output [7:0] pixelData
);
    reg [7:0] fontBuffer [1519:0];
    initial $readmemh("font.hex", fontBuffer);
endmodule
```

Die Parameter, die von diesem Modul entgegengenommen werden, entsprechen dem, was wir in der Datei *spi-oled-text-screen.v* definiert haben. Hier in diesem Modul empfangen wir die `pixelAddress` und müssen die Daten für dieses Pixel, mit `pixelData`, ausgeben.

Im diesem `textEngine`-Modul erstellen wir einen Speicher für unsere Schriftart, wobei jeder Index in diesem Array ein einzelnes Byte speichert. Bei 95 Zeichen mit je 16 Bytes benötigen wir insgesamt 1520 Bytes. Die nächsten Zeilen lädt die von unserem Python-Script generierte *font.hex*-Datei in diesen Speicher.

Als Nächstes wissen wir, wie wir die Adresse von einem Pixelindex in den gewünschten Zeichenindex, die Spaltenadresse und in die Information, ob wir uns in der oberen oder unteren Zeile befinden, aufteilen können. Dafür definieren wir uns erst einmal die entsprechenden Signalverbindungen und ein Register:

```
wire [5:0] charAddress;
wire [2:0] columnAddress;
wire topRow;
reg [7:0] outputBuffer;
```


Wir benötigen auch einen Puffer, um das Ausgabebyte zu speichern. Die Verknüpfung dieser Elemente ist einfach, da wir die Zuordnung verstehen:

```
assign charAddress = {pixelAddress[9:8], pixelAddress[6:3]};
assign columnAddress = pixelAddress[2:0];
assign topRow = !pixelAddress[7];
assign pixelData = outputBuffer;
```

Die Spaltenadresse `columnAddress` sind die letzten 3 Bits, die Zeichenadresse `charAddress` besteht aus einem unteren 16-Bit-Zähler `pixelAddress[6:3]`, für den Positions-Index und einem höheren 4-Bit-Zähler `pixelAddress[9:8]`, für die Anzeigezeile. Für das Flag, das angibt, ob wir uns in der oberen oder unteren Zeile befinden, können wir einfach das Bit Nummer 8, also B7, betrachten: Es ist `0`, wenn wir uns in der oberen Zeile befinden, und `1`, wenn es die zweite Iteration ist und wir uns in der unteren Zeile befinden. Wir invertieren es, um es dem Flag-Namen anzupassen. Zuletzt verbinden wir den `outputBuffer` mit der `pixelData`-Ausgangsleitung.

Vergessen wie wir hier darauf kommen? Schauen Sie sich nochmal den Infokasten »Binäre Betrachtung der Adresse 569« an. Grafisch dargestellt sieht dies so aus:

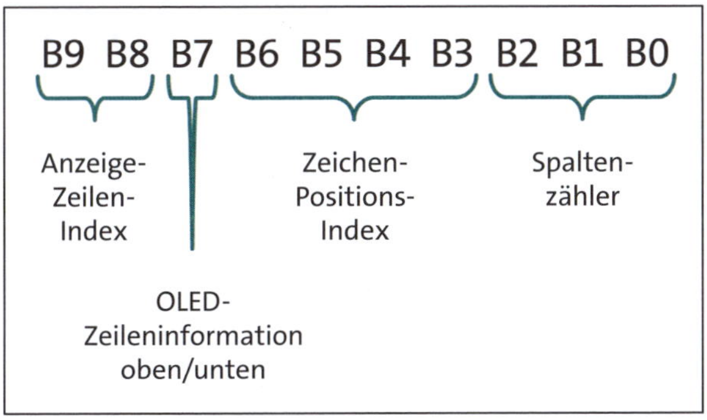

Abbildung 10.33 Aufteilung der Binärstellen für die Adressierung eines Zeichens

Mit der gesamten Zuordnung können wir uns nun ansehen, wie wir einen Buchstaben in Pixel umwandeln.

Ein Designproblem bei der Text-Engine

Ein kleiner Einschub ist an dieser Stelle angebracht, denn genau hier kam es bei diesem Design zu einem Problem mit einem der FPGAs, das sich gut als Beispiel eignet.

Die OLED-Display-Beispielprojekte in diesem Buch sind sowohl für den Tang Nano 9K als auch den IceZero verfügbar. Ich fand es sinnvoll, diese praktische Text-Engine auf beiden FPGAs verfügbar zu haben, und habe die jeweiligen Designs für Sie erstellt.

Beim Place-and-route der Text-Engine für den Tang Nano 9K hatte *nextpnr* allerdings ein Problem mit dem Quellcode. Die Zuweisung des Speichers für die *font.hex*-Datei schlug mit folgender Fehlermeldung fehl:

```
ERROR: Unable to place cell 'te.fontBuffer.0.0', no BELs remaining to
implement cell type 'SPX9'
```

Die Fehlermeldung `Unable to place cell` bedeutet, dass *nextpnr* nicht genügend Ressourcen für das Platzieren und Routen des Speichers zur Verfügung hatte. Das sollte aber eigentlich nicht passieren, denn das Design der Text-Engine für den FPGA auf dem Tang Nano 9K ist klein und belegt nur einen Bruchteil der Ressourcen in seinem GW1NR-9C-Chip.

Der Verilog-Code der Stelle, die diese Fehlermeldung verursacht, sieht so aus:

```
reg [7:0] fontBuffer [1519:0];
initial $readmemh("font.hex", fontBuffer);
```

Wir erstellen hier einen Speicher für unsere Schriftart mit 1520 Bytes und in der nächsten Zeile laden wir die *font.hex*-Datei in diesen Speicher.

Auf dem IceZero-Board mit dem iCE40HX funktioniert dieser Code-Teil ohne Probleme und *arachne-pnr* kann die Platzierung und alle Verbindungen auf dem FPGA anlegen. Das war auch in der Ausgabe des Place-and-route-Tools zu sehen:

```
After placement:
PIOs        10 / 107
PLBs        72 / 960
BRAMs       3 / 32
```

Auf dem iCE40HX wurden drei BRAM-Blöcke alloziert. Nur auf dem GW1NR-9C klappte es leider nicht.

Das Problem mit diesem Code ist ein typisches *»Aber das hat doch gestern noch funktioniert«*-Problem. Mit einer deutlich älteren Version von `nextpnr` war dieser Code nämlich ohne Probleme gelaufen.

Mein nächster Lösungsversuch war die Verwendung eines Pragmas, um diese Code-Zeile explizit als Block-RAM zu definieren und so *Yosys* und *nextpnr* anzuweisen, den Speicher anders im FPGA zu erstellen:

```
(* ramstyle = "block" *) reg [7:0] fontBuffer [1519:0];
initial $readmemh("font.hex", fontBuffer);
```

Das hat *natürlich* nicht funktioniert, weil wenn was schief geht, geht alles schief!

Okay, wenn es so nicht geht, dann kann man nur noch die Verwendung des Speichers verändern. Mein Gedanke war dann, irgendwie den benötigten Speicher zu verkleinern. Also schaute ich mir die ASCII-Tabelle der Zeichen noch einmal an. Beim Betrachten der Zeichen konnte ich sehen, dass ich die Zeichen in Blöcke organisieren könnte, wenn ich die hex-Adressen der Zeichen im Code nutzen könnte (siehe Tabelle 10.6).

Char	Dec	Hex	Char	Dec	Hex	Char	Dec	Hex
	32	20	!	33	21	"	34	22
#	35	23	$	36	24	%	37	25
&	38	26	'	39	27	(	40	28
)	41	29	*	42	2A	+	43	2B
,	44	2C	-	45	2D	.	46	2E
/	47	2F	0	48	30	1	49	31
2	50	32	3	51	33	4	52	34
5	53	35	6	54	36	7	55	37
8	56	38	9	57	39	:	58	3A
;	59	3B	<	60	3C	=	61	3D
>	62	3E	?	63	3F	@	64	40
A	65	41	B	66	42	C	67	43
D	68	44	E	69	45	F	70	46
G	71	47	H	72	48	I	73	49

Tabelle 10.6 Die ASCII-Zeichen, in sechs Blöcke eingeteilt

Char	Dec	Hex	Char	Dec	Hex	Char	Dec	Hex
J	74	4A	K	75	4B	L	76	4C
M	77	4D	N	78	4E	O	79	4F
P	80	50	Q	81	51	R	82	52
S	83	53	T	84	54	U	85	55
V	86	56	W	87	57	X	88	58
Y	89	59	Z	90	5A	[	91	5B
\	92	5C	]	93	5D	^	94	5E
_	95	5F	`	96	60	a	97	61
b	98	62	c	99	63	d	100	64
e	101	65	f	102	66	g	103	67
h	104	68	i	105	69	j	106	6A
k	107	6B	l	108	6C	m	109	6D
n	110	6E	o	111	6F	p	112	70
q	113	71	r	114	72	s	115	73
t	116	74	u	117	75	v	118	76
w	119	77	x	120	78	y	121	79
z	122	7A	{	123	7B	|	124	7C
}	125	7D	~	126	7E			

Tabelle 10.6 Die ASCII-Zeichen, in sechs Blöcke eingeteilt (Forts.)

Die 20er Adressen sind in rot zu sehen, die 30er Adressen in grün, und so weiter ...

... nach einer schnellen Änderung des Python-Skripts *generate-font.py* für die Erstellung der *font.hex*-Datei konnte ich die Zeichen somit in sechs Hex-Dateien unterteilen und diese einlesen:

```
reg [7:0] fontBuffer2 [0:255];  // für Zeichen 0x20-0x2F
reg [7:0] fontBuffer3 [0:255];  // für Zeichen 0x30-0x3F
reg [7:0] fontBuffer4 [0:255];  // für Zeichen 0x40-0x4F
reg [7:0] fontBuffer5 [0:255];  // für Zeichen 0x50-0x5F
reg [7:0] fontBuffer6 [0:255];  // für Zeichen 0x60-0x6F
reg [7:0] fontBuffer7 [0:239];  // für Zeichen 0x70-0x7E- font7.hex
                                // hat ein Zeichen weniger
```

```
// Initialisieren der Buffer aus den Hex-Dateien
initial begin
    $readmemh("font2.hex", fontBuffer2);
    $readmemh("font3.hex", fontBuffer3);
    $readmemh("font4.hex", fontBuffer4);
    $readmemh("font5.hex", fontBuffer5);
    $readmemh("font6.hex", fontBuffer6);
    $readmemh("font7.hex", fontBuffer7);
end
```

Listing 10.57 Neuer Code-Block zum Einlesen kleinerer Font-Dateien

Die neuen Font-Dateien beinhalteten nun jeweils die Zeichen eines Adressbereichs, wobei die letzte Datei ein wenig kleiner wurde als die vorherigen Speicherblöcke, weil dort ein Zeichen weniger enthalten ist. Aus diesem Grund konnte ich den dafür benötigten Speicherplatz auf 239 Bytes reduzieren. (Die Größe dieses Speicherbereichs hätte auch ohne negative Auswirkungen bei 256 Bytes bleiben können, aber dann hätte iVerilog bei der Testbench weiterhin wegen meiner gedankenlosen Verschwendung von Speicherplatz und Ressourcen eine Warnung ausgegeben. Das wollte ich mir ersparen.)

Nun, da ich endlich die gesamten Daten für die Schriftzeichen in den Tang Nano 9K einlesen konnte, musste ich den Verilog-Code noch so anpassen, dass das Auslesen der Daten sich nun aus dem richtigen Speicherplatz bedient. Dafür erstellte ich einen neuen always-Block, der die Hex-Adresse des Zeichens beim Zugriff auf die richtige Fonts-Datei berücksichtigt:

```
// always-Block für die aufgeteilen Buffer
always @(posedge clk) begin
    if (chosenChar >= 8'h20 && chosenChar <= 8'h2F) begin
        outputBuffer <= fontBuffer2[fontOffset];
    end else if (chosenChar >= 8'h30 && chosenChar <= 8'h3F) begin
        outputBuffer <= fontBuffer3[fontOffset];
    end else if (chosenChar >= 8'h40 && chosenChar <= 8'h4F) begin
        outputBuffer <= fontBuffer4[fontOffset];
    end else if (chosenChar >= 8'h50 && chosenChar <= 8'h5F) begin
        outputBuffer <= fontBuffer5[fontOffset];
    end else if (chosenChar >= 8'h60 && chosenChar <= 8'h6F) begin
        outputBuffer <= fontBuffer6[fontOffset];
    end else if (chosenChar >= 8'h70 && chosenChar <= 8'h7E) begin
        outputBuffer <= fontBuffer7[fontOffset];
    end else begin
```

```
            outputBuffer <= 8'h00;
        end
    end
```

Listing 10.58 Durch diesen Code wird die Hex-Adresse des Zeichens bei der Auswahl des richtigen Speicherplatzes berücksichtigt.

Mehr war nicht nötig. Die Toolchain konnte nun die Synthese und das Place-and-route durchführen und die Text-Engine funktionierte nun auch auf dem Tang Nano 9K.

Es kann jederzeit mal passieren, dass eine neuere Version eines Tools in der Toolchain zu einem unvorhergesehenen Problem führt. Eine Möglichkeit ist es dann, das Software-Tool zu fixen. Eine andere kann darin bestehen, den Quellcode zu ändern. Was die beste Strategie ist, muss von Fall zu Fall entschieden werden. In diesem Fall war es mir wichtig, dass der Quellcode bei allen meiner Leser und Leserinnen funktioniert, und zwar auch mit der aktuellen Version der Software-Tools in der Toolchain.

Sie können sich die Änderungen, die ich zur Behebung des Problems angewendet habe, noch mal im Detail in der Datei *spi-oled-text-te.v* anschauen, indem Sie diese Datei im Projektverzeichnis des Tang Nano 9K mit der Version im Verzeichnis des IceZero-Boards vergleichen. Auch die Änderung am Python-Skript *generate-font.py* können Sie durch einen Vergleich der beiden Versionen nachvollziehen.

Somit ist das Problem also behoben bzw. umgangen, machen wir nun mit dem Design der Text-Engine weiter …

Einen Buchstaben in Pixel umwandeln

Schauen wir uns konkret an, wie wir einen Buchstaben mit den gerade vorbereiteten Zuordnungsdaten umwandeln können.

Zu Beginn erstellen wir einige weitere Signalverbindungen, um den aktuellen Buchstaben und den Buchstaben, den wir anzeigen möchten, zu speichern:

```
wire [7:0] charOutput, chosenChar;
```

Wir nutzen zwei Variablen dafür, weil unser Schriftzeichenspeicher nur Werte für die ASCII-Zeichencodes 32 bis 126 enthält. Andere Zeichencodes würden ein undefiniertes Verhalten erzeugen, weil sie nicht im Speicher enthalten sind und die Logik im FPGA dann unvorhergesehen reagieren kann. Daher wird `charOutput` für den tatsächlichen Buchstaben verwendet, den wir ausgeben möchten, und `chosenChar` wird dabei prüfen, ob er im Speicher enthalten ist. Falls er nicht vorhanden ist, ersetzen wir den Buchstaben durch ein Leerzeichen (Zeichencode 32), sodass die Anzeige-Stelle leer bleibt:

```
assign chosenChar = (charOutput >= 32 && charOutput <= 126) ?
       charOutput : 32;
```

In der Art und Weise, wie wir unsere Schriftartdaten gespeichert haben, erhalten wir zuerst die 8 Pixel der oberen Hälfte des Zeichens, dann die 8 Pixel der unteren Hälfte des Zeichens, dann wieder die 8 Pixel der oberen Hälfte, usw.

Wenn wir beispielsweise die Pixeldaten des Buchstabens »A« aus dem Speicher erhalten möchten, verwenden wir seinen ASCII-Code 65 für den Zugriff. Da die im Speicher abgelegten ASCII-Zeichen bei 32 beginnen, ziehen wir die entsprechende Zahl ab, um die nicht im Speicher vorhandenen Zeichen zu überspringen. Die so erhaltene Zahl 33 müssen wir mit 16 multiplizieren (da jedes Zeichen 16 Bytes lang ist), um die richtige Stelle im Speicher auszulesen, was uns als Ergebnis 528 liefert. Dies ist die Startadresse des Zeichens »A«: Es ist das 528. Byte im Speicher.

Wenn wir nun beispielsweise die Pixeldaten für den Spaltenindex 3 haben möchten und wissen, dass jede Spalte 2 Bytes hat, müssten wir weitere 6 Bytes überspringen. Und wir wissen auch, dass das erste Byte für die obere Zeile und das zweite Byte für die untere Zeile des Zeichens vorgesehen ist. Je nachdem, welche Zeile wir benötigen, überspringen wir deshalb gegebenenfalls ein weiteres Byte. In Verilog-Code sieht das so aus:

```
((chosenChar-8'd32) << 4) + (columnAddress << 1) + (topRow ? 0 : 1)
```

Wir nehmen jetzt den Buchstaben, den wir anzeigen möchten, und ziehen 32 ab, um den Offset vom Anfang des Speichers zu erhalten. Wir multiplizieren dieses Ergebnis mit 16 (indem wir 4-mal nach links shiften), um den Anfang des Zeichens zu erhalten. Dann addieren wir die Spaltenadresse, multipliziert mit 2 (wieder durch ein Shift um 1 nach links), und fügen optional 1 hinzu, wenn wir in der unteren Zeile sind.

In einen always-Block geschrieben können wir so auf das genaue Byte aus dem Schriftartenspeicher zuzugreifen:

```
always @(posedge clk) begin
    outputBuffer <= fontBuffer[
     ((chosenChar-8'd32) << 4) +
     (columnAddress << 1) +
     (topRow ? 0 : 1)
    ];
end
```

Mit dieser `outputBuffer`-Zeile ordnen wir den gewünschten Buchstaben den exakten Pixeln für die spezifische Spalte und Zeile zu. Das Einzige, was fehlt, ist zu wissen, welcher Buchstabe ausgegeben werden soll. Aber für den Moment können wir diesen Buchstaben einfach händisch definieren:

```
assign charOutput = "A";
```

Jetzt sollte bei einem Test der Text-Engine das Display den Buchstaben »A« für alle Zeichenpositionen anzeigen (siehe Abbildung 10.34).

Abbildung 10.34 Das Testpattern »A« als Funktionstest der Text-Engine

Die Module verbinden

Um das Design der Text-Engine fertigzustellen, benötigen wir ein weiteres Modul, das unsere beiden Module `screen` und `textEngine` miteinander verbindet.

Erstellen Sie eine neue Datei namens *spi-oled-text.v*, die das Haupt-Modul `top` unseres Designs enthält:

```
module top
(
    input clk,
    output ioSclk,
    output ioSdin,
    output ioCs,
    output ioDc,
    output ioReset
);
    wire [9:0] pixelAddress;
    wire [7:0] pixelData;
    screen scr(
        clk,
        ioSclk,
        ioSdin,
        ioCs,
        ioDc,
        ioReset,
        pixelAddress,
        pixelData
```

```
    );
    textEngine te(
        clk,
        pixelAddress,
        pixelData
    );
endmodule
```

Listing 10.59 Das neue Haupt-Modul der Text-Engine

Dieses Modul enthält zu Beginn alle Signalverbindungen aus der zum Design gehörenden Constraints-Datei *spi-oled-text.cst*.

Dann benötigen Sie noch die `wire`-Verbindungen für die Übertragung der Adresse `pixelAddress` und der Daten `pixelData`, die übertragen werden sollen.

Das erste Modul, das wir definieren, ist eine Instanz unseres Bildschirmmoduls `scr`, und das zweite Modul ist unsere neue Text-Engine `te`.

Die Reihenfolge der beiden Module in dieser Datei spielt keine Rolle, solange die Parameter in der richtigen Reihenfolge übergeben werden. Durch die Verwendung derselben `wire`-Signalverbindungen für beide Module wird die Daten-Verbindung zwischen `scr` und `te` hergestellt und ermöglicht die Kommunikation.

Alle Zeichen anzeigen

Wir können jetzt prinzipiell jedes der 95 Zeichen dynamisch anzeigen. Was noch fehlt, ist eine Methode, um abzuspeichern, welches Zeichen sich an welcher Zeichenposition befindet.

Um dies zu erreichen, könnten wir einen 64-Byte-Speicher verwenden, wobei ein Byte für jede Zeichen-Anzeigeposition auf dem Bildschirm steht (siehe Abbildung 10.27). Um ein wenig in die Zukunft zu planen, teilen wir die vier Anzeigezeilen des Displays in vier Speicherbereiche auf. In Fällen, in denen mehrere Module eines Designs gleichzeitig den Bildschirm aktualisieren möchten, ist es notwendig, mehrere Speicherbereiche zu verwenden, um einen parallelen Zugriff zu ermöglichen. Sie können so beispielsweise in der ersten Zeile den Akkustand ausgeben, in der zweiten Zeile den Füllstand eines Speichers, in der dritten Zeile die CPU-Belastung und in der vierten Zeile eine Übertragungsrate. All diese Informationen kommen dann von verschiedenen Modulen im Design und diese übermitteln ihre Informationen zum jeweiligen Speicherbereich, um ihre Anzeigezeile zu aktualisieren. Diese Aufteilung ist die einfachste Methode, verschiedenen Teilen Ihres Designs den parallelen Zugriff zu ermöglichen, und verhindert mögliche Konflikte. Andere Methoden wären die Nutzung eines *Arbiter-Moduls*, das den Zugriff anhand von Prioritätsregeln oder einem Round-Robin-Verfahren steuert, oder durch einen

FIFO-Puffer, der den Zugriff ordnet und Zugriffskonflikte verhindert. Aber die vier Speicherbereiche in diesem Beispiel-Projekt sind eine einfache Methode, die ihren Zweck erfüllt und die Komplexität dieses Designs nicht noch weiter steigert.

In unserem Beispiel wollen wir ein Modul erstellen, das eine einzelne Anzeigezeile darstellt. Wenn dies funktioniert, können wir einfach vier dieser Module instanziieren, um den gesamten Bildschirm zu füllen:

```
module textRow #(
    parameter ADDRESS_OFFSET = 8'd0
) (
    input clk,
    input [7:0] readAddress,
    output [7:0] outByte
);
    reg [7:0] textBuffer [15:0];
    assign outByte = textBuffer[(readAddress-ADDRESS_OFFSET)];
endmodule
```

Listing 10.60 Verilog-Modul zur Darstellung einer einzelnen Textzeile auf einem OLED-Display

In der Datei *spi-oled-text-tr.v* können wir dieses Modul erstellen, das eine ASCII-Zeichenadresse (0 bis 63) erhält und ein Byte (8 Pixel Bits) aus den 16 Bytes (2 × 8 Pixel-Spalten) im `textBuffer` für seine Zeile zurückgibt.

Wir haben auch einen Parameter `ADDRESS_OFFSET`, mit dem wir die Zeilen um 16 Zeichen versetzen können. Die erste Zeile wird also die Zeichen 0 bis 15 aus dem Puffer für die Zeichenadresse 0 bis 15 ausgeben. Die zweite Zeile muss jedoch ebenfalls die Zeichen 0 bis 15 ausgeben, obwohl der Zeichenindex 16 bis 31 beträgt. Daher übergeben wir hier eine 16 als `ADDRESS_OFFSET`, um diese Differenz zu subtrahieren.

Das letzte Stück Verilog-Code, den wir hier brauchen, ist die Initialisierung des Speichers. Bisher haben wir eine Datei mit einem von uns erstellten Speicherinhalt geladen, aber hier haben wir keine solche Datei, also müssen wir den Speicherbereich manuell initialisieren.

```
integer i;
initial begin
    for (i=0; i<15; i=i+1) begin
        textBuffer[i] = 48 + ADDRESS_OFFSET + i;
    end
end
```

Listing 10.61 Initialisierung des textBuffer-Speichers in Verilog

Dadurch werden alle 16 Zeichen-Anzeigepostionen in einer Schleife durchlaufen und es wird ein Anfangswert gesetzt, sodass die Toolchain beim Synthetisieren und Place-and-route weiß, wie sie in den erstellten Speicher vorinitialisieren soll. Ohne diese Werte könnte der Speicher zufällige Daten enthalten, was zu unerwartetem Verhalten führen kann. Dies ist auch für eine Simulation des Designs wichtig, denn solch vordefinierte Anfangswerte erleichtern die Verifikation und das Debugging des Designs durch einen bekannten Anfangszustand.

Wir können jetzt unser Modul erweitern und die besprochenen vier Instanzen unserer Anzeigezeile in der Datei *spi-oled-text-te.v* hinzufügen:

```
wire [7:0] charOutput1, charOutput2, charOutput3, charOutput4;
textRow #(6'd0) t1(
    clk,
    charAddress,
    charOutput1
);
textRow #(6'd16) t2(
    clk,
    charAddress,
    charOutput2
);
textRow #(6'd32) t3(
    clk,
    charAddress,
    charOutput3
);
textRow #(6'd48) t4(
    clk,
    charAddress,
    charOutput4
);
```

Listing 10.62 Instanziierung mehrerer textRow-Module zur Darstellung von vier Textzeilen

Diese 4 Instanzen, jede mit einem Offset von 16 zur vorherigen, ist jeweils für eine Anzeigezeile zuständig.

Wir können nun die alte Zuweisung an `charOutput` durch die folgende ersetzen:

```
assign charOutput = (charAddress[5] && charAddress[4]) ? charOutput4 :
                    (charAddress[5]) ? charOutput3 :
                    (charAddress[4]) ? charOutput2 :
                    charOutput1;
```

Listing 10.63 Ersetzung der charOutput-Zuweisung durch eine bedingte Auswahl der Textzeilen-Ausgabe

Hier werden die 4 Werte gemultiplext und es wird nur der Wert der aktuellen Zeile betrachtet. Wir hatten festgelegt, dass die oberen beiden Bits der Zeichenadresse, B9 und B8, die Anzeige-Zeilennummer darstellen. Wenn der Inhalt 3 ist (wenn beide Bits gesetzt sind, also »11« lauten), dann ist es die vierte Anzeigezeile. Wenn die Bits auf »10« stehen, dann ist es die dritte Anzeige-Zeile; bei »01« ist es die zweite Anzeigezeile, und schließlich bei »00« ist es die erste Anzeigezeile.

Wenn wir diesen Code nun synthetisieren und auf den FPGA laden, sollten wir ein Testpattern auf allen Anzeigezeilen erhalten, die mit verschiedenen Zeichen gefüllt worden sind. Abbildung 10.35 zeigt das Erfolgserlebnis.

Abbildung 10.35 Testpattern unserer Zeichen auf dem OLED-Display

So weit, so gut. Nun möchten wir aber auch einen spezifischen Text ausgeben lassen können. Dafür ändern wir die Datei *spi-oled-text-tr.v* so wie in Listing 10.64 dargestellt:

```
module textRow #(
    parameter ADDRESS_OFFSET = 8'd0
) (
    input clk,
    input [7:0] readAddress,
    output [7:0] outByte
);
    reg [7:0] textBuffer [15:0];
    integer i;
    initial begin
        for (i=0; i<15; i=i+1) begin
            textBuffer[i] = 0;
        end
        textBuffer[0] = "T";
        textBuffer[1] = "A";
        textBuffer[2] = "N";
        textBuffer[3] = "G";
        textBuffer[4] = " ";
        textBuffer[5] = "N";
```

```
        textBuffer[6] = "A";
        textBuffer[7] = "N";
        textBuffer[8] = "O";
        textBuffer[9] = " ";
        textBuffer[10] = "9";
        textBuffer[11] = "K";
    end
    assign outByte = textBuffer[(readAddress-ADDRESS_OFFSET)];
endmodule
```

Listing 10.64 Initialisierung des textBuffer mit einem spezifischen Text in Verilog

Damit sollten Sie die Ausgabe aus Abbildung 10.36 auf Ihrem Display erhalten:

Abbildung 10.36 Ausgabe eines Strings auf dem OLED mithilfe der Text-Engine

Damit wäre es geschafft: Sie haben Ihre erste eigenen Text-Engine gebaut. Glückwunsch!

Wie kommt man überhaupt auf so etwas Kompliziertes?

Das ist möglicherweise die Frage, die Sie sich nach Abschluss dieses Beispielprojekts stellen. Die Antwort haben Sie wahrscheinlich auch schon gehört: *Es ist noch kein Meister vom Himmel gefallen.*

Es dauert Jahre und erfordert viel Erfahrung, bis man sich solch eine Hardware-nahe Implementierung bei Bedarf ausdenken kann. Dabei muss man das Problem der Arbeitsweise des OLED-Controllers berücksichtigen, die gewünschte Logik-Vereinfachung im FPGA erreichen (denn der Platz darin ist teuer und begrenzt) und dann auch noch wie ein FPGA denken und mit einzelnen Bits und geshifteten Registern jonglieren. Und all das oft mit zu wenig Schlaf und zu viel Kaffee.

Aber so ist das Leben eines Hardware-Engineers, der FPGA-Designs entwickelt.

10.9.7 Das Makefile

Das Makefile dieses Designs ist Ihnen schon aus den vorherigen Beispielprojekten bekannt. Die einzige Änderung betrifft das Einbinden der zusätzlichen Verilog-Dateien:

```
# Name des Projekts
PROJ = spi-oled-text
# Pfad zur Pin-Konfigurationsdatei CST
PIN_DEF = $(PROJ).cst
# Name der Haupt-Verilog-Quelldatei
SOURCE = $(PROJ).v
# Zusätzliche Verilog-Quelldateien, die einbezogen werden sollen
SOURCE_ADDON = spi-oled-text-screen.v spi-oled-text-te.v spi-oled-text-tr.v
```

Listing 10.65 Die Variablendefinition des Makefiles

Der Rest des Makefiles besteht aus den Ihnen schon bekannten Zielen zur Synthetisierung und zum Laden des erzeugten Bitstreams auf den FPGA.

10.9.8 Den FPGA konfigurieren

Achten Sie darauf, dass eine *fonts.hex*-Datei im Projektverzeichnis vorhanden ist. Falls diese nicht vorliegt, können Sie diese mit dem schon besprochenen Python-Skript *generate-font.py* erstellen. Danach führen Sie wie gewohnt diese Befehle im Projektverzeichnis aus:

```
make clean && make && make prog
```

Danach sollte das OLED-Display Ihres FPGAs zum Leben erwachen und die gewünschten Zeichen aus der Datei *spi-oled-text-tr.v* anzeigen.

10.9.9 Was haben Sie gelernt?

In diesem Abschnitt haben Sie bei der Programmierung eines OLED-Displays mit Verilog wichtige neue Konzepte und Techniken kennengelernt. Ein Aspekt war die Initialisierung und Verwendung von Speicher. Sie haben gelernt, wie man `initial`-Blöcke nutzt, um Speicherbereiche vorab mit definierten Werten zu belegen. Diese Initialisierung ist entscheidend, damit die Toolchain während der Synthetisierung den Speicher korrekt vorprogrammiert. Ohne diese Voreinstellungen könnten sonst zufällige Daten im Speicher zu einem unerwarteten Verhalten des Designs führen.

Ein besonderes Augenmerk lag in diesem Design auf der Verwendung von Parametern und Adress-Offsets. Durch die Implementierung von Parametern wie `ADDRESS_OFFSET` konnten wir die Adressierung von Zeichen in verschiedenen Zeilen flexibel implementieren. Durch diese Technik konnten wir verschiedene Teile des Speichers effizient nutzen und die Speicherzugriffe gezielt steuern.

Ein zentrales Thema war die Berechnung und Zuordnung von Pixeladressen. Wir haben detailliert besprochen, wie man Bitmanipulationen verwendet, um die exakten Speicheradressen für die Pixel-Spalten zu berechnen. Die Aufteilung der 10 Adressbits (B9 bis B0) in Anzeigezeilen-Index, OLED-Zeileninformation, Zeichen-Positions-Index und Spaltenzähler war ein Schlüsselelement dieses Beispielprojekts. Sie haben durch diese Methode eine präzise Zuordnung der Pixel auf dem Display implementiert und sichergestellt, dass die Darstellung der Zeichen korrekt erfolgt.

Wir haben ein Python-Skript *generate-font.py* entwickelt, das eine Bitmap-Schriftart in eine *font.hex*-Datei umwandelt. Dieses Skript wandelte die Schriftartdaten um und ordnete sie neu, um die Daten in vertikale Spalten zu organisieren, die für das OLED-Display geeignet sind.

Ein weiteres wichtiges Element war die Verbindung und Kommunikation zwischen den Modulen. Wir haben mehrere Module innerhalb eines Top-Moduls instanziiert und verknüpft, um eine nahtlose Kommunikation und Datenübertragung zu ermöglichen.

Schließlich haben wir eine schrittweise Vorgehensweise bei der Implementierung all dieser Anforderungen an das Design eingeübt, und durch die Aufteilung der gesamten Bildschirmdarstellung in kleinere, handhabbare Einheiten wie Anzeigezeilen konnten wir die Komplexität drastisch reduzieren und so auch eine spätere parallele Nutzung des Displays durch mehrere Module vorbereiten.

Sie haben nun einen tiefen Einblick in die Programmierung von OLED-Displays mit einem Bildschirmpuffer und einem eigenen Controller erlangt. Das bedeutet, Sie haben nun einen Fuß in der Tür zur Entwicklung komplexer digitaler Systeme. Vielleicht tut Ihnen nun vom komplexen Denken ein paar Zehen an diesem Fuß weh, aber die Tür steht Ihnen jetzt offen!

10.10 Ein OLED-Display mit Bargraphen (und die Frage, wann Zufall wirklich zufällig ist)

In diesem Beispielprojekt implementieren wir die dritte Variante einer Anzeige mit dem OLED-Display: einen Bargraphen wie in Abbildung 10.37, der Zahlenwerte visualisiert.

Wir nutzen als Basis wieder das vorhandene Design des OLED-Displays und erweitern es ein wenig. Die dafür nötigen Änderungen sind allerdings so gering, dass wir gleich noch eine weitere nützliche Sache mit implementieren: die Generierung von Zufallszahlen.

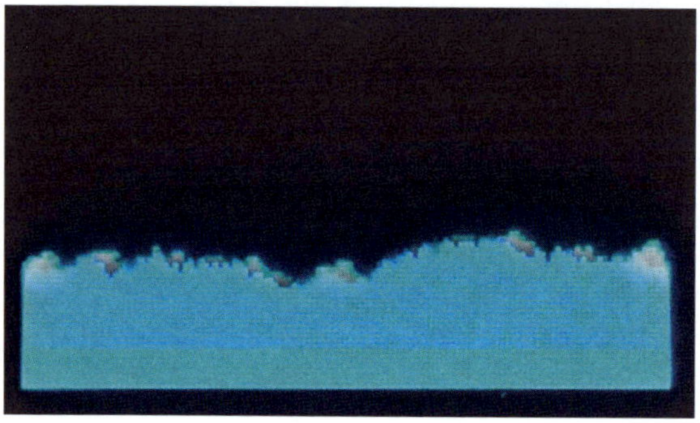

Abbildung 10.37 Eine Bargraph-Anzeige auf dem OLED

Wir implementieren in diesem Beispiel aber nur eine vereinfachte Version der Zufallszahlengenerierung, einen sogenannten *Pseudo Random Number Generator* (*PRNG*), und für die Umsetzung verwenden wir ein *Linear Feedback Shift Register* (*LFSR*).

Wie gesagt: Die generierten Zahlen eines PRNG basieren nicht wirklich auf einem Zufall. Bitte benutzen Sie daher solch eine Implementation nicht für sicherheitsrelevante Dinge, beispielsweise für Verschlüsselungsverfahren irgendwelcher Art!

Die Projektdateien

Die Dateien zu diesem Beispielprojekt finden Sie in der ZIP-Archiv-Datei *oled-prng.zip* unter *$HOME/fpga/src/tangnano9k/*. Entpacken Sie diese Archiv-Datei wie gewohnt. In dem neu entpackten Verzeichnis sollten Sie diese Dateien vorfinden:

```
pi@pi5:~/fpga/src/tangnano9k/oled-prng $ ls
Makefile  prng.cst  prng.fs.save  prng_lfsr.v  prng_screen.v  prng_tb.v
prng.v
```

10.10.1 Ein LFSR

Ein *LFSR* ist ein Schieberegister, das beim Verschieben der Bits auch von anderen Bits im Register beeinflusst wird. Dieser Effekt wird auch als *Rückkopplung* bezeichnet. Es gibt mehrere Varianten von LFSR, aber in diesem Beispiel verwenden wir einen sehr einfachen Typ, das *Fibonacci-LFSR*. Bei dieser Art von LFSR wirkt sich die Rückkopplung nur auf das erste Bit aus. Alle Bits werden also im Register weitergeschoben, und das niederwertigste Bit wird durch die Rückkopplung der anderen Registerbits beim Einfügen verändert.

Ein einfaches Beispiel für ein 5-Bit-LFSR sehen Sie in Abbildung 10.38.

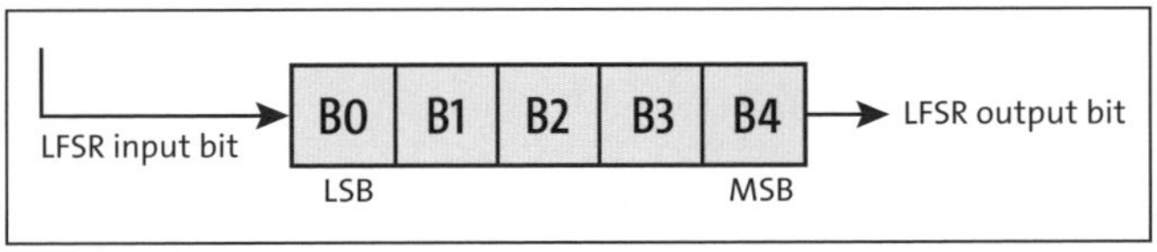

Abbildung 10.38 Ein einfaches 5-Bit-LFSR

In diesem Beispiel werden bei jedem Taktzyklus die Bits nach nach rechts verschoben. Das Bit B4 wird dabei ausgegeben und ein neues Bit B0 wird links eingefügt.

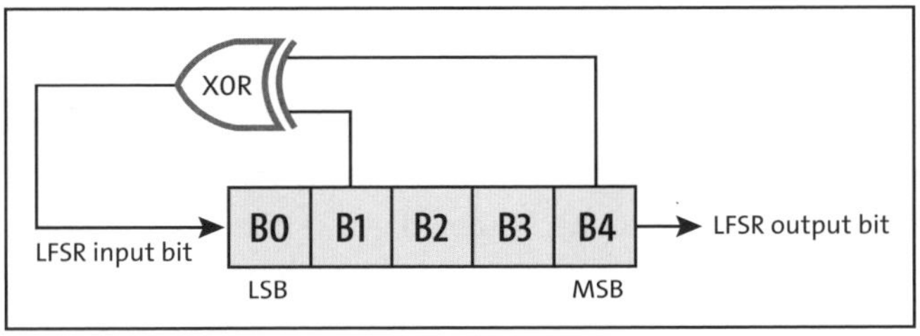

Abbildung 10.39 Ein 5-Bit-LFSR mit Rückkopplung

Wir können nun Bits, die wir für unsere Rückkopplung benötigen, mit Abgriffen aus dem Register ziehen. Diese *Abgriffe* werden *Taps* genannt, siehe Abbildung 10.39. Allerdings ist nicht jede Stelle im Register für einen Abgriff gleich gut geeignet. Da unser jeweils neuestes Bit durch die XOR-Verknüpfung mit einem Bit aus dem Register erzeugt wird, würde das System im Nullzustand verharren, wenn alle Bits im Register 0 wären. Die XOR-Verknüpfung liefert nur eine 1, wenn die Anzahl der 1en, die XOR-verknüpft werden, ungerade ist. Wenn alle Bits aber auf 0 stehen und beim Verschieben einfach immer wieder eine neue 0 mit XOR verknüpft wird, kommen wir aus diesem Zustand nie heraus.

Ein weiteres Problem ist, dass die gesamte Berechnung nur auf dem aktuellen Zustand des Registers basiert. Es gibt keine weitere Quelle für Rückkopplungsbits, die in der Berechnung verwendet werden. Sobald das Register also auf eine Zahl zurückfällt, die es bereits hatte, entsteht eine Schleife. Wenn wir zum Beispiel einen LFSR haben, der Zahlen von 1 bis 16 erzeugt, aber einen anfänglichen Zyklus von 1, 4, 7, 14, 3, 5, 7, 14, 3, 5, 7 hat, dann stecken wir in einer Schleife zwischen diesen Zahlen fest. Alle weiteren Durchläufe des Registers werden nur noch mit 7, 14, 3, 5 in einer endlosen Wiederholung laufen. Dadurch werden die Zufallszahlen vorhersagbar und sind für die meisten Anwendungen wertlos.

Das Problem bei diesen kurzen Zahlenwiederholungen ist auch, dass der LFSR nicht mehr in der Lage ist, Zahlen in gesamten Zahlenraum von 1 bis 16 auszugeben. Wenn Sie einen sechsseitigen Würfel hätten, der nur eine 2 oder eine 4 würfeln kann, obwohl er alles zwischen 1 und 6 würfeln können sollte, dann wäre er kein fairer Würfel, da die Wahrscheinlichkeiten für jede Zahl nicht die gleichen sind. Das Problem hier ist somit nicht nur die Vorhersagbarkeit, sondern auch die geringe Anzahl von verschiedenen Zahlen dabei.

Bei der Auswahl der Taps sollten wir also etwas wählen, das

- niemals nur Nullen erzeugt und
- eine Zahlensequenz erzeugt, die den gesamten möglichen Zahlenraum umfasst.

Das alles ist ein bekanntes Problem. Zum Glück hat sich jemand dieser Sache schon angenommen und wir müssen die optimalen Taps nicht selbst herausfinden, sondern es gibt vorberechnete Tabellen für optimale Taps. Auf der Website *https://users.ece.cmu.edu/~koopman/lfsr/* gibt es zum Beispiel eine vorgefertigte Liste der am besten geeigneten Abgriffe für LFSRs von 4 bis 64 Bits. Wenn wir zum Beispiel auf der Website die Liste für ein 5-Bit-LFSR anschauen, dann sehen wir folgenden Inhalt:

```
12
14
17
1B
1D
1E
```

Jeder dieser Werte ist ein Set von möglichen Stellen des Registers für die Taps. Im obigen Beispiel wurde beispielsweise die `12` empfohlen. Diese Zahlen sind hexadezimal, eine Umwandlung von Hex in Binär ergibt:

```
10010
```

Nun denken wir an den häufig genutzten Merksatz in der Informatik, um die Abgriffe zu platzieren: *LSB zu MSB*. Wir nehmen die Bits mit Index `1` und Index `4` für die Taps und lassen die Bits `B0`, `B2` und `B3` weg. Das Ergebnis sieht dann so wie in Abbildung 10.40 aus.

Aber jede Variante dieser Taps-Anknüpfpunkte in der Liste würde eine Folge von Zufallszahlen mit maximaler Länge erzeugen. Sie können einfach eine auswählen und damit sicher sein, den vollen Zahlenraum mit Ihrem LFSR auszuschöpfen.

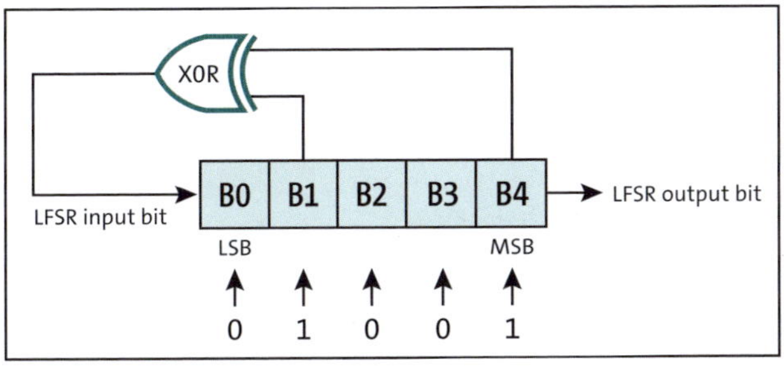

Abbildung 10.40 LFSR mit Taps an B4 und B1, wie durch »10010« empfohlen

Nun haben wir etwas, was eine Folge von Zahlen aus dem gesamten Zahlenraum erzeugen kann. Allerdings sollten wir noch einen kleinen Exkurs machen und über den *zufälligen* Teil sprechen.

10.10.2 Pseudo Random

Der LFSR erzeugt eine Zahlenfolge, die alle möglichen Zahlen aus einem gegebenen Zahlenraum enthält – aber das macht sie nicht unbedingt *zufällig*. Wenn wir beispielsweise über einen 3-Bit-LFSR sprechen, können wir auch alle Zahlen von 1 bis 7 in einer unbestimmten Reihenfolge erhalten. Zum Vergleich: Ein einfacher, linear zählender 3-Bit-Zähler erzeugt auch alle Zahlen von 1 bis 7, aber die würde niemand als zufällig bezeichnen, denn das sähe so aus:

```
1, 2, 3, 4, 5, 6, 7
```

Alle Zahlen in dieser Folge kommen gleich oft vor, aber jede Zahl ist einfach die vorherige Zahl plus 1. Die Beziehung zwischen den Zahlen ist zu offensichtlich, um sie als unvorhersehbar oder zufällig bezeichnen zu können.

Schreiben wir die Zahlen nun auf sieben Karten und mischen diese. Nun ziehen wir eine Karte nach der anderen und schauen uns die gezogenen Zahlen an. Die Reihenfolge der Zahlen ist nun zufällig; sie könnte beispielsweise so aussehen:

```
7, 6, 4, 1, 2, 5, 3
```

Diese Abfolge wirkt zufälliger, da die Beziehung zwischen den Zahlen nicht mehr offensichtlich ist. Doch auch hier gibt es eine Schwäche: Es gibt keine Duplikate. Wenn ich zum Beispiel einen Würfel werfe, kann eine Zahl mehrfach auftreten, noch bevor alle anderen Zahlen gewürfelt wurden.

Das Mischen der Zahlen erfordert also eine zusätzliche Methode, um eine echte Zufälligkeit zu gewährleisten. Eine perfekte Methode zur Erzeugung von Zufallszahlen ist immer sehr Hardwareintensiv, denn um ein perfektes Zufallssystem zu implementieren, müssten wir jede Zahl der Zahlenfolge in einem One-Time-Pad speichern. Bei einem 32-Bit-LFSR wären das 2^{32}-1 Zahlen, also über 4 Milliarden 32-Bit-Zahlen, was etwa 16 GByte Speicherplatz benötigt. Für längere Zahlenfolgen bräuchte man noch mehr Speicher.

> Ich breche hier mal ab, denn es geht ja eigentlich um einen Bargraphen auf unserem OLED-Display, für den wir einfach nur ein paar halbwegs gute Zufallszahlen benötigen. Wenn Sie mehr darüber wissen wollten, können Sie sich von der Chat-KI Ihrer Wahl etwas mehr zu dieser Methode erzählen lassen.

Kommen wir nun zu dem *Pseudo* unseres *Pseudozufallszahlengenerators* (PRNG), der auf einem LFSR basiert und somit mit seiner *Zufälligkeit* zwischen der Qualität einer echten Zufallszahlenabfolge und der Qualität einer festgelegten Zahlenfolge wie bei einem einfachen Zähler liegt. Das LFSR erzeugt – wenn die Abgriffe richtig gewählt sind – alle Zahlen (außer 0) in einer Abfolge, die auf der Grundlage einer nicht offensichtlichen Beziehung gemischt werden.

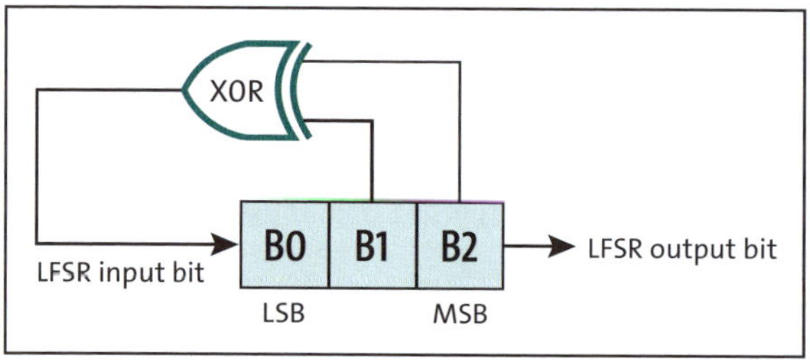

Abbildung 10.41 Ein vorhersagbares 3-Bit-LFSR

Ein Beispiel zur Vorhersagbarkeit: Beginnend mit dem Startwert (Anfangswert) von 1, wird ein Schieberegister wie das aus Abbildung 10.41 diese Zahlen-Folge ausgeben:

```
binär | dezimal
001 | 1
011 | 3
111 | 7
110 | 6
101 | 5
010 | 2
100 | 4
001 | 1
```

Sie können erkennen, dass alle Zahlen durchlaufen werden, bevor wir wieder bei 1 ankommen, und dass die Zahlenfolge gemischt ist. Der Grund, warum diese Folge aber als »pseudozufällig« bezeichnet wird und eben nicht »zufällig« ist, besteht darin, dass es eine Korrelation zwischen den Zahlen gibt:

```
b0 = b1 xor b2
```

Da jedes Bit im Register einfach nach oben verschoben wird und es eine Korrelation zwischen dem vorherigen Bit und dem nächsten Bit gibt, könnte man – bei einer ausreichenden Anzahl von Durchgängen – mit ein wenig Mathematik die Gleichung $b_i = b_{i-1} \oplus b_{i-2}$ herausfinden, um zu bestimmen, welche Taps gewählt wurden, und so die zukünftigen Zahlen in der Ausgabe dieses LFSRs einfach vorhersagen.

Die von diesem kleinen LFSR generierte Zahlenfolge ist somit nicht unvorhersehbar. Das bedeutet, die Zufälligkeit der Zahlenfolge ist schlecht. Es gibt jedoch Möglichkeiten, diese zu verbessern:

- Der erste Schritt wäre, das LFSR größer zu machen als die Zahl, mit der wir arbeiten. Wenn wir beispielsweise eine 4-Bit-Zahl benötigen und stattdessen ein 5-Bit-LFSR verwenden, verdoppeln wir die Häufigkeit, mit der jede Zahl vorkommt. Dadurch kann die generierte Zahlenfolge auch Wiederholungen derselben Zahlen enthalten, ähnlich wie bei einem Würfel. Außerdem besteht auch die Möglichkeit, dass eine Null als Zahl erscheint, da die Taps weit auseinanderliegende Bits des Registers anzapfen. Bei weit auseinanderliegenden Abgriffen können Bits auch null sein, ohne das LFSR negativ zu beeinflussen.
- In der Praxis sollte das LFSR aber in der Regel deutlich größer sein als die Zahl, mit der wir arbeiten (nicht nur ein Bit), und nur eine relativ kleine Anzahl von Bits für die Rückkopplung verwenden. Eine weitere Möglichkeit zur Verbesserung besteht darin, dieselben Bits nicht an jedem Tap wiederzuverwenden und Bits, die durch das Register laufen, auch mal zu überspringen, denn bei jedem Schieben des Registers erhalten Sie nur ein einziges neues *zufälliges* Bit. Alle anderen Bits werden einfach verschoben.

  Im Falle eines 3-Bit-LFSRs sind beispielsweise alle neuen Bits erst nach 3 Bits vollständig unabhängig von den vorherigen Bits. Das erhöht dann die Zufälligkeit, denn ein normales Fibonacci-LFSR hat eine endliche Anzahl von Zuständen und wird daher zwangsläufig irgendwann in einen früheren Zustand zurückkehren und die Zahlen-Sequenz wiederholen.
- Die letzte Methode, um mehr Zufälligkeit zu erzeugen, besteht darin, das LFSR durch zufällige Ereignisse im System zu beeinflussen, um dadurch Bits zu überspringen.

  Solche Ereignisse treten beispielsweise ein, wenn ein Knopf gedrückt wird, ein Temperatursensor eine Veränderung registriert oder ein Lichtsensor eine

Schwankung in der Umgebungshelligkeit registriert. Durch die Integration solcher nicht vorhersagbarer Ereignisse in die Zufallszahlengenerierung können wir uns bei der Erzeugung von Zufallszahlen mit einem LFSR der echten Zufälligkeit deutlich annähern.

Ich denke, das ist genug Theorie. Lassen Sie uns mit dem Design beginnen.

10.10.3 Der Verilog-Code

Die Implementierung wird Ihnen leichtfallen, denn Sie haben mittlerweile schon genug Erfahrung gesammelt. Wir brauchen nur ein Register mit der Anzahl der Bits, die wir im LFSR haben wollen, und wir müssen einige der Bits im Register mit dem Eingang des ersten Bits verbinden. Die Auswahl dieser rückgekoppelten Bits erfolgt durch die Taps, dir wir gewählt haben.

Wenn wir ein 5-Bit-LFSR verwenden, wie aus dem vorherigen Beispiel, dann können wir ein einfaches Verilog-Modul mit dem Inhalt von Listing 10.66 erstellen:

```
module lfsrTest (
    input clk,
    output reg randomBit = 0
);
  reg [4:0] sr = 5'b00001;
  always @(posedge clk) begin
    sr <= {sr[3:0], sr[4] ^ sr[1]};
    randomBit <= sr[4];
  end
endmodule
```

Listing 10.66 Das Modul für ein 5-Bit-LFSR

Gehen wir den Quellcode einmal durch:

- **Initialisierung**: Das Schieberegister wird mit einem Anfangswert von 1 initialisiert:

  `(reg [4:0] sr = 5'b00001;)`

- **Taktzyklus**: Bei jedem Takt (`always @(posedge clk)`) verschieben wir die Bits nach links:

  `(sr <= {sr[3:0], sr[4] ^ sr[1]};)`

- **XOR-Verknüpfung**: Das neue Eingangsbit für `b0` wird durch eine XOR-Verknüpfung von Bit 4 und Bit 1 berechnet:

  `(sr <= {sr[3:0], sr[4] ^ sr[1]};)`

- **Ausgangsregister**: Danach setzen wir das Ausgangsregister `randomBit` auf den Wert von Bit 4 aus unserem Schieberegister:

  `(randomBit <= sr[4];)`

Bei einem LFSR mit fünf Bits haben wir einen Zahlenraum von 2^5 Möglichkeiten. Wenn wir die Null weglassen (2^{5-1}), erhalten wir einen Zahlenraum von 31 Zahlen. Wenn wir diesen LFSR so testen würden, würde uns die Reihenfolge schon ziemlich zufällig erscheinen:

```
1,2,5,10,21,11,23,14,29,27,22,12,24,17,3,
7,15,31,30,28,25,19,6,13,26,20,9,18,4,8,16
```


Das sieht schon ziemlich gut aus, aber auch hier gibt es einige Korrelationen, bei denen sich die Zahl aufgrund der Verschiebung verdoppelt. Schauen wir uns an, was passiert, wenn wir Bits nicht wiederverwenden und nur alle 3 Taktschritte ein Bit aus den Inhalt des Registers verwenden. Verändern wir noch mal den Verilog-Code:

```
wire randomBit;
lfsrTest testLFSR (
  clk,
  randomBit
);
reg [2:0] tempBuffer = 0;
reg [1:0] counter = 0;
reg [2:0] value;
always @(posedge clk) begin
  if (counter == 3) begin
      value <= tempBuffer;
  end
  counter <= counter + 1;
  tempBuffer <= {tempBuffer[1:0], randomBit};
end
```

Listing 10.67 Ein Beispiel für ein schlechtes LFSR

Um diesen Code besser zu verstehen, will ich Ihnen eine detaillierte Erklärung nicht schuldig bleiben:

- Wir deklarieren eine Signalverbindung `randomBit` und instanziieren das Modul `lfsrTest`, das das Taktsignal `clk` und die Signalverbindung `randomBit` damit verbindet (`lfsrTest testLFSR (clk, randomBit);`)

- Danach initialisieren wir ein temporäres Pufferregister `tempBuffer` mit einer Größe von 3 Bit und dem Anfangswert 0 (`reg [2:0] tempBuffer = 0;`) sowie einen Zähler `counter` mit einer Größe von 2 Bit und dem Anfangswert 0 (`reg [1:0] counter = 0;`). Zusätzlich deklarieren wir ein Register `value` mit einer Größe von 3 Bit (`reg [2:0] value;`).
- Bei jedem positiven Taktflankenübergang (`always @(posedge clk)`) wird Folgendes durchgeführt:
- **Wert zuweisen**: Wenn der Zähler `counter` den Wert `3` erreicht hat (`if (counter = = 3)`), wird der Inhalt von `tempBuffer` in das Register `value` übernommen (`value <= tempBuffer;`).
- **Zähler erhöhen**: Der Zähler wird um 1 erhöht (`counter <= counter + 1;`).
- **Puffer aktualisieren**: Der `tempBuffer` wird aktualisiert, indem die ersten beiden Bits (`tempBuffer[1:0]`) nach links geschoben werden und `randomBit` als neues niederwertiges Bit hinzugefügt wird (`tempBuffer <= {tempBuffer[1:0], randomBit};`).

Machen wir wieder einen Test. Die damit generierte Zahlenabfolge sieht dann so aus:

```
2,3,3,1,7,3,4,0,5,7,6,3,6,6,1,0,2,6,4,7,4,5,2,1,5,5,0,7,1,2,4
```

Unser Zahlenraum beinhaltet immer noch 31 Zahlen (2^{5-1}), aber da wir jetzt kleinere Zahlen alle 3 Takte lesen, haben wir mehrere Duplikate von jeder Zahl. Die Mischung ist ganz gut, und auch wenn eine Zahl wiederkehrt, weiß man trotzdem nicht, was die darauffolgende Zahl sein könnte: Auf die 2 folgte in dieser Abfolge abwechselnd eine 3, eine 6, eine 1 und eine 4.

Wenn wir nun einen FPGA wie den Tang Nano 9K haben, der mit einer Taktfrequenz von 27 MHz läuft, bedeutet dies, dass der gesamte Zyklus etwa 900.000-mal pro Sekunde durchlaufen wird. Oder anders gesagt: etwa einmal in einer Mikrosekunde. Pickt man nun nur eine Zahl aus dem Strom der Zufallszahlen heraus, beispielsweise durch eine Benutzereingabe wie einen Tastendruck, ist die dadurch ausgewählte Zufallszahl schon sehr zufällig, d. h. von einer guten Qualität.

Bevor wir das LFSR nun in Verilog implementieren, sollten wir es so generisch wie möglich gestalten, um seine Wiederverwendbarkeit in anderen Designs zu ermöglichen.

10.10.4 Generalisierung des LFSR-Moduls

Der Unterschied zwischen allen Fibonacci-LFSRs besteht in der Größe des Registers, also in der Anzahl der verwendeten Bits, in der Konfiguration der Taps und im

Anfangswert. Das Ändern des Anfangswertes ändert zwar nicht die Sequenz, sondern den Startpunkt in der Sequenz (der Zahlenabfolge). Diese Angaben können wir folglich mit Variablen abbilden, um das LFSR generisch konfigurieren zu können.

Ansonsten müssen wir für die Generalisierung des LFSR-Moduls nur noch ein Register erstellen, das die Bits umschaltet und das neue Bit auf der Grundlage der gewählten Abgriffe berechnet.

Erstellen wir dazu eine Datei namens *prng_lfsr.v* mit einem Modul, das diese Variablen beinhaltet:

```
module lfsr
#(
  parameter SEED = 5'd1,
  parameter TAPS = 5'h1B,
  parameter NUM_BITS = 5
)
(
    input clk,
    output reg randomBit
);
  reg [NUM_BITS-1:0] sr = SEED;
endmodule
```

Listing 10.68 Ein Beispiel für ein gutes LFSR

Damit haben wir drei Parameter, und wir erstellen ein Register in gewünschter Größe, das unseren `SEED`-Wert als Anfangswert enthält.

Der nächste Schritt ist die Berechnung des Feedback-Bits:

```
wire finalFeedback;
always @(posedge clk) begin
  sr <= {sr[NUM_BITS-2:0],finalFeedback};
  randomBit <= sr[NUM_BITS-1];
end
```

Listing 10.69 Feedback-Signalverbindung des LFSRs

Was passiert hier?

- Wir deklarieren eine Signalverbindung `finalFeedback`, die den Wert nach der XOR-Berechnung aus der Rückkopplung des Taps enthält (`wire finalFeedback;`).
- Bei jedem positiven Taktflankenübergang (`always @(posedge clk)`) wird Folgendes geschehen:

- Die Bits des Schieberegisters `sr` werden um eins nach links verschoben, und das `finalFeedback`-Bit wird in das niederwertigste Bit `b0` eingefügt (`sr <= {sr[NUM_BITS-2:0], finalFeedback};`).
- Das höchstwertige Bit (`NUM_BITS-1`) des Schieberegisters wird dem Ausgangssignal `randomBit` zugewiesen (`randomBit <= sr[NUM_BITS-1];`).

Um das endgültige Feedback-Bit zu erzeugen, verknüpfen wir die Bits aus unseren Abgriffen mit einer XOR-Operation. Dabei gehen wir jedes Bit durch und verknüpfen es entweder mit einer XOR-Operation oder lassen es unverändert, wenn es kein Abgriff ist. Eine XOR-Verknüpfung mit 0 hat keinen Einfluss auf das Ergebnis, ähnlich einer Multiplikation mit 1. Wir verknüpfen also jedes Bit entweder mit dem Feedback des vorherigen Bits oder, wenn es kein Abgriff ist, bleibt es unverändert.

Schauen wir uns den Code in der Datei *prng_lfsr.v* dazu an:

```
genvar i;
generate
  for (i = 0; i < NUM_BITS; i = i + 1) begin: lf
    wire feedback;
    if (i == 0)
      assign feedback = sr[i] & TAPS[i];
    else
      assign feedback = lf[i-1].feedback ^ (sr[i] & TAPS[i]);
  end
endgenerate
wire finalFeedback;
assign finalFeedback = lf[NUM_BITS-1].feedback;
```

Listing 10.70 Generierungsblock mit XOR-Verknüpfung der Rückkopplung

Was passiert hier:

- Zuerst erstellen wir einen Generierungsblock, der mithilfe einer Schleife den zu wiederholenden Verilog-Code erzeugt (`generate ... endgenerate`).
- Dann wird eine Schleife durchlaufen, die über alle Bits geht, wobei der aktuelle Index in `i` gespeichert wird (`for (i = 0; i < NUM_BITS; i = i + 1)`). Diese Schleife nennen wir `lf` (*linear feedback*), was uns eine Referenz gibt, um auf alle in ihr definierten Signalverbindungen oder Register zuzugreifen.
- In der ersten Iteration (`if (i == 0)`) gibt es kein vorheriges Bit. Daher wird das Rückkopplungssignal `feedback` auf das aktuelle Bit (`sr[i]`) UND-verknüpft mit dem Tap-Wert (`TAPS[i]`) gesetzt (`assign feedback = sr[i] & TAPS[i];`). Dies bedeutet, dass der Wert des aktuellen Bits `sr[i]` nur berücksichtigt wird, wenn das entsprechende Tap-Bit gesetzt ist.

- Wenn es nicht die erste Iteration (`else`) ist, erfolgt die XOR-Verknüpfung: Das Rückkopplungssignal `feedback` wird mit dem Feedback des vorherigen Bits (`lf[i-1].feedback`) XOR-verknüpft und mit der UND-Verknüpfung des aktuellen Bits und dem Tap-Wert kombiniert (`assign feedback = lf[i-1].feedback ^ (sr[i] & TAPS[i]);`). Dies aktualisiert entweder den Rückkopplungswert mit dem aktuellen Bit oder lässt den Rückkopplungswert unverändert, wenn das Tap-Bit nicht gesetzt ist.
- Zum Schluss weisen wir den Rückkopplungswert der letzten Iteration (`lf[NUM_BITS-1].feedback`) der Signalverbindung `finalFeedback` zu (`assign finalFeedback = lf[NUM_BITS-1].feedback;`).

Damit haben wir einen konfigurierbaren und voll funktionsfähigen LFSR beliebiger Größe und mit einer durch Variablen definierbaren Abgriffskonfiguration. 10

Testbench

Zum Testen erstellen wir eine Testbench, mit der wir ein paar verschiedene LFSRs simulieren können. Dafür legen wir die Datei *prng_tb.v* an:

```
module test();
  reg clk = 0;
  wire l1Bit, l2Bit, l3Bit;
  lfsr #(
    .SEED(5'd1),
    .TAPS(5'h12),
    .NUM_BITS(5)
  ) l1(
    clk,
    l1Bit
  );
  lfsr #(
    .SEED(5'd1),
    .TAPS(5'h1B),
    .NUM_BITS(5)
  ) l2(
    clk,
    l2Bit
  );
  lfsr #(
    .SEED(5'd1),
    .TAPS(5'h1E),
    .NUM_BITS(5)
  ) l3(
```

```
    clk,
    l3Bit
  );
  always
    #1  clk = ~clk;
  initial begin
    #1000 $finish;
  end
  initial begin
    $dumpfile("prng_lfsr.vcd");
    $dumpvars(0,test);
  end
endmodule
```

Listing 10.71 Die Testbench für unser LFSR

Abgesehen von dem Code-Block am Ende, der mit `$dumpfile("prng_lfsr.vcd")` für die Ausgabe der VCD-Datei zuständig ist, werden hier einfach drei LFSRs erstellt. Sie haben alle eine Größe von 5 Bits, verwenden alle einen anfänglichen Seed von 1, aber jedes LFSR hat eine andere Kombination von Abgriffen.

Diese Testbench lassen wir mit **make simulate** laufen und erhalten eine VCD-Datei, die wir mit GTKWave auswerten können. In GTKWave wählen wir die enthaltenen Signale aus und können die drei LFSRs sehen, die ich l1Bit, l2Bit und l3Bit genannt habe. Anhand der Unterschiede in der *Wellenform* können wir auch sehen, dass die drei LFSRs unterschiedliche Zahlen erzeugen, so wie es durch die unterschiedlichen Abgriffe zu erwarten ist.

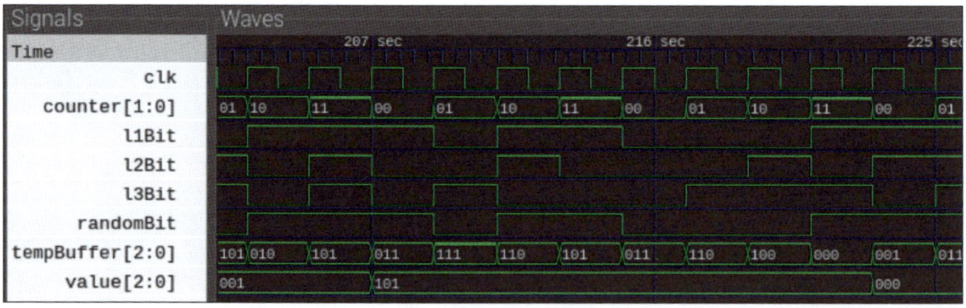

Abbildung 10.42 Die drei Schieberegister »l1Bit«, »l2Bit« und »l3Bit« – Sie sehen sie im mittleren Teil der Darstellung.

Die Simulation hat gezeigt, dass alles funktioniert. Nun können wir mit dem Beispielprojekt weitermachen.

10.10.5 Den Graphen ausgeben

Wir verwenden wieder unser OLED-Modul, das wir in unseren Beispielprojekten schon mehrfach verwendet haben, und erzeugen einen Graphen, der eine laufende Darstellung der generierten Zufallszahlen repräsentiert.

Die Implementation ist einfach: Wir beginnen mit einem Wert und nehmen alle *n* Sekunden eine neue Zufallszahl auf, die wir unserer laufenden Summe hinzufügen. Unser Bildschirm hat bekannterweise 128 Pixelspalten. Wenn wir also jeden Wert mit einer Pixelspalte anzeigen wollen, können wir 128 verschiedene Werte visualisieren. Wir müssen nur noch entscheiden, welche Pixel in der Spalte für die gespeicherten Werte aufleuchten sollen.

Erstellen wir die *prng.v*-Datei und fügen wir alle Eingaben und Ausgaben aus der Constraints-Datei hinzu:


```
module prng
#(
  parameter STARTUP_WAIT = 32'd10000000
)
(
    input clk,
    output ioSclk,
    output ioSdin,
    output ioCs,
    output ioDc,
    output ioReset
);
    wire [9:0] pixelAddress;
    reg [7:0] pixelData = 0;
    screen #(STARTUP_WAIT) scr(
        clk,
        ioSclk,
        ioSdin,
        ioCs,
        ioDc,
        ioReset,
        pixelAddress,
        pixelData
    );
endmodule
```

Listing 10.72 Die Verbindung zum Bildschirm-Modul »screen«

Damit ist unser Bildschirm-Modul schon mal angeschlossen.

Als Nächstes erstellen wir in Listing 10.73 ein 32-Bit-LFSR, mit dem wir unsere Zufallszahlen erzeugen werden:

```
wire randomBit;
lfsr #(
    .SEED(32'd1),
    .TAPS(32'h80000412),
    .NUM_BITS(32)
) l1(
    clk,
    randomBit
);
reg [3:0] tempBuffer = 0;
always @(posedge clk) begin
    tempBuffer <= {tempBuffer[2:0], randomBit};
end
```

Listing 10.73 Das für den PRNG zu verwendende 5-Bit-LFSR

Sie kennen den Quellcode, denn ich habe ihn weiter oben schon mal erklärt.

Als Nächstes benötigen wir einige Register zum Speichern unserer Diagrammdaten. Wie erwähnt, wollen wir 128 Diagrammwerte (Datenpunkte) speichern, einen für jede Spalte. Wenn wir davon ausgehen, dass jede Zahl eine 8-Bit-Zahl ist, dann benötigen wir 8 × 128 Bits.

```
localparm NUM_BITS_STORAGE = 8 * 128;
reg [NUM_BITS_STORAGE - 1:0] graphStorage = 0;
reg [7:0] graphValue = 127;
reg [6:0] graphColumnIndex = 0;
reg [19:0] delayCounter = 0;
```

Listing 10.74 Initialisierung der Register zur Speicherung von Diagrammdaten

- Wir definieren einen lokalen Parameter `NUM_BITS_STORAGE`, der als Speicherplatz für die Diagrammdaten dient und die Gesamtanzahl der benötigten Bits enthält (`localparam NUM_BITS_STORAGE = 8 * 128;`).
- Dann erstellen wir ein Register `graphStorage` für die Diagrammdaten, das alle 128 Bytes enthält, und initialisieren es mit 0 (`reg [NUM_BITS_STORAGE - 1:0] graphStorage = 0;`).
- Ein weiteres Register `graphValue` speichert den aktuellen Wert. Es wird mit 127 initialisiert, sodass es in der Mitte des Graphen beginnt (`reg [7:0] graphValue = 127;`).

- Und wir brauchen einen Spaltenindex. Das Register graphColumnIndex speichert den Index der Spalte, in die gerade geschrieben wird (reg [6:0] graphColumnIndex = 0;).
- Schließlich zählt das Register delayCounter die Taktzyklen, um die Aufnahme einer neuen Zufallszahl zu verzögern (reg [19:0] delayCounter = 0;).

Wenn wir den Graphen mit voller Taktgeschwindigkeit aktualisieren würden, wäre er zu schnell und würde wie ein ICE vorbeirauschen. Damit es wie ein Echtzeitdiagramm aussieht, müssen wir die Darstellung verlangsamen. Also warten wir 900.000 Taktzyklen, um einen neuen Datenpunkt in unserem Diagramm abzuspeichern, was dann etwa 30 Updates pro Sekunde ergibt (27 MHz / 900.000 = 30).

Werfen wir nun einen Blick auf den Code aus Listing 10.75, der dies umsetzt:

```
always @(posedge clk) begin
    if (delayCounter == 20'd900000) begin
        if (tempBuffer != 4'd15)
            graphValue <= graphValue + tempBuffer - 8'd7;
        delayCounter <= 0;
        graphStorage[({3'd0, graphColumnIndex} << 3)+:8] <= graphValue;
        graphColumnIndex <= graphColumnIndex + 1;
    end
    else
        delayCounter <= delayCounter + 1;
end
```

Listing 10.75 Aktualisierung und Speicherung der Diagrammdaten

Eine Erläuterung des Codes:

- Bei jedem positiven Taktflankenübergang wird der delayCounter um eins erhöht, bis er 900.000 erreicht (always @(posedge clk)).
- Der Graph-Wert wird wie folgt aktualisiert:
  - Wenn delayCounter den Wert 900.000 erreicht (if (delayCounter == 20'd900000)), dann wird der aktuelle graphValue aktualisiert und der letzte Wert in graphStorage gespeichert.
  - Um zu verhindern, dass der Graph nur nach oben steigt, subtrahieren wir 7 von der Zahl, wodurch der Wertebereich von 0 bis 15 auf -7 bis 8 geändert wird (graphValue <= graphValue + tempBuffer - 8'd7;).
  - Es gibt einen Sonderfall: Wenn tempBuffer den Wert 15 hat, wird graphValue nicht aktualisiert, um eine zusätzliche Null zu simulieren und so eine Balance zwischen positiven und negativen Werten zu gewährleisten (if (tempBuffer != 4'd15)).

- Das Speichern und Zurücksetzen erreichen wir so:
  - Um den Wert zu speichern, wird der aktuelle `graphValue` in `graphStorage` an der Position `graphColumnIndex` gespeichert (`graphStorage[({3'd0, graphColumnIndex} << 3)+:8] <= graphValue;`).
  - Um den Index und Zähler zu aktualisieren, wird der `graphColumnIndex` um 1 erhöht und der `delayCounter` zurückgesetzt (`graphColumnIndex <= graphColumnIndex + 1;` und `delayCounter <= 0;`).
- Wenn der `delayCounter` den Wert `900.000` nicht erreicht hat, wird er um 1 erhöht (`else delayCounter <= delayCounter + 1;`).

Erklärung der Bit-Adressierung in graphStorage

Es ist wichtig, dass Sie diese Notation verstehen:

```
graphStorage[({3'd0, graphColumnIndex} << 3)+:8]
```

Grundsätzlich speichert `graphColumnIndex` den Byte-Index, während der `[]`-Operator einen Bit-Index benötigt. Um dies umzusetzen, müssen wir den Byte-Index mit 8 multiplizieren, was durch eine dreifache Linksverschiebung erreicht wird (jede Verschiebung multipliziert mit 2).

Das Problem ist, dass `graphColumnIndex` selbst nur 7 Bits hat, was nicht genug Platz für die Linksverschiebung bietet, da sonst die oberen Bits abgeschnitten würden und wir nicht alle Bit-Indizes erreichen könnten. Um dies zu beheben, fügen wir drei führende Nullen hinzu (`3'd0`), um Platz für die Verschiebung zu schaffen, und verschieben dann.

Das `+:8` bedeutet, dass wir den Index links vom Pluszeichen nehmen und acht Bits hinzufügen. Dies funktioniert wie ein relativer Index, wodurch wir den Bereich der Bits angeben, ohne die Berechnung für einen absoluten Indexwert wiederholen zu müssen.

Damit haben wir jetzt einen Speicher, der 30-mal pro Sekunde aktualisiert wird und insgesamt 128 Spalten mit zufälligen Bytes enthält. Der letzte Schritt besteht darin, dies auf dem OLED-Display auszugeben.

10.10.6 Den Graphen zeichnen

Unser Bildschirm funktioniert so, dass er eine bestimmte Pixel-Byte-Adresse in `pixelAddress` für ein Byte entgegennimmt, das dann 8 vertikale Pixel auf dem Bildschirm darstellt. Dabei haben wir in diesem Design nun etwa 20 Taktzyklen Zeit, um zu berechnen, was angezeigt werden muss, und um den Wert in `pixelData` zu speichern.

Wir können die Implementation damit beginnen, die angeforderte `pixelAddress` in eine X- und Y-Koordinate auf dem Bildschirm aufzuteilen:

```
wire [6:0] xCoord;
wire [2:0] yCoord;
assign xCoord = pixelAddress[6:0] + graphColumnIndex;
assign yCoord = 3'd7-pixelAddress[9:7];
```

Wir haben 128 Spalten, was bedeutet, dass wir 7 Bits für die X-Richtung benötigen, und wir haben 8 OLED-Zeilen, die 3 Bits benötigen. Jede Adresse steht für 8 vertikale Pixel, sodass wir insgesamt 64 Pixel in der Höhe haben. Die X-Koordinate ist recht einfach: Sie besteht einfach aus den ersten 7 Bits von `pixelAddress`. Wir fügen `graphColumnIndex` hinzu, um die Bildschirmposition zu verschieben und einen Scroll-Effekt zu erzeugen. Jedes Mal, wenn wir einen neuen Wert im Grafikspeicher speichern, erhöhen wir den `graphColumnIndex`-Wert, sodass wir durch das Hinzufügen eines Werts hier die X-Achse um den gleichen Betrag verschieben – mit dem Effekt, dass jede Spalte den Wert anzeigt, der in der nächsten Spalte war, was im Wesentlichen das Diagramm um eins nach links scrollt.

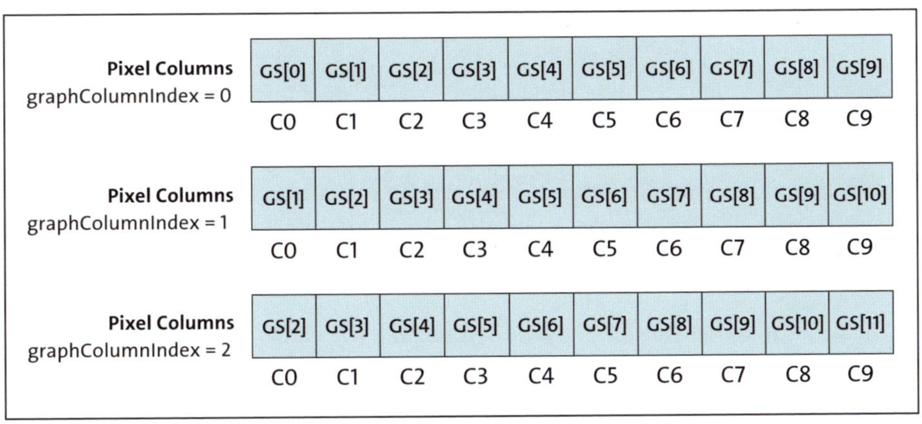

Abbildung 10.43 Das Funktionsprinzip des rollenden Bargraphen

Abbildung 10.43 zeigt ein Beispiel für die ersten 10 Spalten, wenn `graphColumnIndex` gleich 0, 1 und 2 ist. Sie können sehen, dass das, was in Spalte 1 (C1) angezeigt wurde, in Spalte 0 (C0) verschoben wird, wenn `graphColumnIndex` erhöht wird, wodurch das Diagramm nach links scrollt. Das funktioniert, weil wir genau 128 Spalten haben (Potenz von 2). Selbst wenn wir also über 128 hinausgehen, indem wir zu `graphColumnIndex` etwas hinzufügen, wird dieser einfach überlaufen und automatisch zurück zum Anfang gehen.

Für die Y-Koordinate benötigen wir nur die letzten 3 Bits der Pixeladresse. Das Bildschirmkoordinatensystem platziert (0,0) oben links und (127,7) unten rechts. Wir wollen aber die Y-Koordinate spiegeln, um die Darstellung umzudrehen, sodass 0 unten und 7 oben ist. Die einfachste Methode dies zu implementieren ist einfach mit 7 zu beginnen und die Y-Koordinate des Bildschirms zu subtrahieren, wodurch die Anzeige-Achse gespiegelt wird.

Als Nächstes müssen wir den aktuellen Wert, der angezeigt werden soll, aus graphStorage abrufen, und zwar basierend auf der aktuellen Adresse:

```
wire [7:0] currentGraphValue;
wire [5:0] maxYHeight;
assign currentGraphValue = graphStorage[({3'd0,xCoord} << 3)+:8];
assign maxYHeight = currentGraphValue[7:2];
```

Listing 10.76 Abruf und Berechnung des aktuellen Diagrammwerts

Wie werden die aktuellen Werte abgerufen:

- Die 8-Bit-Signalverbindung `currentGraphValue` enthält den aktuellen Wert, der aus `graphStorage` angezeigt werden soll:

  ```
  assign currentGraphValue = graphStorage[({3'd0, xCoord} << 3)+:8];
  ```

- Um ein Byte aus `graphStorage` zu holen, das für eine einzelne Spalte von Pixeln steht, multiplizieren wir `xCoord` mit 8 (durch dreifache Linksverschiebung), was uns die exakte Start-Bit-Adresse gibt. Dieses relevante Byte wird dann in `currentGraphValue` gespeichert.

Anschließend wird die Höhe der Spalte berechnet:

- Die 6-Bit-Signalverbindung `maxYHeight` enthält die Höhe der aktuellen Spalte in Pixeln:

  ```
  assign maxYHeight = currentGraphValue[7:2];
  ```

- Da `currentGraphValue` nur einen Wert zwischen 0 und 255 haben kann und unser Bildschirm 64 Pixel in der Höhe hat, teilen wir durch 4, indem wir die letzten beiden Bits entfernen. (Das entspricht einer Verschiebung nach rechts um 2.)

Und schließlich müssen noch die Pixel berechnet werden:

- Der Wert von `maxYHeight` gibt an, wie viele Pixel in der aktuellen Spalte angezeigt werden sollen. Wenn `maxYHeight` beispielsweise 25 ist, bedeutet dies, dass die unteren 25 Pixel in der Spalte leuchten sollen, während der Rest nicht aufleuchten soll.

Bei jedem Taktzyklus setzen wir jedes der 8 Pixel-Bits auf 1, wenn der Y-Index des Pixels kleiner ist als die maximale Höhe (`maxYHeight`), die wir aus dem Grafikspeicher berechnet haben. Der Wert in `yCoord` ist der Byte-Index. Um einen Bit-Index zu erhalten, multiplizieren wir ihn mit 8 und fügen dann jedem Pixel-Index ein anderes Suffix von 0 bis 7 hinzu.

Schauen wir uns den Code an:

```
always @(posedge clk) begin
    pixelData[0] <= ({yCoord,3'd7} < maxYHeight);
    pixelData[1] <= ({yCoord,3'd6} < maxYHeight);
    pixelData[2] <= ({yCoord,3'd5} < maxYHeight);
    pixelData[3] <= ({yCoord,3'd4} < maxYHeight);
    pixelData[4] <= ({yCoord,3'd3} < maxYHeight);
    pixelData[5] <= ({yCoord,3'd2} < maxYHeight);
    pixelData[6] <= ({yCoord,3'd1} < maxYHeight);
    pixelData[7] <= ({yCoord,3'd0} < maxYHeight);
end
```

Listing 10.77 Die Pixelbeleuchtung

Die Pixelbeleuchtung funktioniert so:

- **Setzen der Pixel-Bits**: Jedes Pixel-Bit (`pixelData[0]` bis `pixelData[7]`) wird auf 1 gesetzt, wenn der kombinierte Wert aus `yCoord` und einem spezifischen Suffix kleiner ist als `maxYHeight`.
- **Kombinieren der Werte**: `{yCoord, 3'd7}` bedeutet, dass `yCoord` mit 7 kombiniert wird, um den entsprechenden Bit-Index zu erstellen. Dieser Wert wird dann mit `maxYHeight` verglichen.

Dann geht es an die Berechnung der Bit-Indizes, den Vergleich mit `maxYHeight` und die Umkehrung der Y-Achse:

- **Multiplikation mit 8**: Durch die Kombination von `yCoord` mit 3 zusätzlichen Bits (den Suffixen 7 bis 0) erreichen wir die genauen Bit-Indizes.
  - **Beispiel**: Wenn `yCoord` gleich 1 ist, behandeln wir die Pixelzeilen mit den Indizes 8 bis 15. Dies erreichen wir durch die Verschiebung um 3 Bits und die Addition der Suffixe 0 bis 7.
- **Vergleich**: Jeder kombinierte Wert (`{yCoord, 3'd7}`, `{yCoord, 3'd6}` etc.) wird mit `maxYHeight` verglichen. Ist der Wert kleiner, wird das entsprechende Pixel-Bit auf 1 gesetzt und das Pixel beleuchtet.
- **Y-Achse spiegeln**: Die Suffixe stehen in umgekehrter Reihenfolge (7 bis 0 anstelle von 0 bis 7), weil die Y-Achse gespiegelt ist. Dadurch wird die Darstellung der Pixel entsprechend angepasst.

10.10.7 Die Constraints-Datei

Wir brauchen auch eine Constraints-Datei. Erstellen Sie eine Datei namens *prng.cst* mit folgendem Inhalt:

```
IO_LOC "clk" 52;
IO_PORT "clk" PULL_MODE=UP;
IO_LOC "ioCs" 25;
IO_PORT "ioCs" IO_TYPE=LVCMOS33 PULL_MODE=DOWN DRIVE=8;
IO_LOC "ioDc" 39;
IO_PORT "ioDc" IO_TYPE=LVCMOS33 PULL_MODE=DOWN DRIVE=8;
IO_LOC "ioReset" 36;
IO_PORT "ioReset" IO_TYPE=LVCMOS33 PULL_MODE=DOWN DRIVE=8;
IO_LOC "ioSdin" 37;
IO_PORT "ioSdin" IO_TYPE=LVCMOS33 PULL_MODE=DOWN DRIVE=8;
IO_LOC "ioSclk" 38;
IO_PORT "ioSclk" IO_TYPE=LVCMOS33 PULL_MODE=DOWN DRIVE=8;
```

Listing 10.78 Der Inhalt der Constraints-Datei

Damit sind die erforderlichen Pins für die Ansteuerung des Bildschirms definiert und auch das Taktsignal, welches vom integrierten 27-MHz-Quarz auf dem Tang Nano 9K-Board kommt.

10.10.8 Das Makefile

Der nächste Schritt ist das zum Design gehörende Makefile. Dieses enthält den aus unseren Beispielprojekten bekannten Aufbau, inklusive der Definition einer Testbench und einer Programmierung des FPGAs mit verringerter Übertragungsgeschwindigkeit:

```
# Name des Projekts
PROJ = prng
# Pfad zur Pin-Konfigurationsdatei CST
PIN_DEF = $(PROJ).cst
# FPGA-Typ, hier ein Tang Nano 9K
DEVICE = GW1NR-LV9QN88PC6/I5
# Device Family für Gowin
DEVICE_FAMILY = GW1N-9C
# Name der Haupt-Verilog-Quelldatei
SOURCE = $(PROJ).v
# Zusätzliche Verilog-Quelldateien, die einbezogen werden sollen
SOURCE_ADDON = prng_lfsr.v prng_screen.v
# Name des Boards für openFPGALoader
BOARD = tangnano9k
```

```
# Ziel für das Programmieren: "SRAM" oder "FLASH"
TARGET ?= SRAM
# Alle Verilog-Quellen zusammenführen
SOURCES = $(SOURCE) $(SOURCE_ADDON)
# Hauptziel: Erstellt die finale Binärdatei für das FPGA
all: $(PROJ).fs
# Synthetisiert Verilog-Quellcode in JSON mit Yosys
$(PROJ)-yosys.json: $(SOURCES)
	yosys -q -p "read_verilog $(SOURCES); synth_gowin -noalu -json $@"
# Erzeugt eine Platzierungs- und Verdrahtungsdatei im JSON-Format
# aus der Yosys-JSON-Datei
$(PROJ)-nextpnr.json: $(PIN_DEF) $(PROJ)-yosys.json
	nextpnr-gowin --json $(PROJ)-yosys.json \
	--write $@ --enable-auto-longwires \
	--enable-globals --freq 27 --device $(DEVICE) \
	--family $(DEVICE_FAMILY) --cst $(PIN_DEF)
# Packt die NextPNR-JSON-Datei in eine finale Gowin-Pack-Datei für das FPGA
$(PROJ).fs: $(PROJ)-nextpnr.json
	PATH="/home/pi/Programme/apycula_env/bin:$$PATH" \
	gowin_pack -d $(DEVICE_FAMILY) -o $@ $(PROJ)-nextpnr.json
# Kompiliert eine Testbench und das zugehörige Verilog-Modul zu
# einem ausführbaren Test
$(PROJ)_tb: $(PROJ)_tb.v $(SOURCES)
	iverilog -o $@ $^
# Führt die Testbench aus und erzeugt eine VCD-Datei für die Analyse
$(PROJ)_tb.vcd: $(PROJ)_tb
	vvp -N $< +vcd=$@
# Ziel zum Simulieren der Testbench
simulate: $(PROJ)_tb.vcd
	@echo "Simulation abgeschlossen. Die VCD-Datei wurde erstellt."
# Programmieren des FPGAs mit der erstellten FS-Datei in SRAM oder FLASH
prog:
ifeq ($(TARGET),FLASH)
	openFPGALoader -f --freq=2000000 -b $(BOARD) $(PROJ).fs
else
	openFPGALoader -m --freq=2000000 -b $(BOARD) $(PROJ).fs
endif
# Löscht alle erzeugten Dateien, um einen sauberen Startzustand zu erreichen
clean:
	rm -f *.json *.fs $(PROJ)_tb $(PROJ)_tb.vcd *.vcd
.PHONY: all prog clean
# EOF
```

Listing 10.79 Inhalt des Makefiles zum Bargraph-Projekt

Diese vier Make-Ziele sind damit ausführbar:

- `make` zum Ausführen der Toolchain für Synthese, Place-and-route und zum Erzeugen des Bitstreams
- `make prog` zum Programmieren des FPGAs
- `make simulate` zum Ausführen der Testbench und zum Erzeugen der VCD-Datei
- `make clean` zum Bereinigen des Projektverzeichnisses

10.10.9 Konfiguration des FPGAs

Damit ist das Projekt fertig. Wenn Sie es jetzt mit **`make clean && make && make simulate && make prog`** ausführen, sollten Sie eine Anzeige wie in Abbildung 10.44 sehen.

Abbildung 10.44 Der Bargraph in der australischen »Down under«-Ansicht

10.10.10 Was haben Sie gelernt?

In diesem Beispielprojekt haben wir uns mit der Erzeugung von Pseudo-Zufallszahlen mittels *Linear Feedback Shift Registers* (LFSRs) beschäftigt. Dafür haben wir eine Bargraphen-Darstellung erstellt, die uns die Zahlen auf einem OLED-Display ausgibt.

Sie haben auch gelernt, dass solch ein Zufallszahlen-LFSR zwar für manche Projekte geeignet ist, aber nicht die beste Wahl darstellt, wenn es um Sicherheitssysteme und *starke Kryptografie* geht, da bei solch einem Fibonacci-LFSR keine echten Zufallszahlen entstehen – irgendwann wiederholt sich die Zahlenabfolge. Dies macht sie für sicherheitskritische Anwendungen ungeeignet, da die Vorhersagbarkeit ein Risiko darstellt.

Für viele benutzerbasierte Anwendungen, bei denen nur ein gewisses Maß an Zufälligkeit erforderlich ist, sind LFSRs aber ausreichend gut. Sie sind einfach zu implementieren und benötigen nur wenige Ressourcen, um gute Ergebnisse zu erzielen. Dies macht sie ideal für Anwendungen wie einfache Spiele, Simulationen oder andere Bereiche, in denen die Sicherheit nicht im Vordergrund steht, aber dennoch eine gewisse Unvorhersehbarkeit wünschenswert ist.

10.11 Ein OLED-Display mit ADC-Ausgabe

In diesem Beispielprojekt verwenden wir einen ADS1115-*Analog-Digital-Wandler*, den wir mit dem I²C-Protokoll an unserem Tang Nano 9K auslesen. Dadurch erweitern wir unser Wissen um zwei neue Fähigkeiten: um das I²C-Protokoll, das wir mit einer Zustandsmaschine implementieren, und um das Handhaben der aus dem ADC ausgelesenen Daten. Zur Visualisierung der Werte nutzen wir erneut das OLED-Display-Modul, das uns bisher gute Dienste geleistet hat.

Abbildung 10.45 Die vier Anzeigezeilen, auf denen die gemessenen Werte des ADS1115 angezeigt werden

Die Projektdateien

Die Dateien zu diesem Beispielprojekt finden Sie in der ZIP-Archiv-Datei *ads1115.zip* unter *$HOME/fpga/src/tangnano9k/*. Entpacken Sie diese Archiv-Datei wie gewohnt. In dem neu entpackten Verzeichnis sollten Sie diese Dateien vorfinden:

```
pi@pi5:~/fpga/src/tangnano9k/ads1115 $ ls
Makefile ads1115_adc.v ads1115_screen.v ads1115_text.v
ads1115.cst ads1115_i2c.v ads1115_tb.v ads1115.v
font2.hex font3.hex font4.hex font5.hex font6.hex font7.hex
pi@pi5:~/fpga/src/tangnano9k/ads1115 $ cd fonts && ls
generate-font.py readme.txt
```

```
doubledip.json highsmallpix.json monogram.json minecraft.json
font2.hex font3.hex font4.hex font5.hex font6.hex font7.hex
```

10.11.1 Aufbau des I²C-Protokolls

I²C kommuniziert über zwei Leitungen: eine für Daten und eine für den Takt. Im Gegensatz zu SPI, das für jede Richtung eine separate Datenleitung benötigt, sind bei I²C beide Signalverbindungen bidirektional. Ein weiterer Unterschied ist, dass bei SPI für den Anschluss mehrerer Peripheriegeräte an dieselben Leitungen ein zusätzlicher *Chip-Select-* oder *Freigabe-Pin* erforderlich ist, um über diese Verbindung den Slave auszuwählen, mit dem kommuniziert werden soll.

Beim I²C-Protokoll ist die Adressierung aber integriert, sodass mehrere Slave-Geräte am Bus angeschlossen werden können, ohne dass der Master einen IO-Pin für jeweils eine *CS-Leitung* zu jedem am Bus angeschlossenen Slave benötigt. Die Standardadressgröße beim I²C-Protokoll beträgt 7 Bit, was theoretisch 128 verschiedene Adressen ermöglicht (einige sind reserviert). Es gibt aber auch einen 10-Bit-Modus, der bis zu 1024 Adressen unterstützt.

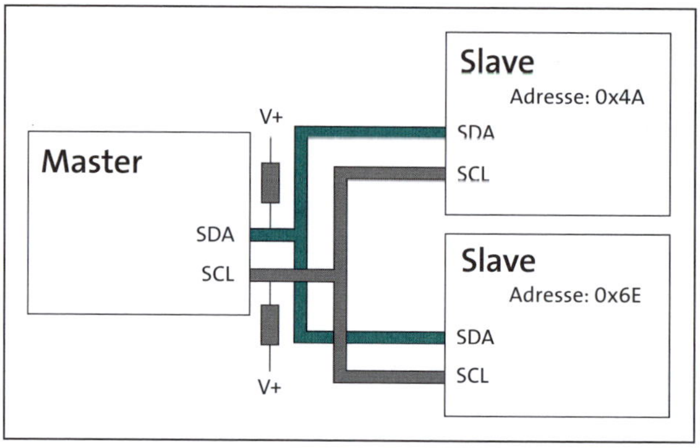

Abbildung 10.46 Master/Slave-Verbindungen eines I²C-Bus

Im der Abbildung 10.1 sind zwei Slave-Geräte an den Bus angeschlossen, die jeweils über eine eindeutige Adresse verfügen (`0x4A` und `0x6E`). Der Master adressiert die Slaves, indem er ihre spezifischen Adressen auf der SDA-Leitung sendet und somit steuert, welches Slave-Gerät auf die Anfragen reagieren soll. Beide Leitungen sind bidirektional und werden über Pull-up-Widerstände auf einen definierten logischen High-Pegel gezogen. Diese Widerstände sorgen dafür, dass die Leitungen immer auf einem bekannten Pegel sind, wenn keine Kommunikation stattfindet, was für die Zuverlässigkeit des Systems unerlässlich ist.

Die physikalische Kommunikation funktioniert so: Jede Leitung wird über einen Widerstand auf *High* gezogen, und jeder Slave kann die Leitung auf *Low* ziehen. Der *Master* bestimmt, welcher *Slave* aktiv ist, und steuert den Datenverkehr durch Adressierung. Ein Slave auf dem Bus erkennt nicht, wer die Leitung auf *Low* gezogen hat, sondern nur, ob die Leitung *High* oder *Low* ist. Daher ist das Protokoll auf die Koordination der Adressierung angewiesen, um sicherzustellen, dass der Master mit dem richtigen Slave kommuniziert.

Im I²C-Protokoll steuert der Master stets als Taktgeber die gesamte Kommunikation, selbst wenn ein Slave Daten sendet. Daten werden geändert, wenn der Taktgeber *Low* ist, und gelesen, wenn der Taktgeber *High* ist. Das Ändern der Datenleitung, während der Takt *High* ist, signalisiert den Beginn oder das Ende einer Transaktion.

Das Ziehen der Datenleitung von *High* auf *Low*, während der Takt *High* ist, markiert den Beginn der Übertragung. Das Ziehen der Datenleitung von *Low* auf *High*, während der Takt *High* ist, markiert hingegen das Ende der Übertragung.

Transaktionen im I²C-Protokoll können mehrere Bytes umfassen. Nach jedem gesendeten Byte bestätigt die Empfangsseite (entweder der Master oder der Slave) das Byte durch Senden eines *Low*-Pegels, einer 0, auf der Datenleitung.

Eine typische Transaktion sehen Sie in Abbildung 10.47.

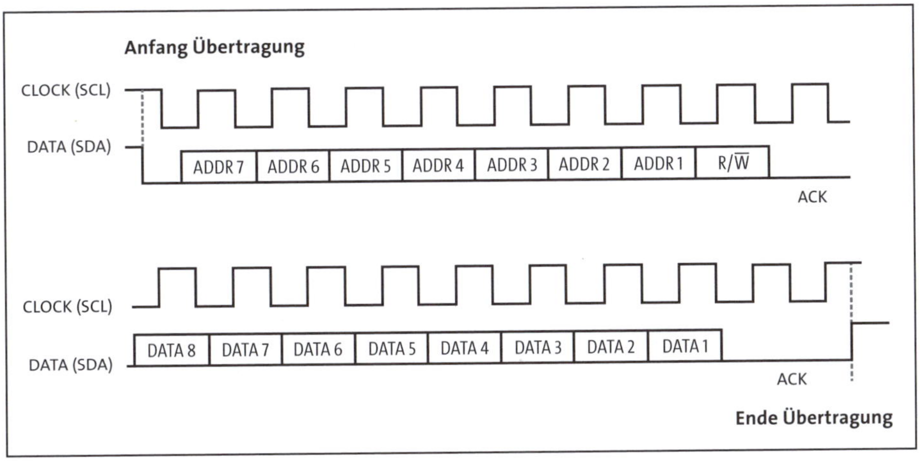

Abbildung 10.47 Eine I²C-Transaktion

Der Master sendet das Signal »Start der Transaktion« (indem er die Datenleitung auf *Low* zieht, während der Takt *High* ist). Anschließend sendet er die 7 Adressbits, beginnend mit dem höchstwertigen Bit (MSB). Das letzte Bit im ersten Byte gibt an, ob der Master Daten vom adressierten Slave lesen möchte (Wert 1) oder in den adressierten Slave schreiben möchte (Wert 0).

Der Slave bestätigt den Empfang durch Senden einer 0, eines *Low*-Pegels, auf der Datenleitung, woraufhin die Transaktion mit dem nächsten Byte fortgesetzt wird. Wenn der Master liest, sendet der Slave das nächste Byte, und der Master bestätigt den Empfang mit einem ACK (*Acknowledgment*). Wenn der Master Daten schreibt, sendet er das nächste Byte, und der Slave bestätigt mit einem ACK. Unabhängig davon, welcher Teilnehmer die Datenleitung gerade steuert (Master oder Slave), die Taktleitung wird immer vom Master gesteuert.

Das Senden von Daten kann mehrfach wiederholt werden, um mehrere Bytes in derselben Transaktion zu übertragen. Nach jedem Byte bestätigt die Empfangsseite (entweder Master oder Slave) den Empfang mit einem ACK. Sobald alle Bytes einer Transaktion gesendet wurden, beendet der Master die Übertragung, indem er die Datenleitung auf *High* zieht, während der Takt gleichzeitig *High* ist, womit er die Transaktion abschließt.

Mit diesem Grundverständnis des I²C-Protokolls können wir nun das Datenblatt des ADCs studieren und uns mit der Schnittstelle befassen.

Das Clock Stretching von I²C-Geräten

Der Grund, warum die Taktleitung ebenfalls eine bidirektionale Open-Drain-Konfiguration verwendet, obwohl sie immer vom Master gesteuert wird, liegt im sogenannten *Clock Stretching*. Dabei kann das Peripheriegerät (der Slave mit dem der Master kommuniziert) den Takt-Pin auf *Low* halten, sodass der Master nicht mit dem nächsten Bit fortfahren kann, bis das Peripheriegerät bereit ist.

Dies ist nützlich, wenn das Peripheriegerät beschäftigt ist oder mehr Zeit benötigt, um einen vorherigen Befehl zu verarbeiten. Es gibt einige Sensoren, wie den BMP280 Barometer- und Temperatursensor von Bosch, die Clock Stretching benötigen, um dem I²C-Master anzuzeigen, dass sie mehr Zeit zur Verarbeitung oder Bereitstellung von Daten benötigen. Um dies zu implementieren, muss der Master die Taktleitung bei jedem Bit überprüfen und sicherstellen, dass die Leitung *High* ist, bevor er das nächste Bit sendet. Dadurch wird sichergestellt, dass ein Peripheriegerät den Takt nicht auf Low hält, wenn es mehr Zeit benötig, um Daten zu verarbeiten oder bereitzustellen.

10.11.2 Der ADS1115

Der ADS1115, den Sie in Abbildung 10.48 sehen, ist ein 4-Kanal-16-Bit-ADC (*Analog-Digital-Wandler*), das heißt, man kann bis zu 4 analoge Signale an ihn anschließen und diese abfragen. Er wandelt den ausgewählten analogen Wert in einen 16-Bit-Digitalwert um.

Abbildung 10.48 Der ADS1115-Analog-Digital-Wandler

Weitere Informationen zur Ansteuerung finden Sie im Datenblatt mit dem Namen *ads1115.pdf* in Verzeichnis *$HOME/fpga/doc/datasheets/*. Am Anfang des Datenblatts sehen Sie ein Blockdiagramm, das die Funktionsweise des Analog-Digital-Wandlers zeigt (siehe Abbildung 10.49).

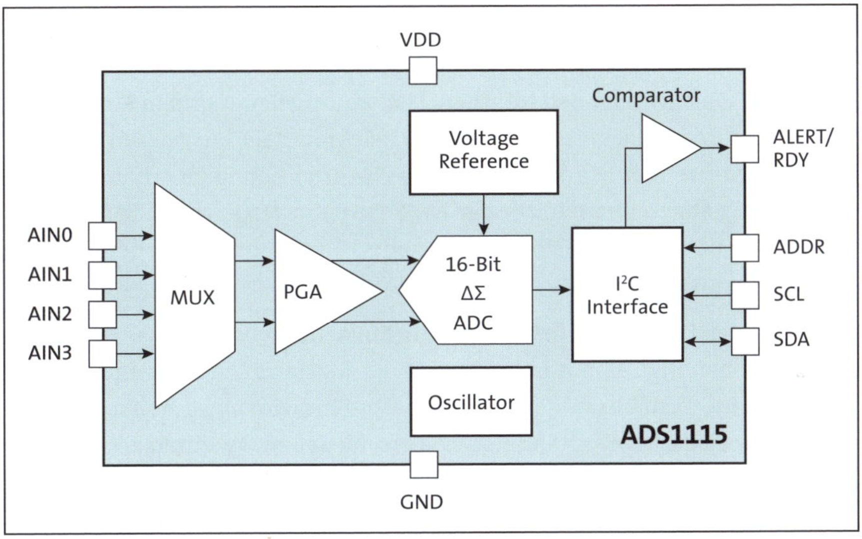

Abbildung 10.49 Blockschaltbild des ADS1115

Die 4 analogen Eingänge werden durch einen *Multiplexer* (MUX) geleitet, der die Signale zu einem programmierbaren Verstärker weiterleitet. Der MUX gibt zwei Leitungen weiter, um differenzielle Messungen zu ermöglichen. Da wir nur positive Werte messen werden, wird der MUX die andere Leitung mit GND verbinden.

Der programmierbare Verstärker (PGA) ordnet dann unseren Eingangswert einer vordefinierten *Full Scale Range* (FSR) zu. Wenn Sie eine niedrige Spannung verwenden, z. B. maximal 2 V, können Sie dies einprogrammieren und erhalten dann die volle 16-Bit-Präzision für den Bereich von -2 bis +2 V. Dies bedeutet, dass jedes Inkrement etwa 0,061 mV (4-V-Bereich / 2^{16}) darstellt. Bei einer Einstellung des Bereichs auf ±6 V beträgt die Präzision jedes Inkrements 0,183 mV (12-V-Bereich / 2^{16}). Wenn Sie den PGA so nah wie möglich an den tatsächlich maximal zu messenden Wert anpassen, erzielen Sie die höchste Genauigkeit. Tabelle 10.7 zeigt die Auflösung, wie sie im Datenblatt angegeben ist.

FSR	LSB Size
±6,144 V	187,5 µV
±4,096 V	125 µV
±2,048 V	62,5 µV
±1,024 V	31,25 µV
±0,512 V	15,625 µV
±0,256 V	7,8125 µV

Tabelle 10.7 Die Auflösung des ADC1115 laut Datenblatt

Der gemessene Wert wird an den internen ADC weitergeleitet und in einem Konvertierungsregister gespeichert, das über die I^2C-Schnittstelle ausgelesen wird. Der Alert-Pin kann verwendet werden, um eine Benachrichtigung zu erhalten, wenn die Umwandlung abgeschlossen ist oder ein Schwellenwert erreicht wird. Da wir den Status aber über die I^2C-Schnittstelle überprüfen können, werden wir den Alert-Pin nicht verwenden.

Der ADDR-Pin der I^2C-Schnittstelle dient zur Einstellung der Adresse. Jedes I^2C-Peripheriegerät benötigt eine Adresse, damit der Master es zur Kommunikation auswählen kann. Je nach Anschlussvariante dieses Pins wird eine unterschiedliche I^2C-Adresse festgelegt. Tabelle 10.8 zeigt die verschiedenen Optionen.

ADDR PIN CONNECTION	SLAVE ADDRESS
GND	1001000
VDD	1001001
SDA	1001010
SCL	1001011

Tabelle 10.8 Die Adressen des ADS1115 laut Datenblatt

Wir werden in unserem Design den ADDR-Pin an VDD anschließen, sodass die Adresse, die wir abfragen müssen, `1001000` in binärer Form oder `0x48` in Hexadezimalform ist.

Der ADC hat 4 interne Hauptregister, die wir zum Einrichten, Steuern und Auslesen der Umwandlungswerte verwenden werden. Diese Register sind:

- Konvertierungsregister
- Konfigurationsregister
- Low Threshold Register
- High Threshold Register

Im *Konvertierungsregister* werden die letzten Wandlungsergebnisse gespeichert. Im *Konfigurationsregister* wird der ADC eingestellt und eine neue Wandlung angefordert. Die letzten beiden Register werden verwendet, wenn der interne Komparator so eingestellt werden soll, dass er signalisiert, wenn er sich in einem bestimmten Bereich befindet. Da wir den Komparator nicht verwenden werden, konzentrieren wir uns hauptsächlich auf die ersten beiden Register.

Das Konvertierungsregister ist nur lesbar, während das Konfigurationsregister sowohl gelesen als auch geschrieben werden kann. Wir müssen die Anfangskonfiguration schreiben, eine neue Konvertierung auslösen und das Register auslesen, um zu prüfen, wann eine Konvertierung bereit ist. Tabelle 10.9 zeigt die Angaben aus dem Datenblatt.

15	14	13	12	11	10	9	8
OS	MUX[2:0]			PGA[2:0]			Mode
R/W-1h	R/W-0h			R/W-2h			R/W-1h
7	**6**	**5**	**4**	**3**	**2**	**1**	**0**
DR[2:0]			COMP_MODE	COMP_POL	COMP_Lat	COMP_QUE[1:0]	
R/W-4h			R/W-0h	R/W-0h	R/W-0h	R/W-3h	

Tabelle 10.9 Details im Datenblatt – die Konfigurationsregister des ADS1115

Das erste Bit im OS-Register löst eine neue Umwandlung aus, wenn es auf 1 gesetzt ist. Beim Lesen des Umwandlungsregisters zeigt eine 1 an, dass der ADC im Leerlauf ist, was bedeutet, dass die Umwandlung abgeschlossen ist.

Die nächsten 3 Bits steuern den MUX, d. h., welcher Analogkanal gerade mit dem internen ADC verbunden ist. Die darauffolgenden 3 Bits steuern den programmierbaren Verstärker (PGA), und das MODE-Bit legt fest, ob wir uns im kontinuierlichen Wandlungsmodus oder im Einzelwandlungsmodus befinden. Im kontinuierlichen Modus startet der ADC automatisch eine neue Umwandlung, sobald die aktuelle abgeschlossen ist. Im Einzelwandlungsmodus wird jedes Mal nur eine Umwandlung durchgeführt, wenn diese auch ausgelöst wird.

Das zweite Byte im Config-Register ist für den Komparator, den wir nicht verwenden werden, daher behalten wir die Standardwerte bei.

Wir werden den ADC im Einzelwandlungsmodus verwenden, was bedeutet, dass wir eine 1 in das OS-Bit schreiben müssen, um eine Konvertierung zu starten. Dabei stellen wir den MUX auf den richtigen Kanal ein und warten dann, bis die Konvertierung abgeschlossen ist. Dies erkennen wir daran, dass das OS-Bit beim Lesen auf 1 steht. Sobald die Umwandlung abgeschlossen ist, lesen wir den digitalen Wert aus dem Konvertierungsregister aus.

Nun ist unser Plan wie wird den ADC verwenden wollen fertig. Aber wie kommunizieren wir diese Anweisungen tatsächlich an den ADS1115?

10.11.3 Die Kommunikation

Wir haben grundsätzlich zwei Arten von Befehlen, die wir erteilen können: einen Schreibbefehl und einen Lesebefehl. Ein *Schreibbefehl* hat die folgende Struktur:

```
<Adresse><W> <Registerauswahl> <Optionale Daten 16-bit>
```

Durch das Senden der I²C-Adresse zusammen mit einer 0 für das Lese-/Schreibbit (W) wird dem ADC mitgeteilt, dass in ein Register geschrieben werden soll. Das erste Byte, das danach gesendet wird, ist das Zielregister – eines der vier oben aufgeführten Register. Nachdem Sie ein Register ausgewählt haben, können Sie optional einen Wert in dieses Register schreiben, indem Sie weitere zwei Datenbytes senden.

Wenn Sie keine Daten senden, ändert der Schreibbefehl lediglich das aktuell ausgewählte Register, was z. B. erforderlich ist, wenn Sie das Umwandlungsregister auswählen möchten, um aus ihm zu lesen.

Um ein Register zu lesen, müssen Sie sicherstellen, dass das gewünschte Register bereits durch einen vorherigen Schreibbefehl ausgewählt wurde. Dann senden Sie einen *Lesebefehl* mit der folgenden Struktur:

```
<Adresse><R> <16-Bit-Daten>
```

Diese beiden Befehle sind etwas vereinfacht dargestellt, da bei I²C ein Start-/End-Transaktionsereignis gesendet werden muss und nach jedem Byte ein ACK erfolgt. Schauen wir uns also den vollständigen Prozess für jeden dieser Befehle an:

Der vollständige Ablauf für einen Schreibbefehl besteht aus diesen Schritten:

1. **Start-Bedingung**: Der Master sendet eine Start-Bedingung.
2. **Adresse mit Schreibbit**: Der Master sendet die I^2C-Adresse des ADS1115 mit dem Schreibbit (W).
3. **ACK vom ADS1115**: Der ADS1115 bestätigt die Adresse mit einem ACK.
4. **Registerwahl**: Der Master sendet das Zielregister (eines der vier Hauptregister).
5. **ACK vom ADS1115**: Der ADS1115 bestätigt die Registerwahl mit einem ACK.
6. **Daten** (optional): Der Master sendet zwei Datenbytes, falls ein Wert in das Register geschrieben werden soll.
7. **ACK vom ADS1115**: Der ADS1115 bestätigt jedes Datenbyte mit einem ACK.
8. **Stop-Bedingung**: Der Master sendet eine Stop-Bedingung.

Der vollständige Ablauf für einen Lesebefehl:

1. **Start-Bedingung**: Der Master sendet eine Start-Bedingung.
2. **Adresse mit Schreibbit**: Der Master sendet die I^2C-Adresse des ADS1115 mit dem Schreibbit (W), um das Register zu wählen.
3. **ACK vom ADS1115**: Der ADS1115 bestätigt die Adresse mit einem ACK.
4. **Registerwahl**: Der Master sendet das Zielregister.
5. **ACK vom ADS1115**: Der ADS1115 bestätigt die Registerwahl mit einem ACK.
6. **Restart-Bedingung**: Der Master sendet eine Restart-Bedingung.
7. **Adresse mit Lesebit**: Der Master sendet die I^2C-Adresse des ADS1115 mit dem Lesebit (R).
8. **ACK vom ADS1115**: Der ADS1115 bestätigt die Adresse mit einem ACK.
9. **Daten lesen**: Der Master empfängt die 16-Bit-Daten aus dem ausgewählten Register.
10. **ACK vom Master**: Der Master bestätigt den Empfang jedes Datenbytes mit einem ACK.
11. **Stop-Bedingung**: Der Master sendet eine Stop-Bedingung.

Mit diesen detaillierten Schritten können wir die gewünschten Anweisungen an den ADS1115 kommunizieren und die erforderlichen Daten erfassen. Schauen wir uns also anhand von Abbildung 10.50 den vollständigen Prozess für jeden dieser Befehle im Datenblatt an. Wir beginnen die Übertragung, indem wir SDA auf *Low* ziehen, während SCL *High* ist. Dann senden wir die Adresse des Peripheriegeräts zusammen mit einer `0` für das R/W-Bit, gefolgt von einem `ACK` vom ADC. Das nächste Byte wählt eines der vier Hauptregister aus, wieder gefolgt von einem `ACK`. Die letzten beiden Bytes senden die Daten, wobei das höchstwertige Byte zuerst gesendet wird. Jedes der beiden Bytes erhält ein eigenes ACK. Zum Schluss wird das Übertragungsende gesendet, indem SDA auf *High* gezogen wird, während SCL *High* ist.

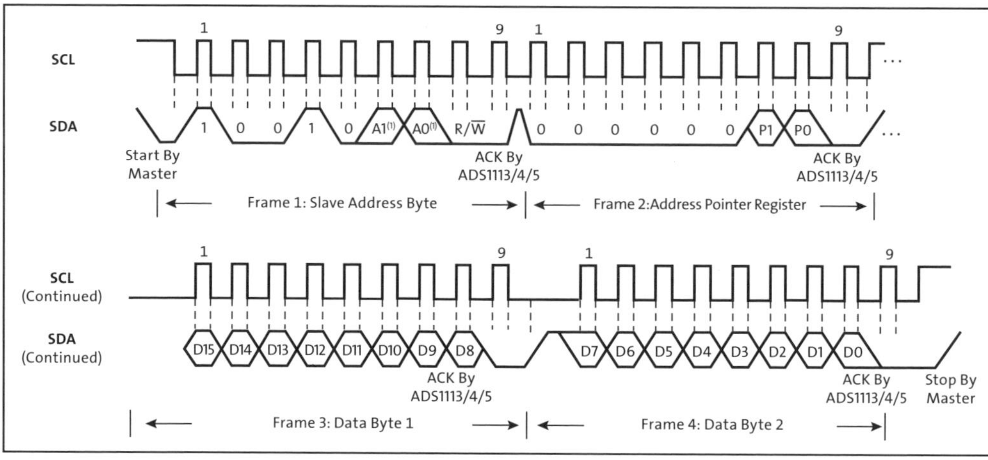

Abbildung 10.50 Der Ablauf einer Schreibsequenz laut Datenblatt des ADS1115

Der Lesevorgang läuft laut Datenblatt wie in Abbildung 10.51 gezeigt ab.

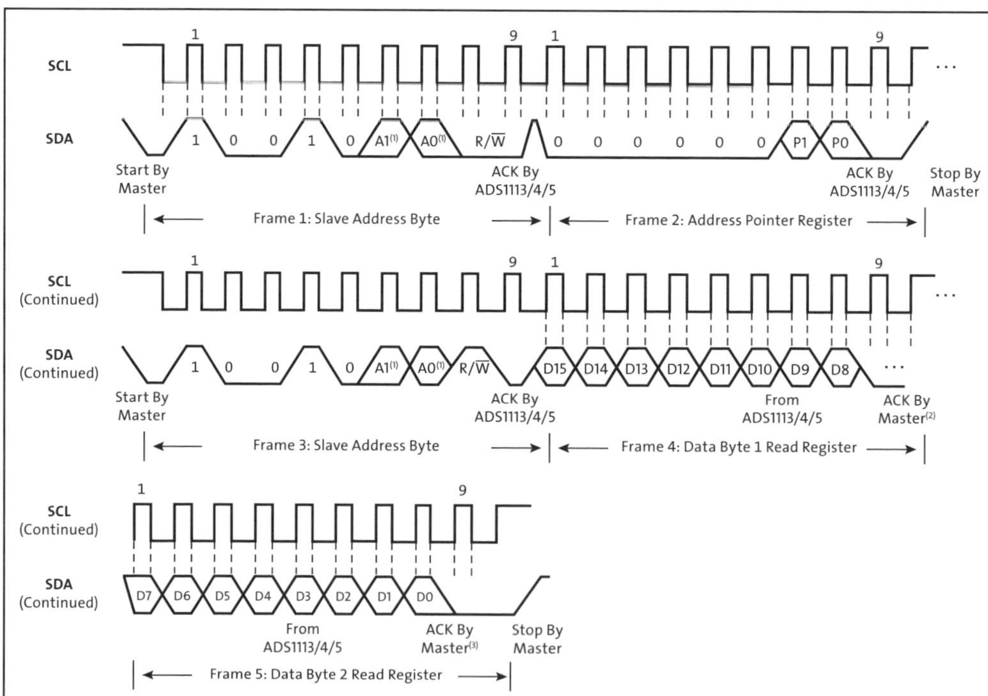

Abbildung 10.51 Der Ablauf eines Lesevorgangs laut Datenblatt des ADS1115

Die ersten beiden Bytes einer Lesesequenz entsprechen einem Schreibbefehl ohne Daten, um das richtige Register auszuwählen. Nach diesen ersten beiden Bytes folgt ein Übertragungsende (das Stop-Signal), das die Auswahl des Registers vom eigentlichen Lesevorgang trennt. Sobald das Register ausgewählt ist, starten wir einen neuen I²C-Befehl mit einem neuen Übertragungsbeginn, diesmal mit einer 1 für das R/W-Bit, um zu signalisieren, dass wir Daten lesen wollen. Es folgen zwei Byte-Datenübertragungen (plus ACK-Bits), um die vollen 16 Bits des ausgewählten Registers zu empfangen.

Diese beiden Abläufe dienen nur zum Schreiben und Lesen von Registern. Um eine vollständige Konvertierung durchzuführen, müssen wir mehrere Register lesen und schreiben. Der gesamte Ablauf besteht dann aus diesen Schritten:

1. **Schreiben in das Config-Register**: Einstellen der allgemeinen Konfiguration und Starten der Konvertierung
2. **Lesen des Config-Registers**: Überprüfen, ob die Konvertierung abgeschlossen ist
3. **Lesen des Konvertierungsregisters:** Abrufen des konvertierten Werts

Die Erstellung eines Zustandsautomaten für diesen gesamten Prozess, bei dem Sie SDA und SCL direkt steuern, würde zu einem sehr großen und komplexen Zustandsautomaten führen. Selbst innerhalb einer einzelnen Teilaufgabe, z. B. beim Lesen eines Registers, haben wir fünf Bytes, von denen einige gesendet und andere empfangen werden. Wir müssen ein Start- und Stop-Ereignis in der Mitte senden, und im Gegensatz zum Schreibbefehl wollen wir hier keine weiteren Daten schreiben. Das zu implementieren ist nicht unmöglich, aber unnötig komplex, denn es gibt effizientere Methoden.

10.11.4 Sub-Tasks

Nun gibt es mehrere Möglichkeiten, einen großen Prozess in Teilaufgaben aufzuteilen, und verschiedene Granularitätsebenen, die Sie für die Implementation verwenden können. Eine Methode besteht darin, nach Wiederholungen zu suchen. Betrachten wir unseren Endprozess, müssen wir in ein Register schreiben und aus zwei anderen lesen.

Wenn wir eine Unteraufgabe für das Lesen und eine für das Schreiben von Registern hätten, könnten wir unseren Hauptkonvertierungsablauf ziemlich einfach zusammenstellen. Das Problem bei dieser Idee ist jedoch, dass jede dieser Aufgaben für sich genommen schon ziemlich umfangreich ist. Gehen wir also noch eine Ebene tiefer und schauen wir uns an, ob wir die Lese- und Schreibregisterbefehle selbst in kleinere, zusammensetzbare Teile aufteilen können.

Zerlegen wir die Abläufe in die folgenden Teilaufgaben:

- Starten eines Sendevorgangs
- Beenden eines Sendevorgangs
- ein Byte lesen und ein ACK senden
- ein Byte schreiben und ein ACK empfangen

Durch die Unterteilung in diese kleineren Aufgaben können wir den gesamten Prozess bei der Implementation effizienter und verständlicher gestalten. So können wir wiederverwendbare Funktionen oder Codeabschnitte erstellen, die sowohl beim Lesen als auch beim Schreiben von Registern verwendet werden können.

Diese kleineren Teilaufgaben ermöglichen es uns auch, den Hauptkonvertierungsfluss modularer und übersichtlicher zu gestalten, indem wir die notwendigen Schritte zur Kommunikation mit dem ADS1115 strukturierter abbilden.

Betrachten wir das Beispiel des Schreibregisters mit der Aufteilung, die Sie in Abbildung 10.52 sehen.

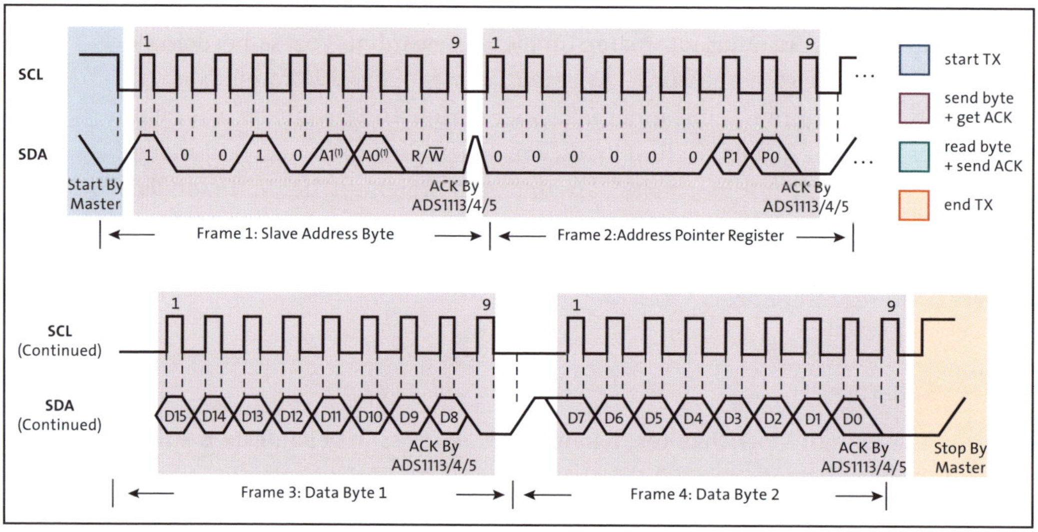

Abbildung 10.52 Unterteilung der Protokollsequenzen

Der Prozess lässt sich leicht in sechs Unterbefehle unterteilen:

1. TX starten
2. Adresse und R/W-Bit senden, dann ACK erhalten
3. Registerindex senden, dann ACK erhalten
4. Oberes Byte senden und ACK erhalten

5. Unteres Byte senden und ACK erhalten
6. TX beenden

Wenn wir diese Unteraufgaben als Funktionen in einer höheren Programmiersprache implementieren, würde dies in Python etwa so aussehen:

```
start_i2c()
send_byte((adresse << 1) + readWriteBit)
send_byte(registerIndex)
send_byte(oberesByte)
send_byte(unteresByte)
stop_i2c()
```

Wenn wir etwas mehr ins Detail gehen, sehen die Schritte so aus:

1. **TX starten**: Initialisiert den I²C-Übertragungsvorgang, indem SDA auf *Low* gezogen wird, während SCL *High* ist.
2. **Adresse und R/W-Bit senden**: Sendet die I²C-Adresse des Peripheriegeräts zusammen mit dem Read/Write-Bit und wartet auf ein ACK vom ADC.
3. **Registerindex senden**: Sendet das Zielregister, aus dem gelesen oder in das geschrieben werden soll, und wartet auf ein ACK.
4. **Oberes Byte senden**: Sendet das oberste Byte der Daten und wartet auf ein ACK.
5. **Unteres Byte senden**: Sendet das untere Byte der Daten und wartet auf ein ACK.
6. **TX beenden**: Beendet den I²C-Übertragungsvorgang, indem SDA auf *High* gezogen wird, während SCL *High* ist.

Durch die klare Strukturierung und Implementierung dieser Schritte können wir den gesamten Prozess effizienter und nachvollziehbarer gestalten.

Und wenn wir uns das Lesen eines Registers anschauen, haben wir eine Unterteilung wie in Abbildung 10.53.

Hier können wir diese Aufgabe zunächst in zwei Hauptaufgaben aufteilen:

- das Register auswählen
- das Register lesen

Jede dieser Hauptaufgaben kann, wie beim vorherigen Abschnitt zum Schreiben, in vier Unteraufgaben aufgeteilt werden. Mit dieser Aufteilung haben wir eine sehr überschaubare Unteraufgaben-Schicht mit nur vier Operationen, von denen jede recht einfach zu implementieren ist, da sie auf ein einziges Byte beschränkt ist. Diese Operationen können wir dann leicht zu den verschiedenen Aufgaben zusammensetzen, die wir für eine Konvertierung benötigen.

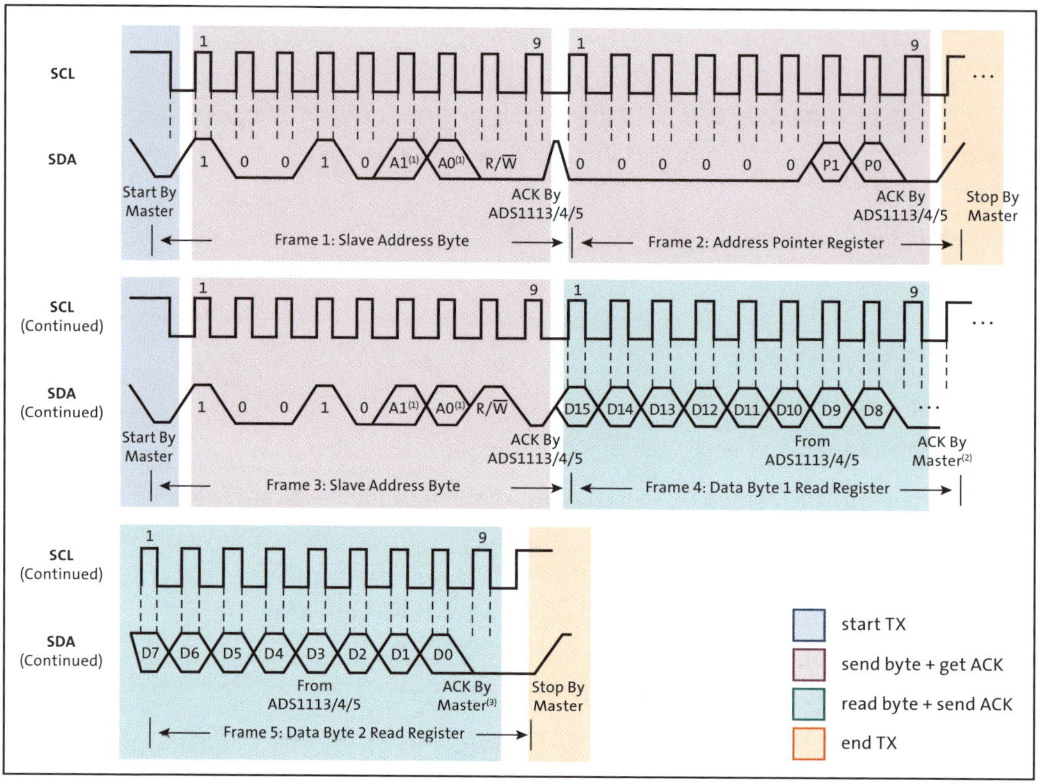

Abbildung 10.53 Weitere Unterteilung der Protokollsequenzen

Lassen Sie uns nun den Konvertierungsprozess von Anfang bis Ende unter Verwendung unserer vier Hauptaufgaben darstellen. Es entsteht folgender Pseudocode:

- **Aufgabe 1: Setup der Konvertierung**
  - `start_i2c()`
  - `send_byte({address, w})`
  - `send_byte(select_config_register)`
  - `send_byte(config_with_channel_upper)`
  - `send_byte(config_with_channel_lower)`
  - `stop_i2c()`
- **Aufgabe 2: Überprüfen, ob bereit**
  - `wait x amount of time`
  - `start_i2c()`
  - `send_byte({address, r})`

  - `read_byte() // reading config upper byte`
  - `store 1st byte + read_byte() // reading config lower byte`
  - `stop_i2c()`
- **Aufgabe 3: Zurückschalten zum Konvertierungsregister**
  - `delay some time`
  - `start_i2c()`
  - `write_byte({address, w})`
  - `write_byte(select_conversion_register)`
  - `stop_i2c()`
- **Aufgabe 4: Wert lesen**
  - `start_i2c()`
  - `write_byte({address, r})`
  - `read_byte() // reading conversion register upper`
  - `store 1st byte + read_byte() // reading conversion register lower`
  - `store 2nd read byte`
  - `stop_i2c()`

Durch die Abstraktion des I^2C-Protokolls in eine eigene Schicht können wir die Diagramme aus dem ADC-Datenblatt einfach übernehmen, um den vollständigen Ablauf darzustellen.

Diese Änderung reduziert die Gesamtzahl der erforderlichen Zustände auf 19. Wenn wir jedoch die Zustände weiter analysieren, können wir ihre Anzahl weiter verringern, indem wir Duplikate eliminieren:

- Aufgabe 1 – Schritt 1
- Aufgabe 2 – Schritt 2
- Aufgabe 3 – Schritt 2
- Aufgabe 4 – Schritt 1

Dies sind alles `start_i2c`-Befehle, und wir haben auch vier `stop_i2c`-Schritte. Das Lesen von Bytes ist ebenfalls identisch für die Aufgaben 2 und 4. Wenn wir die Aufgabenliste durchgehen, können wir die Anzahl der unterschiedlichen Operationen, die wir in unserer Zustandsmaschine erstellen müssen, auf 11 reduzieren. Das bedeutet, dass wir diese 11 Prozeduren zusammen mit den vier Hauptaufgaben, die wir als Bausteine verwendet haben, für insgesamt 15 Zustände erstellen können.

Nach dieser Vereinfachung der zu erledigenden Aufgabe können wir nun mit der Implementierung beginnen.

10.11.5 Der Verilog-Code

Indem wir eine neue Datei namens *ads1115_i2c.v* anlegen, beginnen wir die Erstellung unserer Bausteine, indem wir zuerst das I²C-Modul implementieren:

```
module i2c (
    input clk,
    input sdaIn,
    output reg sdaOutReg = 1,
    output reg isSending = 0,
    output reg scl = 1,
    input [1:0] instruction,
    input enable,
    input [7:0] byteToSend,
    output reg [7:0] byteReceived = 0,
    output reg complete
);
endmodule
```

Listing 10.80 Implementierung des I2C-Moduls in Verilog

Wir haben hier eine Reihe von Ein- und Ausgängen, die wir der Reihe nach durchgehen: Das Modul beginnt mit dem Haupttaktsignal `clk`. Dann gibt es die Eingänge `sdaIn` und `instruction`, sowie die Ausgänge `sdaOutReg`, `isSending`, `scl`, `byteReceived` und `complete`. Da I2C eine bidirektionale Schnittstelle verwendet, benötigen wir eine separate Logik, um dieselbe Signalverbindung für das Senden und Empfangen von Daten nutzen zu können.

Unsere FPGAs unterstützen Tristate-Logik nur in begrenztem Maße, aber die IO-Pins haben ihre eigenen Tristate-Register. Daher trennen wir unser Modul von der Tristate-Logik, um die Flexibilität zu erhöhen: Wir verwenden separate Signalverbindungen (`wire`) für jede Richtung und eine zusätzliche Signalverbindung, um anzugeben, ob wir gerade Daten senden oder empfangen.

Im `top`-Modul steuern wir den Tristate-IO-Pin folgendermaßen:

```
module top(
 inout i2cSDA
);
    assign i2cSDA = isSending ? sdaOutReg : 1'bz;
endmodule
```

Beim Senden über die SDA-Signalverbindung verbinden wir den Pin mit dem Ausgangsregister für SDA (`sdaOutReg`). Im Lesemodus versetzen wir die Leitung in den Zustand hoher Impedanz (`1'bz`), sodass kein Wert auf der Leitung anliegt und wir den externen Wert lesen können, wodurch die Leitung als Eingang fungiert.

I²C verwendet eine Open-Drain-Konfiguration, bei der die Leitung durch einen Pull-up-Widerstand auf *High* gezogen wird, und jede Seite die Leitung nur auf *Low* ziehen kann. In einer Open-Drain-Konfiguration bleibt die Leitung *Low*, wenn eine der beiden Seiten sie auf *Low* zieht. Im Gegensatz dazu bleibt in einer normalen Push-Pull-Konfiguration die Leitung *High*, wenn eine Seite sie auf *High* zieht.

Diese Konfiguration ermöglicht eine Taktverlängerung, sodass der Datenempfänger die Übertragung *pausieren* kann, wenn mehr Zeit zur Verarbeitung benötigt wird. Um eine Open-Drain-Verbindung zu implementieren, passen wir die Zuweisung wie folgt an:

```
assign i2cSDA = (isSending & ~sdaOutReg) ? 1'b0 : 1'bz;
```

Im Sendevorgang und bei einem zu sendenden `0`-Bit ziehen wir die Leitung auf *Low*. Andernfalls steuern wir die Leitung nicht und verlassen uns auf den externen Pull-up-Widerstand, um die Leitung auf *High* zu setzen. Diesen Code integrieren wir später ins Top-Modul.

Sie können den Pin-Modus in der Constraints-Datei auf *Open Drain* setzen, um dies automatisch zu handhaben.

Open-Drain-Modus

Open Drain (bzw. *Open Collector* bei bipolaren Transistoren) ist ein Pin-Modus, bei dem der Ausgangstransistor des Pins nur eine Verbindung zu Masse (Low-Level) herstellen kann, aber nicht direkt auf eine hohe Spannung (High-Level) schalten kann. Im Open-Drain-Modus wird die High-Level-Spannung durch einen externen Pull-up-Widerstand erreicht, der den Pin auf die Versorgungsspannung zieht, wenn der Transistor nicht aktiv ist. Diese Konfiguration wird oft in Bus-Systemen verwendet, um Konflikte zu vermeiden.

Eingänge und Ausgänge unseres I²C-Moduls

Die nächste Ausgangssignalverbindung ist für SCL. Hier verwenden wir keinen Tristate-Puffer, sondern eine einfache Signalverbindung, da unser Anwendungsfall kein Clock-Stretching erfordert.

Als Nächstes erhalten wir einen 2-Bit-Befehl, der angibt, welche der vier Unteraufgaben wir gerade ausführen möchten:

1. I²C starten
2. I²C anhalten
3. Byte lesen und `ACK` senden
4. Byte schreiben und `ACK` empfangen

Nach der Anweisung haben wir einen Freigabe-Pin für ein externes Modul, um das Modul zu veranlassen, die aktuell gewählte Anweisung auszuführen. Dann senden wir einen 8-Bit-Wert (im Falle eines Schreib-Byte-Befehls) und verwenden den `byteReceived`-Puffer, um ein Byte auszugeben, wenn der Lese-Byte-Befehl verwendet wurde.

Die letzte Angabe ist eine Signalverbindung, damit das I²C-Modul dem Modul, das es verwendet, mitteilen kann, dass der Befehl abgeschlossen ist und es zum nächsten Befehl übergehen kann.

```
localparm INST_START_TX = 0;
localparm INST_STOP_TX = 1;
localparm INST_READ_BYTE = 2;
localparm INST_WRITE_BYTE = 3;
localparm STATE_IDLE = 4;
localparm STATE_DONE = 5;
localparm STATE_SEND_ACK = 6;
localparm STATE_RCV_ACK = 7;
```

Listing 10.81 Zustände für den Zustandsautomaten des Moduls

Wir beginnen mit unseren vier Befehlen, die mit dem Index des Befehlseingangs übereinstimmen. Nach den Befehlen haben wir einen `IDLE`-Status, der der Standardzustand ist, wenn keine I²C-Kommunikation stattfindet. Der Zustand `DONE` dient dazu, dem externen Modul mitzuteilen, dass der Befehl abgeschlossen ist.

Die letzten beiden Zustände sind Fortsetzungen der Lese- und Schreibbefehle. Beim Lesen müssen wir ein `ACK` senden, beim Schreiben ein `ACK` empfangen.

```
reg [6:0] CLOCKDivider = 0;
reg [2:0] state = STATE_IDLE;
reg [2:0] bitToSend = 0;
```

Listing 10.82 Die notwendigen Register

Der ADS1115 unterstützt standardmäßig eine Kommunikation mit bis zu 400 kHz. Es gibt auch einen Hochgeschwindigkeitsmodus mit 3,4 MHz, der jedoch explizit aktiviert werden muss. Da wir aber den Standardmodus verwenden, teilen wir unseren 27-MHz-Takt auf etwas unter 400 kHz herunter.

Durch eine Teilung des Takts um 128 (oder 2^7) erhalten wir etwas mehr als 200 kHz. Da es sich um eine Potenz von 2 handelt, ist die Implementierung einfacher. Deshalb erstellen wir ein 7-Bit-Register, das die Taktzyklen zählt.

Ein weiteres Register hält den aktuellen Zustand fest, standardmäßig den Ruhezustand. Schließlich haben wir ein Register, das zählt, auf welchem Bit eines Bytes wir uns befinden. Einige Zustände (wie Senden oder Empfangen) basieren auf einem Datenbyte, daher verwenden wir `bitToSend`, um uns zu merken, auf welchem Bit wir uns befinden.

```
always @(posedge clk) begin
    case (state)
    // states here
    endcase
end
```

Listing 10.83 Der »always«-Block für den Zustandsautomaten

Der Block aus Listing 10.83 wird unseren Zustandsautomaten enthalten und die einzelnen Zustände entsprechend den oben definierten Operationen durchlaufen.

10.11.6 Die I²C-Zustände

Zuerst warten wir darauf, dass der `enable`-Pin aktiviert wird, und beginnen dann mit der Durchführung der durch `instruction` übergebenen Operation:

```
STATE_IDLE: begin
    if (enable) begin
        complete <= 0;
        CLOCKDivider <= 0;
        bitToSend <= 0;
        state <= {1'b0, instruction};
    end
end
```

Listing 10.84 Zustand STATE_IDLE zur Initialisierung der I2C-Operation

Wir setzen `complete` auf *Low*, da wir eine neue Operation beginnen. Unsere beiden Zählerregister werden zurückgesetzt, und wir springen in den Zustand, der der Befehlsnummer entspricht.

Der nächste Zustand ist die I²C-Startbedingung. Hier sind sowohl die Takt- als auch die Datenleitung auf *High*, und wir ziehen die Datenleitung auf *Low*, bevor wir die Taktleitung auf *Low* ziehen:

```
INST_START_TX: begin
    isSending <= 1;
    clockDivider <= clockDivider + 1;
    if (clockDivider[6:5] == 2'b00) begin
        scl <= 1;
        sdaOutReg <= 1;
```

```
    end else if (clockDivider[6:5] == 2'b01) begin
        sdaOutReg <= 0;
    end else if (clockDivider[6:5] == 2'b10) begin
        scl <= 0;
    end else if (clockDivider[6:5] == 2'b11) begin
        state <= STATE_DONE;
    end
end
```

Listing 10.85 Zustand INST_START_TX zur Implementierung der I2C-Startbedingung

Wir setzen das isSending-Flag auf *High*, um die Kontrolle über SDA zu übernehmen, und beginnen mit dem Zählen der Taktzyklen. Die gesamte SCL-Taktzeit (~200 kHz) wird in vier gleiche Abschnitte aufgeteilt, indem nur die oberen beiden Bits betrachtet werden. Zunächst sind beide Leitungen auf *High*, dann wird SDA auf *Low* gezogen, gefolgt von SCL. Schließlich warten wir eine weitere Periode, bevor wir den Zustand auf done setzen. Abbildung 10.54 zeigt den Vorgang im Detail.

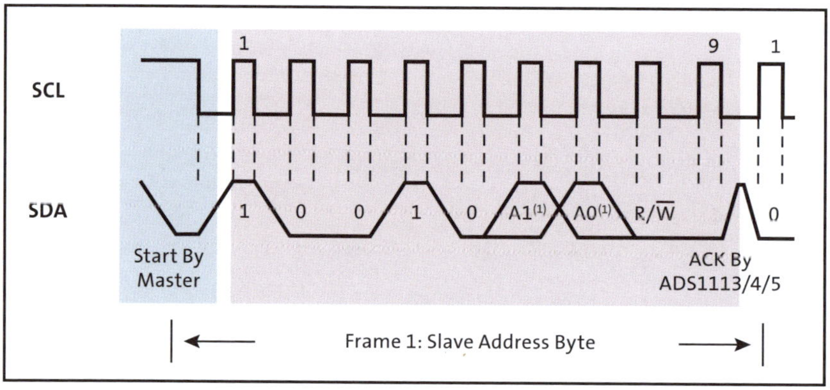

Abbildung 10.54 Detailansicht der Adressierung des Slaves

Abbildung 10.54 zeigt den Beginn einer I²C-Transaktion, bei der der Master die Übertragung einleitet, indem er die SDA-Leitung auf *Low* zieht, während die SCL-Leitung *High* bleibt (Startbedingung). Anschließend sendet der Master das Slave-Adressbyte, bestehend aus sieben Adressbits (beginnend mit 1 0 0 1 0 A1(1) A0(1)) und einem Lese-/Schreibbit (R/W), um zu signalisieren, ob er Daten senden oder empfangen möchte. Das Adressbyte wird vom Slave mit einem ACK (Acknowledge) bestätigt.

Der nächste Zustand ist die Stop-Bedingung, die ähnlich wie der Startvorgang abläuft, jedoch umgekehrt:

```
INST_STOP_TX: begin
    isSending <= 1;
    clockDivider <= clockDivider + 1;
    if (clockDivider[6:5] == 2'b00) begin
        scl <= 0;
        sdaOutReg <= 0;
    end else if (clockDivider[6:5] == 2'b01) begin
        scl <= 1;
    end else if (clockDivider[6:5] == 2'b10) begin
        sdaOutReg <= 1;
    end else if (clockDivider[6:5] == 2'b11) begin
        state <= STATE_DONE;
    end
end
```

Listing 10.86 Zustand INST_STOP_TX zur Implementierung der I2C-Stopbedingung

Beide Leitungen beginnen mit einem niedrigen Wert, dann wird der Takt hochgezogen, gefolgt von SDA.

Der nächste Befehl ist für das Lesen eines Datenbytes zuständig:

```
INST_READ_BYTE: begin
    isSending <= 0;
    CLOCKDivider <= CLOCKDivider + 1;
    if (CLOCKDivider[6:5] == 2'b00) begin
        scl <= 0;
    end else if (CLOCKDivider[6:5] == 2'b01) begin
        scl <= 1;
    end else if (CLOCKDivider == 7'b1000000) begin
        byteReceived <= {byteReceived[6:0], sdaIn ? 1'b1 : 1'b0};
    end else if (CLOCKDivider == 7'b1111111) begin
        bitToSend <= bitToSend + 1;
        if (bitToSend == 3'b111) begin
            state <= STATE_SEND_ACK;
        end
    end else if (CLOCKDivider[6:5] == 2'b11) begin
        scl <= 0;
    end
end
```

Listing 10.87 Zustand INST_READ_BYTE zur Implementierung des I2C-Datenlesens

Hier steuern wir die SDA-Leitung nicht und verwenden sie stattdessen als Eingang. Der erste Viertel-Zyklus hat einen niedrigen Takt, und im zweiten Viertel setzen wir den Takt hoch.

Schauen wir uns anhand von Abbildung 10.55 die 4 Viertel unseres SCL-Zyklus an.

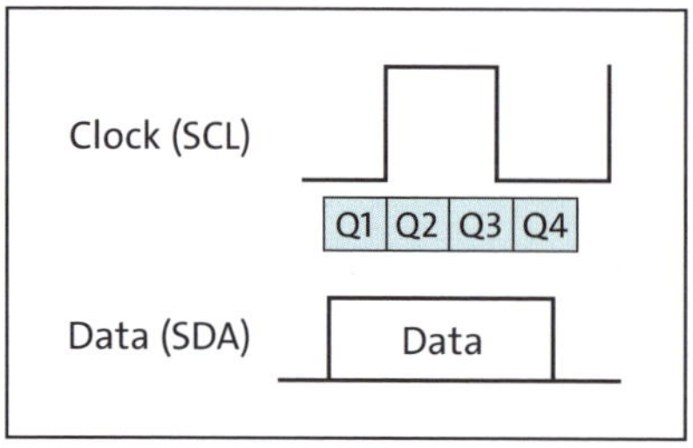

Abbildung 10.55 Detailansicht des Taktzyklus

Wir lesen die Daten in der Mitte des Taktzyklus (Q3). Der Wert von SDA wird in `byteReceived` geschoben und alle anderen Bits werden nach oben verschoben. Wenn wir das letzte Bit erreicht haben, gehen wir zum `ACK`-Zustand über; andernfalls beginnt der Zyklus für das nächste Bit von vorne.

Zum Senden des `ACK` wird SDA niedrig gehalten und ein SCL-Taktzyklus pulsiert:

```
STATE_SEND_ACK: begin
    isSending <= 1;
    sdaOutReg <= 0;
    CLOCKDivider <= CLOCKDivider + 1;
    if (CLOCKDivider[6:5] == 2'b01) begin
        scl <= 1;
    end else if (CLOCKDivider == 7'b1111111) begin
        state <= STATE_DONE;
    end else if (CLOCKDivider[6:5] == 2'b11) begin
        scl <= 0;
    end
end
```

Listing 10.88 Zustand STATE_SEND_ACK zur Implementierung der I2C-ACK-Sendung

Während des Sendens des `ACK` übernehmen wir wieder die Kontrolle über SDA, indem wir `isSending` auf *High* setzen und `sdaOutReg` auf *Low* setzen, um das ACK-Signal zu senden. Der SCL-Taktzyklus geht zu Beginn von Q2 auf *High* und zu Beginn von Q4 wieder auf *Low*.

Nachdem das Lesen eines Bytes abgeschlossen ist, folgt das Schreiben eines Bytes, das strukturell ähnlich aufgebaut ist:

```
INST_WRITE_BYTE: begin
    isSending <= 1;
    clockDivider <= clockDivider + 1;
    sdaOutReg <= byteToSend[3'd7-bitToSend] ? 1'b1 : 1'b0;
    if (clockDivider[6:5] == 2'b00) begin
        scl <= 0;
    end else if (clockDivider[6:5] == 2'b01) begin
        scl <= 1;
    end else if (clockDivider == 7'b1111111) begin
        bitToSend <= bitToSend + 1;
        if (bitToSend == 3'b111) begin
            state <= STATE_RCV_ACK;
        end
    end else if (clockDivider[6:5] == 2'b11) begin
        scl <= 0;
    end
end
```

Listing 10.89 Zustand INST_WRITE_BYTE zur Implementierung des I2C-Datenschreibens

Hier setzen wir `sdaOutReg` auf das entsprechende Bit, das gesendet werden soll, beginnend mit dem höchstwertigen Bit. Der Rest besteht im Wesentlichen aus einem SCL-Taktzyklus. Am Ende von Q4 wird überprüft, ob alle 8 Bits gesendet wurden.

Zum Empfang des `ACK` wird ein SCL-Taktzyklus ausgegeben:

```
STATE_RCV_ACK: begin
    isSending <= 0;
    clockDivider <= clockDivider + 1;
    if (clockDivider[6:5] == 2'b01) begin
        scl <= 1;
    end else if (clockDivider == 7'b1111111) begin
        state <= STATE_DONE;
    end else if (clockDivider[6:5] == 2'b11) begin
        scl <= 0;
    end
    // else if (clockDivider == 7'b1000000) begin
    //     sdaIn should be 0
    // end
end
```

Listing 10.90 Zustand STATE_RCV_ACK zur Implementierung des I2C-ACK-Empfangs

Während das ACK empfangen wird, sollte theoretisch während des High-Teils des Taktes die SDA-Leitung durch das Peripheriegerät auf *Low* gezogen werden. Diese Überprüfung wurde auskommentiert, da wir diesen Fall nicht behandeln werden. Falls dies überprüft werden soll, muss entschieden werden, was bei einem Fehler passiert: Soll z. B. eine Stop-Bedingung über I2C gesendet und ein Fehler-Flag gesetzt werden?

Der letzte Zustand ist der done-Zustand, bei dem das externe Modul darüber benachrichtigt wird, dass der I²C-Befehl abgeschlossen ist:

```
STATE_DONE: begin
    complete <= 1;
    if (~enable)
        state <= STATE_IDLE;
end
```

Listing 10.91 Zustand STATE_DONE zur Signalisierung des Abschlusses des I2C-Befehls

Damit haben wir unser I²C-Modul erstellt und können mit dem Bau des ADC-Moduls beginnen.

10.11.7 Das ADC-Modul

Erstellen wir zunächst eine neue Datei namens *ads1115_adc.v* mit dem Modul aus Listing 10.92:

```
module adc #(
    // Adresse des ads1115 "0x48"
    parameter address = 7'b1001000
) (
    input clk,
    input [1:0] channel,
    output reg [15:0] outputData = 0,
    output reg dataReady = 1,
    input enable,
    output reg [1:0] instructionI2C = 0,
    output reg enableI2C = 0,
    output reg [7:0] byteToSendI2C = 0,
    input [7:0] byteReceivedI2C,
    input completeI2C
);
endmodule
```

Listing 10.92 Definition des ADC-Moduls für den ADS1115

Wir beginnen mit einem Parameter für die Peripherie-Adresse, die wir mit jedem I²C-Befehl senden müssen. Zu den Eingängen gehören der Takt, ein Eingang für den 4-Kanal-ADC, den wir lesen wollen, ein Register für die 16-Bit-Ausgangsdaten und zwei Flags: eines für das ADC-Modul, um anzuzeigen, dass Daten bereit sind, und eines für das obere Modul, um eine Umwandlung anzufordern (enable). Die restlichen Ports sind die Verbindungen zu der Schnittstelle mit dem I²C-Modul, das wir erstellt haben.

```
reg [15:0] setupRegister = {
    1'b1,    // Start Conversion
    3'b100, // Channel 0 Single ended
    3'b001, // FSR +- 4.096v
    1'b1,    // Single shot mode
    3'b100, // 128 SPS
    1'b0,    // Traditional Comparator
    1'b0,    // Active low alert
    1'b0,    // Non latching
    2'b11    // Disable comparator
};
localparm CONFIG_REGISTER = 8'b00000001;
localparm CONVERSION_REGISTER = 8'b00000000;
```

Listing 10.93 Konfiguration des Setup-Registers

Das Setup-Register enthält die Werte, die wir in das Config-Register setzen wollen. Der Kanal muss je nach Anforderung angepasst werden. Die lokalen Parameter bestimmen, welches Register nach einem I²C-Schreibbefehl ausgewählt wird.

```
localparm TASK_SETUP = 0;
localparm TASK_CHECK_DONE = 1;
localparm TASK_CHANGE_REG = 2;
localparm TASK_READ_VALUE = 3;
localparm INST_START_TX = 0;
localparm INST_STOP_TX = 1;
localparm INST_READ_BYTE = 2;
localparm INST_WRITE_BYTE = 3;
```

Listing 10.94 Definition der Unteraufgaben

Die ersten vier Konstanten sind die Unteraufgaben für das ADC-Modul, und die letzten vier sind die Anweisungen, die wir an das I²C-Modul senden können. Der Plan ist, jede unserer ADC-Unteraufgaben mit den I²C-Anweisungen zu implementieren.

```
Stage            Step Description
TASK_SETUP       0    Start I2C
TASK_SETUP       1    Send Byte {address, w}
TASK_SETUP       2    Send Byte to select config register
TASK_SETUP       3    Send Byte with config's upper byte
TASK_SETUP       4    Send Byte with config's lower byte
TASK_SETUP       5    Stop I2C
TASK_CHECK_DONE  0    Delay some time
TASK_CHECK_DONE  1    Start I2C
TASK_CHECK_DONE  2    Send Byte {address, r}
TASK_CHECK_DONE  3    Read Byte
TASK_CHECK_DONE  4    Store 1st read byte, Read Byte
TASK_CHECK_DONE  5    Stop I2C
TASK_CHANGE_REG  0    Verify conversion is ready
TASK_CHANGE_REG  1    Start I2C
TASK_CHANGE_REG  2    Send Byte {address, w}
TASK_CHANGE_REG  3    Send Byte to change to conversion register
TASK_CHANGE_REG  4    Stop I2C
TASK_READ_VALUE  0    Start I2C
TASK_READ_VALUE  1    Send Byte {address, r}
TASK_READ_VALUE  2    Read Byte
TASK_READ_VALUE  3    Store 1st read byte, Read Byte
TASK_READ_VALUE  4    Store 2nd read byte
TASK_READ_VALUE  5    Stop I2C
```

Listing 10.95 Ablauf der Aufgaben und Schritte

Der Ablauf erfolgt wie bei einem sequenziellen Prozessor: Wenn eine Konvertierung angefordert wird, durchlaufen wir die einzelnen Schritte nacheinander, wobei jede Aktion durchgeführt und der Aufgabenzähler entsprechend erhöht wird.

```
localparm STATE_IDLE = 0;
localparm STATE_RUN_TASK = 1;
localparm STATE_WAIT_FOR_I2C = 2;
localparm STATE_INC_SUB_TASK = 3;
localparm STATE_DONE = 4;
localparm STATE_DELAY = 5;
```

Listing 10.96 Definition der Zustände

IDLE- und DONE-Zustände sind wie beim I²C-Modul: einer ist der Standard-IDLE-Zustand und der andere signalisiert dem oberen Modul, dass der Befehl abgeschlossen ist.

Der Kernablauf des Programms ist also:

- Ausführen eines Aufgabenschritts durch eine I²C-Anweisung
- Warten auf die I²C-Meldung, dass der Befehl abgeschlossen ist
- Inkrementieren des Aufgabenzählers, um zur nächsten Aufgabe überzugehen

Der Verzögerungszustand dient dazu, zwischen dem Start einer Umwandlung und der Fertigstellung des Ergebnisses zu warten.

```
reg [1:0] taskIndex = 0;
reg [2:0] subTaskIndex = 0;
reg [4:0] state = STATE_IDLE;
reg [7:0] counter = 0;
reg processStarted = 0;
```


Listing 10.97 Notwendige Register

Der Task- und der Subtask-Index halten fest, wo wir uns in unserer Prozesstabelle befinden. Der Zustand gibt den aktuellen Zustand in unserer Zustandsmaschine an. Der Zähler wird in der Verzögerung verwendet, und das `processStarted`-Flag wird verwendet, um darauf zu warten, dass der I²C-Befehl abgeschlossen ist.

Die ADC-Zustandsmaschine

Wir haben hier im Grunde zwei Zustandsautomaten in einem: den Makro-Zustandsautomaten, der unsere Kernschleife handhabt, und den Mikro-Zustandsautomaten, der alle Aufgaben und Unteraufgaben durchläuft, die zur Durchführung einer vollständigen Konvertierung erforderlich sind.

Zu Beginn können wir den äußeren Zustandsautomaten erstellen:

```
always @(posedge clk) begin
    case (state)
        // outer states here
    endcase
end
```

Listing 10.98 Implementierung des äußeren Zustandsautomaten zur Steuerung der ADC-Konvertierung

Nun folgen die Zustände:

```
STATE_IDLE: begin
    if (enable) begin
        state <= STATE_RUN_TASK;
        taskIndex <= 0;
```

```
            subTaskIndex <= 0;
            dataReady <= 0;
            counter <= 0;
        end
    end
```

Listing 10.99 Der Zustand IDLE

Im IDLE-Zustand warten wir auf das Freigabesignal, das uns in den Zustand mit unserer internen Zustandsmaschine versetzt. Ansonsten setzen wir alle unsere Register zurück.

```
STATE_RUN_TASK: begin
    case ({taskIndex,subTaskIndex})
        {TASK_SETUP, 3'd0},
        {TASK_CHECK_DONE, 3'd1},
        {TASK_CHANGE_REG, 3'd1},
        {TASK_READ_VALUE, 3'd0}: begin
            instructionI2C <= INST_START_TX;
            enableI2C <= 1;
            state <= STATE_WAIT_FOR_I2C;
        end
        {TASK_SETUP, 3'd1},
        {TASK_CHANGE_REG, 3'd2},
        {TASK_CHECK_DONE, 3'd2},
        {TASK_READ_VALUE, 3'd1}: begin
            instructionI2C <= INST_WRITE_BYTE;
            byteToSendI2C <= {
                address,
                (taskIndex == TASK_CHECK_DONE ||
                 taskIndex == TASK_READ_VALUE) ?
                  1'b1 : 1'b0
            };
            enableI2C <= 1;
            state <= STATE_WAIT_FOR_I2C;
        end
        {TASK_SETUP, 3'd5},
        {TASK_CHECK_DONE, 3'd5},
        {TASK_CHANGE_REG, 3'd4},
        {TASK_READ_VALUE, 3'd5}: begin
            instructionI2C <= INST_STOP_TX;
            enableI2C <= 1;
            state <= STATE_WAIT_FOR_I2C;
        end
```

```
{TASK_SETUP, 3'd2},
{TASK_CHANGE_REG, 3'd3}: begin
    instructionI2C <= INST_WRITE_BYTE;
    byteToSendI2C <= taskIndex == TASK_SETUP ?
        CONFIG_REGISTER : CONVERSION_REGISTER;
    enableI2C <= 1;
    state <= STATE_WAIT_FOR_I2C;
end
{TASK_SETUP, 3'd3}: begin
    instructionI2C <= INST_WRITE_BYTE;
    byteToSendI2C <= {
        setupRegister[15] ? 1'b1 : 1'b0,
        1'b1, channel,
        setupRegister[11:8]
    };
    enableI2C <= 1;
    state <= STATE_WAIT_FOR_I2C;
end
{TASK_SETUP, 3'd4}: begin
    instructionI2C <= INST_WRITE_BYTE;
    byteToSendI2C <= setupRegister[7:0];
    enableI2C <= 1;
    state <= STATE_WAIT_FOR_I2C;
end
{TASK_CHECK_DONE, 3'd0}: begin
    state <= STATE_DELAY;
end
{TASK_CHECK_DONE, 3'd3},
{TASK_READ_VALUE, 3'd2}: begin
    instructionI2C <= INST_READ_BYTE;
    enableI2C <= 1;
    state <= STATE_WAIT_FOR_I2C;
end
{TASK_CHECK_DONE, 3'd4},
{TASK_READ_VALUE, 3'd3}: begin
    instructionI2C <= INST_READ_BYTE;
    outputData[15:8] <= byteReceivedI2C;
    enableI2C <= 1;
    state <= STATE_WAIT_FOR_I2C;
end
{TASK_CHANGE_REG, 3'd0}: begin
    if (outputData[15])
        state <= STATE_INC_SUB_TASK;
    else begin
```

10

```
                subTaskIndex <= 0;
                taskIndex <= TASK_CHECK_DONE;
            end
        end
        {TASK_READ_VALUE, 3'd4}: begin
            state <= STATE_INC_SUB_TASK;
            outputData[7:0] <= byteReceivedI2C;
        end
        default:
            state <= STATE_INC_SUB_TASK;
    endcase
end
```

Listing 10.100 Der Zustand RUN_TASK

Dieser Abschnitt ist etwas lang, aber jeder einzelne Fall ist ziemlich einfach. Um den I²C-Baustein zu verwenden, setzen wir die Anweisung, aktivieren das I²C-Modul und warten auf den Abschluss. Optional setzen wir byteToSendI2C, wenn wir ein Byte schreiben.

Der Code für das Senden eines Start-I²C-Befehls sieht beispielsweise so aus:

```
{TASK_SETUP, 3'd0},
{TASK_CHECK_DONE, 3'd1},
{TASK_CHANGE_REG, 3'd1},
{TASK_READ_VALUE, 3'd0}: begin
    instructionI2C <= INST_START_TX;
    enableI2C <= 1;
    state <= STATE_WAIT_FOR_I2C;
end
```

Listing 10.101 Beispielcode zur Initialisierung und Ausführung eines I2C-Startbefehls

Der Inhalt der Zustandsmaschine geht so Schritt für Schritt weiter.

```
STATE_WAIT_FOR_I2C: begin
    if (~processStarted && ~completeI2C)
        processStarted <= 1;
    else if (completeI2C && processStarted) begin
        state <= STATE_INC_SUB_TASK;
        processStarted <= 0;
        enableI2C <= 0;
    end
end
```

Listing 10.102 Der Zustand STATE_WAIT_FOR_I2C

Hier warten wir darauf, dass das I²C-Modul die Konvertierung startet und dann »abgeschlossen« meldet. Wir beginnen mit dem Warten, um sicherzustellen, dass das Signal für das Ende des vorherigen Befehls nicht als das Signal für den neuen Befehl gelesen wird.

```
STATE_INC_SUB_TASK: begin
    state <= STATE_RUN_TASK;
    if (subTaskIndex == 3'd5) begin
        subTaskIndex <= 0;
        if (taskIndex == TASK_READ_VALUE) begin
            state <= STATE_DONE;
        end else
            taskIndex <= taskIndex + 1;
    end else
        subTaskIndex <= subTaskIndex + 1;
end
```

Listing 10.103 Der Zustand STATE_INC_SUB_TASK

Keine unserer Stufen hat mehr als 5 Teilschritte. Wenn der Index der Teilaufgabe gleich 5 ist, gehen wir zum nächsten Schritt über. Andernfalls erhöhen wir einfach den Index der Teilaufgabe.

```
STATE_DELAY: begin
    counter <= counter + 1;
    if (counter == 8'b11111111) begin
        state <= STATE_INC_SUB_TASK;
    end
end
```

Listing 10.104 Der Zustand STATE_DELAY

Dieser Zustand zählt 256 Taktzyklen, was bei 27 MHz etwa 10 Mikrosekunden Verzögerung bedeutet.

```
STATE_DONE: begin
    dataReady <= 1;
    if (~enable)
        state <= STATE_IDLE;
end
```

Listing 10.105 Der Zustand STATE_DONE

Im `STATE_DONE`-Zustand wird das Datenbereitschaftsflag auf *High* gesetzt und es wird gewartet, dass der Freigabeeingang als Bestätigung auf *Low* geht.

Damit ist das ADC-Modul fertig. Es ist zwar umfangreich, aber jede einzelne Teilaufgabe ist einfach. Die Prozedurtabelle in Listing 10.95 erleichtert es uns, nachzuvollziehen, was bei jedem Schritt zu tun ist.

Erstellen wir nun noch eine Testbench.

Der Test des ADC-Moduls

Zum Testen müssen wir eine neue Testbench-Datei erstellen. Legen Sie dazu eine Datei mit dem Namen *ads1115_tb.v* an. Beginnen wir mit einigen grundlegenden Initialisierungen:

```
module test();
reg clk = 0;
always
    #1  clk = ~clk;
initial begin
    #100000 $finish;
end
initial begin
    $dumpfile("ads1115_tb.vcd");
    $dumpvars(0,test);
end
endmodule
```

Listing 10.106 Grundlegende Initialisierungen für die Testbench des ADS1115

Dieser Code richtet unser Taktsignal und die VCD-Datei ein. Wir legen die Länge unseres Tests auf 100.000 Zeiteinheiten fest (wobei jeder Taktzyklus 2 Zeiteinheiten beträgt).

Als nächstes müssen wir unsere beiden Module erstellen. Beginnen wir mit dem I²C-Modul:

```
wire [1:0] i2cInstruction;
wire [7:0] i2cByteToSend;
wire [7:0] i2cByteReceived;
wire i2cComplete;
wire i2cEnable;
wire i2cSda;
wire i2cScl;
wire sdaIn;
wire sdaOut;
wire isSending;
assign i2cSda = (isSending & ~sdaOut) ? 1'b0 : 1'b1;
```

```
assign sdaIn = i2cSda ? 1'b1 : 1'b0;
i2c c(
    clk,
    sdaIn,
    sdaOut,
    isSending,
    i2cScl,
    i2cInstruction,
    i2cEnable,
    i2cByteToSend,
    i2cByteReceived,
    i2cComplete
);
```


Listing 10.107 Das I²C-Modul

Wir erstellen alle Verbindungen, die das I²C-Modul benötigt, und ein `wire` namens `i2cSda`, um die Simulation einer *Tristate*-Signalverbindung zu ermöglichen.

Nun fügen wir unser ADC-Modul hinzu:

```
reg [1:0] adcChannel = 0;
wire [15:0] adcOutputData;
wire adcDataReady;
reg adcEnable = 1;
adc #(7'b1001001) a(
    clk,
    adcChannel,
    adcOutputData,
    adcDataReady,
    adcEnable,
    i2cInstruction,
    i2cEnable,
    i2cByteToSend,
    i2cByteReceived,
    i2cComplete
);
```

Listing 10.108 Das ADC-Modul

Wir setzen den Channel auf *Channel 0* und setzen das Enable-Signal auf *High*, um eine Umwandlung zu starten. Die anderen Signalverbindungen werden vom ADC-Modul benötigt.

Durch das Ausführen dieses Tests wird eine VCD-Datei mit dem gesamten Konvertierungsprozess erstellt. Durch Ausführen von `make simulate` in einem Terminal im Projekt-Ordner wird unsere *ads1115_tb.vcd*-Datei erstellt. In dieser Datei können wir mit GTKWave sehen, dass unser I²C-Modul korrekt funktioniert.

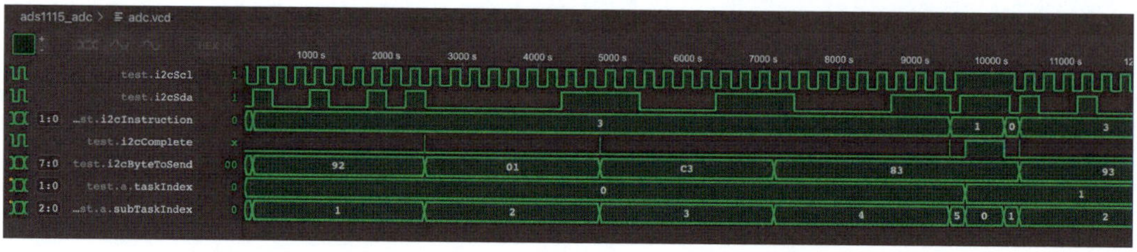

Abbildung 10.56 Ansicht der Simulationsergebnisse in GTKWave

Sie können sehen, wie die Task- und Subtask-Indizes ähnlich wie ein Programmzähler in einem Prozessor durch den Konvertierungsprozess inkrementiert werden und wie unser I²C-Befehl zwischen den vier Unterbefehlen hin- und herspringt, ähnlich wie eine ALU oder ein Prozessor Befehle verarbeitet. Wir können auch beobachten, wie die verschiedenen Unteraufgaben zusammenarbeiten, um vollständige I²C-Transaktionen über die SDA- und SCL-Leitungen zu erstellen.

Den ADS1115 anschließen

Nun müssen wir das alles zusammen auf dem Tang Nano 9K zum Laufen bringen, um zu sehen, ob alles funktioniert.

Wir werden ein einfaches Top-Modul erstellen, das zwischen dem Lesen von Kanal 1 und Kanal 2 des ADS1115 hin- und herwechselt und dann sowohl den rohen Hex-Wert als auch den Wert in Volt auf dem Display anzeigt.

Dafür erstellen wir eine Datei namens *ads1115.v* und fügen zwei Module ein, um Binärzahlen in eine Hex- oder Dezimaldarstellung zu konvertieren.

```
module toHex(
    input clk,
    input [3:0] value,
    output reg [7:0] hexChar = "0"
);
    always @(posedge clk) begin
        hexChar <= (value <= 9) ? 8'd48 + value : 8'd55 + value;
    end
endmodule
```

Listing 10.109 Modul zur Hexadezimal-Konvertierung

Das toHex-Modul konvertiert einen 4-Bit-Wert in ein Hexadezimalzeichen.

Die Eingänge sind:

- clk für den Takt
- value für den 4-Bit-Wert, der konvertiert werden soll

Bei den Ausgängen ist hexChar ein 8-Bit-Wert, der das Hexadezimalzeichen darstellt.

Im always-Block wird das hexChar je nach Wert des value entweder auf die entsprechende ASCII-Zahl (0–9) oder den ASCII-Buchstaben (A–F) gesetzt. Für Werte zwischen 0 und 9 wird 48 (»0«) addiert, für Werte zwischen 10 und 15 wird 55 (»A« - 10) addiert.

Weiter geht es mit dem Modul zur Dezimal-Konvertierung, das Sie in Listing 10.110 sehen:

```
module toDec(
    input clk,
    input [11:0] value,
    output reg [7:0] thousands = "0",
    output reg [7:0] hundreds = "0",
    output reg [7:0] tens = "0",
    output reg [7:0] units = "0"
);
    reg [15:0] digits = 0;
    reg [11:0] cachedValue = 0;
    reg [3:0] stepCounter = 0;
    reg [3:0] state = 0;
    localparm START_STATE = 0;
    localparm ADD3_STATE = 1;
    localparm SHIFT_STATE = 2;
    localparm DONE_STATE = 3;
    always @(posedge clk) begin
        case (state)
            START_STATE: begin
                cachedValue <= value;
                stepCounter <= 0;
                digits <= 0;
                state <= ADD3_STATE;
            end
            ADD3_STATE: begin
                digits <= digits +
                    ((digits[7:4] >= 5) ? 16'd48 : 16'd0) +
```

```
                ((digits[3:0] >= 5) ? 16'd3 : 16'd0) +
                ((digits[11:8] >= 5) ? 16'd768 : 16'd0) +
                ((digits[15:12] >= 5) ? 16'd12288 : 16'd0);
            state <= SHIFT_STATE;
        end
        SHIFT_STATE: begin
            digits <= {digits[14:0],cachedValue[11] ? 1'b1 : 1'b0};
            cachedValue <= {cachedValue[10:0],1'b0};
            if (stepCounter == 11)
                state <= DONE_STATE;
            else begin
                state <= ADD3_STATE;
                stepCounter <= stepCounter + 1;
            end
        end
        DONE_STATE: begin
            thousands <= 8'd48 + digits[15:12];
            hundreds <= 8'd48 + digits[11:8];
            tens <= 8'd48 + digits[7:4];
            units <= 8'd48 + digits[3:0];
            state <= START_STATE;
        end
    endcase
  end
endmodule
```

Listing 10.110 Das Modul zur Dezimal-Konvertierung

Die Eingänge sind wieder `clk` für den Takt und `value` für den 12-Bit-Wert, der konvertiert werden soll.

Bei den Ausgängen enthalten `thousands`, `hundreds`, `tens` und `units` die 8-Bit-Werte, die die Dezimalstellen darstellen.

Im `always`-Block verwendet das Modul die *Double-Dabble*-Methode, um den binären Wert in einen BCD (*Binary-Coded Decimal*) umzuwandeln. Die Double-Dabble-Methode, auch als *BCD-Additionsmethode* bekannt, konvertiert binäre Zahlen effizient in ihre dezimalen Darstellungen, indem sie das Problem in kleinere, handhabbare Teile zerlegt.

Sie arbeitet dabei mit folgenden Zuständen:

- `START_STATE`: initialisiert die Werte und setzt den Zustand auf `ADD3_STATE`.
- `ADD3_STATE`: addiert 3 zu jedem 4-Bit-Segment, wenn das Segment 5 oder mehr ist, um den BCD-Wert korrekt zu halten.

- SHIFT_STATE: schiebt die Bits nach links und fügt das höchstwertige Bit von cachedValue hinzu; inkrementiert dann den stepCounter und prüft, ob alle Schritte abgeschlossen sind.
- DONE_STATE: setzt die Ausgänge thousands, hundreds, tens und units auf die entsprechenden BCD-Werte und kehrt zum START_STATE zurück.

Als Nächstes haben wir unser Top-Modul:

```
module top
#(
  parameter STARTUP_WAIT = 32'd10000000
)
(
    input clk,
    output ioSclk,
    output ioSdin,
    output ioCs,
    output ioDc,
    output ioReset,
    inout i2cSda,
    output i2cScl
);
endmodule
```

Listing 10.111 Das Top-Modul

Das Modul aus Listing 10.111 legt die Startup-Wartezeit für unser OLED-Display fest und definiert die Anschlüsse für die dafür nötige SPI-Verbindung und auch die I²C-Verbindungen für den ADS1115.

Nun können wir unsere Screen- und Text-Engine-Module einrichten:

```
wire [9:0] pixelAddress;
wire [7:0] textPixelData;
wire [5:0] charAddress;
reg [7:0] charOutput = "A";
screen #(STARTUP_WAIT) scr(
    clk,
    ioSclk,
    ioSdin,
    ioCs,
    ioDc,
    ioReset,
    pixelAddress,
```

```
    textPixelData
);
textEngine te(
    clk,
    pixelAddress,
    textPixelData,
    charAddress,
    charOutput
);
```

Listing 10.112 Einrichtung der Screen- und Text-Engine-Module für das OLED-Display und ADS1115

Die Text-Engine haben wir schon verwendet. Welche Funktion dieser Teil des Codes hat, brauchen wir nicht noch mal zu besprechen. Als Nächstes können wir unsere I²C- und ADC-Module instanziieren, und zwar ziemlich genau so, wie wir es in der Testbench gemacht haben:

```
wire [1:0] i2cInstruction;
wire [7:0] i2cByteToSend;
wire [7:0] i2cByteReceived;
wire i2cComplete;
wire i2cEnable;
wire sdaIn;
wire sdaOut;
wire isSending;
assign i2cSda = (isSending & ~sdaOut) ? 1'b0 : 1'bz;
assign sdaIn = i2cSda ? 1'b1 : 1'b0;
i2c c(
    clk,
    sdaIn,
    sdaOut,
    isSending,
    i2cScl,
    i2cInstruction,
    i2cEnable,
    i2cByteToSend,
    i2cByteReceived,
    i2cComplete
);
reg [1:0] adcChannel = 0;
wire [15:0] adcOutputData;
wire adcDataReady;
```

```
reg adcEnable = 0;
adc #(7'b1001001) a(
    clk,
    adcChannel,
    adcOutputData,
    adcDataReady,
    adcEnable,
    i2cInstruction,
    i2cEnable,
    i2cByteToSend,
    i2cByteReceived,
    i2cComplete
);
```


Listing 10.113 Instanziierung der I2C- und ADC-Module zur Integration mit dem OLED-Display

Als Nächstes folgt der Teil, der das ADC-Modul steuern wird. Wie ich bereits erwähnt habe, wollen wir sowohl den Rohwert als auch den Wert in Volt haben. Dafür erstellen wir ein paar Register:

```
reg [15:0] adcOutputBufferCh1 = 0;
reg [15:0] adcOutputBufferCh2 = 0;
reg [11:0] voltageCh1 = 0;
reg [11:0] voltageCh2 = 0;
localparm STATE_TRIGGER_CONV = 0;
localparm STATE_WAIT_FOR_START = 1;
localparm STATE_SAVE_VALUE_WHEN_READY = 2;
reg [2:0] drawState = 0;
```

Listing 10.114 Initialisierung der Register zur Steuerung des ADC-Moduls und zur Berechnung von Spannungswerten

Nach den Registern, in denen die rohen 16-Bit-Werte jedes Kanals gespeichert werden, und den Registern zur Speicherung der Spannungswerte folgen die Zustände unseres Zustandsautomaten:

```
always @(posedge clk) begin
    case (drawState)
        STATE_TRIGGER_CONV: begin
            adcEnable <= 1;
            drawState <= STATE_WAIT_FOR_START;
        end
        STATE_WAIT_FOR_START: begin
```

```
                if (~adcDataReady) begin
                    drawState <= STATE_SAVE_VALUE_WHEN_READY;
                end
            end
            STATE_SAVE_VALUE_WHEN_READY: begin
                if (adcDataReady) begin
                    adcChannel <= adcChannel[0] ? 2'b00 : 2'b01;
                    if (~adcChannel[0]) begin
                        adcOutputBufferCh1 <= adcOutputData;
                        voltageCh1 <= adcOutputData[15] ?
                            12'd0 : adcOutputData[14:3];
                    end
                    else begin
                        adcOutputBufferCh2 <= adcOutputData;
                        voltageCh2 <= adcOutputData[15] ?
                            12'd0 : adcOutputData[14:3];
                    end
                    drawState <= STATE_TRIGGER_CONV;
                    adcEnable <= 0;
                end
            end
        endcase
    end
```

Listing 10.115 Zustandsautomat zur Steuerung der ADC-Datenverarbeitung und Spannungsberechnung

Im ersten Schritt wird eine Umwandlung ausgelöst, indem das adcEnable-Flag auf *High* gesetzt wird. Dann warten wir darauf, dass der ADC beschäftigt ist, um sicherzustellen, dass wir nicht den adcDataReady-Wert von der vorherigen Umwandlung lesen.

Im letzten Schritt warten wir darauf, dass das ADC-Modul die Umwandlung beendet und den Rohwert zurückgibt. Je nachdem, welchen Kanal wir gerade bearbeitet haben, speichern wir dann den Rohwert und den Wert in Volt in den entsprechenden Registern. Sobald wir einen Wert gespeichert haben, starten wir sofort eine neue Umwandlung – diesmal auf dem anderen Kanal.

Schauen wir uns den Code-Teil an, mit dem die Spannung eingestellt wird:

```
voltageCh1 <= adcOutputData[15] ? 12'd0 : adcOutputData[14:3];
```

Die empfangene Zahl ist eine vorzeichenbehaftete 16-Bit-Zahl. Da wir aber keine negativen Spannungen verwenden, haben wir im Grunde eine vorzeichenlose 15-Bit-Zahl. Aufgrund kleiner Schwankungen des Wandlers bei der Umwandlung kann es vorkommen, dass wir bei einem Wert nahe 0 V auch mal eine negative Zahl erhalten. Um dieses Problem zu beheben, können wir einfach prüfen, ob das 16. Bit *High* ist (in diesem Fall ist die vorzeichenbehaftete Zahl negativ). Wir setzen den Wert dann einfach auf 0.

Messwerte umrechnen

Ein weiterer interessanter Punkt ist, dass wir die Messwerte des ADS1115-ADCs leicht in Dezimalspannungen umwandeln können. Hierfür verwenden wir die Bits 4 bis 15 des 16-Bit-Ergebnisses. Aus dem Datenblatt wissen wir, dass die Gleichung zur Umrechnung von Werten für positive Spannungen wie folgt lautet:

$$\text{Spannung} = (\text{15-Bit-Wert} / 2^{15}) \times \text{Referenzspannung}$$

Für unsere Konfiguration setzen wir den FS-Wert (*Full-Scale*) im Config-Register auf 4,096 V. Dieser Bereich ist gewählt, weil er eine einfache Umrechnung ermöglicht. Wenn wir den gemessenen Wert mit 1000 multiplizieren, erhalten wir eine Potenz von 2, nämlich 2^{12}. Dadurch wird die Umrechnung vereinfacht:

$$\text{Spannung in mV} = (\text{15-Bit-Wert} \times 1000) / 2^{15}$$

Da $2^{15} = 32768$ ist und $2^{12} = 4096$, können wir den Ausdruck weiter vereinfachen zu:

$$\begin{aligned}\text{Spannung in mV} &= (\text{15-Bit-Wert} \times 1000) / 32768 = (\text{15-Bit-Wert} \times 2^{12}) / 2^{15} \\ &= \text{15-Bit-Wert} / 2^{3}\end{aligned}$$

Das bedeutet: Wir teilen den 15-Bit-Wert durch 2^3 (oder 8), was einfach die unteren 3 Bits entfernt. Somit verwenden wir die Bits 4 bis 15 des Ergebnisses als Spannung in Millivolt. Da wir den Wert vorher mit 1000 multipliziert haben, haben wir genau 3 Dezimalstellen.

Dies sollte nicht mit Fließkommazahlen verwechselt werden, die separat gespeichert werden. Hier arbeiten wir mit Festkommazahlen, bei denen wir ganze Zahlen verwenden, die einen festen Faktor haben, um eine bestimmte Anzahl von Dezimalstellen zu repräsentieren.

Diese Methode funktioniert nur, weil wir den Wert mit 1000 multipliziert haben, was eine Potenz von 2 ergibt. Hätten wir nur 2 Dezimalstellen gewünscht und den Wert nur mit 100 multipliziert, wäre 100 keine Potenz von 2. Wir müssten dann die mathematische Gleichung durchführen, indem wir den 15-Bit-Wert mit 100 multiplizieren und dann durch 2^{15} teilen (oder die unteren 15 Bits nach der Multiplikation entfernen).

Das Modul verdrahten

Um das Modul zu verdrahten, müssen wir die beiden Pins an der linken Seite, die mit VDD und GND beschriftet sind, mit 3,3 V und Masse verbinden. Anschließend schließen wir den Pin SCL an Pin 32 und den Pin SDA an Pin 31 des Tang Nano 9K an. In Abbildung 10.57 können Sie die Anschlüsse gut erkennen.

Abbildung 10.57 Die Anschlüsse des ADS1115

Am Tang Nano 9K finden Sie die Pins rechts vom HDMI-Anschluss (siehe Abbildung 10.58).

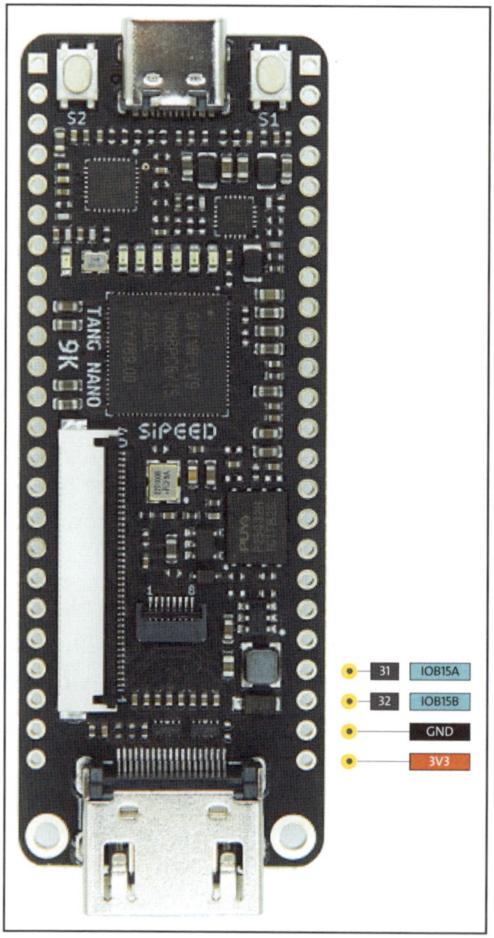

Abbildung 10.58 Die Kontakte für den Anschluss des ADS1115

Im Beispielcode wird die Adresse des ADS1115 auf 0x48 gesetzt, was dem Binärwert 1001000 entspricht. Diese Adresse wird im Verilog-Modul als Parameter definiert:

```
// Adresse des ads1115 "0x48"
parameter address = 7'b1001000
```

Listing 10.116 Konfiguration des ADS1115 mit I2C-Adresse 0x48

Damit der ADS1115 diese Adresse verwendet, ist es nötig, den ADDR-Kontakt des ADS1115 an 3,3 V anzuschließen, um die I²C-Adresse auf die erwartete 0x48 zu setzen.

Nachdem Sie diese vier Verbindungen angeschlossen haben, kann es losgehen.

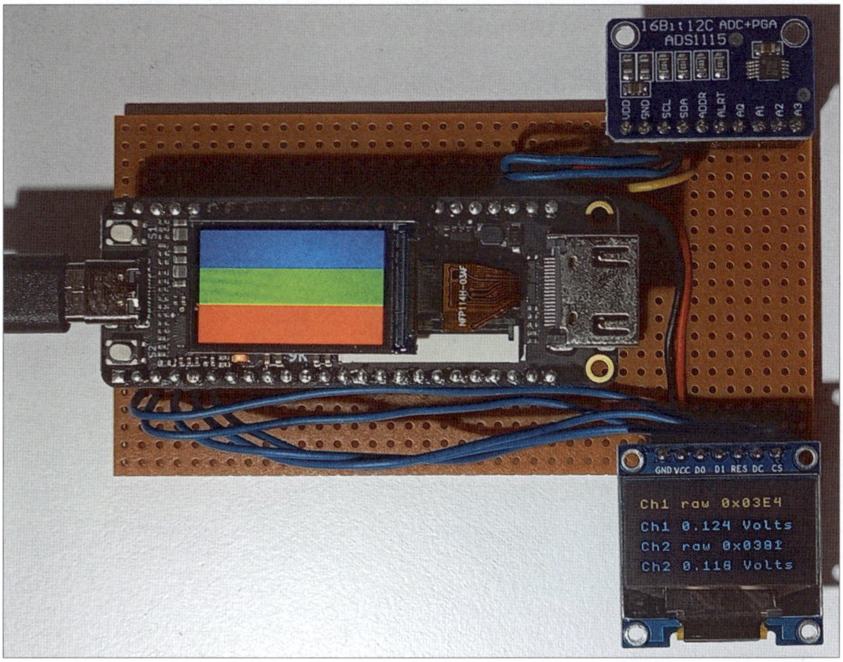

Abbildung 10.59 Aufbau der Schaltung auf einer Lochrasterplatine

Beim Anschluss des Displays und des ADS1115 auf einer Lochrasterplatine (siehe Abbildung 10.59) kann alles übersichtlich angeordnet werden.

Wenn Sie noch etwas Platz drumherum lassen, kann die Schaltung auch noch erweitert werden, wie Sie in Abbildung 10.60 sehen können. Mit zwei Potentiometern ist es dann möglich, die Spannungspegel an den beiden Kanälen des ADS1115 zu justieren.

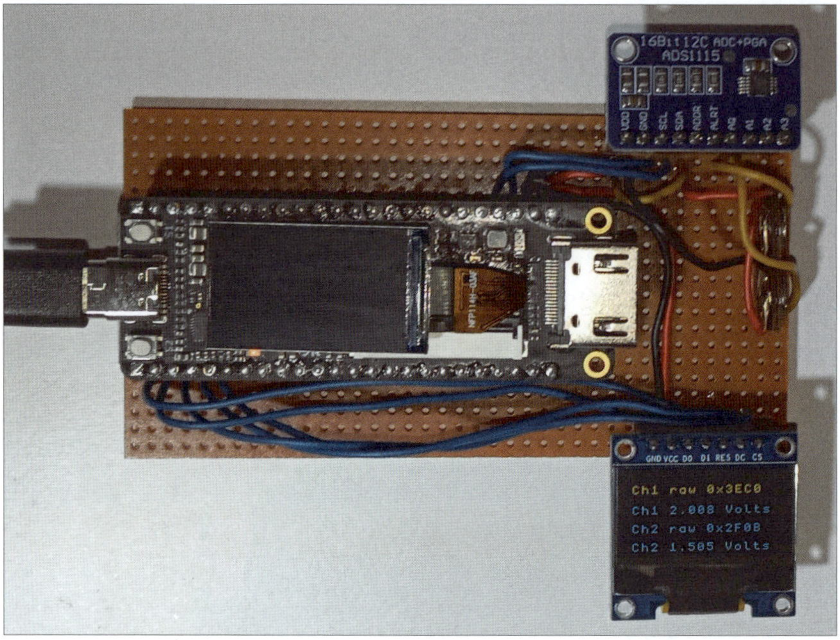

Abbildung 10.60 Die Messwerte an Kanal A0 und A1 können bei diesem Aufbau mit zwei Potentiometern eingestellt werden

10.11.8 Die Constraints-Datei

Für dieses Beispielprojekt benötigen wir noch eine Constraints-Datei mit dem Namen *ads1115.cst*. Diese gleicht größtenteils den Dateien, die wir schon für unsere Beispielprojekte mit dem OLED-Display verwendet haben, aber ein paar Einträge für den ADS1115 kommen hinzu:

```
IO_LOC "clk" 52;
IO_PORT "clk" IO_TYPE=LVCMOS33 PULL_MODE=UP;
IO_LOC "ioCs" 25;
IO_PORT "ioCs" IO_TYPE=LVCMOS33 PULL_MODE=DOWN DRIVE=8;
IO_LOC "ioDc" 39;
IO_PORT "ioDc" IO_TYPE=LVCMOS33 PULL_MODE=DOWN DRIVE=8;
IO_LOC "ioReset" 36;
IO_PORT "ioReset" IO_TYPE=LVCMOS33 PULL_MODE=DOWN DRIVE=8;
IO_LOC "ioSdin" 37;
IO_PORT "ioSdin" IO_TYPE=LVCMOS33 PULL_MODE=DOWN DRIVE=8;
IO_LOC "ioSclk" 38;
IO_PORT "ioSclk" IO_TYPE=LVCMOS33 PULL_MODE=DOWN DRIVE=8;
IO_LOC "i2cSda" 31;
IO_PORT "ioSclk" IO_TYPE=LVCMOS33;
```

```
IO_LOC "i2cScl" 32;
IO_PORT "ioSclk" IO_TYPE=LVCMOS33;
```

Listing 10.117 Der Inhalt der Constraints-Datei für das ADS1115-Beispielprojekt

Der erste Eintrag ist der Taktgeber, dann haben wir die 5 Signalverbindungen zur Steuerung des OLED-Displays und zuletzt die zwei neuen Signalverbindungen für die I²C-Verbindung zum ADS1115: Pin 31 für SDA und Pin 32 für SCL.

10.11.9 Die Werte auf dem Display anzeigen

Da wir nun kontinuierlich Werte von den ersten beiden Kanälen des ADS1115 abrufen, möchten wir die Ergebnisse nun auch auf dem Bildschirm anzeigen.

Für die Konvertierung der Binärzahlen in hexadezimale ASCII-Darstellungen verwenden wir unser toHex-Modul. Wir beginnen mit den Hex-Zeichen:

```
genvar i;
generate
    for (i = 0; i < 4; i = i + 1) begin: hexValCh1
        wire [7:0] hexChar;
        toHex converter(clk, adcOutputBufferCh1[{i,2'b0}+:4], hexChar);
    end
endgenerate
generate
    for (i = 0; i < 4; i = i + 1) begin: hexValCh2
        wire [7:0] hexChar;
        toHex converter(clk, adcOutputBufferCh2[{i,2'b0}+:4], hexChar);
    end
endgenerate
```

Listing 10.118 Hexadezimale Darstellung der Binärzahlen

Wir verwenden einen Generierungsblock, um den Verilog-Code für 4 Hex-Zeichen pro Kanal zu erzeugen. Ein 16-Bit-Wert besteht aus 4 Hex-Zeichen, da jedes Hex-Zeichen aus 4 Bits besteht. Der Code wird für jeden Kanal dupliziert.

Die nächste Aufgabe ist die Umwandlung der Spannung in die dezimale ASCII-Darstellung:

```
wire [7:0] thousandsCh1, hundredsCh1, tensCh1, unitsCh1;
wire [7:0] thousandsCh2, hundredsCh2, tensCh2, unitsCh2;
toDec dec(
    clk,
    voltageCh1,
```

```
        thousandsCh1,
        hundredsCh1,
        tensCh1,
        unitsCh1
);
toDec dec2(
        clk,
        voltageCh2,
        thousandsCh2,
        hundredsCh2,
        tensCh2,
        unitsCh2
);
```

Listing 10.119 Dezimale Darstellung der Spannungen

Zuletzt fügen wir einen always-Block hinzu, der überprüft, welches Zeichen von der Text-Engine basierend auf der Bildschirmposition angefordert wird. Das richtige Zeichen wird dann in charOutput gesetzt:

```
wire [1:0] rowNumber;
    assign rowNumber = charAddress[5:4];
    always @(posedge clk) begin
        if (rowNumber == 2'd0) begin
            case (charAddress[3:0])
                0: charOutput <= "C";
                1: charOutput <= "h";
                2: charOutput <= "1";
                4: charOutput <= "r";
                5: charOutput <= "a";
                6: charOutput <= "w";
                8: charOutput <= "0";
                9: charOutput <= "x";
                10: charOutput <= hexValCh1[3].hexChar;
                11: charOutput <= hexValCh1[2].hexChar;
                12: charOutput <= hexValCh1[1].hexChar;
                13: charOutput <= hexValCh1[0].hexChar;
                default: charOutput <= " ";
            endcase
        end
        else if (rowNumber == 2'd1) begin
            case (charAddress[3:0])
                0: charOutput <= "C";
                1: charOutput <= "h";
```

```
                2: charOutput <= "1";
                4: charOutput <= thousandsCh1;
                5: charOutput <= ".";
                6: charOutput <= hundredsCh1;
                7: charOutput <= tensCh1;
                8: charOutput <= unitsCh1;
                10: charOutput <= "V";
                11: charOutput <= "o";
                12: charOutput <= "l";
                13: charOutput <= "t";
                14: charOutput <= "s";
                default: charOutput <= " ";
            endcase
        end
        else if (rowNumber == 2'd2) begin
            case (charAddress[3:0])
                0: charOutput <= "C";
                1: charOutput <= "h";
                2: charOutput <= "2";
                4: charOutput <= "r";
                5: charOutput <= "a";
                6: charOutput <= "w";
                8: charOutput <= "0";
                9: charOutput <= "x";
                10: charOutput <= hexValCh2[3].hexChar;
                11: charOutput <= hexValCh2[2].hexChar;
                12: charOutput <= hexValCh2[1].hexChar;
                13: charOutput <= hexValCh2[0].hexChar;
                default: charOutput <= " ";
            endcase
        end
        else if (rowNumber == 2'd3) begin
            case (charAddress[3:0])
                0: charOutput <= "C";
                1: charOutput <= "h";
                2: charOutput <= "2";
                4: charOutput <= thousandsCh2;
                5: charOutput <= ".";
                6: charOutput <= hundredsCh2;
                7: charOutput <= tensCh2;
                8: charOutput <= unitsCh2;
                10: charOutput <= "V";
                11: charOutput <= "o";
                12: charOutput <= "l";
```

```
                13: charOutput <= "t";
                14: charOutput <= "s";
                default: charOutput <= " ";
            endcase
        end
    end
```

Listing 10.120 Anzeige der Werte auf dem Display

In diesem Block behandeln wir jede Anzeigezeile des OLED-Displays separat. Für jede Zeile haben wir dafür eine case-Anweisung, die das richtige Zeichen zur Anzeige basierend auf der aktuellen Spaltenposition auswählt.

Damit sollten die Werte kontinuierlich auf dem Display angezeigt werden.

10.11.10 Das Makefile

Das Makefile ähnelt den Makefiles aus den vorherigen Beispielprojekten mit dem OLED-Display. Listing 10.121 zeigt es aber noch einmal komplett:

```
# Name des Projekts
PROJ = ads1115
# Pfad zur Pin-Konfigurationsdatei CST
PIN_DEF = $(PROJ).cst
# FPGA-Typ, hier ein Tang Nano 9K
DEVICE = GW1NR-LV9QN88PC6/I5
# Device Family für Gowin
DEVICE_FAMILY = GW1N-9C
# Name der Haupt-Verilog-Quelldatei
SOURCE = $(PROJ).v
# Zusätzliche Verilog-Quelldateien, die einbezogen werden sollen
SOURCE_ADDON = ads1115_i2c.v ads1115_screen.v ads1115_text.v ads1115_adc.v
# Name des Boards für openFPGALoader
BOARD = tangnano9k
# Ziel für das Programmieren: "SRAM" oder "FLASH"
TARGET ?= SRAM
# Alle Verilog-Quellen zusammenführen
SOURCES = $(SOURCE) $(SOURCE_ADDON)
# Hauptziel: Erstellt die finale Binärdatei für das FPGA
all: $(PROJ).fs
# Synthetisiert Verilog-Quellcode in JSON mit Yosys
$(PROJ)-yosys.json: $(SOURCES)
	yosys -q -p "read_verilog $(SOURCES); \
	synth_gowin -noalu -nowidelut -top top -json $@"
```

```
# Erzeugt eine Platzierungs- und Verdrahtungsdatei im JSON-Format
# aus der Yosys-JSON-Datei
$(PROJ)-nextpnr.json: $(PIN_DEF) $(PROJ)-yosys.json
       nextpnr-gowin --json $(PROJ)-yosys.json \
        --write $@ --freq 27 --enable-globals \
        --enable-auto-longwires --device $(DEVICE) \
        --family $(DEVICE_FAMILY) --cst $(PIN_DEF)
# Packt die NextPNR-JSON-Datei in eine finale Gowin-Pack-Datei für das FPGA
$(PROJ).fs: $(PROJ)-nextpnr.json
       PATH="/home/pi/Programme/apycula_env/bin:$$PATH" \
        gowin_pack -d $(DEVICE_FAMILY) -o $@ $(PROJ)-nextpnr.json
# Kompiliert eine Testbench und das zugehörige Verilog-Modul zu einem
# ausführbaren Test
$(PROJ)_tb: $(PROJ)_tb.v $(SOURCES)
        iverilog -o $@ $^
# Führt die Testbench aus und erzeugt eine VCD-Datei für die Analyse
$(PROJ)_tb.vcd: $(PROJ)_tb
        vvp -N $< +vcd=$@
# Ziel zum Simulieren der Testbench
simulate: $(PROJ)_tb.vcd
        @echo "Simulation abgeschlossen. Die VCD-Datei wurde erstellt."
# Erstelle Font-Datei
font: font.hex
font.hex:
        python3 ./fonts/generate-font.py
# Programmieren des FPGAs mit der erstellten FS-Datei in SRAM oder FLASH
#prog: $(PROJ).fs
prog:
ifeq ($(TARGET),FLASH)
        openFPGALoader -f --freq=2000000 -b $(BOARD) $(PROJ).fs
else
        openFPGALoader -m --freq=2000000 -b $(BOARD) $(PROJ).fs
endif
#
 Löscht alle erzeugten Dateien, um einen sauberen Startzustand zu erreichen
clean:
        rm -f *.json *.fs *.o *.vcd $(PROJ)_tb
.PHONY: all prog clean testbench font
# EOF
```

Listing 10.121 Das Makefile des ADS1115-Beispielprojekts

Das Makefile hat die üblichen Aufrufe zur Synthese und Programmierung des FPGAs, mit denen Sie den gesamten Entwicklungszyklus des Projekts durchlaufen lassen können, von der Quellcode-Synthese bis zur Programmierung und Simulation.

10.11.11 Den FPGA konfigurieren

Mit den üblichen Befehlen starten wir die Toolchain und übertragen den Bitstream auf den FPGA:

```
make clean && make && make simulate && make prog
```

Wenn alles richtig verdrahtet ist, sollten Sie eine Ausgabe wie in Abbildung 10.61 sehen.

Abbildung 10.61 Anzeige der Werte des ADS1115 auf dem OLED-Display

10.11.12 Was haben Sie gelernt?

In diesem Abschnitt haben wir uns mit einem ADS1115-Analog-Digital-Wandler, dem I^2C-Protokoll und einem neuen Ansatz beschäftigt, wie die Implementierung eines Protokolls heruntergebrochen und vereinfacht werden kann. Als Faustregel gilt: Komplexe Probleme lassen sich oft in kleinere, leichter lösbare Teile zerlegen.

XVI – Fritzing

Haben Sie sich Gedanken über das Design und Layout Ihrer Traumprojekt-Schaltung gemacht? Mit Fritzing können Sie beispielsweise einfach Skizzen zur Verdrahtung anfertigen und einen ersten Eindruck von dem Platzbedarf erhalten. Wie groß soll das Gehäuse werden? Wie soll Ihre Schaltung strukturiert sein? Skizzieren Sie ein einfaches Blockdiagramm, das die Hauptkomponenten und deren Verbindungen und Anschlüsse darstellt, die von außen erreichbar sein müssen, wie beispielsweise die USB-Buchse.

10.12 Einen Servo steuern

Als Abschluss der Beispielprojekte möchte ich mit Ihnen einen *Servo* ansteuern und dabei noch etwas Wichtiges zeigen. Das Datasheet für den verwendeten *SG90*-Servo finden Sie unter dem Namen *sg90_datasheet.pdf* im Verzeichnis *$HOME/fpga/doc/datasheets/*. Dieser Servo ist ein beliebtes Modell, das oft von Makern für verschiedenste Aufgaben eingesetzt wird.

> **Die Projektdateien**
>
> Sie finden alle Dateien zu diesem Projekt in der ZIP-Archiv-Datei mit dem Namen *servo.zip* unter *$HOME/fpga/src/tangnano9k/*.
>
> Wenn Sie die Archiv-Datei entpackt haben, sollten Sie folgende Dateien in dem neu entpacken Verzeichnis vorfinden:
>
> ```
> pi@pi5:~/fpga/src/tangnano9k/servo $ ls
> Makefile  readme.txt  servo.cst  servo.v  servo.v.fsm  servo.v.module
> ```

10

Sie haben nun schon so viel in diesem Buch gelernt, dass ich dieses Beispiel kurz halten kann.

Wie wird ein Servo angesteuert?

Servos werden mit PWM-Signalen (*Pulsweitenmodulation*) gesteuert. Ein PWM-Signal hat eine feste Frequenz und eine variable Pulsbreite. Die Position des Servoarms wird durch die Länge des Pulses bestimmt:

- Ein Signal mit einer Pulsweite von 1 ms bewegt den Servoarm zur linken Position (-90 Grad).
- Ein Signal mit einer Pulsweite von 1,5 ms bewegt den Servoarm in die Mittelposition (0 Grad).
- Ein Signal mit einer Pulsweite von 2 ms bewegt den Servoarm zur rechten Position (+90 Grad).

10.12.1 Die Constraints-Datei

Für die Ansteuerung des Servos sind nur wenige Angaben in der PCF-Datei *servo.cst* nötig. Wir benötigen den Systemtakt, einen Steuerungsausgang und die beiden Taster auf dem Tang Nano 9K. Der Inhalt der Constraints-Datei sieht dann wie folgt aus:

```
IO_LOC "clk" 52;
IO_PORT "clk" IO_TYPE=LVCMOS33 PULL_MODE=UP;
IO_LOC "servo" 63;
```

```
IO_PORT "servo" PULL_MODE=NONE DRIVE=8;
IO_LOC "pb1" 3;
IO_PORT "pb1" PULL_MODE=UP BANK_VCCIO=1.8;
IO_LOC "pb2" 4;
IO_PORT "pb2" PULL_MODE=UP BANK_VCCIO=1.8;
```

Listing 10.122 PCF-Datei zur Konfiguration der Servo-Ansteuerung und Taster auf dem Tang Nano 9K

Diese Einstellungen legen die Pins für den Systemtakt (`clk`), den Servoausgang (`servo`) und die beiden Taster (`pb1` und `pb2`) fest. Die Anweisung `PULL_MODE=UP` sorgt dafür, dass die Taster standardmäßig auf *High* gezogen werden, wenn sie nicht gedrückt sind.

10.12.2 Der Verilog-Code

Ich zeige Ihnen nun die gleiche Implementation zur Ansteuerung des Servos in zwei verschiedenen Arten von Verilog-Code. Die erste Variante nutzt einen Aufbau in Modulen, und die zweite Variante nutzt eine Zustandsmaschine.

Modulbauweise

In der Modulbauweise wird die Funktionalität des Designs in verschiedene unabhängige Module aufgeteilt. Jedes Modul ist für eine bestimmte Aufgabe verantwortlich. Dies erleichtert das Design, die Wartung und die Wiederverwendung des Codes.

```
// Modul 1: Steuerung des Servos basierend auf Taster-Eingaben
module servo(
    input wire clk,      // Takt 27 MHz
    input wire pb1,      // Taste 1
    input wire pb2,      // Taste 2
    output wire servo    // Servo Ausgang
);
// Zähler zur Erzeugung des PWM-Signals
reg [20:0] counter = 0;
reg [19:0] x;
// Zähler hochzählen bei jedem positiven Flankenwechsel des Taktsignals
always @(posedge clk) begin
    if (counter < 500000)
        counter <= counter + 1;
    else
        counter <= 0;
end
```

```
// Logik zur Steuerung der Pulsbreite des PWM-Signals
// basierend auf den Taster-Eingaben
always @(posedge clk) begin
    if (pb1 && !pb2)
        x <= 69500;
    else if (pb1 && pb2)
        x <= 40350;
    else if (!pb1 && pb2)
        x <= 11200;
end
// PWM-Signal erzeugen: Servo ist 1, wenn der Zähler
// kleiner als x ist, sonst 0
assign servo = (counter < x) ? 1 : 0;
endmodule
// Modul 2: Servo in neutraler Position halten
module servo_neutral(
    input wire clk,      // Takt 27 MHz
    output wire servo    // Servo-Ausgang
);
// Zähler zur Erzeugung des PWM-Signals
reg [19:0] counter = 0;
// Zähler hochzählen bei jedem positiven Flankenwechsel des Taktsignals
always @(posedge clk) begin
    if (counter < 481000)
        counter <= counter + 1;
    else
        counter <= 0;
end
// PWM-Signal erzeugen: Servo ist 1, wenn der Zähler
// kleiner als 40350 ist, sonst 0
assign servo = (counter < 40350) ? 1 : 0;
endmodule
// Modul 3: Servo nach links drehen
module servo_left(
    input wire clk,      // Takt 27 MHz
    output wire servo    // Servo-Ausgang
);
// Zähler zur Erzeugung des PWM-Signals
reg [19:0] counter = 0;
// Zähler hochzählen bei jedem positiven Flankenwechsel des Taktsignals
always @(posedge clk) begin
    if (counter < 481000)
```

```
            counter <= counter + 1;
        else
            counter <= 0;
end
// PWM-Signal erzeugen: Servo ist 1, wenn der Zähler
// kleiner als 11200 ist, sonst 0
assign servo = (counter < 11200) ? 1 : 0;
endmodule
// Modul 4: Servo nach rechts drehen
module servo_right(
    input wire clk,        // Takt 27 MHz
    output wire servo      // Servo-Ausgang
);
// Zähler zur Erzeugung des PWM-Signals
reg [19:0] counter = 0;
// Zähler hochzählen bei jedem positiven Flankenwechsel des Taktsignals
always @(posedge clk) begin
    if (counter < 481000)
        counter <= counter + 1;
    else
        counter <= 0;
end
// PWM-Signal erzeugen: Servo ist 1, wenn der Zähler kleiner
// als 69500 ist, sonst 0
assign servo = (counter < 69500) ? 1 : 0;
endmodule
```

Listing 10.123 Inhalt der Datei »servo.v.module«

Zustandsmaschine

Anstatt mehrere Module zu verwenden, die unterschiedliche Positionen steuern, kann man eine Zustandsmaschine verwenden, um die verschiedenen Zustände des Servos zu steuern. In der Zustandsmaschine wird der Code in einen einzigen Block integriert, der die verschiedenen Zustände des Systems verwaltet. Dies ermöglicht eine sequenzielle Kontrolle der verschiedenen Systemzustände und -aktionen. Sie kennen das Prinzip: Wir haben hier im Buch schon ab und an Zustandsmaschinen verwendet.

```
// Servo-Steuerungsmodul basierend auf Taster-Eingaben
module servo(
    input wire clk,        // Takt 27 MHz
    input wire pb1,        // Taste 1
    input wire pb2,        // Taste 2
```

```
    output wire servo    // Servo-Ausgang
);
// Parameter für Pulsbreiten (entsprechend den gewünschten Positionen)
localparm PULSE_WIDTH_RIGHT = 69500;    // ~1,695 ms
localparm PULSE_WIDTH_NEUTRAL = 40350;  // ~1,5 ms
localparm PULSE_WIDTH_LEFT = 11200;     // ~1,12 ms
localparm PULSE_PERIOD = 500000;        //  20 ms bei 27 MHz
// Zähler zur Erzeugung des PWM-Signals
reg [19:0] counter = 0;
reg [19:0] pulse_width;
// Synchronisierung der Tastereingänge
reg pb1_sync_0, pb1_sync_1;
reg pb2_sync_0, pb2_sync_1;
always @(posedge clk) begin
    // Synchronisiere Taster-Eingänge
    pb1_sync_0 <= pb1;
    pb1_sync_1 <= pb1_sync_0;
    pb2_sync_0 <= pb2;
    pb2_sync_1 <= pb2_sync_0;
end
// PWM-Zähler hochzählen bei jedem positiven Flankenwechsel des Taktsignals
always @(posedge clk) begin
    if (counter < PULSE_PERIOD)
        counter <= counter + 1;
    else
        counter <= 0;
end
// Steuerung der Pulsbreite basierend auf den Taster-Eingängen
always @(posedge clk) begin
    if (pb1_sync_1 && !pb2_sync_1)
        pulse_width <= PULSE_WIDTH_RIGHT;
    else if (pb1_sync_1 && pb2_sync_1)
        pulse_width <= PULSE_WIDTH_NEUTRAL;
    else if (!pb1_sync_1 && pb2_sync_1)
        pulse_width <= PULSE_WIDTH_LEFT;
    else
        pulse_width <= 0;  // Servo aus, wenn keine Taster gedrückt
end
// PWM-Signal erzeugen: Servo ist 1, wenn der Zähler kleiner als
// pulse_width ist, sonst 0
assign servo = (counter < pulse_width) ? 1 : 0;
endmodule
```

Listing 10.124 Inhalt der Datei »servo.v.fsm«

Wenn Sie einen Servo anschließen und nutzen möchten, können Sie nun entweder die Datei *servo.v.module* oder die Datei *servo.v.fsm* zur *servo.v* umkopieren und die Toolchain das Projekt damit synthetisieren lassen.

10.12.3 Fehlersuche und Debugging

Falls der Servo nicht wie erwartet reagiert, überprüfen Sie zuerst die Verkabelung und die Konfiguration der PCF-Datei. Stellen Sie sicher, dass die Taster ordnungsgemäß mit den angegebenen Pins verbunden sind. Überprüfen Sie auch, ob die PWM-Signale korrekt erzeugt werden. Ein Oszilloskop kann hierbei hilfreich sein, um die PWM-Signale zu visualisieren und deren Pulsweiten zu überprüfen.

Mein Servo war ein Modell für 5 V, das aber auch mit den 3,3 V funktioniert hat, die vom Tang Nano 9K bereitgestellt wurden. Falls dies bei Ihnen nicht funktioniert, verwenden Sie eine separate Spannungsversorgung mit 5 V und gegebenenfalls einen *Level-Shifter*. Die Vorgehensweise wird in Abschnitt 9.4.6 erklärt.

10.12.4 Was haben Sie gelernt?

Und was wollte ich Ihnen zeigen? Sie konnten sehen, wie durch die Verwendung einer Zustandsmaschine mehrere Verbesserungen am Code erzielt werden konnten.

Auch ein paar andere Änderungen verbesserten den Code: Die Parameter definieren nicht nur die Pulsbreiten für die Bewegungsrichtung des Servoarms, sondern sorgen auch für die Synchronisierung der Taster-Eingänge durch das Taktsignal, um Metastabilität zu verhindern. Eine vereinfachte Zustandsmaschine steuert die Pulsbreite basierend auf den Taster-Eingaben. Ein einziger PWM-Zähler wird verwendet, um die 20-ms-Periode zu erzeugen und das PWM-Signal zu steuern.

Was ist Metastabilität?

In digitalen Schaltungen arbeiten Bausteine wie Flip-Flops und Register mit diskreten Zuständen (logische 0 und 1). Diese Bausteine benötigen eine bestimmte Zeit, um ein Signal korrekt zu erfassen, insbesondere dann, wenn das Signal von einer externen Quelle oder aus einer anderen Taktdomäne stammt.

Metastabilität tritt auf, wenn ein Signal genau zu dem Zeitpunkt erfasst wird, an dem es seinen Zustand ändert. Dies kann dazu führen, dass der Ausgang des Flip-Flops oder Registers für eine kurze Zeit in einem unbestimmten Zustand verharrt, bevor er schließlich zu einer stabilen 0 oder 1 zurückkehrt. Dieser unbestimmte Zustand kann zu Fehlern führen, wenn andere Teile der Schaltung das metastabile Signal interpretieren müssen.

Um Metastabilität zu vermeiden oder ihre Auswirkungen zu minimieren, werden häufig Synchronisierungstechniken angewendet. Eine gängige Methode ist die Verwendung einer Flip-Flop-Kette (oft zwei oder mehr Flip-Flops in Reihe), um das asynchrone Signal in die Taktdomäne des Systems zu synchronisieren.

Diese Verbesserungen haben dafür gesorgt, dass der Verilog-Code für diesen Servo besser wurde. Der Code war in beiden Versionen funktional gleichwertig, aber doch gab es deutliche Unterschiede.

Das war das, was ich Ihnen mit diesem Beispielprojekt zeigen wollte.

Nun die Quizfrage zum modularen Aufbau und dem Aufbau als Zustandsmaschine:

- Welcher Code gefällt Ihnen besser?
- Welcher ist einfach zu verstehen?
- Mit welcher Version würden Sie lieber arbeiten?

10.13 Retrospektive: Wie passt das alles zusammen?

Sie haben es geschafft und haben alle Beispielprojekte durchgearbeitet. Schauen wir uns noch mal anhand von Abbildung 10.62 an, was wir alles ausprobiert haben.

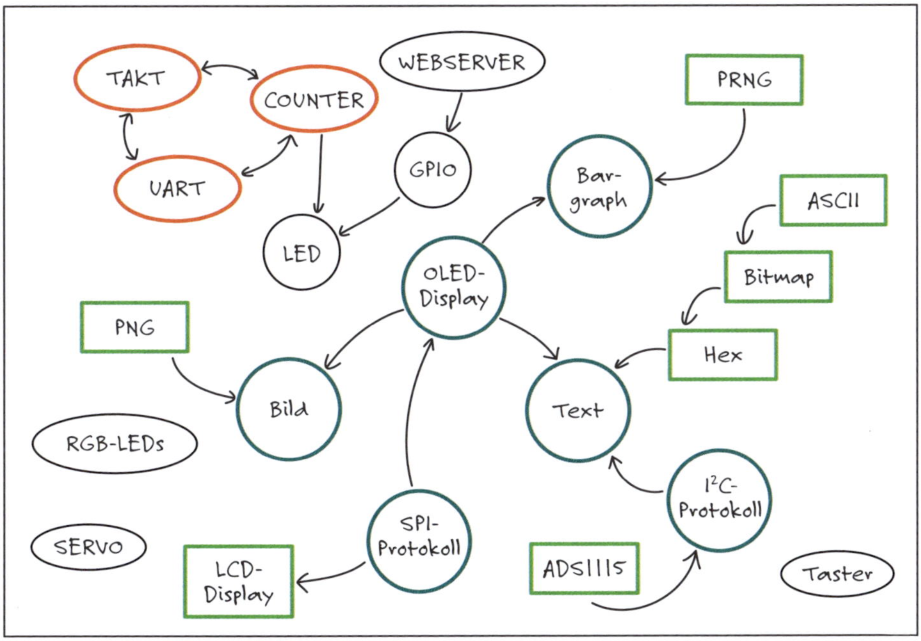

Abbildung 10.62 »The Big Picture« der Beispielprojekte in diesem Buch

Wie Sie sehen und wie Ihnen sicherlich schon im Verlauf des Buches aufgefallen ist, fügen sich alle Beispielprojekte zu einem großen Ganzen zusammen:

- Sie verfügen nun über die drei wichtigsten Protokolle: UART, SPI und I^2C.
- Sie können auf einem Display Bilder, Text und ein Balkendiagramm ausgeben.
- Sie können mit einer Steuer- und Datenebene umgehen.
- Sie können RGB-LEDs in verschiedenen Farben und Mustern blinken lassen.
- Sie können mit westlichen und chinesischen Schriftzeichen umgehen.
- Sie können Servos und Taster verwenden.
- Sie können Sensoren auslesen und deren Daten verarbeiten und visualisieren.
- Sie haben die Grundlagen zu FPGAs gelernt, finden sich im Verilog-Code zurecht und verwenden eine Open-Source-Toolchain.

Was könnten Sie nun bauen? Wie könnten Sie all diese Verilog-Module koppeln und was könnte daraus entstehen? Die Beispielprojekte in diesem Buch haben Ihnen die technologischen Bausteine, die Kerntechnologie gegeben, mit denen Sie das Rückgrat eines jeden gewünschten Gerätes bauen können. Sie müssen nur noch die Komponenten hinzufügen, die für die gewünschte Funktion Ihrer Idee notwendig sind.

Mit den Fähigkeiten und dem Wissen, das Sie sich durch dieses Buch angeeignet haben, haben Sie mehr als nur eine Sammlung einzelner Designbeispiele erhalten. Dieses Buch sollte Ihnen nicht nur ein Projekt zeigen, sondern Ihnen die Werkzeuge und Fähigkeiten gegeben, um viele eigene Projekte zu realisieren. Das bedeutet, dass Sie nun in der Lage sind, Ihre eigenen Ideen mit einem FPGA zu realisieren, genauso wie Sie es bereits mit Arduinos und Raspberry Pis tun. Es geht darum, Ihre Fähigkeiten zu erweitern und Ihnen eine neue Dimension der Möglichkeiten zu eröffnen. Und wenn Sie in einem Ihrer Projekte an Grenzen stoßen, die nur mit einem FPGA überwunden werden können, werden Sie sich an die in diesem Buch erworbenen Kenntnisse erinnern und diese anwenden können. Das ist das eigentliche Ziel dieses Buches. Es geht nicht darum, dass Sie von jetzt an nur noch FPGAs benutzen oder die Fähigkeiten dieser Bausteine in den Himmel loben. Vielmehr sollen Sie den Spruch *The right tool for the right job* verinnerlichen. Es ist wichtig, das richtige Werkzeug für die jeweilige Aufgabe zu wählen, und manchmal ist das ein FPGA, manchmal ein Mikrocontroller oder eine andere Technologie. Dieses Buch soll Ihnen helfen, diese Entscheidungen fundiert zu treffen und Ihnen die Werkzeuge an die Hand geben, um ein aufkommendes Problem mit dem passenden Ansatz zu meistern.

Es gibt mehrere Wege, die Sie nun mit Ihrem neu erworbenen Wissen einschlagen können:

- Viele moderne Messgeräte sind erst durch FPGAs möglich geworden. Die heutigen schnellen und günstigen Logikanalysatoren sind ein Ergebnis davon. Auch die SDR-Technologie im Funkbereich, die vollständige Erfassung eines Frequenzspektrums und dessen Umwandlung in Echtzeit mit Spektrumsanalyse und Wasserfalldiagramm ist erst damit möglich geworden. Die Verfügbarkeit von bezahlbaren FPGAs für die zivile Industrie hat zu einer Vielzahl von Anwendungen und neuen Geräten geführt, auch schon im Maker-Bereich. Denken Sie nur mal an das HackRF-One von Great Scott Gadgets.
- In der Robotik gibt es spannende Universitätsprojekte, die FPGAs nutzen, um neue Technologien zu ermöglichen. Ein Beispiel ist der auf einem Bein hüpfende, invertierte Pendelroboter, der eine Kombination aus Gyroskop und Beschleunigungssensor verwendet, um seine Neigung zu messen. Ein Regelalgorithmus, der auf einem FPGA ausgeführt wird, sorgt dafür, dass der Roboter seine Balance hält. Diese Berechnungen und Steuerungen erfordern so schnelle Reaktionszeiten, dass sie mit herkömmlichen Mikroprozessoren schwer zu erreichen sind. Komplexe Regelalgorithmen, die für eine schnelle und präzise Steuerung notwendig sind, können oft nur von FPGAs in der erforderlichen Geschwindigkeit und Präzision bewältigt werden – sei es bei laufenden, fahrenden oder fliegenden Robotern.
- In der Bild- und Videoverarbeitung können FPGAs hervorragend eingesetzt werden. Echtzeit-Bildbearbeitung, Objekterkennung und Videostreaming sind Bereiche, in denen die parallele Verarbeitungskapazität von FPGAs besonders vorteilhaft ist. Mit FPGAs lassen sich komplexe Algorithmen direkt in Hardware umsetzen, was die Verarbeitungsgeschwindigkeit erheblich erhöht.
- Und noch viel, viel mehr ...

Mit den Fähigkeiten, solche Projekte zu entwickeln, stehen Ihnen nun alle Möglichkeiten offen. Es ist ein FPGA. Legen Sie einfach los!

XVII – Eingaben und Schalter

In diesem Abschnitt haben Sie gelernt, wie man mit einem Display und Tastern eine Interaktion mit dem Benutzer realisieren kann. Ist dies etwas, was Sie in Ihrem Traumprojekt benutzen können? Würde es Sinn machen, einen Joystick oder einfache Taster oder Schalter anzuschließen? Wofür können diese genutzt werden, welche Eigenschaften oder Einstellungen könnten damit gesteuert werden?

Kapitel 11
Spezialthemen – kurz angerissen

Ein komplexeres FPGA-Design kann Schwierigkeiten beinhalten, die erst einmal unbezwingbar erscheinen. Aber es gibt für alles eine Lösung. Man muss sie nur mal gesehen haben.

Es gibt noch ein paar FPGA-Themen, die wir leider nur theoretisch besprechen können. Diese einzelnen Fälle in Beispielprojekte umzusetzen, ist meist zu komplex oder zu spezifisch. Und bei einigen dieser Fälle wüsste ich gar nicht, wie ich mir dazu ein Design ausdenken soll, um das Problem nachzubilden. Andere Fälle begegnen einem nur bei großen, komplexen Projekten und nicht bei den übersichtlicheren Projekten wie den hier im Buch gezeigten Beispielen. Es ist auch nicht ausgemacht, dass Ihnen jemals solch ein spezieller Fall begegnen wird. Aber falls doch, ist es gut, wenn Sie schon mal davon gehört haben. Die konkreten Details und Lösungsstrategien müssen Sie dann zum gegebenen Zeitpunkt selbst erarbeiten. Aber Sie sind jetzt schon fit mit FPGAs, daher sollte das alles kein Problem mehr für Sie sein.

11.1 Schleifen

Schleifen in einem FPGA sind problematisch, anders kann man es nicht sagen. In Verilog können Schleifen oft missverstanden werden, insbesondere wenn Sie aus der Software-Entwicklung kommen. Der Unterschied zwischen der Ausführung von Schleifen in Software und der Synthese von Schleifen in Hardware führt häufig zu unerwarteten Ergebnissen und ineffizienten Schaltungen. Schauen wir uns dazu ein Beispiel an, das das Problem verdeutlicht.

11.1.1 Schleifen in Software

In Software werden Schleifen über die Zeit ausgeführt. Eine `for`-Schleife in C durchläuft eine Sequenz von Anweisungen nacheinander:

```
int total = 0;
for (int i = 0; i < 10; i++) {
    total += values[i];
}
```

Dieser Code summiert die Werte in einem Array, und zwar eins nach dem anderen.

11.1.2 Schleifen, die im FPGA geschrieben werden

In Verilog bzw. im FPGA arbeiten Schleifen anders als in Software: Sie arbeiten über den Raum statt über die Zeit. Dies bedeutet, dass die Hardware die Iterationen einer Schleife nicht nacheinander, sondern gleichzeitig durchführt. Diese parallele Ausführung führt oft zu einer Vervielfachung der verwendeten Ressourcen im FPGA.

Wenn eine Schleife in Verilog synthetisiert wird, erstellt der Synthesizer tatsächlich mehrere Instanzen der Logik, und zwar eine für jede Iteration der Schleife. Dies bedeutet, dass die Logik der Schleife so oft im FPGA parallel angelegt wird, wie die Schleife wiederholt durchlaufen werden soll, was die Ressourcenbeanspruchung im FPGA multipliziert.

```
integer i;
reg [31:0] total;

always @(*) begin
    total = 0;
    for (i = 0; i < 10; i = i + 1) begin
        total = total + values[i];
    end
end
```

Listing 11.1 Ein Beispiel für Schleifen in Verilog

In diesem Beispiel führt der Synthesizer die Schleife durch, indem er zehn Addierer-Schaltungen erstellt, die alle gleichzeitig arbeiten. Jede Iteration der Schleife wird in paralleler Hardware umgesetzt, was dazu führt, dass zehn Addierer parallel im FPGA implementiert werden. Dies ist nicht das, was man beim Einstieg erwartet, und führt zu einer viel größeren Schaltung als beabsichtigt, was Ressourcen verschwendet und die maximale Taktfrequenz senkt.

11.1.3 Die Alternative: Zustandsmaschinen

Anstatt eine Schleife in Verilog zu verwenden, sollten Sie eine Zustandsmaschine erstellen, die eine Operation pro Taktzyklus durchführt. Listing 11.2 zeigt die äquivalente Implementation der Schleife als Zustandsmaschine:

```
reg [31:0] total;
reg [3:0] state;
reg [3:0] count;

always @(posedge clk or posedge reset) begin
    if (reset) begin
        state <= 0;
        total <= 0;
        count <= 0;
    end else begin
        case (state)
            0: begin
                total <= 0;
                count <= 0;
                state <= 1;
            end
            1: begin
                if (count < 10) begin
                    total <= total + values[count];
                    count <= count + 1;
                end else begin
                    state <= 2;
                end
            end
            2: begin
                // Verarbeitung abgeschlossen
            end
        endcase
    end
end
```

Listing 11.2 Implementierung einer Schleife als Zustandsmaschine

In dieser Implementierung wird pro Taktzyklus nur eine Addition durchgeführt. Dadurch wird nur ein Addierer verwendet, der sukzessive die Werte addiert. Dies spart Ressourcen und vermeidet die Probleme der parallelen Implementierung.

Wichtig ist in diesem Zusammenhang noch, dass einige Schleifenkonstrukte, beispielsweise break-Anweisungen, nicht in Verilog synthesefähig sind und deshalb vermieden werden sollten.

Schleifen in Verilog arbeiten also sehr unterschiedlich im Vergleich zu Software-Schleifen. Es ist entscheidend, diese Unterschiede zu verstehen und die richtige Methode zu wählen, um effiziente und funktionierende Hardware-Designs zu erstellen. Zustandsmaschinen sind oft die bessere Wahl für sequenzielle Prozesse. Falls wirklich parallele Strukturen verwendet werden sollen, können Sie die generate-Anweisung nutzen, die im nächsten Abschnitt besprochen wird.

11.2 Generate-Anweisungen

In Verilog erzeugen generate-Anweisungen explizit parallele Hardware-Strukturen. Diese Technik wird verwendet, um wiederholte Instanzen von Hardware-Komponenten zu erstellen, ohne dass redundanter Code geschrieben werden muss. Dies ist besonders nützlich, wenn man viele identische oder ähnliche Schaltungselemente benötigt, z. B. Addierer, Multiplexer oder Register.

Mit einer generate-Anweisung werden Schleifen und andere Kontrollstrukturen auf eine höhere Abstraktionsebene gehoben, um mehrere Instanzen von Logikblöcken zu erzeugen. Diese Instanzen werden während der Synthese in parallele Hardware-Strukturen umgesetzt.

Betrachten wir das Beispiel aus Listing 11.3, das mehrere Addierer mit einer generate-Anweisung erstellt:

```
genvar i;
generate
    for (i = 0; i < 10; i = i + 1) begin : adder_loop
        assign sum[i] = values[i] + other_values[i];
    end
endgenerate
```

Listing 11.3 Beispiel – parallele Addierer mit »generate«

Erklärung des Codes

Zunächst wird die genvar deklariert:

```
genvar i;
```

genvar ist eine spezielle Variable, die nur innerhalb von generate-Anweisungen verwendet wird. Sie dient als Schleifenvariable und wird nicht in der Synthese verwendet.

```
generate
    for (i = 0; i < 10; i = i + 1) begin : adder_loop
        assign sum[i] = values[i] + other_values[i];
    end
endgenerate
```

Listing 11.4 Der Block »generate«

- `generate`: startet einen `generate`-Block, der eine Schleife oder eine andere Kontrollstruktur enthalten kann.
- `for-Schleife`: iteriert von 0 bis 9 und erzeugt zehn Instanzen des nachfolgenden Codeblocks.
- `begin ... end`: definiert den Bereich der Schleife.
- `adder_loop`: ist ein benannter Block, der jede Iteration der Schleife eindeutig identifiziert. Dies ist nützlich für das Debugging, da jede Iteration der Schleife eindeutig identifiziert wird, und hilft dabei, eine übersichtliche Hierarchie der generierten Strukturen zu schaffen.
- `assign`: Diese Anweisung erstellt eine Zuweisung, die für jede Iteration der Schleife eine Addieroperation definiert. In diesem Fall werden zehn parallele Addierer erstellt, die jeweils ein Element von `values` und `other_values` addieren und das Ergebnis in `sum` speichern.

`generate`-Anweisungen reduzieren durch ihre kompakte Schreibweise den Umfang des Codes, indem sie wiederholte Strukturen elegant handhaben. Die erzeugten Instanzen sind tatsächlich parallele Hardware-Komponenten, was in vielen komplexen Designs erforderlich ist. Durch ihre Verwendung in Schleifen und anderen Kontrollstrukturen können leicht unterschiedliche Konfigurationen der Hardware erzeugt werden, ohne dass der Code manuell geändert werden muss.

Angenommen, Sie möchten zehn identische Addierer erstellen. Ohne `generate` zu verwenden, müssten wir den Code für jeden Addierer manuell schreiben:

```
assign sum[0] = values[0] + other_values[0];
assign sum[1] = values[1] + other_values[1];
assign sum[2] = values[2] + other_values[2];
assign sum[3] = values[3] + other_values[3];
assign sum[4] = values[4] + other_values[4];
assign sum[5] = values[5] + other_values[5];
assign sum[6] = values[6] + other_values[6];
assign sum[7] = values[7] + other_values[7];
assign sum[8] = values[8] + other_values[8];
assign sum[9] = values[9] + other_values[9];
```

Listing 11.5 Manuelle Erstellung von zehn Addierern

Mit generate wird der Code viel kompakter und leichter zu pflegen:

```
genvar i;
generate
    for (i = 0; i < 10; i = i + 1) begin : adder_loop
        assign sum[i] = values[i] + other_values[i];
    end
endgenerate
```

Listing 11.6 Automatisierte Erstellung von zehn Addierern mit generate

Sie fragen sich jetzt vielleicht, wo der Unterschied liegt, wenn Sie die in Listing 11.3 gezeigte for-Schleife mit oder ohne den generate-Block schreiben.

Und Sie haben recht: In diesem Fall gibt es keinen Unterschied. Der Inhalt der Schleife wird durch die Synthese zehnmal parallel im FPGA angelegt, egal ob ein generate-Block in diesem Beispiel verwendet wird oder nicht.

Der Sinn und Zweck des generate-Blocks zeigt sich jedoch in zwei Bereichen:

- **Klarheit beim Lesen des Codes**: Der generate-Block macht sofort deutlich, dass hier viele Ressourcen parallel angelegt werden. Da der Code, der durch den generate-Block eingeschlossen wird, nicht immer eine for-Schleife sein muss, ist dies nicht immer sofort erkennbar. Der generate-Block hilft, die Absicht des Codes klarer zu kommunizieren.
- **Struktur und Hierarchie**: generate-Blöcke machen den Code klarer und führen bei der Synthese zu einem sichereren Ergebnis. Sie können auch benannte Unterblöcke enthalten, was die Hierarchie und Struktur der erzeugten Logik verdeutlicht. Dies ist besonders für die Verifikation und das Debugging wichtig.

Die Verwendung von generate-Anweisungen ist für komplexe Designs gedacht und reduziert die Notwendigkeit, redundanten Code schreiben zu müssen. Wenn Sie die Anwendung von generate-Anweisungen verstanden haben, können Sie flexibel und skalierbar arbeiten und gleichzeitig die Ressourcennutzung optimieren.

11.3 Pipelining

In der FPGA-Entwicklung können komplexe Schleifen, die schwer parallelisierbar sind, ein echtes Problem darstellen. In Abschnitt 11.1 haben wir schon über die grundsätzlichen Probleme mit Schleifen gesprochen. Es gibt aber auch Schleifen, die *zu komplex* sein können. Ein Beispiel dafür ist die Matrixmultiplikation. In C würde solch eine Schleife so aussehen:

```
for (int i = 0; i < N; i++) {
    for (int j = 0; j < N; j++) {
        result[i][j] = 0;
        for (int k = 0; k < N; k++) {
            result[i][j] += matrixA[i][k] * matrixB[k][j];
        }
    }
}
```

Listing 11.7 Eine Matrixmultiplikation in C

Dieses Code-Fragment zeigt drei ineinander verschachtelte Schleifen, was zu einer komplexen und schwer parallelisierbaren Berechnung führt.

Um diese Nuss zu knacken, kann anstelle einer solchen komplexen Schleife ein iterativer Ansatz oder ein Ansatz mit einer Pipeline verwendet werden. Dies bedeutet, die Berechnung wird in kleinere, einfachere Schritte zerlegt, die parallel ausgeführt werden können.

Ein Beispiel für eine *iterative Berechnung* der Matrixmultiplikation würde in C etwa so aussehen:

```
for (int i = 0; i < N; i++) {
    for (int j = 0; j < N; j++) {
        result[i][j] = 0;
    }
}
for (int k = 0; k < N; k++) {
    for (int i = 0; i < N; i++) {
        for (int j = 0; j < N; j++) {
            result[i][j] += matrixA[i][k] * matrixB[k][j];
        }
    }
}
```

Listing 11.8 Eine iterative Berechnung in C

Hier wird zuerst die Ergebnismatrix initialisiert, gefolgt von einer iterativen Berechnung, bei der die Multiplikationen und Additionen in getrennten Schleifen durchgeführt werden.

Beim *Pipelining* teilt man die Berechnung in Stufen auf, die parallel verarbeitet werden. Die Daten durchlaufen diese Stufen kontinuierlich, wie auf einem Fließband. Eine einfache Berechnung würde dann in Verilog zum Beispiel so aussehen:

```
reg [31:0] pipe_reg [0:2]; // Pipeline-Register
always @(posedge clk or posedge reset) begin
    if (reset) begin
        pipe_reg[0] <= 0;
        pipe_reg[1] <= 0;
        pipe_reg[2] <= 0;
    end else begin
        pipe_reg[0] <= data_in;
        pipe_reg[1] <= pipe_reg[0] * 2;
        pipe_reg[2] <= pipe_reg[1] + 3;
    end
end
assign data_out = pipe_reg[2];
```

Listing 11.9 Pipelining in Verilog

In diesem Beispiel ist die Berechnung in drei Stufen aufgeteilt: Eingangsdaten, Multiplikation und Addition. Jede Stufe wird in einem separaten Taktzyklus verarbeitet, was die Parallelität erhöht und die Effizienz steigert.

Eine Matrixmultiplikation, wie ich sie in Listing 11.7 in C gezeigt habe, würde dann iterativ in Verilog so aussehen:

```
module matrix_multiply (
    input clk,
    input reset,
    input [31:0] matrixA [0:N-1][0:N-1],
    input [31:0] matrixB [0:N-1][0:N-1],
    output reg [31:0] result [0:N-1][0:N-1]
);
    integer i, j, k;
    reg [3:0] state;
    reg [31:0] temp_result;
    always @(posedge clk or posedge reset) begin
        if (reset) begin
            state <= 0;
            i <= 0;
            j <= 0;
            k <= 0;
        end else begin
            case (state)
                0: begin // Initialisiere Ergebnis-Matrix
                    for (i = 0; i < N; i = i + 1) begin
                        for (j = 0; j < N; j = j + 1) begin
```

```
                        result[i][j] <= 0;
                    end
                end
                i <= 0;
                j <= 0;
                k <= 0;
                state <= 1;
            end
            1: begin // Berechnung
                if (k < N) begin
                    temp_result = matrixA[i][k] * matrixB[k][j];
                    result[i][j] <= result[i][j] + temp_result;
                    k <= k + 1;
                end else begin
                    k <= 0;
                    if (j < N-1) begin
                        j <= j + 1;
                    end else begin
                        j <= 0;
                        if (i < N-1) begin
                            i <= i + 1;
                        end else begin
                            state <= 2; // Berechnung abgeschlossen
                        end
                    end
                end
            end
            2: begin
                // Berechnung abgeschlossen
            end
        endcase
    end
end
endmodule
```

Listing 11.10 Iterative Multiplikation in Verilog

In dieser Verilog-Implementierung wird die Matrixmultiplikation durch Zustandsmaschinen realisiert. Die Berechnung wird schrittweise und iterativ durchgeführt, wobei jede Operation einen Taktzyklus benötigt. Dies spart Ressourcen. Manche Lösungen muss man mal gesehen haben, um sich zum richtigen Zeitpunkt an sie erinnern zu können. Dies ist eine von ihnen.

11.4 Taktdomänen (Clock Domains)

Bei der Nutzung von FPGAs ist die Synchronisation von Daten zwischen verschiedenen Taktdomänen (*Clock Domains*) eine Technik, die man als Hardware-Designer beherrschen sollte. Dabei müssen Daten zuverlässig von einer langsamen Quelle zu einer schnellen Senke und/oder umgekehrt übertragen werden. Dabei sind das Management der Clock Domains und der Einsatz von FIFO-Speichern (*First In – First Out*) eine entscheidende Technik.

11.4.1 Datenübertragung: Langsame Quelle zu schneller Senke

In einem FPGA arbeiten unterschiedliche Bereiche oft mit verschiedenen Taktraten, die als *Clock Domains* bezeichnet werden. Beim Transfer von Daten aus einer langsamen Quelle (langsamen Clock Domain) zu einer schnellen Senke (schnellen Clock Domain) ist das Timing wichtig, um Datenverlust oder -verfälschung zu vermeiden. Ein FIFO-Speicher puffert die Daten und gleicht die unterschiedlichen Geschwindigkeiten aus. Dadurch wird sichergestellt, dass die Daten in der Reihenfolge ihres Eintreffens (First In) gespeichert und in dieser Reihenfolge (First Out) weitergegeben werden. Die Hauptaufgabe besteht darin, zu verhindern, dass der FIFO-Speicher überläuft oder leerläuft.

11.4.2 Datenübertragung: Schnelle Quelle zu langsamer Senke

Auch bei der Übertragung von Daten von einer schnellen Quelle in eine langsame Senke müssen die unterschiedlichen Taktraten berücksichtigt werden. Der FIFO-Puffer wird auch hier verwendet, um einen kontinuierlichen Datenfluss zu gewährleisten. Er speichert die Daten temporär, bis die langsame Senke bereit ist, sie zu empfangen. Hier besteht die Herausforderung darin, einen Überlauf des FIFO zu verhindern, da die schnelle Quelle Daten schneller liefert, als die Senke sie verarbeiten kann. Eine effektive Steuerung des Datenflusses ist wichtig.

11.4.3 Herausforderungen und Lösungen

Die Synchronisation zwischen den verschiedenen Clock Domains ist notwendig, um Datenverluste oder -verfälschungen zu vermeiden. Die Probleme dabei sind:

- **Metastabilität**: Unter Metastabilität versteht man einen Zustand, bei dem ein Flip-Flop oder ein anderes digitales Speicherelement nicht rechtzeitig in einen stabilen Zustand wechselt. Mehrstufige Synchronisationsschaltungen minimieren das Risiko von Metastabilität.

- **Clock Skew**: Das ist der Zeitunterschied in der Ankunft eines Taktsignals an verschiedenen Teilen des FPGAs. Gute PCB-Designpraktiken und ein sorgfältiges Layout helfen, Clock Skew zu minimieren.

Sie müssen bei solch einem Design eine gründliche Timing-Analyse durchführen, um sicherzustellen, dass alle Timing-Anforderungen in jeder Clock Domain erfüllt werden.

11.4.4 Best Practices

Um die Komplexität zu reduzieren und potenzielle Fehlerquellen zu minimieren, sollten Sie die Anzahl der Clock Domains in einem FPGA so gering wie möglich halten. Eine sorgfältige Planung der Datenpfade zwischen verschiedenen Clock Domains ist ebenfalls wichtig, um die Notwendigkeit von Cross-Domain-Kommunikation zu minimieren. Ausführliche Simulationen und Tests sind notwendig, um die korrekte Funktion des Designs sicherzustellen. Zudem ist es hilfreich, die Clock Domains und die dazugehörigen Synchronisationsmechanismen gründlich zu dokumentieren, um die zukünftige Wartung und Fehlersuche zu erleichtern.

Beispiel: Synchronisation zwischen Mikrocontrollern

Ein praktisches Beispiel für die Synchronisation zwischen verschiedenen Taktdomänen ist eine High-Speed-Datenübertragung zwischen Komponenten in einem System, bei dem jede Komponente möglicherweise mit einer unterschiedlichen Taktrate arbeitet. Dies kann auf zwei Arten geschehen: Nehmen wir an, die als Beispiel angeführten Komponenten wären Mikrocontroller – entweder sitzt der FPGA dann zwischen den Mikrocontrollern und sorgt für die Synchronisation oder die Mikrocontroller laufen als Softcores innerhalb des FPGAs.

Im ersten Fall übernimmt der FPGA die Aufgabe, Daten zwischen den externen Mikrocontrollern zu synchronisieren, die möglicherweise nicht dasselbe Kommunikationsprotokoll verwenden können und deshalb keine Methode haben, um direkt miteinander zu sprechen. Ein FPGA kann in solch einem Fall eine Brücke bilden, die einen Datenaustausch zwischen den beiden Mikrocontrollern ermöglicht – dies auch mit einer hohen Datenübertragungsrate. Dabei nutzt der FPGA FIFOs und andere Synchronisationsmethoden, um sicherzustellen, dass die Daten trotz ihrer unterschiedlichen Taktraten korrekt zwischen den Mikrocontrollern übertragen werden.

Im zweiten Fall sind die Mikrocontroller als Softcores im FPGA implementiert. Auch hier ist die Synchronisation der verschiedenen Taktdomänen innerhalb des FPGAs notwendig. Die Softcore-Mikrocontroller arbeiten möglicherweise mit unterschiedlichen Taktraten, und der FPGA muss die Daten zwischen diesen unterschiedlichen Taktdomänen effizient und fehlerfrei übertragen.

Wenn jedoch standardisierte Protokolle wie UART, SPI oder I²C verwendet werden, können Mikrocontroller mit unterschiedlichen Taktraten in der Regel direkt miteinander kommunizieren. Diese Protokolle sind verhältnismäßig langsam und enthalten Mechanismen zur Synchronisation der Datenübertragung, sodass die Taktratenunterschiede ausgeglichen werden. In solchen Fällen ist die direkte Kommunikation möglich und die Synchronisationsproblematik weniger relevant.

Aber auch bei solchen Protokollen mit langsamen Datenraten kann der Einsatz eines FPGAs sinnvoll sein – nämlich dann, wenn er als Knotenpunkt zwischen mehreren Mikrocontrollern und Sensoren sitzt, die alle über einen einzigen I²C-Bus kommunizieren sollen. Der FPGA arbeitet dann als De-/Multiplexer, quasi als Hub, zwischen allen Geräten auf dem Bus. Er ermöglicht es dann auch, die Daten eines Sensors an mehrere Empfänger zu duplizieren. Ein FPGA macht an dieser Stelle alles möglich.

In Szenarien ohne solche standardisierten Protokolle entstehen jedoch Herausforderungen wie Datenkonsistenz, Taktsynchronisation, Pufferung und Fehlertoleranz:

- **Datenkonsistenz**: Mechanismen wie Handshake-Protokolle oder Interrupts können eingesetzt werden, um konsistente Datenübertragungen zu gewährleisten.
- **Taktsynchronisation**: Verwenden Sie PLLs (*Phase-Locked Loops*) zur Angleichung der Taktunterschiede.
- **Pufferung**: Setzen Sie FIFOs ein, um Datenüberläufe zu verhindern, wenn ein Mikrocontroller Daten schneller sendet, als ein anderer sie verarbeiten kann.
- **Fehlertoleranz**: Implementieren Sie Fehlererkennungs- und Korrekturmechanismen, um die Datenintegrität sicherzustellen.

Das richtige Design von Clock Domains und die Synchronisation derselben in FPGAs sind entscheidend für die Zuverlässigkeit und Leistung des gesamten Systems. Dazu benötigen Sie eine sorgfältige Planung und müssen bei der Implementierung von Synchronisationsmethoden und Puffersystemen gründlich arbeiten, um Datenverluste und -verfälschungen zu vermeiden. Es ist wichtig, eine gründliche Timing-Analyse durchzuführen. Vergessen Sie auch nicht eine gute Dokumentation der gewählten Techniken in Ihrem Design.

11.5 Crossing Clock Domains

Das Thema *Crossing Clock Domains* bezieht sich auf die Übertragung von Daten zwischen verschiedenen Teilen eines Systems, die mit unterschiedlichen Taktfrequenzen oder Phasen arbeiten. Schauen wir uns diese Technik etwas genauer im Detail an und überlegen, wie Sie konkret vorgehen könnten.

Das Hauptproblem haben wir im vorherigen Abschnitt besprochen: Bei der Übertragung von Daten über verschiedene Clock Domains hinweg ist die Metastabilität ein Risiko. *Metastabilität* tritt auf, wenn das Timing eines Signals in Bezug auf den Takt des empfangenden Systems nicht ausreichend definiert ist, was dazu führen kann, dass das Signal in einem unbestimmten Zustand verbleibt. Dies kann die Integrität des Datenpfads gefährden und zu unvorhersehbaren Verhaltensweisen führen.

11.5.1 Synchronizer

Um Daten sicher von einer Clock Domain in eine andere zu übertragen, werden typischerweise *Synchronizer* verwendet. Ein einfacher Synchronizer kann aus einer Kette von zwei oder mehr Flip-Flops bestehen, die mit dem Takt der Ziel-Clock-Domain betrieben werden. Dies hilft, das Risiko von Metastabilität zu minimieren, indem das eingehende Signal *gereinigt* wird.

Für den iCE40HX-FPGA auf dem IceZero-Board folgt hier ein einfaches Beispiel, das zeigt, wie Daten sicher von einer Clock Domain in eine andere übertragen werden können. Dieses Beispiel verwendet einen Dual-Flip-Flop-Synchronizer, um ein Signal von einer schnellen Clock Domain zu einer langsameren zu übertragen:

```
module CLOCKDomainCrossing (
    input wire clk_fast,      // Schneller Takt
    input wire clk_slow,      // Langsamer Takt
    input wire reset,         // Asynchroner Reset
    input wire data_in_fast, // Eingangsdaten in der schnellen CLOCK Domain
    output reg data_out_slow // Ausgangsdaten in der langsamen CLOCK Domain
);
reg sync_ff1; // Erstes Flip-Flop für die Synchronisierung
reg sync_ff2; // Zweites Flip-Flop für die Synchronisierung
// Synchronisationsschaltung
always @(posedge clk_slow or posedge reset) begin
    if (reset) begin
        sync_ff1 <= 1'b0;
        sync_ff2 <= 1'b0;
    end else begin
```

```
            sync_ff1 <= data_in_fast;  // Erfassung des Eingangssignals im ersten
                                       // Flip-Flop
            sync_ff2 <= sync_ff1;      // Weiterleitung an das zweite Flip-Flop
        end
    end
    // Ausgangszuweisung
    always @(posedge clk_slow) begin
        data_out_slow <= sync_ff2; // Zuweisung des synchronisierten Werts
                                   // zu den Ausgangsdaten
    end
    endmodule
```

Listing 11.11 Synchronisation eines Signals zwischen Clock Domains

Der Code ist schnell erläutert:

- **Flip-Flops** (`sync_ff1` und `sync_ff2`): Diese Schaltungen dienen als Synchronizer und fangen das Signal `data_in_fast` aus der schnellen Clock Domain ein. Nachdem das Signal durch zwei Flip-Flops gelaufen ist, wird es in die langsame Clock Domain (`data_out_slow`) weitergeleitet.
- **Asynchroner Reset:** Setzt die Synchronisations-Flip-Flops zurück, um einen definierten Startzustand sicherzustellen.

Dieser Code ist nur ein Beispiel dafür, wie diese grundlegende Technik implementiert werden kann, um das Problem der Clock-Domain-Überschneidung in FPGA-basierten Systemen zu handhaben. Wenn Sie einmal an einen Punkt kommen, in Ihrem Design solch eine Methode implementieren zu müssen, sollten Sie dieses Thema noch mal etwas vertiefen, um die richtige Lösung für Ihr Design zu finden. Der *One Size fits all*-Gedanke und die Übernahme einer Beispiel-Implementierung reichen für einen gelungenen Datenaustausch zwischen verschiedenen Clock Domains leider nicht aus.

11.5.2 Puffer und FIFOs

In der Elektronik und Informatik werden sowohl Puffer als auch FIFOs (*First In – First Out*) verwendet, um Daten temporär zu speichern. Allerdings gibt es zwischen ihnen einige wichtige Unterschiede.

Puffer

Ein Puffer ist allgemein ein temporärer Speicherbereich, der dazu dient, Daten aufzunehmen, um Unterschiede in der Datenrate oder im Timing zwischen zwei Prozessen oder Geräten auszugleichen. Die Hauptmerkmale eines Puffers sind:

- **Flexibilität in der Datenbearbeitung**: Puffer müssen nicht unbedingt die *First In – First Out*-Logik befolgen. Sie können Daten in einer beliebigen Reihenfolge hinzufügen oder entfernen.
- **Zweck**: Puffer werden häufig eingesetzt, um Datenüberläufe zu verhindern, wenn ein Empfänger langsamer ist als ein Sender, oder um Daten bei Bedarf zu sammeln und dann in größeren Einheiten weiterzuleiten.
- **Anwendungsbereiche**: Puffer werden in vielen Bereichen eingesetzt, beispielsweise in Netzwerkgeräten, bei der Audio- und Videodatenverarbeitung und in Computern zur Zwischenspeicherung von Daten zwischen verschiedenen Komponenten.

FIFOs (First In – First Out)

Ein FIFO ist ein spezieller Typ eines Puffers, der Daten in der Reihenfolge speichert und weitergibt, in der sie ankommen. Seine wichtigsten Merkmale sind:

- **Strikte Reihenfolge**: In einem FIFO werden Daten in der Reihenfolge verarbeitet, in der sie ankommen. Das erste Element, das in den FIFO geschrieben wird, ist auch das erste, das gelesen wird.
- **Einfache Kontrolle**: FIFOs sind einfacher zu implementieren und zu verwalten, da es keine Notwendigkeit für komplexe Steuerungslogik gibt.
- **Anwendungsbereiche**: FIFOs finden häufig Anwendung in Situationen, in denen die Reihenfolge der Daten wichtig ist, beispielsweise in der Kommunikation zwischen verschiedenen Taktdomänen in einem FPGA oder zwischen Mikrocontrollern.

Unterschiede bei der Verwendung

Der Hauptunterschied zwischen Puffer und FIFOs besteht in der Art und Weise, wie Daten verarbeitet werden. FIFOs folgen einer strikten First-In-First-Out-Ordnung, während Puffer flexibler in der Reihenfolge der Datenverarbeitung sind.

Das bedeutet: FIFOs werden typischerweise da verwendet, wo die Reihenfolge der Datenverarbeitung kritisch ist, während Puffer allgemein für eine breitere Palette von Anwendungen verwendet werden, bei denen es eher um das Auffangen von Datenspitzen oder um die Zwischenspeicherung geht und weniger um die Reihenfolge.

Beide Techniken, Puffer und FIFOs, sind Methoden, die eine zeitliche Diskrepanz zwischen verschiedenen Prozessen oder Komponenten ausgleichen. Aber auch hier gilt es, eine genaue Timing-Analyse und umfangreiche Tests und Simulationen durchzuführen, um sicherzugehen, dass alles so funktioniert wie gedacht. Es ist nicht ganz einfach, Puffer und FIFOs richtig zu dimensionieren, weil sich die Daten auch gerne mal unvorhergesehen verhalten.

11.6 Die Bezeichnungen »größer« und »breiter«

Die Verwendung des Wortes »breiter« anstelle von »größer« in Bezug auf Zähler in FPGAs ist auf die Art und Weise zurückzuführen, wie digitale Schaltungen und insbesondere binäre Zahlen konzipiert und visualisiert werden.

In der Digitaltechnik wird mit dem Begriff *Datenbreite* oft die Anzahl der Bits bezeichnet, die parallel verarbeitet oder gespeichert werden können. Es gibt ein paar Gründe für diese Terminologie:

- **Die visuelle Darstellung**: In schematischen Darstellungen und Datenblättern werden digitale Busse oft als horizontale Linien gezeichnet, wobei jedes Bit als ein Segment dieser Linie dargestellt wird, wie Sie in Abbildung 11.1 sehen. Eine größere Anzahl von Bits führt zu einer breiteren Linie (siehe Abbildung 11.2), was die Darstellung eines breiteren Datenbusses impliziert.

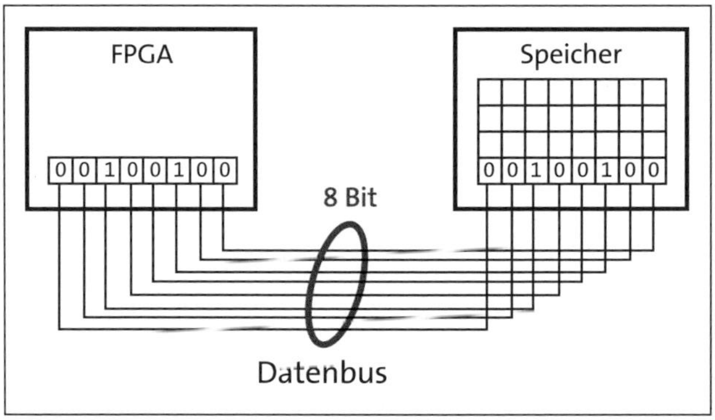

Abbildung 11.1 Eine schematische Darstellung eines 8-Bit-Datenbusses

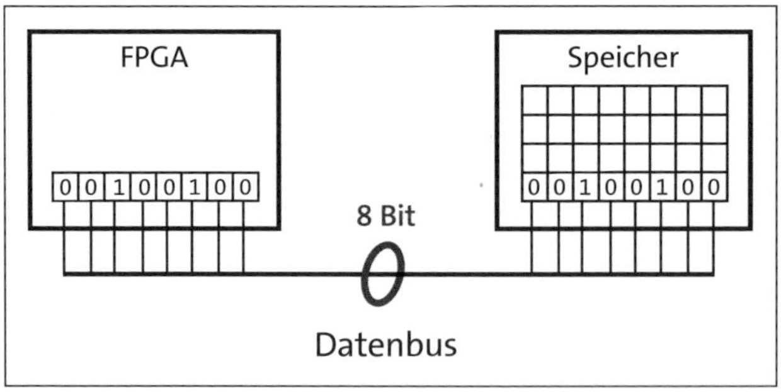

Abbildung 11.2 In dieser schematischen Darstellung steht eine breitere Linie für den 8-Bit-Datenbus.

- **Die binäre Struktur**: In der binären Welt bezieht sich »größer« oft auf einen höheren Zahlenwert, während »breiter« sich auf die Anzahl der Bits bezieht, die verwendet werden, um den Wert zu repräsentieren. Ein 8-Bit-Zähler ist »breiter« als ein 4-Bit-Zähler, weil er mehr Bits hat, auch wenn beide bei 0 beginnen und bis zu ihrem Maximalwert zählen.

- **Die parallele Verarbeitung**: »Breite« impliziert auch die Parallelität der Datenverarbeitung. Ein breiterer Zähler kann mehr Informationen gleichzeitig verarbeiten, was in bestimmten Anwendungen wie Parallelverarbeitung und Highspeed-Datenübertragung entscheidend sein kann.
- **Der Industriestandard**: Im Bereich der digitalen Elektronik und Computerarchitektur hat sich der Begriff »breiter« als Standard für die Beschreibung der Datenbreite etabliert.

Ich spreche das an, weil ich im Rahmen der Recherche für diese Buch öfter auf eine Vermischung der Bezeichnungen gestoßen bin, die oft zu einer Verwirrung darüber führen kann, was eigentlich gemeint ist.

In der Informatik und im Bereich der FPGAs gibt es nämlich tatsächlich leichte Unterschiede in der Terminologie, gerade wenn es um die Beschreibung von Puffern geht. Dabei ist die Bezeichnung »breiter« für Zähler und andere digitale Komponenten in der Elektronik und Informatik eine etablierte Konvention, die sich auf die Anzahl der verarbeiteten Bits und nicht unbedingt auf die Größe oder den Wertebereich der Zahlen bezieht.

- **Informatik: Größerer Puffer**

  In der Informatik bezieht sich somit der Begriff »größerer Puffer« in der Regel auf die Kapazität des Puffers, d. h. auf die Menge der Daten, die er speichern kann. Ein größerer Puffer kann mehr Daten halten. Diese Beschreibung konzentriert sich auf die Speicherkapazität, die in Einheiten wie Byte, Kilobyte, Megabyte usw. gemessen wird.
- **FPGA: Breiterer Puffer**

  Im Bereich der FPGAs wird oft von einem »breiteren Puffer« gesprochen, insbesondere wenn es um die Datenbreite geht. Ein breiterer Puffer in einem FPGA kann gleichzeitig eine größere Anzahl von Bits verarbeiten. Damit ist also nicht die Menge der Daten gemeint, die gespeichert werden können: Es ist die Anzahl der parallelen Bits gemeint, die zu einem Zeitpunkt empfangen werden können. Diese Terminologie spiegelt die parallele Natur der Datenverarbeitung in FPGAs wider, wo die Breite des Puffers (gemessen in Bits) oft wichtiger ist als die reine Kapazität.

In beiden Fällen bedeutet *größer* oder *breiter* also etwas Verschiedenes. Ein *größerer* Puffer bezieht sich auf mehr Speicherplatz, während ein *breiterer* Puffer auf eine erhöhte Datenverarbeitungskapazität pro Zyklus hinweist.

Beide Begriffe beschreiben im Wesentlichen eine Erhöhung der Kapazität eines Puffers, aber sie bedeuten im Detail etwas anderes. Es geht im einen Fall um die Menge der speicherbaren Daten und im anderen Fall um die Fähigkeit zur schnellen Datenverarbeitung. In der Praxis kommt es darauf an, dass Sie den Kontext und die spezifischen Anforderungen des Systems verstehen, um den Sinn dahinter zu erkennen, auch wenn die falsche Terminologie verwendet wurde.

11.7 Die Simulation stoppen

In Verilog werden Schaltungen oft simuliert, bevor sie in die reale Hardware implementiert werden. Simulationen ermöglichen es den Entwicklern, das Verhalten ihrer Designs zu überprüfen und Fehler zu finden, bevor sie kostspielige und zeitaufwendige physische Prototypen erstellen. Aber oft wird eine Sache dabei vergessen.

Das Problem mit endlosen Simulationen

Wenn eine Verilog-Simulation gestartet wird, läuft sie so lange, bis sie eine bestimmte Bedingung erreicht, die das Ende der Simulation signalisiert. Ohne eine solche Bedingung würde die Simulation endlos weiterlaufen, was zu mehreren Problemen führen kann:

- **Ressourcenverbrauch**: Endlose Simulationen verbrauchen weiterhin Rechen ressourcen, was den Computer verlangsamen und andere Prozesse beeinträchtigen kann.
- **Unklare Ergebnisse**: Eine Simulation, die nie stoppt, liefert keine klaren Ergebnisse. Es ist schwierig zu bestimmen, ob das Design korrekt funktioniert oder ob es Fehler gibt, die behoben werden müssen.
- **Schlechte Praxis**: Das Ignorieren des Simulationsstopps deutet auf mangelnde Kenntnisse und fehlende Sorgfalt im Umgang mit Verilog hin, was in der Praxis zu größeren Problemen führen kann.

Wie man eine Simulation stoppt

In Verilog gibt es mehrere Möglichkeiten, eine Simulation zu stoppen:

- `$finish`: Dieser Befehl beendet die Simulation vollständig und gibt die Kontrolle an das Betriebssystem zurück. Er wird oft am Ende der Testbench oder unter bestimmten Bedingungen verwendet.

```
initial begin
    // Simulation code
    #100 $finish; // Stops simulation after 100 time units
end
```

- `$stop`: Dieser Befehl stoppt die Simulation, aber das Simulationsprogramm bleibt aktiv. Er wird oft verwendet, um an einem bestimmten Punkt anzuhalten und den aktuellen Zustand zu überprüfen.

```
initial begin
    // Simulation code
    #50 $stop; // Pauses simulation after 50 time units
end
```

- **Bedingungen in der Testbench**: Entwickler können spezifische Bedingungen definieren, unter denen die Simulation gestoppt werden soll. Dies kann zum Beispiel dann sein, wenn ein bestimmtes Signal eine bestimmte Bedingung erfüllt.

```
initial begin
    // Simulation code
    wait (done_signal == 1); // Warte auf done_signal
    $finish;                 // dann stoppe die Simulation
end
```

Das korrekte Stoppen einer Simulation ist wichtig in Verilog. Es vermeidet unnötigen Ressourcenverbrauch und hilft, klare und eindeutige Ergebnisse zu erhalten. Für Anfänger ist es oft eine wichtige Lektion, eine Simulation nicht nur zu starten, sondern auch kontrolliert zu beenden.

11.8 IP-Cores

IP-Cores (*Intellectual Property Cores*) sind vorgefertigte, wiederverwendbare Schaltungsmodule, die die Entwicklung komplexer FPGA-Designs erheblich erleichtern können. Sie werden von FPGA-Herstellern und Drittanbietern bereitgestellt und bieten Entwicklern den Vorteil, auf eine getestete Referenzimplementierung zurückgreifen zu können. Durch die Verwendung von IP-Cores müssen Entwickler das Rad nicht ständig neu erfinden. Sie sparen wertvolle Zeit, da komplexe Funktionen wie Schnittstellenprotokolle, Prozessoren oder spezielle Rechenblöcke nicht von Grund auf neu implementiert werden müssen.

11.8.1 Spezielle IP-Cores

Wenn ein Prozessor im FPGA emuliert werden soll, wird auch gern der Begriff *Softcore* für diese Implementation verwendet. Softcores werden als synthetisierbarer HDL-Code (VHDL, Verilog) geliefert. Es gibt auch verschlüsselte IP-Cores, die das geistige Eigentum des Anbieters sichern. IP-Cores lassen sich leicht an spezifische

Anforderungen des eigenen Designs anpassen; sie beinhalten komplexe und oft schwer zu implementierende Module, die in Hinblick auf ihre Latenz und ihren Ressourcenverbrauch optimiert sind. Typische Soft-Cores sind:

- Prozessoren – z. B. RISC-V-, ARM-, 8-Bit-CPUs etc.
- Standardschnittstellen – z. B. USB, Ethernet, PCIe etc.
- Krypto-Engines
- spezielle Rechenkerne – z. B. FFT, für Fließkomma-Arithmetik etc.

IP-Cores werden typischerweise umfassend getestet und sind sorgfältig auf eine bestimmte FPGA-Architektur zugeschnitten. Manche IP-Cores sind auch generisch gehalten und auf jedem FPGA einsetzbar, der die für sie erforderlichen Ressourcen aufbringen kann. Sie erhöhen die Zuverlässigkeit und führen zu einer gewissen Standardisierung im Designprozess, was die Wartung und Skalierbarkeit verbessert.

11.8.2 Open-Source- und Community-Ressourcen

Neben kommerziellen IP-Cores stehen auch quelloffene Cores auf verschiedenen Plattformen zur Verfügung. Beliebte Quellen dafür sind:

- OpenCores (*https://opencores.org*)
- LibreCores (*https://github.com/librecores*)
- GitHub-Repositorys von Einzelpersonen und Universitätsprojekten, die ihre Designs öffentlich bereitstellen

IP-Cores erlauben eine effiziente Entwicklung leistungsfähiger FPGA-Systeme. Allerdings müssen Sie jeden IP-Core sorgfältig hinsichtlich seiner Funktionalität und seines Ressourcenbedarfs überprüfen. Bei der Verwendung von frei verfügbaren IP-Cores ist es außerdem wichtig, eventuell bestehende Lizenzbedingungen zu beachten, um sicherzustellen, dass Sie sie für die beabsichtigten kommerziellen oder nichtkommerziellen Einsatzzwecke nutzen dürfen.

Wie viel besser und einfacher Open-Source-Cores sein können, zeigt dieses Beispiel: Für den Tang Nano 9K habe ich Ihnen in den Materialien zum Buch einen Open-Source-PSRAM/HyperRAM-Controller beigelegt, den ein kluger Kopf geschrieben hat. Der Controller basiert auf dem offiziellen IP-Core von GoWin mit der gleichen Funktion. Sie finden die Open-Source-Version unter dem Dateinamen *psram-tang-nano-9k-main.zip* im Verzeichnis *$HOME/fpga/git/*. Auf GitHub ist sie unter *https://github.com/zf3/psram-tang-nano-9k* zu finden.

Dieser PSRAM/HyperRAM-Controller ermöglicht die Kommunikation zwischen dem FPGA und externem PSRAM- oder HyperRAM-Speicher. Er steuert den Datenfluss und die Speicherzugriffe, indem er Lese- und Schreiboperationen verwaltet. Der Controller sorgt dafür, dass der Speicher effizient genutzt wird, indem er Zugriffsverzögerungen minimiert und den gleichen Takt für Speicher und Hauptlogik verwendet.

Dies ist besonders wichtig für Anwendungen, die schnelle und zuverlässige Speicherzugriffe erfordern, z. B. in eingebetteten Systemen, bei der Signalverarbeitung oder in anderen zeitkritischen FPGA-Anwendungen. Der Code umfasst 200 Zeilen Verilog und benötigt weniger als 200 logische Einheiten, während der offizielle IP-Core von Gowin etwa 1000 Einheiten braucht. Diese Open-Source-Implementation ist somit deutlich schneller als die originale von Gowin! Behalten Sie diesen Controller im Hinterkopf: Sie werden ihn irgendwann brauchen und dann froh sein, ihn zu haben.

11.9 Grundlagen zu SerDes in FPGA-Systemen

SerDes steht für *Serializer/Deserializer*. Diese Schaltungen sind integraler Bestandteil von FPGAs. Ihre Hauptfunktion ist es, parallele Datenströme in serielle Bitfolgen umzuwandeln und umgekehrt. Diese Umwandlung ist notwendig, um Daten effizient über längere Distanzen zu übertragen, zum Beispiel über Hochgeschwindigkeits-Backplanes oder Kabel.

Während parallele Datenbusse aufgrund ihrer vielen Leitungen und höheren Störanfälligkeit hierfür ungeeignet sind, ermöglicht die Serialisierung die Datenübertragung über nur eine Leitung mit sehr hohen Datenraten. SerDes-Einheiten in FPGAs unterstützen Übertragungsraten von mehreren Gigabit pro Sekunde.

SerDes-Schnittstellen spielen eine zentrale Rolle in vielen Kommunikationsstandards wie PCI-Express, Gigabit Ethernet, SATA und USB, die häufig in FPGA-Designs implementiert sind.

Aufgrund ihrer Komplexität und der häufigen Verwendung herstellerspezifischer IP-Cores ist ein vollständiges Beispiel für SerDes in Verilog umfangreich. In Listing 11.12 finden Sie einen vereinfachten Code, der das Prinzip eines einfachen SerDes illustriert:

```
codemodule serdes #(
    parameter DATA_WIDTH = 8,
    parameter SERDES_FACTOR = 8
) (
    input clk,
    input reset,
```

```
    input [DATA_WIDTH-1:0] parallel_in,
    output reg serial_out,
    input serial_in,
    output reg [DATA_WIDTH-1:0] parallel_out
);
reg [DATA_WIDTH*SERDES_FACTOR-1:0] shift_reg;
reg [$clog2(SERDES_FACTOR)-1:0] count;
// Serialisierung
always @(posedge clk) begin
    if (reset) begin
        shift_reg <= 0;
        serial_out <= 0;
        count <= 0;
    end else begin
        shift_reg <= {shift_reg[DATA_WIDTH*SERDES_FACTOR-2:0], ↩
                     parallel_in};
        serial_out <= shift_reg[DATA_WIDTH*SERDES_FACTOR-1];
        if (count == SERDES_FACTOR-1) begin
            count <= 0;
        end else begin
            count <= count + 1;
        end
    end
end
// Deserialisierung
always @(posedge clk) begin
    if (reset) begin
        parallel_out <= 0;
        count <= 0;
    end else begin
        parallel_out <= {parallel_out[DATA_WIDTH-2:0], serial_in};
        if (count == SERDES_FACTOR-1) begin
            count <= 0;
        end else begin
            count <= count + 1;
        end
    end
end
endmodule
```

Listing 11.12 Vereinfachte SerDes-Implementierung in Verilog

Dieses SerDes-Modul hat zwei Parameter:

- `DATA_WIDTH`: die Breite des Parallel-Datenwortes (z. B. 8 Bit)
- `SERDES_FACTOR`: der Faktor für die Serialisierung/Deserialisierung (z. B. 8, dann 8:1)

Es implementiert zwei grundlegende Funktionen, nämlich die Serialisierung ...

- Das parallele Eingangsdatenwort `parallel_in` wird in ein Schieberegister `shift_reg` geladen.
- Das höchstwertige Bit des Schieberegisters wird als serieller Ausgangsstrom `serial_out` ausgegeben.
- Nach `SERDES_FACTOR` Taktzyklen ist die Serialisierung abgeschlossen.

... und die Deserialisierung:

- Der serielle Eingangsstrom `serial_in` wird bitweise in ein Register `parallel_out` geschoben.
- Nach `SERDES_FACTOR` Taktzyklen ist ein komplettes Datenwort empfangen.

Dieser Code ist stark vereinfacht und berücksichtigt nicht die zahlreichen Timing-, Synchronisations- und Codierungsaspekte, die für eine reale SerDes-Implementierung erforderlich sind. In der Praxis werden daher meist vorgefertigte IP-Cores des FPGA-Herstellers für SerDes-Funktionen verwendet.

11.10 Phase-Locked Loops (PLL)

PLLs (dt. *Phasenregelschleifen*) sind elektronische Schaltungen, die verwendet werden, um ein Ausgangssignal zu erzeugen, dessen Phase an die Phase eines Eingangssignals angepasst ist. In FPGAs werden PLLs hauptsächlich für folgende Zwecke eingesetzt:

- **Taktsynthese**: PLLs können verwendet werden, um einen Systemtakt zu erzeugen, der eine höhere oder niedrigere Frequenz als der Eingangstakt hat. Dies ist nützlich, um verschiedene Teile eines FPGA-Designs mit unterschiedlichen Taktfrequenzen zu versorgen.
- **Frequenzmultiplikation**: PLLs können die Frequenz eines Eingangssignals multiplizieren, um schnelle Taktfrequenzen für high-performance Anwendungen zu erzeugen.
- **Taktphasenjustierung**: Durch Anpassung der Phase eines Taktsignals können PLLs dazu beitragen, Timing-Probleme zu lösen, die durch Verzögerungen in der Signalübertragung innerhalb eines FPGAs entstehen.

Um in Verilog eine *Phase-Locked Loop* (PLL) zu implementieren, verwendet man normalerweise einen IP-Core des jeweiligen FPGA-Herstellers, da PLLs Hardware-abhängig und komplex in ihrer Funktionsweise sind. Sie implementieren folglich nicht die PLL an sich, sondern binden eine generierte PLL in ein Design ein.

```
// Hauptmodul, das die PLL integriert
module pll_example(
    input wire clk,         // Basistakt
    input wire reset,       // Reset-Signal
    output wire pll_out,    // PLL-Ausgangstakt
    output wire locked      // PLL-Lock-Status
);
// Instanziieren des generierten PLL-IP-Cores
your_pll_ip pll_inst (
    .refclk(clk),           // Referenztakt (Eingang)
    .rst(reset),            // Reset-Signal
    .outclk_0(pll_out),     // Generierter Ausgangstakt
    .locked(locked)         // Lock-Status-Signal
);
endmodule
```

Listing 11.13 Beispiel-Verilog-Code für die Verwendung eines PLL-IP-Cores

Mit zwei Hinweisen sollten Sie den Code gut verstehen können:

- `your_pll_ip` sollte durch den tatsächlichen Modulnamen ersetzt werden, der in der von Ihnen generierten PLL-Verilog-Datei definiert ist.
- Die Portnamen `refclk`, `rst`, `outclk_0` und `locked` müssen mit den in der IP-Core-Definition spezifizierten Bezeichnungen der Ports übereinstimmen.

Dieser Beispielcode demonstriert die Grundlage für das Einbinden einer PLL in ein FPGA-Design. Der genaue Code und die Parameter hängen von den spezifischen Anforderungen Ihres Projekts sowie von den Eigenschaften des verwendeten FPGAs und der Entwicklungsumgebung ab.

11.11 Delay-Locked Loops (DLL)

DLLs sind ähnlich wie PLLs, konzentrieren sich jedoch darauf, die Verzögerung eines Signals und nicht seine Phase zu steuern. Sie werden in FPGAs für folgende Aufgaben eingesetzt:

- **Taktverzögerung**: DLLs können verwendet werden, um die Taktleitungen innerhalb eines FPGAs zu synchronisieren, indem sie die Taktverzögerungen präzise steuern. Dies hilft, die Integrität des Taktsignals über verschiedene Komponenten des FPGAs hinweg aufrechtzuerhalten.
- **Reduzierung von Takt-Skew**: Der Begriff *Skew* bezieht sich auf die Zeitdifferenz, mit der ein Takt an verschiedenen Teilen eines Systems ankommt. Es geht also bei der Reduzierung von Takt-Skew um den Ausgleich von Taktverzögerungen innerhalb von FPGAs. DLLs helfen, diesen Skew zu minimieren, was für das korrekte Timing innerhalb des Systems kritisch ist.

Ähnlich wie bei PLLs werden auch bei der Verwendung von DLLs IP-Cores des jeweiligen FPGA-Herstellers eingesetzt. DLLs sind jedoch weniger verbreitet als PLLs, und nicht alle FPGA-Hersteller bieten DLL-IP-Cores an.

Im Beispielcode aus Listing 11.14 wird angenommen, dass ein DLL-IP-Core namens `your_dll_ip` generiert wurde und in Ihrem Verilog-Projekt verwendet wird. Auch die Portnamen `refclk`, `rst`, `outclk_0` und `locked` müssen wieder mit den in der IP-Core-Definition spezifizierten Namen übereinstimmen.

```
// Hauptmodul, das die DLL integriert
module dll_example(
    input wire clk,         // Basistakt
    input wire reset,       // Reset-Signal
    output wire dll_out,    // DLL-Ausgangstakt
    output wire locked      // DLL-Lock-Status
);
// Instanziieren des generierten DLL-IP-Cores
your_dll_ip dll_inst (
    .refclk(clk),           // Referenztakt (Eingang)
    .rst(reset),            // Reset-Signal
    .outclk_0(dll_out),     // Verzögerter Ausgangstakt
    .locked(locked)         // Lock-Status-Signal
);
endmodule
```

Listing 11.14 Beispiel zur Integration eines DLL-IP-Cores in Verilog

Dieses generische Beispiel zeigt grundlegend, wie eine DLL in ein FPGA-Design eingebunden werden kann. Wie auch bei der PLL hängen der genaue Code und die Parameter von den spezifischen Anforderungen Ihres Projekts sowie von den Eigenschaften des verwendeten FPGAs ab.

11.12 Multiplexer und Demultiplexer

Multiplexer (*MUX*) und Demultiplexer (*DEMUX*) sind Schlüsselkomponenten in der digitalen Logik und in Schaltkreisdesigns, die dazu dienen, Datenkanäle effizient zu steuern. Ein MUX wählt zwischen mehreren Eingängen einen aus, um ihn auf einen einzelnen Ausgang zu leiten, während ein DEMUX einen einzelnen Eingang auf mehrere Ausgänge verteilt.

Ein einfacher 4-zu-1-Multiplexer kann in Verilog so wie in Listing 11.15 implementiert werden:

```
module Multiplexer (
    input wire [1:0] select,  // Auswahlleitungen
    input wire [3:0] data_in, // 4 Eingangsdaten
    output wire data_out      // Ausgangsdaten
);
assign data_out = (select == 2'b00) ? data_in[0] :
                  (select == 2'b01) ? data_in[1] :
                  (select == 2'b10) ? data_in[2] :
                                      data_in[3];
endmodule
```

Listing 11.15 Implementierung eines Multiplexers

Einen einfachen 1-zu-4-Demultiplexer sehen Sie in Listing 11.16:

```
module Demultiplexer (
    input wire [1:0] select,    // Auswahlleitungen
    input wire data_in,         // Eingangsdaten
    output wire [3:0] data_out // 4 Ausgangsdaten
);
assign data_out = (select == 2'b00) ? 4'b0001 :
                  (select == 2'b01) ? 4'b0010 :
                  (select == 2'b10) ? 4'b0100 :
                                      4'b1000;
assign data_out = data_out & {4{data_in}}; // Multiplizieren jedes
                                           // Bits mit data_in
endmodule
```

Listing 11.16 Implementierung eines Demultiplexers

11.13 Das Shift-Register

Shift-Register sind vielseitige Bausteine in digitalen Schaltungen. Sie werden für Datenverzögerung, Datenkonvertierung und als Speicherelemente in einer Vielzahl von Anwendungen verwendet.

Ein einfaches Shift-Register zum Verzögern von Daten kann in Verilog so implementiert werden:

```
module ShiftRegister (
    input wire clk,
    input wire reset,
    input wire data_in,
    output reg [3:0] data_out // 4-Bit-Ausgang
);
always @(posedge clk or posedge reset) begin
    if (reset)
        data_out <= 4'b0000;
    else
        data_out <= {data_out[2:0], data_in};  // Verschieben und
                                               // Eingabe anfügen
end
endmodule
```

Listing 11.17 Daten verzögern

Ein Shift-Register kann auch verwendet werden, um serielle Daten in parallele Daten umzuwandeln und umgekehrt:

```
module SerialToParallel (
    input wire clk,
    input wire reset,
    input wire serial_in,
    output reg [7:0] parallel_out
);
always @(posedge clk or posedge reset) begin
    if (reset)
        parallel_out <= 8'b00000000;
    else
        parallel_out <= {parallel_out[6:0], serial_in}; // Schiebe Daten
                                                         // rechts ein
end
endmodule
```

Listing 11.18 Konvertierung zwischen seriellen und parallelen Daten

Ein LFSR (*Linear Feedback Shift Register*) ist ein Shift-Register, das für die Pseudo-Zufallszahlengenerierung verwendet wird:

```
module LFSR (
    input wire clk,
    input wire reset,
    output reg [7:0] lfsr_out
);
always @(posedge clk or posedge reset) begin
    if (reset)
        lfsr_out <= 8'b00000001; // Nicht alle Nullen setzen
    else
        lfsr_out <= {lfsr_out[6:0], lfsr_out[7] ^ lfsr_out[5]};
                                   // Feedback-Tap bei Position 8 und 6
end
endmodule
```

Listing 11.19 Beispiel für ein Linear Feedback Shift Register (LFSR)

Ein LFSR zur Zufallszahlengenerierung finden Sie in diesem Buch in Abschnitt 10.10, in dem ein PRNG mit der Ausgabe eines Bargraphen auf einem OLED-Display demonstriert wird.

11.14 RISC-V-Softcore-CPU

Sie haben bestimmt schon von den Softcore-CPUs gehört, die auf der RISC-V-Architektur basieren und in einem FPGA betrieben werden können. Die Implementierung einer solchen Softcore-CPU auf einem FPGA-Board mit genügend RAM und Speicherplatz für ein komplettes Linux-System könnte eine Plattform für einen vollständig lizenzfreien Rechner sein. Das wäre ein System, das sowohl aus der Hardware- als auch aus der Software-Perspektive als offenes System bezeichnet werden könnte.

Es gibt bereits einige lauffähige Beispiele, die von Smartphones bis hin zu leistungsfähigerer Hardware wie Laptops oder Desktop-Rechnern reichen. Beispiele dafür sind das ParaNut/RISC-V-Projekt (*https://ees.tha.de/paranut*) der Universität Augsburg oder das BeagleV-Fire-Board (*https://www.beagleboard.org/boards/beaglev-fire*), das eine hybride Plattform ist.

Für den Tang Nano bietet Sipeed unter *https://github.com/sipeed/TangNano-9K-example/tree/main/picotiny* das *picotiny*-Beispiel für einen *PicoRV32* mit HDMI-Ausgabe an. Diese platzoptimierte 32-Bit-RISC-V-Softcore-CPU lädt zum Experimentieren und Ausprobieren ein.

Abbildung 11.3 Die Softcore-CPU »PicoRV32« auf dem Tang Nano 9K

Dennoch stellt sich oft die Frage, warum man überhaupt eine CPU auf einem FPGA emulieren sollte, um auf ihm ein Betriebssystem auszuführen. Wäre das nicht nur eine weitere unnötige Abstraktionsebene?

Die Antwort liegt im *Dilemma-Dreieck* von Aufwand (den Kosten und Ressourcen), Entwicklungszeit und Komplexität, das Sie in Abbildung 11.4 sehen.

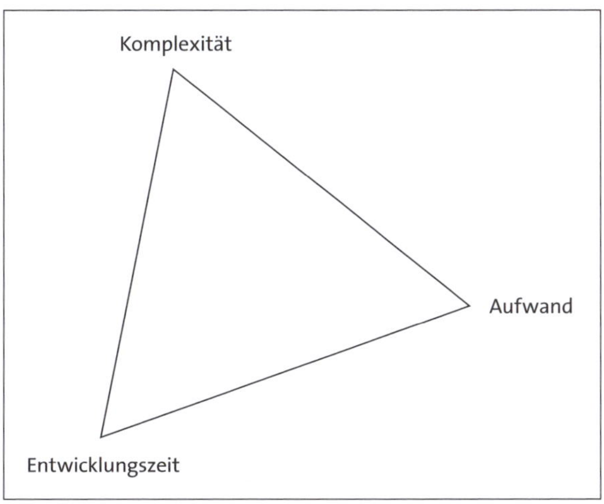

Abbildung 11.4 Das Dilemma-Dreieck jeder Entwicklungsarbeit

Solch ein Dilemma-Dreieck veranschaulicht, dass oft nur zwei von drei Optionen, Zielen oder Eigenschaften gleichzeitig erreicht werden können, während man das dritte meist opfern muss.

Die Erklärung dafür ist, dass viele alltägliche Aufgaben, die typischerweise durch Software gelöst werden, algorithmisch und zustandsabhängig sind. Wir sind es gewohnt, diese Aufgaben in Software zu implementieren, und deshalb gibt es für sie reichlich Bibliotheken und Lösungsbeispiele. Dinge wie Kommunikationsprotokolle (z. B. TCP/IP) oder Dateisysteme (z. B. FAT32) sind zwar anspruchsvoll und komplex, aber über die Jahre schon ausentwickelt und ausgereift genug, um schnell und möglicherweise auch fehlerfrei in Projekte integriert werden zu können. Eine reine Hardware-Implementierung solcher Funktionen auf einem FPGA ist möglich und wahrscheinlich auch leistungsfähiger, aber für die meisten Aufgaben nicht notwendig. Bei diesen Aufgaben kommt es auf die Leistung nicht an: Für einen FPGA ist eine Ethernet-Verbindung langsam und das Lesen oder Schreiben von Daten auf eine SD-Karte sowieso.

Andere Algorithmen können allerdings in Hardware implementiert werden und bieten enorme Leistungsvorteile gegenüber einer reinen Software-Lösung. Das gilt insbesondere bei der Signalverarbeitung oder Kryptografie: Diese Aufgaben können als reine FPGA-Implementierung viel schneller laufen als in Software.

Nun folgt der hybride Ansatz: Eine Softcore-CPU auf dem FPGA gibt Ihnen die Flexibilität zu wählen, welche Aufgaben in Software und welche in Hardware implementiert werden sollen. Im Gegensatz zu einer realen CPU/MCU – also einer *Hardcore-CPU*, deren Peripherie eine feste Funktion hat – kann die Softcore-CPU auf einem FPGA so angepasst werden, dass nur die Hardware und die Befehle implementiert werden, die Sie für eine bestimmte Implementierung wählen. Eine intelligent und effektiv implementierte Toolchain führt eine Übergabe von der Hardware-Seite des FPGAs zur Software-Seite der CPU durch und liefert Informationen über die angepasste Hardware-Implementierung an den C-Compiler. Das ermöglicht eine automatische Konfiguration der Treiber (des Linux-Kernels) zur Kompilierzeit, damit sie so genau der implementierten Hardware entsprechen. Das Ergebnis ist dann eine platzoptimierte – oder *slimline* genannte – Softcore-CPU. Das muss auch nicht unbedingt eine RISC-V-Architektur sein: Andere Varianten wie ARM sind auch möglich. Aber da RISC-V eine offene und frei verfügbare Architektur ist, hat sie sich zur Spielwiese für derartige Experimente entwickelt.

Nutzen Sie die GPIO-Schnittstelle

Für Maker bietet sich ein anderer, ähnlicher Ansatz an: die Nutzung eines FPGAs auf einem Rechner wie dem Raspberry Pi – also eine Lösung, wie wir sie hier im Buch mit unserem IceZero-Board auf dem Raspberry Pi nutzen. Wir verbinden das Beste beider Welten mithilfe der GPIO-Schnittstelle.

Aber auch andere Möglichkeiten existieren, beispielsweise das BeagleV-Fire-Board, das eine Hardcore-CPU neben einem FPGA auf der gleichen Platine beherbergt. Diese Variante ermöglicht auch die eben besprochene Trennung und bietet (viele) der Vorteile, die auch durch eine Softcore-CPU möglich sind. Und sie senkt die Komplexität – für die Maker-Werkstatt ein weiterer Vorteil.

Was sind die Vorteile dieses Ansatzes? Betrachten Sie erneut das Dilemma-Dreieck. Stellen Sie sich vor, Sie möchten einen hochleistungsfähigen Netzwerk-Switch bauen, um die beste Leistung hinsichtlich des höchsten erreichbaren Durchsatzes mit der niedrigsten möglichen Latenz zu erzielen. Dabei haben Sie die Wahl, ihn ausschließlich in FPGA-Logik oder ausschließlich als Software-Lösung zu implementieren.

Bei einer Implementierung in Software müsste die CPU warten, bis ein Ethernet-Frame von einer der Netzwerkkarten empfangen wird, dann einen Interrupt auslösen, danach einen Kontextwechsel durchführen, dann den Frame aus dem Puffer der Netzwerkkarte lesen, danach den Frame untersuchen, dann entscheiden, was damit geschehen soll, danach die Ziel-MAC-Adresse des Frames bearbeiten und dann eine DMA-Übertragung von der sendenden Netzwerkkarte einrichten. Das alles kostet Zeit und Unmengen an CPU-Zyklen.

Wenn man dies aber in der Logik eines FPGAs implementiert, dann kann alles komplett parallel erfolgen, mit minimaler CPU-Beteiligung. Bei der FPGA-Lösung kommen die Ethernet-Frames in dem FPGA an, dann gehen die Daten in eine Switching-Fabric, und die Ethernet-Frames kommen wieder heraus. Dies kann dann auch mit einer sehr geringen Latenzzeit geschehen.

Andererseits würde man nicht wollen, dass all die zusätzlichen Dinge, die auf solch einem Hochleistungs-Netzwerk-Switch laufen müssen, auch auf dem FPGA in dessen Logik entwickelt und implementiert (und getestet!) werden müssen: die Benutzeroberfläche, die Benutzerverwaltung, die Flags zur Konfiguration der Netzwerk-Ports, die Überwachung des Datenverkehrs und die Alarmierungsroutinen, falls irgendetwas ausfällt oder einen Fehler meldet. Dies alles wäre bei einem Projekt dieser Größe einfach unglaublich aufwendig und umfangreich und somit aus Zeit- und Kostengründen nicht realisierbar.

Die Lösung dieses Dilemmas sieht also vor, dass man eine Befehls- und Steuerungsebene (auch *Control Plane* genannt) in Software realisiert, die auf einem Softcore- (oder Hardcore-)Prozessor läuft und den Netzwerkdatenpfad (auch *Data Plane* genannt) in der FPGA-Hardware realisiert. Diese beiden Welten werden dann mit einer Registerschnittstelle verknüpft. Wir haben solch eine Architektur prinzipiell bei dem Web-Control-Server in Abschnitt 9.6 implementiert.

Eine Softcore-CPU eignet sich also ideal für Systeme, die eine Mischung aus Hardware-nahen, parallelisierbaren Aufgaben und komplexeren Steuerungs- und Verwaltungsaufgaben erfordern. In solchen heterogenen Anwendungsszenarien kann die Hardware-Ebene für latenz- und durchsatzintensive Operationen genutzt werden, z. B. für die Signalverarbeitung oder die Verteilung von Netzwerkpaketen. Gleichzeitig übernimmt die Software-Ebene auf der integrierten CPU die Steuerungslogik, Konfigurationsaufgaben und andere systemweite Verwaltungsaufgaben.

Wenn Sie sich für so etwas interessieren, dann probieren Sie die Beispiel-RISC-V-Implementation auf dem Tang Nano 9K ruhig mal aus. Um sich am Anfang mit der Thematik vertraut zu machen, ist dies ein guter Start.

11.15 Retrospektive: Gut, mal gehört zu haben ...

In diesem Kapitel haben wir eine Vielzahl fortgeschrittener Themen behandelt, die Ihnen einen Einblick in die komplexeren Aspekte der FPGA-Entwicklung und Verilog-Programmierung geben sollten. Mein Ziel war nicht, dass Sie jedes Detail sofort verstehen, sondern dass Sie eine Ahnung davon erhalten, welche speziellen Techniken und Lösungen es gibt und wo diese angewendet werden. Dies wird Ihnen helfen, sich bei Bedarf an die Themen zu erinnern, sie mit den richtigen Stichwörtern gezielt prompten zu können und sich mit der Chat-KI tiefer in die jeweiligen Spezialthemen einzuarbeiten.

XVIII – Datenfluss sichtbar machen

Sie haben nun viel über Interaktion, Datenflüsse, Puffer und Taktgeschwindigkeiten gelernt. Welche Gedanken und Ideen sind Ihnen beim Lesen dieses Abschnitts durch den Kopf gegangen? War etwas dabei, was für Ihr Traumprojekt nützlich wäre? Wenn Ihr Traumprojekt Daten verarbeitet: Wie sollen diese gespeichert werden? Sollen diese nur weitergeleitet oder auch verarbeitet werden? Sagen die Daten irgendetwas aus und soll das Ergebnis möglicherweise auf dem Display visualisiert werden? Wie genau soll die Anzeige aussehen? Fertigen Sie eine Skizze an!

Kapitel 12

Die Community und weiterführende Ressourcen

Für Maker gibt es viele Communitys, in denen sie sich austauschen können und so von den vielen spannenden Projekten in dem Bereich erfahren können.
Auch für FPGAs sind solche Gemeinschaften von großem Nutzen, denn »alleine ist gut, gemeinsam ist besser«. Besonders bei Open-Source- und Open-Hardware-Projekten bietet die Zusammenarbeit in der Community erhebliche Vorteile und fördert den gemeinsamen Fortschritt.

Abschließend möchte ich Sie dazu ermutigen, sich auszutauschen und Ihren Weg als FPGA-Designer bzw. -Designerin weiterzugehen und Ihr neu erworbenes Wissen zu vertiefen. Der Austausch mit anderen Entwicklern, das Mitwirken in Open-Source-Communitys und das Nutzen von Online-Ressourcen kann Ihnen wertvolle Einblicke bieten und Unterstützung geben. Versuchen Sie, Teil dieser Community zu werden, um von den Gedanken und dem Wissen anderer profitieren können.

12.1 Machen Sie bei Open-Source-Communitys für Maker mit

Eines der wertvollsten Dinge, die Sie tun können, ist, Ihre eigenen FPGA-Designs und Projekte mit anderen zu teilen. Eine *Maker Faire* bietet dafür eine hervorragende Plattform. Hier können Sie Ihre Arbeit präsentieren, Feedback erhalten, von den Projekten anderer lernen und Kontakte knüpfen. Wenn man sein FPGA-Design an einem Tisch präsentiert, kommt man sehr schnell mit anderen Enthusiasten ins Gespräch und kann sich vernetzen.

Sie können auch diesen Weg beschreiten: Finden Sie ein bestehendes Projekt, das Sie interessiert, und helfen Sie bei der Entwicklung mit. Dies kann durch Code, Dokumentation oder einfach durch das Testen und Melden von Fehlern geschehen. Plattformen wie *GitHub* und *GitLab* sind hierfür ideal.

Teilen Sie Ihre Arbeit: Veröffentlichen Sie Ihre eigenen Designs auf *GitHub*. Beschreiben Sie Ihr Projekt ausführlich, damit andere es verstehen und nutzen können. Nutzen Sie die »Featured Projects« von *Hackaday.com*, um Ihr Projekt zu präsentieren und das Interesse anderer Personen daran zu wecken:

https://hackaday.io/list/160277-featured-projects

Nutzen Sie Foren wie *Stack Overflow*, die FPGA-Gruppe auf Reddit und spezielle FPGA-Foren wie beispielsweise *FPGA Central* auf Facebook, um sich mit anderen FPGA-Enthusiasten zu vernetzen. Seien Sie immer offen für konstruktive Kritik: Feedback von erfahreneren Entwicklern kann Ihnen helfen, Ihre Fähigkeiten zu verbessern.

Weitere Lernmöglichkeiten sind Online-Tutorials: Online-Kurse und *MOOCs* (*Massive Open Online Courses*): Plattformen wie *Coursera*, *edX* und *Udemy* bieten viele Kurse zur FPGA-Entwicklung an. Kurse wie beispielsweise *FPGA Design for Embedded Systems* auf Coursera oder *Digital Design using FPGAs* auf Udemy bieten einen Einstiegspunkt für Ihre Recherche. Achten Sie bei den Kursen immer darauf, ob VHDL oder Verilog gelehrt wird und um welchen FPGA und welche Entwicklungssoftware sich der Kurs dreht.

Viele erfahrene Entwickler teilen ihr Wissen in Video-Tutorials auf YouTube. Empfehlenswerte Kanäle sind beispielsweise *Charles Clayton* oder auch die *FPGAcademy*, die grundlegende und fortgeschrittene Themen rund um FPGAs behandeln:

- *https://www.youtube.com/channel/UCBxpC6MHa1_IwXth1FHL1Rg*
- *https://fpgacademy.org/courses.html*

Das Forum von *Element14* (*https://community.element14.com*) beschäftigt sich auch ab und an mit FPGAs und hat viele Tipps für Maker.

Lesen Sie regelmäßig aktuelle Blogs und Artikel zu FPGAs. Empfehlenswerte Blogs sind *FPGA4Fun* (*https://www.fpga4fun.com/*), das einfache und verständliche Projekte mit FPGAs behandelt, oder *Hackster.io* (*https://www.hackster.io/*) mit seinen Community-basierten Projekten und Tutorials zu FPGAs, die Sie dort im Suchfeld mit dem Stichwort »FPGA« finden können. Auch auf *All About Circuits* (*https://www.allaboutcircuits.com/*) finden Sie Fachartikel und Anleitungen zu verschiedenen FPGA-Themen. Dann gibt es die klassischen Foren und Diskussionsgruppen: Plattformen wie *Stack Overflow*, *Reddit* (insbesondere die *r/FPGA*-Community) oder das *EEVBlog*-Forum sind ideal, um Fragen zu stellen und sich mit anderen Entwicklern auszutauschen:

- *https://stackoverflow.com/questions/tagged/fpga*
- *https://www.reddit.com/r/FPGA/*
- *https://www.eevblog.com/*

Die FPGA-Technologie entwickelt sich ständig weiter. Um am Ball zu bleiben, sollten Sie sich regelmäßig auf ein paar der genannten Websites herumtreiben. In Zukunft werden FPGAs immer mehr in der künstlichen Intelligenz benutzt werden. Ihre Fähigkeit, KI-Anwendungen zu beschleunigen, wird auf immer kleineren Geräten genutzt werden. Beispielsweise werden FPGAs vermehrt in IoT-Geräten zu finden sein, um deren Flexibilität und Leistungsfähigkeit zu erhöhen.

Versuchen Sie auch, an Hackathons oder anderen Wettbewerben mit Ihren FPGA-Designs teilzunehmen: Diese Events bieten eine hervorragende Gelegenheit, um sowohl Ihre Fähigkeiten unter Beweis zu stellen als auch von anderen zu lernen. Plattformen wie *Devpost* und *Hackathon.com* listen regelmäßig relevante Veranstaltungen auf:

- *https://devpost.com*
- *https://www.hackathon.com*
- *https://de.wikipedia.org/wiki/Hackathon*

Nutzen Sie auch Plattformen wie Mastodon, LinkedIn und Twitter, um sich mit Gleichgesinnten zu vernetzen und aktuelle Diskussionen zu verfolgen.

Die FPGA-Entwicklung bietet zahlreiche Möglichkeiten zur Innovation und kreativen Entfaltung. Bleiben Sie neugierig, engagiert und offen für Neues!

12.2 Retro-Messen: Entdecken Sie 8-Bit-Computer und Emulatoren

Ein weiteres spannendes Gebiet, das Sie erkunden können, sind Retro-Messen, auf denen alte 8-Bit-Computer und Emulatoren präsentiert werden. Diese Messen sind ideale Treffpunkte für (FPGA-)Enthusiasten, um sich auszutauschen, zu lernen und nostalgische Technologien zu erleben. Und von diesen Messen gibt es mehr, als man denkt:

- **Vintage Computer Festival Europe** (VCFe): Dieses Festival findet jährlich in München statt und zieht eine internationale Community von Retro-Computing-Fans an. Hier können Sie eine Vielzahl von alten Computern, Software und Emulatoren entdecken.
- **Classic Computing**: Organisiert von der Retro-Computer-Community *Verein zum Erhalt klassischer Computer e.V.*, findet diese Messe an wechselnden Orten in Deutschland statt. Sie bietet eine Plattform für Ausstellungen, Vorträge und Workshops rund um klassische Computer.

- **Retrobörse für klassische Videospiele**: Diese Börse findet regelmäßig in Städten wie Wien, Bochum und Mannheim statt und fokussiert sich auf alte Videospiele und Konsolen, einschließlich 8-Bit-Computer.
- **Hanseatic Retro Computing** (HaRC): Diese Messe, die in Hamburg stattfindet, ist ein beliebter Treffpunkt für Fans von Retro-Computern und alten Spielkonsolen. Sie bietet sowohl Ausstellungen als auch Tauschbörsen.
- **Swiss Digital Retro Festival**: Dieses Festival in Zürich bietet Einblicke in die digitale Vergangenheit mit einer breiten Palette von Ausstellungsstücken und Aktivitäten rund um Retro-Computing und alte Spielsysteme.

Der Besuch solcher Messen ermöglicht Ihnen nicht nur eine inspirierende Zeitreise in die Vergangenheit, sondern auch Kontakte zu anderen Retro-Computing-Enthusiasten. Tauchen Sie in die faszinierende Welt der 8-Bit-Technologie ein und lassen Sie sich von der Leidenschaft und dem Wissen der Community anstecken! Im nächsten Abschnitt stelle ich Ihnen den MEGA65 vor, der auf der *VCFe* ausgestellt wurde.

XIX – Nicht nur im stillen Kämmerchen werkeln

Wird Ihr Traumprojekt etwas sein, was andere Menschen sehen sollen? Möchten Sie es ausstellen und auf Messen zeigen können? Braucht es ein schönes Gehäuse? Soll die Anzeige farbig sein? Soll es Töne machen oder irgendwie mit dem Betrachter interagieren können? Brauchen Sie einen Servo, der ein Fähnchen schwenkt? Machen Sie sich ein paar Notizen dazu!

12.3 Der MEGA65

Der *MEGA65* ist die Renaissance des *Commodore 64* (C64) in der modernen Maker- und Künstlerkultur.

Der MEGA65 ist eine spannende Symbiose aus nostalgischer Computertechnik und zeitgenössischer Maker-Bewegung. Er entstand aus der Faszination für den Commodore 64, ein Kultobjekt der frühen Computergeschichte, und entwickelte sich seit 2014 zu einem beeindruckenden Projekt. Der MEGA65 ist eine moderne Hommage an den Commodore 64 und wurde von Paul Gardner-Stephen und Detlef Hastik ins Leben gerufen. Dieser 8-Bit-Computer, der 40-mal schneller als der C64 ist, kombiniert Retro-Ästhetik mit moderner Technologie, indem er die FPGA-Technologie nutzt. Er vereint die Vergangenheit mit der Zukunft: Der Computer ist sowohl mit dem C64 als auch mit dem C65 kompatibel, bietet aber auch Raum für zukünftige Entwicklungen.

Abbildung 12.1 Der MEGA65

12.3.1 Back to the Future!

Der MEGA65 ist also nicht nur ein cooles Retro-Gerät, sondern lässt sich mit seinem Video-Controller und internen Floppy-Laufwerk auch als »normaler« Computer nutzen. Er bietet zahlreiche neue Funktionen, wie den MEGA-OS Hypervisor, BASIC 65, erweiterten Speicher, sowohl digitalen als auch analogen Videoausgang, Unterstützung für zwei SD-Karten, Ethernet und vieles mehr. Mit seinem vollständig offenen Quellcode und seiner JTAG-Schnittstelle ist er besonders entwicklerfreundlich und hat eine große Community mit einem eigenen Forum und Discord-Server.

Abbildung 12.2 Das Innenleben des MEGA65 – Gut zu sehen ist der FPGA in der Mitte der Platine

Für Künstler und Kreative bietet der MEGA65 vielfältige Möglichkeiten. Dank seiner verbesserten Grafikleistung und erweiterten Schnittstellen können Sie sowohl klassische als auch moderne digitale Kunst und Spiele kreieren. Der MEGA65 ist ein Paradebeispiel dafür, wie die Leidenschaft und Kreativität einer Gemeinschaft zu einer technologischen Wiedergeburt führen können, die sowohl nostalgische Werte als auch zukunftsweisende Innovationen vereint.

Entwicklungshintergrund und Herausforderungen des Designs

Die Inspiration für den MEGA65 stammt aus der anhaltenden Begeisterung für den Commodore 64, die auch anhielt, nachdem die Firma Commodore vom Markt verschwand. Das Designziel war es, dort anzuknüpfen, wo Commodore aufgehört hatte. Dabei wurden sowohl der C64 als auch der nie vollendete und daher seltenere C65 berücksichtigt. Die Herausforderung bestand darin, die Retro-Ästhetik mit moderner Technologie zu vereinen.

Die Wahl fiel auf die Implementierung in einem Artix7-FPGA, wobei die ersten Prototypen das Nexus-Board nutzten. Ein Teammitglied nahm sogar das seltene C65-Gehäuse als Vorlage, um ein authentisches Design zu gewährleisten. Der MEGA65 wurde als eine Art Zwiebel konzipiert: Im Kern basiert der MEGA65 auf der C64-Architektur; er erweitert sie aber um Eigenschaften des C65 und integriert darüber hinaus zahlreiche neue Funktionen der Gegenwart.

Die aktive Demo- und Spieleszene treibt die Weiterentwicklung des MEGA65 voran. Durch das Feedback der Community entstehen fortlaufend Anregungen und Verbesserungen, denn sie ist begeistert von den umfangreichen kreativen Möglichkeiten, die sich ihr eröffnen. Die verbesserte Grafikleistung des MEGA65 und seine vielen Schnittstellen unterstützen eine breite Palette an alten und neuen Peripheriegeräten, was ihn besonders für Liebhaber der 8-Bit-Retro-Szene attraktiv macht.

Bisher wurden 900 Einheiten verkauft, ebenso viele sind vorbestellt. Dies unterstreicht die Größe und Leidenschaft des Projekts, obwohl der MEGA65 als eine Art Boutique-Hardware-Entwicklung gilt.

Die Rolle der FPGA-Technologie

Dass der MEGA65 so zukunftsfähig und flexibel ist, liegt an der verwendeten FPGA-Technologie. Im Gegensatz zu traditionellen Chips, die für die Anbindung moderner Peripheriegeräte eine zusätzliche *Glue Logic* benötigen, sorgt der FPGA für eine direkte Integration. Dies führt zu einem überraschend simplen Motherboard-Design, bei dem der FPGA im Mittelpunkt steht. Der MEGA65 unterscheidet sich vom originalen C64 dadurch vor allem in seiner Leistungsfähigkeit und Flexibilität. Die

Entwickler waren motiviert, scheinbar Unmögliches möglich zu machen – ein Ethos, das tief in der Demo-Szene verwurzelt ist. Mit dem Einsatz von FPGA-Technologie übertrifft der MEGA65 andere Neuinterpretationen des C64, die traditionelle CPUs und ICs verwenden.

Zukunftspläne

Die Zukunft des MEGA65 ist eng mit dem Erbe von Commodore verknüpft. Das Ziel ist es, den MEGA65 als den legitimen Nachfolger des C64 zu etablieren. Auch andere 8-Bit-Computer sollen wiederbelebt und durch den FPGA des MEGA65 emuliert werden. Dies wird nicht nur die Retro-Computing-Szene bereichern, sondern auch neue Möglichkeiten in der digitalen Kunst und Kreativität erschließen.

Ich bin vom MEGA65 begeistert, weil er ein bemerkenswertes Beispiel dafür ist, wie die Leidenschaft und Kreativität einer Gemeinschaft zu einer technologischen Wiedergeburt führt: Nostalgie vereint mit Innovation!

XX – Teil der Community werden

Der MEGA65 ist ein großes Projekt, dessen Umsetzung die Energie und Hingabe einer ganzen Menge von Leuten erfordert hat. Er erfüllt einige grundsätzliche Anforderungen der mit ihm verbundenen Gemeinschaft, beispielsweise die Kompatibilität mit dem Original, aber auch die Möglichkeit, neue Features zu nutzen, die nur durch den FPGA möglich wurden.

Wie sieht das bei Ihrem Traumprojekt aus? Haben Sie Lust darauf, etwas Größeres daraus zu machen, oder soll es nur Ihr privates Projekt bleiben? Soll es öffentlich zu sehen sein, ausgestellt werden? Haben Sie Lust, später einmal ein Community-Projekt daraus zu machen? Oder soll es nur auf einer Maker Faire vorgestellt werden? Was erträumen Sie sich?

12.3.2 Artix 7 200T vs. Tang Nano 9K

Wahrscheinlich fragen Sie sich, wie der FPGA des MEGA65 im Vergleich zu den beiden FPGAs einzuordnen ist, die wir in den Projektes dieses Buchs verwendet haben. Wir haben im Buch einige Beispielanwendungen realisiert, um ein grundsätzliches Verständnis von den Möglichkeiten eines FPGAs zu bekommen, die *absoLUTe (hö, hö, hö, Wortwitz!)* Leistungsfähigkeit der FPGAs lässt sich aber nicht einfach vergleichen. Der strukturelle Aufbau von FPGAs ist von Hersteller zu Hersteller meistens sehr verschieden; das macht die Sache nicht einfacher.

Vergleichen wir die technischen Spezifikationen der beiden FPGAs aus ihren Datenblättern, erhalten wir die Angaben aus Tabelle 12.1.

Spezifikation	Artix 7 200T	Tang Nano 9K
LUTs	Nicht angegeben	8.640 (LUT4)
CLBs	6.570	Nicht anwendbar
PLBs	13.140	Nicht anwendbar
Slices	26.280	Nicht anwendbar
Einsatzzweck	Hochleistungs-FPGA mit fortschrittlichen Funktionen für komplexe Anwendungen	Einfacherer FPGA, hauptsächlich für Bildung und einfache Anwendungen

Tabelle 12.1 Auszug aus den Datenblättern

Vergleicht man die LUTs der beiden FPGAs, fällt auf, dass die LUTs des Artix sechs Eingänge haben und die des Tang Nano vier Eingänge. Der Tang Nano 9K hat dabei 8640 LUT4-Logik-Einheiten, die für verschiedene komplexe Logikschaltungen verwendet werden können. Der Artix 7 200T hat 13.140 PLBs, die eine Kombination aus LUT6-Einheiten, Flip-Flops und Multiplexern sind. Die PLBs sind im Artix 7 die grundlegenden Bausteine, die verschiedene logische Funktionen ausführen können. Diese sind wiederum in 26.280 Slices und 6.570 CLBs organisiert.

Abbildung 12.3 Der Artix 7 der Firma XILINX (Quelle: https://upload.wikimedia.org/wikipedia/commons/a/af/Xilinx_XC7A35T.jpg)

Die genaue Umrechnung der LUT4-Logik-Einheiten des Tang Nano 9K in Slices und CLBs, wie sie im Artix 7 definiert sind, ist nicht möglich, da die Architekturen der beiden FPGAs grundlegend verschieden sind: Die Slices und CLBs im Artix 7 haben eine spezifische Struktur und Zusammensetzung, die sich nicht direkt auf die LUT4-basierte Architektur des Tang Nano 9K übertragen lässt.

Grundlegende Begriffe und Komponenten des Artix-7

Beim Artix 7 werden einige Begriffe verwendet, die wir zum Teil noch nicht behandelt haben, andere kennen Sie aber schon aus Abschnitt 2.1.6, als wir die Grundkomponenten eines FPGAs besprochen haben. Schlagen Sie ggfs. dort nach, falls Ihnen Begriffe unbekannt vorkommen:

- **Slice**: Ein Slice ist eine Gruppierung von programmierbaren Logikblöcken (PLBs) in einem FPGA. Man kann es sich wie einen kleinen, anpassbaren Bereich innerhalb des Chips vorstellen, der für die Durchführung spezifischer Logikoperationen genutzt wird. Im Artix 7 beispielsweise besteht ein Slice aus mehreren PLBs.
- **Configurable Logic Blocks (CLBs)**: CLBs sind die primären Logikelemente in einem FPGA. Ein CLB besteht aus mehreren Slices und ist der Hauptbaustein für die Implementierung von Logikschaltungen. Sie sind flexibel und können für eine Vielzahl von Funktionen konfiguriert werden.
- **Programmable Logic Blocks (PLBs)**: PLBs sind die grundlegenden Bausteine innerhalb eines FPGA-Slices. Sie können als eine Unterkategorie oder Variante von CLBs angesehen werden, je nach FPGA-Architektur und Hersteller. Sie enthalten Look-up Tables (LUTs), Flip-Flops und Multiplexer, die für die Realisierung verschiedener logischer Funktionen konfiguriert werden können.
- **Control Plane (CP)**: Die Control Plane in einem FPGA ist verantwortlich für die Steuerung und Koordination der verschiedenen Funktionen und Operationen des Chips. Sie agiert wie ein Manager, der sicherstellt, dass alle Teile des FPGAs effizient und korrekt funktionieren.
- **Lookup Table (LUT)**: Eine LUT ist eine fundamentale Komponente in PLBs. Sie dient als einfache Speichertabelle, um Logikoperationen wie AND, OR, XOR usw. auszuführen. LUTs sind ein Schlüsselbestandteil der Flexibilität von FPGAs, da sie es ermöglichen, komplexe Logikfunktionen durch einfaches Neukonfigurieren der Tabelleninhalte umzusetzen.

Das Bürogebäude

Wie dies alles zusammenspielt, lässt sich am einfachsten mit einem Vergleich erklären. Stellen wir uns vor, ein FPGA sei ein Bürogebäude:

- Ein Slice in einem FPGA könnte man mit einem einzelnen Büro in einem großen Bürogebäude vergleichen, in dem spezifische Aufgaben ausgeführt werden.
- Die CLBs wären dann ganze Stockwerke dieses Gebäudes, die mehrere Büros (Slices) enthalten.
- Die PLBs sind wie die Schreibtische und Arbeitsmittel in jedem Büro, die für verschiedene Aufgaben genutzt werden können.
- Die Control Plane wäre das Management des Gebäudes, das den reibungslosen Ablauf aller Aktivitäten im Gebäude koordiniert.

- Die LUTs sind wie die Notizbücher auf den Schreibtischen, in denen spezifische Anweisungen für Aufgaben notiert sind.

Diesen Vergleich können wir noch etwas verfeinern, um die Unterschiede und Beziehungen zwischen CLBs, PLBs und Slices in einem FPGA deutlicher zu machen:

- Denken Sie sich die PLBs als die individuellen Arbeitsstationen in einem Büro. Jede Arbeitsstation hat ihre eigenen Werkzeuge und Materialien (wie LUTs, Flip-Flops und Multiplexer), die für spezifische Aufgaben genutzt werden können. Diese Arbeitsstationen sind die kleinsten, individuell konfigurierbaren Einheiten im Bürogebäude.
- Ein Slice können wir uns als ein kleines Team innerhalb einer Abteilung vorstellen. Jedes Team (Slice) besteht aus mehreren Arbeitsstationen (PLBs). Die Teams arbeiten zusammen, um komplexe Aufgaben zu erledigen, wobei jede Arbeitsstation ihre spezielle Funktion hat. Ein Slice ist also eine Gruppierung von PLBs, die gemeinsam eine komplexere Logikoperation ausführen.
- Ein CLB wäre bei diesem Vergleich eine gesamte Abteilung oder ein Stockwerk im Bürogebäude. Eine Abteilung (CLB) besteht aus mehreren Teams (Slices), die unterschiedliche Aufgaben erfüllen, aber zusammenarbeiten, um die Ziele der Abteilung zu erreichen. Die Abteilung ist größer und komplexer als die einzelnen Teams und integriert mehr Fachbereiche.

In diesem Bürogebäude sind die PLBs Arbeitsplätze, die Slices sind Teams und die CLBs sind Abteilungen. In einem FPGA sind diese Elemente flexibel konfigurierbar, was bedeutet, dass die Art und Weise, wie die PLBs, Slices und CLBs organisiert und genutzt werden, je nach Bedarf vom Entwickler für die spezifischen Anforderungen und Aufgaben variiert werden kann – mithilfe der Hardware-Beschreibungssprache.

Die anderen Blöcke eines FPGAs, wie I/O-Bänke, DSPs usw., sind dann Nebengebäude und Kellergeschosse eines solchen Bürogebäudes.

Und wie sieht das Bürogebäude eines Tang Nano 9K aus?

Wenn wir den Aufbau eines Tang Nano 9K mit dem Aufbau eines Artix 7 vergleichen, lassen sich Ähnlichkeiten nur bei den LUTs entdecken. Das Bürogebäude des Tang Nano 9K ist im Vergleich zu dem Bürogebäude des Artix 7 eine flache, offene Lagerhalle, in der Tausende von Arbeitsstationen nebeneinanderstehen.

Wie Sie schon wissen, wird beim Tang Nano 9K der Begriff *LUT4-Logik-Einheiten* verwendet. Dieser Begriff unterscheidet sich von den Begriffen, die beim Artix 7 verwendet werden: PLB, CLB und Slice. Eine LUT4-Logik-Einheit entspricht am ehesten den *Programmable Logic Blocks* (PLBs) im Artix 7.

Wenn wir uns LUT4-Logik-Einheiten als individuelle Arbeitsstationen in einem Büro vorstellen, dann wäre jede Arbeitsstation mit einem speziellen Set an Werkzeugen ausgestattet (Lookup Table mit 4 Eingängen, Flip-Flop, Multiplexer), um grundlegende Aufgaben auszuführen. Diese Arbeitsstationen sind flexibel und können je nach Bedarf für verschiedene logische Operationen konfiguriert werden.

Slices und CLBs gibt es im Tang Nano 9K nicht. All diese 8640 Arbeitsstationen stehen nebeneinander. Durch die Hardware-Beschreibungssprache können diese Arbeitsstationen jedoch in Gruppen organisiert zusammenarbeiten, um ihre Aufgabe zu erfüllen.

Der Tang Nano 9K ist in seinem internen Aufbau weniger formal definiert als der Artix 7. Die Unterschiede im Aufbau spiegeln verschiedene Design-Philosophien und Zielanwendungen wider. Der komplexere Aufbau des Artix 7 bietet verschiedene Vorteile, die in bestimmten Anwendungsfällen entscheidend sein können, da er eine höhere Flexibilität und Skalierbarkeit bietet. So können komplexere und vielfältigere Logikfunktionen konfiguriert werden, was sie für Projekte mit fortgeschrittener Signalverarbeitung, für anspruchsvolle Steuerungssysteme oder für komplexe Kommunikationssysteme geeignet macht. Durch die bessere Ressourcennutzung, die durch Slices und CLBs ermöglicht wird, kann mehr Logik in einem kleineren Raum untergebracht werden, was zu einer höheren Dichte an Logikfunktionen im FPGA führt. Und letztendlich ist eine optimierte Anordnung von Logikblöcken für spezifische Aufgaben möglich. Zum Beispiel können Datenpfade und Steuerlogik getrennt und einzeln optimiert werden, was in komplexen Systemen wichtig ist.

Auf der anderen Seite ist der Tang Nano 9K aufgrund seines einfacheren Aufbaus möglicherweise besser für Anwendungen geeignet, bei denen Kosten, Größe oder Einfachheit wichtiger sind als eine auf die Spitze getriebene Flexibilität und Leistung. Die Beispiele hier im Buch zeigen ja, wie gut geeignet solch ein FPGA für einfache bis mittlere Anwendungen und Hobby-Elektronik-Projekte ist, bei denen die erweiterten Funktionen und die höhere Komplexität eines *großen* FPGAs nicht erforderlich sind. Zusätzlich sind der Tang Nano 9K und der 20K aufgrund ihrer Architektur und Leistungsfähigkeit auch hervorragend für die Emulation von 8-Bit-Retro-Computern geeignet. Es gibt zahlreiche Projekte, die zeigen, wie dieser FPGA für solche Emulationen eingesetzt werden kann.

Für Retro-Computing und ähnliche Anwendungen ist also nicht zwingend ein leistungsstärkerer und komplexerer FPGA wie der Artix 7 nötig. Der Tang Nano kann eine kosteneffiziente und zugängliche Plattform für Enthusiasten sein, die erst in die Welt der Retro-Computer und FPGA-basierten Emulationen eintauchen möchten. Die vielseitigen Möglichkeiten des Tang Nano, die durch seinen SD-Karten-

Steckplatz und seine HDMI-Schnittstelle gegeben sind, machen ihn zu einer idealen Wahl für kleinere Retro-Computer-Projekte.

Die Wahl zwischen diesen beiden FPGAs hängt also stark von den spezifischen Anforderungen und Zielen des Projekts ab. Aber: Der Artix 7 kostet etwa das Zehnfache des Tang Nano. Alles hat einen Preis. Überlegen Sie also, welches Preis-Leistungs-Verhältnis Ihnen wichtig ist.

12.4 Im Gespräch mit einem FPGA-Entwickler

Bei der Recherche zu diesem Buch bin ich mit einem erfahrenen FPGA-Entwickler in Kontakt gekommen, der seit etwa 2010 in der Branche tätig ist. Ich habe das Zoom-Interview aus dem Englischen übersetzt und etwas gestrafft. Peter H. gibt uns ein paar Einblicke in seine Arbeit mit FPGAs und erklärt, warum diese Technologie so unersetzlich ist:

- **Frage:** Peter, vielen Dank, lass uns direkt einsteigen: Warum sind FPGAs schwieriger zu verwenden als Mikrocontroller, und was macht ihre Verwendung trotzdem so attraktiv?
- **Antwort:** Gerne! Nun, FPGAs sind definitiv anspruchsvoller in der Handhabung. Sie erfordern fundierte Kenntnisse in paralleler Verarbeitung und Hardware-Design; ein Hintergrund als EE (engl. *Electronics Engineer*) ist vorteilhaft. Wenn du wirklich anspruchsvolle Anwendungen entwickeln willst, kommst du an FPGAs einfach nicht vorbei. Ihre Flexibilität und Leistungsfähigkeit sind unübertroffen. Die Möglichkeit, Daten parallel zu verarbeiten und dabei hohe Datenraten über eine einzige Leitung zu übertragen, ist für viele Highend-Anwendungen essenziell.
- **Frage:** Welche spezifischen Eigenschaften ermöglichen es FPGAs, solche anspruchsvollen Aufgaben zu bewältigen?
- **Peter:** FPGAs bieten Features, die in Mikrocontrollern undenkbar wären. Zum Beispiel können sie mit mehreren Taktbereichen arbeiten, was bedeutet, dass unterschiedliche Teile des Chips mit verschiedenen Frequenzen betrieben werden können. Sie haben interne PLLs (*Phase-Locked Loops*) und DLLs (*Delay-Locked Loops*), die es ihnen erlauben, als vielseitige Taktquellen zu fungieren. Du kannst mit einem einzigen FPGA problemlos 50 verschiedene Takt-Ausgänge erstellen – das ist beeindruckend. Taktausgänge mit 500 MHz sind kein Problem, und PLLs sind extrem einfach zu verwenden: Es dauert nur ein paar Minuten, bis man so etwas betriebsbereit auf einem Entwickler-Board programmiert hat. Auf der anderen Seite können FPGAs auch riesige Zeitfresser sein, für Dinge, die auf einem Mikrocontroller recht schnell gehen.

- **Frage:** Wie sieht es mit der Verarbeitungskapazität aus? Was können FPGAs in Bezug auf parallele Verarbeitung leisten?
- **Peter:** Ich denke, das ist der spannendste Teil an FPGAs. FPGAs sind Meister der parallelen Verarbeitung. Sie können beispielsweise jeden Pixel eines Bildes gleichzeitig bearbeiten, was für Echtzeit-Bildverarbeitung oder sogar für komplexe Analyseverfahren wie Bewegungserkennung und Matrixoperationen entscheidend ist. Es ist, als hättest du Hunderte oder sogar Tausende von Prozessoren, die gleichzeitig arbeiten.
- **Frage:** Wie lange arbeitest du schon mit FPGAs, und wann hast du dich wirklich sicher im Umgang mit diesen Bausteinen gefühlt?
- **Peter:** Ich arbeite seit etwa 15 Jahren mit FPGAs. Ehrlich gesagt, erst nach fünf Jahren hatte ich das Gefühl, wirklich zu verstehen, was ich mache. FPGAs erfordern Geduld und viel Experimentieren, aber die Möglichkeiten sind einfach unglaublich.
- **Frage:** Können wir noch auf die praktische Anwendung eingehen? Welche konkreten Beispiele gibt es, wo FPGAs ihre Stärken ausspielen?
- **Peter:** Natürlich, lass mich einige spezielle Anwendungen nennen. FPGAs werden oft als Brücke zwischen unterschiedlichen Bustypen eingesetzt, um eine Echtzeitkommunikation zu ermöglichen. Sie sind auch unverzichtbar in Bereichen wie Netzwerkverkehrsanalyse und für Anwendungen, die extrem schnelle Datenübertragungen benötigen. Ein FPGA kann beispielsweise als Transceiver fungieren und Datenraten von bis zu etlichen Gigabit pro Sekunde pro Pin erreichen. Das ist für einen Highspeed-Datenaustausch unerlässlich.
- **Frage:** Kannst du das mit den Bustypen etwas genauer erklären?
- **Peter:** Absolut, das ist eine der Stärken von FPGAs. Sie sind exzellente »Brücken«-Chips, weil sie Echtzeitkommunikation zwischen komplett verschiedenen Bustypen ermöglichen. Ein FPGA kann nicht nur den Datenfluss zwischen diesen Bussen puffern, sondern auch deren Struktur so umgestalten, dass eine reibungslose Kommunikation möglich ist. Das ist besonders nützlich, wenn du ungewöhnliche Datenbusse in einem System integrieren musst. In den meisten Fällen benötigst du nur ein paar Pegelwandler-Chips, falls die Busspannungen nicht direkt mit deinem FPGA kompatibel sind.
- **Frage:** Das klingt sehr mächtig. Du hast auch die Transceiver-Fähigkeiten von FPGAs erwähnt. Kannst du das näher ausführen?
- **Peter:** Ja, das ist wirklich eine faszinierende Facette. FPGA-Transceiver sind im Grunde genommen Parallel-zu-seriell-Konverter, die fest in die Chips integriert sind. Sie ermöglichen es, extrem hohe Datenraten zu erreichen – wir sprechen hier von etwa 600 Mbit/s bis zu über 20 Gbit/s pro Pin. Und das Schöne ist, dass

sie vollständig konfigurierbar sind. Du kannst sie sogar für Anwendungen mit niedrigeren Datenraten anpassen, indem du einfach die Konfiguration etwas anpasst. Selbst preiswertere FPGAs können heutzutage einen Datendurchsatz von mehr als 10 Gbit/s pro Chip bieten, was für viele Highspeed-Anwendungen nutzbar ist.

- **Frage:** Wie sollten Anfänger mit FPGAs beginnen, und welche Ratschläge würdest du ihnen geben?
- **Peter:** Mein Rat an Anfänger wäre, klein anzufangen, sich Zeit zu geben und sich nicht entmutigen zu lassen. Den iCE40HX, den du im Buch verwendest, kenne ich auch: Das ist ein guter FPGA für den Anfang. Die FPGA-Entwicklung kann ziemlich herausfordernd sein, vor allem weil die Entwicklungssoftware der Hersteller oft komplex, schwer zu erlernen und auch gerne buggy ist. Jeder Schritt kann anfangs überwältigend wirken, ständig funktioniert was nicht, aber das legt sich mit der Zeit. Deinen Ansatz im Buch, eine Open-Source-Toolchain zu verwenden, finde ich besonders spannend. Das eröffnet vielen Neulingen einen Weg, ohne sich in proprietären Systemen zu verlieren. Es ist eine großartige Idee, die Zugänglichkeit und das Verstehen dieser Technologie zu verbessern. Ich ermutige wirklich jeden, diesen Weg zu erkunden.

Ich danke Peter H. für seine Zeit und den einen oder anderen Tipp, den er mir gegeben hat.

Kapitel 13

Ihr Traumprojekt: Legen Sie los!

Nutzen Sie Ihr neues Wissen, um Ihre eigenen Traumprojekte zu verwirklichen. Lassen Sie sich von Thomas Edison inspirieren: »Genie ist ein Prozent Inspiration und neunundneunzig Prozent harte Arbeit.«

Herzlichen Glückwunsch! Sie haben alle Traumprojekt-Kästen durchgearbeitet und sind nun bestens vorbereitet, um Ihr eigenes FPGA-Traumprojekt zu starten. Mit den Ideen, die Sie gesammelt, und den Konzepten, die Sie ausgearbeitet haben, sind Sie bereit für die nächste Phase: die praktische Umsetzung. 13

Beginnen Sie zuerst mit einem kleinen, realisierbaren Teil Ihres Projekts. Wählen Sie einen Aspekt, der Ihnen besonders wichtig erscheint, und setzen Sie diesen zuerst um. Das könnte beispielsweise die Grundfunktionalität oder die Implementierung einer zentralen Schnittstelle sein. Nutzen Sie die Entwicklungsumgebungen und Tools, die Sie zuvor notiert haben. Legen Sie vor allem Wert darauf, eine Entwicklungsumgebung zu finden, mit der Sie sich wohlfühlen und in der Sie sich gut zurechtfinden. Bei einem Hobby-Projekt kommt es durchaus mal zu Ruhepausen, die auch Wochen oder Monate dauern können. Finden Sie immer Punkte, an denen Sie nach einer Auszeit wieder gut ansetzen können.

Arbeiten Sie vor allem iterativ. Setzen Sie sich kleine, überschaubare Ziele und testen Sie regelmäßig Ihre Fortschritte. Lernen Sie aus Fehlern und passen Sie Ihr Design entsprechend an. FPGA-Entwicklung ist oft ein Prozess des Ausprobierens und Verfeinerns. Immer und immer wieder. Sie werden auch an Stellen kommen, an denen mal tagelang die Implementation einer Schnittstelle nicht funktioniert. Das ist normal – lassen Sie sich nicht frustrieren. Erinnern Sie sich an die I^2C-Schnittstelle im Buch und daran, wie wir diese immer weiter heruntergebrochen haben, bis sie umgesetzt werden konnte? Gehen Sie bei Stolpersteinen im Design so vor! Machen Sie die Steine so klein, dass Sie drübersteigen können. Versuchen Sie auch, Ihre Arbeit an Ihrem Traumprojekt durch die Nutzung einer KI einfacher zu machen: Lassen Sie sich helfen!

Vergessen Sie nicht, Ihre Fortschritte nach jedem Schritt zu dokumentieren. Eine gute Dokumentation hilft Ihnen nicht nur, den Überblick zu behalten, sondern ermöglicht es auch, Probleme zu durchdenken und an dem richtigen Punkt wieder anknüpfen zu können. Oft begreift man ein Problem erst richtig, wenn man es jemand anderem zu erklären versucht. Und häufig sind es Annahmen, von denen man denkt, dass sie in dem Fall gegeben wären, die einen in die Irre leiten.

Wenn Ihr Projekt fortgeschritten genug ist, überlegen Sie, wie Sie es präsentieren möchten. Eine gut vorbereitete Präsentation kann auf Messen, in Foren oder bei Wettbewerben für Aufmerksamkeit sorgen. Eine gute Dokumentation ist dabei gerne das i-Tüpfelchen, das Ihr Projekt für andere attraktiv macht.

Ihr Traumprojekt muss auch nicht enden, wenn Sie die erste Version fertiggestellt haben. Überlegen Sie, wie Sie es weiterentwickeln können: Möchten Sie vielleicht neue Funktionen hinzufügen oder die Leistung optimieren? Gibt es vielleicht inzwischen eine neue Technologie, die Sie einsetzen möchten oder können?

Sie könnten beispielsweise mal diesen alten, langweiligen Mikrocontroller aus Ihrem Roboter rauswerfen und stattdessen einen FPGA einsetzen. Oder noch besser: Bauen Sie eine neue Version des Roboters mit FPGA und lassen Sie den alten und den neuen Roboter in einer Arena gegeneinander antreten. Haben Sie schon mal die *RoboGames* gesehen, die »*Olympics of Robots*«? Mein Traum ist immer noch die Teilnahme am *Micromouse*-Wettbewerb, »*The Fastest Maze-Solving Competition On Earth*«.

Vernetzen Sie sich mit anderen Makern und tauschen Sie Erfahrungen aus. Gemeinsam können Sie mehr erreichen!

Und vielleicht lernen wir uns ja mal auf der einen oder anderen Veranstaltung oder Messe kennen. Ich freue mich drauf!

Viel Erfolg und Spaß bei der Umsetzung Ihres Traumprojekts!

Danke und bis bald!

Ich hoffe, Ihnen hat dieses Buch gefallen. Mein Ziel war es, Sie auf dem schwierigsten Teil Ihrer Reise zu begleiten – beim Übergang von *»Ich habe keine Ahnung, was FPGAs sind«* zu einem Punkt, an dem Sie mit Ihrem FPGA nicht nur Blinksignale senden, sondern auch Anzeigen steuern, Daten verarbeiten, Protokolle implementieren und Ihre ersten eigenen Designs entwickeln können.

Sie haben sich nun ein breites Wissen zu FPGAs angeeignet, und dieses deckt neben den FPGAs auch das Umfeld ab, das für die Arbeit mit ihnen erforderlich ist. Die Toolchain sowie die Organisation und der Ablauf eines FPGA-Projekts sind Ihnen nun bestens vertraut. Sie haben Simulationen und Testbenches kennengelernt und Sie haben angefangen, eine neue Programmiersprache, nämlich Verilog, durch KI-gestützte Methoden zu lernen. Ihre Fortschritte sind beachtlich – eine wahre Leistung! Es war mir wichtig, Ihnen nicht nur theoretisches Wissen zu vermitteln, sondern Sie ganz pragmatisch und praxisnah an das Thema FPGA-Design heranzuführen, damit Sie schnell greifbare Ergebnisse erzielen können. Getreu dem Maker-Motto: »Einfach machen!«

Ich wünsche Ihnen weiterhin viel Erfolg und Freude auf Ihrer Entdeckungsreise. Und egal, ob diese nun zu kunstvollen LED-Skulpturen, generativer Kunst, neuen Schnittstellenimplementationen, exotischen Softcore-CPUs oder zu Emulatoren für längst vergessene Spielekonsolen und Computer führt – es gibt noch viel zu lernen. Sie wissen nun aber, wie Sie die KI auf Ihrer Reise nutzen können, um sich weiteres FPGA-Wissen zu erschließen. Außerdem haben Sie eine funktionierende Entwicklungsumgebung, die anpassbar ist und Ihnen gute Dienste leisten wird. Ich bin überzeugt, dass Sie für die kommenden Herausforderungen bei Ihren eigenen FPGA-Designs nun bestens gerüstet sind.

Bis zum nächsten Mal!

Jörg Rippel

Danksagungen

Wenn man ein Buch dieser Art schreibt, steht man auf den Schultern von Riesen: Ohne die bedeutende Arbeit vieler Menschen, ob bekannt oder unbekannt, wäre dieses Buch nicht realisierbar gewesen.

Ein herzlicher Dank geht an all die anonymen Helden: Die Open-Source-Entwickler, deren Tools in diesem Buch verwendet wurden, und die Open-Hardware-Entwickler, die beeindruckende Boards wie den IceZero oder den Raspberry Pi entwickelt haben.

Mein Dank gilt auch jenen, die ich persönlich kenne: dem Team von Trenz-Elektronik, das das IceZero-Board anbietet. Ein besonderer Dank geht an Gabriel Manricks von LushayLabs.com, der mir seinen ausgezeichneten Verilog-Code für den Tang Nano zur Verfügung gestellt hat – besser hätte ich es nicht machen können. Gabriel ist ein wahrer Meister seines Fachs: Besuchen Sie unbedingt seine Website!

Nicht zu vergessen sind die unerschütterlichen Säulen in meinem Umfeld: Mein Lektor Christoph Meister und seine Kolleginnen und Kollegen. Ohne deren kluges Zutun wäre dieses Buch wahrscheinlich nur halb so gut.

Dann ist Dr. Claus Kühnel zu nennen, der unermüdliche Fehlersucher, der jeden Codeblock auf Herz und Nieren geprüft hat. Dank Claus ist jedes geschubbste Bit so fehlerfrei, wie man es sich nur wünschen kann.

Ebenso möchte ich Frau Friederike Daenecke, meiner Korrektorin, danken, die mit ihrem scharfen Blick und ihrer Sorgfalt dafür gesorgt hat, dass der Text in seiner besten Form vorliegt. Ihr Einsatz hat wesentlich zur Qualität dieses Buches beigetragen.

Ohne all diese Personen hätte das Buch sicherlich nicht die Form angenommen, die es jetzt hat – es wäre wie ein FPGA ohne Konfiguration: voller Potenzial, aber nutzlos ohne den richtigen Inhalt!

Und natürlich danke ich meiner Frau, die nicht nur all mein Fachsimpeln über FPGAs geduldig ertragen, sondern mich auch monatelang mit einer Hingabe unterstützt hat, die jedes Bit und Byte wert ist.

Index

D

E

F

G

H

I

J

K

L

T

Eine Kooperation von Rheinwerk trenz electronic GmbH

Jetzt 10 % auf den IceZero sparen!

Gutscheincode:
IceZero10

Alle Infos zum Einlösen des Codes unter:
www.rheinwerk-verlag.de/fpgas-rabattcode